"信毅教材大系"编委会

主　　任	卢福财
副 主 任	邓　辉　王秋石　刘子馨
秘 书 长	廖国琼
副秘书长	宋朝阳
编　　委	刘满凤　杨　慧　袁红林　胡宇辰　李春根
	章卫东　吴朝阳　张利国　汪　洋　罗世华
	毛小兵　邹勇文　杨德敏　白耀辉　叶卫华
	尹忠海　包礼祥　郑志强　陈始发
联络秘书	方毅超　刘素卿

信毅教材大系·国际经济与贸易系列

江西省研究生优质课程建设项目

中级国际贸易：
理论与实证

Intermediate International Trade:
Theory and Evidence

许统生 涂远芬 等编著

复旦大学出版社

总 序

世界高等教育的起源可以追溯到1088年意大利建立的博洛尼亚大学,它运用社会化组织成批量培养社会所需要的人才,改变了知识、技能主要在师徒间、个体间传授的教育方式,满足了大家获取知识的需要,史称"博洛尼亚传统"。

19世纪初期,德国的教育家洪堡提出"教学与研究相统一"和"学术自由"的原则,并指出大学的主要职能是追求真理,学术研究在大学应当具有第一位的重要性,即"洪堡理念",强调大学对学术研究人才的培养。

在洪堡理念广为传播和接受之际,德国都柏林天主教大学校长纽曼发表了《大学的理想》的著名演说,旗帜鲜明地指出"从本质上讲,大学是教育的场所","我们不能借口履行大学的使命职责,而把它引向不属于它本身的目标"。强调培养人才是大学的唯一职能。纽曼关于"大学的理想"的演说让人们重新审视和思考大学为何而设、为谁而设的问题。

19世纪后期到20世纪初,美国威斯康星大学查尔斯·范海斯校长提出"大学必须为社会发展服务"的办学理念,更加关注大学与社会需求的结合,从而使大学走出了象牙塔。

2011年4月24日,胡锦涛总书记在清华大学百年校庆庆典上指出,高等教育是优秀文化传承的重要载体和思想文化创新的重要源泉,强调要充分发挥大学文化育人和文化传承创新的职能。

总而言之,随着社会的进步与变革,高等教育不断发展,大学的功能不断扩展,但始终都围绕着人才培养这一大学的根本使命,致力于不断提高人才培养的质量和水平。

对大学而言,优秀人才的培养,离不开一些必要的物质条件保障,但更重要的是高效的执行体系。高效的执行体系应该体现在三个方面:一是科学合理的学科专业结构;二是能洞悉学科前沿的优秀的师资队伍;三是作为知识载体和传播媒介的优秀教材。教材是体现教学内容与教学方法的知识载体,是进行教学的基本工具,也是深化教育教学改革,提高人才培养质量的重要保证。

  一本好的教材,要能反映该学科领域的学术水平和科研成就,能引导学生沿着正确的学术方向步入所向往的科学殿堂。因此,加强高校教材建设,对于提高教育质量、稳定教学秩序、实现高等教育人才培养目标起着重要的作用。正是基于这样的考虑,江西财经大学与复旦大学出版社达成共识,准备通过编写出版一套高质量的教材系列,以期进一步加强学校教师队伍建设,提高教师素质和教学水平,最终将学校的学科、师资等优势转化为人才培养优势,提升人才培养质量。为凸显江财特色,我们取校训"信敏廉毅"中一前一尾两个字,将这个系列的教材命名为"信毅教材大系"。

  "信毅教材大系"将分期分批出版问世,江西财经大学教师将积极参与这一具有重大意义的学术事业,精益求精地不断提高写作质量,力争将"信毅教材大系"打造成业内有影响力的高端品牌。"信毅教材大系"的出版,得到了复旦大学出版社的大力支持,没有他们的卓越视野和精心组织,就不可能有这套系列教材的问世。作为"信毅教材大系"的合作方和复旦大学出版社的一位多年的合作者,对他们的敬业精神和远见卓识,我感到由衷的钦佩。

王 乔

2012年9月19日

前　言

本书系第一作者1999年以来在江西财经大学国际经贸学院给国际贸易专业和世界经济专业研究生讲授国际贸易课程的一个积累，也是第一作者负责的江西省级精品课程"国际经济学"的深化，还是第一作者负责的江西省研究生优质课程"中级国际经济学"（赣教研字〔2013〕6号）的建设内容。本书主要作为国际贸易和世界经济专业硕士生和高年级本科生国际贸易课程的教材，也可供其他国际贸易研究者参考使用。本教材有以下四个特点。

1. 内容体系比较完整

本书既包括传统的贸易理论（李嘉图模型、H-O-V模型），又包括20世纪80年代兴起的新贸易理论（产业内贸易模型、战略贸易政策模型），还包括近期发展起来的异质性企业贸易理论与引力模型（II）、产品内贸易与全球价值链、新经济地理理论，以及环境与贸易、贸易与内生增长等热点专题。

2. 理论具有相当深度

本书所述所有理论基本是以模型的形式来介绍，即使在介绍传统贸易理论时，也有多层次的扩展和深化。这样便于学生学习时不仅知其然，而且知其所以然，有利于学生创新能力的培养。

3. 理论与实际相结合

本书不仅介绍主要理论模型，而且强调如何应用这些理论，每章介绍有代表性的经验研究，有助于学生学以致用，提高学生运用理论来分析解决中国对外贸易重大现实问题的能力。在研究国际贸易问题过程中，学生经常会碰到数据的收集、处理及不同数据库数据的对接等困难，为帮助学生克服这些困难，本书专门介绍了数据的收集及处理方法。这在教书中非常鲜见。

4. 内容体系富有新意

国内鲜见中高级国际贸易教材，仅发现赵忠秀、吕智的《国际贸易理论与政策》(2009)，以及赵伟的《高级国际贸易十讲》(2014)。本书在参考、借鉴、吸收其优点的基础上，还参考了美国麻省理工学院 Dave Donaldson 教授的《高级国际贸易》、普林斯顿大学 Rossi-Hansberg 教授的《高级国际贸易》等教学资源、加拿大 Bowen 等教授的第二版《应用国际贸易》、美国 Krugman 等教授的《国际经济学》第十版、戴维斯加州大学 Feenstra 教授的《高级国际贸易：理论与实证》第二版 (2016)，构建的体系结构富有新意。特别是 Krugman 等教授的《国际经济学》在国内一般都是用第八版，本教材则参考了第十版；Feenstra 教授的《高级国际贸易：理论与实证》在国内一般都是用 2003 年第一版，本教材则参考了第二版，介绍了引力模型的最新发展及其应用。

本书由许统生确定全书框架结构。其他写作成员全部来自江西财经大学国际经贸学院的教师，这些教师都曾从事或正在从事国际贸易的教学，基本都有国外留学经历或在国外获得博士学位。参加本书写作的成员及各自的分工是：许统生(第十章)、涂远芬(第三章、第七章的第一、二、三、四、六、七节、第十三章)、邓军(第一章)、周义明(第二章)、万兆泉(第四章)、杨丽琳(第五章第一、二节)、蒋含明(第五章第三、四节)、黄先明(第六章)、马添翼(第八章、第七章的第六节)、王树柏(第九章)、汤晓军(第十一章)、戴明辉(第十二章)。最后由许统生统纂定稿。

本书的写作参考了许多国内外文献，对这些文献的作者表示衷心感谢！我们尽力将这些文献一一列出，但由于这些文献数量多、时间跨度长，难免有遗漏，请读者和有关作者谅解。本书初稿作为讲义在 2017 级国际贸易学专业博士生教学中试用，得到博士生方玉霞、陈雅、徐书彬、赵东、汪忠华的校对帮助，在此表示感谢。本书自 2014 年开始写作到 2018 年完稿，断断续续，历经 5 个年头。尽管作者花了很多时间和精力，力图把书的内容写得更好些，但仍可能存在一些纰漏甚至错误，恳请使用本书的读者批评指正，以便今后进一步修改完善。联系方式：xu3816331@126.com。

许统生

2019 年 8 月

目 录

第一章　李嘉图模型 …………………………………… 001
　第一节　基本的李嘉图模型 ………………………… 001
　第二节　扩展的李嘉图模型 ………………………… 006
　第三节　李嘉图模型的经验证据 …………………… 014
　第四节　比较优势的度量 …………………………… 018
　参考文献 ……………………………………………… 020
　思考与练习 …………………………………………… 021

第二章　赫克歇尔-俄林模型 …………………………… 022
　第一节　赫克歇尔-俄林-萨缪尔森模型 …………… 022
　第二节　里昂惕夫之谜 ……………………………… 025
　第三节　赫克歇尔-俄林-瓦尼克模型 ……………… 026
　第四节　HOV 定理的局部检验 …………………… 029
　第五节　HOV 定理的"完整检验" ………………… 033
　第六节　对跨国间不同技术建模 …………………… 035
　第七节　使用各国不同技术的数据 ………………… 037
　第八节　贸易的其他检验 …………………………… 039
　参考文献 ……………………………………………… 042
　思考与练习 …………………………………………… 044

第三章　要素流动与贸易 ……………………………… 045
　第一节　特定要素模型 ……………………………… 045
　第二节　引力模型 …………………………………… 052
　参考文献 ……………………………………………… 064
　练习与思考 …………………………………………… 066

第四章　产业内贸易模型 ……………………………… 067
　第一节　产业与产业内贸易 ………………………… 067

第二节　同质产品的产业内贸易理论——相互倾销模型 …… 069

　　第三节　水平差别产品的产业内贸易：新张伯伦模型 …… 071

　　第四节　水平差别产品的产业内贸易：兰卡斯特模型 …… 073

　　第五节　垂直差异产品的产业内贸易：新赫克歇尔-
　　　　　　俄林模型和自然寡占模型 …………………………… 077

　　第六节　产业内贸易的度量及经验分析 …………………………… 080

　　参考文献 …………………………………………………………… 090

　　思考与练习 ………………………………………………………… 091

第五章　中间产品贸易模型与全球价值链 …… 092

　　第一节　简单的中间产品贸易模型 ………………………… 093

　　第二节　连续统投入品中间产品贸易模型 ………………… 097

　　第三节　全球价值链原理 …………………………………… 101

　　第四节　全球价值链的贸易核算体系 ……………………… 114

　　参考文献 …………………………………………………… 129

　　练习与思考 ………………………………………………… 130

第六章　经济地理与贸易 …… 132

　　第一节　中心-外围模型 …………………………………… 132

　　第二节　特惠贸易协定下的区位分布 ……………………… 138

　　第三节　南北集聚和南南集聚 ……………………………… 140

　　第四节　经验研究 …………………………………………… 142

　　第五节　新经济地理未来研究方向 ………………………… 146

　　参考文献 …………………………………………………… 147

　　练习与思考 ………………………………………………… 148

第七章　异质性企业贸易理论 …… 150

　　第一节　梅里兹模型及其拓展 ……………………………… 150

　　第二节　内生的加成率 ……………………………………… 157

　　第三节　内生的比较优势 …………………………………… 162

　　第四节　出口目的地的多样性 ……………………………… 167

　　第五节　基于异质性企业贸易理论的引力模型 …………… 169

　　第六节　度量贸易成本的影响 ……………………………… 180

参考文献 ································· 183
　　练习与思考 ······························· 186
　　附录　迪克西特-斯蒂格利茨偏好下的垄断竞争········ 186

第八章　国际贸易与经济增长 ························ 190
　　第一节　资本积累的一般规律 ·················· 191
　　第二节　哈罗德-多马模型 ···················· 192
　　第三节　新古典增长模型 ····················· 195
　　第四节　两部门模型 ························· 202
　　第五节　内生增长模型 ······················· 205
　　第六节　经验分析 ··························· 209
　　参考文献 ································· 215
　　练习与思考 ······························· 216

第九章　关税与非关税措施效应分析 ·················· 217
　　第一节　关税和非关税措施的度量 ·············· 217
　　第二节　关税的经济效应分析 ·················· 226
　　第三节　梅茨勒悖论和勒纳对称原理 ············ 241
　　第四节　非关税贸易措施的经济效应分析 ········ 245
　　第五节　贸易政策的福利效应估计 ·············· 253
　　参考文献 ································· 267
　　思考与练习 ······························· 268

第十章　战略贸易政策 ······························· 269
　　第一节　战略出口政策 ······················· 269
　　第二节　战略进口政策 ······················· 272
　　第三节　以进口保护促进出口政策 ·············· 279
　　第四节　战略贸易政策的经验研究 ·············· 284
　　参考文献 ································· 294
　　练习与思考 ······························· 295

第十一章　贸易政策的政治经济学 ··················· 296
　　第一节　中间选民模型 ······················· 296
　　第二节　保护待售模型 ······················· 298

第三节　国际贸易谈判模型 ································· 301
　　第四节　集体行动和有效游说模型 ··························· 303
　　第五节　贸易政治经济学模型的经验分析 ····················· 304
　　参考文献 ··· 330
　　练习与思考 ··· 331

第十二章　贸易与环境 ·· 332
　　第一节　两部门的一般均衡污染与贸易模型 ··················· 332
　　第二节　贸易自由化的环境影响 ····························· 346
　　第三节　贸易与环境关系的经验研究 ························· 364
　　参考文献 ··· 372
　　练习与思考 ··· 374

第十三章　数据来源和处理方法 ································ 375
　　第一节　贸易流量数据 ····································· 375
　　第二节　行业特征 ··· 379
　　第三节　国家特征 ··· 382
　　第四节　其他国际数据和来源 ······························· 384
　　参考文献 ··· 385

第一章 李嘉图模型

【学习目标】

- 掌握基本李嘉图模型的建立与推导
- 了解和掌握李嘉图模型在多国多产品情况下的扩展及其推导
- 了解和掌握多恩布什萨缪尔森模型(存在连续统的李嘉图模型)及其推导
- 掌握李嘉图模型的经验分析方法
- 掌握比较优势的相关测度指标

作为国际贸易理论的基础,李嘉图提出的比较优势理论是国家之间专业化分工的最基本的原理。李嘉图认为,如果在两个国家中,即使有一个国家在生产所有产品上都具有绝对优势,国际贸易仍然对双方都有益。这个观点不仅挑战了亚当·斯密的绝对优势理论,同时也为反对重商主义提供了理论基础。鉴于比较优势理论的重要性,本章将介绍不同类型的李嘉图模型及应用。

第一节 基本的李嘉图模型

一、基本假设

假设一个经济体为母国(home),生产要素为一种——劳动力,所生产的产品有两种——葡萄酒和奶酪。母国的生产技术用每个行业的劳动生产率来代表,即单位产品劳动投入,也就是生产1磅奶酪或者1加仑葡萄酒所需要的劳动时间。例如,母国需要1小时劳动时间生产1磅的奶酪,2小时劳动时间生产1加仑葡萄酒。为了后面分析方便,用 a_{LW}、a_{LC} 分别代表生产葡萄酒和奶酪所需的单位产品劳动投入。母国所拥有的全部资源为总劳动供给:L。

二、生产可能性曲线

因为任何经济体的资源都是有限的,所以每个国家所能生产的产品量也是有限的,因此必然会产生产品之间的替代。要多生产某一种产品,必然要减少另一种产品的生产。

当只有一种生产要素的时候,一个经济体的生产可能性曲线就是一条直线。定义 Q_W 代表一个经济体的葡萄酒产量, Q_C 为奶酪的产量,则用于生产葡萄酒的劳动是 $a_{LW}Q_W$,用于生产奶酪的劳动是 $a_{LC}Q_C$。生产可能性曲线由该经济体的资源约束决定,即劳动的供给 L,具体用如下不等式表示:

$$a_{LW}Q_W + a_{LC}Q_C \leqslant L \tag{1.1}$$

当生产可能性曲线是直线 PF 的时候(如图1-1),以葡萄酒数量表示的生产1磅奶酪的机会成本是常数。奶酪的机会成本定义为:一经济体为了多生产1磅奶酪所需要放弃生产的葡萄酒数量。这种情形下,多生产1磅奶酪需要 a_{LC} 劳动,这些劳动中每一单位劳动可以生产 $1/a_{LW}$ 加仑的葡萄酒。因此,以葡萄酒数量表示的生产1磅奶酪的机会成本是 a_{LC}/a_{LW}。这个机会成本等于生产可能性曲线斜率的绝对值。

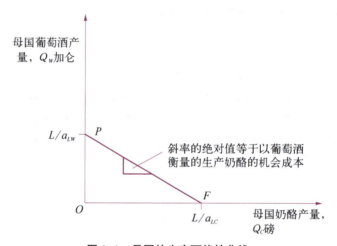

图1-1 母国的生产可能性曲线

三、相对价格和供给曲线

生产可能性曲线表示一经济体所能生产的不同产品组合。为了确定该经济体实际生产的组合,须知道该经济体两种产品的相对价格,即以一种产品表示的另一种产品的价格。

在完全竞争市场,供给取决于生产者最大化利润。在这个简化的经济体中,劳动是唯一的生产要素,奶酪和葡萄酒的供给量取决于支付更高工资所引起的劳动力流动。

假定 P_C 和 P_W 分别为奶酪和葡萄酒的价格。生产1磅奶酪需要 a_{LC} 劳动。在单一要素模型情形下,利润为零。奶酪行业的单位时间工资等于工人在单位时间内的产出价值 P_C/a_{LC}。生产1加仑的葡萄酒需要 a_{LW} 劳动,葡萄酒行业的单位时间工资等于工人在单位时间内的产出价值 P_W/a_{LW}。当 $P_C/a_{LC} > P_W/a_{LW}$ 时,即 $P_C/P_W > a_{LC}/a_{LW}$,则奶酪行业的工资比葡萄酒行业更高。当 $P_C/P_W < a_{LC}/a_{LW}$,则葡萄酒行

业的工资比奶酪行业更高。因为每个人都想在提供最高工资的行业中工作,所以如果 $P_C/P_W > a_{LC}/a_{LW}$,则该经济体专门生产奶酪。如果 $P_C/P_W < a_{LC}/a_{LW}$,则该经济体专门生产葡萄酒。只有当 $P_C/P_W = a_{LC}/a_{LW}$ 时,两种产品才会同时生产。

a_{LC}/a_{LW} 代表以葡萄酒表示的奶酪的机会成本,从而得到了一个关于价格与生产的关系:如果奶酪的相对价格超过其机会成本,该经济体则会专门生产奶酪;如果奶酪的相对价格低于其机会成本,该经济体则会专门生产葡萄酒。

如果没有国际贸易,母国则需要生产两种产品。但是,只有当奶酪的相对价格等于其机会成本时,才会生产两种产品。由于机会成本等于奶酪和葡萄酒的单位产品劳动投入之比,因此在没有国际贸易情形下产品的相对价格等于单位产品劳动投入之比。

四、单一要素情形的国际贸易

为了分析两国之间贸易的模式和效应,假设每个国家只有一种生产要素。虽然这是最简单的情况,然而这种分析所隐含的结论却是富有启发性。假设:两个国家,一个母国,一个外国。每一个国家都有一种生产要素:劳动;生产两种产品:奶酪和葡萄酒。

与前面假设一样,母国的总劳动供给为 L。a_{LW},a_{LC} 分别代表母国生产葡萄酒和奶酪所需的单位产品劳动投入。外国的总劳动供给为 L^*。a_{LW}^*,a_{LC}^* 分别代表外国生产葡萄酒和奶酪所需的单位产品劳动投入。

假设母国葡萄酒生产率比外国低,奶酪生产率比外国高:

$$a_{LC}/a_{LW} < a_{LC}^*/a_{LW}^* \tag{1.2}$$

即
$$a_{LC}/a_{LC}^* < a_{LW}/a_{LW}^*$$

换句话说,假设母国生产 1 磅奶酪的劳动投入与生产 1 加仑葡萄酒的劳动投入的比率要低于外国,即母国生产奶酪的相对劳动生产率比生产葡萄酒更高。

同时,单位产品劳动投入的比率等于以葡萄酒表示的奶酪的机会成本。用这个机会成本定义比较优势。因此,上面两个不等式表明:母国在生产奶酪方面具有比较优势。

要注意的是,确认母国具有比较优势涉及 4 种单位产品劳动投入,而不是 2 种。那么,可能认为为了确定哪国生产奶酪,只需要比较两国在生产奶酪的单位产品劳动投入:a_{LC} 和 a_{LC}^*。如果 $a_{LC} < a_{LC}^*$,母国在生产奶酪方面比外国有更高的生产率,则母国在生产奶酪上具有绝对优势。然而,这是无法根据绝对优势来确定贸易模式。在讨论国际贸易时候最常见的一个错误就是将比较优势和绝对优势混淆。依据各国劳动力供给和单位产品劳动投入,可以画出每个国家的生产可能性曲线。

类似于母国,外国的生产可能性曲线是 P^*F^*。由于外国在生产奶酪时的相对单位产品劳动投入高于母国(为了多生产一单位奶酪需要放弃更多单位的葡萄酒),其生产可能性曲线更陡些。在没有国际贸易情形下,各国的奶酪和葡萄酒的相对价格取决于其相对单位产品劳动投入,即母国的奶酪相对价格是 a_{LC}/a_{LW},外国的奶酪相对价

格是 a_{LC}^*/a_{LW}^*。

如果有国际贸易,价格将不再仅仅取决于国内的情况。如果奶酪的相对价格在外国比在国内高,那么将奶酪从母国运输到外国,并将葡萄酒从外国运输到母国,则是有利可图的。这种情形不会一直持续,最终母国将出口足够多的奶酪,外国出口足够多的葡萄酒,从而使相对价格均等化,即得到均衡相对价格。那么,什么决定了均衡相对价格呢?

五、贸易后的均衡相对价格决定

国际贸易产品的价格,与其他产品价格一样,也取决于供给与需求。在分析比较优势的时候,要考虑不同市场(奶酪与葡萄酒)的关系。因为母国出口奶酪并进口葡萄酒,外国出口葡萄酒并进口奶酪,因此无法孤立看待奶酪和葡萄酒市场,需要采用一般均衡分析,同时考虑两个市场的关系。

同时考虑两个市场就是不仅仅关注奶酪和葡萄酒的供给与需求数量,而是考虑相对供给和相对需求,即奶酪的供给或需求除以葡萄酒的供给或需求。

图 1-2 表示世界奶酪相对供给与相对需求,是奶酪对葡萄酒的相对价格的函数。相对需求曲线用 RD 表示,相对供给曲线用 RS 表示。世界一般均衡要求相对供给等于相对需求,世界均衡相对价格取决于 RS 与 RD 的交叉点。

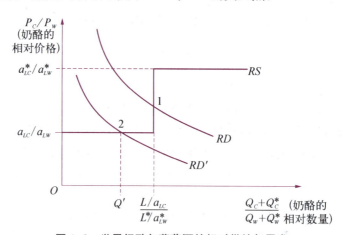

图 1-2 世界奶酪与葡萄酒的相对供给与需求

图 1-2 特点是,相对供给曲线 RS 的形状像是一个阶梯。下面说明相对供给曲线 RS 的推导过程。

RS 曲线表明,如果奶酪世界相对价格水平低于 a_{LC}/a_{LW},则不会有奶酪的供给。因为当 $P_C/P_W < a_{LC}/a_{LW}$ 时,母国则专门生产葡萄酒。类似地,如果 $P_C/P_W < a_{LC}^*/a_{LW}^*$,外国也会专门生产葡萄酒。由于已经假设:$a_{LC}/a_{LW} < a_{LC}^*/a_{LW}^*$,因此,当奶酪相对价格低于 a_{LC}/a_{LW} 时,则不会有奶酪的生产。

当奶酪的相对价格 P_C/P_W 等于 a_{LC}/a_{LW} 时,母国的工人可以在奶酪或者葡萄酒生产中获得相同的工资。因此，母国愿意供给任意数量的两种产品，即产生水平阶段的供给曲线。

当 $P_C/P_W > a_{LC}/a_{LW}$ 时，母国则会专门生产奶酪。只要 $P_C/P_W < a_{LC}^*/a_{LW}^*$，外国则继续专门生产葡萄酒。当母国专门生产奶酪，奶酪产出为 L/a_{LC} 磅。类似地，外国专门生产葡萄酒，其产出为 L^*/a_{LW}^* 加仑。因此，对于任何在 a_{LC}/a_{LW} 与 a_{LC}^*/a_{LW}^* 之间的奶酪相对价格，奶酪的相对供给量为 $(L/a_{LC})/(L^*/a_{LW}^*)$。

当 $P_C/P_W = a_{LC}^*/a_{LW}^*$ 时，外国工人可以在奶酪或者葡萄酒生产中挣到相同的工资。因此，外国愿意供给任意数量的两种产品，又可以得到一段水平的供给曲线。

当 $P_C/P_W > a_{LC}^*/a_{LW}^*$ 时，母国与外国都专门生产奶酪，没有葡萄酒的生产。因此，奶酪的相对供给变成无穷大。

推导相对需求曲线 RD 则较简单，向下倾斜的相对需求曲线反映了替代效应。当奶酪的相对价格上升时，消费者倾向于减少购买奶酪，购买更多的葡萄酒，因此奶酪的相对需求下降。

奶酪相对价格的均衡点由相对供给曲线与相对需求曲线交点决定。如图 1-2，相对需求曲线与相对供给曲线交叉于点 1，奶酪的均衡相对价格处于两国进行贸易前的奶酪相对价格之间。在这种情况下，每个国家专门专注于生产其具有比较优势的产品：母国只生产奶酪，外国只生产葡萄酒。

然而，这不是唯一的可能。如果相对需求曲线 RD 变成了 RD′，相对需求曲线与相对供给曲线则会在 RS 的水平部分相交。在点 2，世界奶酪相对价格在贸易之后是 a_{LC}/a_{LW}，即以葡萄酒表示的奶酪的机会成本。

这个结果有什么意义呢？一方面，如果奶酪的均衡相对价格等于在母国生产奶酪的机会成本，则母国同时生产葡萄酒和奶酪。因为，奶酪的相对供给（在横轴上的点 Q'）低于母国完全专门生产奶酪的产量。另一方面，P_C/P_W 低于外国以葡萄酒表示的奶酪生产的机会成本，外国则专门生产葡萄酒。这进一步说明：如果一个国家专门生产一种产品，则该国生产的产品一定是具有比较优势的产品。

六、贸易所得

基于上述分析，可以知道各国的相对劳动生产率在不同行业间存在差异，从而不同国家在不同行业进行专业化分工。下面将介绍两国如何从这种专业化分工中获得贸易收益。有两种方式可以说明这种贸易收益。

第一种是将贸易视为一种间接的生产。母国可以直接生产葡萄酒，但是也可以通过与外国进行贸易获得。通过生产奶酪的方式"间接生产"葡萄酒，即将所生产的奶酪用于交换葡萄酒。这种间接生产 1 加仑葡萄酒的方式比直接生产效率更高。考虑两种使用 1 单位劳动的方法。一方面，母国可以使用这 1 单位劳动，生产 $1/a_{LW}$ 加仑的葡萄酒；另一方面，母国用 1 单位劳动生产 $1/a_{LC}$ 磅的奶酪，这些奶酪可以用于交换葡萄酒。因为每 1 磅奶酪可以交换 P_C/P_W 加仑葡萄酒，所以后一种方法可以得到 $(1/a_{LC})(P_C/P_W)$ 加

仑葡萄酒。这样相比直接使用这 1 单位劳动生产葡萄酒，可得到更多的葡萄酒，即

$$(1/a_{LC})(P_C/P_W) > 1/a_{LW}$$

或 $P_C/P_W > a_{LC}/a_{LW}$ \hfill (1.3)

正如上述的国际均衡，如果没有一个国家同时生产两种产品，则必须有 $P_C/P_W > a_{LC}/a_{LW}$。这表明母国通过生产奶酪并用于交换葡萄酒，比直接生产葡萄酒更有效率。类似地，外国通过生产葡萄酒并用于交换奶酪，比直接生产奶酪更有效率。

第二种方法是研究贸易影响两国消费的可能性。在没有贸易情形下，消费可能性就等同于生产可能性（图 1-3 中的 PF 与 P^*F^*）。如果开展贸易，每个国家就可以消费不同于自己生产的奶酪和葡萄酒的组合。母国的消费可能性曲线为 TF，外国的消费可能性曲线为 T^*F^*。在这两种情况中，贸易扩大了两国选择的范围，使两国的福利增加。

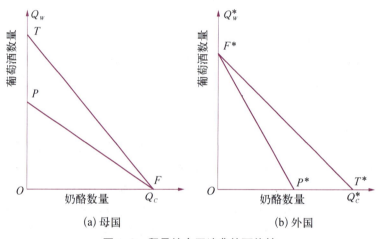

图 1-3　贸易扩大了消费的可能性

第二节　扩展的李嘉图模型

一、两种产品及 n 个国家的情况

当存在 n 个国家时，国际贸易发生的条件为：至少两个国家有不同的比较成本。如果所有国家都有相同的比较成本，它们便不会有动力去参与国际贸易——这与两国情形一样。为简化分析，假设至少两个国家有不同的比较成本。如果将 n 个国家生产一种产品 x 的单位成本分别表示为 $a_1, a_2, \cdots, a_n$（这里字母指产品的单位成本，下标数字指国家），生产另一种产品 y 的单位成本分别表示为 $b_1, b_2, \cdots, b_n$。

一般地，假设各国的比较成本按如下方式排序：

$$\frac{a_1}{b_1} < \frac{a_2}{b_2} < \cdots\cdots < \frac{a_n}{b_n} \tag{1.4}$$

一旦满足必要条件(1.4),充分条件则是贸易条件(Terms of Trade)严格地处在两个极端的比较成本之间:

$$\frac{a_1}{b_1} < R_s < \frac{a_n}{b_n} \tag{1.5}$$

一种可能是:即使上式被满足,R_s 可能正好等于某个中间的比较成本。这种情形中,相关的国家将不会参与国际贸易,只留下另外 $n-1$ 个国家参与。在任何情形中,可以找到一定数量的国家——其比较成本低于 R_s,而其他国家的比较成本则高于 R_s,即

$$\frac{a_1}{b_1} < \cdots < \frac{a_i}{b_i} < R_s < \frac{a_{i+1}}{b_{i+1}} < \cdots < \frac{a_n}{b_n} \tag{1.6}$$

其中,$i=2, 3, \cdots, n-1$ 代表除第一个与最后一个国家之外的任何国家。如果在弱不等式 $\frac{a_i}{b_i} \leqslant R_s$ 时的等式成立,则国家 i 将不会参与国际贸易。一旦满足条件:

$$\frac{a_1}{b_1} < \cdots < \frac{a_i}{b_i} < R_s < \frac{a_{i+1}}{b_{i+1}} < \cdots < \frac{a_n}{b_n} \tag{1.7}$$

那么,国际贸易将在那些比较成本高于 R_s 的国家与比较成本低于 R_s 的国家之间进行。前一个国家集合专门生产 x,而后一个国家集合则专门生产 y。因此,x 会由前一个国家集合出口到后一个国家集合,y 则相反。

二、m 种产品 2 个国家的情况

采用与式(1.4)等价的比较成本的另一种定义,即两个国家的相同产品的绝对单位成本之比。通常,按照国家 1 的递减的比较优势排序,即

$$\frac{a_1}{a_2} < \frac{b_1}{b_2} < \frac{c_1}{c_2} < \cdots < \frac{m_1}{m_2} \tag{1.8}$$

引入两国的单位货币工资之比率——它们均用一种共同的货币单位表示(由于汇率被假设为完全固定的,通常设之为 1),设这个比率为 $w=w_2/w_1$。

易证明,国际贸易发生的条件是 w 严格处在两个极端的比较成本之内,即

$$\frac{a_1}{a_2} < w < \frac{m_1}{m_2} \tag{1.9}$$

可以证明:比较成本低于 w 的一切产品将由国家 1 完全专业化生产并出口,而那些比较成本高于 w 的一切产品将由国家 2 完全专业化生产并出口。有一种特殊的情形,即存在一种其比较成本正好等于 w 的产品,这时,这种产品由两个国家生产并且将

不会进行国际贸易。

为了证明上述结论,假定贸易前两国的货币工资率分别为 w_1 和 w_2,两个国家以货币计价的各种单位商品的成本及价格分别是:

$$p_{A_1} = w_1 a_1, \quad p_{A_2} = w_2 a_2 \tag{1.10}$$

$$p_{B_1} = w_1 b_1, \quad p_{B_2} = w_2 b_2$$

$$\cdots$$

$$p_{M_1} = w_1 m_1, \quad p_{M_2} = w_2 m_2$$

假定自由贸易、完全竞争和运输成本为零。每种产品将在成本最低处购买。因此,如果 $p_{C_1} < p_{C_2}$,则国家 2 将从国家 1 购买产品 C;反之亦然。依据国际贸易理论,进口需要用出口来支付,每个国家必须要出口某种产品。显然,如果如下关系成立:

$$w \leqslant \frac{a_1}{a_2} \tag{1.11}$$

则国家 2 将会以比国家 1 低的价格生产所有产品,而国家 1 将不会参与国际贸易,因为它无法出口任何产品。实际上,依据式(1.11)有

$$1 \geqslant \frac{a_2 \omega_2}{a_1 \omega_1} \tag{1.12}$$

也即 $p_{A_1} \geqslant p_{A_2}$,国家 2 将以比国家 1 低(至多相等)的价格生产产品 A。

现在再考虑不等式

$$\frac{a_1}{a_2} < \frac{b_1}{b_2} < \frac{c_1}{c_2} < \cdots < \frac{m_1}{m_2} \tag{1.13}$$

如果 $w \leqslant \dfrac{a_1}{a_2}$,则 w 低于所有其他比较成本。依据类似推理,商品 $B, C, \cdots, M$ 的价格在国家 1 较高。因此,不会出现国际贸易。

用类似的方法可以证明,如果

$$w \geqslant \frac{m_1}{m_2} \tag{1.14}$$

国家 1 以比国家 2 低(至多是相等)的价格生产产品 M,这种情形下也不会出现国际贸易。

相反,如果

$$\frac{a_1}{a_2} < w < \frac{m_1}{m_2} \tag{1.15}$$

考虑其左边,有

$$p_{A_1} < p_{A_2} \tag{1.16}$$

考虑其右边,有

$$p_{M_2} < p_{M_1} \tag{1.17}$$

因此,至少有一种产品(A)由国家 1 出口,且至少有一种产品(M)由国家 2 出口。

如果用下标 Ω 表示一般产品并且由 ω 表示相应的技术系数。易发现,$\omega_1/\omega_2 < w$ 等价于 $p_{\Omega_2} > p_{\Omega_1}$(产品 Ω 由国家 1 出口),而 $\omega_1/\omega_2 > w$ 等价于 $p_{\Omega_1} > p_{\Omega_2}$(产品 Ω 由国家 2 出口)。

总之,给定 w,可以把所有产品分成两组:一组为国家 1 向国家 2 出口的产品(这些产品拥有比 w 小的比较成本);另一组为国家 2 向国家 1 出口的产品(这些产品拥有比 w 大的比较成本)。

这种处理可用图 1-4 来说明。在图 1-4a 中,由原点 O' 开始画出代表国家 1 内各种产品技术系数(用劳动表示的单位成本)对数的线段,如 $O'a' = \log a_1$,$O'b' = \log b_1$,并且上升至产品 E(这里只考虑 5 种产品);同理,在图 1-4b 中画出了代表国家 2 技术系数的对数,如 $O''a'' = \log a_2$ 等的线段。

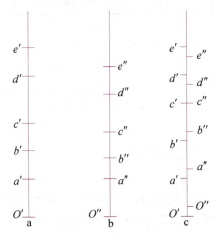

图 1-4 两个国家交换两种以上的产品

将两个图形合并在图 1-4c 中,两原点的距离代表参数 w 的对数,即 $O'O'' = \log w$。假设:如果 $w_2 > w_1$,或 $w > 1$,$\log w > 0$,则 O'' 在 O' 之上方;相反,O'' 则处在 O' 之下方。一旦图形可画出,可立即验证下式是否成立

$$\frac{a_1}{a_2} < w < \frac{m_1}{m_2} \tag{1.18}$$

并且决定某一点,使其分界国家 1 出口的产品与国家 2 出口的产品。实际上,如果考虑不等式 $a_1/a_2 < w$,并且取对数,则有:

$$\log a_1 < \log a_2 + \log w \tag{1.19}$$

其图形的对应表达式为:

$$O'a' < O''a'' + O'O'' \tag{1.20}$$

由于 a' 低于 a''，式(1.20)必满足。由此可以推出，在图 1-4c 中的各种点的相对位置立即告诉我们两种产品之间的分组：产品 A 和 B 将由国家 1 出口，产品 C（因为 $c_1/c_2 = w$）将无法在国际上交易；产品 D 与 E 将由国家 2 出口。

三、m 种产品 n 个国家的情况

埃奇沃思的图由维纳扩展到任何多个国家的情形，使我们可以用图形检查 n 个国家中 m 种产品之间的交换。利用图 1-5 可以考虑五种产品与四个国家的情形。

依照与图 1-4 相似的原理，画出图 1-5，并且原点之间的距离代表各国的相对货币工资，可以审视图形直接得出贸易格局（见表 1-1）。

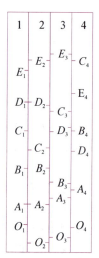

图 1-5 两个以上国家交换两种以上的产品

表 1-1 四个国家间五种产品的贸易格局

	国家 1	国家 2	国家 3	国家 4
出 口	A	C	B	D,E
进 口	B,C,D,E	B,D,E	A,C,D,E	A,B,C

注意：由于商品 A 位于国家 2 的贸易边际上，故国家 2 或者出口或者进口或者不交易此商品。

四、考虑贸易成本的李嘉图模型

在最简单的李嘉图模型中，假设有两个国家在封闭经济状态分别生产两种产品，每个国家生产两种产品的单位劳动投入不同，a_{cg} 是国家 c 生产产品 g 的单位劳动投入（$c=1,2$；$g=1,2$），如果国家 1 仅生产并出口 1，那么有以下不等式成立：

$$a_{11}/a_{12} < a_{21}/a_{22} \tag{1.21}$$

以上不等式(1.21)也表明了国家 1 在生产产品 1 上具有比较优势。这也是最初始比较优势定律的数学表达式。

对于多个国家多个产品且无贸易成本的李嘉图模型的扩展：在不存在贸易成本的条件下，如果国家 c 在生产产品 g_1 上相对另一产品 g_2 具有"全球比较优势"(Global Comparative Advantage)，从而向其他一些国家 o 出口产品 g_1，则国家 c 相对一些其他国家 o 有以下不等式成立：

$$a_{cg_1}/a_{cg_2} < a_{og_1}/a_{og_2} \tag{1.22}$$

对于多个国家多个产品且存在贸易成本的李嘉图模型的扩展：在存在贸易成本的

条件下,如果国家 c 在生产产品 g_1 并且出口到国家 c' 上相对另一个国家 o 另一产品 g_2 具有"全球比较优势",则国家 c 相对一些其他国家 o 均有以下不等式成立:

$$(a_{cg1}+t_{cg1c'})/(a_{cg2}+t_{cg2c'}) < (a_{og1}+t_{og1c'})/(a_{og2}+t_{og2c'}) \tag{1.23}$$

其中,$t_{cgc'}$,$t_{ogc'}$ 分别代表国家 c 和国家 o 出口产品 g 到特定国家 c' 的贸易成本,贸易成本以单位劳动投入衡量,$g=g_1=g_2$。可见,一国出口某种产品取决于其是否有比较优势,不仅取决于生产成本,而且取决于贸易成本。如果相对贸易成本充分高,即使生产成本较低,比较优势在一些国家甚至全部国家都不存在。现实中有很多产品(如水泥、沙子等)就是因为运输成本或贸易成本过高而成为非贸易品(nontrade good)。

五、DFS 模型(存在连续统的李嘉图模型)

实际贸易中存在着种类非常多的商品,SITC 国际贸易商品标准分类中,如果按 5 位数分类就有 3 121 种商品。实际的商品种类数量远超出这个数。有些商品,例如,纺织品在 SITC 分类中就有 200 种。下面我们将李嘉图模型扩展到产品连续模型。该模型最初由 Dornbusch-Fischer-Samuelson(简记为 DFS,1977)提出。假设存在连续而非离散数量的产品可以简化分析,并可以考虑增长、需求变动以及外生技术变动的影响。在这些情形中,以下集中分析出口和进口商品的分界点以及保证贸易平衡的相对工资的决定。

(一)假设

假设每种商品是通过不变的单位产品劳动投入生产的。对于产品 z,假设 $a(z)$ 和 $a^*(z)$ 分别表示母国和外国单位产品劳动投入,$A(z)=a^*(z)/a(z)$ 则表示母国对外国的相对劳动生产率。相对劳动生产率越大表示比较优势越大。如果有 n 种产品,可以根据母国比较优势递减的方式进行排序:

$$A(1) > A(2) > \cdots > A(i) > \cdots > A(n) \tag{1.24}$$

与其他商品相比,母国在商品 1 上具有最高的相对生产率,即具有最大的比较优势。上述不等式也可以从另一种角度来看,商品 n 则代表外国在这种商品上具有最大比较优势。

如果采用连续统的方式,上述相对劳动生产率可以用用构建在 $[0,1]$ 区间的指数表示,同时按母国比较优势递减的方式进行排序。尽管可能存在"缺漏"(商品数量不是无限的),可以假设 $A(z)$ 是一个平滑、连续和递减关于 z 的函数,其中 $A'(z)<0$。函数 $A(z)$ 在图 1-6 上即为关于 z 在 $[0,1]$ 区间向下倾斜的曲线。

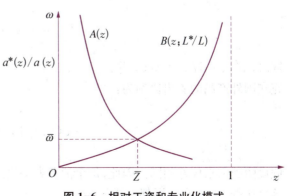

图 1-6 相对工资和专业化模式

将相对劳动生产率 $A(z)$ 乘以国外相对工资率 w^*/w,可以得到排序后的国外相对价格。母国则生产并出口国外相对价格大于 1 的产品,因为这些产品在母国的价格低于在外国价格,具有竞争优势。因此,母国出口的产品子集应满足以下不等式:

$$p(z)=a(z)w<a^*(z)w^*=p^*(z) \tag{1.25}$$

$$\omega=\frac{w}{w^*}<A(z) \tag{1.26}$$

外国则生产剩余子集的产品,其产品价格比率小于 1。给定 ω,则存在边界产品 $\tilde{z}$。$\tilde{z}(\omega)$ 的生产在母国与国外具有相同的生产效率(价格比率等于 1),可以写成:

$$\omega=A(\tilde{z}),并且\ \tilde{z}=A^{-1}(\omega) \tag{1.27}$$

对于每个 ω,存在边界产品 $\tilde{z}$,即 $\tilde{z}(\omega)$,且 $\tilde{z}'(\omega)<0$。

给定 ω,母国则可以有效率地生产如下范围的产品:

$$0\leqslant z\leqslant\tilde{z}(\omega) \tag{1.28}$$

而国外则生产如下范围内的产品

$$\tilde{z}(\omega)\leqslant z\leqslant 1 \tag{1.29}$$

给定 ω 和技术水平,以上情况决定了国际专业分工的模式。两个产品集的均衡边界则取决于需求条件,但排序却与此无关。

(二) 需求与均衡

在需求方面,再次假定同质性偏好。具体而言,需求函数产生于柯布-道格拉斯效用函数。需求的这种设定决定了每种产品的不变支出比例 $b(z)$:

$$b(z)=p(z)d(z)/S>0 \tag{1.30}$$

$$\int_0^1 b(z)\mathrm{d}z=1 \tag{1.31}$$

这里 S 表示名义支出,$d(z)$ 表示需求,$p(z)$ 表示产品 z 的价格。花费在本国产品的支出比例等于:

$$v(\tilde{z})=\int_0^{\tilde{z}} b(z)\mathrm{d}z \tag{1.32}$$

同时,$v'(\tilde{z})=b(\tilde{z})>0$,并且 $0\leqslant v(\tilde{z})\leqslant 1$

花在国外产品的支出比例为:

$$1-v(\tilde{z})=\int_{\tilde{z}}^1 b(z)\mathrm{d}z \tag{1.33}$$

假设两国需求偏好相同。因此,每个消费者支出固定比例的收入用于消费每种产品 z,这个比例 $v(\tilde{z})$ 在两国都一样。

母国产品市场均衡要求花在母国产品的支出等于母国劳动力的收入。全世界花在母国产品的支出是 $v(\tilde{z})$ 乘以世界的收入（母国与国外收入之和）。均衡关系可表示为：

$$wL = v(\tilde{z})(wL + w^*L^*) \tag{1.34}$$

另一种均衡的表达可为：

$$(1 - v(\tilde{z}))wL = v(\tilde{z})w^*L^* \tag{1.35}$$

这是贸易均衡的条件：国内进口的价值等于出口价值。上述式(1.34)和式(1.35)表明对应于每个 $\tilde{z}$，w/w^* 的值满足如下市场均衡条件：

$$\omega = \frac{v(\tilde{z})}{1 - v(\tilde{z})} \frac{L^*}{L} = B(\tilde{z}; L^*/L) \tag{1.36}$$

如图 1-6 中的曲线所示。当 $\tilde{z}$ 接近于 1 时候，相对工资 ω 从 0 开始接近无穷。在这个区间，曲线向上倾斜，$\tilde{z}$ 越大，$B(\cdot)$ 分子越大，$B(\cdot)$ 的分母越小。图 1-6 的一个特点是尽管一个经济始终处于技术曲线 $A(\tilde{z})$，但可以暂时的偏离曲线 B。在曲线 B 的右边，存在劳动的额外需求和贸易盈余；在曲线左边，存在劳动的额外供给和贸易赤字。例如，保持 ω 不变，国内生产产品的范围扩大可以导致额外的劳动力需求，降低母国的进口提高母国出口，因而带来贸易盈余。这要求国内相对工资的上升才能恢复贸易平衡和劳动力市场均衡。

根据需求 $\omega = \frac{v(\tilde{z})}{1 - v(\tilde{z})} \frac{L^*}{L} = B(\tilde{z}; L^*/L)$ 以及有效专业分工的条件 $\omega = A(\tilde{z})$，$\tilde{z} = A^{-1}(\omega)$，可以得到唯一的相对工资 $\bar{\omega}$ 和边界产品 $\bar{z}$，在这个点上，世界处于充分专业化情况，贸易均衡，同时国内劳动市场处于均衡。

$$\bar{\omega} = A(\bar{z}) = B(\bar{z}; L^*/L) \tag{1.37}$$

从图 1-6 来看，方程解处于两条曲线的交点。$\bar{z}$ 左边的产品由母国出口，$\bar{z}$ 右边的产品由国外出口。产品 $\bar{z}$ 或者不进行贸易或者导致产业内或产业间贸易，这取决于贸易均衡的要求。

（三）应用——外生技术进步

假设国外每个行业发生"统一的"(uniform)技术进步的情况。根据 $A(z)$ 的定义，技术进步意味着外国单位产品劳动投入 $a^*(z)$ 的减少和母国对外国的相对劳动生产率 $A(z) = a^*(z)/a(z)$ 按一定比例下降，这一点可以体现在图 1-7 中。

在最初均衡的相对工资 $\bar{\omega}_1$ 点上，国外技术进步带来的生产率提升，导致母国产业市场份额下降了 $E_1 E_1'$ 和贸易赤字。国内相对工资需要下降以部分抵消比较优势下降带

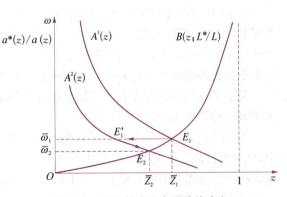

图 1-7 国外技术进步导致的冲击

来的影响,从而恢复贸易平衡。点 E_2 是新的长期均衡点,此时国内生产 $(0,\bar{z}_2)$ 区间范围的产品,国外生产的范围则包括区间 $(\bar{z}_1,1)$ 和区间 $(\bar{z}_2,\bar{z}_1)$。

为了理解国外技术进步对母国福利的影响,可以以母国实际工资(即以连续统的每种商品来度量的工资)为例,如果实际工资保持不变或者上升,那么母国的福利上升。具体分析结果归纳为表 1-2。

表 1-2　母国福利与外国生产率冲击

区 间	价 格	实 际 工 资	福利变化
$(0,\bar{z}_2)$	$p(z)=wa(z)$	$w/p(z)=1/a(z)$	0
$(\bar{z}_2,\bar{z}_1)$	$p(z)<wa(z)$	$w/p(z)>1/a(z)$	+
$(\bar{z}_2,1)$	$p(z)=w^*a^*(z)$	$w/p(z)>(w/w^*)(1/a(z))$	+

以产品衡量的国内实际工资在区间 $(0,\bar{z}_2)$ 保持不变,因为国内的劳动生产率保持不变。对于在区间 $(\bar{z}_2,\bar{z}_1)$ 的任何产品 z,其价格相比外国技术进步前下降了,因此以产品衡量的国内实际工资上升了。对于区间 $(\bar{z}_2,1)$,外国产品的价格为 $p(z)=w^*a^*(z)$。用国内工资 w 除以国外产品价格 $p(z)=w^*a^*(z)$,可以得到 $w/p(z)>(w/w^*)(1/a(z))$,由于 w 下降的比例要少于 $a^*(z)$ 下降的比例,国内实际工资在区间 $(\bar{z}_2,1)$ 范围是上升的。综上所述,外国劳动生产率上升(外生技术冲击)将导致国内福利提高。

第三节　李嘉图模型的经验证据

关于李嘉图模型经验研究文献主要有两类:一类是传统实证研究,即使用两国多种产品模型来回归,并将此直接解释为多国回归结果;另一类是近期实证研究,即基于多国多产品模型并假设存在企业异质性的模型。

一、两国模型的检验

除了"边界产品"(borderline product),两国多产品李嘉图模型涉及专业化的程度。事实上,产品的实际分类使研究者无法准确将产品归为进口或者出口。甚至在非常细分的产品分类情况下,产业内贸易仍然存在。因此,在现实的数据中,李嘉图模型中的完全专业化的情况是不存在的。需要放松李嘉图模型假设,才能进行实证研究。

关于工资结构的假设会导致需要验证不同的贸易模型假设。有关实证文献有三类关于国内和国外工资的假设。

第一类假设为工资在不同国家和行业都是不同的。因此,在一个完全静止的经济中,贸易前产品 z 的价格等于其平均成本 $p_z=a_z w_z$,这里 w_z 是行业 z 的工资率。假设贸易产品种类为有限数量的 J,如果国外贸易前 z 的相对价格满足如下条件,则产品 z 是国内出口的产品。

$$\frac{p_z^*}{p_z} = \frac{a_z^* w_z^*}{a_z w_z} > 1 \quad z = 1, 2, \cdots, m \tag{1.38}$$

类似地,母国会进口产品 j,如果

$$\frac{p_j^*}{p_j} = \frac{a_j^* w_j^*}{a_j w_j} < 1 \quad j = m+1, \cdots, J \tag{1.39}$$

因此,基于上述两式,可得

$$\frac{a_z^* w_z^*}{a_z w_z} > \frac{a_j^* w_j^*}{a_j w_j}, \quad z = 1, 2, \cdots, m; j = m+1, \cdots, J \tag{1.40}$$

这就是比较单位劳动力成本表示的李嘉图假设,这里比较的不是劳动生产率。这个可以称之为第一类假设。

相反,如果产业间的工资比在国际上是一样的,那么 $\frac{w_z^*}{w_z} = \frac{w_j^*}{w_j}$ 等于一个常数,可以得到:

$$\frac{a_z^*}{a_z} > \frac{a_j^*}{a_j} \quad z = 1, 2, \cdots, m; j = m+1, \cdots, J \tag{1.41}$$

因此,李嘉图假说又可以重新表示为其最初的情形,即以劳动生产率表示。这可以称之为第二类假设。

最后,第三类假设是如果工资在每个国家都是唯一的但是在不同国家不同:$w = w_z = w_j$,$w^* = w_z^* = w_j^*$,这里 w^*/w 是个常数。在这种情况下,上述关于劳动生产率的仍然排序成立,但是相对工资率成为区分出口产品与进口产品的边界线:

$$\frac{a_z^*}{a_z} > \frac{w^*}{w} > \frac{a_j^*}{a_j} \quad z = 1, 2, \cdots, m; j = m+1, \cdots, J \tag{1.42}$$

第三类假设更接近于 DFS(1977)的李嘉图理论。麦克杜格尔(MacDougall,1951)则开创关于第三类假设的研究。他分析了美国相对于英国出口到第三国的出口情况。其主要结果为表 1-3。利用 1937 年数据,他指出,在当时的汇率 £1 = \$4.769,美国的工资率大概是英国的两倍。这个很重要。因为可以预计,当美国单位工人的劳动产出超过英国的两倍时,美国出口与英国出口之比应该超过 1。总体而言,表 1-3 中的数据支持了第三类李嘉图假设。

表 1-3 英国相对美国的单位产品劳动投入和出口,1937 年

$a_{z(UK)}/a_{z(US)} > 2$	美国出口/英国出口
收音机与阀门	8
生铁	5
汽车	4

续　表

$a_{z(UK)}/a_{z(US)} > 2$	美国出口/英国出口
玻璃容器	15.5
白铁罐	3
机械设备	5.5
纸制品	1
$1.4 < a_{z(UK)}/a_{z(US)} < 2$	英国出口/美国出口
香烟	2
油布	3
袜子	3
皮鞋	3
焦油	5
人造纤维纺织品	5
棉织品	9
人造纤维	11
啤酒	18
$a_{z(UK)}/a_{z(US)} < 1.4$	英国出口/美国出口
水泥	11
男士与男童羊毛外套	23
人造奶油	32
毛线	250

注：例外情况，美国单位工人产出超过英国的单位工人产出两倍。但是英国出口超过美国出口：电灯、橡胶轮胎、肥皂、饼干和火柴（这些产品仅占上述所列各类产品总值的3%）。

资料来源：麦克杜格尔(MacDougall,1951)中的表1，第698页。

在麦克杜格尔(MacDougall,1951)之后，斯登(Stern,1962)、巴拉萨(Balassa,1963)、麦克杜格尔等(MacDougall et al.,1962)，母吉卫里和圣普深(McGilvary and Simpson,1973)、苟兰博和哈西尔(Golub and Hsieh,2000)对三类假设都进行了检验。特别是，母吉卫里和圣普深(McGilvary and Simpson,1973)基于爱尔兰和英国的双边贸易数据检验了第三类假设。与预期一致，爱尔兰和英国贸易往来频繁，其中在1964年英国分别占爱尔兰出口的70%，进口50%。

母吉卫里和圣普深(McGilvary and Simpson,1973)测度了这两个国家的双边贸易流量，而不是他们在第三国的相对市场份额，他们研究涉及所有的商品(34个行业)，而不是少数挑选出来的行业。首先，按照出口倾向(出口除以国内生产总值)对行业进行排序。同时，他们还根据进口竞争性产品倾向(进口除以国内生产总值加上进口)排序。

其次，他们按升序的方式对爱尔兰相对于英国的各行业劳动生产率进行排序。最后，他们对各种排序组合测算了 Spearman 相关系数，如表 1-4 所示。如果第三类假设成立，我们应该预期劳动生产率的排序与各行业出口倾向之间相关系数为正，劳动生产率与各行业进口倾向之间相关系数为负。在表 1-4 中可见，所有相关系数都不显著，除了两种情况以外，所有的系数都与李嘉图模型的预期相反。

表 1-4　相对劳动生产率与出口倾向、进口倾向的相关系数
（1964 年爱尔兰和 1963 年英国）

		出口倾向		进口倾向	
		(1)	(2)	(3)	(4)
	n	34	30	34	30
直接劳动投入的相对生产率	r_s	−0.10	−0.17	0.01	−0.15
	t	−0.54	−0.89	0.04	−0.80
直接劳动投入的相对生产率加上非贸易部门的间接劳动投入的相对生产率	r_s	−0.15	−0.24	0.02	−0.14
	t	−0.88	−1.32	0.11	−0.77
直接劳动投入的相对生产率加上全部间接劳动投入的相对生产率	r_s	−0.22	−0.31	0.21	0.09
	t	−1.30	−1.35	1.20	0.48

注：n 等于观测值数目（$n=30$ 时，有 4 个初级产品生产部门排除在外），r_s 代表 Spearman 相关系数，t 为统计量。
资料来源：McGilvary 和 Simpson（1973）表 1。

基于巴格瓦蒂（Bhagwati，1964）对李嘉图理论的实证分析表明，以往的回归分析都以两国的李嘉图模型为基础，但是却将两国模型当作多国回归模型。由于这些回归没有遵循一般化的李嘉图模型，因此不能将这些实证分析视为对李嘉图模型的经验证据。

二、多国回归检验

基于 EK 模型，考斯涕诺特等（Costinot et al.，2012）第一次提出理论上一致的李嘉图模型经验检验。他们简化了 EK 模型，将劳动力作为唯一的生产要素。并且，他们将产品扩展到多种类别。具体地：

（1）存在 $j=1,\cdots,J$ 类产品；
（2）每类产品 j 有无限种类；
（3）生产率参数是一个满足 Frechet 累计分布函数独立抽取的随机变量，这对应着国家 i，产品 j 以及相应产品种类；
（4）参数 θ，对于所有国家与行业都是相同的，用于测度产业内贸易的异质性。

基于这些假设，考斯涕诺特等（Costinot et al.，2012）对直接基于李嘉图理论模型进行了"简约式设定"（reduced-form specification）的检验。对于任一进口商 k，任一对出口商 i 和 i'，以及任一对产品 j 和 j'，估计如下表达式：

$$\ln\left(\frac{\tilde{x}_{ik}^{j}\,\tilde{x}_{i'k}^{j'}}{\tilde{x}_{ik'}^{j'}\,\tilde{x}_{i'k}^{j}}\right)=\theta\ln\left(\frac{\tilde{Z}_{i}^{j}\,\tilde{Z}_{i'}^{j'}}{\tilde{Z}_{i}^{j'}\,\tilde{Z}_{i'}^{j}}\right)+\ln\left(\frac{\varepsilon_{ik}^{j}\varepsilon_{i'k'}^{j'}}{\varepsilon_{ik'}^{j'}\varepsilon_{i'k}^{j}}\right) \quad (1.43)$$

这里变量 $\tilde{x}_{ik}^{j}$ 表示根据开放度调整后国家 i 行业 j 的双边出口;$\tilde{Z}_{i}^{j}$ 是观测到的生产率,ε_{ik}^{j} 是误差项,包括各种贸易成本和双边贸易数据的测量误差。参数 θ 是关键的系数,直觉表明 $\theta>0$。利用 21 个 OECD 国家 13 个行业(包括制造业)的贸易和生产率数据,对式(1.43)的估计结果表明,在其他情况不变的情况下,调整后的双边出口关于生产率的弹性显著为正,等于 6.53。这个结果与 EK 模型估计的 8.28 一致。再次证实:只要回归中的变量根据多国的情况进行合理调整,劳动生产率在解释双边贸易中就发挥重要作用。

第四节 比较优势的度量

一、显示性比较优势指数(RCA)

一国的贸易模式取决于该国的比较优势,但如何衡量一国在某类商品上是否具有比较优势呢?在理论上,我们有多种方式计算一国的比较优势,但在实际操作中,我们很难获得各国各类商品的生产成本的数据,因此在度量比较优势的时候,人们常常使用显示性比较优势指数(RCA,revealed comparative advantage),即用实际贸易状况来间接衡量各国在不同商品生产中的比较优势。值得注意的是,用显示性比较优势指数衡量一国各类商品的比较优势是基于如下假设:(1)比较优势决定出口结构,即商品的贸易模式反映了相对成本的不同;(2)人们对各国各类商品的偏好相同,引致需求也相同。

最初提出显示性比较优势指数是匈牙利经济学家巴拉萨(Balassa,1965)①,他用 RCA 计算 OECD 国家产业之间贸易反映出来的比较优势。根据巴拉萨(Balassa)的定义,一国 j 出口商品 i 的显示性比较优势(RCA)为一国该商品的出口额占该国出口总额的份额与世界该种商品的出口占世界出口总额的份额的比重。用公式表示如下:

$$RCA_{ij}=\frac{X_{ij}}{\sum_{i=1}^{m}X_{ij}}\bigg/\frac{\sum_{j=1}^{n}X_{ij}}{\sum_{j=1}^{n}\sum_{i=1}^{m}X_{ij}} \quad (1.44)$$

其中,RCA_{ij} 表示 j 国在商品 i 上的显示性比较优势指数,X_{ij} 表示 j 国商品 i 的出

---

① Balassa, B. "Trade Liberalization and Revealed Comparative Advantage", The Manchester School of Economic and Social Studies, 1965, 33(2): 99-124.

口，$\sum_{j=1}^{n} X_{ij}$ 表示 n 个国家在商品 i 上的总出口（商品 i 的世界出口额），$\sum_{i=1}^{m} X_{ij}$ 表示 j 国 m 种商品的总出口（j 国总出口额）；$\sum_{j=1}^{n}\sum_{i=1}^{m} X_{ij}$ 表示 n 个国家 m 种商品的总出口（世界总出口额）。

如果 $RCA_{ij}>1$ 则表示 j 国在商品 i 的出口份额大于世界该商品的出口份额，该国在该种商品出口上具有比较优势。反之，如果 $RCA_{ij}<1$ 则表示 j 国在出口商品 i 的没有比较优势。可以看出，显示性比较优势反映了一国某种商品在国际竞争中的地位，某一产业的出口与世界平均出口水平比较的相对优势。该指标的优点是剔除了国家总量和世界总量波动的影响，被世界银行等国际组织采用。

▶ 二、净出口率以及 Michaely 指数

巴拉萨（Balassa,1965）提出了显性比较优势指数（RCA），并在经验分析文献中被广泛引用（Vollrath,1991；Lee,1995；Dowling and Cheang,2000）。也有学者指出，巴拉萨指数可能存在度量偏差，尤其是该指数只考虑了出口情况而忽略了进口贸易的影响（Greenaway and Milner,1993）。因此，有学者提出采用净出口率以及 Michaely 指数来度量比较优势，其中后两类指数都同时考虑了进口贸易的作用。

（一）净出口率

净出口率，亦称为贸易竞争指数（trade competition index）、TC 指数或比较优势指数（comparative advantage index,CAI 指数），是指一国进出口贸易的差额占进出口贸易总额的比重，是总体及行业国际贸易竞争力分析的常用指标，能反映出比较优势状况。其计算公式为（Webster and Gilroy,1995）：

$$TC = CAI = (X_{ij} - M_{ij})/(X_{ij} + M_{ij}) \tag{1.45}$$

其中，X_{ij} 为 i 国第 j 种商品的出口额，M_{ij} 为 i 国第 j 种商品的进口额。通常，TC 指数取值范围为 $[-1,1]$。$TC>0$ 时，说明 i 国是第 j 种商品的净出口国，第 j 种商品比较优势大，且越接近 1，国际竞争力越强；$TC<0$ 时，说明 i 国是第 j 种商品的净进口国，第 j 种商品比较优势小，国际竞争力弱。

（二）Michaely 指数（MI 指数）

它是指某种商品进、出口贸易额在一国所占比重的相对值，公式如下：

$$MI = X_{ij}/\sum_{j} X_{ij} - M_{ij}/\sum_{j} M_{ij} \tag{1.46}$$

其中，X_{ij} 为 i 国第 j 种商品的出口额，$\sum_{j} X_{ij}$ 表示 i 国所有商品的总出口额，M_{ij} 为 i 国第 j 种商品的进口额，$\sum_{j} M_{ij}$ i 国所有商品的总进口额。

类似于净出口率指数，MI 指数的变动幅度为 $[-1,1]$。正数表示该国在某种商品贸易中具有比较优势，数值越接近 1，表示商品 j 的出口额在总出口额中的比例越大于

进口额在进口总额的比例,表明 j 商品的竞争力越高。反之,负数表示比较劣势。与净出口率不同的是,MI 指数考察的是某种商品的进、出口贸易额在一国所占比重的相对值。

参 考 文 献

1. Alan V. Deardorff. "Local Comparative Advantage: Trade Costs and the Pattern of Trade." The University of Michigan, Discussion Paper, 2004:500.

2. Balassa, B. "An Empirical Demonstration of Classical Comparative Cost Theory." *Review of Economics and Statistics*, 1963, 45: 231-238.

3. Bhagwati, Jagdish N. "The Pure Theory of International Trade: A Survey." *Economic Journal*, 1964, 74: 1-84.

4. Balassa, B. "Trade liberalization and Revealed Comparative Advantage." *The Manchester School of Economic and Social Studies*, 1965, 33(2): 99-124.

5. Costinot, A., Donaldson, D., and Komunjer, I. "What Goods do Countries Trade? A Quantative Exploration of Ricardo's Ideas." *Reivew of Eoncomics Studies*, 2012, 79(2): 581-608.

6. Dornbusch, R., Fischer, S., and Samuelson, P.A. "Comparative Advantage, Trade and Payements in a Ricardian Model with a Continumum of Goods." *American Economic Review*, 1977, 47(5): 823-839.

7. Dowling M., and Cheang C., "Shifting Comparative Advantage in Asia: New Tests of the Flying Geese' Model." *Journal of Asian Economics*, 2000, 11: 443-463.

8. Greenaway, D. and Milner, C. "Trade and Industrial Policy in Developing Countries: A Manual of Policy Analysis." The Macmillan Press, 1993.

9. Golub, S.S., and Hsieh, C.T. "Classical Ricardian Theory of Comparative Advantage Revisited." *Review of International Eoncomics*, 2000, 8(2): 221-234.

10. Harry P. Bowen, Abraham Hollander and Jean-Marie Viaene. *Applied International Trade* (2nd edition), Palgrave Macmillan, 2012.

11. Lee, J. "Comparative Advantage in Manufacturing as a Determinant of Industrialization: the Korean Case." *World Development*, 1995, 23: 1195-1214.

12. Krugman, P., Obstfeld, M., Melitz, M. *International Economics: Theory and Policy*, Pearson, Tenth Edition, 2014.

13. MacDougall, G.A.D. "British and American Exports: A Study Suggested by the Theory of Cmparative Costs, Part I." *Economic Journal*, 1951, 61: 487-521.

14. MacDougall G. A. D. Dowley, M., Fox, P. and Pugh, S. "British and American Productivity, Prices and Exports: An Addendum." *Oxford Economic Papers*, 1962, 14(3): 297-304.

15. McGilvary, J., and Simpson, D. "The Commodity Strucute of Anglo-Irish

Trade." *Review of Economics and Statistics*，1973，55：451-458.

16. Stern, R.M. "British and American Productivity and Comparative Costs in International Trade." *Oxford Economic Papers*，1962，14(3)：275-296.

17. Vollrath, T. "A Theoretical Evaluation of Alternative Trade Intensity Measures of Revealed Comparative Advantage." *Weltwirtschaftliches Archive*，1991，130：265-279.

18. Webster, A. and Gilroy, M. "Labor Skills and the UK's Comparative Advantage with its European Union Partners." *Applied Economics*，1995，27：327-342.

19. 包群、阳佳余,"金融发展影响了中国工业制成品出口的比较优势吗",《世界经济》2008年第3期。

20. 海闻、P·林德特、王新奎,《国际贸易》,上海人民出版社,2003年。

21. 贾恩卡洛·甘道尔夫著,王根蓓译,《国际贸易理论与政策》,上海财经大学出版社,2005年。

22. 许统生、梁肖,"中国加总贸易成本的测算及对制造业出口结构的影响",《世界经济》2016年第3期。

23. 赵伟,《高级国际贸易学十讲》,北京大学出版社,2014年。

24. 赵忠秀、吕智,《国际贸易理论与政策》,北京大学出版社,2009年。

思考与练习

1. 假设整个世界由国家H和国家F构成。其中,国家H有4 800单位的劳动力供给,可以生产苹果和香蕉两种商品,生产苹果的单位必要劳动是6,而生产香蕉的单位必要劳动是4。同时,国家F有1 600单位的劳动力供给,生产苹果的单位必要劳动是10,而生产香蕉的单位必要劳动是2。进一步假设世界相对需求如下条件:对苹果的需求/对香蕉的需求＝香蕉的价格/苹果的价格。请分别回答如下问题:(1)用图表示世界的相对供给曲线和相对需求曲线;(2)苹果的相对均衡价格是多少;(3)国家H和国家F从贸易中的各自收益是多少。

2. 埃奇沃思的图由维纳扩展到任何多个国家的情形,使我们可以用图形检查 n 个国家中 m 种产品之间的交换。依照与图1.3相似的原理,请用图示的方式说明李嘉图模型中六种产品与五个国家的情形。

3. 分别采用RCA、净出口率和Michaely指数,测算2000—2014年中国按1位数标准国际贸易分类(SITC)的不同行业的比较优势并分析其变化趋势。

4. 在Dornbusch-Fischer-Samuelson模型中,如果国外出现了外生的技术进步,且这种技术进步对国外所有行业影响的是同步的,请图示这种技术进步对国外某个行业的长期均衡和国内福利的影响。

第二章　赫克歇尔-俄林模型

【学习目标】
- 掌握 HO 和 HOV 模型的基本思想和分析方法
- 理解四个基本定理
- 掌握针对"里昂惕夫之谜"和 HOV 模型假说的经验分析
- 理解有关检验 HOV 模型前提假设的经验分析

本章首先介绍包含两个国家、两种商品和两种要素（2×2×2）的赫克歇尔-俄林模型。该模型通常也称作赫克歇尔-俄林-萨缪尔森（Heckscher-Ohlin-Samuelson）模型（HOS 模型），因为它建立在保罗·萨缪尔森（Paul Samuelson）所发展的数学模型基础之上。萨缪尔森把伊莱·赫克歇尔（Eli Heckscher）和伯蒂尔·俄林（Bertil Ohlin）的创见发展成一个数理模型。该模型基于国家间要素禀赋的差异，以预测两国家间商品的贸易模式，然后将阐述该模型在多种商品、多种要素情况下的扩展。这一扩展和瓦尼克（Vanek, 1968）的内容紧密相关，因此也称作为赫克歇尔-俄林-瓦尼克模型（HOV 模型）。后面的模型并不试图去探求单个商品的贸易模式，而是去计算贸易中的"要素含量"，诸如劳动力、资本、土地等包含在一国进出口中的数量①。

"要素含量"范式的 HOV 模型引发了许多实证研究。这些实证研究始于里昂惕夫（Leontief, 1953），后由利默（Leamer, 1980），鲍恩、利默和斯文考卡斯（Bowen, Leamer and Sverkauskas, 1987），特雷夫勒（Trefler 1993, 1995），以及戴维斯和温斯坦（Davis 和 Weinstein, 2001）等进一步发展。本章将阐述这些实证研究的曲折原委。总的来说，HOV 模型在实证上的表现是比较糟糕的，除非抛弃国家间技术相同这一理论假设。而这就回到更早的、传统的允许技术差异的李嘉图模型，该模型也预示着国家间要素价格不同。本章将通过几种不同的方法来展示如何将技术差异纳入一个"扩展了的" HOV 模型中去，以及与此相关的实证研究的结果。与此相关的研究还在继续进行。

第一节　赫克歇尔-俄林-萨缪尔森模型

赫克歇尔-俄林-萨缪尔森模型（HOS 模型）的假设主要包括国家间技术、消费者偏

---

① 本章内容主要参考 Feenstra, Robert C., *Advanced International Trade: Theory and Evidence*, Princeton University Press, 2016.

好相同,但要素禀赋不同,以及商品自由贸易。此外,在大多数情况下,假设不存在要素密集度逆转(factor-intensity reversals)。考虑到各国家的要素禀赋处于其"多样化椎(cone diversification)"之内,这也就意味着国家间要素价格会实现均等。

首先,假设有两个国家、两个部门和两种要素;同时还假设母国劳动要素相对丰裕,即 $L/K > L^*/K^*$,商品1是劳动密集型商品,商品2是资本密集型商品。如果国家间贸易是完全自由的,并且贸易是平衡的(出口总值=进口总值),那么问题是:两国间贸易模式是什么?以下的赫克歇尔-俄林定理给出了回答:各国家将出口密集使用其相对丰裕要素的商品。

据此定理,母国将出口商品1而外国将出口商品2。为证明这一点,考虑要素禀赋差异为 $L/K > L^*/K^*$ 的情况,并假设两国间的劳动禀赋相同,即 $L^* = L$。于是,有 $K^* > K$,即外国拥有相对丰富的资本禀赋。为了能推导出两国间的贸易模式,先分析在自给自足条件下,各个国家的相对商品价格。自给自足条件下的相对价格可以用来推理贸易模式:一个国家将出口在自由贸易条件下价格高于自给自足条件下价格的商品,进口另一种商品。

首先分析母国在自给自足条件下的均衡,其位于图2-1中的 A 点。由于已经假设了一个具有相同偏好的代表性消费者,所以可以用无差异曲线来表示需求。自给自足均衡位于无差异曲线和国内生产可能性边界曲线的相切点,即点 A。价格直线与无差别曲线国内生产可能性边界曲线相切,其斜率绝对值即为自给自足条件下商品1的相对价格,$p^a \equiv p_1^a / p_2^a$。

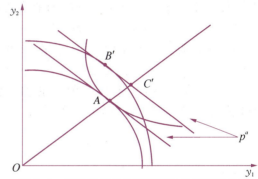

图2-1 自给自足条件下母国与外国相对价格

现在考虑外国的生产可能性边界,在图2-1中它位于国内生产可能性边界的外部。为了确定外国的自给自足均衡点位于何处,不妨先假定 p^a 同时也是外国在自给自足条件下的均衡价格,来看看这样的假设是否会推出一个矛盾的结论。

如果 p^a 也是外国的自给自足价格,那么生产必须位于价格直线 p^a 和外国生产可能性边界的切点,也即点 B'。注意到罗伯津斯基定理(Rybcynzski theorem)预示着点 B' 必须位于点 A 的左上部:外国相对丰裕的资本禀赋导致更多地生产资本密集型商品2而较少地生产劳动力密集型商品1。这条通过点 B' 的价格直线类似于外国消费者所面临的预算约束线,所以消费者的选择位于这一预算约束直线上的最高的无差别曲线上。既然消费者的偏好是"位似的"(homothetic),外国消费者和本国消费者将消费相同比例的不同商品。换言之,外国消费点必须位于通过点 B' 的预算约束线上,并同时位于通过原点和点 A 的直线上。这样,国外消费点必须位于点 C',它位于点 A 的右上部。既然点 B' 和点 C' 不重合,因此就推出了一个悖论:在自给自足的条件下,母国的相对价格线 p^a 不能是国外的相对价格线;相反,在这一价格上外国对于商品1有过度需求。这一过度需求将提高商品1的相对价格,所以外国的自给自足价格必须高于母国,即 $p^{a^*} > p^a$。

为了确定在自由贸易条件下的均衡价格,令 $z(p)$ 表示在母国价格为 p 时对于商品 1 的过剩需求, $z^*(p^*)$ 表示外国对于商品 1 的过剩需求。世界的总过剩需求则为 $z(p)+z^*(p^*)$,当总过剩需求为 0 时,达到了自由贸易条件下的均衡。母国自给自足均衡使 $z(p^a)=0$,而且已经知道 $z^*(p^a)>0$。于是,有 $z(p^a)+z^*(p^a)>0$。另一方面,如果外国的自给自足价格满足 $z^*(p^{a*})=0$,那么将能证明 $z(p^{a*})<0$,即在外国自给自足价格下母国对于商品 1 存在过度供给。于是,世界总过剩需求将为 $z(p^{a*})+z^*(p^{a*})<0$。那么,根据需求函数的连续性可以推断必然存在一个均衡价格 p 位于 p^{a*} 和 p^a 之间($p^{a*}>p>p^a$),使世界总过剩需求为 0,即 $z(p)+z^*(p)=0$,也即在自由贸易条件下的均衡价格。

可以用图 2-2 来阐释自由贸易均衡。图 2-2(a)中展示的是母国均衡,图 2-2(b)中展示的是外国均衡。起初母国的自给自足均衡位于点 A,由于母国商品 1 的相对价格上升,生产将移动到点 B,通过此点的价格线的斜率绝对值即为价格 p。同样,这一价格线对于消费者而言将扮演类似于预算约束的角色。消费者效用将在点 C 达到最大化。位于点 B 的生产和位于点 C 的消费之间的不足和过剩将通过出口商品 1 及进口商品 2 来进行调整。这一调整部分可以用一个"贸易三角"来表示。这一贸易模式符合上面的赫克歇尔-俄林定理。另一方面,外国的情况正好相反:商品 1 的相对价格下降 ($p^{a*}>p$),生产从自给自足均衡下的点 A^* 移动到点 B^*。消费者在点 C^* 进行消费,进口商品 1 并出口商品 2。值得注意的是母国和外国的"贸易三角"大小相同:一个国家的出口必然等于另一个国家的进口。

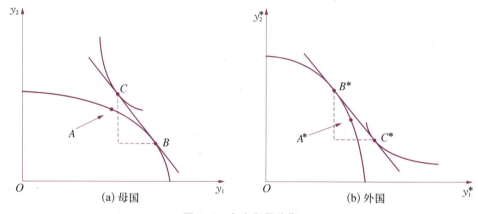

图 2-2 自由贸易均衡

HO 模型不仅能够对贸易模式进行分析,而且能够揭示谁从贸易中受益,谁从贸易中受损:各国相对丰裕的要素从贸易中获益,而相对稀缺的要素受损。这一结果可以从相对价格的变化和斯托尔帕-萨缪尔森定理(Stolper-Samuelson theorem)中得出。随着母国商品 1 相对价格的上升,在该商品生产中密集使用的要素(劳动)将实际受益,而另一要素(资本)将实际受损。请注意:劳动是母国的相对丰裕要素。$L/K > L^*/K^*$ 意味着相对于外国而言,劳动要素原本在母国的自给自足均衡中收益更少:它在母国的边际产出(对于两种商品)原本会低于其在外国的边际产出。然而,在自由贸易的条件下母国可以将生产向劳动密集型商品移动并出口这种商品,这样便在不降低相对丰裕要素收益的情况下将其吸纳到生产中去。要素价格在自由贸易后实现了价格均等。这样,原本在自给自足中要素价格较低的富余要素将在自由贸易中获益,而各国的稀缺要素将受损。以上关于 HO 模型的陈述还停留在本科阶段。在演示了图 2-2 所示的相关内容之后,通常需要提供一些粗略的数据或例子来进一步阐释 HO 定理(例如美国有很多科学家,于是出口高科技产品;加拿大拥有广袤的土地,所以出口自然资源;等等)。这些说法似乎具有一定的说服力,但实际的贸易模式并不如 HO 模型所预示的那样,这说明该模型的理论假设并不完全符合现实。然而,这却花费了很多年才弄清楚为什么会是如此。第二节从最早的研究里昂惕夫(Leontief,1953)来探讨这一问题。

第二节 里昂惕夫之谜

里昂惕夫(Leontief,1953)最早将数据运用于 HO 模型的研究。他开发了一套美国经济的投入产出表,并计算了 1947 年各产业中劳动和资本的使用量。在此基础上,他利用美国同年的贸易数据来计算每生产一百万美元出口和进口产品中劳动和资本的使用量,其结果可以用表 2-1 来表示。

表 2-1 里昂惕夫检验的投入产出表

	出　口	进　口
资本(百万美元)	2.5	3.1
劳动(人/年)	182	170
资本/劳动(美元/人)	13 700	18 200

注:每一列显示的是 1947 年美国生产价值 100 万美元出口品或进口品所需要的资本或劳动量。

里昂惕夫先估计了在每一百万美元出口中资本和劳动的使用量。这一计算首先需要估计在各出口产业中直接使用的劳动和资本,以及间接使用到诸如那些为出口产业提供中间产品的产业中的劳动和资本。从表 2-1 第一行中可以看到,在每一百万美元出口中有 250 万美元价值的资本被使用。这一资本数量看似有点太高了,如果认识到所衡量的是资本存量,那么实际耗费只是这个存量每年的资本折旧。对于劳动,有 182 人/年被用来生产这些出口产出。做一个比率计算,发现每单位劳动和 13 700 美元单位的资本一起被投入到生产出口产出(间接的和直接的)中去。

现在来考虑进口产品的计算,此时会遇到一个问题:除非能了解外国的生产技术,否则将不能估计进口商品生产中所使用的资本和劳动。然而,里昂惕夫在 1953 年并不了解这一点,直到最近才有研究者开始用外国的生产技术相关数据来检验 HO 模型,这在后面将会谈到。所以,里昂惕夫的方法和现在许多研究者所用的方法相同:他简单地使用美国的生产技术来计算进口商品中资本和劳动的使用量。那么,是因为他的这一做法对于 HO 模型的检验无效吗？也不尽然。因为 HO 模型的假设是国家间的生产技术水平相同。那么，在零假设（null hypothesis）是 HO 模型为真的情况下，用美国的生产技术来计算进口中资本和劳动的使用量是合理的。如果发现这一零假设被拒绝，那么一个解释是生产技术相同的假设可能是错误的。

用美国的生产技术来计算进口中直接和间接的劳动和资本的使用量，就会得到如表 2-1 第三列所示的估计：310 万美元的资本，以及 170 人/年的劳动，于是得到在 18 200 美元进口总值中资本和劳动的投入比率。显然，这比出口中的资本劳动比率高。在 1956 年，认为美国是资本禀赋相对丰裕的国家，这似乎和 HO 定理相矛盾了。这一发现被称作"里昂惕夫之谜"。

对于这一谜题有许多不同的解释，包括：美国和国外的生产技术不尽相同；仅仅关注资本和劳动，忽略了土地；劳动应该根据技术熟练程度进行细分（因为如果美国出口熟练劳动密集型产品的话将不足为奇）；1947 年的数据可能不具代表性，因为二战刚刚结束；贸易并不如 HO 模型所假设的那样是完全自由的。

以上都是对里昂惕夫检验的批评。在他之后，许多研究试图在考虑到诸如土地、熟练劳动与非熟练劳动、考察其他年份数据等因素的基础上重做里昂惕夫的检验。迪尔多夫（Deardorff，1984a）对这些研究做了很好的梳理总结，大致的结论是"里昂惕夫之谜"仍然在一些情况下会出现。直到最近几十年，利默（Leamer，1980）对"里昂惕夫之谜"进行了评判：结果是里昂惕夫的检验根本就是错的。也就是说，即便 HO 模型是对的，表 2-1 中出口和进口中的资本劳动比率也不应该被用来做比较，而是应该做另外一个检验。利默提出的这一检验依赖于由瓦尼克（Vanek，1968）发展而来的"要素含量"版本的 HO 模型。下面对此作详细介绍。

第三节 赫克歇尔-俄林-瓦尼克模型

假设有多个国家，用 $i=1,\cdots,C$ 来表示；多个产业，由 $j=1,\cdots,N$ 来表示；多种要素，用 $k=1,\cdots,M$ 来表示。仍假设国家间生产技术相同、自由贸易条件下要素价格均等、各国家消费者偏好是位似的。

令 $M\times N$ 矩阵 $A=[a_{jk}]$ 表示在各产业中每单位生产所需劳动、资本、土地及其他主要要素的数量①，且这个矩阵对于这些国家都适用。矩阵的行用来表示不同的要素，列则用来表示不同的产业。例如，在两个国家两种要素的情况下，这一矩阵形式为 $A=\begin{bmatrix}a_{1l}&a_{2l}\\a_{1k}&a_{2k}\end{bmatrix}$。接下来，用单列 $N\times 1$ 矩阵 Y^i 表示国家 i 各产业的产出，令单列 $N\times 1$ 矩阵 D^i 表示对各商品的需求，于是 $T^i=Y^i-D^i$ 就等于国家 i 的净出口矩阵。贸易中的

---

① 这一矩阵应该既包含用来直接生产的主要要素，也包含间接地被用来生产中间产品的主要要素。在实践中，间接要素用经济的投入产出表来度量。用 $M\times N$ 的矩阵 $\widetilde{A}$ 表示直接要素投入，$M\times N$ 矩阵 B 表示投入产出，经计算全要素投入为 $A=\widetilde{A}(1-B)^{-1}$。

要素含量可以被定义为 $F^i \equiv AT^i$，这是一个 $M \times 1$ 的单列矩阵。用 F_k^i 来表示 F^i 矩阵中的一个元素，正值意味着其代表的要素被出口，而负值意味着这一要素被进口。例如，在只有劳动和资本的情况下，贸易中的要素含量矩阵为 $\begin{bmatrix} F_l^i \\ F_k^i \end{bmatrix} \equiv AT^i$。HOV 模型的目的在于将贸易中的要素含量 AT^i 与该国家 i 的要素禀赋相联系起来。为了这一目的，可以先计算 AY^i 和 AD^i。其中，AY^i 等于国家 i 对于各要素的需求，AY^i 等于国家 i 的要素禀赋，可以将其写成 $AY^i = V^i$。考虑 AD^i，这一项由于消费者偏好位似假设而得以简化。既然商品价格由于完全自由贸易而相等，那么各国间的消费向量将保持一定的比例，将其写成 $D^i = s^i D^w$，其中 D^w 表示世界的消费向量，而 s^i 为国家 i 在世界上的消费比例。于是有 $AD^i = s^i AD^w$。注意到如果贸易是平衡的，s^i 也等于国家 i 在世界 GDP 中的份额。既然全世界的消费必须等于产出，由此可得 $AD^i = s^i AD^w = s^i AY^w = s^i V^w$，其中，最后一个等式是世界水平的充分就业条件。利用 AY^i 和 AD^i 的表达式，由此可以证明：

$$F^i \equiv AT^i = V^i - s^i V^w \tag{2.1}$$

这是赫克歇尔-俄林-瓦尼克模型（HOV 模型）。对于单个的生产要素，也可以将其写成 $F_k^i = V_k^i - s^i V_k^w$。如果国家 i 的相对于世界的要素 k 的禀赋超过其占世界 GDP 的份额（$V_k^i / V_k^w > s^i$），那么就说国家 i 拥有相对丰裕的该要素。在此情况，式（2.1）意味着要素 k 的贸易要素含量应该是正的（$F_k^i > 0$），如果国家 i 在要素 k 上是相对稀缺的，即 $V_k^i / V_k^w < s^i$，结论则相反。

关于里昂惕夫之谜，HOV 定理告诉了我们什么？为了回答这一问题。下面以要素含量向量中的两个要素为例，即劳动和资本。它们可以表示为：

$$F_k^i = K^i - s^i K^w \tag{2.2}$$

$$F_l^i = L^i - s^i L^w \tag{2.3}$$

其中，F_k^i 和 F_l^i 是可计算的贸易要素含量，K^i 和 L^i 分别是国家 i 的资本和劳动要素禀赋。根据利默（Leamer，1980），如果 $K^i / K^w > L^i / L^w$，就定义国家 i 的资本相对于劳动而言是丰裕的。利用式（2.2）和式（2.3），可以得到**定理**：如果国家 i 的资本相对于劳动而言是丰裕的，则 HOV 定理（2.1）表明国家 i 在生产中所包含的资本/劳动比率超过在消费中所包含的资本/劳动比率：

$$K^i / L^i > (K^i - F_k^i)/(L^i - F_l^i) \tag{2.4}$$

证明：由式（2.2）和式（2.3）有 $K^w = (K^i - F_k^i)$ 和 $L^w = (L^i - F_l^i)/s^i$。从而，可以得到 $K^i / K^w = s^i K^i / (K^i - F_k^i)$ 和 $L^i / L^w = s^i L^i / (L^i - F_l^i)$。于是，$K^i / K^w > L^i / L^w$ 意味着 $K^i / (K^i - F_k^i) > L^i / (L^i - F_l^i)$，由此可得式（2.4）。

注意：K^i 和 L^i 仅仅是资本和劳动的禀赋，即包含在生产中的资本和劳动。如果减去包含在贸易中的这些要素含量，则其结果可以被定义为消费的要素含量，也即 $K^i -$

F_k^i 和 $L^i - F_l^i$。那么,式(2.4)表明:在生产中包含的资本/劳动比率(等式左边)必定大于在消费中所包含的资本/劳动比率(等式右边)。

对美国 1947 年的数据进行比较的结果列于表 2-2 中。第一列为在生产中的资本和劳动的禀赋,第二列为消费中所包含的资本和劳动。做一个比率计算,可以发现在生产中包含的资本/劳动比率大于在消费中包含的资本/劳动比率。这即是 HOV 定理的准确应用,对比美国 1947 年的数据其结果令人满意,而与里昂惕夫的结论相反。于是,里昂惕夫悖论根本就不存在了!

表 2-2 对里昂惕夫检验的再检验

	生 产	消 费
资本(十亿美元)	327	305
劳动(百万人/年)	47	45
资本/劳动(美元/人)	6 949	6 737

注:每一列表示的是 1947 年美国在生产或消费中所包含的资本或劳动的量。

用图示有助于理解 HOV 定理和利默的研究结果。在图 2-3 中,横轴的长度是世界劳动禀赋 $L^w = L^1 + L^2$,纵轴的长度是世界资本禀赋 $K^w = K^1 + K^2$。国家 1 的原点位于左下方,国家 2 的原点位于右上方。因此,在这个世界资源禀赋盒装图内的任意一点都可以衡量两个国家的资源禀赋(L^i, K^i)。假设资源禀赋位于点 V^i,则国家 1 劳动相对丰裕,也即 $L^1/K^1 > L^w/K^w > L^2/K^2$。

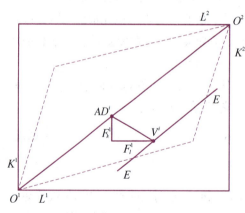

图 2-3 HOV 定理和利默研究的直观图

在 HOV 模型的假设下,每个国家的消费量 D^i 与世界的消费量 D^w 是成比例的。这意味着消费的要素含量 AD^i 与 $AD^w = V^w$ 成比例。换而言之,消费的要素含量必须位于世界资源禀赋盒子的对角线上,如点 AD^i 所示。所以,连接点 V^i 和点 AD^i 的直线测度了贸易的要素含量。在图 2-3 中,国家 1 出口 F_l^1 单位的劳动服务,并进口 F_k^1 单位的资本服务。连接点 V^i 和点 AD^i 的直线斜率可以测度要素价格的比率。

利默定理(Leamer,1980)表明:一方面,如果国家 1 劳动相对丰裕,那么其在生产中包含的劳动/资本比率一定超过其在消费中所包含的劳动/资本比率。也就是说,既然消费点 AD^i 必须位于对角线上,那么它必然的位于资源禀赋点 V^i 的左上方。尽管这在图中非常明显,但要注意到这根本不取决于贸易平衡与否。例如,假设国家 1 有贸易顺差(其总产出价值超过消费),则将沿对角线将消费点 AD^i 向左下方移动。而这不会对生产以及消费中的资本/劳动力比率产生任何影响。所以,利默关于 HOV 定理的检验对于贸易不平衡的情况也是稳健的。确实,利默(Leamer,1980)认为这就是里昂惕夫初始检验方法的关键问题：在非平衡贸易条件下，里昂惕夫检验 HOV 定理的方法不是有效的。1947 年的美国存在贸易顺差，并且包含在贸易中出口的既有劳动又有资本。另一方面，保持消费点 AD^i 不动，可以将要素禀赋沿着直线 EE（平行于对角线）移动。通过画出对角线上的要素贸易三角，可以发现沿着直线 EE 的禀赋具有相同的贸易要素含量。

第四节　HOV 定理的局部检验

HOV 定理在式（2.1）中的表述说明该定理的"完整检验"（complete test）的步骤过程：只要先计算等式的左边（使用贸易量 T^i 和技术 A 的数据），再计算右边（使用禀赋 V^i 和 V^w 的数据），然后对其进行比较。根据它们相符合的程度，就可以判定这个定理的实证检验成功与否。这种"完整检验"需要许多国家的贸易和资源禀赋数据，以及至少一个国家的技术相关数据。这些数据容易获得的①。由此，许多研究者包括里昂惕夫本人只使用两类数据，而不是三类，完成了可以称之为 HOV 模型的"局部检验"（partial test），在考虑"完整检验"之前，先回顾几个"局部检验"。

令商品的数目等于要素的数目，由此 A 是一个方阵，假设它是可逆的，故可以将式（2.1）改写成：

$$T^i = A^{-1}(V^i - s^i V^w) \tag{2.5}$$

这一等式可以通过几种方法来进行检验。首先，如果将矩阵 A^{-1} 视为数据，那么就可以进行 T^i 对 A^{-1} 的回归，得到的系数可以作为对每种要素丰裕程度的估计。鲍德温（Baldwin，1971）完成了一个类似这种方法的检验，但他不是用 T^i 对 A^{-1} 进行回归，而是用 T^i 对 A' 进行回归。以两种要素和三种商品为例，矩阵 A' 为 $\begin{bmatrix} a_{1l} & a_{1k} \\ a_{2l} & a_{2k} \\ a_{3l} & a_{3k} \end{bmatrix}$。据此，鲍德温用每个产业修正后的净出口②对每单位产品所需劳动和资本进行了回归。运用美国 60 个产业在 1960 年前后的数据，并将工人按类型进行细分，鲍德温（Baldwin，1971）得出以下结果：

修正后的净出口＝ －1.37×（实物资本／工人）＋7 011×（科学家／工人）
　　　　　　　－1 473（管理者／工人）＋71×（文书人员／工人）
　　　　　　　＋1 578×（技工和领班／工人）＋248×（操作人员／工人）
　　　　　　　＋761×（非熟练雇员／工人）＋845×（农场主／工人）
　　　　　　　＋…（其他变量，包括产业规模和工会组织）

---

① 很多国家的投入产出表和双边贸易数据都可以从经合组织（OECD）的 STAN 和 I-O 数据库中得到。也可以在 www.internationaldata.org 上查找贸易和生产的数据。
② 修正后的净出口的定义是每百万美元总出口中的产业出口减去每百万美元总进口中的产业进口。

$$N=60, R^2=0.44, *\text{ 表示}95\%\text{的显著水平}$$

由此,通过观察美国的各产业,鲍德温发现那些雇用了更多科学家、技工和领班以及农场主的产业倾向于拥有更多的出口。在预测美国出口中科学家以及农场主发挥着重要作用,这一点也不令人惊讶,因为美国是熟练劳动力和土地相对丰裕的国家,技工和领班起着重要作用或许也是合理的。然而,令人吃惊的是,在第一个变量即实物资本/工人出现了负系数。从字面上来看,这意味着美国人均资本较高的产业将倾向于较少的出口。如果美国是资本丰裕的国家,这将与预期相反。因此,这一结果与里昂惕夫之谜相似。

在鲍德温之后许多研究者又对以上回归重新进行了验证,得出的结论也不尽相同:有时候资本的系数是正的,但其他时候又为负的(Deardorff,1984a)。该如何对待这些结果呢?正如对里昂惕夫悖论的讨论那样,可以质疑鲍德温的方法是不是对HOV模型的有效检验。由式(2.5)可知,一个有效的检验应当是用T^i对A^{-1}进行回归,而相反,鲍德温用T^i对A'进行回归。为看清这样做的结果,运用普通最小二乘法(OLS)公式可以得到回归系数β:

$$T^i = A'\beta \Rightarrow \hat{\beta} = (AA')^{-1}(V^i - s^i V^w) \tag{2.6}$$

其中,最后一个等式由HOV定理而来。由此,可以看到$\hat{\beta}$是相对要素禀赋向量的一个"非纯粹估计"(contaminated estimate)。也就是说,$\hat{\beta}$不等于相对要素禀赋向量,而是等于正定矩阵$(AA')^{-1}$乘以$(V^i - s^i V^w)$。因为$(AA')^{-1}$并非单位矩阵,所以$\hat{\beta}$中元素的符号不同于$(V^i - s^i V^w)$的符号是完全有可能的①。换言之,即便美国是资本富余的国家且HOV定理成立,使用鲍德温的回归方法得到一个负的资本系数仍然是有可能的:这和HOV定理并不矛盾,因为和最初的里昂惕夫的方法一样,这是一个错误的检验。然而,$\hat{\beta}$和$(V^i - s^i V^w)$符号的差异可以用$(AA')^{-1}$的实际数据来检验。这正是鲍恩和斯文考卡斯(Bowen and Sveikauskas,1992)所采用的方法,他们认为这种符号逆转在现实中是极不可能出现的。因此,鲍德温的回归方法在现实中可以被接受的,而实际上,它被罗马里斯(Romalis,2004)应用到近期的研究中②。作为一种证明贸易如何与产业要素需求相关联的描述性工具,这一回归方法是有意义的,但作为HOV定理的一种"确定性检验"(definitive test),基于以上的理由,它并不合适。

对HOV定理的第二种"局部检验"始于利默(Leamer,1984)。与鲍德温相反,利默检验式(2.5)时,把要素禀赋$(V^i - s^i V^w)$视为数据,估计A^{-1}的元素。为描述这一检验,注意到式(2.5)可以应用到所有国家。重点考虑单一产业j,将A^{-1}中的元素用β_{jk}来表示,可以把式(2.4)写成标量形式:

$$T^i_j = \sum_{k=1}^{M} \beta_{jk}(V^i_k - s^i V^w_k), \quad i=1,\cdots,C \tag{2.7}$$

注意上式的总和是对不同要素的,而观测值是来自不同国家。因此,为了进行回归

---

① 参考 Leamer and Bowen(1981)以及 Aw(1983)。
② 罗马里斯的模型依赖于垄断竞争的框架,在后面章节会对此作进一步阐述。

估计,应该对多个国家 $i=1,\cdots,C$ 和单个产业 j 的观测数据进行合并,其中 β_{jk} 是被估计值。这些系数应该被理解为雷布津斯基效应,它们可以是正的或负的。

为进行这一回归,需要为净出口和生产要素选择某种加总方案。利默(Leamer,1984)运用了1958年和1975年60个国家的贸易数据进行研究。贸易数据按照国际贸易标准分类(SITC)进行整理。因为是可贸易商品,仅包括货物,诸如农产品、矿产品和制成品。利默将这些商品分成10类,如表2-3中第一列所示:两种初级产品(石油和原材料),四种农产品(林产品、热带农产品、动物产品和粮食),四种制成品(劳动密集型制成品、资本密集型制成品、机械和化学制品)①。经济中还隐含地存在着第11种商品来代替所有的非贸易商品,因此利默把总GNP作为一个加总来反映这一项。同时,也有11种生产要素列在表2-3的第一行:资本,三种类型的工人(按照熟练程度来划分),四种类型的土地(按照气候来划分),以及三种自然资源(煤,矿产品和原油)。从构建上所有商品的种类等于生产要素的种类数。通过将1975年每一加总量的净出口对该国要素禀赋进行回归,可以得到系数 β_{jk},其结果如表2-3所示。利默强调不必过于重视点估计量,但各系数的符号应引起关注,尤其是当估计量显著不为零时。一方面,在解释作为雷布津斯基效应的系数时,要注意资本禀赋的增长是与所有制成品净出口的增长相关联的,同样,对于非职业和文盲工人禀赋的增长也是如此。相反,大部分类型土地或职业技术工人的增长是与制成品净出口的下降密切相关的。对这些结果的理解是,相比制造业而言,土地的增长对于农业更有利。另一方面,职业技术工人数量的增长对非贸易类服务比对制造业更有利。

表2-3 利默(Leamer,1984)雷布津斯基效应的估计

	资本	熟练工人	非熟练工人	中等熟练工人	土地1	土地2	土地3	土地4	煤	矿产品	原油	R^2
GNP	453**	15 683**	−445*	−480*	30**	−49**	81*	−27*	9.0**	2.8*	2.1**	0.997
初级产品												
石油	−18.4**	−248	−0.8	31*	0.5	7.9*	−5.4	0.3	−1.0*	−0.4	0.6**	0.92
原材料	−8.9**	127	−31.2**	−2.3	0.89	0.47	1.1	3.3**	0.45**	0.86**	0.04*	0.86
农产品												
林产品	−1.7	34	−18.8	8.4	−0.45	−2.7*	0.3	3.3*	−0.17	0.53*	0.08*	0.53
热带农产品	−2.9**	−30.1	8.9	5.6	2.0**	−1.1	4.5*	−3.9**	−3.0**	0.44*	0.05*	0.72
动物产品	−0.5	−42	−29.3	14.0	0.09	−0.34	5.6*	−1.3	0.17	0.28	0.05	0.22
粮食	−4.5**	70	−51.0*	−6.8	1.3*	−4.8**	16.1**	−3.6*	0.39*	0.97**	0.24*	0.86

---

① 形成这些加总量的方法涉及对每一组内未加总产品与加总产品之间跨国相关性的考察。也就是说,"谷物"是一个加总产品,因为从事这种产品出口的国家总体上倾向于大量出口这一组内的所有产品。事实上,在加总量中资本对工人的比率以及专业人员对所有工人的比率也应当是相似的。Feenstra 和 Hanson(2000)考虑了这种加总方案如何有可能导致贸易要素含量计算的偏差。

续 表

	资本	熟练工人	非熟练工人	中等熟练工人	土地1	土地2	土地3	土地4	煤	矿产品	原油	R^2
制成品												
劳动力密集型制成品	1.9	−397	42*	7.4	−0.97	0.00	−0.6	−1.6	−0.10	−0.09	−0.07*	0.13
资本密集型制成品	18**	−1 900**	116**	49**	−0.89	3.2*	−12**	−0.63	−0.12	−0.46*	−0.17**	0.86
机械制品	29**	−1 471*	38	33	−1.6	−1.5	−24**	−7.9*	1.0**	−1.1*	−0.27*	0.76
化学制品	4.1**	−154	−16.0	3.0	−0.57	−0.30	−6.0*	−1.0	0.3**	−0.15	−0.04*	0.51

注：GNP 以千美元为单位测度，资本以百万美元为单位测度，* 表示 $|t|>1$，** 表示 $|t|>2$。
资料来源：Leamer(1984,pp.163)。

因为估计的系数可为正或负，所以他们并不提供任何检验 HOV 定理的基础。相反，得依靠回归的总体拟合：如式(2.7)所示，由定理表明要素禀赋和贸易之间是线性关系，并可用拟合优度 R^2 来估计。在表 2-3 的最后一列，列出了从每个国家间回归得到的 R^2，它们在 0.13~1 变化。诚然，这些拟合优度是对该理论非常弱的检验，因为常常不想仅仅依靠方程的 R^2 来判断其理论的合理性。因此，尽管利默(Leamer,1984)的这一早期方法提供了对雷布津斯基效应的有效结论，但它对 HOV 定理的检验作用是有限的。

至此总结以上结果，并用表 2-4 来展示各研究者所采用的数据和研究方法。这些"局部检验"仅采用了两种数据来源，而下面将转向 HOV 定理的几种"完整检验"，并采用三种数据来源（贸易、技术和要素禀赋）。

表 2-4 HO 模型检验

	使用的数据			方 法
	贸易	技术	要素禀赋	
里昂惕夫(Leontief,1953)	是	美国	否	比较进口和出口中所包含的 K/L 比率
利默(Leamer,1980)	是	美国	否	比较生产和消费中所包含的 K/L 比率
鲍德温(Baldwin,1971)	是	美国	否	$\underbrace{T^i}_{\text{数据}} = A'\underbrace{(V^i - s^i V^w)}_{\text{数据}}$
利默(Leamer,1984)	是	否	是	$\underbrace{T^i}_{\text{数据}} = A^{-1}\underbrace{(V^i - s^i V^w)}_{\text{数据}}$
鲍恩等(Bowen 等,1987)	是	美国	是	符号检验和秩检验
特雷夫勒(Trefler,1993)	是	美国	是	考虑生产率参数 π_k^i
特雷夫勒(Trefler,1995)	是	美国	是	考虑生产率参数 δ^i（和其他）
戴维斯和温斯坦(Davis 和 Weinstein,2001a)	是	许多国家	是	从数据中估计 A^i

第五节 HOV 定理的"完整检验"

鲍恩、利默和斯文考卡斯(Bowen, Leamer 和 Sveikaukas, 1987)第一次对 HOV 定理进行了"完整检验"。他们提出了对等式(2.1)的两种检验如下：

符号检验
$$sign(F_k^i) = sign(V_k^i - s^i V_k^w), \quad i=1,\cdots,C; k=1,\cdots,M; \quad (2.8)$$

秩检验
$$F_k^i > F_l^i \Leftrightarrow (V_k^i - s^i V_k^w) > (V_l^i - s^i V_l^w), \quad i=1,\cdots,C; k=1,\cdots,M. \quad (2.9)$$

第一个检验简单地比较等式(2.1)左右两边的符号。对于 M 种要素和 C 个国家，总共有 MC 个观测值。并且，要关注的是等式两边符号相同的情况占多大的比例。注意到如同抛硬币这种完全随机事件，其符号在一个大样本中仍会得到约 50% 的正确比例。因此，为证明 HOV 定理是成功的，符号检验的结果必须远大于 50%。

秩检验涉及对每个国家全部要素的配对比较，因此对于这 C 个国家而言，共有 $M(M-1)/2$ 对。如果一种要素可计算的要素含量超过第二种，那么就检验第一种要素的相对富裕程度是否也超过第二种要素。同样，要素丰裕程度和相对禀赋的完全随机分布意味着在大样本下约 50% 的比较结果将满足秩检验。因此，期望实际数据能运行地远好于这一结果。事实上，在运用实际数据时，秩检验和符号检验的结果都很不理想。鲍恩、利默和斯文考卡斯运用 27 个国家和 12 种要素的数据，发现 61% 的情况满足符号检验，而有约 49% 的情况满足秩检验，这和抛硬币所能估计的结果类似。这一不理想的结果在后来特雷弗勒(Trefler, 1995)的计算中又被再一次证实了。他运用了 33 个国家和地区，以及 9 种要素的数据样本，得出的结果如表 2-5 所示。总体而言，当运用美国技术数据计算矩阵 A 时(表 2-5 中第 2 列)，符号检验只有 50% 的情形通过。秩检验也只有 60% 的情形通过(见第 4 列)。成功率低意味着 HOV 模型的某个假设是彻底错误的。

表 2-5 HOV 模型的结果

国家和地区	人均GDP	符号HOV		秩HOV		估计量	
		F	F^δ	F	F^δ	δ^i	t 统计量
	(1)	(2)	(3)	(4)	(5)	(6)	(7)
孟加拉国	0.04	0.33	0.78	0.75	0.78	0.03	47.71
巴基斯坦	0.08	0.33	0.67	0.72	0.78	0.09	32.10
印度尼西亚	0.11	0.22	0.67	0.67	0.67	0.10	39.51
斯里兰卡	0.12	0.22	0.56	0.42	0.67	0.09	14.85
泰国	0.16	0.22	0.67	0.69	0.72	0.17	23.80
哥伦比亚	0.21	0.33	0.89	0.81	0.86	0.16	18.41

续 表

国家和地区	人均GDP	符号HOV		秩HOV		估计量	
		F	F^δ	F	F^δ	δ^i	t统计量
	(1)	(2)	(3)	(4)	(5)	(6)	(7)
巴拿马	0.23	0.33	0.78	0.56	0.78	0.28	3.24
南斯拉夫	0.30	0.56	0.67	0.44	0.61	0.29	11.35
葡萄牙	0.30	0.22	0.78	0.53	0.58	0.14	9.63
乌拉圭	0.31	1.00	0.11	0.72	0.53	0.11	19.46
希腊	0.35	0.11	0.56	0.47	0.75	0.45	4.63
爱尔兰	0.39	0.67	0.44	0.53	0.39	0.55	2.91
西班牙	0.41	0.22	0.78	0.39	0.69	0.42	9.40
以色列	0.60	0.67	0.89	0.39	0.69	0.49	2.91
中国香港	0.61	0.67	0.89	0.83	0.72	0.40	4.12
新西兰	0.62	0.44	0.22	0.53	0.61	0.38	7.89
奥地利	0.65	0.56	0.67	0.53	0.47	0.60	3.03
新加坡	0.66	0.56	1.00	0.60	0.61	0.48	2.11
意大利	0.66	0.67	0.33	0.78	0.67	0.60	7.16
英国	0.66	0.67	0.78	0.58	0.64	0.58	8.04
日本	0.66	0.78	0.67	0.78	0.78	0.70	7.15
比利时	0.67	0.67	0.78	0.61	0.53	0.65	2.73
特立尼达	0.69	0.67	1.00	0.50	0.53	0.47	1.25
荷兰	0.69	0.44	0.44	0.53	0.47	0.72	2.66
芬兰	0.70	0.33	0.44	0.47	0.50	0.65	2.17
丹麦	0.72	0.44	0.44	0.53	0.42	0.73	1.92
德国	0.73	0.56	0.67	0.81	0.78	0.78	3.80
法国	0.73	0.33	0.33	0.08	0.22	0.74	4.84
瑞典	0.75	0.44	0.44	0.67	0.36	0.57	4.09
挪威	0.82	0.44	0.44	0.61	0.78	0.69	1.80
瑞士	0.91	0.89	0.89	0.56	0.47	0.79	1.41
加拿大	0.95	0.56	0.22	0.89	0.56	0.55	9.82
美国	1.00	0.89	0.56	0.92	0.72	1.00	
所有国家和地区		0.50	0.62	0.60	0.62		

注释：列(1)是人均GDP相对美国人均GDP。列(2)和(4)是假定所有国家和美国有相同技术条件下符号和秩的检验结果。列(3)和(5)考虑统一的技术差异δ^i条件下符号和秩的检验结果。列(6)是δ^i的估计值,列(7)是零假设$\delta^i=1$的渐进t统计值。

资料来源：Trefler(1995)。

鲍恩、利默和斯文考卡斯以及特雷弗勒(Trefler,1995)对数据进行了一些测试检验,试图去确定 HOV 模型中哪一条假设最有可能导致结果失败。他们得出的结论:国家间技术相同的假设是最不合理。他们相应提出一个 HOV 模型的扩展形式,即允许国家间拥有不同的技术,作为对里昂惕夫之谜(Leontief,1953)的一种解释。

第六节 对跨国间不同技术建模

有两种方法可以将技术差异引入 HOV 模型:一种是对不同国家的要素生产率建模,另一种是对要素需求矩阵 A 的差异建模。这两种方法是紧密相关的,譬如说在某国一种要素的生产率低 10%,即每单位产量需要多使用 10% 的该种要素。但是,将这两种方法视为不同将有利于讨论。

特雷弗勒(Trefler,1993)采用第一种方法,即允许各国所有生产要素的生产率不同。唯一的例外是美国,他将美国视为基准国家,将其要素生产率标准化为 1。因此,令 π_k^i 表示 i 国要素 k 相对于美国该要素的生产率。就单位效率而言,i 国要素 k 的有效禀赋变为 $\pi_k^i V_k^i$。令 A 表示每个产业单位产出所需的有效要素数量。假设从有效要素价格来看,要素价格均等化成立,那么在技术相同的条件下,矩阵 A 在国家间是相同的。因此,继续用 $F^i \equiv AT^i$ 测度贸易的要素含量。那么,HOV 等式(2.1)可以依据有效要素禀赋改写为:

$$F_k^i = \pi_k^i V_k^i - s^i \sum_{j=1}^{C} \pi_k^i V_k^i, \quad i=1,\cdots,C; k=1,\cdots,M \qquad (2.10)$$

在式(2.10)中有 MC 个方程,$M(C-1)$ 个生产率参数。然而,这些方程并不是独立的。如果将 $i=1,\cdots,C$ 个国家的式(2.10)进行加总,那么方程两边都必定等于零:世界的出口等于进口,即便采用要素含量计算也是如此。所以,可以删除一个国家的方程,在此将美国删去,留下 $M(C-1)$ 个方程和 $M(C-1)$ 个参数。这些方程"几乎在任何地方"将都是独立的,即对于几乎所有关于禀赋和贸易要素含量的数据集这些方程都是独立的。而且,式(2.10)中的生产率参数是线性的,所以 $M(C-1)$ 个方程可以进行逆变换从而唯一地确定这些参数。由此,可以得到如下定理:如果允许除一个国家外的所有国家的全部要素具有不同的要素生产率 π_k^i,那么对几乎所有数据集都将存在一个生产率的解 π_k^i,使对于 $i=1,\cdots,C; k=1,\cdots,M$,等式(2.10)都成立。

这一结论的异常特征是,HOV 等式变得不再可检验:通过选择生产率参数,它变成恒等式。那么,如何判断 HOV 模型是对现实的合理描述呢?特雷弗勒推荐了两种方法:第一,需要检验生产率参数是否为正,在式(2.10)的求逆变换中无法保证这一点;第二,可以将这些参数与其他经济数据进行比较来评价这些生产率参数在多大程度上是合理的。譬如,把不同国家的劳动生产率参数与其工资进行比较就是合乎意义的。如果要素价格均等化就有效禀赋而言是成立的,那么生产率参数 π_k^i 应当与 i 国的要素价格非常匹配。

图 2-4 展示了特雷弗勒对劳动力进行检验的结果。横轴代表估计的生产率 π_k^i,纵

轴代表不同国家和地区的工资(两者都是相对于美国而言)。这两组变量的观测值之间有着相当密切的关联:估计的 π_k^i 与实际的工资之间的相关系数达到 0.9。因为国家间的工资差距应该实际反映出工人的生产率,图 2-4 中两者的高度相关支持了特雷弗勒对 HOV 模型的拓展。

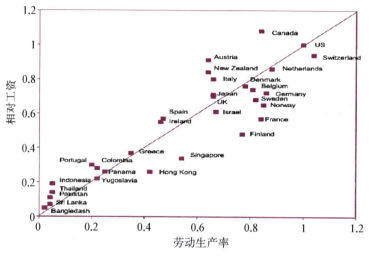

图 2-4 对劳动力的检验

下面转向引入生产率差异的第二种方法,特雷弗勒(Trefler,1995)允许不同国家的要素需求矩阵 A^i 存在差异,而假定要素禀赋的单位效率没有差别。他选择限制矩阵 A^i 的差异范围使 HOV 方程不会出现完全拟合的情况。这意味着回到了传统的计量方法:选择 A^i 的参数来最小化 HOV 方程的残差平方和。为此,需要按照国家间某种要素生产率差异来对 A^i 建模。特雷弗勒最初考虑的情形是矩阵 A^i 在国家间相差一个定额(uniform amount):

$$\delta^i A^i = A^{US}, \tag{2.11}$$

进一步可得 $A^i = A^{US}/\delta^i$。当 $\delta^i < 1$ 时,意味着 $A^i > A^{US}$,因此 i 国的生产率更低,相对于美国而言就需要更多单位的劳动、资本和其他资源。

在式(2.11)的假设下,需要重新推导 HOV 方程。根据充分就业条件,仍然有 $A^i Y^i = V^i$。继续假设国家间拥有相同且位似的消费偏好,那么贸易的要素含量可以计算为:

$$A^i T^i = A^i Y^i - A^i D^i = V^i - A^i (s^i D^w) = V^i - A^i \left(s^i \sum_{j=1}^{C} Y^j \right) \tag{2.12}$$

对式(2.12)两边同时乘以 δ^i。左边得到 $\delta^i A^i T^i = A^{US} T^i \equiv F^{iUS}$。也就是说,把 F^{iUS} 定义为使用美国要素需求矩阵计算出的 i 国的贸易要素含量(即里昂惕夫以及上述其他研究者曾使用过的方法)。因 $\delta^i A^i = A^{US}$,将其代入式(2.12)右边乘以 δ^i 后的求和项中,得到 $\sum_{j=1}^{C} A^{US} Y^j = \sum_{j=1}^{C} \delta^j A^j Y^j = \sum_{j=1}^{C} \delta^j V^j$,其中最后一个等式运用国家 $j = 1, \cdots, C$ 的充分就业条件得来。将这些结果代回到式(2.12),由此可得

$$F^{iUS} \equiv A^{US}T^i = \delta^i V^i - (s^i \sum_{j=1}^{C} \delta^j V^j) \qquad (2.13)$$

这变成了当考虑国家间相同的技术差异时 HOV 定理的表达式：左边是以美国技术水平衡量的贸易要素含量，应该等于右边用每个国家技术参数修正过的相对要素禀赋。然而，与式(2.10)不同，式(2.13)并不完全成立，所以可以引入一个附加的误差参数 δ^i，以使该方程的残差平方和为最小。

特雷弗勒(Trefler,1995)从等式(2.13)得出的 δ^i 的估计值显示在表 2-5 中的列(6)、列(7)是检验零假设 $\delta = 1$ 的渐进 t 统计量。显然，大多数国家的技术发展水平显著地低于美国的技术发展水平。而且，列(6)的 δ^i 和列(1)中每个国家相对于美国的人均 GDP 之间有着密切联系：两者的相关系数为 0.89。如果国家间人均 GDP 差异主要由技术来解释，那么这种很强的相关关系就支持了这一模型。

应该怎样比较特雷弗勒(Trefler,1993)和特雷弗勒(Trefler,1995)这两个模型呢？国家间要素生产率差异 π_k^i 的完全检验使 HOV 方程完美拟合，但这是由于存在许多"自由"参数的缘故。只允许标量生产率差异 δ^i 的假设太过简略，只有 $(C-1)$ 个自由参数而不是 $M(C-1)$ 个。比较这两个模型的一种方法就是考察对参数的限制，在多大程度上提高了对 HOV 方程的拟合度。也就是说，可以比较 HOV 方程式(2.1)、式(2.10)或式(2.13)中左边与右边估计量的方差，以此作为对模型 R^2 的衡量，且同时考虑这些估计方法本身的"合理性"，这种方法即可用来评价这一模型。

考虑最初的式(2.1)HOV 方程，其中没有任何生产率参数。对于特雷弗勒的数据，要素含量 F_k^i 的方差相对国家资源禀赋 $V_k^i - s^i V_k^w$ 的方差只有 0.032！特雷弗勒(Trefler,1995)将此称为"丢失的贸易"之谜：测度的贸易要素含量与相对禀赋 $V_k^i - s^i V_k^w$ 比较显得太小了。在另一个极端，当考虑国家间要素生产率差异的完整检验时，得到了完全拟合的 HOV 方程——式(2.10)，因此左右两边的比率是 1。在这两个极端假设之间，可以考虑统一的生产率差异 δ^i，以使式(2.13)中的残差平方和最小化。从这一方程得出的 R^2 为 0.486。这也就是说，接近一半"丢失的贸易"可以通过假设国家间统一的生产率差异来解释。这是一个令人鼓舞的结果！重新进行符号检验——即比较式(2.13)左右两边的符号，结果显示 62% 的情形得到了正确的符号即表 2-5 中的列(3)，而不是在没有标量生产率差异时所得到的仅仅 50%。

特雷弗勒(Trefler,1995)进而继续考虑对 HOV 框架的其他修改，包括设置对要素生产率差异的限制(假设富国和穷国之间不同)，偏好差异，以及消费上存在对"本国"商品的偏好。他认为这些修正对于进一步解释"丢失的贸易"作用有限，因而更倾向于在初始模型中假设统一的生产率差异。

第七节 使用各国不同技术的数据

表 2-4 中大多数使用三类数据对 HOV 定理的"完整检验"，仍然依赖于美国的技

术矩阵。这还是由于数据的限制：其他国家的要素需求以及相关的要素和产业数据直到近几年才可以获得。获得这些数据后，下一步就是利用它来构建各国家之间的矩阵 A^i，而不再是仅仅使用美国的技术矩阵。这即是戴维斯和温斯坦（Davis 和 Weinstein，2001a）所采用的方法。要指出的是，戴维斯和温斯坦估计了国家间技术矩阵 A^i 的差异，而不是采用 A^i 的实际数据，因为后一种方法会有较大风险：构建的贸易要素含量等于所构建的国家相对禀赋。特雷弗勒（Trefler，1993）也遇到同样的问题，他设置了足够多的生产率参数以使 HOV 方程能够很好地拟合。如果使用实际技术矩阵来构建贸易要素含量，那么 HOV 等式将再一次作为恒等式而成立。

除了对 A^i 使用国家间的实际数据，还假设每种商品的产出在世界各国的分布与购买国的 GDP 成比例①。现在考察国家间的双边贸易，令 X^{ij} 代表从 i 国到 j 国的总出口（注意这与 i 国的净出口有关：$T^i = \sum_{j \neq i} X^{ij} - \sum_{j \neq i} X^{ji}$）。运用以上关于商品产出在世界各国分布的假设，双边出口可以写成：

$$X^{ij} = s^j Y^i \tag{2.14}$$

其中，$s^j = GDP^j / GDP^w$ 是 j 国 GDP 占世界 GDP 的比率。为了计算这些双边出口的要素含量，利用出口国 i 的基本要素需求，并定义 $F^{ij} \equiv A^i X^{ij}$ 为从 i 国到 j 国的出口要素含量。由式（2.14）可得

$$F^{ij} \equiv A^i X^{ij} = s^j A^i Y^i = s^j V^i, \tag{2.15}$$

其中，最后的等式来自充分就业条件。

进行代数变换，可以将 i 国的相对禀赋改写成：

$$V^i - s^i (\sum_j V^j) = (1-s^i)V^i - s^i (\sum_{j \neq i} V^j) = (\sum_{j \neq i} s^j)V^i - s^i (\sum_{j \neq i} V^j)。 \tag{2.16}$$

利用出口要素含量等式 $F^{ij} = s^j V^i$。这一项关于所有目的地国 $j \neq i$ 求和后作为第一项出现在式（2.16）右边，可以将其理解为 i 国为向其他所有国家 $j \neq i$ 生产所需出口品时所使用的要素。类似，式（2.16）右边第二项是每个国家 $j \neq i$ 向 i 国生产所需出口品时所使用的要素。因此，用式（2.15）替换式（2.16）中右边各项，可得定理：如果每种商品的产出按照各购买国 GDP 的比例出口到各国，那么

$$V^i - s^i \sum_j V^j = \sum_{j \neq i} F^{ij} - \sum_{j \neq i} F^{ji} \tag{2.17}$$

等式右边第一项是从 i 国向所有国家出口的要素含量，第二项是 i 国从所有国家 $j \neq i$ 进口的要素含量。国家 $j \neq i$ 的多边净出口要素含量可以用这两者之间的差来计算，所以式（2.17）表明：国家 i 多边净出口的要素含量（右边）等于其相对要素禀赋（左边）。要强调的是：如果该定理的假设条件成立，那么这个 HOV 等式会自动满足。

特雷弗勒（Trefler，1996）的这一结论可以作为一个关于使用实际技术数据构建贸易要素含量的警告。如特雷弗勒（Trefler，1993）所示，允许国家间要素生产率的无限制

---

① 这一假定比偏好相同和同位更严格，"引力方程"刻画的就是这一模型。

差异,并利用实际技术数据可以很快得到式(2.17)中贸易要素含量与国家相对禀赋之间的恒等式。那么,这将不再是对定理的检验。特雷弗勒(Trefler,1996)进一步说明了如何将这一结果扩展到可纳入中间投入品的贸易,并建议未来的研究应将这一等式考虑进去。

第八节 贸易的其他检验

下面介绍检验贸易模型的其他方法。首先介绍迪尔多夫(Deardorff,1984b)所提出的对"比较优势法则"最一般的检验,这一方法并不依赖于 HO 模型。尽管这一方法很一般化,但遗憾的是它取决于国家自给自足条件下的价格信息,而这些信息通常不容易获取。于是,转而考察其他对于 HO 模型的检验,这些检验既不依赖于要素价格均等化,也不依赖于自给自足条件下的价格信息。赫尔普曼(Helpman,1984a)就做了这样的检验,它建立在布雷切和桥德尼(Brecher and Choudhri,1982b)的前期研究基础之上。崔和克里希纳(Choi and Krishna,2004)也做了实证应用研究。

迪尔多夫对于"比较优势"的检验源于简单的 2×2×2 模型。在图 2-2(a)中,当本国从自给自足转向自由贸易时,生产由 A 点转向 B 点,消费由 A 点转向 C 点。但生产和消费的移动都可以与一些由利润最大化、显示性偏好推出的不等式相联系。为说明这一点,用向量 Y^{ia} 来表示国家 i 在自给自足下的产量,p^{ia} 为自给自足下的价格向量,Y^i 为自由贸易下的产量。那么,利润最大化就保证了 $p^{ia'}Y^{ia} \geqslant p^{ia'}Y^i$。换而言之,在自给自足条件下的生产总值必须超过生产者选择可行的(但不是最优的)生产点 Y^i 的产值。在自给自足条件下,生产等于消费,也即 $p^{ia'}Y^{ia} = p^{ia'}D^{ia}$。现在考察自由贸易条件下的消费向量 D^i。在图 2-2 中很明显,代表性的消费者在自由贸易条件下比在自给自足条件下状况更好了:贸易带来了收益。根据显示性偏好原理,i 国的代表性消费者在自给自足价格下不能承受自由贸易条件下的消费向量,即 $p^{ia'}D^i \geqslant p^{ia'}D^{ia}$。将这些不等式联立可以得到:

$$p^{ia'}D^i \geqslant p^{ia'}D^{ia} = p^{ia'}Y^{ia} \geqslant p^{ia'}Y^i \tag{2.18}$$

比较这些表达式的第一项和最后一项,有 $p^{ia'}(D^i - Y^i) \geqslant 0$。由于国家 i 的净出口可以由 $T^i = Y^i - D^i$ 来表示,于是有 $p^{ia'}T^i \leqslant 0$。另一方面,此前隐含假设了国家间的贸易是平衡的,这也就意味着 $p'T^i = 0$,其中 p 为自由贸易的价格向量。由此,推导出迪尔多夫(Deardorff,1984b)的关键结论:

$$(p^{ia} - p)'T^i \leqslant 0 \tag{2.19}$$

这就是说,各国将倾向于出口($T^i_j > 0$)那些自给自足价格低于贸易价格的商品,而进口($T^i_j < 0$)自给自足价格高于贸易价格的商品,这个结论在 2×2×2 模型中也成立,其中本国出口商品 1($p > p^a$),进口商品 2。不等式(2.19)表明:在一般条件下这一结论对于任何数目的商品和要素都是成立的。

尽管以上结果是通过比较自由贸易和自给自足的情况而得到的,迪尔多夫(Deardorff,1984b)表明:即便比较自给自足和其他任何贸易模式(例如受到关税限制),这一结论仍然是成立的。因此,可以用实际数据来衡量贸易价格和数量,但正如在前面所提到的,自给自足状态下的均衡是难以度量的。一个可以观测到的这类均衡的独特例子是19世纪50年代中期的日本,其在随后19世纪60年代后期的明治维新中迅速转向更开放的贸易。伯恩霍芬和鲍恩(Bernhofen and Brown,2001)使用日本从1868年到1872年贸易模式的数据,连同19世纪50年代前后自给自足价格的各类信息,对式(2.19)的预测进行了直接检验。他们发现这一预测得到了很强的证实,从而支持了这个一般性的比较优势论述。

为了进行不依赖于自给自足信息的检验,回到 HO 模型的假设:国家间技术相同和规模报酬不变。与之前对 HOV 模型的公式构建不同,现在不再假设要素价格均等化成立,还允许各个国家处于不同的多样化锥之内。当国家间以价格向量 p 进行自由贸易时,用 $G(p, V^i)$ 来表示国家 i 的 GDP,其中 V^i 代表国家 i 的禀赋。注意到在技术相同的假设之下,无须对这一 GDP 函数本身按照国家不同进行编号。再一次考察国家间的双边贸易,并用 X^{ij} 来表示从国家 i 到国家 j 的总出口。为衡量这些出口的要素含量,使用出口国 i 的基本要素需求,并定义 $F \equiv A^i X^{ij}$ 为用出口国技术衡量的从国家 i 到国家 j 出口的要素含量。

然而,假设允许国家 j 直接进口数量 F^{ij} 的要素,而不是进口数量 X^{ij} 的商品。在国家间技术相同的假设下,那么国家 j 采用和国家 i 相同的技术方法生产出数量 X^{ij} 的商品将是可行的。一般而言,国家 j 可能生产更多:因为国家间要素价格不同,进口国可能不愿采用和出口国一样的技术方法,而选择更适合本国要素价格的方法来达到更高产量。因此,如果用假设的要素进口量来估计国家 j 的 GDP,将会超过进口商品的价值:

$$
\begin{aligned}
p'(Y^j + X^{ij}) &\leqslant G(p, V^j + F^{ij}) \\
&\leqslant G(p, V^j) + [\partial G(p, V^j)/\partial V^j]' F^{ij} \\
&= p'Y^j + w^{j'} F^{ij}
\end{aligned}
\tag{2.20}
$$

式(2.20)第二行成立是由于 GDP 函数相对于要素禀赋是凹的,最后一行成立是由于 GDP 函数对禀赋的导数等于要素价格向量 w^j。

考虑式(2.20)第一行与最后一行的差,可以得到 $p'X^{ij} \leqslant w^{j'} F^{ij}$,因此双边出口的商品价值小于用进口国要素价格衡量的要素价值。相反,如果使用出口国的要素价格,那么在规模收益不变的条件下,产出的价值将正好等于所使用的要素的价值,即 $p'X^{ij} = w^{i'} F^{ij}$。将此式与上面的不等式联立,可以得到:

$$
(w^j - w^i)' F^{ij} \geqslant 0 \tag{2.21}
$$

进一步地重复使用同样方法考虑从国家 j 到国家 i 的净出口,并用国家 j 的技术来衡量可以得到:

$$
(w^j - w^i)' F^{ji} \leqslant 0 \tag{2.22}
$$

将以上两个不等式联立,得到了赫尔普曼(Helpman,1984a)的核心结论:

$$(w^j - w^i)'(F^{ij} - F^{ji}) \geqslant 0 \tag{2.23}$$

这些不等式可以理解为:包含在贸易中的要素流向要素价格更高的国家,即如果要素 k 在国家 j 的价格较高,$(w_k^j - w_k^i) > 0$,那么至少对于这些要素 k,有式(2.21)中 $F_k^{ij} > 0$ 或(2.22)中 $F_k^{ji} < 0$,当将这些要素进行加总时,式(2.21)至(2.23)都将成立。

总之,式(2.21)至式(2.23)提供了一个关于国家间双边贸易要素含量的可检验假说,尽管这些不等式假设国家间技术相同,但并不依赖于要素价格均等化。崔和克里希那(Choi 和 Krishna,2004)使用 1980 年的数据,对 8 个国家(加拿大、丹麦、法国、德国、韩国、荷兰、英国和美国)间的双边贸易流进行了这一检验。他们考虑了两种不同的度量资本租金价格的方法,以及两种不同水平的劳动分类。他们考察式(2.21)和式(2.22)中的单向贸易流,发现依据不同的度量方法,约有 52%~55% 的情形具有正确的符号。即使单向贸易流的符号不正确,但只要其数量比较小,式(2.23)中的双向要素流仍可能具有正确的符号。崔和克里希那证实了这一点,他们发现 72%~75% 的情形满足式(2.23),这是满意的结果。崔和克里希那(Choi and Krishna,2004)也说明了如何将式(2.21)和式(2.22)一般化到允许国家间存在标量性技术差异的情形,如式(2.11)那样。在这种情况中,他们发现式(2.21)和式(2.22)中的单向贸易流有 55%~59% 的情形有正确的符号,而在式(2.23)的双向贸易流中,有 79% 的情形符号正确。假定国家间标量的技术差异并没有改善检验结果,这多少令人有点惊讶,因为同样的改变使特雷弗勒(Trefler,1995)通过"符号检验"的比例从 50% 提高到 62%。特雷弗勒接受将标量的技术差异作为对传统 HOV 模型的改善是基于一些其他标准,特别是它们所具有的能够帮助解释"丢失的贸易"的能力。对于崔和克里希那所分析的双边贸易流,式(2.23)——赫尔普曼(Helpman,1984a)所强调的——约 3/4 的情形满足检验显示了对这一理论的支持,这也预示着放开要素价格均等化的假设是未来研究的重要方向。

本章从里昂惕夫之谜开始,在利用利默(Leamer,1980)的结果解释了该谜之后,继续讨论了 HOV 模型的"完整检验"在该模型传统假设(即相同的位似偏好、国家间技术相同以及要素价格均等化)下的失败。当放松这些假设时,模型表现更好;当允许国家间无限制的要素生产率差异时,如特雷弗勒(Trefler,1993)那样,得出的 HOV 等式作为一个恒等式而成立。在这两个极端之间,特雷弗勒(Trefler,1995)证明了国家间技术差异的简单设定——假设与美国存在一个统一差异——仍能显著提高 HOV 方程的拟合程度。后续的研究一般化了这些技术差异,并进一步阐明了如何解释贸易要素含量与相对禀赋之间的差异。

尽管预测未来的研究进程很困难,但有两个值得进一步关注的领域。第一,对解释全球贸易量和检验贸易相关假说之间进行区分。一方面,当通过诸如引入生产率参数来使 HOV 方程左右相匹配时,这样做其实是解释而非检验。拥有足够多的自由参数必然会使 HOV 方程成立,正如在式(2.17)所得到的结论那样,这利用了各国的实际生产技术,但依赖于对出口的一个假设。另一方面,当检验如式(2.21)至式(2.23)的假说时,利用了经济行为:当且仅当要素价格上升,生产者节约要素投入时,由于 GDP 函数对要素禀赋是凹的,从而得出式(2.21)至式(2.23)。似乎这两种方法之间存在着差别,但一般就经济学而言,人们更关注对经济行为的检验。第二,即使认可通过允许国家间存在足够大的技术差异可以使 HOV 方程完美拟合,但不得不考虑这么一个问题:这些技术差异从何而来? 这种技术差异很难被认为是外生的,应解释其原因,包括规模报酬递增、整体经济报酬递增(economy-wide increasing returns)、地理和气候(Sachs, 2001)、殖民制度(Acemolu, Johnson and Robinson, 2001)、社会资本(Jones and Hall, 1999)以及劳动力利用效率(Clark 和 Feenstra, 2003)。无论答案是什么,这些问题值得将来探讨。

参 考 文 献

1. Acemoglu, D., Johnson, S., and Robinson, James A. "The Colonial Origins of Comparative Development: An Empirical Investigation." *American Economic Review*, 2001, 91: 1369-1401.

2. Aw, Bee Y. "The Interpretation of Cross-section Regression Tests of the Heckscher-Ohlin Theorem with Many Goods and Factors." *Journal of International Economics*, 1983, 14: 163-167.

3. Baldwin, Robert E. "Determinants of the Commodity Structure of U.S. Trade." *American Economic Review*, 1971, 61: 126-146.

4. Bernhofen, Daniel M., and Brown, John C. "A Direct Test of the Theory of Comparative Advantage: The Case of Japan." Mimeo, Clark University, 2001.

5. Bowen, Harry P., Leamer, Edward E., and Sveikauskas, L. "Multicountry, Multifactor Tests of the Factor Abundance Theory." *American Economic Review*, 1987, 77: 791-809.

6. Brecher, Richard A. and Choudhri, Ehsan U. "The Factor Content of International Trade without Factor Price Equalization." *Journal of International Economics*, 1982, 12: 276-283.

7. Choi, Y.S., and Krishna, P. "The Factor Content of Bilateral Trade: An Empirical Test." *Journal of Political Economy*, 2004, 112: 887-913.

8. Clark, G., and Feenstra, Robert C. "Technology in the Great Divergence." In Michael D. Bordo, Taylor, Alan M. and Williamson, Jeffrey G. *Globalization in Historical Perspective*. University of Chicago Press and NBER, 2003: 277-313.

9. Davis, Ronald R., and Weinstein, David E. "An Account of Global Factor Trade." *American Economic Review*, 2001, 91: 1423-1453.

10. Deardorff, Alan V. "Testing Trade Theories and Predicting Trade Flows." In R. W. Jones & P. B. Kenen (ed.), *Handbook of International Economics*, Vol. 1. Elsevier. 1984.

11. Deardorff, Alan V. "The General Validity of the Law of Comparative Advantage." *Journal of Political Economy*, 1984, 88: 941-957.

12. Feenstra, Robert C. *Advanced International Trade: Theory and Evidence*, Princeton University Press, 2016.

13. Feenstra, Robert C., and Hanson, Gordon H. "Aggregation Bias in the Factor Content of Trade: Evidence from U.S. Manufacturing." *American Economic Review: Papers and Proceedings*, 2000, 90(2): 155-160.

14. Heckscher. Eli, and Ohlin, Bertil. *Heckscher-Ohlin Trade Theory*. Ed. Harry Flam and M. June Flanders. Cambridge: MIT Press, 1991.

15. Helpman, E. "The Factor Content of Foreign Trade." *Economic Journal*, 1984, 94: 84-94.

16. Hunter, Linda C. and Markusen, J. "Per-Capita Income as a Determinant of Trade." In Robert C. Feenstra, ed., *Empirical Methods for International Trade*. Cambridge: MIT Press. 1988.

17. Jones, Charles I., and Hall, Robert E. "Why Do Some Countries Produce So Much More Output Per Worker Than Others?" *Quarterly Journal of Economics*, 1999, 116: 83-116.

18. Leamer, Edward E. "The Leontief Paradox, Reconsidered." *Journal of Political Economy*, 1980, 88: 495-503.

19. Leamer, Edward, E., and Bowen, Harry P. "Cross-section Tests of the Heckscher-Ohlin Theorem: Comment." *American Economic Review*, 1981, 71: 1040-1043.

20. Leamer, Edward, E. *Source of International Comparative Advantage: Theory and Evidence*. Cambridge: MIT Press. 1984.

21. Leontief, Wassily W. "Domestic Production and Foreign Trade: The American Caital Position Re-examined." *Proceedings of the American Philosophical Society*, 1953, 97 No. 4: 332-349.

22. Romalis, J. "Factor Proportions and the Structure of Commodity Trade." *American Economic Review*, 2004, 94(1): 67-97.

23. Sachs, Jeffrey D. "Tropical Underdevelopment." NBER Working Paper No. 8119. 2001.

24. Trefler, D. "International Factor Price Differences: Leontief Was Right!" *Journal of Political Economy*, 1993, 101: 961-987.

25. Trefler, D. "Trade Liberalization and the Theory of Endogenous Protection." *Journal of Political Economy*, 1993, 101: 138-160.

26. Trefler, D. "The Case of Missing Trade and Other Mysteries." *American Economic Review*, 1995, 85: 1029-1046.

27. Trefler, D. "The Structure of Factor Content Predictions." Mimeo, University of Chicago, 1996.

28. Vanek, J. "The Factor Proportions Theory: The N-factor Case." Kyklos,

1968,21:749-756.

29. 程大中,《国际贸易理论与经验分析》,格致出版社、上海人民出版社,2009 年。

思考与练习

1. HO 模型与李嘉图模型有何区别?
2. 一国的要素相对丰裕度(factor abundance)是如何定义的?
3. HOV 定理的基本内涵与基本表达式是什么?
4. Leamer 定理的基本内涵与基本表达式是什么?与 HOV 定理有何异同?
5. 什么是里昂惕夫之谜?它为什么会产生?有何重要意义?
6. 为什么里昂惕夫(Leontief,1953)和利默(Leamer,1980)的经验研究都使用同样的数据和假设,但结论却不同?
7. 为什么鲍德温(Baldwin,1971)和利默(Leamer,1984)的研究都属于对 HOV 定理的"局部检验",而不是对 HOV 定理的"完整检验"?
8. 本章所列举的 HOV 模型的一个假定是,国家之间的偏好是相同的,并且是同位的。而后一假设是很不现实的,因为恩格尔法则表明:食物支出占总收入的份额随着总收入的增加而下降。按照汉特和马库森(Hunter and Markusen,1988)的思路,可以利用线性支出引入非同位的偏好。设 d_i^j 为任一国家 j 商品 i 的人均消费量,假定效用函数为:

$$U^j = \prod_{i=1}^{N}(d_i^j - \overline{d}_i)^{\varphi_i}, \text{其中} \sum_{i=1}^{N} \phi_i = 1$$

其中,参数 $\overline{d}_i \geq 0$ 解释为每种商品 $i=1,\cdots,N$ 的"最低消费量"。假定它们在国家之间是相同的,而参数 $\phi_i > 0$ 也相同。

(a) 假定人均收入 I^j 足以满足"最低消费",证明国家 j 对每种商品的人均需求可以表示为:

$$d_i^j = \overline{d}_i + \phi_i(I^j - \sum_{j=1}^{N} p_j \overline{d}_j)/p_i$$

其中,$p_j, j=1,\cdots,N$ 是商品价格。

(b) 假定由于自由贸易国家之间的价格相同,可以将其标准化为单位 1,并把需求写成如下形式:

$$d_i^j = \delta_i + \phi_i I^j$$

其中,$\delta_i \equiv (\overline{d}_i - \varphi_i \sum_{j=1}^{N} \overline{d}_j)$ 是相对于均值的"最低消费"的价值。请解释其系数。

(c) 将人均需求乘以国家人口 L^j,得到总需求 $D_i^j = L^j d_i^j = \delta_i L^j + \phi_i E^j$,其中,$E^j \equiv L^j I^j$ 表示国家 j 的总支出。可以将其写成向量的形式 $D^j = \delta L^j + \phi E^j$。利用该需求函数,重新推导 HOV 等式(2.1),并解释新的等式。

第三章 要素流动与贸易

【学习目标】

- 理解特定要素模型与赫克歇尔-俄林-萨缪尔森模型的区别与联系
- 掌握斯托尔珀-萨缪尔森定理、罗伯津斯基定理在特定要素模型下是否成立
- 初步了解贸易中的政治经济学
- 掌握引力模型的基本内容和应用
- 了解边界效应

本章主要介绍特定要素模型和引力模型。

赫克歇尔-俄林-萨缪尔森模型(简称 H-O-S)建立在所有要素能够在一国国内无成本自由流动的假设条件上,反映了经济体的长期均衡。在现实世界中,并非所有的要素(劳动、土地、资本等)都能够自由流动的。有的要素能够比较自由地在部门之间流动,被称为流动要素(mobile factor);而有的要素在一定时期内是难以流动,具有一定的"黏"性,被称为特定要素(specific factor)。特定要素模型(简称 SF 模型)放松了 H-O-S 模型的假设,同时考虑了流动要素和特定要素,它是 H-O-S 模型对现实的一个逼近。

引力模型是研究双边贸易量的重要工具。贸易模式和贸易量是国际贸易理论的两大核心主题。但是,无论是传统的国际贸易理论还是 20 世纪 70 年代以来出现的新国际贸易理论都只是解释了国际贸易发生的原因,而没有对贸易量进行具体的论述。第二次世界大战后,研究国际经济学的学者们除了关注贸易产生的原因外,也开始探索贸易量的决定因素,而引力模型是学者们研究双边贸易流量最常用的模型之一。

第一节 特定要素模型

根据要素在国内的流动性,特定要素模型划分了三个时期:短期(SR)、中期(MR)和长期(LR)。在短期内,所有要素在国内各部门间都是不可流动的;在长期内,所有的要素在国内各部门间是完全自由流动的,正如 H-O-S 的假设;中期介于短期和长期之间,有些要素能够在国内部门间自由流动而有些要素则不能自由流动。随着要素流动性的变化,国际贸易对要素所有者的收入分配也将产生不同的影响。

一、SF 模型内容

（一）模型的初始均衡

SF 模型建立在 H-O-S 模型的基础上。首先分析长期均衡。假设只有部门 1、部门 2 两个部门，两部门均利用劳动（L）和资本（K）进行生产活动，生产出的产品分别为产品 1 和产品 2，相对应的生产函数分别为 $y_1 = F_1(L_1, K_1)$，$y_2 = F_2(L_2, K_2)$。在产品的生产过程中表现出规模报酬不变和要素的边际产品（或边际报酬）递减的特征。这意味着生产函数对要素投入来说是递增的、凹性的和一次齐次的。假定产品与要素市场都是完全竞争市场，生产者最大化其利润。在不存在完全专业分工的条件下，竞争和要素的完全流动性以及追求利润最大化将导致当两个部门的边际产出价值和（名义）要素报酬相等，此时达到资源的最优配置：

$$p_1 F_1^L(K_1, L_1) = w = p_2 F_2^L(K_2, L_2) \tag{3.1}$$

$$p_1 F_1^K(K_1, L_1) = r = p_2 F_2^K(K_2, L_2) \tag{3.2}$$

其中，$F_i^L(K_i, L_i)$ 和 $F_i^K(K_i, L_i)$（$i=1, 2$）分别表示劳动和资本的边际产出；p_i（$i=1, 2$）为产品的价格；w、r 分别为工资和租金。图 3-1 描述了这种均衡。

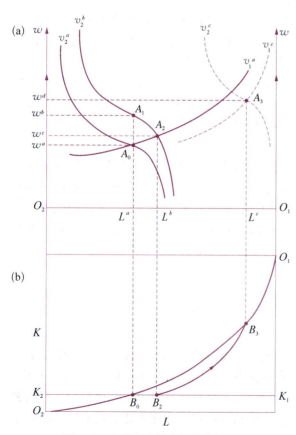

图 3-1　SF 模型中的资源均衡配置

图 3-1(a) 描述的是在资本分配固定的情况下，劳动在两部门的最优资源配置。其中，横轴（$O_1 O_2$）表示总劳动要素禀赋 L 及其在两个部门间的分配；左、右纵轴分别表示部门 2 和部门 1 的名义工资（w_i，$i=1, 2$）。v_i^a（$i=1, 2$）表示劳动的边际产出价值，即 $v_i^a = p_i F_i^L(K_i, L_i)$（$i=1, 2$）。由于生产函数是凹函数，所以劳动边际产出下降，因此 v_i^a（$i=1, 2$）均为相对其原点向下倾斜的曲线，v_1^a 和 v_2^a 的交点 A_0 决定了均衡工资 w^a。当达到均衡时，部门 1 雇佣工人数为 $L^a O_1$，部门 2 雇佣工人数为 $O_2 L^a$。

图 3-1(b) 是生产的埃奇沃思箱形图。横轴仍然表示总劳动要素禀赋 L，纵轴表示总资本要素禀赋 K。

资本和劳动在两个部门的最优配置形成了生产的契约曲线 O_2O_1 (contract curve)。图 3-1(b)中初始的生产均衡点为 B_0,与图 3-1(a)的均衡点 A_0 相对应;部门 1 和部门 2 在生产过程中使用的资本分别为 O_1K_1 和 O_2K_2。

(二) 修改版的斯托尔珀-萨缪尔森定理

下面重点讨论斯托尔柏-萨缪尔森定理在 SF 模型中的适用性,即产品价格的变化对要素价格(要素报酬)的影响。

1. 短期的比较静态分析

假定产品 2 的价格上升了,而产品 1 的价格不变。在图 3-1(a),由于产品 2 价格的上升,那么对于该部门的任一就业水平,将同比例地提高劳动的边际产出价值,即从 v_2^a 移动到 v_2^b。而 v_1^a 并不移动。在短期内,劳动和资本都是不可流动的,因此新的短期均衡点为图 3-1(a)中的 A_1 和图 3-1(b)中的 B_0。由于两种要素都能不流动,部门 1 和部门 2 的劳动边际产出价值以及要素报酬均不相等。部门 2 的名义工资和租金都将随产品价格同比例上涨,而部门 1 的名义工资和租金都保持不变。这些名义报酬的变化意味着:如果排除每个部门的工人只消费本部门生产的产品这种极端情况(即部门 2 的要素所有者只消费产品 2 而不购买产品 1;部门 1 的要素所有者只消费产品 1 而不购买产品 2);那么,部门 2 的实际要素报酬(实际工资和实际租金)都将上涨,部门 1 的实际要素报酬(实际工资和实际租金)都将下降。不等式(3.3)总结了短期内要素报酬的变化:

$$\hat{w}_2 = \hat{r}_2 = \hat{p}_2 > \hat{w}_1 = \hat{r}_1 = \hat{p}_1 = 0 \tag{3.3}$$

其中,"^"代表变量的百分比变化。

2. 中期的比较静态分析

在中期,劳动可流动,而资本不可流动,资本变成了特定要素。同样,假定产品 2 的价格上涨。由于短期内,部门 1 和部门 2 的名义工资存在差异 ($w_2 > w_1$),这将导致工人由部门 1 移动到部门 2,直到两个部门的名义工资相等为止。新的均衡点为图 3-1(a)中的 A_2 和图 3-1(b)中的 B_2。由于资本属于特定要素不能流动,部门 1 和部门 2 雇佣的资本仍然为 O_1K_1 和 O_2K_2;而部门 1 雇佣工人减少,部门 2 雇佣工人增加;因此,产品 2 的产量将上升而产品 1 的产量将下降。

比较中期的均衡点 A_2 与初始的均衡点 A_0,可以发现:工人的名义工资上升了,图 3-1(a)中的 w^a 上升到 w^c,但名义工资上升的幅度小于产品 2 价格上升的幅度,图 3-1(a)中的 w^a 上升到 w^b。工人的实际报酬若以产品 2 来衡量则下降了 ($\hat{w} < \hat{p}_2$),若以产品 1 来衡量则上升了 ($\hat{w} > \hat{p}_1 = 0$)。因此,产品 2 价格的上升对流动要素(劳动)实际报酬的影响是不确定的,取决于工人的偏好。如果工人更偏好于产品 2,那么他就变穷了,福利下降;而如果工人更偏好于产品 1,那么他就变富了,福利增加。

产品价格上升对特定要素(资本)的报酬影响如何呢?同样,先比较中期的均衡点 A_2 与初始的均衡点 A_0。由于产品 2 价格上升,劳动从部门 1 流入部门 2,随着更多的劳动在部门 2 得到利用,部门 2 的资本边际产出 $F_2^K(L_2, K_2)$ 将上升,而部门 1 的资本边际产出 $F_1^K(L_1, K_1)$ 将下降。产品 2 价格上升 ($\Delta p_2 > 0$),而产品 1 价格不变

($\Delta p_1 = 0$),因此部门2的名义租金 $r_2 = p_2 F_2^K(L_2, K_2)$ 上升了,而部门1的名义租金 $r_1 = p_1 F_1^K(L_1, K_1)$ 下降了;无论是以产品1还是以产品2的价格来衡量,部门2的实际租金都将上升(即 r_2/p_2 和 r_2/p_1 都将上升),部门1的实际租金都将下降(即 r_1/p_2 和 r_1/p_1 都将下降)。式(3.4)总结了中期要素报酬相对于初始均衡 A_0 的变化:

$$\hat{r}_2 > \hat{p}_2 > \hat{w} > \hat{p}_1 = 0 > \hat{r}_1 \tag{3.4}$$

由此得到SF模型框架下的斯托尔珀-萨缪尔森定理:**一种产品价格的上升(另一种产品价格不变)将提高该产品特定要素的实际报酬,同时降低另一种产品特定要素的实际报酬,但对流动要素(劳动)实际报酬的影响则不确定。**

比较中期的均衡点 A_2 与短期的均衡点 A_1 可以发现:部门2的名义工资和实际工资都下降了,而部门1的名义工资和实际工资都上升了;部门2的名义租金和实际租金都上涨了,而部门1的名义和实际租金都下降了。

3. 长期的比较静态分析

如果时间继续推移,由中期变长期,资本不再是特定要素,资本和劳动都可流动。由于中期内部门2的资本报酬高于部门1的资本报酬,将迫使资本由部门1流向部门2直至两个部门的资本报酬相等,达到最终的长期均衡,均衡点为图3-1(a)中的 A_3 和图3-1(b)中的 B_3。图3-1(b)中的曲线 $B_2 B_3$ 刻画了资本再分配的路径。资本由部门1向部门2移动,部门2雇佣资本增加,该部门的劳动边际产出将上升;而部门1雇佣资本减少,该部门的劳动边际产出将下降,导致图3-1(a)中,劳动边际产出曲线 v_2^b 和 v_1^a 都向右移动。最终的长期均衡和初始的均衡点相比,要素报酬到底如何变化?利用H-O-S中的斯托尔珀-萨缪尔森定理可以得到结论:如果产品2是劳动密集型的,那么工人的名义和实际工资都将上涨;而资本的名义和实际租金都将下降。式(3.5)进行了总结:

$$\hat{w} > \hat{p}_2 > \hat{p}_1 = 0 > \hat{r} \tag{3.5}$$

在中期内,产品价格上升对流动要素(劳动)实际报酬的影响的不确定性在长期最终得到了解决,比较式(3.5)和式(3.4)就可以得到。

4. 收入分配效应

根据上述分析,产品相对价格的变化将产生很强的收入分配效应,有的要素因此成为受益者,而有的则成为受损者。如果产品的价格变化是由于关税引起的,则可以分析出贸易保护的收入分配效应。

假设由于对部门2的保护,政府对产品2(产品2为劳动密集型产品)征收一定的关税,导致了产品2的价格上升。首先,对产品和要素的名义价格进行标准化,均假定为1。在短期内,对产品2征收关税,致使产品2的国内相对价格 p_d($p_d = p_2/p_1$)和部门2的名义要素报酬(工资和租金)均上涨,由1上涨为 $1 + \hat{p}_d$。① 当短期转变为中期,随着劳动的流动而资本仍然具有"黏"性,部门2的名义和实际租金都将进一步上

---

① 在部门2,工资上升至 $w_2 = (1 + \hat{p}_d) w_0$,租金上升至 $r_2 = (1 + \hat{p}_d) r_0$,其中 $r_0 = w_0 = 1$。

升;而未受保护的部门1的名义和实际租金都将下降。当中期转变为长期时,部门2的资本报酬将下降;当达到最终的长期均衡时,名义和实际租金甚至比征收关税之前的"1"还要低。尽管,短期内受保护部门的工人的福利得到了提高;但是从长期来看,工人的总体福利(既包括受保护部门也包括未受保护部门的工人)提高的更多。值得一提的是,在短期向中期转变的过程中,部门1的名义和实际工资都上升了,而部门2的名义和实际工资却下降了,这和上面提到的:中期内产品价格上升对工人福利的影响是不确定的相对应。

图3-2详细描述了对产品2征收关税后(贸易保护),要素报酬的变化。

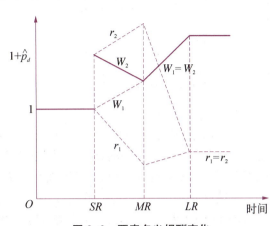

图3-2 要素名义报酬变化

SR 代表短期;MR 代表中期;LR 代表长期

(三) 贸易中的政治经济学:初步介绍

贸易中的政治经济学主要研究影响一国制定贸易政策的内生因素。就贸易保护而言,它主要研究为什么不同的国家贸易保护的结构不一样,是什么因素导致了该国的这种抉择。传统的假说认为,利己主义是经济人行为的出发点,经济人根据某一项政策可能给其带来的影响——"获利"还是"受损",从而形成了不同的利益集团。利益集团(或几个利益集团联盟)通过游说政府或赞助政治候选人等方式企图获得有利于其利益的贸易政策。

1. 利益集团联盟的形成

如果一国居民被要求在"自由的"还是"保护的"贸易政策中进行选择,国内要素所有者会形成怎样的利益集团呢?

仍然遵循上述分析的假设:资本是特定要素,只有在长期才能流动,且产品2是劳动密集型,政府对产品2征收一定的关税进行保护。可以预测在不同的时期,要素所有者的选择也会有所不同。如果要素所有者仅仅考虑长期利益,根据H-O-S模型中的斯托尔珀-萨缪尔森定理,不同的生产要素所有者在贸易政策上的立场总是对立的,部门1和部门2的工人都将支持贸易保护,而两个部门的资本所有者都将反对贸易保护。如果仅仅考虑短期和中期利益,就应当采用特定要素模型进行分析。值得关注的是,短期和长期相比,某些要素所有者的政策立场发生了改变。例如,如果从短期利益出发,部门1的工人会支持自由贸易;而从长期利益出发,部门1的工人却会反对自由贸易。部门2资本所有者的政策立场也发生了改变。表3-1列出了不同时期,要素所有者的政策立场。

和H-O-S模型中的斯托尔珀-萨缪尔森定理相反,SF模型认为同一部门内不同生产要素对贸易政策的立场总是"同命相连"的,要么一起支持自由贸易,要么一起支持贸易保护。在现实中特定要素模型(SF)更具预见性和说服力,即影响贸易政策决策的利益集团并不是以生产要素组成的,而是多以部门或行业为单位构成的。特别是在短期进口冲击强烈的情况下,要求贸易保护的游说活动很明显地是以部门或行业的形式集中体现出来的。

表 3-1　不同时期要素所有者贸易政策选择

时　期	支持自由贸易	反对自由贸易	不确定
短　期	K_1, L_1	K_2, L_2	—
中　期	K_1	K_2	L_1, L_2
长　期	K_1, K_2	L_1, L_2	—

注：资本是不可流动的（长期除外）。

2. 经验分析

如上所述，SF 模型和 H-O-S 模型为预测利益集团游说政府提供了理论依据。假定生产要素是不完全流动的，SF 模型认为利益集团多以部门为单位构成的；而 H-O-S 模型假定生产要素是完全流动的，因而利益集团以生产要素为单位组成。

麦咭（Magee，1980）实证分析了现实中的游说行为到底是怎样组织的。麦咭（Magee，1980）设置了三种假说，分别对应斯托尔珀-萨缪尔森定理的三种预测。一是"马克思主义"假说：关于自由贸易或保护贸易的命题，同一行业（或部门）的资本家和工人之间总是相互对立。如果该国资本丰裕，劳动力稀缺，那么资本家将支持自由贸易，而工人支持保护贸易。二是"全体一致"假说：相同的生产要素或者都支持自由贸易或者都支持保护贸易，不会同时存在两个立场。三是"独立"假说：要素所有者的立场并不取决于它是出口部门还是进口竞争部门工作。

为了验证上述每个假说，麦咭（Magee，1980）采用美国不同制造业的劳方和资方代表在国会听证会上对 1973 年美国贸易改革法案的政策立场（减少贸易保护还是增加贸易保护）进行经验分析。在 33 个制造业行业中，有 21 个行业的劳方和资方代表都表示了明确的政策立场。对于第一个假说，麦咭（Magee，1980）的研究发现：对 1973 年美国贸易改革法案，除了烟草和石油行业外，其他行业的劳、资双方均显示了相同的政策立场，这与 H-O-S 模型相反。

如果被研究的国家资本相对丰裕，"全体一致"的假说意味着：所有行业的资本所有者将支持自由贸易，而工人（劳动）将支持贸易保护。表 3-2 显示，在美国（资本相对丰裕），"全体一致"的假说并不成立。在包含更多部门作为样本的实证分析中也证实了这一结论。这些经验分析与 SF 模型的理论预测相一致，并不支持斯托尔珀-萨缪尔森定理中要素完全流动的假说。

表 3-2　资本所有者和工人对 1973 年贸易改革法案的立场

		各部门工人的政策选择	
		贸易保护	自由贸易
各部门资本所有者的政策选择	保护贸易	炼焦、制鞋、化工、纺织、石材、服装、钢铁、餐具、塑料、五金、胶鞋、轴承、皮革、手表	烟草
	自由贸易	石油	造纸、机械、卡车、飞机制造、拖拉机

资料来源：麦咭（Magee，1980）。

第三个假说认为要素所有者偏好的政策立场与他们所处的行业无关。表3-3显示了要素所有者的政策偏好与行业背景的关系,分别用绝对值和相对值测度了要素所有者的政策选择。例如,在资本所有者24个观测值中,有10个(即42%)来自进口竞争部门的资本所有者支持贸易保护。

表3-3中的"让步比"(odds ratio)定义为$(p_{11}/p_{12})/(p_{21}/p_{22})$,其中$p_{ij}$表示单元$(i,j)$的立场反应的数值与总观测值的比值。"让步比"的分子表示进口竞争行业要素所有者贸易保护相对自由贸易的偏好,分母表示出口行业要素所有者贸易保护相对自由贸易的偏好。如果"让步比"的值等于1,则表明要素所有者的政策偏好与其所处行业无关;如果该值大于1,则支持了SF模型,因为这意味着p_{12}和p_{22}的值较小。

表3-3 自由贸易或贸易保护:不同行业工人和资本所有者的立场

	行 业	贸易保护	自由贸易	让步比
资本所有者 (观测值:24)	进口竞争	10 ($p_{11}=0.42$)	3 ($p_{12}=0.12$)	4.0
	出 口	5 ($p_{21}=0.21$)	6 ($p_{22}=0.25$)	
工人 (观察值:21)	进口竞争	11 ($p_{11}=0.52$)	1 ($p_{12}=0.05$)	8.8
	出 口	5 ($p_{21}=0.24$)	4 ($p_{22}=0.19$)	

资料来源:麦咭(Magee,1980)。

表3-3表明进口竞争行业资本所有者支持贸易保护的概率是出口行业的4倍;而工人的似然比为8.8。从统计角度来看,"独立"假说对于资本所有者而言在5%的显著水平上可以被拒绝,而对于工人而言"独立"假说在10%的显著水平上可以被拒绝。

二、修改版的罗伯津斯基定理

上一小节讨论的是产品价格变化对要素报酬的影响,在H-O-S模型中对应的是斯托尔珀-萨缪尔森定理。还可以在特定要素模型(SF模型)中讨论要素禀赋变化对产出的影响,即H-O-S模型中的罗伯津斯基定理。

首先研究特定要素禀赋变化的情况:劳动是可流动的,而资本是特定要素,不能流动。仍然可以通过图3-1观察要素禀赋变化的影响。

假定部门2的特定要素——资本的存量增加了,这将提高该部门的边际劳动产出(因为每单位劳动现在可以配备更多的资本),即从v_2^a移至v_2^b(但未必以特定要素增加的比例同幅度移动),从而得到新的均衡点A_2。比较前后的均衡点可知:

(1)工人的名义工资上涨了。如果产品价格保持不变,以两种产品衡量的实际工资也将上涨,而两个部门特定要素的实际报酬都是下降的。

(2) 劳动要素从部门 1 转移至部门 2(转移量为 L^bL^a)。一方面,部门 2 的劳动力数量增加,资本存量也增加,因此产品 2 的产出一定增加;另一方面,部门 1 的劳动力数量减少,而资本存量不变,因此产品 1 的产出减少。

由以上分析可以看出,当特定要素禀赋增加时,使用此特定要素的部门产出增加,而另一部门产出减少。这正是罗伯津斯基定理的内容。所以,对于特定要素罗伯津斯基定理在特定要素模型中仍然成立。

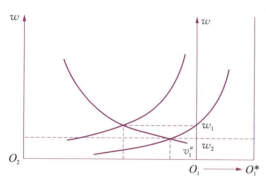

图 3-3　要素禀赋变动引起劳动力需求曲线右移

再来看流动要素(劳动)变化的情况。假设劳动力存量增加,在图 3-3 体现为横轴向外拉伸,即从 O_1 拉伸到 O_1^*。可以看出,生产产品 1 的劳动力数量增加,给定部门 1 的资本存量不变,产品 1 的产出将增加。那么,产品 2 的产出如何变化呢?

由于经济体工人总体规模的扩大,工资会下降(由 w_1 下降为 w_2)。注意: $p_1F_1^L(K_1,L_1)=w=p_2F_2^L(K_2,L_2)$,产品 2 的价格保持不变,要使等式成立,则 $F_2^L(K_2,L_2)$ 一定要下降,这可以反推出有更多的工人流入了部门 2。所以,产品 2 的产出也会上升。

这就是说,产品 1 和产品 2 的产出都会增加。因此,流动要素(劳动)的增加会导致两种产品产出都增加。罗伯津斯基定理并不适用。出现这种现象的原因在于:劳动力供给的增加使工资下降,导致两个部门都会使用更多的劳动力,因此两个部门的产出均上升。

还值得关注的是,流动要素(劳动)存量增加了,实际工资下降,但两个部门的特定要素的实际报酬将上升。

综上所述,可以得到 SF 模型框架下的罗伯津斯基定理:**一个部门特定要素的增加(另一个部门特定要素不变)将提高该部门的产出(但小于该部门特定要素的增加幅度),同时降低另一个部门的产出;流动要素(劳动)的增加将提高两个部门的产出。**

第二节　引力模型

引力模型由著名经济学家丁伯根于 1962 年率先提出。他发现,一般而言,两国间的贸易流与它们的经济总量成正比,而与它们之间的地理距离成反比。由于这个观点与物理学家牛顿提出的万有引力非常相似:任意两个物体通过连心线方向上的相互吸引力;该引力的大小与它们的质量乘积成正比,与它们距离的平方成反比。通常,我们把丁伯根提出的贸易模型称之为"国际贸易的引力模型"。

一、引力模型的内容和应用

(一) 引力模型的内容

最简单形式的引力模型表明：两国之间的双边贸易额刚好与两国的经济规模(GDP)的乘积成比例。因此，较大国家之间的贸易量将会较大，相对规模越相似的国家之间贸易也越大。这种简单形式的引力模型是在自由贸易和不存在贸易成本的假设下，即所有国家具有相同的价格而推导出来的。

假设国家专业化生产异质产品，并且不同国家需求相同且位似(homothetic)，国家间自由贸易(即没有关税)且不存在运输成本。那么，任何国家生产的一种商品会按照购买国 GDP 的大小而成比例地出口并运至购买国。

在一个多国框架中，其中 $i, j = 1, \cdots, C$ 表示国家，$k = 1, \cdots, N$ 表示产品。令 y_k^i 代表国家 i 生产商品 k 的产量。由于是自由贸易且不存在运输成本，所有国家的产品价格相同，可将其标准化为一个单位，因此 y_k^i 实际上度量的就是产值。每个国家的 GDP 总量可以表示为：$Y^i = \sum_{k=1}^{N} y_k^i$，全世界的 GDP 为 $Y^w = \sum_{i=1}^{C} Y^i$。

s^j 表示国家 j 占世界总消费的份额，假设每个国家的贸易都是均衡的，那么 s^j 也表示国家 j 占世界 GDP 的份额，即有 $s^j = Y^j / Y^w$。由于不同的国家生产不同的商品，但不同国家需求相同且位似(homothetic)，因此国家 i 出口 k 产品至国家 j 的贸易规模为：

$$X_k^{ij} = s^j y_k^i \tag{3.6}$$

对所有产品 k 求和，可以得到国家 i 出口至国家 j 的贸易总规模为：

$$X^{ij} = \sum_k X_k^{ij} = s^j \sum_k y_k^i = s^j Y^i = \frac{Y^j Y^i}{Y^w} = s^i s^j Y^w = X^{ji} \tag{3.7}$$

因此，两国间的双边贸易额等于：

$$X^{ij} + X^{ji} = 2 s^i s^j Y^w = \left(\frac{2}{Y^w}\right) Y^i Y^j \tag{3.8}$$

式(3.8)是引力模型最简单的形式。这个简单的引力模型有许多实证应用，其中最主要的有两个。

(二) 引力模型的应用

1. 国家经济规模差别

赫尔普曼(Helpman, 1987)利用引力模型研究了国家经济规模差别对贸易量的影响：如果两个国家组成了一个经济区，并且该经济区经济规模固定，那么大小不同的两个国家(即经济规模相差较大)的贸易规模会小于大小接近的两个国家间的贸易规模。下面证明这一结论。

假定国家 i 和国家 j 组成了一个经济区 A，国家 i 与国家 j 的 GDP 之和为：$Y^A =$

$Y^i + Y^j$。因此,国家 i 在经济区 A 所占的份额为 $s^{iA} = Y^i/Y^A$,经济区 A 的 GDP 相对于世界 GDP 之比为 $s^A = Y^A/Y^W$。式(3.8)可以改写为:

$$(X^{ij} + X^{ji})/Y^A = 2s^{iA}s^{jA}s^A \tag{3.9}$$

由于 $s^{iA} + s^{jA} = 1$,该式平方后可得 $2s^{iA}s^{jA} = 1 - (s^{iA})^2 - (s^{jA})^2$,将其代回式(3.9),可以得到

$$\frac{\text{地区} A \text{ 的贸易总量}}{\text{地区} A \text{ 的 GDP}} = \frac{(X^{ij} + X^{ji})}{Y^A} = s^A(1 - \sum_{i \in A}(s^{iA})^2) \tag{3.10}$$

以上推导是基于一个地区只有两个国家的情况,但该结论也适用于多个国家的地区。式(3.10)右边的 $(1 - \sum_{i \in A}(s^{iA})^2)$ 被称为"规模离散指数"(size dispersion index),它反映了国家的相对经济规模对贸易规模的影响。假设地区 A 有 N 个国家,如果这 N 个国家经济规模相同,均为 $1/N$,规模离散指数取得最大值 $(1 - 1/N)$;反之,如果其中有一个国家相对经济规模较大,接近于 1 时,规模离散指数取值最小,接近于零。式(3.10)表明,一个地区的贸易规模与该地区的 GDP 之比与"规模离散指数"成正比。

赫尔普曼(Helpman,1987)用 OECD 国家的数据来验证式(3.10)。他通过画图来表示规模离散指数与贸易量相对于 GDP 之比的关系,结果发现这两个变量确实是存在正相关关系,即样本国家经济规模越接近,贸易与 GDP 之比越大。胡梅尔斯和勒文森(Hummels and Levinsohn,1995)用同样的方法将样本扩展到了非 OECD 国家,而德芭乐(Debaere,2002)的实证相对更全面。令地区 A 代表任一对国家,即 $A = \{i, j\}$,因此,(3.10)式两边都取自然对数,可得:

$$\ln\left(\frac{X^{ij} + X^{ji}}{Y^i + Y^j}\right) = \ln(s^i + s^j) + \ln\left[1 - \left(\frac{Y^i}{Y^i + Y^j}\right)^2 - \left(\frac{Y^j}{Y^i + Y^j}\right)^2\right] \tag{3.11}$$

德芭乐(Debaere,2002)使用 1970—1989 年 OECD 国家和非 OECD 国家的样本数据进行验证。考虑到变量随时间变化,回归方程可以写为:

$$\ln\left(\frac{X_t^{ij} + X_t^{ji}}{Y_t^i + Y_t^j}\right) = \alpha_{ij} + \gamma\ln(s_t^i + s_t^j) + \beta\ln(dispersion_t^{ij}) \tag{3.12}$$

其中,α_{ij} 代表每对国家的固定效应,γ 是国家份额之和系数,β 代表经济规模离散指数的系数,即 $dispersion^{ij} = 1 - \left(\frac{Y^i}{Y^i + Y^j}\right)^2 - \left(\frac{Y^j}{Y^i + Y^j}\right)^2$。如果国家份额之和并不随时间变化(即保持不变),那么式(3.12)中的固定效应 α_{ij} 可以与这一项合并(Hummels and Levisohn,1995)。因此,德芭乐(Debaere,2002)采用了两种方法:一种是认为国家份额不随时间变动,回归方程中将 $\ln(s_t^i + s_t^j)$ 排除;另一种方法在回归方程中出现了国家份额这一项,即国家份额随时间而变化。具体的回归结果见表 3-4 的(a)栏和(b)栏。

德芭乐(Debaere,2002)还使用了不同的方法来度量国家的 GDP 份额。由于不同

的国家的GDP应该转换为同一货币(美元)来度量,因此可以使用名义汇率或者购买力平价汇率(PPP汇率)进行转换,名义汇率可以从国际货币基金组织的金融统计(IFS)得到,而PPP汇率可以从宾州大学世界表格(PWT)经济数据库得到。计量方法上,除了应用最小二乘法(OLS),德芭乐(Debaere,2002)还利用国家人口作为GDP的工具变量(IV)进行回归,具体的回归结果见表3-4。

表3-4 "规模离散指数"对贸易量影响的回归结果

	OECD国家				非OECD国家			
	(1)	(2)	(3)	(4)	(5)	(6)	(7)	(8)
GDP的来源	PWT	IFS	PWT	IFS	PWT	IFS	PWT	IFS
估计方法	OLS	OLS	IV	IV	OLS	OLS	IV	IV
(a) GDP份额不变								
ln(离散)	1.01 (0.10)	0.55 (0.04)	1.97 (0.21)	2.10 (0.34)	−2.05 (0.85)	−0.14 (0.20)	−2.30 (1.69)	1.54 (0.71)
R^2	0.59	0.43	0.58	0.39	0.02	0.12	0.02	0.13
N	1 820	1 820	1 820	1 820	1 820	1 820	1 820	1 820
(b) GDP份额变化								
ln(离散)	1.57 (0.11)	0.89 (0.06)	3.28 (0.25)	3.52 (0.24)	−0.96 (0.99)	0.40 (0.24)	−1.43 (1.77)	2.10 (0.73)
$\ln(s_t^i + s_t^j)$	1.30 (0.13)	0.47 (0.06)	2.54 (0.28)	2.76 (0.26)	1.98 (0.95)	0.99 (0.10)	7.51 (2.83)	4.39 (1.18)
R^2	0.61	0.45	0.60	0.43	0.02	0.14	0.02	0.14
N	1 820	1 820	1 820	1 820	1 820	1 820	1 820	1 820

备注:括号内为标准差。
资料来源:德芭乐(Debaere,2002)。

要关心的是经济规模离散指数的系数β是否如赫尔普曼(Helpman,1987)预测的那样接近于1。表3-4中的(1)~(4)列显示的是对14个OECD国家的回归结果。先看(a)部分(国家份额不随时间变动),第(1)列是使用PWT得到国家的GDP后做的回归,可以发现β接近于1,为1.01,而且通过了显著性检验。第(2)列是使用IFS的名义美元GDP后做的回归,β为0.55,明显小于1,但仍然为正且非常显著。第(3)、(4)列是使用工具变量法得到的回归结果,β值得到了提升,仍然显著为正。(b)部分引入了国家份额,β值进一步得到了提升。

(5)~(8)列是非OECD国家的回归结果。在第(5)和(7)列,使用PWT计算的真实的GDP,经济规模离散指数的系数β为负,这与赫尔普曼(Helpman,1987)论证的结果相矛盾,即与引力模型相矛盾。这主要是因为,引力模型的假设是基于国家专业化生产异质商品,这更适用于工业化国家之间的贸易;并不适用于发展中国家主要出口初级产品或低技术商品的贸易。因此,对于非OECD国家,β为负是因为引力模型根本不成立。使用 IFS 名义 GDP 进行回归,第(6)列 β 为负,但未通过显著性检验;第(8)列 β 为正,但勉强通过显著性检验。而且,非 OECD 国家回归的 R^2 值明显小于 OECD 国家回归的 R^2 值。

总而言之,表 3-4 的检验结果表明,OECD 国家的回归结果支持了赫尔普曼(Helpman,1987)提出的类似式(3.10)的引力模型;但非 OECD 国家的研究结果并不支持,主要是因为工业化国家异质产品的专业化生产更为普遍。

2. 未考虑价格的"边界效应"

引力模型的第二个应用是"边界效应"(border effect),并引发了大量的研究。马克勒姆(McCallum,1995)利用加拿大 1988 年的数据分析了加拿大省际间的国内贸易与加拿大各省与美国各州之间的国际贸易,结果发现了显著的"边界效应"。马克勒姆(McCallum,1995)的回归方程为:

$$\ln X^{ij} = \alpha + \beta_1 \ln Y^i + \beta_2 \ln Y^j + \gamma \delta^{ij} + \rho \ln d^{ij} + \varepsilon_{ij} \tag{3.13}$$

其中,δ^{ij} 是虚拟变量,当贸易发生在加拿大两个省之间,取值为 1;如果贸易发生在加拿大省与美国的州之间,取值为零;d^{ij} 表示加拿大两个省或加拿大的省与美国的州之间的距离。表 3-5 第(1)列给出了使用 1988 年的数据估计的结果,第(2)列列出了使用 1993 年数据的回归结果。值得注意的是:马克勒姆(McCallum,1995)只比较分析了加拿大省间和加拿大省和美国州间的国际贸易,并没有比较美国州间的贸易。芬斯特拉(Feenstra,2002)还分析了美国州间的贸易与美国州与加拿大省之间的国际贸易,实证分析的数据年份为 1993 年。在这种情况下,美国各州之间的贸易取值为 1,反之为零。

表 3-5 "边界效应"的回归结果

	McCallum(1995)以及其他样本			Anderson 和 van Wincoop(2003)	固定效应
	(1)	(2)	(3)	(4)	(5)
数据年份	1988	1993	1993	1993	1993
包括的地区	CA-CA CA-US	CA-CA CA-US	CA-CA CA-US US-US	CA-CA CA-US US-US	CA-CA CA-US US-US
自变量					
$\ln Y^i$	1.21 (0.03)	1.22 (0.04)	1.13 (0.02)	1	1
$\ln Y^j$	1.06 (0.03)	0.98 (0.03)	0.97 (0.02)	1	1
$\ln d^{ij}$	−1.42 (0.06)	−1.35 (0.07)	−1.11 (0.03)	−0.79 (0.03)	−1.25 (0.04)

续 表

	McCallum(1995)以及其他样本			Anderson 和 van Wincoop(2003)	固定效应
	(1)	(2)	(3)	(4)	(5)
加拿大虚拟变量	3.09 (0.13)	2.80 (0.14)	2.75 (0.11)		
美国虚拟变量			0.40 (0.05)		
边界虚拟变量				−1.65 (0.08)	−1.55 (0.06)
对加拿大的边界效应	22.0 (2.9)	16.4 (2.0)	15.7 (1.9)	10.5 (1.2)	
对美国的边界效应			1.5 (0.1)	2.6 (0.1)	
平均边界效应			4.8 (0.3)	5.2 (0.4)	4.7 (0.3)
R^2	0.81	0.76	0.85	n.a.	0.66
观测值	633	679	1 511	1 511	1 511

备注：括号内为标准差。
资料来源：马克勒姆(McCallum,1995)；安德森和温库朴(Anderson 和 van Wincoop,2003)表 2；芬斯特拉(Feenstra,2002)。

由表 3-5 可以看出，加拿大的边界效应明显大于美国的边界效应。安德森和温库朴(Anderson and van Wincoop,2003)认为，边界效应对不同大小的国家将会产生非对称的影响，特别是对小国家将产生更大的作用。为了避免这种偏差，需要一开始就引入贸易壁垒，如运输成本、关税等来重新推导引力模型。这意味着商品在不同的国家价格将会是不同的。安德森(Anderson,1979)首次考虑了"价格效应"来推导引力模型。

二、引力模型的边界应用

当存在运输成本(或关税等)边界效应时，不同国家的价格相同这一前提条件不再成立，引力模型将比式(3.10)更复杂。

(一) 考虑"价格效应"的引力模型

假设效用函数为不变替代弹性(CES)形式。令 c_k^{ij} 表示国家 i 出口商品 k 到国家 j 的规模。由于每个国家生产特有的产品种类，所以国家 i 出口商品 k 到国家 j 也代表了国家 j 对商品 k 的消费，因此 c_k^{ij} 也表示国家 j 对商品 k 的总消费。假设国家 $i=1,\cdots,C$ 生产 N^i 种产品，国家 j 的效用为：

$$U^j = \sum_{i=1}^{C} \sum_{k=1}^{N^i} (c_k^{ij})^{(\sigma-1)/\sigma} \quad (3.14)$$

其中，σ 是 CES 效用函数的替代弹性。

为了简化模型，假设国家 i 出口的所有产品在国家 j 以相同的价格 p^{ij} 出售，即 p^{ij} 是 j 国的进口价格。由于存在边界效应，$p^{ij} = T^{ij}p^i$，其中 p^i 表示 i 国的国内生产价格；T^{ij} 表示为了运达一单位产品到国家 j 必须要装运 T^{ij} 单位的产品，有 $(T^{ij}-1)$ 的货物在路上"融化"了；因此，T^{ij} 也被称为冰山成本。由此，可以看出 $T^{ii}=1$ 且 $T^{ij}>1$。

由于不同种类的产品具有相同的价格 p^{ij}，那么国家 j 对所有国家 i 出售的产品 $k=1,\cdots,N^i$ 的消费也是相同的，即 $c^{ij}_k = c^{ij}$，则国家 j 的效用函数可简化为：

$$U^j = \sum_{i=1}^{C} N^i (c^{ij})^{(\sigma-1)/\sigma} \tag{3.15}$$

其中，c^{ij} 表示国家 i 运至国家 j 的任一产品的消费。

一个国家典型的消费者在下面的预算约束条件下使其效用最大化，即使式(3.15)最大化：

$$Y^j = \sum_{i=1}^{C} N^i p^{ij} c^{ij} \tag{3.16}$$

其中，Y^j 是国家 j 的总支出或总收入(假设贸易是平衡的)。

在式(3.16)约束下最大化式(3.15)，可以推导出对每一产品需求的表达式：

$$c^{ij} = (p^{ij}/P^j)^{-\sigma}(Y^j/P^j) \tag{3.17}$$

其中，P^j 表示国家 j 的整体价格指数，且有：

$$P^j = (\sum_{i=1}^{C} N^i (p^{ij})^{1-\sigma})^{1/(1-\sigma)} \tag{3.18}$$

国家 i 出口到国家 j 的总价值为 $X^{ij} \equiv N^i p^{ij} c^{ij}$，由式(3.17)和式(3.18)可以进一步得到：

$$X^{ij} = N^i Y^j \left(\frac{p^{ij}}{P^j}\right)^{1-\sigma} \tag{3.19}$$

式(3.19)便是考虑"价格效应"的引力模型。

(二) 引力模型的估计

1. 使用价格指数数据

为了估计式(3.19)，需要知道每个国家的产品种类 N^i，但 N^i 的真实大小是无法观测得出的，可以利用零利润条件解出。假设劳动是唯一的生产要素，使用与克鲁格曼(Krugman,1979)相同的生产函数：$L_i = \alpha + \beta y_i$；其中，α 是生产所需的固定劳动投入，β 是边际劳动投入，均衡时厂商的产出水平固定在：

$$\bar{y} = (\sigma-1)\alpha/\beta \tag{3.20}$$

国家 i 的 GDP 就是 $Y^i = N^i p^i \bar{y}$，将其和 $p^{ij} = T^{ij}p^i$ 代入式(3.19)，可得到：

$$X^{ij} = \frac{Y^i Y^j}{p^i \bar{y}} \left[\frac{p^{ij}}{P^j}\right]^{1-\sigma} = \frac{Y^i Y^j}{(p^i)^\sigma \bar{y}} \left[\frac{T^{ij}}{P^j}\right]^{1-\sigma} \qquad (3.19a)$$

对式(3.19a)的两边取对数,再求一阶差分,可得到估计方程:

$$\Delta \ln X^{ij} = \Delta \ln(Y^i Y^j) + (1-\sigma)\Delta \ln T^{ij} - \sigma \Delta \ln p^i + (\sigma - 1)\Delta \ln P^j \qquad (3.21)$$

式(3.21)中出现的$(Y^i Y^j)$可以由$(Y^i + Y^j)^2 (s^i s^j)$来表示,其中s^i和s^j分别表示i、j两个国家占地区GDP的份额,即$s^i = Y^i/(Y^i + Y^j)$,s^j类似。因此,式(3.21)可以改写为:

$$\Delta \ln X^{ij} = 2\Delta \ln(Y^i + Y^j) + \Delta \ln(s^i s^j) + (1-\sigma)\Delta \ln T^{ij}$$
$$- \sigma \Delta \ln p^i + (\sigma - 1)\Delta \ln P^j \qquad (3.21a)$$

从(3.21a)可以看出,两国贸易的增长取决于两国GDP之和的变化(经济增长)、运输成本的变化、由$(s^i s^j)$衡量的国家相对经济规模大小的变化以及每个国家价格的变化。因为$s^i + s^j = 1$,两边平方后,变形可得$s^i s^j = [1 - (s^i)^2 - (s^j)^2]/2$,因此式(3.21a)中的变量$(s^i s^j)$与式(3.10)中赫尔普曼(Helpman, 1987)提出的经济规模离散指数是一致的。

贝尔和贝格斯川德(Baier and Bergstrand, 2001)利用16个OECD国家的数据求出了1958—1960年和1986—1988年期间均值的差,得到了下列的回归结果(括号内的值为标准差):

$$\Delta \ln X^{ij} = 0.05 + 2.37\Delta \ln(Y^i + Y^j) + 0.60\Delta \ln(s^i s^j)$$
$$\qquad (0.56) \quad (0.38) \qquad\qquad (0.34)$$
$$- 3.19\Delta \ln(1 + \alpha^{ij}) - 4.49\Delta \ln(1 + \tau^{ij})$$
$$\qquad (0.37) \qquad\qquad (1.00)$$
$$- 0.68\Delta \ln Y^j - 0.25\Delta \ln(p^i/P^j) - 0.08\ln X_0^{ij}$$
$$\qquad (0.24) \qquad\quad (0.09) \qquad\qquad (0.03) \qquad (3.22)$$
$$R^2 = 0.40, \ N = 240$$

式(3.22)中右侧常数项后的第一个变量直接按照式(3.19a)的形式,表示两国GDP之和,系数为2.37,接近于2,符合式(3.21a)的预期;而冰山成本T^{ij}被分解为关税(τ^{ij})和运输成本(α^{ij}),这两项的系数为负且通过了显著性检验。份额之积的系数并不显著地异于1,也符合引力模型和赫尔普曼(Helpman, 1987)的预期。

式(3.22)中右侧的最后三项与式(3.21a)稍有不同。首先,贝尔和贝格斯川德(Baier 和 Bergstrand, 2001)的供给模型更具一般化,于是式(3.22)中多出了一项系数为负的$\ln Y^j$;其次,式(3.21a)中分别出现的价格在式(3.22)中为一个比率,以GDP价格平减指数来衡量;最后,式(3.22)中还引入了1958—1960年期间的初始贸易量$\ln X_0^{ij}$,这是考虑到贸易流量的滞后调整。

总的来看,$R^2 = 0.40$表明回归结果良好。这个引力模型解释了近一半OECD国家双边贸易流量的变化,而且可以用方程右边出现的前几个变量来解释1958—1960年间和1986—1988年间的贸易增长。1958—1960年至1986—1988年,经过三十年的变化,样本中的16个OECD国家双边贸易增长了150%,其中100%(或总增长的三分之二)可以用GDP的增长来解释[即式(3.22)右侧常数项后第一个变量乘以它的系数];关税的实际减让乘以它在式(3.22)中的系数解释了38%的贸易增长,即总增长的四分之一左右;运输成本的实际下降乘以其在式(3.22)中的系数解释了12%的贸易增长(或总增长的十二分之一)。可以看出,OECD双边贸易增长的原因中,关税减让的重要性远远大于运输成本的下降。

值得关注的是,两国GDP之和、关税和运输成本之和这三个变量解释了OECD国家双边贸易的所有增长,经济规模趋同,即式(3.22)中的$\Delta \ln(s^i s^j)$,并不是OECD国家双边贸易增长的主要原因。尽管$\Delta \ln(s^i s^j)$在回归结果中系数为0.60,但对样本中的16个OECD国家来说,这一项的实际值却为负(等于-3%)。换句话说,这16个OECD国家的真实GDP的大小出现了偏离,反而造成了OECD国家双边贸易的微小下降(3%)而不是增长。尽管出现了这种情况,式(3.22)中经济规模离散指数$\Delta \ln(s^i s^j)$的系数仍然不显著地异于1——正如引力模型和赫尔普曼(Helpman,1987)公式预测的那样。所以,即使当这个变量通过了统计检验,具有正确的符号和大小时,也不能从经济意义上说明它是OECD国家双边贸易增长的主要原因。

2. 使用估计的边界效应

使用公开出版的价格指数来衡量p^i和p^j的挑战是:这些指数可能无法准确反映边界效应的"真实"水平。换句话说,跨境交易中的大量成本(资金、时间以及汇率风险)很可能不会反映在综合价格指数中。

安德森和温库朴(Anderson and van Wincoop, 2003)运用市场出清条件并且引入了多边阻力对引力模型进行了简化,其做法如下:

当存在"冰山"成本时,企业的产出将多于消费者的净消费量,因此,有

$$y^i = \sum_{j=1}^{C} c^{ij} T^{ij} \tag{3.23}$$

式(3.23)两边同时乘以价格p^i,可以得到$p^i y^i = \sum_{j=1}^{C} p^{ij} c^{ij}$,企业的产出价值(在产出"融化"前运用FOB价格)和消费者支出(在运输过程"融化"后运用CIF价格)相等。原则上,可以运用市场出清条件式(3.23)来求解未知价格变量p^i。但是,安德森和温库朴(Anderson and van Wincoop, 2003)运用了一个更方便的隐式解而非显性解来求出价格。

假设运输成本是对称的,$T^{ij} = T^{ji}$,式(3.23)市场出清条件的隐式解是:

$$\widetilde{p}^i = (s^i / N^i)^{1/(1-\sigma)} / \widetilde{P}^i \tag{3.24}$$

其中,价格指数解为:

$$(\widetilde{P}^j)^{1-\sigma} = \sum_{i=1}^{C} s^i (T^{ij} / \widetilde{P}^i)^{1-\sigma} \tag{3.25}$$

将 $\widetilde{p}^{ij} = \widetilde{p}^i T^{ij} = (s^i/N^i)^{1/(1-\sigma)} T^{ij}/\widetilde{P}^i$ 代入式(3.18),即可得到式(3.25)。应用式(3.17)和 $p^{ij} = T^{ij} p^i$ 可以将式(3.23)市场出清条件重新改写为:

$$Y^i = N^i p^i y^i = N^i p^i \sum_{j=1}^{C} c^{ij} T^{ij} = N^i \sum_{j=1}^{C} c^{ij} p^{ij} = N^i \sum_{j=1}^{C} (p^i T^{ij}/P^j)^{1-\sigma} Y^j \quad (3.26)$$

将式(3.24)代入式(3.26),得到

$$Y^i = s^i \sum_{j=1}^{C} (T^{ij}/\widetilde{P}^i \widetilde{P}^j)^{1-\sigma} Y^j \quad (3.27)$$

对 $i=1, \cdots, C$ 加总,可以得到 $Y^W = \sum_{j=1}^{C} (T^{ij}/\widetilde{P}^i \widetilde{P}^j)^{1-\sigma} Y^j$,当 $T^{ij} = T^{ji}$ 时,该式等同于式(3.25)。

将式(3.23)代入引力模型式(3.19)得到

$$X^{ij} = s^i Y^j \left[\frac{T^{ij}}{\widetilde{P}^i \widetilde{P}^j}\right]^{1-\sigma} = \left(\frac{Y^i Y^j}{Y^w}\right) \left[\frac{T^{ij}}{\widetilde{P}^i \widetilde{P}^j}\right]^{1-\sigma} \quad (3.28)$$

这便是安德森和温库朴(Anderson and van Wincoop,2003)的估计方程,其中 P^i、P^j 被称为多边阻力指数(或者多边价格指数)。根据以往的研究,"冰山"成本可以写为:

$$\ln T^{ij} = \tau^{ij} + \rho \ln d^{ij} + \varepsilon_{ij} \quad (3.29)$$

其中,d^{ij} 代表国家(地区) i 和 j 之间的距离,τ^{ij} 包含了商品从国家(地区) i 出口到国家 j 的所有边界效应,ε_{ij} 是随机误差项。

将式(3.29)代入式(3.27),并将 GDP 项从方程右边移至左边,方程两边取自然对数,可以得到:

$$\ln\left(\frac{X^{ij}}{Y^i Y^j}\right) = \rho(1-\sigma)\ln d^{ij} + (1-\sigma)\tau^{ij} + \ln(\widetilde{P}^i)^{\sigma-1} + \ln(\widetilde{P}^j)^{\sigma-1} + (1-\sigma)\varepsilon_{ij}$$

$$(3.30)$$

式(3.30)左边的因变量是双边贸易额与国家(地区) i、j 的 GDP 之比,右边有国家(地区) i 与 j 之间的距离,所有其他边界效应 $(1-\sigma)\tau^{ij}$ 以及多边阻力。一旦知道运输成本 $T^{ij} = T^{ji}$,多边阻力条件可以式(3.25)得到。运输成本可利用 $\rho(1-\sigma)\ln d^{ij} + (1-\sigma)\tau^{ij}$ 从式(3.28)得到,而 $\rho(1-\sigma)\ln d^{ij} + (1-\sigma)\tau^{ij}$ 的估计值来自式(3.30)——估计这个系统必须使式(3.30)的残差平方和最小,同时每一步都要利用式(3.29)得到 $T^{ij} = T^{ji}$ 的值,通过这些才能从式(3.25)中解出多边阻力项 $(P^i)^{\sigma-1}$。

进行估计时,要界定式(3.30)的边界效应项 $(1-\sigma)\tau^{ij}$。在马克勒姆(McCallum,1995)的引力模型(3.13)中,引入了虚拟变量 δ^{ij},当加拿大两省之间进行贸易时为 1,否则为 0。安德森和温库朴(Anderson and van Wincoop,2003)用指标变量 $(1-\delta^{ij})$ 取而代之,即美国与加拿大之间进行贸易时为 1,其他为 0。该变量的系数为 γ,因此,用 $\gamma(1-\delta^{ij})$ 代替 $(1-\sigma)\tau^{ij}$。用 $\alpha = \rho(1-\sigma)$ 作为距离的系数,得到:

$$\ln\left[\frac{X^{ij}}{Y^i Y^j}\right] = \alpha \ln d^{ij} + \gamma(1-\delta^{ij}) + \ln(\widetilde{P}^i)^{\sigma-1} + \ln(\widetilde{P}^j)^{\sigma-1} + (1-\sigma)\varepsilon_{ij} \quad (3.31)$$

回归结果列在表3-5中的第(4)列,由于GDP项移至了方程的左边,因此GDP项的系数被限制为1。边界虚拟变量的系数为$\gamma = -1.65$;对比第(3)列的结果,加拿大边界效应系数为2.75,而美国边界效应系数为0.40,这两种方法的边界效应系数的符号相反。这是因为虚拟变量的设置刚好是相反的:一种情况下是国家内部的贸易(国内贸易),另一种情况下是国家间的贸易(国际贸易)。值得关注的是,第(4)列中,安德森和温库朴(Anderson 和 van Wincoop,2003)的边界效应系数的绝对值大概是第(3)列中加拿大边界效应系数和美国边界效应系数的中间值,这是因为安德森和温库朴(Anderson and van Wincoop,2003)仅用了单一指示变量来衡量边界效应,并没有区分跨境贸易的方向(即是加拿大对美国的出口,还是美国对加拿大的出口),而运用单一"指标变量"(indicator variable)与安德森和温库朴(Anderson and van Wincoop,2003)的运输成本是对称的假设有关(即$T^{ij} = T^{ji}$)。

如何理解$\gamma = -1.65$呢?由于$(1-\sigma)\tau^{ij}$被式(3.31)中的$\gamma(1-\delta^{ij})$代替了,所以使两者相等并且指数化后,可以得到$\exp(\tau^{ij}) = \exp[\gamma(1-\delta^{ij})/(1-\sigma)]$。对于跨境贸易有$\delta^{ij} = 0$,因此$\exp(\tau^{ij}) = \exp[\gamma/(1-\sigma)]$,当替代弹性$\sigma$取值分别为5、10和20时,对应的$\exp(\tau^{ij})$的估计值分别为1.5、1.2和1.09,这意味着边界效应对价格的潜在影响位于9%~50%之间。估计值的上限确实很高,而下限看来是合理的。

当$\gamma = -1.65$时,加拿大国内贸易到底比国际贸易高出多少呢?对于表3-5中的第(1)~(3)列,可以简单地对指标变量取指数来获得。在考虑多边阻力之后,此方法就不再使用,因为如果边界不存在,式(3.30)中的多边阻力条件也会受到影响。令没有边界效应时多边阻力为$(\hat{P}^i)^{\sigma-1}$,可以从式(3.25)得到,但现在只用距离(与估计系数的乘积)来计算式(3.28)中的T^{ij}。对式(3.31)两边取指数,对边界效应存在和不存在下的方程进行比较,在这两种情况下,贸易量之比为:

$$\frac{X^{ij}}{\overline{X}^{ij}} = \left[e^{\hat{\gamma}(1-\delta^{ij})}\right] \frac{(\hat{P}^i)^{\sigma-1}(\hat{P}^j)^{\sigma-1}}{(\overline{P}^i)^{\sigma-1}(\overline{P}^j)^{\sigma-1}} \quad (3.32)$$

例如,当贸易发生于加拿大各省之间,即$\delta^{ij} = 1$,式(3.32)右边中括号部分等于1。安德森和温库朴(Anderson and van Wincoop,2003)发现对于加拿大而言,式(3.32)等于4.3,意味着边界效应存在时,加拿大各省贸易是不存在边界效应时的4.3倍;而对美国而言,这一差距是1.05倍。最后,安德森和温库朴(Anderson and van Wincoop,2003)发现边界存在的情况下,跨境贸易仅为不存在边界效应时的0.41倍。可以看出,由于边界效应的存在,加拿大各省之间的贸易扩大为初始值的4.3倍,而跨境贸易缩减为初始值的41%,由此可以得到加拿大各省之间的贸易是跨境贸易的$4.3/0.41 = 10.5$倍。对美国的类似计算显示美国各州之间的贸易是跨境贸易的$1.05/0.41 = 2.6$倍,估计结果见表3-5中第(4)列的下段。

上述估计结果表明:相对而言,经济规模较小的国家受边界效应的影响更大,这与马克勒姆(McCallum,1995)结果相一致。边界效应的几何平均值为$(10.5\times 2.6)^{1/2}=5.2$,这和直接把跨境虚拟变量系数($\gamma$)指数化的结果刚好相等,$e^{1.65}=5.2$。换句话说,运用式(3.32)得到的加拿大和美国边界效应几何平均值正好与只用跨境虚拟变量指数化得到的结果相同,芬斯特拉(Feenstra,2002)证明了这不是一种巧合。这个结果说明利用跨境虚拟变量推算国内贸易和国际贸易中边界效应的平均影响是完全可行的。

3. 使用固定效应

安德森和温库朴(Anderson 和 van Wincoop,2003)对引力模型估计的缺点是需要自己编程来实现约束最小化及得到标准差,而第三种估计引力模型的方法是利用固定效应将观测不到的价格指数考虑进去。许多学者在对引力模型进行估计时采用了固定效应,例如哈日干(Harrigan,1996)、胡梅尔斯(Hummels,1999)、雷丁和维纳博斯(Redding and Venables,2000)以及罗斯和温库朴(Rose and van Wincoop,2001)。引入固定效应估计加拿大-美国贸易引力模型的结果也列在表3-5中。

由于式(3.31)中多边价格指数是不可观察的、不是从式(3.25)中直接求出,而是以出口国和进口国固定效应的系数来测度,即让δ_1^i作为一个指标变量(虚拟变量),如果i为出口国时取1,否则为0;令δ_2^j也作为一个虚拟变量,如果j为进口国时取1,否则为0。这样,式(3.31)的引力模型可以改写为:

$$\ln(X^{ij}/Y^iY^j)=\alpha\ln d^{ij}+\gamma(1-\delta^{ij})+\beta_1^i\delta_1^i+\beta_2^j\delta_2^j+(1-\sigma)\varepsilon_{ij} \quad (3.33)$$

其中,用出口国指标变量系数$\beta_1^i=\ln(P^i)^{\sigma-1}$和进口国指标变量系数$\beta_2^j=\ln(P^j)^{\sigma-1}$来估计多边价格指数。

利用式(3.33)对加拿大、美国各自的国内贸易和两者之间国际贸易的回归结果显示在表3-5中的第(5)列。与安德森和温库朴(Anderson 和 van Wincoop,2003)估计的边界效应为$\gamma=-1.65$有所不同,使用固定效应得到的$\gamma=-1.55$,指数化得到$e^{1.55}=4.7$,显示在表3-5第(5)列的下半段。4.7这个数值是美国-加拿大跨境贸易平均边界效应的一致估计结果。该结果与安德森和温库朴(Anderson 和 van Wincoop,2003)得到的数值5.2非常接近——而安德森和温库朴(Anderson 和 van Wincoop,2003)直接引入了从式(3.24)中计算得到的多边价格指数来进行估计。相比之下,固定效应方法是将该条件作为回归的一个部分来估计的,并不依赖于式(3.24)。两种方法都给出了平均边界效应的一致估计,直接运用多边价格指数会得到更有效的估计,而固定效应方法更为简便。由于固定效应也是两个平均边界效应的一致估计,而且更容易运用,所以可能会被认为是更好的实证方法。

值得注意的是4.7的平均边界效应与传统引力模型得到的平均效应几乎相同(如McCallum,1995);表3-5第(3)列中计算得到的加拿大和美国之间边界效应的几何平均值为4.8。与表3-5的第(4)列和第(5)列有所不同的是,第(1)~(3)列的估计是不一致的,因为这些回归没有引入价格指数,这样会高估了边界效应对加拿大的影响,第(3)列中的加拿大的边界效应为15.7;而第(4)列为10.5,低估了边界效应对美国的影响,第(3)列中美国的边界效应为1.5;而第(4)列为2.6。但对于该样本,这些不一致估计量的几何平均值得到的平均边界效应与第(4)和第(5)列的一致估计十分接近。

罗斯和温库朴(Rose and van Wincoop,2001)运用了固定效应方法来估计货币联盟对国际贸易的影响。他们引入了一个虚拟变量,当两个国家同属一个货币联盟是为1,否则为0;回归得到该变量的参数估计为 $\gamma=0.86$,被认为是货币联盟对贸易平均影响的一致估计。令人惊奇的是,他们发现货币联盟能够促进贸易即 $e^{\gamma}=e^{0.86}=2.36$,换句话说,平均来讲货币联盟间的贸易是非货币联盟间贸易的两倍多。货币联盟对贸易有如此显著的促进作用,但其内在影响机制还不是很清楚。这样的回归结果使奥伯斯法尔德和罗戈夫(Obstfeld and Rogoff,2000)把引力模型中得到的如此大的边界效应当作"国际宏观经济学六大谜团之一"。

雷丁和维纳博斯(Redding and Venables,2000)也使用固定效应方法研究了不同国家工资的决定因素。他们并没有依赖运输成本对称的假设,也没有采用安德森和温库朴(Anderson and van Wincoop,2003)的方法;而是直接引用引力模型式(3.19)进行回归分析。在他们的研究中,差异化既作为消费品也作为生产的中间投入品。因此,与贸易伙伴临近的程度会影响一国出口差异化商品的能力和进口差异化投入品的能力,两者都将对工资产生影响。雷丁和维纳博斯(Redding and Venables,2000)证明了引力模型的固定效应与均衡工资水平存在较强的联系,即一国的经济地理位置(用其到贸易伙伴的距离来衡量),决定了其国内工资水平以及生活质量。

参 考 文 献

1. Anderson, J. E. "A Theoretical Foundation for the Gravity Equation," *American Economic Review*, 1979, 69: 106-116.

2. Anderson, J.E., & van Wincoop, E. Gravity with Gravitas: A Solution to the Border Puzzle, *American Economic Review*, 2003, 93: 170-192.

3. Baier, S. L., & Bergstand, J. H. "the Growth of World Trade: Tariffs, Transport Costs and Income Similarity," *Journal of International Economics*, 2001, 53: 1-27.

4. Debaere, P. "Monopolistic Competition and Trade, Revisited: Testing the Model without Testing for Gravity," [working paper title: Testing "New" Trade Theory without Testing for Gravity: Re-interpreting the Evidence, 2002], *Journal of International Economics*, 2005, 66(1): 249-266.

5. Ethier, W. J. "The Theory of International trade," in Officer L. H. (ed.) *International Economics*, Dordrecht, Kluwer Academic Publishers, 1987: 1-63.

6. Ethier, W. J. "The Political-Support View of Protection," *PIER Working Paper Archive*, 2011: 11-26.

7. Feenstra. *Advanced International Trade: Theory and Evidence*, Princeton University Press, 2004.

8. Fels, J., & Gundlach, E. "More Evidence on the Puzzle of Inter-industry Wage Differentials: The Case of West Germany," *Weltwirtschaftliches Archive*, 1990, 126: 544-560.

9. Grossman, G. M., & Helpman, E. *Interest Groups and Trade Policy*, Princeton University Press, 2002.

10. Grossman. G., & Levinsohn. "Import Competition and Stock Market Return to Capital," *American Economic Review*, 1989, 79(5): 1065-1087.

11. Harrigan, J. "Openness to Trade in Manufactures in the OECD," *Journal of International Economics*, Elsevier, 1996, 40(1-2): 23-39.

12. Harry P. Bowen et al. "Applied International Trade", *Palgrave Macmillan*, 2012.

13. Helpman, E. "Imperfect Competition and International Trade: Evidence from Fourteen Industrial Countries," *Journal of the Japanese and International Economies*, 1987, 1: 62-81.

14. Hummels, D., & Leveinsohn, J. A. "Monopolistic Competition and International Trade: Reconsidering the Evidence," *Quarterly Journal of Economics*, 1995, 8: 800-836.

15. Hummels, David. Ishii, Jun & Yi, Kei-Mu. "the Nature and Growth of Vertical Specialization in World Trade. A revised and extended version of a working paper "The Growth of World Trade" Ishii and Yi (1997), 1999. *Journal of International Economics*, 2001, 54: 75-96.

16. Kambourvo G., & Manovskii, I. "Occupational Mobility and Wage Inequality," *Review of Economic Studies*, 2009, 76: 731-759.

17. Katz, L. F., & Summers, L. "Can Inter-industry Differentials Justify Strategic Trade Policy," in Freenstra, R. (ed.), *Trade Policies for International Competitiveness*, University of Chicago Press, Chicago, 1989.

18. Kruegar. A., & Summers, L. "Efficiency Wages and Inter-industry Wage Structure," *Econometrica*, 1988, 56: 259-294.

19. Krugman, P. "A Model of Innovation, Technology Transfer, and the World Distribution of Income," *Journal of Political Economy*, 1979, 87(4): 193-201.

20. Krugman, P., Obstfeld. M, Melitz, M. *International Economics: Theory and Policy*, Pearson, Tenth Edition, 2014.

21. Magee, S. P. "Three Simple Tests of the Stolper-Samuelson Theorem," in Oppenheimer, P. (ed.) *Issues in International Economics*, Oxford: Oriel Press, 1980: 138-153.

22. McCallum, J. National Borders Matter: Canada-U. S. Regional Trade Patterns, *American Economic Review*, 1995, 85(3): 615-623.

23. Neary P. "Short-run Capital Specificity and the Pure Theory of International Trade," *Economic Journal*, 1978, 88: 488-510.

24. Obstfeld, M., & Rogoff, K. "The Six Major Puzzles in International Macroeconomics: Is There a Common Case?" in Bens Berns Bernanke & Kenneth

Rogoff, eds., *NBER Macroeconomics Annual*, Cambridge: MIT Press, 2000.

25. Redding, S. J., & Venables, A. J. "Economic Geography and International Inequality," *CEPR Discussion Papers No.2568*, 2000.

26. Rose, Andrew K., & Eric van Wincoop. "National Money as a Barrier to Trade: the Real Case for Currency Union," *American Economic Review Paper Proceed*, 2001, 91(2): 386-390.

27. Rubczynski, T. M. "Factor Endowments and Relative Commodity Prices," *Economic*, 1955, 22: 336-341.

28. Samuelson, P. A. "International Factor-price Equalization Once Again," *Economic Journal*, 1949, 59(6): 181-197.

29. Samuelson, P. A. "International Trade and the Equalization of Factor Prices," *Economic Journal*, 1948, 58(6): 163-184.

30. Samuelson, P. A. "Prices of Factors and Goods in General Equilibrium," *Review of Economic Studies*, 1953, 20(10): 1-20.

31. Samuelson, P. A. "The Transfer Problem and Transport Costs: The Terms of Trade When Impediments are Absent," *Economic Journal*, 1952: 278-304.

32. Stolper, W. F., & Samuelson, P. A. "Protection and Real Wages," *The Review of Economic Studies*, 1941, 9(1): 58-73.

33. Tinbergen, J. "Shaping the World Economy: Suggestion for an International Economic Policy", New York, the Twentieth Century Fund, 1962.

34. 余淼杰,《国际贸易学:理论、政策与实证》,北京大学出版社,2013年。

练习与思考

1. 在H-O-S模型和SF模型中,斯托尔珀-萨缪尔森定理的表达有何区别?为什么?

2. 在H-O-S模型和SF模型中,罗伯津斯基定理的表达有何区别?为什么?

3. 在SF模型中,假定本国和外国具有相同的劳动禀赋,两国在部门2中具有相同的资本禀赋,本国在部门1中的资本禀赋更高。两国的技术和偏好相同。

(1) 能否预测两国间的贸易模式?本国哪种要素将从贸易开放中获益,哪种会受损?

(2) 与(1)相同,但现在假设两国的资本禀赋相同,而本国的劳动禀赋更多。能否预测两国间的贸易模式?

4. 为什么说特定要素模型(SF模型)是H-O-S模型的对现实的一个逼近。

5. 了解引力模型的最新进展。

第四章　产业内贸易模型

【学习目标】

- 了解产业与产业内贸易的相关概念
- 把握同质产品产业内贸易和差异产品产业内贸易及其解释
- 掌握产业内贸易的各种测算方法

从20世纪80年代末开始,世界经济的发展有两个重要的趋势:一方面是世界经济一体化的高速发展,另一方面是全球各经济区的国际分工与合作不断加深。这两种趋势在国际贸易领域的直观表现就是,被以往学术界忽视的产业内贸易逐渐成为国际贸易中的重要组成部分,相关的理论也成为当前国际贸易研究的热点之一。

按照传统贸易理论,不同国家应该根据各自具有的比较优势参与国际分工合作,并展开国际贸易,即出口密集使用了本国丰裕要素所生产的商品,进口密集使用本国稀缺要素所生产的商品。传统贸易理论论证严密,结论也与当时的贸易现象相符,遂成为一国参与对外贸易的重要依据。但是,随着国际贸易的发展经济学家发现了一个新的现象:一个国家会同时进口和出口同类产品。例如,日本和美国会同时进出口对方生产的汽车。随着研究的深入,人们发现这一贸易现象在发展中国家也普遍存在。例如,中国既会从日本进口办公器械,同时也向日本出口这类产品。这就是所谓的产业内贸易。产业内贸易又是一个重要的分析工具,既可以从产业的层面研究一国或地区的贸易结构和贸易竞争力,又可以从贸易的角度探究该国的产业发展和产业升级问题。

本章在界定产业及产业内贸易的基础上,介绍几个重要的产业内贸易模型、产业内贸易的度量及相关的经验研究。

第一节　产业与产业内贸易

"产业"一词本身是一个经济学的概念,一般泛指一切生产物质产品和提供劳务活动的集合体,包括农业、工业、交通运输业、邮电通信业、商业饮食服务业、文教卫生业等部门,但在实际的应用中,在不同场合代表的含义往往并不一致。"产业"作为经济学概念,具有多种含义。比如,贝蒂斯(Bettis,1998)基于厂商对资源的占有,认为"产业"是"拥有相似资源的厂商的集合"。杨公朴和夏大慰(2005)基于需求层面,认为"产业"是"生产同类或有密切替代关系产品、服务的企业集合";基于供给层面,认为"产业"是"具有使用相同原材料、相同工艺技术或生产相同用途产品的企业的集合"。

在国际贸易实践中,"产业"一词有着独特的含义,产业范围定义的不同,会对产业内贸易的计算结果产生重大影响。要精确计算产业内贸易与产业内贸易的专门化问题,就必须对产业集合进行精确的定义。

在国际贸易中,研究人员出于不同的研究目的,对产业会有不同的定义,但一般都是按以下三种标准进行定义,并确定不同产品所属的产业。第一,消费替代,即将具有相似用途的、能代替某种产品的所有产品的一个产品集合,将这样的产品集合定义为产业。显然,这是一种基于消费需求的产业划分法。格鲁贝尔和劳埃德(Grubel and Lloyd,1975)指出:产业是指有区别的但是可以相互替代的产品的集合。第二,相同技术密集度。将大致相同的生产过程或大致相同的制造方法制造出来的产品群视为一个产业。法尔维(Falvey,1981)指出:"产业"是指将特定资本设备生产出来的产品群。这种定义方法是以供给为基础进行界定的。第三,生产替代。将生产中采用类似的要素投入或相似要素密集度的产品群看作一个产业。显然,这是将生产过程中要素投入作为特征来进行界定的。斐格(Finger,1975)认为,产业是以类似要素(或原料)比例关系生产出来的产品群,产品群不是独立的要素向量,而是特定要素不能相互流动情况下的生产结果。

从上述三种标准的介绍可以看出,这三种标准很难统一于一个特定的概念之中,因而人们在研究过程中,对产业的界定具有很大的灵活性,不同的作者往往会根据研究的需要选择自己的标准。例如,在验证 HO 模式时,学者们会选择生产替代标准;以研究消费偏好时,选择消费替代标准;等等。至今,有关产业的定义还没有一个普遍接受的标准。

本章参照国内的经验研究,将联合国国际贸易标准分类(SITC)前三位数相同的所有产品视为同一产业。这是因为,随着贸易资料和数据的分解,国际贸易标准分类 SITC 对有关经济活动的描述越具体,其内部产品的替代性越高。

对于产业内贸易这种现象,不同的学者给出了不同的定义。

巴拉萨(Balassa,1966)最早提出"产业内贸易"的概念,他发现欧共体内部各成员国之间的贸易规模扩大,主要来自相同商品分类的商品组,他将这种贸易形式称为产业内贸易。其后,很多学者从研究问题的不同角度出发,提出了产业内贸易的多种定义。斐格(Finger,1975)认为产业内贸易是一国发生在同一时期同组产品内部的进出口的贸易。布兰德(Brander,1981)认为产业内贸易是发生在相同产品内部的双向贸易。格鲁贝尔和劳埃德(Grubel and Lloyd,1975)认为产业内贸易是有一定差异相互之间可以替代的产品间的贸易,格鲁贝尔和劳埃德从测量的角度,认为产业内贸易的数额就是用进出口贸易的总额减去产业间贸易。

强永昌(2002)将学术界对产业内贸易的定义进行了归纳,认为产业内贸易的定义可分为三种。第一种是综合式定义,这类定义容纳性比较广,但缺点是比较含糊。第二种是基于国际贸易标准分类(SITC)的定义。这种定义主要依据的是学术界以往的分析常用到以 SITC 三位数为区分产业的标准的做法。这种定义有一定好处,可以简化程序,但也容易引发争议。因为在 SITC 三位数表示的产品在生产与消费替代方面存在很多不同之处。第三种定义是基于生产和消费替代，主要假定是不完全竞争，这种定义在学者分析产业内贸易时采用比较多。

产业内贸易的定义虽然比较多，但在实际分析工作中用得比较多的是格鲁贝尔(Grubel)和劳埃德(Lloyd)于1975年提出的定义及测算方法，这种方法也符合强永昌所归纳的第三种产业内贸易的定义。本章主要采用格鲁贝尔和劳埃德(Grubel and Lloyd，1975)的定义。

格鲁贝尔和劳埃德(Grubel and Lloyd，1975)对产业内贸易理论进行了系统的分类，将产业内贸易划分为同质产品(homogeneous products)产业内贸易和差异产品(differentiated products)产业内贸易两大类。同质产品是指产品能够完全相互替代，或者产品相同但处于不同的生产区位或不同的制造时间段。同质产品的产业内贸易产生主要是由于产品的运输、储存、包装、销售等成本的不同而造成的。差异产品是具有差别性的产品，这种差别可表现在同类产品的质量差别、型号差别、材料的差别、颜色及商标的差别、产品营销过程产生的差别等。

差异产品又可以进一步细分为水平差异产品和垂直差异产品。水平差异产品是指有质量相同，但具有不同产品特质的产品。比如，质量相同的电视机在外观及色彩上存在不同则可视作水平差异产品。垂直差异产品是指产品的差异仅仅存在于质量方面的产品。比如，相同品牌的电视机质量方面存在不同则被视为垂直差异产品。在实际的分析过程中，一般具有差异性的产品往往既有垂直差异，也包含有一些水平差异。采用合适的方法对差异产品进行区分是运用模型进行产业内贸易实证分析过程中非常重要的环节。

第二节 同质产品的产业内贸易理论——相互倾销模型

同质产品的产业内贸易方面的理论主要有布兰德和克鲁格曼(Brander and Krugman，1983)提出的相互倾销模型(reciprocal dumping model)。

相互倾销模型假设只存在两个国家：每个国家存在一个只有少数企业构成的产业，企业之间的竞争模式是按照古诺的双寡头垄断模式进行，在这种模式中市场均衡状态下的价格水平高于边际成本；产品均衡价格在两个国家经济处于自给自足状态下相同。

为简化问题，只考虑最简单的双寡头垄断的市场情形：两个国家，各有一个厂商生产同质产品；两个厂商都以产量作为决策变量，每个厂商要做出的决策是决定产品在国内市场的出售量(假定产品的生产都在国内进行)。

在分析过程中，以 X_{ij} 表示厂商 i 为国家 j 生产的产量，由于设定只存在两个国家，两个厂商，则国内市场产品的总供应量为 $X_{11}+X_{21}$，国外市场的总供应量为 $X_{12}+X_{22}$。向国外销售的产品还必须支付运输费用，在寡占模型中一般会有一些出口产品由于运输成本而被吸收掉，这就是所谓的"冰山模型"。所以，当国内厂商向国外出口 X_{12} 时，X_{12} 中一定比例会在进入国外市场前就消失了，到达目的地的产品用 gX_{12}

($0 < g < 1$) 表示。

假定两国需求函数是一样的,且是线性的关系,可表示为:

$$P_1 = a - b(X_{11} + X_{21}) \tag{4.1}$$

$$P_2 = a - b(X_{12} + X_{22}) \tag{4.2}$$

考虑运输成本和固定成本 F 后,两个厂商的利润函数可表示为:

$$\pi_1 = [a - b(X_{11} + X_{21})]X_{11} + [a - b(X_{12} + X_{22})]X_{12} - c\left[X_{11} + \frac{1}{g}X_{12}\right] - F \tag{4.3}$$

$$\pi_2 = [a - b(X_{11} + X_{21})]X_{21} + [a - b(X_{12} + X_{22})]X_{22} - c\left[X_{21} + \frac{1}{g}X_{22}\right] - F \tag{4.4}$$

假定两个厂商都按照古诺模型确定各自的最优生产数量,即每一厂商都认为自己的生产决策不会引起竞争对手相应的对生产决策的改变,也即是说,两个厂商对国内市场的反应函数不会发生改变,但出口市场的反应函数必然会发生变化。

利润最大化的产品产量满足以下的一阶条件:

$$\frac{\partial \pi_1}{\partial X_{11}} = [-2bX_{11} - bX_{21} + a] - c = 0 \tag{4.5}$$

$$\frac{\partial \pi_1}{\partial X_{12}} = [-2bX_{12} - bX_{22} + a] - c/g = 0 \tag{4.6}$$

$$\frac{\partial \pi_2}{\partial X_{21}} = [-2bX_{21} - bX_{11} + a] - c/g = 0 \tag{4.7}$$

$$\frac{\partial \pi_2}{\partial X_{22}} = [-2bX_{22} - bX_{12} + a] - c = 0 \tag{4.8}$$

布兰德和克鲁格曼(Brander and Krugman,1983)指出,处于寡头垄断地位的厂商为实现利润最大化的目标,会将增加的产品以低于在本国市场销售价格销往国外。尽管产品在国外的销售价格降低了,但如果这种在国外销售的产品不会影响其他产品在本国销售价格,从利润最大化目标的角度看,厂商获得的总利润水平获得了提高。同样,其他国家的厂商也是基于利润最大化目标进行决策,也会采用同样的销售策略,将增加的产品销往对方国家,这样就发生了两个国家的相互倾销行为,这种贸易的形成不是由于分属不同国家的厂商生产有差异产品,而是由于各厂商基于利润最大化目标做出的决策。

式(4.6)、式(4.8)仅包含未知变量 X_{22} 和 X_{12},式(4.5)、式(4.7)仅包含未知变量 X_{11} 和 X_{21}。由于两个子系统是完全对称关系,故 $X_{11} = X_{22}$ 和 $X_{12} = X_{21}$。从式(4.5)、式(4.7)可以得到如下均衡产量:

$$X_{11}^E = \frac{a + \dfrac{c}{g} - 2c}{3b} \tag{4.9}$$

$$X_{21}^E = \frac{a + c - \dfrac{2c}{g}}{3b} \tag{4.10}$$

两国之间贸易行为的发生的必要条件是 $X_{21}^E > 0$，即 $g > 2c/(a+c)$。这表明，运输费用必须满足 $1 > g > 2c/(a+c)$，两国之间的国际贸易才会发生。当两国间的运输费用趋近于零时，也即 $g \to 1$，古诺均衡解为：

$$X_{11}^E = X_{21}^E = \frac{a-c}{3b} \tag{4.11}$$

通过上述分析可知，根据相互倾销理论，国家之间进行国际贸易的原因是市场中处于寡头垄断地位的厂商制定的市场销售策略。国际贸易的产品构成可以不受产品的生产成本的差异或是要素禀赋条件差异的限制，也可以不受消费者对差异产品需求的制约。国际贸易的利益来自各国处于垄断地位的厂商基于利润最大化的目标，通过向他国的"倾销"行为获得的垄断利润以及在本国维持产品价格不变情况下所获得的垄断利润总和。

第三节 水平差别产品的产业内贸易：新张伯伦模型

20世纪70年代末，迪克西和斯蒂格利茨(Dixit and Stiglitz,1977)、克鲁格曼(Krugman,1979)将张伯伦(Chamberlin,1933)的垄断竞争模型运用到产业内贸易分析中，提出新张伯伦(Chamberlin)产业内贸易模型(有时简称 Krugman 模型)，该模型将基于张伯伦(Chamberlin)垄断竞争模型的封闭经济下的分析扩展为开放经济下的分析，证明规模经济和产品水平差异是促使国际贸易以产业内贸易形式发展的原因。新张伯伦(Chamberlin)模型是对水平差异产品的产业内贸易进行分析与解释的模型，即对具有水平差异性的产品，并且产品平均成本递减，在这种情况下，即使生产成本相同的国家之间也会发生产业内贸易，并且两个国家通过相互的贸易还能提高各自的经济利益。

新张伯伦(Chamberlin)模型建立基于如下的假定：

(1) 劳动是唯一的生产要素，并且劳动的供给固定。

(2) 存在许多厂商，每个厂商都只生产商品中的一个品种；厂商可以自由进出该产业，该种商品的品种数目不受限制。

(3) 所有厂商的生产函数是一样的，每个厂商所需的劳动投入数量是固定的，并且以不变的边际劳动投入生产商品的一个品种，所以厂商 i 的总劳动投入(即为生产 X

商品 i 品种的生产函数)为：

$$l_i = \alpha + \beta X_i \qquad \alpha, \beta > 0 \tag{4.12}$$

其中，X_i 是 X 商品类 i 品种的产出。

(4) 每个消费者的效用函数相同，每增加一种品种的消费，总效用的增加是相同的，消费的品种越多，总效用增加越多。效用函数可以表示为：

$$u = \sum_{i=1}^{n} v(c_i) \tag{4.13}$$

其中，c_i 表示对第 i 种产品的消费。

如果每个厂商的工资率为 w，那么该厂商的总成本就是 $w(\alpha+\beta X_i)$；如果品种 i 的价格为 P_i，每个厂商获得的利润为：

$$\pi_i = P_i X_i - w(\alpha + \beta X_i) \tag{4.14}$$

在效用函数和生产函数已知的条件下，利润最大化的条件为：

$$P_i(X_i)\left(1 - \frac{1}{e}\right) = \beta w \tag{4.15}$$

其中，e 是厂商面对的需求弹性。在厂商可自由进出产业的情况下，市场长期均衡的条件必须满足价格等于平均成本：

$$P_i X_i = (\alpha + \beta X_i) w \tag{4.16}$$

$$\text{或} \quad P_i = w[(\alpha/X_i) + \beta] \tag{4.17}$$

在市场处于长期均衡情况下，每一个厂商都不存在超额利润，如果将 Chamberlin 的零利润的条件设为 $w=1.0$，则可将其进一步简化为 $P_i X_i = (\alpha + \beta X_i)$；在一个封闭经济体系中，$X_i = Lc_i$（$L$ 表示劳动），那么就可得到如下方程：

$$P = \frac{\alpha}{Lc} + \beta \tag{4.18}$$

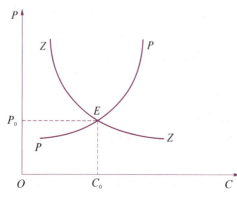

图 4-1 PP-ZZ 模型中的均衡

这里之所以没列出下标，主要是因为每个厂商会以同样的平均成本将所选择的品种生产出同样数量的产出，并且以同样的价格销售。换言之，对所有的厂商都有 $X_i = X$，$L_i = L$ 以及 $P_i = P$。

图 4-1 显示的是 PP-ZZ 模型图，PP-ZZ 模型图表示的是市场处于垄断竞争情况下，用工资单位衡量的产品均衡价格与产品消费量之间的关系。PP 线表示利润最大化条件，PP 线上扬的原因是假设每个生产者面对的需求弹性随产量增大而减小；ZZ

线表示的是价格与成本之间的关系,即 $P = \dfrac{\alpha}{Lc} + \beta$。

图 4-1 中曲线的交点 E 决定了均衡价格 P_0,以及每种商品的人均消费 c_0,每个企业产出 X_0 可以通过用 L 乘以 c_0 得到,在充分就业的情况下,有:

$$L = n(\alpha + \beta X_0) \tag{4.19}$$

由于对所有的厂商都有 $X_i = X$,式(4.19)中的未知数 n,表示的就是产品多样化水平,可由下式得出:

$$n = \dfrac{L}{\alpha + \beta X} \tag{4.20}$$

以上讨论都是针对"本国"进行分析的,假定"外国"与"本国"是对称的,即在各方面都与本国相同,得到的结论也一致。这说明没有国家在任何商品类别都具有比较优势,而且由于存在需求的多样性,这就产生了相互贸易的基础。如果国际贸易使消费者能够得到比过去更多的产品,则消费者的总效用就会增加。

如果不考虑贸易过程中的运输成本及一些其他障碍,两国之间进行相互贸易,那么其中的一个国家如果生产的品种与另一国完全相同,则会改变其生产的品种,转而生产没有其他厂商生产的品种。因为,根据前面的假定,不论厂商生产什么品种,生产成本是一样的,并且厂商能销售的新品种的数量与老品种一样多。随着厂商的调整,到最后是每个厂商生产一个品种。

对相互贸易的两个国家而言,厂商选择生产不同的品种,在生产方面对两国没有影响,因为两国的厂商数并不会发生改变,工人的实际工资也不会发生改变,消费者总产品的总消费量也没有改变,但消费者消费品种增多了,所以两国相互的贸易使各自的福利水平都获得提高。

新张伯伦模型表明,如果生产的产品具有水平差异、生产成本递减的特点下,即使在两个各方面完全相同的国家之间,也会发生产业内贸易,并使两国消费者的福利获得增加。

第四节 水平差别产品的产业内贸易:兰卡斯特模型

兰卡斯特模型是以产品的水平差异为基础的产业内贸易模型,以产品品种和消费者行为的假定为前提,讨论垄断竞争市场结构中,在生产存在规模经济的条件下的生产和贸易。

其模型假定是:

(1) 每个产品品种都存在不同于其他品种的差异,兰卡斯特认为,这就构成了产品的水平差异;

(2) 消费者对不同的特性有不同的偏好,称为霍太林-兰卡斯特偏好假设。消费者不能购买某一产品的多个品种进行"组合"消费,只能消费其中包含某种最喜欢特性的产品品种。如图 4-2 所示,线段 ab 代表所有可得产品品种的范围,在 a 端,品种只有特性 A,如果顺线段向右移动,特性 B 出现并逐步增多,移动到 b 端时,就只有特性 B 了。

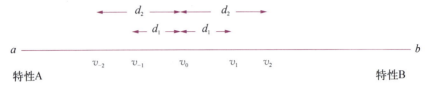

图 4-2　某一产品的产品特性和品种

（3）每个消费者只有一个最偏好的品种,即消费者最愿意花钱购买的品种;假定图 4-2 中的品种 v_0 就是某消费者的最偏好品种,他对该品种的需求量由他的收入水平与该品种的价格决定,现在假定他的收入水平是固定的,他的需求可以用图 4-3 中的需求曲线 $D(v_0)$ 表示。消费者对他偏好较少的品种需求会小,所以偏好较少的品种的需求曲线会位于最偏好品种需求曲线的下方。一般假定,消费者对于高于他最偏好品种距离为 d 的品种和低于他最偏好品种距离也为 d 的品种是无差异的。图 4-2 中,消费者对于 v_{-1} 和 v_1 品种的偏好是无差

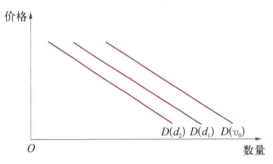

图 4-3　消费者需求偏好对称性的需求曲线

异的。他对这两品种的需求曲线都可表示为图 4-3 中的 $D(d_1)$。 对于更远离 v_0 的 v_{-2} 和 v_2,他们的需求曲线则是处于更低位置的 $D(d_2)$。

（4）假定所有的消费者对产品不同品种的偏好是不同的。假定消费者对品种的偏好是均匀分布在图 4-2 的线段上,但极端偏好的品种与 a、b 两个端点仍存在距离,消费者仍能够在高于或低于最偏好的品种中做出选择。

（5）在供给方面,我们假定厂商可以自由进出该市场,并能生产产品的任何品种,且生产任一品种的成本都相同。兰卡斯特模型还假定,生产任一品种的平均成本曲线在一定范围内是下降的,存在规模报酬递增,这就使生产的品种是有限的,市场中有些消费者就会买不到他们最偏好的品种。

（6）假定世界只有两个国家组成,并且这两个国家在所有方面都完全一样。假定这两个国家只生产两种产品：布和麦,其中布是有差异的产品,麦是规模报酬不变的无差异产品。资本这一特定要素不能在两国间流动。在两国不发生贸易的情况下,假定两国的均衡是一样的,两国生产的布的品种与数量一样,麦的产量、价格与收益也一样。当两国生产并开展自由贸易,由于两国完全相同,两国的生产规模就以前任意一国的两倍,但生产要素在两国间不能自由流动。

这时,无差异的麦不会在两国间进行贸易,但存在差异性的布由于规模经济的影响,不同的品种会由不同的国家的不同厂商生产,每个品种都均等的分布在图 4-2 所示

ab 线段上。每个品种都将以同样的数量生产并以同样的价格销售。

模型的对称性保证了每个国家生产一半的品种的麦。每家厂商都会将产量的一半在国内市场销售,一半在国外市场销售。如果两国开展贸易以前各自生产的不同产品品种数目为 n,则开展贸易后的品种数量会大于 n,但少于 $2n$。为说明这点,先假定开展贸易后品种的数目与特性没有发生变化,但每个国家都有一半的厂商撤离市场。这样留在市场中的厂商就能以相同的价格将销售量扩大为贸易前的 1 倍。由于规模经济,生产成本也会降低,厂商会获得超额利润。超额利润会使新厂商加入生产,新厂商生产一种新的品种,会夺走原厂商的消费者,迫使原厂商降低价格,并减少生产规模,从而形成新的长期均衡,产品的品种数比以前多了,每家厂商的生产规模比开展贸易前要大,价格会比以前低,生产的品种数会大于 n,但小于 $2n$。

图 4-4 显示了代表性厂商在两国开展贸易前后的两种均衡。厂商的生产成本随产量的增加而降低,在开展贸易前,厂商的需求曲线为 D_1,长期均衡点为 E_1,生产的数量为 Q_1,产品的价格为 P_1。开展贸易后,随着产品品种的增加,厂商会被迫改变产品的特性,生产另一品种,但平均成本线不会发生变化,潜在的消费者数量的增加会使厂商的需求曲线上移,但品种数量的增加又使需求曲线向下移动,相邻品种间距离的缩短使需求曲线的弹性增加,需求曲线变得更为平坦。新的长期均衡会向移动到 E_2,产量达到 Q_2,价格降到 P_2。

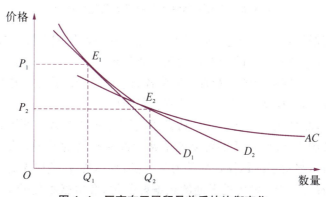

图 4-4 厂商在开展贸易前后的均衡变化

下面进一步讨论贸易对福利的影响。从消费者角度分析,消费者将从品种数目的增加和消费者剩余分布的改变中受益。图 4-5 和图 4-6 显示了开展贸易前后消费者剩余的变动情况。图 4-5 中,横轴表示图 4-2 中线段 ab 中的一段,纵轴表示消费者剩余,M_A 是开展贸易前消费者能够获得的最低剩余。由于消费者希望的最偏好品种不一样,他们获得的消费者剩余并不一样。图 4-5 中,如果消费者最偏好的品种是 V_1、V_2 和 V_3,消费者剩余情况怎样呢?我们以 V_2 为例,消费者最偏好的品种是 V_2,但厂商能够生产的却是 A_1 或 A_2,此消费者对相邻两个品种的选择是两可的,这种消费者就是所谓的边界消费者,他们对所要消费的品种的需求曲线是传统的向下倾斜的需求曲线,能够获得消费者剩余,剩余的数值就是纵轴上的 M_A。由于假定了消费者在横轴上是均等分布的,这种消费者剩余对所有边界消费者是一样的。

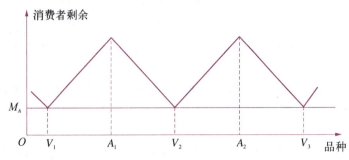

图 4-5 开展贸易前的消费者剩余

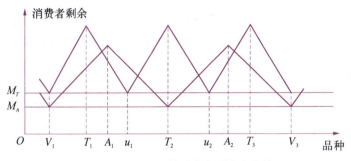

图 4-6 开展贸易后的消费者剩余变化情况

一个消费者最偏好的品种越接近于被生产出的品种,他就会比边界消费者更多的消费这一品种,并能得到更多的消费者剩余。获得最大消费者剩余的是最偏好的品种与生产出来的品种正好吻合的消费者。消费者剩余会随着最偏好品种与实际生产出的品种越接近而越多,这样就得到图 4-5 的锯齿状图形。

开展贸易后,品种的数目会增加。假定可得到品种的数目在两国正好增加 50%,新品种的分布如图 4-6,即由开展贸易前的两个品种扩展为开展贸易后的三个品种。现在我们来分析开展贸易前最偏好品种为 V_1 的边界消费者,他原先是选择 A_1,开展贸易后,他可以选择 T_1,T_1 更接近于他的最偏好品种,在价格不变的情况下,他也会增加消费量,同时由于厂商变少了,规模经济使平均成本也下降了,使价格下降,他的消费者剩余得到增加。新的边界者的消费者剩余用 M_T 表示。另一方面,原先处于两可状态的边界消费者 V_2,现在可以获得他们最偏好的品种 T_2,此类消费者明显从贸易中获利,而且由于价格的下降,他们得到的消费者剩余比开展贸易前能够在与最偏好品种最吻合的品种进行购买消费者还多。

但是,有些开展贸易前能够买到最偏好品种的消费者在开展贸易后买不到他们最偏好的品种了,如图 4-5 中最偏好品种为 A_1、A_2 的消费者,他们就只能购买相邻的品种,从而使他们的消费者剩余减少了。但是,对这些消费者来说,开展贸易后价格的降低,又会使他们的消费者剩余增加。所以,对这些消费者来说,贸易是使他们的剩余增加还是减少了很难确定。

从上面的分析可以看出,对消费者个体而言,开展贸易会使有些消费者明显获益,有的消费者利益受损。但是从消费者总体上分析，图 4-6 可以看出，展开贸易后所有消费者的总剩余是增加的，因为自由贸易下锯齿状以下的面积大于开展贸易前的面积。

第五节 垂直差异产品的产业内贸易：新赫克歇尔-俄林模型和自然寡占模型

垂直差异产品的产业内贸易是指相同产业但具有不同质量产品同时发生的进口和出口。

一、新赫克歇尔-俄林模型

法尔维(Falvey, 1981)最早对垂直差异产品的产业内贸易进行了研究并提出相关观点，法尔维(Falvey)认为，如果由不同厂商生产质量不同的品种，且这些品种都不具有规模效应，那么垂直型产业内贸易就可能发生。垂直型产业内贸易与以要素禀赋论为理论依据的产业间贸易比较相似，拥有充裕资本的国家出口高质量的产品，拥有充裕劳动力资源的国家出口低质量的产品。

法尔维和凯尔科斯(Falvey and Kierzkowski, 1987)之后又提出新的垂直产业内贸易的模型。他们认为，即使不完全竞争和收益递增的情况都不存在，垂直性产业内贸易也有可能发生。从供给角度看，假设每个国家有两个部门，其中一个部门从事同质性产品生产，另一个部门从事同种商品但具有不同质量的产品的生产。这两个部门都有雇佣劳动力，资本的使用情况依据生产的产品质量差异而有所差异，质量高的产品的资本/劳动比率也高。两国之间的技术水平差距使它们相互贸易导致两国工资水平存在差异，资本的使用成本也会存在差异。工资低的国家的比较优势体现在生产质量低的产品上，工资高的国家比较优势体现在生产高质量产品上。从需求角度分析，假设两国消费者偏好相同，产品的相对价格一定，收入不同的消费者需求不同质量产品：收入越高消费越高质量的产品。由于两个国家都存在收入分配不均等，每个国家都存在低收入和高收入的消费者，所以这两个国家存在对不同质量产品的需求。

范尔威和凯尔科斯(Falvey and Kierzkowski)模型的假定如下：

(1) 存在只有两个国家；只有劳动和资本两种生产要素；只存在两个产业；劳动是可以产业间发生转移的流动要素，资本是某产业的特定要素。

(2) 法尔维引入了 α 来定义产品质量，质量越高，α 越大。假设生产质量越高的产品，资本/劳动比率越大。

(3) 在市场处于完全竞争情况下，不管生产任何质量的产品，价格与单位产品的生产成本都相等，则有：

$$P_1(\alpha) = w_1 + \alpha R_1 \tag{4.21}$$

$$P_2(\alpha) = w_2 + \alpha R_2 \tag{4.22}$$

其中，w表示工资率，R表示资本的回报，下标1和2表示两个国家。

如果$w_1 > w_2$，那么要使贸易产生就要求$R_1 < R_2$（如果$R_1 > R_2$，就表示着国家2能以低于国家1的成本生产任何质量的产品，两国无法开展贸易）。进而可以推出$R_1/w_1 < R_2/w_2$，于是可将国家1视为是资本充裕的国家，国家2为劳动充裕的国家。

在$R_1 < R_2$的情况下，必定存在一个质量子集，这个子集包含的产品在国家1生产的成本低于国家2，另一子集表现为相反的情况。如图4-7，图中两条直线是由式(4.21)、式(4.22)给出的价格—成本关系线，线P_2比线P_1要更陡峭是由于$R_1 < R_2$。在α_0处，两国的生产价格是相等的，即

$$w_1 + \alpha_0 R_1 = w_2 + \alpha_0 R_2 \tag{4.23}$$

$$\alpha_0 = \frac{w_1 - w_2}{R_2 - R_1} \tag{4.24}$$

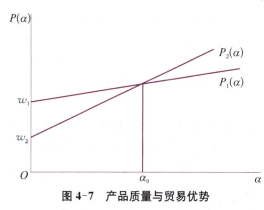

图4-7 产品质量与贸易优势

从图4-7可看出，国家2在低质量的产品品种比国家1有比较优势，而国家1在高质量的产品品种上比国家2有比较优势。

假定两个国家由于收入分配不均等，两国对低质量和高质量的产品品种都有需求，在没有运输成本的自由贸易情况下，两国间必定会发生国际贸易。国家1会生产质量较高的产品品种并出口到国家2，同时从国家2进口低质量的产品。由于上述分析都是针对相同产业的产品进行的，只是产品质量存在差异，所以两国发生的贸易属于产业内贸易。由于该理论模型是由Falvey等人提出的，故又称Falvey模型。

二、自然寡占模型

自然寡占模型是谢克德和萨顿（Shaked and Sutton，1984）提出的，该模型考察了由于研发支出不同而形成的产品质量差异对贸易的影响模式。假设不同企业由于研发支出的差异，生产的产品质量存在差异；并且如果将质量存在差异的同类产品以相同的价格销售，消费者将会购买高质量的产品。因为产品质量的提高是来自已经支出的研发支出，而不是来自劳动力或资本的投入，所以产品的单位成本不会因为质量的提高而很快地提高。假设各国在市场处于封闭状态时的企业的数量多于2个，国际贸易的发生将会迫使部分企业退出市场，但留下的企业数量大于2个，在这种情况下垂直型产业内贸易有可能会发生。

谢克德和萨顿（Shaked and Sutton）的自然寡占模型是以市场处于寡头垄断为前提进行分析的。厂商是否进入市场、生产什么品种以及如何对产品定价等决策，与各国的

收入分布情况、消费者的偏好以及产品的可变成本与产品质量等变量相关。如果收入分布较广,并且产品平均可变成本随质量的提高而递增,市场就可以存在较多的厂商。如果收入分布比较窄,平均可变成本不会随着质量的变化而发生改变,则市场可能会只存在一两个厂商,谢克德和萨顿将这种情况称为"自然寡占"。

"自然寡占"模型的有如下基本假定:

(1) 某产品有许多品种,这些品种是垂直差异性的,垂直差异主要体现在不同品种存在不同的质量。

(2) 厂商需要在生产前投入大量的研发支出来开发高质量的品种。这些前期的研发支出被看作是产品的固定成本,而产品具有不同的平均可变成本。

(3) 消费者具有同样的消费偏好,所以消费者对产品的质量排列顺序相同。

(4) 消费者的收入水平存在差异,并且收入水平的高低与其消费的产品质量存在对应关系。

(5) 产品处于寡头垄断的市场状态下,只有两家厂商进行生产。

根据上述假定,可以推出垂直差异产品的双寡头垄断均衡(如图4-8)。

图4-8中,$F(Q)$是质量为Q的品种所对应的研发支出曲线。TR_A是首先进入市场的厂商A的总收入曲线,厂商A生产的品种为Q_1,代表低质量的产品;TR_B是第二个进入市场的厂商B的总收入曲线,生产品种Q_2,代表高质量的产品。

从图4-8中可以看出,厂商A的最佳选择生产品种Q_1,因为在Q_1点,厂商A的边际收益与边际成本正好相等(TR_A曲线上在Q_1点的斜率等于$F(Q)$在Q_1点上的斜率)。如果厂商A转而生产高质量的品种,如Q_2,那么其

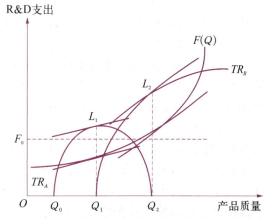

图4-8 一种垂直差异产品的双寡头垄断均衡

获得的总收益为零。反过来,如果厂商A试图生产低质量的品种得到收益,但长期来看,最终消费者会放弃购买该低质量产品,转向购买其他厂家生产的质量较高的品种。

厂商B的情况正好和厂商A相反,在生产Q_2质量的产品品种上,其边际收益与边际成本相等(TR_B曲线在Q_2点的斜率与$F(Q)$在Q_2点上的斜率相等),是收益最大化的选择。

假定有两个情况完全相同的国家,两国人均收入也相同。市场处于封闭的条件下,两国中各自有两个厂商生产同种垂直差异产品。在两国开展自由贸易后,其中两个国家生产同样质量品种产品的厂商会相互竞争,参与竞争的厂商必有一家要退出市场,因为在两家厂商同时存在的情况下都不能获利。竞争的结果会使一个国家只生产一个品种,但无法预知是哪两家厂商将会生存下来,可知的是:生存下来的厂商由于拥有了国内和国外两个市场,市场扩大了。这样就会导致规模经济,从而使产品的生产成本降低,商品的销售价格下降,消费者也因此得益。

在自然寡占模型中,如果是撤出的两个厂商属于同一个国家的,产业内贸易将不会发生;如果两个国家各自撤出一个厂商,则会在两国间发生产业内贸易,并且是其中的一个国家出口高质量的差异产品品种,另一个出口较低质量的品种。

如果在模型中进一步放松约束条件,允许两个国家有收入水平不相同,那么就不会存在上述分析中产业内贸易会否出现不确定性。如果一国的平均收入水平高于另外一个国家,则在封闭经济条件下,该国生产的产品质量也会比另一个国家的高。当两国开展贸易后,高收入国家会专门生产质量高的品种,并向另一国出口一部分高质量的品种,低收入国家的生产和贸易模式与高收入国家则相反。

从长期来看,随着市场范围的扩大,市场中企业的数量将进一步减少。企业研发支出越多,获得的市场份额越大,这样,市场扩大将使产品质量普遍提高。产品质量的提高是来自企业为获得更大的市场份额而争相扩大研发支出的结果,在产品质量提高的同时,可变成本的增加并不多,产品的价格也不会随着质量提高而大幅度上升。

综上所述,产业内贸易传统理论中的水平型产业内贸易理论主要针对发达国家间的产业内贸易,较好地解释了发达国家之间的产业内贸易发展,将研究的基础建立在产品的不同品种具有相同或相似要素密集度的假定之上,分析不完全竞争条件下的产品多样性、消费者偏好等因素对产业内贸易的影响;产业内贸易传统理论中垂直型产业内贸易理论则更多的是针对发达国家与发展中国家的产业内贸易进行研究,解释发达国家与发展中国家之间的产业内贸易发展问题,将研究的基础建立在不同产品品种要素密集度因质量差异而变化的假定之上,分析在完全竞争市场条件下由各国不同要素禀赋条件所形成的比较优势对产业内贸易的影响作用。

但是,水平型产业内贸易与垂直型产业内贸易能够针对不同的产业内贸易形式进行解释,但很多的实证研究表明,垂直型产业内贸易比水平型产业内贸易能更好地对现实产业内贸易情况进行解释,适用性更好。尤其在展开对中美产业内贸易的研究时,对于发展中国家的中国而言,由于生产产品的技术水平与发达国家之间的差距较大,中美制成品产业内贸易发展情况可以由垂直产业内贸易理论进行解释。同时,随着跨国直接投资的深入发展,垂直型产业内贸易理论也得到不断发展。

第六节 产业内贸易的度量及经验分析

一、产业内贸易程度的度量方法

在产业内贸易的测量方面,针对现实中不同的经济贸易情况,在产业内贸易发展的不同时期,许多学者提出了不同的测算方法,主要有以下三种。

(一) G-L 指数

格鲁贝尔和劳埃德提出的 G-L 方法使用是最广泛的一种测算方法,也是最早提出的测量产业内贸易水平方法之一。这种方法假设该国的总的进出口贸易是平衡的,即出口等于进口。对于某个单独行业 i，产业内贸易表示为：

$$B_i = \frac{(X_i + M_i) - |X_i - M_i|}{(X_i + M_i)} \times 100\% \quad (4.25)$$

其中，X_i 和 M_i 分别表示产品组 i 的出口和进口。如果贸易是完全平衡的，B_i 将等于1；如果所有的贸易是单向的，B_i 就等于0。这样，B_i 越接近于1，产业内贸易的程度越大；B_i 越接近0，产业内贸易的程度越小。G-L 指数还可以写为：

$$B_i = 1 - \frac{|X_i - M_i|}{X_i + M_i} \quad (4.26)$$

当所测算的产业出口额等于其进口额时，$\frac{|X_i - M_i|}{X_i + M_i} = 0$，即 $B_i = 1$，为最大值，该产业的全部贸易都是产业内贸易；反之，当 $\frac{|X_i - M_i|}{X_i + M_i} = 1$，则 $B_i = 0$，为最小值，该产业的贸易完全不是产业内贸易。一般地，$1 > B_i > 0$。

一个国家 j 整体产业内贸易水平的计算公式为：

$$B_j = \frac{\sum_{i=1}^{n}(X_i + M_i) - \sum_{i=1}^{n}|X_i - M_i|}{\sum_{i=1}^{n}(X_i + M_i)} \times 100\% \quad (4.27)$$

与 B_i 相关的一个问题是它不允许一国的总贸易中有任何的不均衡。当一国存在很大的贸易不平衡(盈余或赤字)时，B_i 将会偏低，而且产业内贸易的真实程度将相应的被低估。为了解决这个问题。格鲁贝尔和劳埃德提出了一个不同的公式，它对任何贸易不平衡进行调整：如果用上面 GL 系数来计算产业内贸易，它的值与一国的贸易差额有负相关关系，这样一国的贸易不平衡将会扭曲 GL 系数对产业内贸易的测量情况，因此必须对(4.27)调整，调整后的公式为：

$$GL_A = \frac{\sum_{i=1}^{n}(X_i + M_i) - \sum_{i=1}^{n}|X_i - M_i|}{\sum_{i=1}^{n}(X_i + M_i) - \left|\sum_{i=1}^{n}X_i - \sum_{i=1}^{n}M_i\right|} \times 100\% \quad (4.28)$$

比较式(4.27)和式(4.28)，可以看到式(4.28)的分母因 j 国总贸易不平衡而减少，减少量等于失衡量。相应的，一国贸易不平衡越大，式(4.27)和式(4.28)的差异就越大。

(二) Balassa 指数

1966 年 Balassa 在测算欧洲经济共同体内部同产业专业化分工的程度时，采用了一个不同的公式计算方法，建立 Balassa 指数。他用每个产品组中贸易差额(出口减进口)与总贸易(出口加进口)的比率之和，除以所有贸易组的数量进行计算，即

$$E_j = \frac{1}{n}\sum_{i=1}^{n}\frac{|X_i - M_i|}{(X_i + M_i)} \qquad (4.29)$$

这里,j 代表国家,i 代表第 i 个行业中的产品组。在式(4.29)中,当所有贸易为产业内贸易时,E_j 趋向于 0;当所有贸易是产业间贸易时,E_j 趋向于 1。这样,Balassa(巴拉萨)用 E_j 的下降作为产业内专业化分工的证据。

(三) Aquino 计量法

1978 年阿基诺(Aquino)对 GL_A 公式进行了批评,认为 GL_A 没有全面纠正一国发生的整体贸易不平衡带来的影响,GL_A 是各自产业内贸易水平的加权平均,在一个国家进出口贸易不平衡的时候,GL_A 是下偏的,所以仅仅采用总贸易进出口差额来进行纠正的方法是不够的,而应当对在贸易失衡情况下的 GL 指数本身进行调整。计算公式为:

$$X_i = \frac{X_i \times \frac{1}{2}\sum_{i=1}^{n}(X_i + M_i)}{\sum_{i=1}^{n}X_i} \qquad (4.30)$$

$$M_i = \frac{M_i \times \frac{1}{2}\sum_{i=1}^{n}(X_i + M_i)}{\sum_{i=1}^{n}M_i} \qquad (4.31)$$

把式(4.30)和式(4.31)代入式(4.27),就可以得到不平衡贸易调整后的总产业内贸易计算公式:

$$Q_j = \frac{\sum_{i=1}^{n}(X_i + M_i) - \sum_{i=1}^{n}|X_i - M_i|}{X_i + M_i} \qquad (4.32)$$

阿基诺(Aquino)指数也受到批评。首先,它包含有一个的假定,即任何贸易失衡都被均匀地分布在所有行业。这是否会对产业内贸易的水平造成新的扭曲。其次,它没有考虑周期性或其他因素对一个国家总的进出口失衡的影响。它调整的基础是该国某一年的贸易差额,但这可能是一个不正常的年份,贸易差额随经济活动水平的周期波动而波动。比如,一个国家在经济上升时期对外贸易差额可能会恶化。如果所考虑的年份是这种情况,就会产生调整的过度。

(四) Bergstrand 度量法

伯格斯特兰(Bergstrand)指出在一个国家出现多边贸易不平衡的情况下,要调整双边产业内贸易指数,并给出了一个双边产业内贸易公式:

$$G_{ij}^{k} = 1 - \frac{|X_{ij}^{k*} - X_{ji}^{k*}|}{X_{ij}^{k*} + X_{ji}^{k*}} \qquad (4.33)$$

其中 $\quad X_{ij}^{k*} = 1/4[(X_i^k + M_i^k)/X_i^k + (X_j^k + M_j^k)/M_j^k] \times X_{ij}^k \quad$ (4.34)

$$X_{ji}^{k*} = 1/4[(X_j^k + M_j^k)/X_j^k + (X_i^k + M_i^k)/M_i^k] \times X_{ji}^k \quad (4.35)$$

X_{ji}^k 代表 j 国向 i 国出口 K 产业的贸易值；X_{ij}^k 表示由 i 国向 j 国出口 K 产业的贸易值。如果 i 国在 K 产业的贸易是平衡，则 $X_{ij}^k = X_{ji}^k$，$G_{ij}^k = 1$ 如果不平衡，则用式(4.34)和式(4.35)进行计算，这两等式是用以计算假定的出口与进口值；X_{ij}^{k*} 和 X_{ji}^{k*} 分别表示经过调整两国在 K 产业发生双边贸易。

二、产业内贸易种类的度量

利用以上的产业内贸易测量方法，可以得到一国总体的产业内贸易的发展水平情况。但如果想准确地定位一个国家在国际分工中地位，上述度量方法就不能达到该目标了。

为进一步了解国家之间发生产业内贸易时各国所处的国际分工情况及贸易条件等信息，需要将产业内贸易做进一步区分为水平型产业内贸易(horizontal intra-industry trade，HIIT)和垂直型产业内贸易(vertical intra-industry trade，VIIT)。水平型产业内贸易是指发生在同一产品组内，虽然产品的造型、颜色和品牌等方面存在不同，但是在产品的技术水平、质量和单价上没有明显差异产品的出口和进口。垂直型产业内贸易则是指不同技术水平、质量、单价的相似性物品同时出口和进口。

在产业内贸易的实证研究中，如何用具体的方法将不同类型产业内贸易进行划分呢？研究人员基于不同的视角和数据获取的难易程度，提出了对几种产业内贸易类型的具体划分标准。

(一) 格里纳韦和米尔纳分类法

格里纳韦和米尔纳(Greenaway and Milner，1995)采用相同产品 i 出口单位价值与进口单位价值的比值，当比值位于 $1-\alpha$ 和 $1+\alpha$ 之间，则将 i 产业内贸易看作水平型产业内贸易；当该比值小于 $1-\alpha$ 或大于 $1+\alpha$ 时，则将 i 产业内贸易看作垂直型产业内贸易。分别可用数学公式表示为：

$$1-\alpha \leqslant \frac{UV_i^x}{UV_i^m} \leqslant 1+\alpha \quad (4.36)$$

$$1-\alpha > \frac{UV_u^x}{UV_i^m} \quad \text{或} \quad \frac{UV_u^x}{UV_i^m} > 1+\alpha$$

式中，UV_i^x 和 UV_i^m 分别表示某国出口产品 i 单位价值和进口产品 i 的单位价值，在实证研究中，通常采用产品单位出口价格(FOB，离岸价格)和单位进口价格(CIF，到岸价格)作为代理变量，α 表示离散因子，一般取值为 0.15 或 0.25。

一般而言，发达国家出口附加值高的产品，发展中国家出口附加值低的产品。随着经济全球化的发展，跨国公司根据不同国家的要素禀赋情况，在世界范围内组织生产，以降低生产成本,使生产链中的不同的国家的垂直产业内贸易快速发展:处于价值链条底端的国家,生产附加值低的产品;处于价值链条高端的国家,生产高附加值的产品。

(二) 弗戴基、科德宝和皮迪分类法

弗戴基、科德宝和皮迪(Fontagné, Freudenberg and Péridy, 1997)同样将相同产品出口单位价值与进口单位价值的比值,作为衡量一国与其贸易伙伴国间产品差异的代理指标,提出了一种产业内贸易的分类方法,但这种与格里纳韦和米尔纳分类标准区分界限有所不同,具体可表述为:

$$\frac{1}{1+\alpha} \leqslant \frac{UV_i^x}{UV_i^m} \leqslant 1+\alpha \tag{4.37}$$

式中,UV_i^x 和 UV_i^m 意义同上。当一国产品的单位出口价格与单位进口价格之比位于 $1/(1+\alpha)$ 和 $1+\alpha$ 之间,将 i 产业内贸易看作水平型产业内贸易,否则将 i 产业内贸易划为垂直型产业内贸易。α 一般取值 0.25。

(三) 坎道甘分类法

上述两种分类方法都是同样将相同产品出口单位价值与进口单位价值的比值,作为衡量一国与其贸易伙伴国间产品差异的代理指标,而在进行产业内贸易数据分析的时候,往往是将产品的单位进出口价格作为产品的单位价值,但在实际中一国与贸易伙伴国的进出口单位商品价格往往很难获得。在产业内贸易的分析中,进出口单位价格的获取方式往往随意性很大,影响到计算结果的可信度。为此,坎道甘(Kandogan, 2003)在实证分析中提出了一种不需要进出口单位商品价格数据就能对产业内贸易进行分类方法,他的方法是将在一个行业中,同一产品分类同时出现的出口和进口视为水平型产业内贸易,而将不同产品分类之间发生的贸易视为垂直型产业内贸易。用计算公式表述如下,i 产业的产业内贸易额为:

$$TT_i = \sum_{p=1}^{n}(X_{ip}+M_{ip}) = X_i + M_i \tag{4.38}$$

$$IIT_i = TT_i - |X_i - M_i| \tag{4.39}$$

$$INT_i = TT_i - IIT_i \tag{4.40}$$

$$HIIT_i = \sum_{p=1}^{n}(X_{ip}+M_{ip}) - \sum_{p=1}^{n}|X_{ip}-M_{ip}| \tag{4.41}$$

$$VIIT_i = IIT_i - HIIT_i \tag{4.42}$$

式中,TT_i 是产业 i 的贸易总额,INT_i 是产业 i 的产业间贸易额,IIT_i 是产业 i 的产业内贸易额,$VIIT_i$ 是产业 i 的垂直型产业内贸易额,$HIIT_i$ 是产业 i 的水平型产业内贸易额,p 为 i 产业目录下的产品。

在以上三种分类法中。弗戴基、科德宝和皮迪分类法与格里纳韦和米尔纳分类法不同之处仅在于区分界限有所不同。坎道甘分类法的优点是不需要产品的单位价格信息,就可以计算产品产业内贸易的分类信息,但坎道甘分类法计算的结果是以绝对数表

示产业内贸易信息,而 GL 等产业内贸易指数都是相对数,这就使两者不好比较。在实践中,采用较多的仍是格里纳韦和米尔纳分类法。

三、边际产业内贸易及其测量

以上提到了几种产业内贸易的计算方法,如 G-L 指数等,这些都是静态的指标,是反映一定时期内的静态水平,不能反映产业内贸易动态水平。边际产业内贸易(MIIT)是反映产业内贸易动态水平的指标,MIIT 的测算方法被不断地得到改进和发展。

(一) A 指数的测算方法

Brulhaut(1994)提出了用 A 指数计算边际产业内贸易的方法,公式表达如下:

$$MIIT = A_t = 1 - \frac{|\Delta X_t - \Delta M_t|}{|\Delta X_t| + |\Delta M_t|} \tag{4.43}$$

其中,$\Delta X_t = X_t - X_{t-1}$,$\Delta M_t = M_t - M_{t-1}$。

与 G-L 测量方法一样,这个指数在 0~1 之间变动,其中 0 表示特定行业中的边际贸易完全是产业间类型,1 表示特定行业中的边际贸易完全是产业内类型。A 指数有着与 G-L 指数相同的统计特征。A 值越小,表明新增的贸易量中产业间贸易的比重越大。相反,A 值越大,表明新增的贸易量中产业内贸易的比重越大。A 指数能够被用于加总计算,所以 A 指数较好地反映行业整体的边际产业内贸易水平。不过,A 指数也存在一些不足,A 指数隐含的假设是,创造工作机会(因部门净出口增加而产生)所带来的调整成本与丧失工作机会(因该部门等量净进口增加而产生)所带来的调整成本是相同的。而在劳动力市场普遍存在失业现象的情况下,这种对称性假设显然有其不合理之处。

(二) B 指数的测算方法

为反映贸易的方向,布洛哈特(Brulhaut,1994)在 A 指数的基础上,提出了 B 指数计算公式:

$$MIIT = B_t = \frac{\Delta X_t - \Delta M_t}{|\Delta X_t| + |\Delta M_t|} \tag{4.44}$$

其中,$\Delta X_t = X_t - X_{t-1}$,$\Delta M_t = M_t - M_{t-1}$。虽然 A 指数能较好地反映行业整体的边际产业内贸易水平,然而该指数在研究边际产业内贸易的作用存在一定局限性,因为它对各国或各部门贸易引起的收益和损失的分配未提供任何信息。为克服这一缺点,可利用 B 指数进行分析。

B 指数的数值在 −1~1 之间变动,它可提供边际产业内贸易的比例和国家特定部门业绩两方面的信息。首先,B 指数可以反映新增的贸易中产业内贸易的程度,B 指数越近 0,边际产业内贸易程度就越高,B 指数为零,特定行业的边际贸易完全是产业内类型;如果 B 指数为 −1 或 1,意味着边际贸易完全是产业间类型。其次,B 指数可以反映部门业绩。部门业绩表现为进出口相互之间的变化,出口意味着特定部门的国内表现良好,而进口则表示国内表现较差。这样,B 指数直接与部门的业绩相联系。当 $B>0$ 时,在所考虑的时期内,$X>M$;$B<0$ 时情况则相反。但是,B 指数对于细分水平的计算不能加总,因此它的适用范围只局限于行业边际产业内贸易和行业的逐个评价。

(三) S 指数测算方法

A 指数和 B 指数都存在忽略信息的不足,艾扎尔和埃利奥特(Azhar and Elliott, 2003)提出了 S 指数,其计算公式为:

$$MIIT = S_t = \frac{\Delta X_t - \Delta M_t}{2(\max(|\Delta X_t|, |\Delta M_t|))} \qquad (4.45)$$

其中,$\Delta X_t = X_t - X_{t-1}$,$\Delta M_t = M_t - M_{t-1}$。S 指数的取值在 $-1 \sim 1$ 之间,取值越接近于零,表示该行业贸易增量中产业内贸易所占比例比较多;反之,如果 S 越接近于 1 或 -1,则该产业的贸易增量中边际产业内贸易比重越少。

由于 S 指数克服了当 ΔX_t、ΔM_t 两者异号时,B 指数的值为 1 或 -1 时而产生的信息忽略的问题,S 指数相对于 B 指数能更好地反映贸易引致的调整成本。但 S 指数与 B 指数类似:S 指数也存在难以汇总计算的问题。

四、贸易数据的产品分类标准

在利用产业内贸易理论对贸易数据进行分析时,选择何种产品分类标准是首先要考虑的问题。国际贸易中产品的分类标准有多种,按协调编码制度(HS)分类,可分为 HS4 位编码指数和 HS2 位编码指数;按国际贸易标准分类(SITC),可分为初级产品、工业制品两大项及下一级子项;按宽泛经济分类(BEC),分为初级产品、中间产品和最终产品。

(一) 商品名称及编码协调制度

商品名称及编码协调制度(HS),是在《海关合作理事会分类目录》(CCCN)和联合国《国际贸易标准分类》(SITC)的基础上,参酌国际间其他主要的税则、统计、运输等分类目录制定的一个多用途的国际贸易商品分类目录。2002 年版《协调制度》有 22 类 99 章。货物按其加工程度,依原材料、未加工产品、半成品和成品的顺序排列。例如,活动物在第 1 章,动物生皮和皮革在第 41 章,而皮鞋在第 64 章。章内和品目内也同样按此排序。我国从 1992 年开始采用《协调制度》编制对外贸易统计,并根据我国对外贸易商品结构的实际情况,在《协调制度》原 6 位编码的基础上增加了第 7 位和第 8 位编码,以便计税、统计及贸易管理。

(二) 国际贸易标准分类

国际贸易标准分类(SITC),由联合国统计局主持制订、联合国统计委员会审议通过、联合国秘书处出版颁布,旨在统一各国对外贸易商品的分类统计和分析对比。SITC 采用经济分类标准,按照原料、半成品、制成品顺序分类,并反映商品的产业来源部门和加工阶段。SITC 第 3 版采用 5 位数编码结构,把全部国际贸易商品按经济类别划分为 10 大类:食品和活动物,饲料和烟草,非食用原料(燃料除外),矿物燃料、润滑油和相关原料,动植物油、脂及腊、化学和相关产品、按原料分类的制成品、机械和运输设备、杂项制品、以及未分类的商品。大类下依次分为67章、261组、1033个目和3118个基本编号。

(三) 按宽泛经济类别分类

按宽泛经济类别分类（classification by broad economic categories，缩写 BEC），是国际贸易商品统计的一种商品分类体系，由联合国统计局制订、联合国统计委员会审议通过、联合国秘书处出版颁布。BEC是为按照商品大的经济类别综合汇总国际贸易数据制订的，是按照国际贸易商品的主要最终用途，把《国际贸易标准分类》（SITC）的基本项目编号重新组合排列编制而成。通过BEC分类，可以把按《国际贸易标准分类》（SITC）编制的贸易数据转换为《国民经济核算体系》（SNA）框架下按最终用途划分的三个基本货物门类：资本品、中间产品和消费品，以便把贸易统计和国民经济核算及工业统计等其他基本经济统计结合起来用于对国别经济、区域经济或世界经济进行分析。BEC分类采用3位数编码结构。第三次修订本把全部国际贸易商品分为7大类：食品和饮料、工业供应品、燃料和润滑油、资本货物（运输设备除外）及其零附件、运输设备及其零附件、其他消费品、未列名货品。7大类分为19个基本类。19个基本类按最终用途汇总为资本品、中间产品和消费品三个门类。

由于BEC分类的数据过于宽泛，而HS分类的数据由于修改过于频繁，时间长度有限，因而在研究中基础的贸易数据大多选用国际贸易标准分类（SITC）体系。SITC分类标准中又包括几种修订标准，分别为SITC Rev.2、SITC Rev.3和SITC Rev.4，其中SITC Rev.4是从2007年起开始提供，时间长度过短，SITC Rev.2的三位数产品数相对不多，所以下文所使用的基础的贸易数据为SITC Rev.3中的数据，全部都取自Comtrade Database。

五、产业内贸易的度量经验分析——以中美产业内贸易为例

(一) 中美产业内贸易总体情况

表4-1提供了2001—2010年，中美两国之间的各个主要产业的产业内贸易指数，从中可以大致了解中美两国间产业内贸易的发展趋势。

表4-1 2001—2010年中美间产业内贸易指数

年 份	SITC0	SITC1	SITC2	SITC3	SITC4	SITC5	SITC6	SITC7	SITC8
2001	0.99	0.41	0.22	0.43	0.36	0.70	0.37	0.82	0.20
2002	0.87	0.39	0.24	0.55	0.29	0.68	0.32	0.65	0.17
2003	0.85	0.63	0.16	0.61	0.17	0.65	0.36	0.50	0.19
2004	0.92	0.85	0.14	0.50	0.86	0.67	0.27	0.47	0.19
2005	0.65	0.89	0.17	0.46	0.78	0.77	0.25	0.42	0.16
2006	0.60	0.51	0.18	0.33	0.81	0.81	0.22	0.44	0.16
2007	0.65	0.61	0.15	0.48	0.32	0.74	0.25	0.42	0.15

续表

年　份	SITC0	SITC1	SITC2	SITC3	SITC4	SITC5	SITC6	SITC7	SITC8
2008	0.74	0.41	0.14	0.46	0.25	0.86	0.28	0.43	0.16
2009	0.77	0.36	0.09	0.99	0.79	0.76	0.31	0.44	0.17
2010	0.81	0.24	0.09	0.69	0.35	0.76	0.31	0.44	0.17
产业平均	0.79	0.53	0.16	0.55	0.50	0.74	0.29	0.50	0.17

注：SITC0 为食品、供食用的活动物；SITC1 为饮料、烟草；SITC2 为非食用原料（燃料除外）；SITC3 为矿物燃料、润滑油及有关原料；SITC4 为动、植物油、脂及蜡；SITC5 为化学品及有关产品；SITC6 为按原料分类的制成品；SITC7 为机械及运输设备；SITC8 为杂项制品。

数据来源：根据 UN Comtrade 数据库贸易统计数据计算得出。

依照对产业内贸易划分方法，当 G-L 指数等于 1 时，说明该产业是单纯产业内贸易；当 G-L 指数为 0 时，说明该产业是单纯的产业间贸易；当 G-L 指数小于 0.5 时，说明该产业以产业间贸易为主；当大于 0.5 时，说明该产业以产业内贸易为主。

(1) 在初级产品(SITC0、SITC1、SITC2、SITC3、SITC4)中，中美在 SITC0(食品、供食用的活动物)类商品的贸易完全表现产业内贸易的形式，最低的产业内贸易指数为 2006 年的 0.6；SITC1(饮料、烟草)类商品的产业内贸易指数则变化较大，其中从 2003—2007 年的表现为产业内贸易，其余年份表现为产业间贸易，此类商品产业内贸易指数最高曾达 0.89，最低则仅为 0.24。SITC2(非食用原料、燃料除外)类商品在所有年份都表现为产业间贸易，而且指数最高仅为 0.24。SITC3(矿物燃料、润滑油及有关原料)和 SITC4(动、植物油、脂及蜡)则表现相似，产业内贸易指数变化较大，有的年份表现为产业内贸易，有的年份表现为产业间贸易。

(2) 在资本或技术密集型的制成品(SITC5、SITC7)中，中美 SITC5(化学品及有关产品)类商品在 2001—2010 年都表现为以产业内贸易为主，而且产业内贸易程度保持较高的水平，最低的一年为 2003 年的 0.65，最高为 2008 年的 0.86。这表明中美两国这一类商品中存在很强的竞争关系。在 SITC7(机械及运输设备)类商品中则表现出产业内贸易逐渐变弱的趋势，2003 年以前，这一类商品主要以产业内贸易为主，在 2001 年曾经达到 0.82。然而，从 2003 年以后该类商品的贸易转变成了以产业间贸易为主，但 2006 年以后稳定在 0.44 的水平。这表明中美在 SITC7 商品的竞争关系发生了一些变化，中国在此类商品的市场竞争能力出现下降。

(3) 在劳动密集型的制成品 SITC6(按原料分类的制成品)、SITC8(杂项制品)中，中美两国的产业内贸易程度都比较低，其中 SITC6 的产业内贸易水平要略高于 SITC8。在劳动密集型制成品方面中美两国表现出的较低的产业内贸易水平符合两国各自的要素禀赋，由于中国丰富的劳动力资源，能够生产出质优价廉的产品，而美国由于人工成本比较高，无法在此类商品中与中国竞争，中美两国在此类商品的生产中是一种互补的关系。

(二) 中美水平及垂直产业内贸易的比较分析

通过对产业内贸易的分析，可以了解国家之间的贸易关系是竞争还是互补的关系，但仅从产业内贸易指数本身并不能获取一个国家在国际分工中地位高低的情况,要进一步掌握这方面的信息,要进一步将产业内贸易细分为水平产业内贸易(HIIT)和垂直产业内贸易(VIIT)。以下采用格里纳韦和米尔纳分类法,并借鉴了斯特范·博尼克(Stefan Bojnec,2001)对水平型和垂直型产业内贸易制定的细分标准,计算分析SITC7的水平与垂直产业内贸易。

表4-2 水平型和垂直型产业内贸易的细分标准

$0.7 \leqslant P_x/P_m \leqslant 1$	$1 < P_x/P_m \leqslant 1.25$	$0 < P_x/P_m \leqslant 0.75$	$P_x/P_m > 1.25$
H−,较低水平的水平型产业内贸易	H+,较高水平的水平型产业内贸易	V−,较低水平的垂直型产业内贸易	V+,较高水平的垂直型产业内贸易
产品在规格、款式上的多样化程度较低	产品在规格、款式上的多样化程度较高	产品的质量档次相对较低	产品的质量较高,且具有较强的出口竞争力

SITC7产业是外资投资中国的重点行业,由于中国加工贸易的快速发展、在2001—2010年,该产业获得到了快速发展,其出口占总出口的份额比例非常高,成为中国重要的出口产业。

表4-3显示,中美SITC7二位数商品中表现为低水平的垂直型产业内贸易有四类商品,分别是SITC75(办公用机器及自动数据处理设备)SITC76(电信、录音及重放装置和设备)SITC78(陆用车辆,包括气垫式车辆)SITC79(其他运输设备)。中美SITC7表现为较低水平的水平型产业内贸易有两类商品,分别是SITC71(动力机械及设备)和SITC73(金属加工机械)。有三类商品水平与垂直产业内贸易的性质不同时期有不同特征,即SITC72(特种工业专用机械)、SITC74(未另列明的通用工业机械和设备及其未另列明的机器零件)及SITC77(未另列明的电力机械、装置和器械及其电器零件)在有些的年份表现为水平型产业内贸易,有的年份表现为较低水平的垂直型产业内贸易。到2010年,属于垂直产业内贸易的商品共有6类,且全部为低水平的垂直型产业内贸易。另有两类为较低水平的水平型产业内贸易。

表4-3 2001—2010年中美SITC7两位数水平与垂直产业内贸易

年 份	SITC71	SITC72	SITC73	SITC74	SITC75	SITC76	SITC77	SITC78	SITC79
2001	0.80	0.45	0.48	0.95	0.59	0.65	0.79	0.29	0.17
2002	0.89	0.53	0.49	0.85	0.38	0.31	0.77	0.19	0.10
2003	0.93	0.64	0.53	0.81	0.20	0.19	0.72	0.24	0.13
2004	0.79	0.57	0.42	0.77	0.15	0.11	0.80	0.2	0.13
2005	0.86	0.83	0.57	0.71	0.14	0.08	0.73	0.24	0.14
2006	0.95	1.00	0.52	0.63	0.12	0.06	0.79	0.31	0.15
2007	0.94	0.78	0.83	0.57	0.10	0.09	0.73	0.4	0.16
2008	0.95	0.93	0.80	0.65	0.09	0.09	0.71	0.47	0.26

续 表

年 份	SITC71	SITC72	SITC73	SITC74	SITC75	SITC76	SITC77	SITC78	SITC79
2009	0.99	0.87	0.79	0.69	0.07	0.09	0.72	0.69	0.21
2010	0.99	0.73	0.64	0.65	0.06	0.08	0.70	0.61	0.2
水平与垂直程度	H-	H-,V-	H-	H-,V-	V-	V-	V-,H-	V-	V-

资料来源：根据 UN Comtrade 数据库贸易统计数据计算得出。

由于 SITC7 属于资本或技术密集型制成品，随中国加入 WTO，在这一产业参与国际分工的程度加深，中美在制成品行业的垂直分工也有所加强。在产品国际分工合作加深的情况下，在产品的生产过程中，各个国家根据各自的比较优势，集中从事全球价值链中某一环节的生产，美国由于资金与技术要素丰富，主要从事新产品研发环节，中国由于具有丰富的劳动力资源则主要从事劳动密集型环节的生产，每个环节的专业化生产便于实现该环节的规模经济。这种情况下的贸易不是表现在国与国之间，而是在多国之间基于生产中的各自优势实现了多边贸易。在表 4-3 中，大部分的商品表现为较低水平的垂直产业内贸易，有两种商品从水平产业内贸易转变为较低水平的垂直产业内贸易，表明在 2001—2010 年在中美在 SITC7 产业生产的垂直分工加强了。

参 考 文 献

1. Aquino, A. "Intra-industry Trade and Inter-industry Specialization as Concurrent Sources of International Trade in Manufactures." *Weltwirtschaftliches Archiv*，1978，114(2)：275-296.

2. Azhar, A.K.M. and Elliott R.J.R. "On the Measurement of Trade-induced Adjustment." *Review of World Economics*，2003，139(3)：419-439.

3. Balassa, B. "Tariff Reductions and Trade in Manufacturers among the Industrial Countries." *American Economic Review*，1966，56(3)：466-473.

4. Bergstrand, J.H. "Measurement and Determinants of Intra-industry International Trade." *Intra-industry Trade: Empirical and Methodological Aspects*. Amsterdam：North-Holland，1983.

5. Krugman, P. "A 'Reciprocal Dumping' Model of International Trade." *Journal of International Economics*，1982，15(3)：313-321.

6. Brülhart, M. "Marginal Intra-Industry Trade：Measurement and Relevance for the Pattern of Industrial Adjustment." *Review of World Economics*，1994，130(3)：600-613.

7. Chamberlin, E. "Theory of Monopolistic Competition." *Southern Economic Journal*，1948，24(2)：215.

8. Falvey, R.E. "Commercial Policy and Intra-industry Trade." *Journal of International Economics*，1981，11(4)：495-511.

9. Falvey, R.E. and Kierzkowski, H. "Product Quality, Intra-industry Trade and Imperfect Competition." *Protection and Competition in International Trade* (Oxford: Basil Blackwell), 1987.

10. Finger, J.M. "Trade Overlap and Intra-industry Trade." *Economic Inquiry*, 1975, 13(4): 581-589.

11. Fontagne, L. and Freudenberg, M. "Intra-industry Trade: Methodological Issues Reconsidered." Working Papers, 1997.

12. Greenaway, D. and Milner, C. "On the Measurement of Intra-industry Trade." *Economic Journal*, 1983, 93(372): 900-908.

13. Lipsey, R. E. "Intra-industry Trade: The Theory and Measurement of International Trade in Differentiated Products." *Journal of International Economics*, 1976, 6(3): 312-314.

14. Hamilton, C. and Kniest, P. "Trade Liberalisation, Structural Adjustment and Intra-Industry Trade: A Note." *Weltwirtschaftliches Archiv*, 1991, 127(2): 356-367.

15. Kandogan, Y. "Intra-industry Trade of Transition Countries: Trends and Determinants." *William Davidson Institute Working Papers*, 2003, 4(3): 273-286.

16. Krugman, P. R. "Increasing Returns, Monopolistic Competition, and International Trade." *Journal of International Economics*, 1979, 9(4): 469-479.

17. Shaked, A. and Sutton, J. "Natural Oligopolies and International Trade, Monopolistic Competition and International Trade." Oxford, Clarendon Press, 1984.

18. Bettis, R. A. and Sampler, J. L. "Commentary on 'Redefining Industry Structure for the Information Age' by J. L. Sampler." *Strategic Management Journal*, 1998, 19(4): 357-361.

19. 杨公朴、夏大慰,《现代产业经济学》,上海财经大学出版社,2005年。
20. 徐松、刘玉贵,《产业内贸易理论研究》,吉林大学出版社,2005年。
21. 黄静波,《国际贸易理论与政策》,清华大学出版社,2007年。
22. 强永昌,《产业内贸易理论——国际贸易最新理论》,复旦大学出版社,2002年。
23. 尹翔项,《国际贸易教程(第三版)》,复旦大学出版社,2014年。
24. 程大中,《国际贸易——理论与经验分析》,格致出版社,2009年。

思考与练习

1. 新赫克歇尔-俄林模型的主要理论含义？并与赫克歇尔-俄林模型进行比较分析。
2. 如何评价产业内贸易理论？
3. 产业内贸易如何量度？
4. 某国2001年纺织服装出口100亿美元,同时进口纺织服装40亿美元,试用G-L指数测算该国本年度纺织服装业的产业内贸易程度。

第五章 中间产品贸易模型与全球价值链

【学习目标】

- 掌握简单中间产品贸易模型
- 掌握连续统投入品中间产品贸易模型
- 能够熟练运用中间产品贸易模型分析贸易福利效应以及对贸易国要素市场产生的影响
- 了解当代国际分工与全球化生产的现状、特点与形式,掌握全球价值链理论的形成原因与背景
- 熟悉价值链、价值增加链、全球商品链以及全球价值链等概念的具体内涵及相互区别
- 了解传统贸易核算方法在衡量两国贸易利得方面存在的缺陷并据此理解隐含贸易附加值的具体核算思路与相应优势

全球化已经深刻改变了旧有的国际分工,国际运费降低、信息技术迅速发展以及各国采取更为开放的经济政策,这些因素使一件商品的生产不再局限于一个国的范围内,而是在多个成员中进行。国际中间产品贸易已经成为世界贸易发展的一股强劲力量。

所谓中间产品是指经过一些制造或加工过程、但还没有达到最终产品阶段的产品,包括半成品和零部件产品。根据联合国(BEC)分类法,按照产品的生产过程或使用原则把商品分为三大类,即初级产品、中间产品和最终产品。传统的贸易理论是以各国要素禀赋为基础的最终产品贸易为研究对象而得出的,并不考虑中间产品的可能性和特殊性。随着经济全球化的深入和科技的发展,原料集中在一国的产品生产现在可以分解为不同生产阶段、不同国家进行生产。例如,随着科学技术的发展,运输成本、通信成本以及组织协调跨区域生产的成本大幅度下降,西方许多公司为了削减成本,都争相将劳动密集型的、低附加值的生产工序与零部件转移到发展中国家去生产。由于垂直专业化生产过程中的中间产品贸易有着不同于最终产品贸易的特殊影响与作用,传统贸易理论中关于生产与贸易模式、要素价格、国家福利、贸易及竞争政策等贸易理论关注的主题都因此受到一定程度的冲击,这就使从中间产品贸易的角度研究这一问题的成果也开始大量出现。

随着全球生产网络以及新一轮产业技术革命的大力推动,全球价值链已成为世界经济大循环中的一个显著特征。近几年,特别是 2008 年国际金融危机之后,"全球价值链与增加值贸易"逐渐成为全球贸易、投资、价值链以及分工领域的研究热点。全球价值链的快速发展改变了世界经济格局,也改变了国家间的贸易、投资和生产联系。由于与传统国际分工和贸易形式下跨境流动的"内容"截然不同,这对传统贸易理论尤其是以贸易顺差来衡量两国贸易利得的传统核算方式提出了严峻挑战。换言之,在以最终产品为对象的传统分工和贸易形式下,跨境流动的主要内容是最终产品;而在全球价值链分工和贸易模式下,跨境流动的主要内容则变为"中间品"。

本章将介绍中间产品贸易模型、全球价值链概念形成的背景与脉络、全球价值链的治理模式、全球价值链中经济租的产生和分配、全球价值链的产业升级模式,阐述传统贸易核算体系在衡量贸易利得方面所存在的不足以及全球价值链背景下新的贸易核算方法。

第一节 简单的中间产品贸易模型

假设一个国家内部有三种生产活动:非技术密集型投入品的生产,用 y_1 表示;技术密集型投入品的生产,用 y_2 表示;将两种投入品装配成最终产品的生产,用 y_n 表示。为简化分析,假设两种投入品可以在国内生产也可以进行国际贸易。

因为贸易的发生,国内某种投入品的生产会减少,但是并不会出现生产完全转移到国外的情况。

假设两种投入品 y_i, $i=1$、2,分别使用非熟练劳动(L_i)、熟练劳动(H_i)和资本(K_i)进行生产,并使用凹的、线性齐次生产函数。为简化分析,假设两种投入品中使用的资本成本是相等的。

$$y_i = f(L_i, H_i, K_i), i=1, 2 \tag{5.1}$$

假设最终产品的生产仅是将两种投入品 y_1 和 y_2 进行无成本装配,没有任何多余的劳动和资本。因此,本国的要素禀赋为:$L_1+L_2=L$;$H_1+H_2=H$;$K_1+K_2=K$。

一、无贸易时的均衡分析

假设在没有中间产品贸易的情况下,本国自行生产投入品 y_1 和投入品 y_2,并在国内组装生产 y_n。这里用等产量线表示企业生产最终产品的状况。一条等产量线上的各个点表示在企业产量不变的条件下所有用两种投入品的各种不同组合。图 5-1 中,Y_0 和 Y_1 是两条等产量线,Y_1 高于 Y_0 表示 Y_1 代表的最终产品产量高于 Y_0 的产量。在均衡的状态下,等产量线 Y_0 与生产可能性边界相切于 A 点,表明 Y_0 是企业利用生产可能性边界上两种投入品任意组合所能生产的最高产量,在无贸易情况下,本国的产量水平无法达到 Y_1。A 点是无贸易情况下,企业达到最高产量时使用的投入品分别是

Q_1 和 Q_2。经过 A 点,画一条直接相切于生产可能性曲线和等产量线 Y_0 的直线,该线的斜率就是本国两种投入品的相对价格,其中本国投入品 y_1 的相对价格为 P_{y_1}/P_{y_2}。

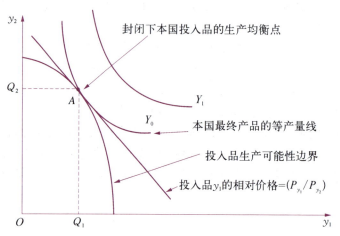

图 5-1 无贸易时本国的生产均衡

二、中间产品贸易下的均衡分析

假设本国是熟练劳动相对丰富的国家,另外一个国家为非熟练劳动相对丰富的国家。在自由贸易的情况下,假设投入品 y_1 的世界相对价格 $(P_{y_1}/P_{y_2})^*$ 要低于本国无贸易时 y_1 的均衡相对价格 (P_{y_1}/P_{y_2})。在此世界价格下,本国将更多地专业化生产投入品 y_2,减少生产投入品 y_1,投入品的生产组合由 A 点移至 B 点(如图 5-2 所示)。假设最终产品的产量不受国内生产可能性边界的制约。正如李嘉图和赫克歇尔-俄林模型中所描述的,如果各个国家能够进行专业化生产并进行相互贸易,所有国家都会达到一个更高的效用水平(无差异曲线)。在这里,通过中间产品贸易,本国能够达到更高的生产水平(等产量线 Y_1)。具体来说,从生产可能性边界上的 B 点出发,通过出口 y_2 进口 y_1,沿着世界相对价格线移到 C 点。因此,通过中间产品贸易,本国能消费到

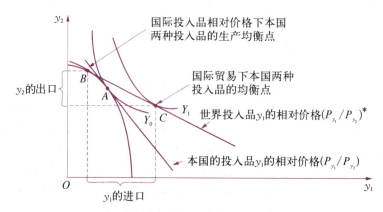

图 5-2 中间产品贸易下本国的均衡

生产可能性边界之外的 C 点的投入品组合。在这点上，等产量线 Y_1 与世界相对价格线相切，表明本国最大最终产品产量是 Y_1。

通过中间产品贸易，本国能够生产出更多的最终产品。由于本国用相同数量的熟练劳动和非熟练劳动生产出了更多的最终产品，说明本国的生产效率较之前提高了。此外，投入品生产成本的降低，可以预期其最终产品的价格也将降低，因此消费者也将从贸易中获得好处。

三、贸易条件的效应分析

一国贸易条件等于该国出口商品的价格除以进口商品的价格。本国出口熟练劳动投入品 y_2，进口非熟练劳动投入品 y_1，因此本国的贸易条件是投入品 y_2 的世界相对价格 $(P_{y_2}/P_{y_1})^*$。$(P_{y_2}/P_{y_1})^*$ 增加意味着本国的贸易条件改进，$(P_{y_2}/P_{y_1})^*$ 减少意味着本国的贸易条件恶化。

（一）贸易条件的改进

对本国而言，假设非熟练劳动投入品 y_1 的相对价格降低了，意味着本国的贸易条件得到改进，如图5-3所示，非熟练劳动投入品 y_1 的相对价格从 $(P_{y_1}/P_{y_2})^*$ 下降到了 $(P_{y_1}/P_{y_2})^{**}$。由于 y_1 相对价格的降低，本国生产将从 B 点移至 B' 点，沿着世界贸易条件线，通过出口 y_2 进口 y_1，该国最终产品达到产量点 C'。此时，该国最终产品的产量达到 Y_2。贸易条件的改进使本国能够在更高的产量水平上生产最终产品，本国获得更多的贸易利得。

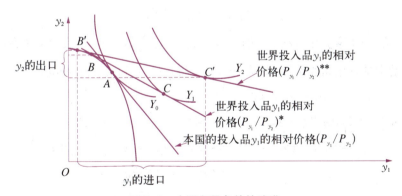

图 5-3　本国贸易条件的改进

（二）贸易条件的恶化

对本国而言，假设非熟练劳动投入品 y_1 的相对价格提高了，意味着本国的贸易条件恶化，如图5-4所示，非熟练劳动投入品 y_1 的相对价格从 $(P_{y_1}/P_{y_2})^*$ 上升到了 $(P_{y_1}/P_{y_2})^{**}$。

本国贸易条件恶化，此时世界投入品 y_1 的相对价格线将变得更为陡峭。在新的世界价格 $(P_{y_1}/P_{y_2})^{**}$ 下，本国生产由 B 点移至 B'，然后通过出口投入品 y_2，进口投入

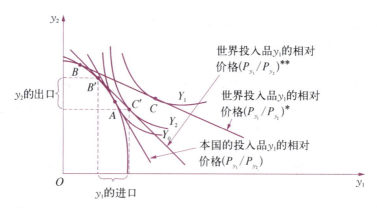

图 5-4 本国贸易条件的恶化

品 y_1。要注意的是,如图 5-4 所示,此时最终产品的产量由 Y_1 下降到 Y_2,因此贸易条件的恶化使本国受损。相比封闭状态下,则本国仍能获得贸易利得。

(三)斯托尔珀-萨缪尔森效应

中间产品贸易不仅对最终产品产量产生影响,而且对要素市场的要素价格变化产生影响。假设在完全竞争的情况下,投入品 y_1 和投入品 y_2 的生产满足零利润条件,即

$$p_i = c_i(w, q, r) \quad i = 1, 2 \tag{5.2}$$

其中,w 为非熟练工人工资,q 为熟练工人工资,r 为资本收益。对式(5.2)进行全微分并且使用琼斯代数得:

$$\hat{p}_1 = \theta_{1L}\hat{w} + \theta_{1H}\hat{q} + \theta_{1K}\hat{r} \tag{5.3}$$

$$\hat{p}_2 = \theta_{2L}\hat{w} + \theta_{2H}\hat{q} + \theta_{2K}\hat{r} \tag{5.4}$$

其中,θ_{ij} 是要素 j 在活动 i 中的成本份额,且有 $\sum_j \theta_{ij} = 1$。假设资本在两种投入品生产活动中具有相同的份额,即 $\theta_{1k} = \theta_{2k}$。将式(5.3)和式(5.4)相减得:

$$\hat{p}_1 - \hat{p}_2 = (\theta_{1L} - \theta_{2L})\hat{w} + (\theta_{1H} - \theta_{2H})\hat{q} \tag{5.5}$$

又因为 $\theta_{iL} + \theta_{iH} + \theta_{iK} = 1, \theta_{1k} = \theta_{2k}$,所以

$$\begin{aligned}(\theta_{1L} + \theta_{1H}) &= (\theta_{2L} + \theta_{2H}) \Rightarrow (\theta_{1L} - \theta_{2L}) - (\theta_{1H} - \theta_{2H}) = 0 \\ &\Rightarrow \hat{p}_1 - \hat{p}_2 = (\theta_{1L} - \theta_{2L})(\hat{w} - \hat{q}) \\ &\Rightarrow \hat{w} - \hat{q} = \frac{\hat{p}_1 - \hat{p}_2}{\theta_{1L} - \theta_{2L}}\end{aligned} \tag{5.6}$$

由于投入品 y_1 是非技术密集型产品,$\theta_{1L} - \theta_{2L} > 0$,当本国进口中间产品 y_1 的相对价格下降,即 $\hat{p}_1 - \hat{p}_2 < 0$,则导致非技术工人相对工资的下降,即 $\hat{w} - \hat{q} < 0$。这就是斯托尔珀-萨缪尔森效应。

此外,进口中间产品的相对价格下降也会对最终产品价格 p_n 产生影响。根据对偶理论,可以得到:

$$\hat{p}_n = \theta_{n1}\hat{p}_1 + \theta_{n2}\hat{p}_2 \tag{5.7}$$

其中，θ_{ni} 为投入品 i 在最终产品中所占的成本份额。因此，最终产品价格的变化是投入品价格变化的加权平均。当进口投入品相对价格下降时，即 $\hat{p}_1 - \hat{p}_2 < 0$，有 $\hat{p}_1 < \hat{p}_n < \hat{p}_2$。因此，最终产品的价格相对于进口中间投入品的价格上升了。

第二节 连续统投入品中间产品贸易模型

现在考虑投入品连续统情形。在最终产品的研发、生产、组装、销售等过程中存在许多中间活动，这些中间活动可视作中间投入品。本部分将上面的简单模型扩展为中间投入品的连续统模型。令 $z \in [0, 1]$ 表示最终产品生产过程中的一种投入品。假设每种投入品的生产中需要使用熟练劳动、非熟练劳动和资本三种要素。投入品按照其使用熟练劳动/非熟练劳动的比例在连续统中做升序排列。例如，组装活动是技术密集度较低的活动，因此更靠近 0，研发活动是技术密集度较高的活动，更靠近 1。令 $x(z)$ 表示 z 投入品的产量，令 $a_H(z)$ 和 $a_L(z)$ 分别表示生产一单位的 z 所需要的熟练工人和非熟练工人的数量。如前所述，在连续统中生产 z 所使用的相对要素密集度 $a_H(z)/a_L(z)$ 是非递减的。

假设有两个国家（ $*$ 表示外国），两国生产函数均为希克斯中性：

$$x(z) = A \left\{ \min \left[\frac{L(z)}{a_L(z)}, \frac{H(z)}{a_H(z)} \right] \right\}^{\theta} K^{1-\theta} \tag{5.8}$$

其中，$H(z)$ 和 $L(z)$ 是在生产投入品 z 时使用的熟练劳动力和非熟练劳动力的数量。整体劳动产出符合熟练劳动 H 和非熟练劳动 L 的里昂惕夫生产函数。投入品 z 的产出符合整体劳动和资本的柯布-道格拉斯生产函数。参数 θ 表示生产每种投入品的成本中劳动所占的比例，除了不同的技术参数 A^* 外，外国生产函数均与此相同。

由对偶理论可知，单位成本函数为

$$c(w, q, r, z) = B[wa_L(z) + qa_H(z)]^{\theta} r_i^{1-\theta} \tag{5.9}$$

其中，$c(w, q, r, z)$ 表示在国内生产 z 的单位成本，即非熟练工人工资为 w，熟练工人工资为 q，资本收益为 r 时，国内生产一单位 z 的成本。假设两国均可生产投入品，所有投入品用于最终产品的生产。假设最终产品由所有独立的投入品 $z \in [0, 1]$ 无成本组装而成。最终产品的生产函数基于所有投入品的柯布-道格拉斯生产函数：

$$\ln Y = \int_0^1 a(z) \ln x(z) \mathrm{d}z, \text{其中} \int_0^1 a(z) \mathrm{d}z = 1 \tag{5.10}$$

假设中间投入品可以在国与国之间自由贸易，不存在任何贸易成本。在这种情况下，最终产品的生产厂商为了尽可能降低成本，总是希望从成本最低的地方购买中间投入品，再进行组装。

假设两个国家的要素禀赋程度不同。本国为熟练劳动和资本丰裕的国家，外国的熟练劳动和资本相对稀缺。因此，可对两个国家的要素相对价格做如下判断：

$$\frac{q}{w} < \frac{q^*}{w^*}, \text{且} \, r < r^* \tag{5.11}$$

假设贸易前,由于各国要素价格的差异导致各国中间投入品的单位成本存在差异。为了方便分析,在要素价格不变的情况下假设单位成本 $c(w, q, r, z)$ 作为 z 的连续函数。

如图 5-5 所示,由于无法确定该成本函数的具体形态,在不影响分析结果的情况下,将其用一条向上倾斜的曲线表示,本国为 CC,外国为 C^*C^*。比较本国成本线 CC 和外国成本线 C^*C^*,存在三种情况:第一种情况,本国所有中间产品的成本都比外国低,在这种情况下所有中间产品的生产都在本国进行;第二种情况,本国所有中间产品的成本都比外国高,在这种情况下所有中间产品都在国外生产;第三种情况,本国部分中间产品的成本高于外国,部分中间产品的成本低于外国。由于前两种情况下更可能涉及的是最终产品的贸易而非中间产品贸易,所以不在本章的谈论中。

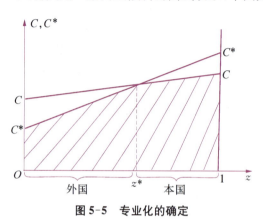

图 5-5 专业化的确定

一、中间产品贸易下的均衡分析

假设 C^*C^* 和 CC 至少相交一次,记交点为 z^*,则有

$$c(w, q, r, z) = c(w^*, q^*, r^*, z^*) \tag{5.12}$$

当 $z > z^*$ 时,由于假设 $\frac{q}{w} < \frac{q^*}{w^*}$ 且 $r < r^*$,所以相对本国成本而言,更高的熟练工人/非熟练工人相对需求会对外国成本产生更大影响,有 $c(w, r, q, z) < c(w^*, r^*, q^*, z)$。反过来也成立,即当 $z < z^*$ 时,有 $c(w, r, q, z) > c(w^*, r^*, q^*, z)$。因此,$C^*C^*$ 和 CC 最多可以相交一次。

当 $z > z^*$ 时,本国中间产品的单位成本更低,本国专业化生产中间产品 $(z^*, 1]$;当 $z < z^*$ 时,外国的单位成本更低,外国专业化生产产品 $[0, z^*]$。两国通过中间投入品贸易,可以将最终产品的成本降低,如图 5-5 中的阴影部分。

由谢泼德引理可得,本国熟练工人/非熟练工人的相对需求为:

$$D(z^*) = \frac{\int_{z^*}^1 \frac{\partial c}{\partial q} x(z) \mathrm{d}z}{\int_{z^*}^1 \frac{\partial c}{\partial w} x(z) \mathrm{d}z} = \frac{\int_{z^*}^1 a_H(q, w, r, z) x(z) \mathrm{d}z}{\int_{z^*}^1 a_L(q, w, r, z) x(z) \mathrm{d}z} \tag{5.13}$$

同理,外国熟练工人/非熟练工人的相对需求为:

$$D^*(z^*) = \frac{\int_0^{z^*} \frac{\partial c^*}{\partial q^*} x^*(z) dz}{\int_0^{z^*} \frac{\partial c^*}{\partial w^*} x^*(z) dz} = \frac{\int_0^{z^*} a_H^*(q^*, w^*, r^*, z) x^*(z) dz}{\int_0^{z^*} a_L^*(q^*, w^*, r^*, z) x^*(z) dz} \quad (5.14)$$

显然,熟练工人/非熟练工人相对需求与熟练工人/非熟练工人相对工资(q/w)是负相关的(如图5-6所示)。

世界经济的均衡条件是:当各国生产它们拥有最小成本的产品系列时,在各国的熟练与非熟练劳动市场以及资本市场上,供给等于需求。按照图解,由图5-5可以确定z^*,从而导出各国对劳动的相对需求。

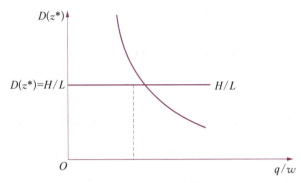

图 5-6 技术工人的相对工资

假设两个国家劳动和资本的禀赋固定,相对工资由图5-6中各国的供给与需求的交点确定。也可用数学表达式来推理。本国劳动市场的均衡为:

$$\frac{H}{L} = D(z^*) = \frac{\int_{z^*}^1 aH(q, w, r, z) x(z) dz}{\int_{z^*}^1 a_L(q, w, r, z) x(z) dz} \quad (5.15)$$

外国劳动市场的均衡为:

$$\frac{H^*}{L^*} = D^*(z^*) = \frac{\int_0^{z^*} aH^*(q^*, w^*, r^*, z) x^*(z) dz}{\int_0^{z^*} a_L^*(q^*, w^*, r^*, z) x^*(z) dz} \quad (5.16)$$

另外,本国的工资等于$wL + qH$,工资在总成本中的比例为θ,所以本国的GDP为$\frac{(wL+qH)}{\theta}$。同时,从资本的角度出发,GDP还等于$\frac{rK}{1-\theta}$,于是有

$$\frac{(wL+qH)}{\theta} = \frac{rK}{(1-\theta)} \quad (5.17)$$

因资本禀赋K固定,上式可确定本国租金r。

同理,对外国有:

$$\frac{(w^*L^* + q^*H^*)}{\theta} = \frac{r^*K^*}{(1-\theta)} \quad (5.18)$$

也可以确定外国租金 r^*。所以,根据上述方程可以确定贸易均衡下的两个国家的要素价格和临界中间产品 z^*。

由于假设组装最终产品没有成本,因此不必知道最终产品的生产活动在何处发生。在两国的专业化分工过程中,本国将专注生产中间产品组合 $(z^*, 1]$,将 $[0, z^*]$ 中的中间产品生产转移到国外。在此过程中,本国技术工人/非技术工人的相对需求将增加。同理,外国将专注中间产品组合 $[0, z^*]$,在此过程中本国技术工人/非技术工人的相对需求将降低。

二、要素跨国间流动下的分析

假设劳动(无论是熟练劳动还是非熟练劳动)不能跨国间流动,但是资本可以进行跨国间自由流动。前部分介绍了当两国间因为熟练劳动与非熟练劳动的相对工资差异 $\left[\dfrac{q}{w} < \dfrac{q^*}{w^*}\right]$ 而引起的中间产品贸易,并对要素市场价格的影响进行了分析。这部分考虑两国间资本收益差异对各国要素市场价格的影响。

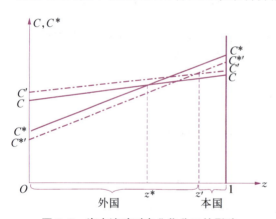

图 5-7 资本流动对专业化分工的影响

由于前面的假设 $r < r^*$,资本将从本国流向外国,本国资本的流出导致 r 的提高以及外国 r^* 的降低。r 的上升使图 5-7 中的 CC 曲线上移至 $C'C'$,而 x^* 的下降使 C^*C^* 曲线下移至 $C^{*'}C^{*'}$。由于工资不变,z 的均值由 z^* 到 z'。因此,外国生产中间产品的范围扩大到 $[0, z']$,本国生产中间产品的范围缩小到 $(z', 1]$。

本国生产的中间投入品范围缩小为 $(z', 1]$,区间 (z^*, z') 为转移到国外的活动,与仍在国内进行的生产活动相

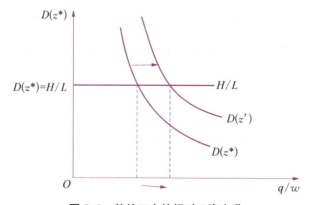

图 5-8 熟练工人的相对工资上升

比,它们具有更低的技术密集度,这将降低本国对非熟练工人的相对需求,提高对熟练工人的相对需求。对外国而言,(z^*, z') 是相对高技术的中间产品,这将增加外国对熟练工人的需求。因此,两国对熟练工人的相对需求都将增加,意味着两国熟练工人的相对工资上升。

第三节　全球价值链原理

一、全球价值链相关概念

(一) 价值链

1985年哈佛商学院教授迈克尔·波特(Michael Porter)在《竞争优势》一书指出:"每一个企业都是在设计、生产、销售、发送和辅助其产品的过程中进行种种活动的集合体。所有这些活动可以用一个价值链来说明。"企业的价值创造是通过一系列活动构成的,这些活动可分为基本活动和辅助活动两类,基本活动包括内部后勤、生产作业、外部后勤、市场和销售、服务等;而辅助活动则包括采购、技术开发、人力资源管理和企业基础设施等。这些互不相同但又相互关联的生产经营活动,构成了一个创造价值的动态过程,即价值链。价值链管理强调企业应该从总成本的角度考察企业的经营效果,而不是片面追求单项业务活动的优化,通过对价值链各个环节加以协调,增强整个企业的业绩水平。波特分析了一般企业的价值链构成,提出了基本的价值链结构模式。

此外,波特还突破企业的界限,将视角扩展到不同企业之间的经济交往,提出了价值系统(Value System)概念,这是全球价值链概念的基础。在价值链的组成中,供应商具有创造和发明用于企业价值链之中外购投入的价值链,即上游价值。许多产品在到达顾客手里之前需要通过销售渠道的价值链,即渠道价值。企业的产品最终会成为其买方价值链的一部分,即顾客价值。这样,从上游价值到买方价值形成一个完整的价值系统。波特的价值链理论揭示:企业与企业的竞争,不只是某个环节的竞争,而是整个价值链的竞争,而整个价值链的综合竞争力决定企业的竞争力,具体如图5-9所示。

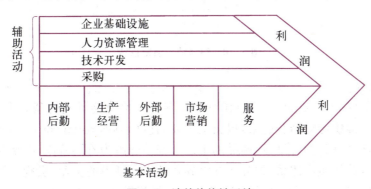

图5-9　波特价值链系统

（二）价值增加链

科洛特（Kogut，1985）在《设计全球战略：比较与竞争的增值链》中用价值增值链（value added chain）来分析国际战略优势。科洛特认为："价值链基本上就是技术与原料和劳动融合在一起形成各种投入环节的过程，然后通过组装把这些环节结合起来形成最终商品，最后通过市场交易、消费等最终完成价值循环过程"，"在这一价值不断增值的链条上，单个企业或许仅仅参与了某一环节，或者企业将整个价值增值过程都纳入了企业等级制的体系中"。科洛特还认为，国际商业战略的设定形式实际上是国家的比较优势和企业的竞争能力相互作用的结果。当国家的比较优势决定了整个价值链条各个环节在国家或地区之间如何配置的时候，企业的竞争能力就决定了企业应该在价值链条上的哪个环节和技术层面上倾其所有，以便确保竞争优势。他也把价值增加链表述为一个过程：厂商把技术同投入的原料和劳动结合起来生产产品、进入市场、销售产品的价值增值过程。在这一过程中，单个厂商或许仅仅参与了某一环节，或者厂商将整个价值增值过程都纳入了企业等级制的体系中，厂商的各种活动与技术都会同其他的公司发生联系。与波特强调单个企业竞争优势的价值链观点相比，这一观点比波特更能反映价值链的垂直分离和全球空间再配置之间的关系，因而对全球价值链观点的形成至关重要。

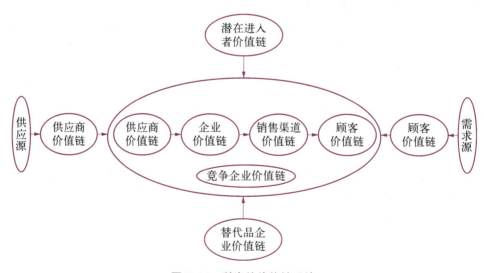

图 5-10　科洛特价值链系统

（三）全球商品链

格里芬等（Gereffi et al.，1994）在对美国零售业价值链研究的基础上，将价值链分析法与产业组织研究结合起来，提出全球商品链（global commodity chain，GCC）分析法。在经济全球化的背景下，商品的生产过程被分解为不同阶段，围绕某种商品的生产形成一种跨国生产体系，把分布在世界各地不同规模的企业、机构组织在一个一体化的生产网络中，从而形成了全球商品链。格里芬（Gereffi，1994）等认为全球商品链应该包括以下内容:"通过一系列国际网络将围绕某一商品或产品而发生关系的诸多家庭作坊、企业和政府等紧密地联系到世界经济体系中;这些网络关系一般具有社会结构性、特殊适配性和地方集聚性等特性;任一商品链的具体加工流程或部件一般表现为通过网络关系连接在一起的节点或一些节点的集合;商品链中任何一个节点的集合都包括投入(原材料和半成品等)组织、劳动力供应、运输、市场营销和最终消费等内容。"格里芬等还区分了两类全球商品链:采购者驱动型(buyer-driven)和生产者驱动型(producer-driven)。采购者驱动型商品链是指大型零售商,经销商和品牌制造商在散布于全球的生产网络(特别是奉行出口导向的发展中国家)的建立和协调中起核心作用的组织形式。采购者驱动型全球商品链是通过非市场的外在调节(explicit coordination)而不是直接的所有权关系建立高能力的供应基地来构建全球生产和分销系统,如沃尔玛、家乐福等大型零售商,耐克、锐步等品牌运营商和伊藤忠式贸易代理公司等跨国公司控制的全球生产网络。生产者驱动型商品链是指大的跨国制造商在生产网络的建立和调节中起核心作用的垂直分工体系。在生产者驱动型商品链中,制造先进产品如飞机等的制造商不仅获得了更高的利润,还控制了上游的原料和零部件供应商、下游的分销商和零售商。通过比较生产者驱动型全球商品链中的非市场外部协调和传统的垂直一体化企业的内部协调,格里芬指出了生产者驱动在促进商品链中各国产业共同进步的重要作用。

格里芬(Gereffi,1995)强调全球商品链的四个部分:① 投入-产出(input-output)的结构,② 地域性(territoriality),③ 治理结构(governance),④ 制度框架(institutional framework)。投入-产出结构意指价值链是按照价值增值活动的序列串联起来的一系列的流程;地域性或地方性意指由于跨国公司和采购商纷纷将核心竞争力领域以外的环节外包,价值链中的各个环节超越了国家界限,分散到世界上不同的国家或地区,因此形成了真正的全球生产体系;治理结构意指价值链是由相互联系的各环节组成的具有特定功能的产业组织,链条治理者对链条进行统一组织、协调和控制;制度框架主要是指国内和国际制度背景(包括政策法规、正式和非正式的游戏规则等),在各个节点如何对价值链产生影响。

(四) 全球价值链

在整个20世纪90年代,格里芬等人的理论没有摆脱商品这一概念的局限,没有突出强调在价值链上运营的企业在价值创造和价值获取方面的重要性。直到2001年,格里芬和该领域研究者在杂志 *IDS Bulletin* 上推出了一期关于全球价值链的特刊——《价值链的价值》,从价值链的角度分析了全球化过程,认为应把商品和服务贸易看成治理体系,而理解价值链的运作对于发展中国家的企业和政策制定者具有非常重要的意义,因为价值链的形成过程也是企业不断参与到价值链并获得必要技术能力和服务支持的过程。这份特刊在全球价值链研究中起到了里程碑式的作用。在特刊中,许多学者从全球价值链的治理、演变和升级等多个角度对全球价值链进行了系统的探讨和分析,并由此建立起了全球价值链基本概念及其基本理论框架。

斯特恩(Sturgeon,2001)从组织规模(organizational scale)、地理分布(geographic scale)和生产性主体(productive actor)三个维度来界定全球价值链。从组织规模看,全球价值链包括参与了某种产品或服务的生产性活动的全部主体;从地理分布来看,全球价值链必须具有全球性;从参与的主体看,有一体化企业、零售商、领导厂商、交钥匙供应商和零部件供应商。他还对价值链和生产网络的概念进行了区分:价值链主要描述了某种商品或服务从生产到交货、消费和服务的一系列过程,而生产网络强调的是一群相关企业之间关系的本质和程度。

联合国工业发展组织(UNIDO,2002)在2002—2003年度工业发展报告《通过创新和学习来参与竞争》中指出:"全球价值链是指在全球范围内为实现商品或服务价值而连接生产、销售、回收处理等过程的全球性跨企业网络组织,涉及从原料采集和运输、半成品和成品的生产和分销直至最终消费和回收处理的过程。它包括所有参与者和生产销售等活动的组织及其价值利润分配,并且通过自动化的业务流程和供应商、合作伙伴以及客户的链接,以支持机构的能力和效率"。该定义强调了全球价值链不仅由大量互补的企业组成,而且是通过各种经济活动联结在一起的企业网络的组织集,关注的焦点不只是企业,也关注契约关系和不断变化的联结方式。

英国Sussex大学的发展研究所(Institute of Development Studies)是目前对全球价值链问题进行较广泛研究的机构,它将全球价值链定义为产品在全球范围内,从概念设计到使用直到报废的全生命周期中所有创造价值的活动范围,包括对产品的设计、生产、营销、分销以及对最终用户的支持与服务等。组成价值链的各种活动可以包括在一个企业之内,也可以分散于各个企业之间;可以集聚于某个特定的地理范围之内,也可以散布于全球各地。

二、全球价值链的二元驱动机制

全球价值链理论的核心内容是动力模式。全球价值链理论中关于动力模式的研究,基本延续了格里芬(Gereffi,1994)等在全球商品链研究中给出的全球商品链运行的生产者驱动型(producer-driven)和采购者驱动型(buyer-driven)两种模式,认为全球价值链的驱动力基本来自生产者和采购者两方面。换句话说,全球价值链各个环节在空间上的分离、重组和正常运行等是在生产者或者采购者的推动下完成的。

汉德森(Henderson,1998)在此基础上对全球价值链的驱动力进行了更加深入的研究,指出生产者驱动由生产者投资来推动市场需求,形成全球生产供应链的垂直分工体系。投资者可以是拥有技术优势、谋求市场扩张的跨国公司,也可以是力图推动地方经济发展、建立自主工业体系的本国政府。在生产者驱动的全球价值链中,跨国公司通过全球市场网络来组织商品或服务的销售、外包和海外投资等产业前后向联系,最终形成生产者主导的全球生产网络体系。一般资本和技术密集型产业的价值链,如汽车、飞机制造、计算机、半导体和装备制造等,大多属于生产者驱动型价值链。在这类全球价值链中,大型跨国制造企业(如波音、GM等)发挥着主导作用(如图5-11)。采购者驱动是指拥有强大品牌优势和国内销售渠道的经济体通过全球采购和贴牌加工(OEM)等生产方式组织起来的跨国商品流通网络,能够形成强大的市场需求,拉动那些奉行出口导向战略的发展中国家的工业化。传统的劳动密集型产业,如服装、鞋类、玩具、自行车、农产品、家具、食品、陶瓷等大多属于这种价值链,发展中国家企业大多参与这种类型的价值链(如图 5-11)。

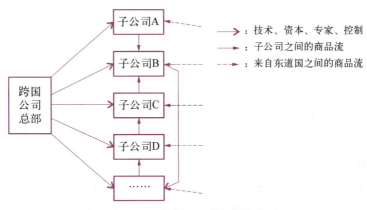

图 5-11　生产者驱动型全球价值链

采购者驱动(buyer-driven)型价值链存在三方面的不平衡性。一是高等要素(advanced factors)在价值链环节间的配置极不平衡。海外采购者作为全球价值链的主导企业(leading firms),采取俘获型(captive)治理模式,对研发设计、市场信息、品牌渠道等高等要素实施了严格控制;发展中国家制造商往往只拥有自然资源、劳动力等基本要素,作为被治理者,仅能发展有形生产能力,普遍缺乏无形竞争能力。二是附加值在价值链环节间的分布极不平衡。价值链的驱动力主要来自商业资本而非产业资本,附加值主要由控制了设计、品牌及流通环节的海外采购商创造,中游制造环节产生的附加值极为有限。三是分工利益在价值链环节间分配极不平衡。处于商业流通领域的海外采购者,凭借对市场的绝对控制获得了价值链中的主要分工利益,而处于从属地位的生产商只能接受不公平的利益分配格局。

既然全球价值链从驱动力上主要分为生产者和采购者,那么两者驱动的全球价值链又有什么区别呢?

张辉(2007)在格里芬的基础上从动力根源、核心能力、进入门槛、产业分类、典型产业部门、制造企业、产业联系、产业结构和辅助支撑体系等九个方面对生产者和采购者驱动型全球价值链进行了比较研究的比较研究(如表 5-1 所示)。

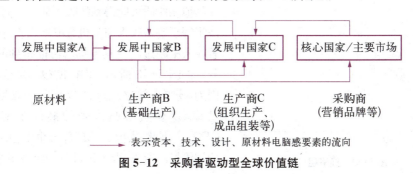

图 5-12　采购者驱动型全球价值链

表 5-1　生产者和采购者驱动型全球价值链比较

项　目	生产者驱动的价值链	采购者驱动的价值链
动力根源	产业资本	商业资本
核心能力	研究与发展(R&D)、生产能力	设计、市场营销
进入门槛	规模经济	范围经济
产业分类	耐用消费品、中间品、资本品等	非耐用消费品
典型产业部门	汽车、计算机、航空器等	服装、鞋类、玩具等
制造企业的业主	跨国企业,主要位于发达国家	地方企业,主要在发展中国家
主要产业联系	以投资为主线	以贸易为主线
主要产业结构	垂直一体化	水平一体化
辅助支撑体系	重硬件、轻软件	重软件、轻硬件
典型案例	英特尔、波音、丰田、海尔、格兰仕等	沃尔玛、国美、耐克、戴尔等

从表 5-1 中可以看出,全球价值链的驱动力不同,导致其动力根源不同,不同的动力根源决定了该价值链的核心能力不同。不同驱动力的价值链,分布的产业也有所不同。这就意味着一国要发展一个产业时,要先根据该产业价值链的驱动力去确定该产业价值链的核心能力,然后积极发展这种核心能力,才能使该国在该产业的全球价值链中具有竞争优势,并处于高端的高附加值地位。具体地说,在参与全球竞争的产业发展过程中,如果该产业参与的是生产者驱动的全球价值链条,那么以增强核心技术能力为中心的策略就是合乎全球竞争规则的正确路径。那些参与采购者驱动的全球价值链的产业,就更应强调设计和市场营销环节,来获取范围经济等方面的竞争优势。

三、全球价值链中经济租的产生和分配

在经济学上,"经济租"(economic rent)是生产要素所有者凭借垄断地位所获收入中,超过要素机会成本的剩余。经济租是要素收入(或价格)的一个部分,该部分并非为获得该要素于当前使用中所必须,它代表着要素收入中超过其在其他场所所可能得到的收入部分。简言之,经济租等于要素收入与其机会成本之差,代表着要素收入中超过其在其他场所所可能得到的收入部分。如图 5-13 所示,图中 R_0OE 为经济租金。因为,要素全部收入为 R_0OQ_0E,要素所有者提供 Q_0 量要素所愿接受的最低要素收入是 OEQ_0。因此,去掉 R_0OE 部分也不会影响要素的供给量。所以,R_0OE 部分为经济租金。

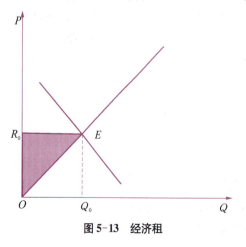

图 5-13　经济租

只要存在垄断,不管是行政、市场还是天然的,就可能存在经济租。作为研究的起点,全球价值链理论分析了全球价值链各环节价值的产生过程和各环节收益的分配过程。科林斯基和莫瑞斯(Kolinsky and Morris,2003)认为这些收益从本质上讲产生于那些能保护自己远离直接市场竞争的价值链参与者,并且这种规避直接竞争活动的能力可用租的概念来理解。因为参与了全球化的国家、商家,都处在"全球价值链"的"治理"(Governance)之下;而"价值链"的治理目标,正是索取各种各样的"经济租",而不是要素回报或者企业家回报,所以"全球价值链"对全球市场、对全世界的经济生活影响是非常深刻的。如果能够全面分析近20年来的全球国际贸易的数据,结果将会支持以下这个判断:从全球化的生产和营销中获利的赢家获得的收入,已经不再是或者主要不是古典经济学所说的"要素回报",或者相对于风险承担而得到的"企业家回报"了。获利的源泉,是基于"进入壁垒"或者垄断条件而产生的"经济租"。随着经济全球化进程中要素收益率的降低,进入壁垒开始成为"租"产生的重要因素。进入壁垒较高的环节能产生较高的"租",而竞争激烈的低进入壁垒环节,收益是不可持续的,因为"租"会慢慢耗散。要保持较高收益,要么是该行业进入壁垒很高,行业外企业很难进入该行业与之相竞争;要么是进入壁垒在不断发生变化,即企业的创新和生产能力在动态发展,不断从事新的经济活动,从而在该领域形成新的进入壁垒。

"经济租"有哪些形态?科林斯基和莫瑞斯(Kolinsky and Morris,2003)将"经济租"区分为内生的和外生的两大类:内生经济租中包括技术经济租、人力资源租、组织-机构经济租(如日本新的生产组织形式,减少存货,做到优质和低成本,新产品迅速上市,在创新和设计方面更加灵活机动)、营销-品牌经济租、关系经济租(以中小企业的聚集和企业之间正向的溢出为优势而获得的收入)。外生经济租包括自然资源经济租、政策经济租(有差别的进入机会,源于政府的政策)、基础设施经济租(如交通设施的便利)、金融租(融资机会),等等。另外,经济租还具有累加性而且永远处于变动中:一方面,已经得到的经济租会由于进入壁垒被突破而流失,由于技术扩散而消失;另一方面,新的经济租还会不断产生出来。因为经济租会随竞争性加强、进入障碍降低而减小,最终以低价或高质量形式转化为消费者剩余。

表 5-2 全球价值链上经济租的主要表现形式

		稀缺性生产要素或进入壁垒	含 义
存在于全球价值链之内(内生经济租)	企业内	技术经济租	拥有稀有技术
		人力资源租	比竞争者拥有更好技能的人力资源
		组织-机构经济租	拥有较高级的内部组织形式
		营销-品牌经济租	拥有更好的营销能力,和/或有价值的商标品牌
	企业间	关系经济租	同供应商和顾客(买主)之间拥有较高质量的关系
存在于全球价值链之外(外生经济租)		自然资源经济租	获得稀有自然资源
		政策经济租	在一个高效率的政府环境:创设壁垒阻止竞争者进入
		基础设施经济租	获得高质量的基础设施性投入
		金融租	比竞争者获得条件更优越的金融支持

全球价值链可分为三大环节：其一是技术环节，包括研发、创意设计、提高生产加工技术、技术培训等环节；其二是生产环节，包括采购、系统生产、终端加工、测试、质量控制、包装和库存管理等分工环节；其三是营销环节，包括销售后勤、批发及零售、品牌推广及售后服务等分工环节。当国际分工深化为增值过程在各国间的分工后，传统产业结构的国际梯度转移也因此演变为增值环节的梯度转移。就增值能力而言，以上三个环节呈现由高向低再转向高的 U 形状，或"微笑曲线"状（见图 5-14）。价值链不同环节所创造的附加值是不同的，获得的经济租多少也是不一样的。靠近 U 形曲线中间的环节，如零部件、加工制造、装配等环节在价值链中创造出较低的附加值，因而获得较低的经济租，靠近 U 形曲线两端的环节，如研发、设计、市场营销、品牌等在价值链中创造出较高的附加值，因而获得更多的经济租。

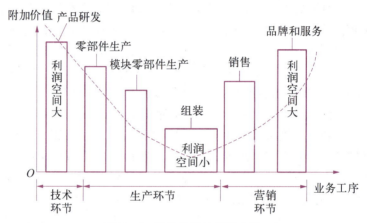

图 5-14 价值链增值微笑曲线

例如，一个美国的服装公司可以在意大利完成设计，在印度采购天然面料，在韩国采购化纤辅料，在我国台湾地区采购拉链和纽扣，在我国缝制成衣，然后在我国香港检验、包装，再出口到美国销售。一件服装的生产被分解为诸多的生产加工环节，并放在不同的国家和区域完成，构成整个价值创造过程，随着不同环节生产附加值的不同，形成图 5-15 所示曲线。

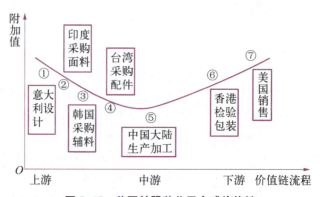

图 5-15 美国某服装公司全球价值链

随着技术水平的不断提高,生产环节的进入壁垒不断降低,导致越来越多的国家参与经济全球化进程中的生产(组装)过程,这一环节的"租"日益耗散,导致生产环节增加值不断降低。因此,能产生较高的"租"的领域越来越脱离具体生产过程而转向无形的过程,如研发和营销等领域,因为这些活动通常是技术或知识密集型的,会形成较高的进入壁垒、较长时间的知识产权保护,如长达70年的专利技术保护和接近永久性的品牌效应,是价值链中收益的重要来源。在知识经济时代,全球价值链上经济租的产生源泉正由有形活动转变为无形活动。这是因为无形活动越来越建立在知识和技能基础上,并且根植于组织体系中。一些无形活动,如物流控制、广告、产品设计、品牌推广等,在全球价值链上发挥了越来越重要的作用。因此,不难理解为什么大多数处于GVC生产环节上的发展中国家,其地位远不如发达国家的原因了。

四、全球价值链的治理模式

随着国际分工的进一步细化,价值链也变得更加复杂,内部环节不断增加。这时要想通过提高价值链中的单个环节的效率从而提升整个价值链的收益变得很有限,因此需要系统性地协调价值链中各个环节的活动,从而使整个价值链具有竞争力。这种系统性协调就是价值链的治理。治理本身就是"租"的重要来源,这是一种特殊的关系租(relational rents)。价值链治理(governance)一词是由格里芬(Gereffi,1994)提出的。汉弗雷和施米茨(Humphrey and Schmitz,2000)将价值链的治理定义为:通过价值链中公司之间的关系安排和制度机制,实现价值链内不同经济活动和不同环节间的非市场化协调。作为一种制度安排,治理在全球价值链上居于核心地位。因为价值链上各环节公司之间的各种活动、劳动分工以及价值分配,都处于价值链治理之下。

激烈的竞争降低了进入壁垒,从而导致越来越多的国家进入全球生产和贸易活动中,导致收益不断减少。全球价值链的参与者开始寻找新的租金形式。价值链主导者一方面要求供应商或客户改变其自身的生产过程,另一方面也会不断寻找新的供应商和客户。这时,价值链的主导者变成了价值链的治理者(其管理程度随其在价值链中的权利不同而有所差异),开始对价值链的分工过程进行不同地区和制度环境下的全局安排,从而提高了价值链的整体效率,导致整个价值链的收益不断增加。

(一) 治理的类型

根据汉弗雷和施米茨(Humphrey and Schmitz,2000)的研究,全球价值链一般有三种典型的治理模式:(1)网络型(network),即具有互补能力的企业之间对全球价值链的重要环节进行分工,各方共同定义产品。网络意味着企业之间是一种平等合作的关系,各自在全球价值链中分享核心能力。(2)准层级型(quasi-hierarchy),即一家企业对其他企业实施高度控制,常常要指定产品的各种特征以及要遵循的流程。准层级意味着以下两类企业间的关系:一类是法律上虽然独立但要从属于其他公司的企业;另一类是在全球价值链中制定其他参与者不得不遵守的规则的主导公司。(3)层级型(hierarchy),即主导公司对全球价值链上的某些运行环节采取直接的股权控制,跨国公司及其分支机构之间的关系就属于这一类。科林斯基和莫瑞斯(Kolinsky and Morris,

2003)认为,全球价值链中不同环节的企业之间维持互相信任的机制是制定和执行各种规则和标准。他们指出只有通过全球价值链运转的规则和标准把全球生产和贸易的离散性片段区域联系起来,才能反映全球价值链动态性特征。同时,只有认识到治理规则和标准的重要性,厂商或集群才能顺利嵌入全球价值链实现升级。所以,他们提出了一种新的治理分类方法,即全球价值链治理大致可分为规则制定治理(legislative governance)、监督裁决性治理(judicial governance)和执行性治理(executive governance)三种形式。(1)规则制定治理。规则制定治理主要是指制定一些参与GVC所需要的基本条件和规则。这些规则除了质量、价格和传递可靠性(QPD)和产品标准外,还包括一些社会标准,如质量标准(ISO9000)、环境标准(ISO14000)、劳工标准(SA8000)和其他一些特别工业标准。有两类因素影响了规则制定:一是这些规则适应的范围,如国际性标准、地区性标准或企业特别标准;二是这些规则是否覆盖产品或工艺流程。(2)监督裁决性治理。监督裁决性治理主要是监测各行为主体是否遵从全球价值链的治理规则,以及进行成效评估等。存在于全球价值链之中的监测主体主要是主导厂商,如关键性购买者;存在于全球价值链之外的监测主体主要是政府或区域性标准办公室、非政府组织、新闻媒体等等。(3)执行性治理。执行性治理是指针对治理监测的结果而采取的措施,目的是让全球价值链参与者在行为上符合治理规则,并为其达到规则要求提供协助。存在于全球价值链之外的专门咨询公司、学习网络和政府代理机构,以及存在于全球价值链之中的规则制定企业、或其购买代理商等都是协助供应商达到全球价值链规则的机构。在全球价值链上实行奖罚分明的胡萝卜与大棒(Carrot and Stick)政策是实现治理功能的关键。此外,科林斯基和莫瑞斯(Kolinsky and Morris,2003)指出不同全球价值链具有不同的治理程度和形式:一些全球价值链基本上不存在治理,或者最多存在较弱的治理形式;绝大部分全球价值链在治理的三个领域(治理规则制定、监测和执行)存在多重治理点,因而形成一种水平形式和垂直形式治理重叠的局面。

在汉弗雷和施米茨分类的基础上,格里芬等(Gereffi et al.,2003)根据全球价值链中各行为主体之间协调能力的高低,将全球价值链治理模式划分为以下五种形式:市场(market)、模块型(modular value chain)、关系型(relational value chain)、领导型(captive value chain)和层级型(hierarchy),这五种治理模式中市场和层级制分别处于价值链中行为体之间协调能力的最低端和最高端。市场型是指各个经济行为主体通过货币买卖各种商品和服务,其运行的核心机制是价格机制。层级型则是以企业制为典型,运行的核心就是管理控制。模块型、关系型和领导型都属于网络型,介于市场型和层级型两者之间,其中的模块型是系统的分解与集成,各个子系统需要有很好的创新效率,并按照一定的规则相互联系集约交易费用;关系型模式中厂商由于社会同构性、空间临近性、家族和种族性等联系集聚在一起;领导型模式则是众多中小厂商特别是小型厂商依附于几个大型厂商,由大型厂商对他们实施很强的监督和控制力。在现实世界的全球价值链治理中,这五种模式往往是相互交错的,且彼此之间存在着一个动态的转换机制。这五种全球价值链治理模式阐明了权力在全球价值链中的运作模式。例如,在领导型全球价值链中,主导公司直接对供应商行使权力,这种直接控制表明了一种高度的外在协调和权力不对称关系。在关系型全球价值链中,公司间的权力平衡更加对称,并存在大量的外在协调。在模块型以及市场型全球价值链中,客户和供应商的转换相对比较容易,权力的不对称性相对较低。从层级制到网络再到市场,显性协调和权力不对称的程度逐渐减弱(参见图 5-16)。

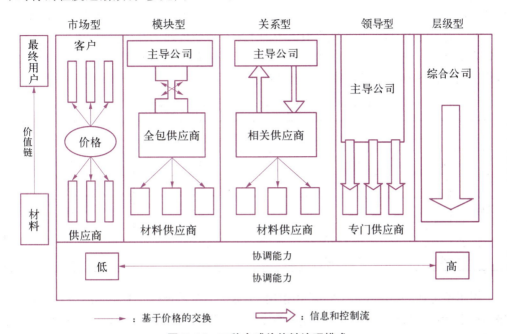

图 5-16 五种全球价值链治理模式

格里芬(Gereffi)等的全球价值链治理范式是目前最严谨的一个,它涵盖了目前发现的多数典型的全球价值链类型,重要的是,格里菲不但研究了每种治理模式的特点,而且引入了更多的经济学分析方法,将特征变量化,具有较好的理论基础。但是,格里芬的范式仍然存在一些问题:第一,该理论中的治理模式仅限于领导厂商和较高级供应商之间的关系,但在具体的行业价值链中,可能包括更多的上游和下游主体;第二,模型中的前两个变量(交易的复杂性和交易的可标准化程度)有很强的相关性,实际上这两个变量都是通过影响交易成本来决定价值链的治理模式,但影响交易成本的重要因素不止这两个;第三,把三个变量简单地划分为高低两个维度可能不够准确,比如模块型中交易的标准化能力高于领导型,但低于市场型;第四,文化禀赋、公司战略、政府政策和国内和国际的制度对价值链的治理有重要的影响,但在格里芬的模型中却没有提及;第五,格里芬的模型没有说明价值链中各个链节(nodes)的区位问题,即为什么不同的链节会分布在不同的地区或国家。

(二) 治理模式的决定因素

格里芬等(Gereffi et al.,2003)认为,全球价值链治理模式的选择主要由以下因素决定(如表 5-3 所示):(1)交易的复杂性,价值链中交易越复杂,各主体之间的交互作用越强。采取的治理模式越倾向于网络型治理模式(模块型、关系型和领导型)和等级制的治理模式。(2)交易的可标准性,反映的是价值链中信息和知识的可获得性,及其传递效率和交易费用。某些行业的价值链中,关于产品、生产过程等的复杂信息经过编辑标准化处理后便很容易在价值链中传递,如果供应商有能力接受并实施这些标准化的信息,并且这些标准在价值链中被广泛采纳,则采用模块型治理模式;否则,价值链中的主导企业将垄断这些信息,对其他企业实施垂直一体化的控制,采用的是等级制治理模式,或者采取外包战略,但对承包企业实行紧密地监控,采用的是领导型治理模式。(3)供应商的能力,接受和实施价值链中的主导企业所传递的复杂信息,要求供应商具有较高的能力。如果供应商的能力较低,主导企业只能实行垂直管理,价值链采用的是等级制治理模式;或者外包,采用领导型治理模式。

表5-3 全球价值链治理模式选择的决定因素

治理模式		交易的复杂性	交易的可标准性	供应商的能力
市场		低	高	高
网络	模块	高	高	高
	领导	高	低	高
	关系	高	高	低
层级		高	低	低

格里芬等(Gereffi et al.,2003)还指出,全球价值链治理模式并不是静态,也不是严格与特定行业相关联的。同时,即使在特定地点和特定时间内,全球价值链的治理模式也可能从一种模式转换为另一种模式。原因主要是:(1)当新的生产商获取新的产能时,权力关系可能会发生变化;(2)由于投资的转换,对于主导公司来说,创建和维持严格的层级型治理模式代价巨大;(3)企业和企业群往往并不局限于一条价值链,而可能是在多条价值链上运营,因此有可能把从一条链上学到的能力应用到其他价值链中。价值链治理模式的变化,可能会导致交易的复杂性、交易的可标准性和供应商的能力等的变化。

(三) 治理战略环节的识别

全球价值链理论的一个基本思路就是在整个价值链条众多的"价值环节"中,并不是每一个环节都能创造等量价值。每个环节创造的价值不同,某些辅助性环节并不创造价值,而高附加值的环节一般就是全球价值链上的战略环节。准确判断出全球价值链中的战略环节,为企业在全球布局不同的生产环节提供了依据,也指出了产业发展或升级的目标所在。同时,要保持企业或产业的竞争优势或核心竞争力,关键也是要抓住此战略环节。谁抓住了这些战略环节,谁就抓住了整个价值链,谁也就控制了该行业,即由谁来治理这条价值链。因此,如何识别战略环节也是治理研究的主要内容之一。此外,在许多全球价值链中,可能存在多个参与治理的主导公司。同时,这些主导公司可能位于不同环节上:如位于链条的最高端,或者链条的中部或者链条的底端。战略环节有可能是与产品直接相关,如可口可乐公司的饮料配方,也有可能是在价值链的"辅助性增值活动"环节上,如IBM在计算机行业的竞争优势就来源于其覆盖全球的强大的组织体系,即其组织管理能力。全球价值链理论在分析战略环节时,弱化了传统分析中的市场销售比重和利润率等指标,采用了一些动态指标,删除以此可判断战略环节的变化,更突出了产业的动态改善过程和发展的治理理念。这对于企业适时调整战略和选择潜入全球价值链的切入点尤为重要。如汽车、电信等行业的战略环节明显地向产品使用和维护等下游环节转移,下游环节的增值呈现上升趋势。那么,企业通过降低生产成本,经营主导产品,开发差异性产品来维持竞争优势的传统战略就显示出局限性,在这种情形下,企业(尤其是对一些生产环节技术壁垒较高行业的企业)应积极开拓下游环节的增值业务,如多元化的客户服务,提供产品本土化方面的服务等,使其逐渐融入全球价值链之中。

五、全球价值链的产业升级模式

全球价值链视角的产业升级,是指价值链之中或尚未嵌入的企业通过嵌入价值链获取技术进步和市场联系,从而提高竞争力,进入到增加值更高的活动中。升级过程包括各个价值环节内在属性和外在组合两个方面的变动,这两方面都连接在同一链条之中或不同链条之间。由于一个国家或地区在全球价值链中所处的功能环节直接决定了其在该产业获得的附加价值,因此要想改变在价值链中的被动局面,发展中国家的产业必须进行升级。科林斯基(Kolinsky,2000)认为升级就是制造更好的产品、更有效地制造产品或者是从事需要更多技能的活动。在此基础上,英国 Sussex 大学创新研究小组的学者们(Humphrey et al.,2000)提出了全球价值链中的产业升级的四种模式:工艺流程升级(process upgrading)、产品升级(product upgrading)、功能升级(functional upgrading)和链条升级(chain upgrading)。

工艺流程升级是通过整合生产系统或者引入先进技术含量较高的加工工艺,把投入更为高效率地转化为产出,从而保持和强化竞争优势。比如传统制造业中计算机技术的使用就促进了流程升级。产品升级是通过提升引进新产品或改进已有产品的效率达到超越竞争对手的目的,具体体现为从低附加值的低层次简单产品转向同一产业中高附加值的更为复杂、精细的产品,比如从衬衫到西服的升级。功能升级是通过重新组合价值链中的环节来获取竞争优势的一种升级方式。企业从低附加值价值环节转向高附加值价值环节的生产,更多地把握战略性价值环节。比如,从制造环节到营销、设计等价值环节。通常把从委托加工到贴牌生产到自有品牌创造的转换看作是功能升级的基本路径。链条升级是从一产业链条转换到另外一条产业链条的升级方式。企业利用在特定价值环节获取的竞争优势嵌入新的、更加有利可图的全球价值链。比如,从自行车价值链到摩托车价值链再到汽车全球价值链的转变。对于工艺流程升级、产品升级、功能升级和链条升级四种产业升级的方式,其内部是有一定规律可循的。产业升级一般都依循从工艺流程升级到产品升级再到产业功能升级最后到价值链条升级这一规律。但也有例外,例如,当技术出现突破性创新时,升级轨迹可能突破常规方式。另外,随着产业升级的不断深化,附加价值不断提升,参与价值链中实体经济活动的环节变得越来越稀少,产业空心化程度也将不断提升。

联合国工业发展组织(UNIDO,2002)在 2002—2003 年度工业发展报告《通过创新和学习来参与竞争》中这样描述全球价值链的产业升级机制:"全球价值链扩散功能和工艺流程为发展中国家企业提供了改善各种能力的机会。对于发展国家的企业或企业集群而言,当务之急是将其融入更广泛的系统中去。这就要求有步骤地采取行动,使企业治理达到世界水准。另外,还必须通过有意识的创新和学习获得必要的技术能力。鉴于未来获得市场进入和先进技术的前景,上述努力是值得的。"实际上,无论是采购者还是生产者驱动型价值链,为了进入国际市场,发展中国家的企业必须获得初始技术能力。当地企业一旦进入全球价值链,由供应联系所引发的学习效应就会出现。正是因为这个原因,企业进入全球价值链以改善其技术能力,为价值链升级做好必要的准备。

总之,就产业升级的四个层次而言,无论哪个层次,都意味着从劳动密集型价值环节转向资本和技术密集型价值环节,从劳动密集型价值链条转向资本和技术密集型价值链条,其过程都伴随着资本深化。然而,资本深化总是意味着随着要素禀赋发生变化,企业在技术选择的过程中不断地以资本代替劳动,以进一步提高资源配置效率。通常,产业升级遵循由流程升级、产品升级、功能升级和部门间升级的循序渐进过程,其渐进过程实质上体现了要素禀赋的比较优势循序渐进的变化过程。

第四节　全球价值链的贸易核算体系

一、里昂惕夫法估算及其局限性

近来大量估计贸易增加值的方法都是里昂惕夫1936年提出的方法。该方法证明:可通过不同国家、不同部门间的投入产出结构,来估算生产每一单位产出所需要的中间投入品数量及种类,并对最终产品生产过程中每一阶段的产出进行追溯。当生产某一给定最终产品所需的总产出已知时,增加值的生产和贸易就可以简单地用各国/各部门的增加值对该国/该部门的总产出的比重乘以生产这一给定最终产品所需要的总产出得出。

里昂惕夫方法的基本逻辑是:当1美元出口被生产时,投入的生产要素创造了第一轮的增加值,称为直接国内增加值;而生产这1美元出口,需要中间投入品,生产这些中间投入品的过程中所投入的生产要素也会创造第二轮增加值,即间接国内增加值;而中间投入品的生产又需要使用其他中间投入品。这一过程不断继续,可以追溯到整个经济系统的各个生产阶段。因此,1美元出口所创造的国内增加值总额等于这1美元出口生产所创造的直接增加值和所有间接国内增加值之和。

如果只计算隐含于一国总出口中的国内增加值,使用基本的里昂惕夫方法已经足够了。但是,对于许多经济和政策的应用研究来说,通常需要度量总出口中其他部分的价值及其结构。在这种情况下,基本的里昂惕夫方法就不够了,因为它没有提供一种可以将不同国家之间的中间产品贸易分解为被不同国家和部门最终吸收的各种增加值的方法。

从 20 世纪 30 年代到 20 世纪 60 年代,中间品贸易在全球贸易中只占很小的份额。现在,它的比重已达世界总贸易的三分之二。对中间品贸易的分解已成为构建完整的总贸易增加值核算法的关键所在。

二、VAX 比值的含义及其局限性

约翰逊和努格拉(Johnson and Noguera,2012)首次提出了 VAX 的含义,即通过附加值与出口总额的比例来对双边贸易中的隐含贸易附加值加以反映。在一项对全球生产分工量化研究的文献综述中,安切斯(Antràs,2013)把约翰逊和努格拉(Johnson and Noguera,2012)提出的 VAX 比值称为"一个重要的并有吸引力的衡量全球生产中垂直专业化分工的反向测算指标"和这一领域的最新成就(state of the art)。然而,VAX 比例的概念需要在两个重要方面加以改进。

首先,根据目前文献中对 VAX 比值的定义,其在部门、双边或双边部门层面使用时均存在明显的不足。在这些细分层面上,增加值出口不一定总是小于出口总值。因此,这一比例不可能被定义于 0 和 1 之间。理解这一点的关键是正确区分两种不同类型的增加值出口:基于产业部门前向联系计算的增加值出口(VAX_F),包括了一个给定部门增加值通过隐含于本国其他部门出口而进行的间接出口;相反,基于产业部门后向联系计算的增加值出口(VAX_B),包括了隐含于给定部门出口中的一国所有部门的增加值。

例如,基于前向联系计算的美国电子部门增加值出口,包括隐含于美国汽车和化工部门出口中的电子部门的增加值,但不包括隐含于电子部门出口中的汽车和化工部门的增加值。相比之下,基于产业部门后向联系计算的隐含于电子部门出口中的美国增加值,包括用于电子产品生产的美国其他部门(如服务和汽车等)的增加值,但不包括隐含于其他部门(如汽车)出口中的美国电子部门增加值。

理解这两种增加值出口的区别对正确定义 VAX 比值极为关键。因为只有基于产业部门后向联系的增加值,才能保证在部门层面的增加值出口与总出口的比例在 0 和 1 之间(当出口总值为正时)。现有文献中的 VAX 比值都是基于产业部门前向联系定义和计算的,所以不能被定义在 0 和 1 之间。当汇总到整个国家层面时,基于产业部门前向联系或后向联系计算的 VAX 比值是相等的。因此,我们对 VAX 比值的新定义与现有文献所定义的 VAX 比值在国家层面上是一致的。

其次,即使是重新定义后的 VAX 比值,仍然不能刻画全球生产链上跨国分工的一些重要特征。考虑如下一个假定例子,美国和中国出口到世界的电子产品总出口中的增加值占比相同(假定都是 50%),但其形成原因却可能极为不同。对于中国而言,VAX 比例为 50%的原因在于中国出口品的一半价值是外国增加值(来自日本、韩国甚至美国的增加值)。与此相反,在美国的出口中,一半的出口价值是隐含于美国中间品出口中的国内增加值,这一部分增加值先行出口并用于其他国家的出口生产,其后随美国从这些国家的进口返回美国并在美国被消费。因此,美国的出口增加值中只有一半最终被国外吸收。在这种情况下,即使美国所出口的电子产品中没有使用任何外国中间品,美国出口的 VAX 比值也只有 50%。在这个例子中,中国和美国在全球价值链中处于完全不同的位置,但是两国的 VAX 比值却不能揭示这一重要的区别。

三、新的总贸易核算法

中间品贸易流量的分解不能通过简单地套用前述里昂惕夫的方法来实现。因为它作为内生变量,需要首先根据给定的最终需求水平从国家间投入产出(ICIO)模型中解出,因此传统的贸易核算方法并不能将贸易中所隐含的附加值情形加以彻底反映。在此基础上,Wang 等(2013)提出了一种解决这个问题的新的方法,下面的部分我们加以详细阐述。

(一)新的核算方法的基本思路

将所有的双边中间品贸易流量根据其被最终吸收的目的地进行分组,形成被不同国家的不同部门最终产品生产所吸收的各个部分。这一关键分解技术成功地将总产出及总出口(在标准 ICIO 模型通常为内生变量)转化为我们总贸易核算法中的外生变量(最终需求),从而实现了对双边中间品贸易流量的彻底分解。

图 5-17 细实线箭头表示中间品出口。我们对 S 国到 R 国的中间出口进行分析。S 国到 R 国的中间出口在 R 国可以被用于生产最终品或其他中间投入品。R 国利用 S 国中间出口品生产的中间投入品可以被出口到 T 国或返回 S 国。任何国家的最终产品既可以用于国内消费(粗实线箭头),也可以出口到其他两个国家(虚线箭头)。总之,S 国到 R 国的中间出口品共有 9 种可能的直接或间接的最终吸收形式(虚线箭头和粗线箭头),据此可以将这一中间出口流量按照其最终吸收地及吸收渠道完全分解。

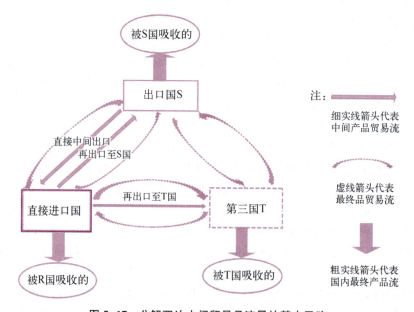

图 5-17 分解双边中间贸易品流量的基本思路

（二）新的核算步骤

在根据最终吸收地及吸收渠道彻底分解双边中间贸易品流量的基础上，把双边总贸易流量分解为 16 个增加值和重复计算部分[①]。这 16 个部分可以归纳为以下 4 大类。

(1) 最终被国外吸收的国内增加值（简称 DVA）。

(2) 返回的国内增加值：这一部分国内增加值先被出口至国外，但又隐含在本国从其他国家的进口中返回国内并最终在国内被消费（简称 RDV）。虽然这部分增加值不构成一国的增加值出口，但却是出口国 GDP 隐含于出口中的一部分。

(3) 用于生产本国出口的外国增加值（简称 FVA）。

(4) 中间品贸易的纯重复计算部分（简称 PDC），这是由于中间产品贸易多次跨越国界引起的。这些中间贸易交易值不构成任何国家的 GDP 或最终需求，类似于用一种中间投入品生产另一种中间投入品的国内产业间交易。由于所有的跨国贸易交易都会被各国海关当局记录，因此这一部分重复计算包含于总贸易统计中。国内中间投入品贸易则不同，在通过行业统计来核算 GDP 时，所有中间投入品的价值都必须从总产出中扣除以避免重复计算。

总贸易核算法不仅限于对出口总值上述四个主要部分的分解，还可进一步将这四部分进一步分解为具有不同经济含义的更详细的组成部分。例如，一国某一部门出口中隐含的 FVA 可以进一步分解为来自不同生产国的增加值；DVA 可以根据其被最终吸收的不同渠道，进一步分解为隐含于最终出口中，隐含于被直接进口国吸收的中间出口品中，或者隐含于被直接进口国用于再出口生产的中间出口品中的不同部分。具体的分解关系可见图 5-18。

（三）新的核算方法解析结果评价

首先，在三个或三个以上国家的模型中，被国外吸收的国内增加值（DVA）、基于产业部门前向联系的增加值出口（VAX_F）、和基于产业部门后向联系的增加值出口（VAX_B），这三个指标在双边和部门层面一般是互不相等的，只有在汇总到一国总出口时三者才完全相等。VAX_F 和 VAX_B 在汇总到双边总出口时是相等的，而 DVA 和 VAX_B 在汇总到一国部门总出口时是相等的。

其次，在双边部门层面，DVA 总是小于或等于总出口。因此，只要总出口为正，在任何分解层面上被国外吸收的国内增加值比例上限都为 1。

[①] 16 个部分为：(1) 最终出口的国内增加值；(2) 直接被进口国生产国内最终需求吸收的中间出口国内增加值；(3) 被进口国出口至第三国并被第三国生产国内最终需求吸收的中间出口国内增加值；(4) 被进口国生产最终出口至第三国吸收的中间出口国内增加值；(5) 被进口国生产中间出口至第三国最终以最终进口返回第二国吸收的中间出口国内增加值；(6) 被进口国生产最终出口返回国内吸收的中间出口国内增加值；(7) 被进口国生产中间出口至第三国最终以最终进口返回国内吸收的中间出口国内增加值；(8) 被进口国生产中间出口返回国内生产国内最终需求吸收的中间出口国内增加值；(9) 被进口国生产中间出口返回国内生产最终出口吸收的中间出口国内增加值（中间出口与最终出口的重复计算）；(10) 被进口国生产中间出口返回国内生产中间出口的中间出口国内增加值（中间出口与最终出口的重复计算）；(11) 最终出口的进口国增加值；(12) 中间出口的进口国增加值；(13) 中间出口的进口国价值重复计算部分；(14) 最终出口的第三国增加值；(15) 中间出口的第三国增加值；(16) 中间出口的第三国国价值重复计算部分。

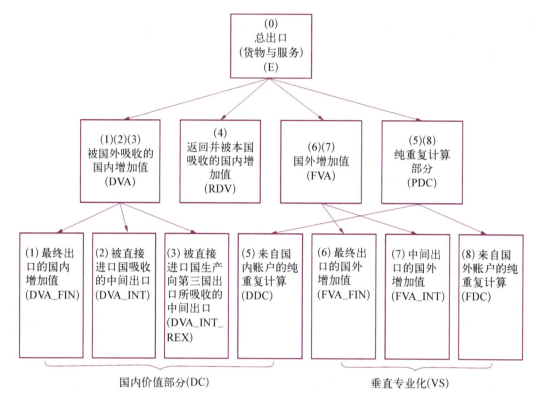

图 5-18 总贸易核算法的框架

注：E 适用于任何层级的总贸易统计数据：国家部门层面，国家汇总层面，双边部门层面，或双边汇总层面。DVA 和 RDV 是基于部门间的后向联系计算的。

再次，部门层面的 VAX_B 总是小于或等于该国的部门总出口。因此，在一国部门层面上，只要出口额为正，基于后向联系的附加值出口占比上限为 1。

最后，VAX_F 总是小于或等于部门层面的增加值。因此 VAX_F 与相应部门 GDP 的比例上限为 1。

这些结论背后的经济学含义非常简单：对于部门层面的直接增加值出口而言，采用两种计算方法可得到一致的结果。在计算部门层面的间接增加值出口时，须考虑由于产业部门关联方向所导致的差异。基于产业部门前向联系计算的间接增加值出口为隐含于其他部门出口中该部门的增加值被国外吸收的部分，这与本部门出口并没有关系。因此约翰逊和努格拉(Johnson and Noguera, 2012)所定义的增加值出口与总出口的比例是不合理的，因为其分母(部门总出口)并不包括隐含于其他部门产品出口中的间接增加值出口。在总出口的实际统计数据中经常出现一些部门出口很少或者根本没有出口，但是由于这些部门的产品作为中间投入被用于其他部门的出口生产，致使这些部门的增加值可以通过其他部门大量出口。在这种情况下，约翰逊和努格拉(Johnson and Noguera, 2012)定义的 VAX 比例会变得非常大或无限大(不存在)。

同样，在双边贸易层面，即使两国之间只有很少的贸易或根本没有贸易，但可以通过第三国间接进行大量的增加值贸易。因此，在 Wang 等(2013)中定义的基于产业部门后向联系的增加值出口(VAX_B)与总出口比例在双边部门层面上限也不为1,不能用作双边部门层面上度量重复计算的反向综合统计指标。但是,由于基于产业部门前向联系的间接增加值出口是该部门所创造的总增加值的一部分,所以基于产业部门前向联系计算的增加值出口与GDP的比例可以在部门层面定义并总是小于1。

在Wang等(2013)中,我们建议使用总出口中被外国吸收的国内增加值(DVA)与总出口的比例作为度量增加值出口的综合统计指标,而(1−DVA)作为双边、部门或双边部门层面出口中重复计算的综合统计指标。当总出口为正时,在任一分解层面上,这一指标在概念上和实际统计操作中都是有意义的。

(四) 新的贸易核算法分解实例

以世界投入产出数据库(WIOD, Timmer, 2012)中的中美电气和光学设备产品双边贸易数据为例来说明总贸易核算方法的原理。以贸易总值衡量,中美电气和光学设备的双边贸易是近年来所有部门间双边贸易总值中最大的,2011年已达2 120亿美元。如表5-4列(1)显示,以贸易总值度量的中美电气和光学设备双边贸易极不平衡:2011年中国向美国出口了1 769亿美元,而美国向中国的出口仅为351亿美元,相差超过4倍。如果将总出口拆分为最终品出口和中间品出口两类(表5-4的列(2a)和列(2b)),可以看到中国的出口大部分为最终品,而美国的出口则以中间品为主。

表4列(3)至列(7)给出了选定年份的双边贸易总值的分解结果。更确切地说,列(1)=(3)+(4)+(5)+(6)+(7),其中列(3)为DVA,表示出口国的国内增加值最终由其他国家所吸收的部分,既包括直接进口国的吸收又包括其他国家的吸收;列(4)为RDV,表示最初出口但最终回到国内并被本国吸收的国内增加值;列(5)为MVA,是FVA中来自直接进口国的部分;列(6)为OVA,是FVA中来自第三国的部分;最后,列(7)是纯重复计算部分。其中列(3)=(3a)+(3b)+(3c),也就是说,DVA部分可以进一步分解为最终出口品的DVA,被直接进口国吸收的中间出口品的DVA,以及被直接进口国再出口并最终被第三国吸收的中间出口品的DVA。

分解结果显示,美国和中国的出口有着非常不同的增加值结构。首先,出口总额中美国的DVA比例(2011年为81%)比中国(2011年约为70%)高。其次,中国出口的FVA比例(MVA+OVA)超过美国出口,其中中国出口中的OVA份额尤其突出。换句话说,美国的出口绝大部分依靠自身的增加值,外国增加值比例很低(2011年只有2.1%来自中国,5.8%来自其他国家),而中国的出口产品中则隐含着大量的国外增加值,尤其是来自第三国的增加值(有3.2%来自美国,23.1%来自日本、韩国及其他国家)。最后,中国出口中RDV份额微不足道,而美国出口中RDV却非常显著(2011年为7.0%)。

出口中增加值结构的不同反映了中美两国在全球生产链中所占位置的不同。由于美国主要从事产品设计和出口零部件生产,因此在全球价值链中处于上游位置,相当部分的美国出口增加值通过从其他国家进口返回国内并被美国消费者使用。相比较而言,中国处于价值链的下游,很少有中国中间品出口的增加值通过进口返回国内。中美两国在全球生产链中的位置差异的另一侧面证据在于:中国在对美国的出口中所隐含的FVA主要在最终产品上,而美国在其对中国的出口中所隐含的FVA主要在中间产品中。

表 5-4 双边总贸易分解实例：中美电气和光学设备（WIOD 第 15 部门）的双边贸易（千美元）

年份		TEXP (1)	TEXPF (2a)	TEXPI (2b)	DVA (3)	DVA_FIN (3a)	DVA_INT (3b)	DVA_Intrex (3c)	RDV (4)	MVA (5)	OVA (6)	PDC (7)	VAX_F (8)	VAX_B (9)
						中国向美国出口								
1995	价值	10 998	7 634	3 364	8 544	5 947	2 046	552	16	314	1 948	176	3 922	9 069
	占比	100	69.4	30.6	77.7	54.1	18.6	5.0	0.1	2.9	17.7	1.6	35.7	82.5
2005	价值	87 608	53 492	34 116	53 784	33 399	16 329	4 056	341	3 665	26 332	3 485	25 682	60 108
	占比	100	61.1	38.9	61.4	38.1	18.6	4.6	0.4	4.2	30.1	4.0	29.3	68.6
2011	价值	176 924	104 156	72 769	123 187	74 043	39 801	9 344	1 296	5 581	40 915	5 946	53 078	135 132
	占比	100	58.9	41.1	69.6	41.8	22.5	5.3	0.7	3.2	23.1	3.4	30.0	76.4
						美国向中国出口								
1995	价值	3 400	1 284	2 116	2 691	1 097	1 215	379	182	13	383	130	1 746	3 288
	占比	100	37.8	62.2	79.2	32.3	35.7	11.2	5.4	0.4	11.3	3.8	51.4	96.7
2005	价值	16 402	3 845	12 556	11 926	3 264	5 072	3 591	1 777	231	1 251	1 216	8 748	13 779
	占比	100	23.4	76.6	72.7	19.9	30.9	21.9	10.8	1.4	7.6	7.4	53.3	84.0
2011	价值	35 059	10 584	24 475	28 314	9 377	12 195	6 742	2 470	718	2 044	1 513	23 754	29 896
	占比	100	30.2	69.8	80.8	26.7	34.8	19.2	7.0	2.1	5.8	4.3	67.8	85.3

注：TEXP 为出口总值；TEXPF 和 TEXPI 分别为最终出口总值和中间出口总值；DVA 为进口国增加值，即 MVA_FIN 与 MVA_INT 之和；OVA 为其他国增加值，即 OVA_FIN 与 OVA_INT 之和。列(1)＝(2a)＋(2b)＝(3)＋(4)＋(5)＋(6)＋(7)；列(3)＝(3a)＋(3b)＋(3c)。

把 DVA 进一步分解为(3a)、(3b)和(3c)的结果也揭示了中美贸易中两国增加值出口之间的差异。特别地,中国出口的增加值以最终产品中的 DVA 为主,而美国出口增加值则是以被中国和其他国家吸收的中间品中的 DVA 为主。

由于增加值组成结构方面的差异,以增加值计算的中美电气和光学设备贸易平衡比用贸易总值计算的贸易平衡要小得多。表 5-4 的列(8)中我们列出了基于产业部门前向联系的增加值出口,即 VAX_F。VAX_F 包含来源于电气和光学设备部门但隐含于出口国的下游部门出口中的增加值,不包括隐含于电子与光学设备部门产品中的国内其他(上游)部门的增加值,这与双边部门层面的 DVA 是不一样的。我们的研究结果表明,下游部门的 VAX_F 一般比该部门的 DVA 要小。

表 5-4 的列(9)中列出了基于产业部门后向联系计算的增加值出口,即 VAX_B。VAX_B 反映了隐含于这个部门的出口中并被贸易伙伴国最终吸收的出口国总增加值(包含所有上游部门增加值),包括出口国出口到第三国但最终被贸易伙伴国吸收的出口增加值。由于经第三国出口最终被贸易伙伴国吸收的出口国增加值,可能大于或小于经贸易伙伴国再出口并被其他国家吸收的中间出口的国内增加值,VAX_B(2011 年中国和美国出口的 VAX_B 分别为 76.4% 和 85.3%)在双边部门层面与 DVA 通常也是不相等的(2011 年中国和美国出口的 DVA 分别为 69.6% 和 80.8%)。

图 5-19 中我们报告了以贸易总值和两种增加值出口计算的电气和光学设备部门的中美双边贸易平衡。在双边的贸易部门层面,DVA 是双边总贸易流量的一部分(它是唯一与双边贸易流量一致的增加值贸易指标),但 DVA 不适用于衡量双边贸易平衡,因为 DVA 包括了一部分被第三国吸收的出口增加值(而 VAX_F 和 VAX_B 都是被进口国/贸易伙伴国吸收的国内增加值),理解这一点对正确使用和解释总贸易核算法的结果是非常重要的。

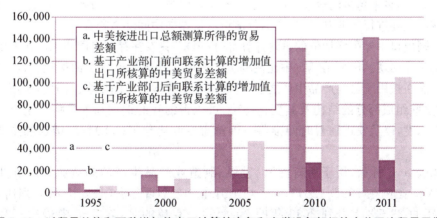

图 5-19 以贸易总值和两种增加值出口计算的电气和光学设备部门的中美双边贸易平衡

对中国和日本之间橡胶和塑料部门的双边贸易也进行了类似的分解。由于篇幅所限,在图 5-20 中我们只列出了三种不同的贸易平衡计算方法的结果:出口总值,VAX_F 和 VAX_B,而省略了所有其他的细项。正如我们所看到的,由于两国在增加值出口结构上的巨大差异,如果从一种方法换到另一种方法,所得到的贸易平衡值将是完全不

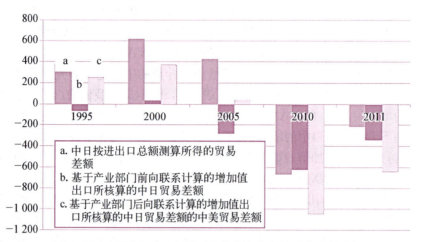

图 5-20 中国和日本之间橡胶和塑料部门的双边贸易的分解

一样的,往往还会出现贸易平衡值符号的改变。

(五) 新的贸易核算法应用实例

1. 不同国家/部门垂直专业化结构的动态剖析

垂直专业化(VS),即一国总出口中的国外价值,是一个被广泛应用于经济学文献中衡量跨国生产分工的综合性统计指标。然而,正如在第一部分总贸易流量分解图中所指出的,VS 中包括了不同的组成部分,每一部分有着不同的经济含义,代表着不同的跨国生产分工类型。例如,最终产品出口中大比例的外国增加值(FVA_FIN),可能意味着出口国主要从事利用进口零部件进行最终产品组装的生产活动,只是参与全球价值链中低端的跨国生产分工。一国中间出口品中的外国增加值比例(FVA_INT)上升,特别是当越来越多的这些中间贸易品被出口到第三国并用于最终产品生产,可能意味着该国正在进行产业升级,从全球价值链的低端向中间环节爬升。

一国出口中外国增加值的重复计算部分(FDC)只有在存在多国间来回往复的中间品贸易时才出现。FDC 在 VS 中比例的上升表明了跨国生产分工的深化。换言之,中间贸易品在被用于最终产品生产之前,跨越国境的次数在不断增多。因此,了解一国总 VS 中这些组成部分的结构及其变化态势,可以帮助我们识别和度量跨国生产分工的类型与深度,以及发现随着时间推移一国垂直专业化分工(VS)程度增长的主要驱动因素。

如表 5-5 所示,用于所有国家(世界)制造业产品生产的制造业和服务业外国价值(VS)比例在 1995—2011 年平均上升了 8.3 个百分点(表 5-5 第 3 列所示,从 1995 年的 22.5% 上升到 2011 年的 30.8%)。有趣的是,表 5-5 中最后三列所示的 VS 结构信息表明,VS 比例的增加主要来自 FDC 比例的上升。这表明随着时间的推移,国际生产链变得越来越长:一国生产和出口的中间产品,被进口国用于生产下一阶段的中间产品并出口到另外的国家,继续用于生产链中下一环节的另一种中间产品出口的生产。这种日益增多的多次跨越国境的中间产品贸易是导致 FDC 比例增加的原因。

表 5-5 全球制造业的平均垂直专业化的结构

年 份	总出口（百万美元）	VS在出口中的比例(%)	在VS中的占比(%)		
			FVA_FIN	FVA_INT	FDC
1995	4 020 202	22.5	45.5	34.9	19.5
2000	4 916 605	26.5	45.7	32.2	22.2
2005	7 850 625	29.9	42.3	32.5	25.1
2007	10 472 405	31.6	40.7	32.4	26.9
2009	9 093 710	28.4	43.3	33.4	23.2
2010	10 878 662	30.3	41.7	33.6	24.7
2011	12 458 263	30.8	40.6	34.5	25.0

1995—2011年，总VS中最终出口品的外国增加值(FVA_FIN)比例下降了约5个百分点(从1995年的44.5%下降到2011年的40.6%)，中间出口品的外国增加值比例基本不变，因此全球制造业出口的VS比例上升主要是由FDC比例的增加拉动的(从1995年的19.5%上升到2011年的25.0%)。如果这种趋势继续下去，20年之后，VS中的FDC比例也许会上升到FVA比例的水平，成为跨国生产分工的一个重要特征。如果将FDC和FVA_INT比例相加，2011年涉及中间产品贸易的这两部分的外国价值就已经达到全球制造业VS的60%左右。

不同国家和不同部门的VS结构存在着显著的异质性，在发达国家和发展中经济体之间，这种异质性更为突出。表5-6以电气和光学设备出口为例，计算了日本、韩国、中国台湾地区、中国大陆、印度和印度尼西亚等6个亚洲经济体的VS结构。表5-6右侧为三个(日本、韩国和中国台湾)工业化亚洲经济体。尽管他们的总VS比例有明显差异，但是VS结构却非常相似——较低且不断下降的FVA_FIN比例，相对稳定的FVA_INT比例，和迅速扩大的FDC比例。

表 5-6 电气和光学设备出口选定亚洲经济体的VS结构

年份	总出口	VS在出口中比例	在VS中的比例			总出口	VS在出口中比例	在VS中的比例		
			FAV_FIN	FVA_INT	FDC			FAV_FIN	FVA_INT	FDC
	中国大陆					日 本				
1995	34 032	22.1	56.9	27.5	15.6	124 265	6.7	44.6	34.8	20.6
2000	68 998	25.9	54.0	23.9	22.1	136 123	9.5	43.5	29.5	27.0
2005	296 936	37.6	52.3	24.4	23.3	143 324	11.8	35.5	31.4	33.1
2010	638 982	29.3	50.4	27.0	22.7	162 861	14.9	34.0	35.1	30.8
2011	721 417	28.9	50.2	27.7	22.1	166 935	16.0	33.1	37.5	29.4

续 表

年份	总出口	VS在出口中比例	在VS中的比例			总出口	VS在出口中比例	在VS中的比例		
			FAV_FIN	FVA_INT	FDC			FAV_FIN	FVA_INT	FDC
	印　度					韩　国				
1995	1 260	10.9	38.2	40.2	21.6	40 639	27.8	30.0	43.7	26.3
2000	1 927	17.8	41.7	32.2	26.1	60 434	35.1	40.3	30.9	28.7
2005	5 962	20.1	42.3	30.2	27.5	102 595	34.6	31.0	31.2	37.9
2010	23 994	19.0	54.1	24.0	21.9	147 823	36.9	24.8	39.3	36.0
2011	29 470	19.4	52.6	25.3	22.1	159 191	36.8	26.4	40.6	33.0
	印度尼西亚					中国台湾地区				
1995	2 831	28.7	70.2	19.1	10.7	41 818	43.8	40.2	39.1	20.7
2000	7 637	30.6	53.6	23.3	23.1	77 861	44.8	41.0	31.3	27.6
2005	8 387	29.7	43.6	26.8	29.6	100 957	49.0	22.2	32.8	45.0
2010	11 666	29.0	46.5	28.1	25.3	142 943	49.1	15.8	40.2	44.0
2011	12 558	30.7	48.1	29.1	22.8	147 646	48.2	17.4	41.7	40.9

中国台湾的 VS 结构是一个极为典型的例子(见表 5-6 的右下部分)。台湾是零部件的重要供应商,在电气和光学设备全球生产链中占据了几个不同的位置(既生产芯片制造的中间投入品又生产内存芯片)。这反映在其电气和光学设备出口的中间品中外国价值(FDC 和 FVA_INT 相加)的比例自 2005 年开始一直在 80% 以上(在总出口中占比为 40%)。

相比之下,亚洲发展中国家,如中国、印度和印度尼西亚(见表 5-6 左侧)的 FVA_FIN 在总 VS 中的比例直到 2011 年仍高达 50% 左右。但是,这三个亚洲大国在 VS 结构方面也存在有趣的差异。中国这 17 年间(1995—2011)VS 结构的变化主要是 FVA_FIN 比例下降,FDC 比例增加,FVA_INT 比例保持相对稳定。印尼的 VS 结构变化则表现为 FVA_INT 和 FDC 比例的快速扩张——两个比例在这 17 年间的上升都超过了 10 个百分点,反映了印尼电气和光学设备部门的快速升级。印度作为电气和光学设备国际生产网络中的后来者,其 VS 结构中 FVA_FIN 的比例却在不断上升(从 1995 年的 38.2% 上升到 2011 年的 52.8%),FVA_INT 的比例持续下降(从 1995 年的 40.2% 降到 2011 年的 25.3%),FDC 的份额在过去的 17 年里则保持相对稳定。这可能反映了印度从进口替代向出口导向战略的转型发展,与其从国际生产链的上游转移到下游位置的情况是一致的,如同中国 20 年前所做的那样。以上基于 WIOD 数据的实证分析表明,要全面把握全球价值链的有关信息,仅仅计算 VS 总值是远远不够的,度量 VS 的结构可以帮助我们更好地理解每个国家/部门在全球价值链中所处的位置及其发展变化。

2. 不同国 VAX_B 和 VAX_F

下面以德国商业服务部门的出口为例,来说明 VAX_B 和 VAX_F 这两个概念之间的差异。

基于产业部门的后向联系,可以从进口国的角度(用户的角度)来分析德国商业服务部门的增加值出口。VAX_B 指标计算了隐含于德国商业服务出口的德国所有部门的国内增加值,这些部门通过生产德国商业服务出口的中间投入品而出口本部门增加值。表5-6 列(2)至列(5)给出了基于产业部门后向联系的德国商业服务出口的分解结果。DVA 度量了隐含于德国商业服务出口中且最终被国外吸收部分的德国所有部门的国内增加值。毫不奇怪,德国商业服务出口的 DVA 占其总出口价值的 93% 左右,总出口流量中所有其他部分包括 RDV、FVA 和 PDC 都很小。

也可以从生产者/部门的角度,基于产业部门的前向联系,计算和分析来自德国商业服务部门的增加值直接出口和通过德国其他部门间接出口的情况。例如,如果德国汽车出口使用了德国商业服务作为中间投入,这就形成德国商业服务业部门增加值的间接出口。这一特定部分的德国增加值出口是基于产业部门前向联系的德国商业服务部门增加值出口(虽然它也是隐含于德国汽车出口的基于后向联系的德国汽车部门增加值出口)。

如果一个部门中很多增加值是通过隐含于其他部门的出口而间接进行的,基于产业部门前向联系方法计算的增加值出口原则上可以超过这个部门的总出口价值,因为这一部门增加值的间接出口并不是该部门总出口的一部分。在德国商业服务部门中这一现象非常明显,因为德国其他部门的出口中常常隐含了大量商业服务部门的增加值。正如我们在表5-7 第 7 列中所报告的,基于产业部门前向联系计算的德国商业服务部门的增加值出口通常为该部门总出口的 278.7%～377.3% 之间(相比之下,基于产业部门后向联系计算的德国商业服务部门的增加值出口在总出口中的比例都在 0 和 1 之间)。

表5-7 德国商业服务部门增加值出口分解(WIOD 中第 30 部门)

年份(1)	总出口(2)	后向联系比例				前向联系比例	
		DVA (% of (2)) (3)	FVA (% of (2)) (4)	RDV (% of (2)) (5)	PDC (% of (2)) (6)	VAX_F (% to (2)) (7)	RVA_F (% to (2)) (8)
1995	14 725	92.9	2.7	3.2	1.3	377.3	7.4
2000	19 597	91.4	3.8	2.8	2.0	344.0	6.8
2005	43 240	92.5	3.8	2.0	1.7	293.2	5.2
2007	58 061	92.0	4.0	2.1	1.9	291.1	5.1
2009	59 629	92.5	3.4	2.3	1.8	278.7	4.8
2010	59 814	92.6	3.9	1.8	1.7	282.8	4.3
2011	62 854	92.4	4.0	1.8	1.8	291.6	4.7

这两种在部门层面估计增加值出口的方法可用于不同的分析目的。如果想了解一国的部门总出口中反映本国国内增加值的部分,应该估计该部门的 VAX_B,这一指标可以应用我们对总出口的分解公式来计算:DVA＝总出口－FVA－PDC－RDV。如果希望了解该国某一部门的所有增加值在该国总出口中所作的贡献,就应该估计该部门的 VAX_F,通过用里昂惕夫逆阵乘以最终需求阵然后去对角化计算。

正如库普曼等(Koopman et al.,2014)指出的,通常一国出口的国内增加值和一国总出口中所含的国内增加值并不相等。后者着眼于增加值的来源,不管它是最终在哪里被吸收的;而前者则是一国出口中的国内增加值被国外吸收的部分。我们的总贸易核算法也提供了区分基于产业部门前向联系的增加值出口(VAX_F)占部门 GDP 的比重和一国总出口中所含的国内增加值占部门 GDP 的比重的方法,包括基于产业部门前向联系的给定部门增加值先出口但最终返回国内(RDV_F)部分的方法。RDV_F 对于位于全球价值链高端的国家尤为重要,我们从对世界投入产出数据库(WIOD)的分解结果中选出一些实例展示如下。

图 5-21 描述了 4 个行业(电气和光学设备、运输设备、金属冶炼与压延、纺织品等部门)增加值出口(VAX_F)占 GDP 比重和总出口中的国内增加值占 GDP 的比重(两者均基于产业部门的前向联系)的时间趋势。该图清晰显示:总出口中的国内增加值占 GDP 的比重总是高于该部门增加值出口占 GDP 的比重,这一现象在发达经济体中

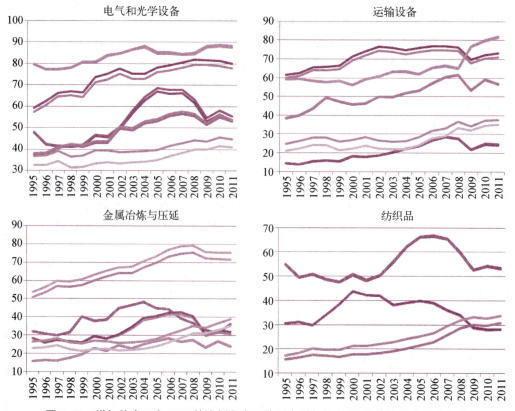

图 5-21 增加值出口占 GDP 的比例和出口的国内增加值占 GDP 的比例之间的差异

尤为明显。例如,1995—2011年这17年的样本期间里,这两个比重在美国金属冶炼与压延、电气和光学设备、运输设备这三部门相差约为该部门总增加值的4%、5%、4%,在德国相差约为该部门总增加值的3.5%、2.5%、2%。即使在纺织品部门,同一期间美国和德国这两个比重也存在着2%~3%的差异。相比之下,在大多数发展中国家这两个比重之间的差别通常很小。

3. 考虑国内和国际生产分工的显性比较优势新指标

在讨论基于产业部门前向联系的国家/部门出口中增加值测算方法时,很自然地会导致对国家/部门显性比较优势(revealed comparative advantage,简称RCA指数)概念上的修订。一个国家/部门传统的RCA指数是该国这一部门出口总值在该国总出口中的占比与全球该部门出口总值在全球总出口中占比的比较值(简称TRCA)。当RCA指数大于1时,表示该国该部门的出口具有显性比较优势;当RCA指数小于1时,表示该国该部门的出口具有显性比较劣势。

从全球价值链角度来看,传统RCA指数既忽略了国内的生产分工又忽略了国际生产分工。具体而言,首先,传统的RCA指数不考虑一个国家/部门的增加值可以隐含在该国其他部门的出口中而实现间接出口这一事实;其次,传统的RCA指数也没有考虑一个国家/部门的总出口中包含有部分外国价值的事实(FVA和FDC)。因此,正确测量一个国家/部门显性比较优势的方法不仅需要包括隐含在本国其他部门出口中的该部门增加值的间接出口,而且需要排除总出口中来源于外国增加值和纯重复计算的部分。

综合考虑出口生产的国内和国际生产分工,我们定义了一种测量一个国家/部门显示性比较优势(简称NRCA)的新指标,即基于产业部门前向联系计算的一国出口中该部门的增加值占该国总出口中的国内增加值的比例,相对于所有国家出口中该部门所创造的增加值占全球总增加值出口的比例的比较值。

下面选取两对例子来展示传统指标与新指标的区别。

第一对例子中,分别计算并绘制了1995—2001年间中国和美国电气和光学设备出口的两种RCA指数(如图5-22所示)。左图显示,从传统RCA指数的变化来看,

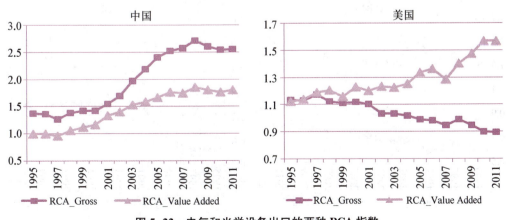

图5-22 电气和光学设备出口的两种RCA指数

2007年以后中国的RCA指数超过了2.5,表明中国电气和光学设备出口拥有显著的比较优势。相反,新的RCA指数却给出了较低的值,近年来只有1.8左右。

与右图对比,可以看到传统指标与新指标之间的巨大差异。传统RCA指数显示,2003年以后,美国在电气和光学设备的出口中已具有比较劣势,且比较劣势呈不断扩大趋势。但根据新的RCA指数,美国电气和光学设备仍然是一个具有比较优势的出口部门,而且近几年该比较优势呈现着强势递增趋势。传统指数和新指数在测度美国电气和光学设备出口显性比较优势时表现出的巨大差异,充分显示了传统RCA指标的潜在误导性。根据贸易总值计算的美国电气和光学设备传统RCA指数及其时序变化显示了一个令人担忧的状况,即美国出口竞争力的日益下降;但新的RCA指数却表明,美国的电气和光学设备出口在1995—2011年一直具有比较优势并且这一优势在持续增强。

第二对例子对比了印度(右图)和德国(左图)商业服务出口的两种RCA指数(如图5-23所示)。凭借着经常被媒体头条报道的Infosis公司、Wipro公司及各种呼叫中心等,印度在商业服务出口上成绩卓著。有趣的是,根据我们新定义计算的印度商业服务出口的RCA强度远弱于基于传统定义计算的RCA强度。相反,德国的商业服务出口与其成功的制造业相比,很少受到媒体关注。根据总出口数据,商业服务部门出口在德国呈现比较弱势,在整个1995—2011年期间其传统的RCA指数都小于1。但是,根据我们考虑国内和国际生产分工的新RCA定义,德国商业服务出口却是一个比较优势极为显著的部门。造成这两种RCA指标巨大差异的经济原因其实很简单。在印度,国内其他部门(如制造业)出口生产中使用商业服务部门的增加值很少,其商业服务部门增加值的间接出口比例很低。德国正好相反,德国大量出口的汽车、机械设备和其他制造业产品中隐含了大量的本国商业服务部门的增加值,其商业服务部门增加值的间接出口比例很高。因此,一旦把商业服务部门增加值的间接出口考虑进来,相对于德国及许多其他发达国家而言,印度在商业服务出口中比较优势就不那么令人印象深刻了。

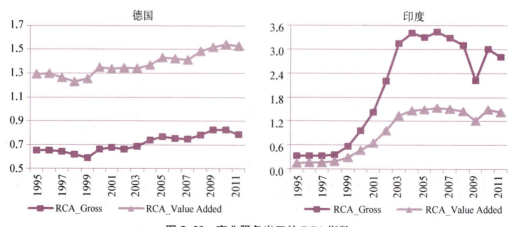

图5-23　商业服务出口的RCA指数

参 考 文 献

1. Arndt, "Globalization and the Open Economy", *North American Journal of Economics and Finance*, 1997, 8(1): 71-79.

2. Athukorala, "Product Fragmentation and Trade Integration in a Global Context", *North American Journal of Economics and Finance*, 2006, 17(4): 56-82.

3. Balassa, B., *Trade Liberalization Among Industrial Countries*, McGraw-Hill, NewYork, 1967.

4. Dean, J.M., Fung, K.C., Wang, Z., "Measuring Vertical Specialization: The case of China", *Review of International Economics*, 2011, 19: 609-625.

5. Deardorff, Alan V., "Fragmentation in Simple Trade Models", *North American Journal of Economics and Finance*, 2001, 12: 121-137.

6. Elhanan Helpman, "A Simple Theory of International Trade with Multinational Corporations", *The Journal of Political Economy*, Jun.1984, 92(3): 451-471.

7. Feenstra, Robert. Branford Jensen, "Evaluating Estimates of Materials Off Shoring from U.S. Manufacturing", *Economics Letters*, 2012, vol.117(1): 170-173.

8. Grossman, G.M. and Helpman, E., "Outsourcing in a Global Economy", *Review of Economic Studies*, 2005, 72(1): 135-159.

9. Grossman, G. and E. Rossi-Hansberg, "Trading Tasks: A Simple Theory of Off Shoring", *American Economic Review*, 2008, 98(5): 1978-1997.

10. Helg, R. and L. Tajoli, "Patterns of International Fragmentation of Production and Implications for Labor Markets", *North American Journal of Economics and Finance*, 2005, 16: 235-254.

11. Hummels, D., J. Ishiib, and K. Yi, "The Nature and Growth of Vertical Specialization in World Trade", *Journal of International Economics*, 2001, Vol.54: 75-96.

12. Koopman, Robert, Zhi Wang and Shang-jin Wei, "Estimating Domestic Content in Exports When Processing Trade Is Pervasive", *Journal of Development Economics*, 2012, 7: 329-355.

13. Koopman, R., Z. Wang, and S. Wei, "How Much of Chinese Export is Really Made in China? Assessing Domestic Value-added When Processing Trade is Pervasive", *NBER Working Paper*, 2008, 14109.

14. Upward, R., Wang, Z., & Zheng, J., "Weighing China's Export Basket: The Domestic Content and Technology Intensity of Chinese Exports", *Journal of Ecomparative Economics*, 2012, vol.67(3): 133-161.

15. Wang, Z., and S. Wei, "What Accounts for the Rising Sophistication of

China's Export?" *NBER Working Paper*, 2008, 13771.

16. Yi, K. M., "Can Vertical Specialization Explain the Growth of World Trade?", *Journal of Political Economy*, 2003, 111：52-102.

17. Lawrence J. Lau、陈锡康、杨翠红、Leonard K. Cheng、K.C. Fung、Yun-wing Sung、祝坤福、裴建锁、唐志鹏,"非竞争型投入占用产出模型及其应用——中美贸易顺差透视",《中国社会科学》2007年第5期,第91—103页。

18. ［美］芬斯特拉著,张友仁等译,《国际贸易》,中国人民大学出版社,2011年。

19. ［美］芬斯特拉著,唐宜红译,《高级国际贸易理论与实证》,中国人民大学出版社,2013年。

20. 赵忠秀、吕智等,《国际贸易理论与政策》,北京大学出版社,2009年。

21. 张为付,《国际贸易学》,南京大学出版社,2012年。

22. 李昕、徐滇庆,"中国外贸依存度和失衡度的重新估算——全球生产链中的增加值贸易",《中国社会科学》2013年第1期,第29—55页。

23. 李昕,"贸易总额与贸易差额的增加值统计研究",《统计研究》2012年第10期,第39—43页。

练习与思考

1. 本章中提到"为简化分析,假设两种投入品可以在国内生产也可以进行国际贸易。因为贸易的发生,国内某种投入品的生产会减少,但是并不会出现生产完全转移到国外的情况。虽然这种情况在现实生活中很有可能发生"。请问在什么情况下,国内某种投入品的生产会完全转移到国外?

2. 在全球经济复苏缓慢、国内经济下行压力加大的背景下,中国内地服务外包产业发展总体向好,2015年,中国内地企业承接美国、欧盟、中国香港和日本的服务外包执行额分别为150.6亿美元、98亿美元、95亿美元和54.8亿美元,分别同比增长17.5%、17.6%、28%和—9.8%,合计占中国离岸服务外包执行额的61.6%。受日元持续贬值和中日政治大环境的影响,中国内地企业承接日本市场业务意愿不高,日本对中国发包呈下降趋势。请用本章中所学模型分析服务外包对发包国和接包国产生的福利效应,并解释服务外包对发包国和接包国要素市场价格产生什么影响。

3. 按照传统的贸易理论,贸易会使一国丰裕要素的实际价格或报酬提高,而使稀缺要素的实际价格或报酬下降。那么,对于我国非熟练劳动力的相对丰富的资源禀赋,贸易本应导致我国非熟练劳动力的相对工资上升,熟练劳动力的相对工资下降,二者之间的工资差距得以缩小才是,为何在现实中,观察到的都是我国工业部门熟练劳动力与非熟练劳动力的工资差距呈扩大趋势。请从中间产品贸易角度出发,解释我国熟练劳动力相对报酬随贸易开放呈上升态势的原因。

4. 简述企业的价值创造过程,谈谈这些过程是如何构成价值链的。

5. 价值系统的概念是什么?为什么价值系统的内涵构建是全球价值链理论的基础?

6. 价值链、价值增加链条、全球商品链、全球价值链的内涵分别是什么?这些概念有什么区别?

7. 简述全球价值链中经济租是如何产生以及如何被分配的?

8. 全球价值链的典型治理模式有哪些?这些模式的具体含义是什么?

9. 简述新的贸易核算方法相较传统的贸易核算方法有哪些区别,新的贸易核算方法的具体步骤包含哪些。

第六章 经济地理与贸易

【学习目标】
- 掌握中心-外围模型的构建与意义
- 了解特惠贸易协定和区位分布
- 掌握南北集聚和南南集聚
- 了解新经济地理的研究前沿和未来研究方向
- 以我国特殊经济区为样本,实证集聚与贸易的关系

经济活动的空间区位对经济发展和国际贸易的作用在国际学术界得到高度重视,空间经济已成为当代经济学中前沿领域之一,空间经济理论被视为不完全竞争与收益递增革命的第四次浪潮。诺贝尔经济学奖获得者克鲁格曼开创了新经济地理研究。新经济地理学的理论基础是报酬递增思想、复杂科学所强调的路径依赖和"锁定"等概念,以及迪克西特和斯蒂格利茨的垄断竞争模型(D-S模型)。新经济地理学的研究主题主要有两个,即经济活动和经济增长的空间集聚与区域集聚。本章简要介绍中心-外围模型与特惠贸易协定下的区位分布。

第一节 中心-外围模型

中心-外围模型是新经济地理学理论中最具代表性的一个两地区、两部门的一般均衡区位模型。该模型要回答的关键问题是:在两个具有完全相同外部条件的地区,在报酬递增、人口流动和运输成本交互作用的情况下,制造业为何会在一些发达地区集中而不在相对不发达的地区集中?这些情形又会在何时发生?

一、模型假设

(1) 世界经济中存在两个地区和两个部门;
(2) 两个地区具有相同的偏好和技术,即初始条件相同;
(3) 世界经济中存在的两个部门:农业部门和制造业部门,前者规模报酬不变及完全竞争,后者规模报酬递增及垄断竞争;
(4) 每个地区有两种生产要素(农民和工人),每种生产要素分别服务于特定的部

门,即农民只能从事农业部门农产品的生产,工人只能从事制造部门工业制成品的生产。农民在两个地区均匀分布,完全不能在地区之间流动,农民工资处处相等,农产品同质且不存在运输成本,因此两个地区农民收益相同。制造业部门工资的名义和实际值之间则存在地区差异,工人可以在地区之间流动,因而工人会从实际工资低的地区向工资高的地区流动。制造业企业的选择区位依据是追求利润最大化,工人关注的是实际工资而不是名义工资,工业制成品存在固定比率的运输成本。存在大量的制造业企业,每个企业只生产一种商品。

二、两区域模型

(一) 消费者行为

对于两类产品(农产品和工业制成品),所有消费者偏好都相同,效用函数用柯布-道格拉斯函数形式表示:

$$U = C_M^\mu C_A^{1-\mu} \tag{6.1}$$

其中,C_M 代表制成品消费量的综合指数,C_A 代表农产品的消费量,μ 是常数,表示制成品的支出份额。制成品消费量的综合指数 C_M 定义为:

$$C_M = \left[\sum_{i=1}^{N} c_i^{\frac{\sigma-1}{\sigma}}\right]^{\frac{\sigma}{\sigma-1}} \tag{6.2}$$

其中,$\sigma > 1$,表示任意两种制成品之间的替代弹性,c_i 表示各种可得制成品的消费量,N 表示可得制成品种类的数量。

消费者效用最大化问题可归结为求解如下问题[①]:

$$Max\ U = C_M^\mu C_A^{1-\mu}$$
$$s.t.\quad PC_M + C_A = Y$$

Y 是其收入,可以得到:

$$C_M = \mu Y/P,\ C_A = (1-\mu)Y$$

(二) 生产者行为

假定单位产量劳动投入为 1,农民在地区间不能流动,每个地区农民的供给量为 $(1-\mu)/2$,两个地区工人供给分别为 L_1 和 L_2,且

$$L_1 + L_2 = \mu \tag{6.3}$$

工业制成品 i 的成本函数为

$$L_{Mi} = \alpha + \beta x_i \tag{6.4}$$

其中,L_{Mi} 是生产 i 所需的劳动,x_i 为 i 的产量。

---

① 这里假定农产品价格为 1。即使不为 1,也不会影响结果,只要相除得到相对价格即可。

假设农产品运输成本为0,保证 $P_A=W_A=1$,即农产品的价格和每个农民的工资收入都是1。制成品的运输成本采用冰山成本。冰山成本是萨缪尔森于1952年提出的,他并未特别描述运用资金和劳动力提供运输服务的行业,而是建议人们想象货物在运输途中"融化"了一些,最终只有一部分 τ ($\tau<1$) 能到达目的地,损失的那一部分便是运输成本。在每个地区代表性企业利润表达式为:

$$\pi_i = p_i x_i - w_i(\alpha + \beta x_i) \tag{6.5}$$

而对 i 种产品的需求可写为 $x_i = k p_i^{-\sigma}$,建立拉格朗日函数如下:

$$L_i = p_i x_i - w_i(\alpha + \beta x_i) - \lambda(x_i - k p_i^{-\sigma}) \tag{6.6}$$

分别对 x_i、p_i 求偏导,得到企业利润最大化的条件

$$p_i = [\sigma/(\sigma-1)]\beta w_i \quad i=1,2 \tag{6.7}$$

因此,

$$p_1/p_2 = w_1/w_2 \tag{6.8}$$

若制造业企业可自由进入,则利润为0,即

$$(p_1 - \beta w_1)x_1 = \alpha w_1 \tag{6.9}$$

可得

$$x_1 = x_2 = \frac{\alpha(\sigma-1)}{\beta} \tag{6.10}$$

可知,每个地区企业的产量是一样的,与工资无关。由上式可得,代表性企业雇佣的劳动总量为 $L_{Mi} = \alpha + \beta x_i = \sigma\alpha$,两地区可以生产工业品种类数量分别为:

$$n_1 = \frac{L_1}{\sigma\alpha}, \quad n_2 = \frac{L_2}{\sigma\alpha} \tag{6.11}$$

式(6.11)表明一个区域的产品种类数与该区域制造业劳动力数量成正比,因此制造业劳动力转移意味着企业的转移。

(三) 短期和长期均衡

1. 短期均衡

在短期内,流动要素(制造业劳动力)的空间分布是给定的,即每个地区工人数量是给定的,在这种情况下考察内生变量(如工资)的决定。令 c_{11} 表示地区1消费的地区1生产的产品,c_{12} 表示地区1消费的地区2的产品。当地产品的价格为 p_1,地区2产品的本地价格为 p_2/τ。可得

$$c_{11} = \mu Y(p_1^{-\sigma}/P_M^{1-\sigma}) \quad c_{12} = \mu Y((p_2/\tau)^{-\sigma}/P_M^{1-\sigma}) \tag{6.12}$$

其中,P_M 为工业品价格指数,且

$$P_M = \left[\int_0^{n_1+n_2} p_i^{1-\sigma} di\right]^{1/(1-\sigma)} \tag{6.13}$$

故产品的相对需求为

$$\frac{c_{11}}{c_{12}} = \left(\frac{p_1\tau}{p_2}\right)^{-\sigma} = \left(\frac{w_1\tau}{w_2}\right)^{-\sigma} \quad (6.14)$$

令 z_{11} 表示地区 1 对本地制成品的支出与对地区 2 制成品支出的比例，z_{12} 表示地区 2 对本地制成品的支出与对地区 1 制成品的支出的比例：

$$z_{11} = \left(\frac{n_1}{n_2}\right)\left(\frac{p_1\tau}{p_2}\right)\left(\frac{c_{11}}{c_{12}}\right) = \left(\frac{L_1}{L_2}\right)\left(\frac{w_1\tau}{w_2}\right)^{-(\sigma-1)} \quad (6.15)$$

$$z_{12} = \left(\frac{L_1}{L_2}\right)\left(\frac{w_1}{w_2\tau}\right)^{-(\sigma-1)} \quad (6.16)$$

地区 1 工人的总收入等于两个地区对该制成品的支出。令 Y_1，Y_2 分别代表两个地区的收入（包括农民的收入），则地区 1 工人的收入是

$$w_1 L_1 = \mu\left[\left(\frac{z_{11}}{1+z_{11}}\right)Y_1 + \left(\frac{z_{12}}{1+z_{12}}\right)Y_2\right] \quad (6.17)$$

地区 2 工人的收入是

$$w_2 L_2 = \mu\left[\left(\frac{1}{1+z_{11}}\right)Y_1 + \left(\frac{1}{1+z_{12}}\right)Y_2\right] \quad (6.18)$$

$$Y_1 = \frac{1-\mu}{2} + w_1 L_1 \quad (6.19)$$

$$Y_2 = \frac{1-\mu}{2} + w_2 L_2 \quad (6.20)$$

根据式(6.15)～式(6.20)联立方程组可求出 w_1，w_2，给定地区 1 和地区 2 的劳动分布，如果劳动从地区 1 流向地区 2，则 w_1/w_2 的变化可能是任意方向的，原因是存在两个相反的影响因素共同作用。其中一个是本国市场效应(home market effect)，其他条件不变，工资在较大市场上将较高；另一个是竞争的程度(extent of competition)，有较少工人的地区面临较小的当地农民市场的竞争。

2. 长期均衡

在长期，工人的空间流动由区位的实际工资差异决定。长期均衡一般有两种类型，一是两个区域工人实际工资完全相同，二是所有工人都集中在一个区域。工人考虑的是实际工资而非名义工资，且拥有较多人口的地区将面临更低的制成品价格。令 $f = L_1/\mu$，为地区 1 制成品劳动的份额。令 P_1，P_2 分别为地区 1 和地区 2 工业制成品的价格指数：

$$P_1 = \left[fw_1^{-(\sigma-1)} + (1-f)\left[\frac{w_2}{\tau}\right]^{-(\sigma-1)}\right]^{-1/(\sigma-1)} \quad (6.21)$$

$$P_2 = \left[f\left(\frac{w_1}{\tau}\right)^{-(\sigma-1)} + (1-f)(w_2)^{-(\sigma-1)} \right]^{-1/(\sigma-1)} \quad (6.22)$$

工人在地区 1 和地区 2 的真实工资分别是

$$\omega_1 = w_1 P_1^{-\mu} \quad (6.23)$$

$$\omega_2 = w_2 P_2^{-\mu} \quad (6.24)$$

由式(6.21)和式(6.22)可知,如果工资在两地区相等,工人从地区 2 流向地区 1 将降低地区 1 的价格指数,提高地区 2 的价格指数,因此地区 1 与地区 2 的实际工资之比将上升。

w_1/w_2 如何随 f 变化?当 $f=1/2$ 时,两地区的实际工资相等。但是,这是否是一个稳定的均衡呢?如果 f 增加,则 w_1/w_2 减少,拥有更多工人的地区的工人将外流(Regional Divergence);如果 f 减少,则 w_1/w_2 增加,拥有更多工人的地区将出现聚集(regional convergence)。因此,能够产生聚集的力量有:本国市场效应和价格指数效应(price index effect);能够产生分散的因素是竞争的程度。最终的结果要看这些力量共同作用的合力。

三、中心-外围模型总结和意义

克鲁格曼(Krugman,1991)在市场潜力理论和以市场规模与区域产业范围间循环关系为基础的进口替代区域经济增长理论的基础上,在《政治经济学杂志》上发表了《递增收益与经济地理》一文,并建立了他的中心-外围模型,认为两个对称的区域会分别发展成核心和外围区域,从而揭示了经济地理聚集的内在运行机制。克鲁格曼在模型中指出,有两种相反的力量决定着经济行为和经济要素在空间上是收敛还是扩散:向心力(centripetal force)和离心力(centrifugal force)。向心力使经济活动和经济要素在空间的分布反映在产业层面上就是产业聚集,这也是新经济地理和空间经济学非常重视产业聚集的原因。在中心外围理论模型中,克鲁格曼认为行业地理集中主要受三种效应驱动:一是市场准入效应,即垄断厂商总是将其生产安排在大市场,同时向小市场出口;二是生活成本效应,他分析了厂商区位对当地生活成本的影响,在有大量厂商集中的地区,商品价格相对较低,从而会吸引大量的消费者聚集在该地区,进而节约消费者的生活消费支出;三是市场挤出效应,在存在竞争的情况下,厂商总是向竞争者相对少的地区集中,也就是说,大量厂商集中在一起的结果,就是会使该地区的一些厂商向厂商相对较少的地区移动。前两种效应的合力形成聚集力,它有利于厂商和消费者在地理上的集中,并且相互促进;后一种效应则形成离心力,促进厂商在地理上的扩散。该模型的主要经济思想是,一个经济规模较大的区域,由于前向联系和后向联系,会出现一种自我持续的制造业集中现象,经济规模越大,集中越明显。运输成本越低,制造业在经济中所占的份额越大,在厂商水平上的规模经济越明显,越有利于集聚,"中心-外围"结构的形成取决于规模经济、运输成本和区域国民收入中的制造业份额。这一模型说明了一个国家或区域为实现规模经济会使运输成本最小化,从而使制造业企业倾向于将区位选择在市场需求大的地方,但大的市场需求又取决于制造业的分布。

中心-外围模型的出现依赖于运输成本、规模经济与国民收入中的制造业份额。新经济地理学最重要的基石和假定是任何制造业产品都具有运输成本。这一运输成本是广义的,它既包括看得见的运输网络形成的有形运输成本,也包括地方保护引起的非关税贸易壁垒。从直观上看,一方面,制造业之间有上下游联系的产业如果能集聚在一起,则能减少中间投入品的在途损耗、降低运输成本,从而降低中间投入品的价格,因此厂商有内在冲动集聚在一起共同分工协作,这种产业集聚效应的力量称作"价格效应"或"制造业前向联系";另一方面,厂商具有内在冲动集聚在一起生产,形成产业集聚,各专业化分工的工人也倾向于集聚在同一区域内,从而导致产品种类增多、市场规模扩大;制造业产品从出厂到消费者手中的过程中,运输成本降低,工人的名义工资、实际工资均高于其他非产业集聚区,非产业集聚区的劳动力受工资的诱惑而向集聚区内迁移,这一集聚力量称为"市场规模效应"或"制造业后向联系"。新经济地理学的核心思想是报酬递增、运输成本与要素流动之间相互作用所产生的向心力导致两个最初完全相同的地区演变成一个核心与外围的产业集聚模式,其中的关键是保持对劳动力流动的高度弹性。中心-外围模型的结构内容是,两个地区与两个部门,两地区最初是完全相同的,两个部门分别是报酬递增、产品具有差异性的制造业部门与报酬不变、产品同质的农业部门。其中,两部门使用的生产要素都是劳动力,同一地区内的农民不能向制造业部门流动,反之亦然;但制造业部门的工人却可以跨地区地在同一部门内流动。中心-外围模型揭示了产业地理集中形成的重要特征:在初始均衡的两个地区,随着贸易成本的逐渐降低,当聚集力大于离心力时,劳动力的移动最终会导致产业的不对称地理分布。在这一过程中,最初贸易成本的削减对厂商生产区位并没有任何影响,当贸易成本下降到"均衡点"时,聚集力将起主导作用,所有的产业则会移到一个地区,此时劳动力和产业区位的转移并不是逐渐发生的,而会发生突变。

中心-外围模型的意义在于它可以预测一个经济体中经济地理模式的渐进化过程。初始状态时,一个国家的地理区位可能有某种优势,它对另一地区的特定厂商具有一定的吸引力,并导致这些厂商生产区位的改变;一旦某个区位形成行业的地理集中,该地区的聚集经济就会迅速发展并获得地区垄断竞争优势。通过将两地区的例子推广至多个地区与连续空间,克鲁格曼证明了中心-外围模型中的结论仍然有意义,集聚因素将使多个地区和连续空间中会产生数量更少、规模更大的集中。

即使放松农业运输成本为零这一非现实假设,基本结论也不会有多少改变。当然,中心-外围模式能够发生并不表示其必然发生,即便发生,是否可维持也是有条件的。在一定的条件下,一个地区形成的产业集聚可以自我维持,但在同等条件下,产业在两个地区的分布也是稳定的。这同时也表明真实世界中的空间地理结构要比想象的复杂得多。

譬如考虑中国制造业的空间布局,在20世纪80年代至90年代初,中国已有珠三角这个制造业中心,其他地区是否还可以建成类似珠三角的制造业中心呢?中心-外围理论告诉我们,一般多中心和单中心的地理都是稳定的——如果过去已有制造业中心,自然它会得到维持;但是如果起初没有,则未必会形成中心。事实上,珠三角的制造业中心地位得以维持,而东北或中西部至今也没有形成新的制造业中心。当然,东北和中部地区的一些省份也有很好的工业基础,强化这些基础重整旗鼓,也有望成为次级中心。在中国如此广袤的大地上,多中心地理应该是一种稳定均衡结构。中国实施的开发大西部、振兴东北老工业基地等战略部署如果成功,那么多中心地理稳定均衡将会实现。

第二节 特惠贸易协定下的区位分布

特惠贸易协定会如何改变企业的区位分布?在克鲁格曼和维纳伯斯(Krugman and Venables,1995)分析的基础上,朴伽和维纳伯斯(Puga and Venables,1997)检验了全球自由贸易、自由贸易区和中心-外围贸易协定对区位分布的影响。在这个贸易协定中,中心国家(如欧盟这样活跃的商业活动中心)与外围国家开展双边贸易关系。首先,存在规模经济和运输成本的条件下,自由化可能有利于自由化区域内的国家,但并不必然损害非自由化区域的利益。其次,即使初始均衡是对称的,由于自由贸易区的制造业集聚,一个特惠贸易协定仍然能够导致中心-外围结构。最后,自由贸易区的形成并不必然意味着成员国生产结构和收入水平的趋同。

考察克鲁格曼和维纳伯斯(Krugman and Venables,1995)分析的 $K>2$ 的情况。为了获得特惠贸易协定的歧视性关税,需要一个多国模型。有两个部门,分别生产一种产品,即农产品 A 和制成品 M。只有一种生产要素(劳动),且劳动不能在部门间流动。农业部门的劳动不能在区域间自由移动,但制造业部门的劳动可以在区域间自由移动。

农产品在竞争市场上出售,在持续规模收益的情况下只用劳动生产。制造业部门是垄断竞争产业,生产差异化产品。不断增加的收益源于固定的生产成本。农业生产部门不存在运输成本,而制造业部门存在运输成本。

假设每个企业的产出是最终产品或者是中间投入产品。正如在克鲁格曼和维纳伯斯(Krugman and Venables,1995)分析的那样,这种特点使控制前后关联成为可能,并且产生倾向于集聚的向心力。更强的市场竞争和更大的实际工资效应导致更大的市场,倾向于分散生产的离心力。

一、多国世界自由贸易

首先分析 K 个国家的自由贸易。区位均衡模型的特征表现为产业内贸易的对称均衡。如果贸易壁垒 T 超过了临界值 T^{Break},这种对称均衡就是稳定的。其中

$$T^{Break} = \left(1 + \frac{\mu}{1-\mu} \frac{K(2\sigma-1)}{\sigma(1-\mu)-1}\right)^{1/(\sigma-1)} \tag{6.25}$$

它依赖于需求弹性 σ，生产成本中中间商品的 μ 值和世界贸易系统中国家数量 K。当 $T < T^{Break}$ 时，这个模型的特征表现为不稳定的对称均衡和多个稳定的非对称均衡，专业化生产工业品的国家的工资将比其他国家工资更高。

二、自由贸易区

考虑三个国家的情况，初始的均衡是对称和稳定的（$T > T^{Break}$），假设两个国家形成一个自由贸易区，这两个国家彼此之间削减关税至零，而对其他非自由贸易区成员仍维持原有关税。

一个自由贸易区的形成具有哪些效应？首先来分析特惠贸易协定（PTA）不能消除中心-外围均衡的情况。自由贸易区使企业流向区内的其他成员国，在特惠关税协议范围内，企业的产量扩张和产业规模扩大，企业从中受益，而非成员国的企业则受损。结果在成员国经营的企业数目会增多，而非成员国的企业数量会减少。这种企业重新定位效应表明生产转向自由贸易区。由于关税削减以及他们市场中可获得的更多产品数量，成员国的福利水平增加，而非成员国的福利水平下降。

稳定的对称均衡的自由贸易区可以导致中心-外围结构，如果运输成本低于一个临界值，就会产生集聚，并被更强的投入-产出关联强化（一个更高的 μ）。

三、中心-外围自由化

考虑一系列优惠协议，在协议中，中心国家 1（如美国）分别与外围国家 2、3 减少双边贸易壁垒。国家 2 和 3 之间的贸易壁垒保持不变。这是美国-墨西哥或者欧洲联盟和中东欧联合国家的情况。中心-外围贸易安排使中心国家进入外围国家比外围国家相互进入更容易。

中心-外围协议包括更多位于在中心的企业并且提高了中心的福利。这种效应即使在企业之间没有投入产出联系的情况下也会发生，因为位于中心的企业向分布在外围的企业出售产生的贸易成本比外围企业之间相互出口的成本低。中心效应是一种离心力，这种离心力的形成是因为比起外围企业相互进入而言，中心企业更容易进入外围企业，从而使中心企业获益。投入-产生关联表明，由于外围地区的消费者和中间产品使用者的需求更小，从而成本更高，外围企业将处于不利地位。这个效应强调了中心效应的集聚结果。

中心和外围企业在相互贸易时都面临着更低的贸易壁垒，因此，其他条件不变，中心和外围地区生产成本都下降，利润上升，产业规模扩大。中心企业的福利增加，外围企业的福利可能增加也可能下降，这取决于参数值和初始状态。简而言之，中心地区的福利和企业数量一定会增加，在外围地区可能上升或下降，这取决于模型参数。最后，始于稳定对称均衡的中心-外围协议导致中心-外围结构，并导致外围国家的趋同，中心福利增加，外围福利不确定。

第三节　南北集聚和南南集聚

如果全部制造品由北方国家生产,那么,多边、单边和优惠关税减免对区位的动态影响是什么?南北和南南优惠关税减免的自由贸易效应为何相反?这些问题说明是否达成优惠协议以及与谁达成优惠贸易协议十分重要。

朴伽和维纳伯斯(Puga and Venables,1998)建立了 4 个国家、2 个部门(农业 A 和制造业 M)的模型,比较了南北和南南贸易自由化的效应。北方和南方技术相同,禀赋和劳动技能相近,初始均衡为一个中心-外围结构,其中两个北方国家已建立了制造业,两个南方国家缺少制造业。复杂模型要用数据仿真方法得以解决。为了分析南方国家,在数据模拟中假设北方国家有相同的经济结构并采用相同的经济政策。

假设劳动在部门间可以流动,但是国家间不能流动。劳动流动模型说明正在扩张的制造业地区能够吸引来自农业部门的劳动,但不能吸引来自其他国家的劳动。

国家 c 的农业产出 Q_A^c 是使用土地 T_A^c (特定要素)和劳动 L_A^c 获得:

$$Q_A^c = (T_A^c)^\alpha (L_A^c)^{1-\alpha} \tag{6.26}$$

其中,α 是生产成本中土地的份额,农业产品在竞争市场中卖出。

工业部门是生产差异化产品的垄断竞争行业,每个制造业企业的产出有两种用途:最终产品和中间产品,为了简单起见,假定每个部门使用自己的产出作为投入。差异化产品 i 的生产需要企业成本水平 C_i,其中包括支付的关税和运输成本,

$$C_i = (w^c)^{1-\mu}(P_M^c)^\mu [f + aq_i^c]$$

$$(P_M^c)^\mu = \left(\sum_{k=1}^{4} \left[\int_{h=0}^{h=N^c} (p_h^{ck} T^{ck} T)^{1-\sigma} dh \right] \right)^{\mu/(1-\sigma)} \tag{6.27}$$

其中,N^c 是 c 国家生产的差异化产品种类数,p_h^{ck} 是从 c 国运往 k 国的 h 产品的 FOB 价,q_i^c 是 c 国家 i 产品的产量。

贸易政策通过对制成品进口关税设置来判定(假设没有农产品的贸易限制)。政策变量 $T^{ck} = 1 + t^{ck} > 1$ 是 c 国对出口到 k 国的工业品征收的从价税。$T = 1 + tc > 1$ 代表萨缪尔森冰山型出口工业产品的实际贸易成本。由于 $T = 1 + tc$ 单位在运输中丢失,$T - 1 = tc$ 单位运输在到达进口国家时减少为 1 单位。

公司根据对短期盈利机会的估算退出或进入制造业。长期内,公司进入保证利润为零。产业集聚的促进竞争效应,一方面降低了产品价格,从而降低了利润。另一方面,集聚抬升了工资水平,对利润有负影响。在均衡状态,工资增长和价格下降会持续到使盈利消失为止。

一、多边和单边贸易自由化

如果向心力大于离心力,降低多边和单边关税能否逆转这种状态?朴伽和维纳伯

斯(Puga and Venables,1998)建立的数据模型说明这种逆转可以发生。贸易自由化怎样影响公司的分布？多边贸易自由化使公司对要素价格差异更敏感。因为由低生产成本产生的收益超过了运输成本，南北工资差异使公司在南方重新分布。

朴伽和维纳伯斯(Puga and Venables,1998)进行了数据实验，假设制造业最初集中在北方，南北贸易和南南贸易存在15%的关税，这表明南方的均衡实际工资是北方的65%。如果多边自由化使所有关税都减少1%~14%，位于北方的公司将移往南方。这种公司的再迁移说明南方有更大的短期利润。这种利润来源于中间进口商品价格下降和关税降低后北方国家贸易更便利。在均衡中，这些效应抵销了贸易自由化加剧的竞争，这种竞争不利于向南方的再分布。更重要的是，在北方运营的公司决定移往南方国家后，跟随者也将移入该国。工业化只发生在其中一个南方国家的原因在于后向和前向联系的集聚力，这种结果适用于中等关税水平(10%~14%的关税)。对更大幅度的关税减免，也存在向第二个南方国家再分布的可能。

当一个南方国家决定单边降低进口关税时，再分布将发生怎样的变化？数据实验表明，可能发生从北方到其他国家的再分布。原因是由低价中间进口商品所带来的成本降低效应与南方低工资的共同作用产生足够的利润。

二、南北和南南优惠贸易协议

南方国家从南北贸易自由化中的获利大于在南南贸易自由化中的获利吗？南北贸易自由化和南南贸易自由化对北方国家的影响是什么？答案是南方和北方国家均偏好于南北协议。下面分析为何如此。

设想一个南南优惠协议，在协议中两个南方国家之间关税降为零，同时保持对北方的关税。南南优惠协议创造了更大的市场，提高了在南方生产的盈利性。更大的市场可以将原来在北方的企业吸引到南方。

再设想单个南方国家和两个北方国家进入一个优惠贸易协议(PTAS)的情况(假设遵从单一的政策)。南北贸易协议为发展中国家进入发达国家市场不仅提供了更多的市场机会，而且提供了廉价的中间产品。因此，南北协议能够打破北方的集聚。由于工资成本较低，生产北方所需的中间产品的价格较低，出口北方国家的产品的价格也较低，企业所获利润超过更激烈的竞争带来的成本，最终促使企业在南方国家中的再分布。

数据模拟表明南北协议优于南南协议。从一个南方国家的角度看，南北结合协议可能优于南南结合协议，因为前者为南方国家打开了出口到北方市场的大门。从北方国家的角度看，南北结合也可能优于南南结合。其原因有三个。第一，如果南方和北方之间的差异并不很大，即在南方和北方之间单位劳动成本差异是适度的，并且南方相对于北方而言要"足够"发达，那么北方的实际工资可能会升高而不是降低。第二，当一个南南协议产生时，在一个南北协议中北方国家保持封闭的成本超过了对南方国家打开市场的成本。第三，消除南方和北方之间实际工资的差距可能会不利于劳动力移往北方。当结合导致了集聚，南北地区区域化下的商品贸易会取代要素流动。实际上，区域化确实能够使商品贸易取代要素流动,如北美自由贸易区。

第四节 经验研究

研究产业集聚与贸易的文献主要分为两大类:第一类是理论性文献,研究内容包括产业集群的概念、产生原因、决定性因素、集群的度量以及产业集群相互之间的竞争与均衡等;第二类是实证性文献,主要是对某个国家或某个地区的产业聚集情况进行研究,研究既定对象是否存在集群现象,集群的程度有多高,以及从实证分析的角度确定产业集群的原因。研究的方法基本上是纯经济学的方法,如均衡、规模经济、外部经济、不完全竞争等分析方法。

产业集聚是一种相关的产业活动在地理上或特定地点集中的现象。相关的产业活动这一界定非常重要,可以说是产业集聚的核心内容。集群的形式可以是多样化的,其复杂性也不尽相同,但每一个集群都是由有产业关联的企业聚集在一起而组成的。这些企业包括生产或提供最终产品或服务的企业、生产配件的企业、生产相关机械的企业、提供产业内服务的企业,以及在专业知识和技能方面能够产生支持作用的机构,如大学、研究机构、咨询中心、培训中心等。产业集群内的相关产业活动可以是前向关联,也可以是后向关联。

一、对集聚的解释

为什么在大多数地区,人口密度在较长的时期内较为稳定?克鲁格曼的区域因素理论预测,当短暂的冲击不影响这些基本因素时,集聚模式会保持稳定。利用区域因素理论能够解释人口最密集地区的特征有着相当程度的历史一致性。

金(Kim,1995)解释区域专业化程度的趋势和产业集聚。基于克鲁格曼的区域专业化指数,他对专业化趋势进行了描述,即

$$SI^{jk} = \sum_{i=1}^{n} \left| \frac{E_i^j}{E^j} - \frac{E_i^k}{E^k} \right| \qquad (6.28)$$

其中,E_i^j 和 E_i^k 分别表示 j 和 k 区域 i 产业的就业率,E^j 和 E^k 分别表示 j 和 k 地区总的就业率,SI^{jk} 为区域专业化指数。区域专业化指数提供了区域发展中关于制造业集聚的信息。如果区域是完全专业化,区域专业化指数 $SI^{jk} = 2$。如果区域是完全非专业化,区域专业化指数 $SI^{jk} = 0$。

对产业集聚趋势的分析表明,美国产业在区域专业化时变得更加本土化,而区域非专业化时则变得分散化。产业集聚由胡佛(Hoover)的本土化系数衡量:

$$L_i^j = \frac{E_i^j}{E_i^{US}} \Big/ \frac{E^j}{E^{US}} \qquad (6.29)$$

本土化系数给出了历次工业革命的信息。如果系数 $L_i^j>1$，那么产业 i 在地区 j 的份额高于其他地区。如果 $L_i^j=0$，那么该产业在地区之间是完全分散的。

本土化曲线（与洛伦兹曲线相似）是由所有地区的本土化系数得出来的，根据他们本土化系数的大小倒序排列这些地区，并计算每个区域（Y 轴）i 产业就业率的累计百分比。每个区域所有制造业就业率的累计百分比作为 X 轴。如果这个产业是跨区域分布的，那么所有地区的本土化系数将等于 1，而且本土化曲线为 15 度的一条直线。如果该产业分布区域非常集中，那么本土化曲线将更加向下（随着倒序排列则更加凸）。基尼系数 G（本土化系数）是在 45 度线和本土化曲线之间的部分。

1950 年胡佛本土化指数为 0.27，到 1987 年下降到不足 0.2。从产业角度看，产业布局长期趋势的变化是由废旧家具和木材、橡胶和塑料、电子设备和交通工具引起的。本土化指数在这些产业中先是上升随后下降。在其余产业中，烟草业在整个时期中的区域集中度都上升了。从 1947 年到 1987 年，食品业和化工业的分散化程度一直比较稳定。

二、外部性、要素禀赋、规模经济和产业集中

金（Kim，1995 和 1999）在解释美国区域间产业集中度时，检验了影响趋于专业化的三个因素之间的相关性：外部经济、规模经济和要素禀赋。结论显示，外部经济不能解释产业聚集问题，而产业聚集模型与赫克歇尔-俄林的要素禀赋理论和生产的经济理论相符。生产在主要区域的再分布、农业向制造业的转变，以及随后的制造业向服务业的转变都得益于比较优势。

由于外部性难以直接衡量，所以通过检测高科技产业与其他产业的产业集中度来间接衡量外部性的作用。如果本土化是外部经济引起的，人们预测高科技产业（以就业人员中工程师和科学家比例较高为标志）比低技术产业更加本土化。然而，相关证据并不支持这一预测。比如，在 1987 年，高技术产业的本土化程度于低技术产业（如烟草业和纺织业）相同。换句话说，金（Kim）并没有证实马歇尔外部性和美国产业地理集中之间的正相关关系。

通过检测规模经济和产业禀赋的变量所代表的不同产业的本土化系数，人们认为，规模经济与资源禀赋在解释产业集聚方面是有效的。实证模型包括一个有着固定效应本土化方程式，这些固定效应是用五年（1880 年、1914 年、1947 年、1967 年和 1987 年）的数据和 20 个美国产业来评估。估计的地区模型 L（由胡佛的本土化指数来测量）、规模经济 SC（由平均的工厂规模来表示）和资源禀赋 RES（由相对于附加值的原材料的成本来测量）之间的关系由下面的公式来给出：

$$L_{it}=\beta+0.66SC_{it}+0.05RES_{it}+\alpha_i+v_i+\varepsilon_{it} \quad (6.30)$$
$$\phantom{L_{it}=\beta+}(0.24)\phantom{SC_{it}+}(0.02)$$

其中，α_i 是产业固定效应，v_i 是年份固定效应，ε_{it} 是误差项。括号里的数字代表标准误差。回归方程证明了产业聚集与规模经济和资源禀赋存在正相关关系。

三、地区外部性和溢出效应

区域外部性理论面临的一个实证问题：衡量溢出效应及获得足够的指标。然而，不管这些理论是否与区域外部性理论相符，它们预测都能通过检验。汉森（Hanson，2001）对经济活动地理集聚是否不断增加进行了实证检验，证据表明：区域人力资本存在外部性，因为工人受教育程度和个人工资之间存在正相关关系；能够支撑大规模产业活动的地区，长期中产业增长率上升。

区域外部经济模型表明，较高的地区知识储备导致集聚。葛莱瑟等（Glaeser et al.，1995），布莱克和汉德森（Black and Henderson，1990）发现：受教育水平高的美国大城市往往比那些受教育水平低的城市发展更快，这些结果与区域人力资本溢出效应和地区集聚之间存在正相关关系的观点相一致。地区人力资本溢出效应导致高教育水平带来的社会收益超过了私人收益。

多样化集聚和产业内集聚能够提高企业的生产率吗？葛莱瑟等（Glaeser et al.，1992）检验了1956年到1987年美国大都市产业就业率。实证检验涉及初始相关企业规模、初始相关产业规模和初始的工资水平。一个城市的产业就业增长率和这个城市初始产业就业多样性之间存在正相关关系。这表明：企业受益于由不同产业的企业相互交易产生的多元化的集聚。一个产业的就业增长率与它初始产业就业之间的关系并不明确，这表明单一产业的企业没有永久的集聚收益。因此，尽管涉及很多变量，证明这些关系还是十分困难。

布莱克和汉德森（Black and Henderson，1999）和其他学者创立的区域人力资本溢出效应模型预测区域公共知识储备（由区域平均受教育水平衡量）与区域工资和土地租金正相关。这说明区域外部性有利于解释地理集聚与工资水平、房地产价格之间的正相关关系。

四、地区需求关联、集聚和区位

地区需求会导致地区集聚吗？需求发挥更大作用的产业，供需之间应该有更大的相关性，基于这一理论，贾斯特曼（Justman，1994）根据产业特征对供需关系做了回归分析。他发现在美国，需求在区位和产业集聚方面起到主要作用。达克希斯和文斯登（Daxis and Weinstein，2002）没有分析供需关系，而是集中研究了供需关系的重要性，他们解释了林德的假说，因为高需求会导致更高比例的供给，所以一个地区对某种产品不寻常的高需求会使该产品成为出口品。实际上，克鲁格曼（Krugman，1980）利用垄断竞争模型，并结合平均成本降低和运输成本下降情况也对林德假说进行了解释。由于大市场优势，高需求对生产有至关重要的影响。实证证据表明，对一个行业的产出而言，区域需求越强就会导致越高比例的行业产出。达克希斯和文斯登（Daxis and Weinstein，2002）提供了需求效应的跨国证据，认为对某种产品需求高的地区导致生产集中度更大。

哈兰德等(Haaland et al.,1999)研究了欧洲经济地理分布的决定因素,检验了1985年和1992年13个欧洲国家的25个产业的相对和绝对集中因素。相对产业集中度(RC)衡量了相对于一些区域和国家经济活动的平均集中程度的一个产业地理集中度。当一个产业的产出比一些区域和国家的平均产业地理分散程度低时,这个产业呈现出比较高的相对集中度。绝对产业集中(AC)衡量大部分经济活动是否集中在几个国家。两种指标分别表示为:

$$RC_i = \sqrt{\frac{1}{K}\sum_{k=1}^{K}(s_i^k - s^k)^2} \qquad (6.31)$$

$$AC_i = \sqrt{\frac{1}{K}\sum_{k=1}^{K}(s_i^k)^2} \qquad (6.32)$$

其中,s_i^k 是 k 国 i 产业的生产份额,s^k 是 k 国在总生产中的份额,K 是国家数量。

1995年和1992年跨部门分析表明,新经济地理分布所强调的需求变量的集中是解释相对和绝对集聚最重要变量。熟练工人比重大的国家的技术密集度更高,产业相对集中度建立在资源禀赋和比较优势的专业化基础之上,由于以不同产业间的投入-产出联系衡量的产业内部联系导致产业(以更多的企业间的联系为特征)绝对集中度较高。

通过检验墨西哥州的工资和接近大城市市场(Hanson,1997)及1970—1990年(Hanson,2001)美国各州工资和接近大的美国市场之间是否有正相关关系,可以间接检验需求联系或市场进入假说。回归方程式将工资和市场潜力联系起来,市场潜力衡量与大市场的可接近程度,涉及如受教育水平等区域特征。市场潜力函数 MP^j 表明对 j 地区生产的产品的需求是跨越 Y^K 地区的购买力的总和,由 j 和其他地区的相应距离 d^{jk} 来衡量。用公式表示为:

$$MP^j = \sum_{K=i}^{K}\frac{Y^K}{d^{jk}} \qquad (6.33)$$

购买力 Y^K 可以看作是 k 地区需求的集中度,而 d^{jk} 代表 j 和 k 之间的运输成本。离大消费市场越近的地区,工资越高。理论认为企业之间的需求联系创造了有利于特殊集聚的特定区域的外部性,上述结论提供了验证理论的间接证据。

五、本地市场效应和运输成本

本地市场效应表明本地市场更大的地区或国家比市场更小地区拥有更大的制造业份额,而且制造业在该区域的集聚导致出口相关工业品。大市场内部生产的商品和服务的运输成本为零。如果制造业的运输成本比农业高,那么较大的市场往往专门生产差异化制造品,而较小的市场则专门从事农业生产。

戴维斯(Davis,1998)建立了一个两国模型,模型包含了一个生产差异化产品的制造业部门和一个同质的不存在国际转移的商品部门(即农业部门)。在模型中,如果农业和制造业有同样的运输成本,本地市场效应消失。事实上,罗池(Rauch,1999)收集的运输成本资料(保险和运费)表明,差异化产品比相同的或相似产品的运输成本低得多(低于一半)。而且,戴维斯将贸易成本(包括运输成本和关税)和作为规模经济指数的变量(R&D、格鲁贝尔-劳埃德指数、集中度衡量)联系起来。但是,通常认为规模经济产品需要承担成本较高,戴维斯的思路与一般观念相矛盾。

结果表明,市场规模和集聚通过本市场效应引起的运输成本变化没有对产业结构造成影响。有些人担心由于本地市场效应,制造业集聚在某一区域会导致其他区域难以实现工业化,这种担心可能是没有必要的。然而,戴维斯和文斯登(Davis and Weinstein,1999)确实发现了日本各县的区域生产结构中存在本地市场效应的证据。

六、区域专业化和集聚的持久性

区域专业化和集聚的作用能否持久?金(Kim,1995)没有发现美国区域专业化趋势持续增强的证据。他对于这种现象的解释是:不断增强的集聚主要存在于新型产业中,在企业达到最优规模后集聚就停止了。德克尔和伊顿(Dekle and Eaton,1999)的研究结果也表明集聚效果不会持久。他们估计了随时间推移,日本各县的集聚效应不断消失的程度,杜纳斯等(Dunais et al.,1997)发现单个产业集聚效果是暂时的。

七、联合、专业化和多极化

欧洲的联合是否促进了集聚?阿米提(Amiti,1998)发现在1968—1990年欧洲的经济活动表现出不断增强的地理集聚和产业集聚。其原因主要是在这段时期内,运输成本、关税和非关税壁垒减少,贸易成本下降。柯贝斯和拉夫卡德(Combes and Lafourcade,2001)研究了71个大国产业部门,发现伴随着运输成本下降,产业专业化和区域不平等程度更高。区域检验是否支持集聚和实际收入差距之间先增加后下降的倒U型关系?布鲁哈特和托斯登森(Brulhart and Torstensson,1996)利用欧洲的数据发现,倒U型关系和更大的区域联合存在相关性。尽管欧盟经济在20世纪80年代开始步入衰退,但在欧盟成立初期,靠近欧盟核心成员的地区,规模经济更大的产业往往更繁盛,这说明加剧区域集聚的因素可能不会持久。区域专业化会导致区域多极化吗?多极化把一个地区分为以高就业和高收入为标志的发达地区与以低收入和低就业为标志的落后地区。欧盟国家主要关心的是如何避免区域多极化。布鲁诺杰等(Braunerhjelm et al.,2000)区分了集聚区域专业化和多极化。例如,美国比欧洲国家的区域专业化程度更高,但多极化程度较低,他们认为正确的政策可以促进欧洲各区域间的联合,同时阻止多极化。

第五节 新经济地理未来研究方向

空间经济学研究的三个重要方向:扩展理论菜单、寻求实证研究、探讨空间经济的福利与政策含义。

集聚的向心力和离心力是空间经济学研究的主要内容,它们各自有三个来源:向心力来自关联效应、厚实的市场、知识溢出和其他外部经济。离心力则源于不可流动的生产要素、土地租金、运输成本、拥塞和其他外部经济。当然,还可以考虑这些集聚力和离散力的其他来源,扩大这一理论菜单。藤田(Fujita)认为,在考虑向心力的其他来源之前,迫在眉睫的是发展一个基于商品和服务的生产和交易关联上的更一般的垄断竞争模型。空间经济学的进一步发展,在很大程度上取决于经济学界能否建立起囊括空间的不完全竞争市场的一系列更为一般的一般均衡模型。

新经济地理学的产生和发展,同样也引发了一系列的实证研究,以检验经济地理和新经济地理因素对产业集聚的影响。但是,新经济地理的实证研究远远落后于理论发展,而且这些实证研究不太重视经济政策的作用。

经济学的任务之一就是提供政策,因此新经济地理理论在坚实的理论和实证研究的基础上,要提供一系列有益的政策建议,以指导地区、城市以及国家的有关贸易政策。

参 考 文 献

1. Fan, C. and Scott, A.J., "Industrial Agglomeration and Development: A Survey of Spatial Economic Issues in East Asia and Statistical Analysis of Chinese Regions," *Economic Geography*, 2003, 79(3).

2. Fujita, Masahisa, Paul Krugman and Anthony Venables, *The Spatial Economy*, Cambridge: MIT Press, 1999.

3. Grossman, G. and E. Helpman, *Innovation and Growth in the Global Economy*, MIT Press, 1991.

4. Helpman, E. and P. Krugman, *Market Structure and Foreign Trade*, MIT Press, 1984.

5. Kim, S, "Expansion of Markets and the Geographic Distribution of Economic Activities: the Trends in U.S Regional Manufacturing Structure, 1860-1987," *Quartery Journal of Economics*, 1995, 110(4): 881-908.

6. Kim, S, "Regions, Resources, and Economic Geography: Sources of US Regional Comparative Advantage, 1880-1987," *Regional Science and Urban Economics*, 1999, 29: 1-32.

7. Krugman, Paul R. and Anthony J. Venables, "Globalization and the Inequality of Nations," *Quartery Journal of Economics*, November 1995, 110(4): 857-880.

8. P. Krugman, "Increasing Returns and Economic Geography," *Journal of Political Economy*, 1991, 99: 483-499.

9. P. Krugman. "What's New about the New Economic Geography," *Oxford Review of Economy Policy*, 1998, 2: 7-17.

10. Puga, D and Venables A., "Preferential Trading Arrangements and

Industrial Location," *Journal of International Economics*, 1997, 43: 347-368.

11. Puga, D and Venables A., "Trading Arrangements and Industrial development," *World Bank Economics Review* 1998, 12(2): 221-249.

12. Samuelson, Paul A., "The Transfer Problem and Transport Costs: The Terms of Trade when Impediments Are Absent," *Economic Journal*, 1952, 62: 278-304.

13. Hanson, G. H. Scale Economies and the Geographic Concentration of Industry. *Journal of Economic Geography*, 2001, 1: 255-276.

14. Glaeser, Edward, Joseph Gyourko and Raven Saks. "Economic Growth in a Cross-section of Cities," *Journal of Monetary Economics*, 2006, 36(1): 117-143.

15. Glaeser, Edward L. and Kallal, Hedi and Scheinkman, Jose A. and Shleifer, Andrei, Growth in Cities. *Journal of Political Economy*, 1992, Vol. 100 (6): 1126-1152.

16. J. V. Henderson. "Source the Sizes and Types of Cities." *The American Economic Review*, 1974, Vol.64, No. 4: 640-656.

17. Edward L. Glaeser, Jose A. Scheinkman, Andrei Shleifer: Economic Growth in a Cross-section of Cities, *NBER Working Paper*, No.5013.

18. D. Black, J. V. Henderson. Black, D. and J. V. Henderson. "A Theory of Urban Growth," *Journal of Political. Economy*, 1999, 107(2): 252-284.

19. Haaland, J.I., Wooton, I. Anti-dumping Jumping: Reciprocal Anti-dumping and Industrial Location. *Weltwirtschaftliches Archive Review*. World Econ. 1998, 134(2): 340-362.

20. Davis, Donald, R., and David E. Weinstein. "Bones, Bombs, and Break Points: The Geography of Economic Activity." *American Economic Review*, 2002, 925: 1269-1289.

21. J.E. Rauch. Networks versus Markets in International Trade. *Journal of International Economics*, 1999, 48(1): 7-35.

22. 梁琦,《产业集聚论》,商务印书馆,2003年。

23. 宋德勇、胡宝珠,"克鲁格曼新经济地理模型评析",《经济地理》第25卷第4期。

24. 刘庆林等译,《国际贸易学：理论、战略、与实证》,人民邮电出版社,2014年。

25. 赵忠秀、吕智,《国际贸易理论与政策》,北京大学出版社,2009年。

26. 安虎森等,《新经济地理学》,经济科学出版社,2009年。

练习与思考

1. 假设世界上存在两个国家,L_i表示国家i的劳动力数量,$i=1,2$。每个国家都同时生产两种产品：一种是完全竞争的农产品Y,其规模报酬不变,单位劳动的产出为α_i；另一种为制造品,符合D-S垄断竞争模型中的假设,其生产所需的固定劳动为Fc,

单位必要劳动为 c，消费者对农产品和制造品的偏好符合柯布-道格拉斯函数形式，其中制造品的份额为 μ，对差异化的制造品的偏好符合 CES 函数形式。农产品 Y 是自由贸易品，并将其单位化，制造品的贸易成本为 t。

(1) 计算每个国家的工资。

(2) 推导国家 j 对商品 i 的需求，令 $G_i = [n_i p_i^{1-\sigma} + n_j (p_j t)^{1-\sigma}]^{1/1-\sigma}$ 为价格指数。

(3) 写出每个国家制造行业公司的零利润条件。

假设 $a_1 = a_2 = a$，$c = (\sigma - 1)/\sigma a$，求解下面问题：

(4) 利用零利润条件，推导 G_1，G_2。

(5) 根据价格指数的定义，用 G_1，G_2 来表示 n_1，n_2。

(6) 解释该模型中的本国市场效应，同时解释该效应与 t 的取值之间的关系。

2. 考虑一个有固定数量公司的行业，将公司数量单位化为1，每个公司将会在两个国家之中选择一个来进行生产经营活动，假设国家1中公司数量为 λ。每个公司只雇用一个工人，国家1中的劳动生产率和工资取决于该国的公司数量，一个公司的收入为 $2 + \lambda^2$，工资为 $1 + \alpha\lambda$。

(1) 讨论两个国家行业内公司均衡分布与 α 之间的关系，以及当存在多个均衡时 α 的取值。试说明哪些均衡是稳定的，哪些是不稳定的。

(2) 试解释该模型中影响集聚和分散的主要因素。

3. 以我国特殊经济区为样本，实证集聚与贸易的关系。

第七章 异质性企业贸易理论

【学习目标】

- 掌握 Melitz(2003)模型
- 了解传统贸易模型与异质性企业贸易理论的异同
- 掌握引力模型最新发展
- 运用新发展的异质性企业贸易理论及引力模型解决实际问题

古典贸易理论、新古典贸易理论和新贸易理论都是从国家或产业层面来解释贸易的基础、贸易结构以及贸易对社会福利的影响。在这些理论的模型中,企业都是同质的或无差异的;事实上,并非所有的企业都选择对外贸易。美国1999年在对30多万家企业的普查发现,仅有不到5%的企业存在出口业务,而在出口企业中排在前10%的企业其出口总额占到全国出口总额的96%。对其他国家企业的研究也发现,同一产业内存在出口和非出口企业,它们在劳动生产率、工资水平和利润水平等方面存在显著差异。一般而言,出口企业存在较大的生产规模和较高的劳动生产率。对此现象,传统的贸易理论和新贸易理论都无法提供令人信服的解释。在此背景下,基于企业微观层面的异质性企业贸易理论应运而生。

第一节 梅里兹模型及其拓展

异质性企业贸易理论的代表作是梅里兹(Melitz,2003)模型[①]。

梅里兹(Melitz,2003)假定企业生产率 φ 的分布函数为 $G(\varphi)$,$\varphi \in (0, \infty)$;企业的进入成本为 F_E,并且进入成本一旦投入之后即成为沉没成本。企业的预期利润至少等于其固定成本 F,企业才能生存下去。

与克鲁格曼(Krugman,1980)的贸易模型类似,市场结构为垄断竞争,每个企业只生产一种产品,产品具有异质性,劳动是生产中的唯一要素。因此,生产率为 φ 的企业(即企业 φ)需要使用 $l = F + q/\varphi$ 个劳动生产 q 个产品。假定工资为 w,则企业的边际成本为 $c(\varphi) = w/\varphi$,其固定成本为 wF。

消费者具有相同的偏好,用不变替代弹性效用函数来表示:

---

① 本章主要参考 Harry P. Bowen 等(2012)及 Feenstra(2016)。

$$U = \left[\int_\Omega v(\varphi)^\rho \mathrm{d}\varphi \right]^{1/\rho}$$

其中，$v(\varphi)$ 表示单个消费者对企业 φ 生产的商品的消费量，Ω 代表消费者消费的种类，σ 为替代弹性，$\sigma > 1$，$\rho = 1 - 1/\sigma$。利润最大化的条件为：

$$p(\varphi)(1 - 1/\sigma) = c(\varphi) = w/\varphi \tag{7.1}$$

该表达式意味着如果所有的企业支付工人的工资均为 w，那么企业具有相同的成本加成率（mark-up）$p(\varphi)/c(\varphi)$。

企业 φ 的产出 $q(\varphi) = Lv(\varphi)$，其中 L 代表总的劳动力（消费者），企业的收入函数表示为 $r(\varphi) \equiv p(\varphi)q(\varphi)$，可以得到（见附录）：

$$v(\varphi_1)/v(\varphi_2) = q(\varphi_1)/q(\varphi_2) = (\varphi_1/\varphi_2)^\sigma = [p(\varphi_1)/p(\varphi_2)]^{-\sigma} = [r(\varphi_1)/r(\varphi_2)]^{\sigma/\sigma-1} \tag{7.2}$$

由式（7.2）可以得到企业 φ 的利润表达式为：

$$\pi(\varphi) = r(\varphi) - wl = r(\varphi) - w[F + q(\varphi)/\varphi]$$
$$= r(\varphi) - r(\varphi)[1 - 1/\sigma] - wF = r(\varphi)/\sigma - wF \tag{7.3}$$

梅里兹（Melitz，2003）假设企业产品进入国外市场需要在"出口发展"（export development）方面投资，"出口发展"（export development）包括：建立国外的网点和营销渠道，产品改进甚至还可能包括了解国外政府的审批程序等。如果企业的生产率足够高使其从出口获得的利润超过了"出口发展"的固定成本，那么企业将进入国外市场。

出口企业在每个市场独立定价，假定运输成本 τ 为"冰山"型，$\tau > 1$，那么国内市场和出口市场的边际成本关系为：

$$c_x(\varphi) = \tau c_l(\varphi) = \tau w/\varphi \tag{7.4}$$

其中，下标"l"、"x"分别代表本地市场（国内市场）和出口市场。根据式（7.1）、（7.2）、（7.4），对于出口企业存在下列的关系：

$$c_l(\varphi)/c_x(\varphi) = p_l(\varphi)/p_x(\varphi) = (q_l(\varphi)/q_x(\varphi))^{-\frac{1}{\sigma}} \text{ 以及 } r_l(\varphi) = r_x(\varphi)\tau^{\sigma-1} \tag{7.5}$$

一、封闭经济体的均衡

令 φ_D 为在国内市场生存的企业生产率的最低临界点，φ_X 为进入出口市场的企业生产率的最低临界点。在梅里兹（Melitz，2003）模型中，这些生产率门槛值作用非常重要。事实上，对于任意分布的生产率函数 G，它决定了行业中"平均企业"（average firm）的定价、生产数量以及利润。所有行业层面的变量都可以用"平均企业"的定价和生产数量来表示。

将 w 标准化处理，即假定 $w = 1$，可以定义 φ_D 为：

$$\pi(\varphi_D) - F = r(\varphi_D)/\sigma - F = 0 \tag{7.6}$$

其中,第一个等式来自式(7.3)。所有存活企业的生产率分布函数可以表示为:

$$\mu(\varphi) = \begin{cases} g(\varphi)/(1-G(\varphi_D)) & for \quad \varphi \geq \varphi_D \\ 0 & for \quad \varphi < \varphi_D \end{cases} \quad (7.7)$$

其中 $\int_{\varphi_D}^{\infty} g(\varphi)\mathrm{d}\varphi = 1-G(\varphi_D)$。

令 $\tilde{\varphi}$ 代表存活企业的加权平均生产率或者行业平均生产率,$\tilde{\varphi}$ 与 φ_D 的关系为:

$$\tilde{\varphi} = \left[\int_0^{\infty} \varphi^{\sigma-1}\mu(\varphi)\mathrm{d}\varphi\right]^{\frac{1}{\sigma-1}} = \left[\frac{1}{1-G(\varphi_D)}\int_{\varphi_D}^{\infty} \varphi^{\sigma-1}g(\varphi)\mathrm{d}\varphi\right]^{\frac{1}{\sigma-1}} \quad (7.8)$$

根据式(7.8)第二个等式以及式(7.2),可以得到 $r[\tilde{\varphi}(\varphi_D)]/r(\varphi_D) = [\tilde{\varphi}(\varphi_D)/\varphi_D]^{\sigma-1}$,由此,并根据式(7.3)可以进一步得到利润表达式:

$$\pi(\tilde{\varphi}^a) = [\tilde{\varphi}^a(\varphi_D^a)/\varphi_D^a]^{\sigma-1}[r(\varphi_D^a)/\sigma] - F = Fk(\varphi_D^a) \quad (7.9)$$

其中,$k(\varphi_D) = [\tilde{\varphi}(\varphi_D)/\varphi_D]^{\sigma-1} - 1$。由于 $k' < 0$,由式(7.9)可以得出:$\pi(\tilde{\varphi}^a)$ 与 φ_D^a 之间存在负相关关系[①]。梅里兹(Melitz,2003)将存活企业的平均利润与生产率临界值 φ_D 之间的关系描述为"零利润临界"(zero cut-off profit,ZCP)条件。

为了确定封闭经济体中 $\pi(\tilde{\varphi}^a)$、φ_D^a 的值,要推导出另一个等式。梅里兹(Melitz,2003)从企业的进入与退出行业的假设中推导出了另一个等式。梅里兹(Melitz,2003)假定企业进入市场后,只要其一直生存,那么企业的生产率保持不变。但是,在企业生存的过程中企业会以概率为 δ 遭受"致命的冲击",从而退出行业。由于稳态均衡时,存活企业在每一个时期获得的利润都相同,因此进入市场后的企业 φ 的价值为:

$$V(\varphi) = \sum_{t=0}^{\infty}(1-\delta)^t \pi(\varphi) = \pi(\varphi)/\delta \quad (7.10)$$

由于企业可以自由进入市场,企业虽投入了进入成本 F_E,但企业的预期利润因竞争而趋向于零。企业存活的概率为 $1-G(\varphi_D^a)$,因此,可以得到[②]:

$$[1-G(\varphi_D^a)]\pi(\tilde{\varphi}^a)/\delta - F_E = 0 \quad (7.11)$$

式(7.11)被称为自由进入条件(FE)。由式(7.11)可以看出 $\pi(\tilde{\varphi}^a)$ 与 φ_D^a 之间存在正相关关系。ZCP^a 与 FE 共同决定了封闭经济体企业生产率的临界值 φ_D^a 以及平均存活企业的利润 $\pi(\tilde{\varphi}^a)$。图 7-1 显示了均衡点为 A。

在 φ_D^a 和 $\pi(\tilde{\varphi}^a)$ 确定之后,利用式(7.7)和(7.8)可以解出 $\tilde{\varphi}$,随后利用式(7.1)、(7.2)、(7.3)可以进一步确定企业 $\tilde{\varphi}$ 的价格、收益和利润。但是,企业层面的均衡变量都与国家大小无关。

---

① 使用上标 a 是为了强调式(7.9)是在封闭经济中(autarky)成立。
② 所有存活企业的利润(除了标注为 φ_D 的企业)都是正的。

如果进入成本（F_E）增加，图7-1中的 FE 曲线将上移，产生新的均衡点。在新的均衡点，平均存活企业进入后的利润 $\pi(\tilde{\varphi}^a)$ 和企业存活概率都增加了。如果固定生产成本 F 增加，图7-1中的 ZCP^a 曲线将上移，这将导致平均存活企业利润的上升，即 $\pi(\tilde{\varphi}^a)$ 的上升以及企业存活概率的下降。

令 M 表示生存下来的企业数量，$p(\varphi)$ 代表生产率等于行业平均生产率 $\tilde{\varphi}$ 的企业定价；因此，在封闭经济体中，行业的价格指数 P 为：

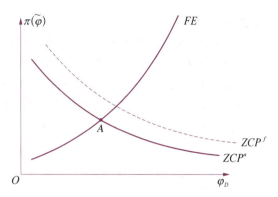

图 7-1 贸易自由化对本国生产率门槛值和企业数量的影响

$$P^a = \left[\int_0^\infty p(\varphi)^{1-\sigma} M^a \mu(\varphi)\mathrm{d}\varphi\right]^{\frac{1}{1-\sigma}} = (M^a)^{\frac{1}{1-\sigma}} p(\tilde{\varphi}^a) = (M^a)^{\frac{1}{1-\sigma}} \frac{\sigma}{1-\sigma} \frac{1}{\tilde{\varphi}^a} \tag{7.12}$$

价格指数随着 M 的增加而减少，这是因为消费者偏好多样性。行业层面的其他变量也可以用平均企业的生产率 $\tilde{\varphi}$ 的函数来表示。例如，行业总产量指数 $Q = M^{\frac{\sigma}{\sigma-1}} q(\tilde{\varphi})$，行业总收益为 $R \equiv PQ = Mr(\tilde{\varphi})$，行业总利润为 $\Pi = M\pi(\tilde{\varphi})$。

在所有加总变量保持不变的稳态均衡中，进入该行业的企业数等于退出的企业数，即 $\delta M = [1 - G(\varphi_D)]M_E$，$M_E$ 表示每一个阶段支付进入成本的企业数量。假定 L_E 表示为企业进入市场（行业）提供生产服务的劳动数量，因此进入的总成本 $wL_E = L_E$。企业能够自由进入市场意味着：$L_E = M_E F_E = \delta M F_E / [1 - G(\varphi_D)] = M\pi(\tilde{\varphi})$，其中最后一等式由式（7.11）推导出。由此，行业的收益为 $R = L_p + M\pi(\tilde{\varphi})$，其中 L_p 代表支付给生产工人的总费用。根据上述等式，可以得到：

$$R = L_p + L_E = L \text{ 以及 } M^a = \frac{R^a}{r(\tilde{\varphi}^a)} = \frac{L}{\sigma[\pi(\tilde{\varphi}^a) + F]} \tag{7.13}$$

式（7.13）意味着：在封闭经济体中，当两国的生产率分布、固定生产成本以及商品的替代弹性都相同时，更大的国家生产的商品种类更多，因而享受更高的福利。此外，更大国家的实际工资 $w/P = 1/P$ 也将更高，这是因为虽然两国的平均价格相同，但更大国家的价格指数更低，见式（7.12）。

二、贸易均衡

如果贸易成本为零，由封闭经济转向开放经济相当于市场规模的扩大，由于需求函数源于不变替代弹性效用函数；在一体化市场中，企业存活的数量等于封闭经济中各国存活企业之和，价格也保持不变；但参与贸易的国家福利将增加，因为消费者消费的种类增多了。

在现实中贸易成本不可能为零,进入出口市场必须要有投入或"出口发展"(export development)方面投资。梅里兹(Melitz,2003)假设进入每个出口市场都有投资成本 $\hat{F}_X$。企业根据自身的生产率决定是否进入出口市场。此外,还假定出口商出口还需承担运输成本。由于每个出口市场是相同的,选择出口的企业就会将商品出口到全部 N 个国家。因此,进入市场后的企业 φ 每个阶段的利润为:

$$\pi(\varphi) = \begin{cases} \pi_l(\varphi) + N\pi_x(\varphi) = [r_l(\varphi)/\sigma - F] + N[r_x(\varphi)/\sigma - F_X] & if\ 企业\varphi\ 出口 \\ \pi_l(\varphi) = r_l(\varphi)/\sigma - F & if\ 企业\varphi\ 不出口 \end{cases} \tag{7.14}$$

其中,$\pi_j(\varphi)$ 和 $r_j(\varphi)$ 分别表示从市场 j($j=l$,表示本地市场;$j=x$,表示出口市场)获得的利润和收益。每个阶段企业的出口成本 F_X 相当于一次性投入的成本 $\hat{F}_X$,$\hat{F}_X = \sum_{t=0}^{\infty} (1-\delta)^t F_X = F_X/\delta$。根据式(7.4)和式(7.5),生产率的出口临界值将满足如下条件:

$$r_x(\varphi_X)/\sigma - F_X = \tau^{1-\sigma} r_l(\varphi_X)/\sigma - F_X = 0 \tag{7.15}$$

由式(7.15)可以看出,如果 $\varphi_D = \varphi_X$,那么所有的企业都将出口,如果 $\varphi_D < \varphi_X$,那么只有生产率 φ 介于 φ_D 和 φ_X 的企业才会出口。由于 $\pi_l(\varphi_D) = \pi_X(\varphi_X) = 0$,根据式(7.2)、式(7.5)、式(7.6)和式(7.15),可以得到:

$$\frac{F_x}{F} = \frac{r_x(\varphi_X)}{r(\varphi_D)} = \left[\frac{1}{\tau} \frac{\varphi_X}{\varphi_D}\right]^{\sigma-1} \tag{7.16}$$

式(7.16)说明 φ_X 是 φ_D 与固定成本的函数。在梅里兹(Melitz,2003)模型中,假设 $\tau^{\sigma-1} F_X > F$,这进一步确保不等式 $\varphi_D < \varphi_X$ 的成立,并且与现实相吻合:行业中既有出口企业也存在非出口企业。存活企业成为出口企业的概率为:$p_X = [1 - G(\varphi_X)]/[1 - G(\varphi_D)]$。

可以采用封闭经济类似的分析方法来确定开放经济中企业的生产率门槛值。在每个阶段,生产率等于行业平均生产率的企业的利润函数为:

$$\bar{\pi}^f = \pi_l^f(\tilde{\varphi}^f) + p_X N \pi_x^f(\tilde{\varphi}_X^f) = Fk(\varphi_D^f) + p_X N F_X k(\varphi_X^f) \tag{7.17}$$

其中,$k(\varphi)$ 的定义与式(7.9)相同,$\tilde{\varphi}_X^f$ 表示出口企业的平均生产率。借助于式(7.16)出口的门槛值 φ_X,$\tilde{\varphi}_X^f$ 由 φ_D^f 决定并作为两种固定成本的函数。

式(7.17)描述了开放经济中,φ_D^f 和平均利润($\bar{\pi}^f$)的一种关系。φ_D^f 与平均利润($\bar{\pi}^f$)的另一种关系可以由进入与退出条件推导出,即:

$$[1 - G(\varphi_D^f)]\bar{\pi}^f/\delta = F_E \quad 或者 \bar{\pi}^f = \frac{\delta}{1 - G(\varphi_D^f)} F_E \tag{7.18}$$

式(7.17)对应图 7-1 中的 ZCP^f 曲线,而式(7.18)对应了图 7-1 中的 FE 曲线。

ZCP^f 曲线和 FE 曲线共同决定了开放经济中的平均利润 $\bar{\pi}^f$ 和企业存活的生产率临界值 φ_D^f，从而可以进一步确定 φ_X^f、$\tilde{\varphi}^f$ 和 $\tilde{\varphi}_X^f$ 以及平均企业（$\tilde{\varphi}^f$）的价格和生产的产品数量。

在开放经济中（即自由贸易情况下），生产率等于行业平均生产率的企业收益为：$\bar{r}^f = r_l(\tilde{\varphi}^f) + p_x N r_x(\tilde{\varphi}_X^f) = \sigma[\bar{\pi}^f + F + p_x N F_x]$；其中，第二个等式由式(7.3)推导得出。由于在开放经济中，$R = L$ 仍然成立，因此，每个国家存活企业的数量为：

$$M^f = \frac{R^f}{\bar{r}^f} = \frac{L}{\sigma[\bar{\pi}^f + F + p_x N F_x]} \qquad (7.19)$$

每个国家消费者可消费的产品种类等于本国企业生产的产品种类与进口产品种类之和。由于每个国家企业成为出口企业的概率都相同，对于任一国的消费者而言，可消费的种类为 $M_{tot}^f = (1 + N p_x) M^f$，要注意的是：无任何一国的消费者能消费两国（或全世界）企业生产的所有产品种类，因为有些企业并不出口。

三、开放经济与封闭经济的对比

开放经济中的自由进入市场的条件（FE）与封闭经济中的条件相同，对应图 7-1 虚线的式(7.17)，与式(7.4)相比，在每个 φ_D 水平上都对应较高的平均利润，即 $\bar{\pi}^f > \bar{\pi}^a$ 和 $\varphi_D^f > \varphi_D^a$。由式(7.13)和式(7.19)，可以得到 $M^f < M^a$。尽管当达到均衡时，开放经济中本国生产的产品种类比封闭经济企业生产的种类要少，但消费者可消费的产品种类（M_{tot}^f）可能大于也可能小于封闭经济。有趣的是，即使 $M_{tot}^f < M_{tot}^a$，开放经济的福利也要高于封闭经济的福利。为了理解这一点，注意封闭经济和开放经济中，实际工资为 $(1/P)^j$，$j = \{a, f\}$。由于 $\varphi_D^f > \varphi_D^a$ 以及

$$P^j = (M^j)^{\frac{1}{\sigma-1}} p(\tilde{\varphi}^j) = \frac{(M^j)^{\frac{1}{\sigma-1}}}{\rho \tilde{\varphi}^j} = \frac{(M^j)^{\frac{1}{\sigma-1}}}{\rho \varphi_D^j} \left[\frac{r(\tilde{\varphi}^j)}{r(\varphi_D^j)}\right]^{\frac{1}{\sigma-1}}$$

$$= \frac{(M^j)^{\frac{1}{\sigma-1}}}{\rho \varphi_D^j} \left[\frac{L/M^j}{r(\varphi_D^j)}\right]^{\frac{1}{\sigma-1}} = \frac{1}{\rho \varphi_D^j} \left[\frac{L}{\sigma F}\right]^{\frac{1}{\sigma-1}}$$

由此可见，达到均衡时，消费者福利得到了改善；而且，由于 $r_l^j(\varphi) = [\varphi/\varphi_D^j]^{\sigma-1} \sigma F$，因此，开放经济均衡中的企业从本国市场获得的销售收益要低于封闭经济中从本国市场获得的销售收益。

由封闭经济转向开放经济，并不是所有的出口企业都能从中收益。由封闭经济转向开放经济，出口企业利润的变化为：$\pi^f(\varphi) - \pi^a(\varphi) = [r_l^f(\varphi) + N r_x^f(\varphi) - r^a(\varphi)]/\sigma - N F_X$。对于一定的 τ 而言，中括号里的值为正，但只有 φ 值最高时，才有 $[r_l^f(\varphi) + N r_X^f(\varphi) - r^a(\varphi)]/\sigma > N F_X$。因此，只有具有较高生产率（$\varphi$）的企业才能从自由贸易中获利；而对于生产率较低的企业而言，封闭经济更好。生产率水平处于中等水平的企业——包括生产率 $\varphi = \varphi_X$ 的企业——也将遭受损失，这是因为在本国市场上

它们与外国生产者竞争遭受的损失将大于它们从出口中获得的利润。

由封闭经济转向开放经济使所有的存活企业在本国市场面临更激烈的竞争,因为还有来自外国企业的竞争。因此,只有具有较高生产率的企业才可能出口,存活企业的市场份额由低生产率的企业转向高生产率的企业。潜在的进入者支付进入成本 F_E 希望通过技术改进能使它们获得出口能力。潜在的进入者和现有的出口企业对劳动力的需求将迫使工人工资上涨,而工资的上涨将迫使低生产率的企业退出市场,因为它们获得的利润不足以弥补固定生产成本。

最后,$k' < 0$(见式(7.9))意味着贸易成本 τ 的减少将导致图 7-1 中 ZCP^f 曲线向上移动。这说明可变成本的减少与由封闭经济转向开放经济具有相同的效果,都导致 ZCP^f 曲线的上移。

四、非对称国家

梅里兹(Melitz,2003)模型中,国家之间是对称的,即各国技术是相同的。鲍德温和弗斯里德(Baldwin and Forslid,2004),法尔维等(Falvey et al.,2006)以及德米多瓦(Demidova,2008)拓展了梅里兹(Melitz,2003)模型,在他们的模型中,各国的技术是不同的,存在技术差距。他们假设一国进入企业生产率的分布不同于其他国家生产率的分布①。因此,存活和出口企业生产率的门槛值随国家而变化,且满足下列条件②:

$$\frac{\varphi_X^*}{\varphi_D} = \frac{\varphi_X}{\varphi_D^*} = \tau \left[\frac{F_x}{F}\right]^{1/(\sigma-1)} \quad (7.20)$$

当考虑了一系列的假设之后,本国和外国门槛值之间的关系是显而易见的。与梅里兹(Melitz,2003)模型一样,我们假设初始时任意两国的技术分布相同。在这种对称情况下,两国出口不同的产品,但保持贸易平衡。现在,假设本国(home)技术提高了,这意味着更多的本国企业将准备支付进入成本进入市场,因为它们更有机会获得高生产率成为出口商。随着更多的企业进入市场中,本国国内市场竞争更激烈,这将导致本国存活企业门槛值 φ_D 的提升。根据式(7.20),外国(foreign)企业出口的门槛值 φ_X^* 也将提升,原因是外国企业不得不在更激烈的市场中竞争,只有拥有更高技术的企业才能从出口中获得利润。但是,如果后者成立,即外国企业出口门槛值 φ_X^* 的提升,那么外国企业在其国内存活的生产率临界值 φ_D^* 将降低。如果不降低,外国进入者预期的利润将不等于进入成本。根据式(7.20),φ_D^* 的降低也意味着本国出口门槛值 φ_X 的降低,这是因为外国企业平均生产率相对较低,本国出口企业在外国市场面临

---

① Baldwin 和 Forslid(2006)假设企业的生产率为帕累托分布,而各国国家规模是不一样;Demidova(2005)并没有假设特定形式的生产率分布,但她假设本国技术享有随机的主导权;这意味着对于任意生产率水平 φ 的企业,进入本国市场后企业生产率高于 φ 的概率要大于进入外国市场。Falvey 等(2006)则假设两国的成本分布不相同;在相同的成本分布区间,外国的成本分布高于本国的成本分布;这意味着本国进入企业的单位成本低于外国进入企业的单位成本,这从某种程度反映了本国技术优先于外国技术。

② 类似于式(7.16),出口商将商品运送到本国(home)的成本为:$\tau c^* = \tau/\varphi^*$。

的竞争将降低。

这种假设事件的发生意味着当本国(Home)技术领先时,生产率门槛值存在下列关系:$\varphi_D^* < \varphi_D^{Melitz} < \varphi_D < \varphi_X < \varphi_X^{Melitz} < \varphi_X^*$,其中上标"Melitz"表示两国生产率分布相同时的生产率临界值。上述门槛值的排序表明:当两国规模相同时,技术领先国在差异化产品的贸易中将保持贸易顺差。[①]

本国的技术进步将降低本国的平均价格因为将有更多的本国企业进入行业,同时本国企业存活的生产率临界值和平均生产率都将提高,也会导致一些外国企业的退出。尽管外国企业出口将减少,但由于有更多的本国企业进入,因此本国消费者将有更多的消费种类。德米多瓦(Demidova,2008)的研究表明在这种情况下,外国的福利将恶化,因为从本国进口的产品种类增加不足以抵消外国企业由于技术落后而造成产品种类的减少。德米多瓦(Demidova,2008)的结论与传统的李嘉图模型的结论刚好相左,李嘉图认为一国贸易伙伴国的技术进步将使该国受益。本国技术进步导致外国福利恶化只有当两国生产异质产品时才发生。如果两国生产率差距超过了某个临界值,外国将专业化生产同质产品;此外,如果本国生产率进一步提升,那么本国生产率的提升将导致外国福利的增加:这一方面是李嘉图模型所言,即外国贸易条件的改善;另一方面是外国消费者消费种类将增加。

梅里兹(Melitz,2003)模型认为,当贸易成本下降时,所有国家出口机会的变化都相同。贸易成本的下降将导致竞争的加剧,提高了生产率的门槛值,所有国家的福利水平也将改善。而德米多瓦(Demidova,2008)则认为,贸易成本下降带来的出口机会将更多地使技术领先国的企业受益。任何一国的企业都由于进口而导致国内销售市场份额的减少,但技术落后国国内销售市场份额减少是相对更多。此外,在技术落后国,本地生产的产品种类的消失并不一定能够被进口产品种类所弥补。因此,贸易成本的下降将使技术领先国福利增加,而对技术落后国的福利影响则是不确定的。如果两国之间技术相差较大,那么贸易成本的下降很可能恶化技术落后国的福利。

第二节 内生的加成率

梅里兹和奥塔维亚诺(Melitz and Ottaviano,2008)通过将加成率内生化,进一步拓展了梅里兹(Melitz,2003)模型;他们认为加成率随市场竞争的激烈程度而变化。梅里兹和奥塔维亚诺(Melitz and Ottaviano,2008)假设每个经济体生产两种产品:异质性产品和同质性产品。在产品的生产过程中都只使用劳动作为单一的要素投入。消费者(或劳动)总数为L,每个消费者消费异质性产品i的数量为$v(i)$。

[①] 两国是否都会生产异质性产品取决于技术差距的大小。Falvey等(2006)表明:(1)如果小国也生产异质性产品,那么两国间的技术差距要足够大;(2)如果小国的技术更先进,那么大国可能不存在异质性行业。

在异质性产品部门中,企业 i 面临线性的需求函数:$q(i)=Lv(i)=L\left[\dfrac{\alpha}{kn+\gamma}-\dfrac{1}{\gamma}p(i)+\dfrac{kn}{kn+\gamma}\dfrac{\bar{p}}{\gamma}\right]$,其中 $p(i)$ 表示产品种类 i 的价格;n 表示消费种类($n\in\Omega^*$),γ 代表产品间的差异性,$\bar{p}=(1/n)\int_{i\in\Omega^*}p(i)\mathrm{d}i$ 表示被消费产品种类的平均价格,Ω^* 代表产品种类的最大集合,且满足下列条件:

$$p(i)\leqslant [\gamma\alpha+\eta n\bar{p}]/[\eta n+\gamma]\equiv p_{\max} \tag{7.21}$$

其中,不等式的右边表示当某种类产品的需求为零时的价格。对于给定的 $\bar{p}$,每产品种类的需求弹性将随 n 的增加而增加。

在异质性产品行业中,潜在进入者的边际成本为 c 且服从帕累托分布 $G(c)=[c/c_M]^k$,其中 $c\in[0,c_M]$,$k\geqslant 1$ ①;与梅里兹(Melitz,2003)相反,企业并不承担固定的生产成本。

单位成本为 c 的企业,称之为企业 c,其定价为 $p(c)$。企业的产出、利润和收益也如此定义。企业存活和企业出口的成本门槛值分别为 c_D 和 c_X。平均企业的成本为:$\bar{c}=\int_0^{c_D}c\mathrm{d}G(c)/G(c_D)=[k/(k+1)]c_D$,其中 k 表示成本函数分布的形状参数。

一、封闭经济

由于存活企业门槛值 c_D 是对所有种类线性需求公共截距,故企业层面内生变量均衡值为:

$$p(c)=(1/2)[c_D+c] \quad q(c)=(L/2\gamma)[c_D-c]$$
$$r(c)=p(c)q(c)=(L/4\gamma)[(c_D)^2-c^2] \quad \pi(c)=(L/4\gamma)[c_D-c]^2 \tag{7.22}$$

很明显,企业的边际成本 c 越大,价格成本差距 $p(c)-c$ 就越小,收益和利润也越低。当 c 趋近于 c_D 时,$p(c)-c$ 和 $q(c)$ 趋近于零,这也解释了为什么当进入企业的边际成本 $c>c_D$ 时,将被迫退出市场,尽管不存在固定生产成本。

利用式(7.22),我们可以得到平均企业的企业层面的一些变量:

$$\bar{p}=\dfrac{2k+1}{2(k+1)}c_D \quad \bar{\pi}=F_E\left[\dfrac{c_M}{c_D}\right]^k \quad \bar{r}=\dfrac{L}{2\gamma}\left(\dfrac{1}{k+2}\right)(c_D)^2$$
$$\bar{p}-\bar{c}=\dfrac{1}{2(k+1)}c_D \quad \dfrac{\bar{p}}{\bar{c}}=1+\dfrac{1}{2k} \tag{7.23}$$

企业在进入市场前,预期的企业利润为:$\int_0^{c_D}\pi(c)\mathrm{d}G(c)-F_E$。如果预期利润为负,没

---

① 行业内(和国家内)企业生产率呈帕累托分布这一假设在 Del Gatto 等(2006)文中得到了证实。当 $k=1$,$G(c)$ 是统一的,$\bar{c}=c_D/2$。随着 k 的增大,成本分布变得更集中于高成本水平。

有企业愿意进入市场。只要有企业生产,预期利润将为零,因为企业可以自由进入市场。因此,自由进入市场的均衡条件为:$\int_0^{c_D} \frac{L}{4\gamma}[c_D-c]^2 \mathrm{d}(c/c_M)^k = F_E$。通过该式可以确定封闭经济中成本的临界值 c_D:

$$c_D^a = \left[\frac{\gamma\phi}{L}\right]^{1/(k+2)}, \text{其中} \phi \equiv 2(k+1)(k+2)(c_M)^k F_E \tag{7.24}$$

值得注意的是,与梅里兹(Melitz, 2003)相反,存活企业的成本临界值要更低,或者说更大国的生产率门槛值要更高。这是因为:如果在一个总共有 n_s 家企业的较小国,企业扣除进入成本后的预期利润为零,那么对于一个同样只有 n_s 家企业的较大国而言,扣除进入成本后的预期利润必须为正。这意味着还将有企业进入大国市场,只有当大国的存活企业数大于 n_s 时,企业才可能停止进入大国市场(即预期利润为零)。由于价格与企业数之间存在负相关关系,因此,较大国的平均价格会更低;存活企业的成本门槛值(c_D)更低。但是,大国生产的产品种类更多,这意味着在封闭经济中大国的福利更高。

在封闭经济中,当 $p_{\max}=c_D$ 时可以获得均衡时的企业数,由式(7.21)和式(7.23),可以得到:

$$n^a = \frac{2(k+1)\gamma}{k} \frac{\alpha-c_D^a}{c_D^a} \tag{7.25}$$

式(7.25)表明 n^a 和 c_D^a 之间存在负相关关系;同时也表明如果给定 c_D,均衡时的企业数 n^a 和 γ 之间存在正相关关系。

二、开放经济

假设除国家规模之外,国与国是完全相同的。如果运输成本为零,从封闭经济转向开放经济会导致一个一体化大市场,每个存活企业都将在两个市场进行销售。由封闭经济转向开放经济对平均成本、价格加成和福利的影响与国家规模变大的影响相同。

如果运输成本不为零,货物运输到本国的成本为 τ;运输到外国的成本为 τ^*;那么每个国家的异质产品行业都将有出口企业和非出口企业。正如梅里兹(Melitz,2003)一样,出口企业的生产率将高于只在国内销售的非出口企业。

令 c_D 和 c_D^* 分别代表本国和外国企业存活的成本临界值。同样,c_X 和 c_X^* 分别表示本国和外国企业出口的成本临界值。由于市场是分割的,市场均衡要求每个国家的存活门槛值等于另一个国出口企业的门槛成本,即

$$\tau^* c_X = c_D^* \text{ 和 } \tau c_X^* = c_D \tag{7.26}$$

由于假设了企业出口并不承担固定出口发展成本,故式(7.26)相比式(7.16)更简单。

当需求为线性函数时,区分出口企业和非出口企业,并不需要固定出口成本这一假设。这是因为当成本 c 趋近于 c_X 时($c \to c_X$),出口销售加成也趋近于零。

在开放经济中,本国企业自由进入的条件为:

$$\int_0^{c_D} \pi_D(c)\mathrm{d}G(c) + \int_0^{c_X} \pi_X(c)\mathrm{d}G(c) = \int_0^{c_D} (L/4\gamma)(c_D-c)^2 \mathrm{d}(c/c_M)^k$$

$$+ \int_0^{c_X} (L^*/4\gamma)(\tau^*)^2(c_x-c)^2 \mathrm{d}(c/c_M)^k = F_E$$

结合式(7.24)和式(7.26),该企业自由进入的条件可以改写为:$L(c_D)^{k+2} + L^*(\tau^*)^{-k}(c_D^*)^{k+2} = \gamma\phi$。同样,外国企业自由进入市场的条件为:$L^*(c_D^*)^{k+2} + L(\tau)^{-k}(c_D)^{k+2} = \gamma\phi$;这两个自由进入的条件可以推导出开放经济中企业存活的成本临界值:

$$c_D^f = \left[\frac{\gamma\phi}{L}\frac{1-(\tau^*)^{-k}}{1-(\tau\tau^*)^{-k}}\right]^{1/(k+2)} \text{和} \quad c_D^{*f} = \left[\frac{\gamma\phi}{L^*}\frac{1-\tau^{-k}}{1-(\tau\tau^*)^{-k}}\right]^{1/(k+2)} \quad (7.27)$$

式(7.27)表明:当运输成本为正时,一国企业存活的成本临界值与其自身规模呈负相关关系,而与贸易伙伴的规模并不相关。梅里兹和奥塔维亚诺(Melitz and Ottaviano, 2008)认为这是相互抵消效应的结果:贸易伙伴国规模越大提供了越多的出口机会,但同时也加剧了本地市场竞争的激烈程度。

式(7.27)也表明一国企业存活的成本临界值与其进口运输成本呈负相关关系,但与其出口运输成本呈正相关关系。由于 τ 和 τ^* 均大于 1,由式(7.27)和式(7.24)可以推出:开放经济中,企业存活的成本临界值要低于封闭经济中的企业存活成本临界值[①]。这一结论结合式(7.21)以及 $p_{\max} = c_D$,意味着开放经济中在每个国家销售产品的企业数量将大于封闭经济相应的企业数量。

开放经济中,企业存活成本临界值更低意味着平均成本更低,平均价格也更低[②]。边际成本为 $c(c \in [0, c_D^f])$ 的本国企业在本国市场的定价为 $p_L(c) = (c_D^f + c)/2$;而边际成本为 $c(c \in [0, c_D^f/\tau])$ 的外国企业在出口国(即 Home)市场的定价为 $p_x^*(c) = (c_D^f + \tau c)/2$。由于本国生产成本的分布与进口产品的交货成本分布相同,所以本国生产产品种类的价格分布与进口产品种类的价格分布也相同。在开放经济中两国的平均价格均低于封闭经济。由于平均价格-成本加成也降低了,因此开放经济中为了获得预期的零利润,每个企业的平均产出必须增加。

由封闭经济转向开放经济,所有的国家福利都增加了,主要表现为:第一,产品种类增加了;第二,价格下降了;第三,降低了生产成本。当运输成本相同时($\tau = \tau^*$),大

---

① 注意当 $\tau \to \infty$ 和 $\tau^* \to \infty$ 时,两个临界值都趋近于封闭经济的临界值。

② 成本临界值更低将会导致企业的退出,因为价格和边际成本间的差距消失了。与 Melitz(2003)模型相反,价格与边际成本间差距变小并不是由于工资的上升。对异质性行业劳动力需求的增加会通过同质性行业劳动力向异质性部门的转移转移而得到满足只要同质性行业足够大。

国的企业存活成本临界值将小于小国,见式(7.27),并且在封闭经济中福利已经高于小国的大国,在开放经济中福利将继续高于小国。其原因是:在开放经济中,大国消费者能够消费的种类更多,而且价格更低。

三、贸易自由化

由于关税和运输成本的变化对价格以同样的方式对产出、利润产生影响,因此我们只要通过研究运输成本(τ 和 τ^*)如何影响贸易均衡来研究贸易自由化的影响。我们将从长期和短期进行分析。短期是指时间太短以至于每个国家的企业数仍保持不变,只有企业的生产率做出调整;而长期企业可以退出或进入市场,因此每个国家的企业数会发生变化。

(一) 长期

本国和外国进入企业的技术分布均为帕累托分布 $G(c)=(c/c_M)^k$ 和 $G^*(c^*)=(c^*/c_M^*)^k$。如前所述,在本国市场销售的本国企业成本应满足 $c<c_D$;而在本国市场销售的外国企业成本应满足 $c^*<c_D/\tau$。同样,在外国市场销售的外国企业成本应满足 $c^*<c_D^*$,而在外国市场销售的本国企业成本应满足 $c<c_D^*/\tau^*$。

零利润条件可以确定每个国家的企业数。利用式(7.26)和零利润条件,可以得到

$$c_D=\left[\frac{\gamma\phi}{L}\frac{1-(\tau^*c_M/c_M^*)^{-k}}{1-(\tau\tau^*)^{-k}}\right]^{1/(k+2)} \quad c_D^*=\left[\frac{\gamma\phi}{L^*}\frac{1-(\tau^{-k}c_M^*/c_M)^{-k}}{1-(\tau\tau^*)^{-k}}\right]^{1/(k+2)} \tag{7.28}$$

式(7.28)意味着一国存活企业成本门槛值取决于该国家规模、固定成本(ϕ 中包含了 F_E,具体见式7.24)、贸易成本以及与边际成本分布有关的一些参数。

令 N 和 N^* 分别表示市场均衡时,在本国和外国市场销售产品的企业数,因此可以得到:

$$N=\frac{2(k+1)\gamma}{k}\frac{\alpha-c_D}{c_D} \text{ 和 } N^*=\frac{2(k+1)\gamma}{k}\frac{\alpha-c_D^*}{c_D^*} \tag{7.29}$$

值得关注的是,式(7.29)和式(7.25)在形式上是一致的,但与式(7.25)不同的是,在本国市场销售产品的企业 N 不仅包括本国企业也包括外国企业;同理,在外国市场销售产品的企业 N^* 也如此。令 n 和 n^* 分别代表在本国和外国生产的企业数,则 n 和 n^* 由下式决定:

$$N=n(c_D/c_M)^k+n^*(c_D/\tau c_M^*)^k \quad N^*=n^*(c_D^*/c_M^*)^k+n(c_D^*/\tau^*c_M)^k$$

图 7-2 中向下倾斜的 RR 曲线代表了式(7.29)刻画的条件。RR 曲线和直线 TT 的交点便是均衡时的企业数(N),直线 TT 与横轴的垂直距离由式(7.28)决定。

τ 的降低(假设 τ^* 不变)将导致直线 TT 向上移动,从而产生了新的均衡点。在新的均衡点,在本国市场销售产品的企业数(N)将减少,而本国存活企业的成本临界值

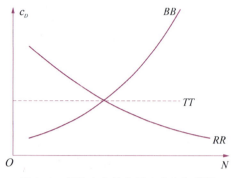

图 7-2 平均企业的存活生产率和利润

(c_D)将提高。因此,本国的平均价格将上涨。而在外国,由于一些企业退出本地市场而选择进入国外市场,外国存活企业的成本临界值 c_D^* 将变小。企业的这种区位重组之所以会发生是因为运输成本 τ 的下降导致了外国出口到本国成本的降低。

由式(7.28)也可以看出,如果贸易成本对称($\tau=\tau^*$),而且贸易成本同比例下降,那么两国企业的存活成本临界值也会同比例降低;贸易成本降低对企业和行业层面变量的影响也类似于从封闭经济转型开放经济带来的变化。

(二) 短期

令在本国和外国生产的企业数分别为 $\bar{n}$ 和 $\bar{n}^*$。在短期内,由于企业数是固定的,贸易成本的变化只能通过对成本临界值(c_D 和 c_D^*)的影响来确定均衡。本国和外国企业在本国市场销售的比例分别为:$(c_D/c_M)^k$ 和 $(c_D/\tau c_M^*)^k$。在本国和外国市场销售的产品种类总数将满足下列条件:

$$N=\bar{n}(c_D/c_M)^k+\bar{n}^*(c_D/\tau c_M^*)^k \qquad N^*=\bar{n}^*(c_D^*/c_M^*)^k+\bar{n}(c_D^*/\tau^* c_M)^k \tag{7.30}$$

式(7.30)表明:每个国家可消费的产品种类与该国存活成本临界值呈正相关关系。图 7-2 中的 BB 曲线刻画了这种关系。贸易成本 τ 的下降将导致 BB 曲线右移,和 RR 曲线相交得到新的均衡点。在新的均衡点,N 将变大,而存活成本临界值将下降。高成本的本国企业将停止生产。在本国生产的企业平均成本和平均价格都将降低。

一方面,由于竞争加剧导致平均企业的价格加成($\bar{p}/\bar{c}$)将降低;另一方面,由于高成本企业停止生产导致平均企业的价格加成($\bar{p}/\bar{c}$)将增加。这两种效应相互抵消,式(7.23)也表明($\bar{p}/\bar{c}$)与成本门槛值 c_D 无关。

第三节 内生的比较优势

伯纳德等(Bernard et al.,2007)将梅里兹(Melitz,2003)模型与赫尔普曼和克鲁格曼(Helpman and Krugman,1985)模型结合起来,研究了当企业存在异质性时,要素禀赋对贸易的影响。伯纳德等(Bernard et al.,2007)假设企业使用技术工人(S)和非技术工人(L)生产两种异质性产品(产品 1 和产品 2)。这两种要素都不能跨国流动,但在国内可以自由流动。产品 1 是技术密集型产品,并且假定本国具有丰富的技术工人,即 $\bar{S}/\bar{L}>\bar{S}^*/\bar{L}^*$。

在生产方面,存在固定和可变生产成本。产生固定成本生产过程中要素密集度投入与产生可变成本生产过程相同。本国技术工人和非技术工人的工资分别为 W_S 和 W_L。对于一家生产率为 φ 且属于行业 i 的本国企业,其生产总成本为 $C(\varphi)_i = [F_i + q_i/\varphi]W$,其中 q_i 表示产出,$W \equiv (W_S)^{\beta_1}(W_L)^{1-\beta_1}$,$1 > \beta_1 > \beta_2 > 0$。

企业生产率 φ 的分布函数为 $G(\varphi)$,不同行业和不同国家企业生产率的分布都相同。正如梅里兹(Melitz,2003),如果企业的生产率低于存活的临界值 φ_D,企业将立即退出市场。在存活企业中,那些生产率高于出口生产率临界值的企业(即 $\varphi > \varphi_X$)既在国内销售产品也出口产品。然而,生产率略低的存活企业($\varphi_D < \varphi < \varphi_X$)只在国内销售产品。企业进入市场需承担固定的沉没成本。企业在进入市场过程中也需使用两种要素如同生产过程。令进入行业 i 的固定沉没成本为 $F_{iE}W$。行业 i 的出口企业还需承担"冰山型"运输成本 τ_i。

两国代表性消费者偏好相同,效用函数为 $U = V_1^{\alpha_1} V_2^{\alpha_2} (\alpha_1 + \alpha_2 = 1)$,其中 $V_i = \left[\sum_i v_i^{(\sigma-1)/\sigma}\right]^{\frac{\sigma}{\sigma-1}}$,$i = \{1,2\}$。消费者总收入中的 α_i 用于产品 i 的消费。本国总收入为 R,外国总收入为 R^*。

一、贸易均衡

令本国行业 i 的出口商在本国国内市场定价为 p_{il},在外国(即出口市场)的定价为 p_{ix}。由于市场是分割的,因此,利润最大化的条件为:

$$p_{il}(\varphi) = (W_i/\varphi)[\sigma/(\sigma-1)] \text{ 和 } p_{iX}(\varphi) = \tau P_{il}(\varphi) \qquad i = \{1,2\} \qquad (7.31)$$

令 P_i 和 P_i^* 分别表示本国和外国行业 $i(i = \{1,2\})$ 的价格指数,企业 φ 从本地销售获得的收益(r_i)和从出口中获得收益(r_{iX})分别为:

$$r_1(\varphi) = \alpha R \left[\frac{\sigma-1}{\sigma} \frac{\varphi}{W_1} P_1\right]^{\sigma-1} \text{ 和 } r_2(\varphi) = (1-\alpha)R \left[\frac{\sigma-1}{\sigma} \frac{\varphi}{W_2} P_2\right]^{\sigma-1}$$

以及

$$r_{1X}(\varphi) = \alpha R^* \left[\frac{\sigma-1}{\sigma} \frac{\varphi}{W_1} P_1^*/\tau_1\right]^{\sigma-1} \text{ 与 } r_{2X}(\varphi) = (1-\alpha)R^* \left[\frac{\sigma-1}{\sigma} \frac{\varphi}{W_2} P_2^*/\tau_2\right]^{\sigma-1}$$
(7.32)

由于式(7.32)对所有的 φ 都成立,出口企业的出口收益与从本地销售获得的收益之比满足下列条件:

$$\left[\frac{P_i^*}{\tau_i P_i}\right]^{\sigma-1} \frac{R^*}{R} = \frac{r_{iX}(\varphi_{iX})}{r_i(\varphi_{iX})} = \frac{r_i(\varphi_{iD}) F_{iX}/F_i}{r_i(\varphi_{iX})} = \frac{r_i(\varphi_{iX})(\varphi_{iD}/\varphi_{iX})^{\sigma-1} F_{iX}/F_i}{r_i(\varphi_{iX})}$$
(7.33)

式(7.33)的第一个等式由式(7.32)推导出,第二个等式和第三个等式分别由式(7.16)和式(7.2)推导得到。

式(7.33)表明：

$$\varphi_{iX} = \Lambda_i \varphi_{iD}, \text{其中 } \Lambda_i \equiv \tau_i \frac{P_i}{P_i^*} \left[\frac{F_{iX}}{F_i} \frac{R}{R^*} \right]^{1/(\sigma-1)} \tag{7.34}$$

式(7.34)表明：当本国价格指数高于外国的价格指数和本国市场大于外国市场时，本国出口临界值大于本国存活临界值。伯纳德等(Bernard et al.，2007)假定 Λ_i (Λ_i^* 表示外国)大于1。这确保了与现实保持一致，即存活企业中只有一部分会进入出口市场。

本国的价格指数 P_i 取决于本国企业的定价以及外国出口企业的交货价格，计算公式为：

$$P_i = \{ M_i [P_{iL}(\tilde{\varphi}_i)]^{1-\sigma} + \frac{1-G(\varphi_{iX}^*)}{1-G(\varphi_{iD}^*)} M_i^* [\tau_i p_{iL}^*(\tilde{\varphi}_i^*)]^{1-\sigma} \}^{1/(1-\sigma)} \tag{7.35}$$

其中，M_i 和 M_i^* 分别表示本国和外国行业 i 的企业数，$\tilde{\varphi}_i$ 和 $\tilde{\varphi}_i^*$ 分别代表平均生产率，$[1-G(\varphi_{iX})]/[1-G(\varphi_{iD})]$ 表示企业成功出口的概率，当企业成功进入市场后①。式(7.31)至式(7.35)同理适用于外国。

企业自由进入本国行业 i 意味着：

$$\frac{1-G(\varphi_{iD})}{\delta} \{ \pi_i(\tilde{\varphi}_{iL}) + \frac{1}{1-G(\varphi_{iX})} \pi_{iX}(\tilde{\varphi}_{iX}) \} - F_{iE}W = 0$$

由于 $\pi(\tilde{\varphi}) = (\tilde{\varphi}/\varphi_D)^{\sigma-1} \pi(\varphi_D)$ 和 $\pi(\varphi_D) = r(\varphi_D)/\sigma = F_i W$，企业自由进入市场的条件可以改写为：

$$\frac{F_i}{\delta} \int_{\varphi_{iD}}^{\infty} [(\varphi/\varphi_{iD})^{\sigma-1} - 1] g(\varphi) d\varphi + \frac{F_{iX}}{\delta} \int_{\varphi_{iX}}^{\infty} [(\varphi/\varphi_{iX})^{\sigma-1} - 1] g(\varphi) d\varphi = F_{iE}$$

$$\tag{7.36}$$

式(7.36)表明：企业进入的预期价值等于封闭经济中的预期价值与从出口市场中获得的预期价值之和。给定本国和外国的价格指数，式(7.33)和式(7.36)可以确定存活和出口的生产率临界值②。

本国商品市场的均衡要求本国和外国消费者在每个行业产品种类的消费支出等于该行业的收益，而行业的收益刚好等于该行业生产要素的报酬，因为均衡时利润为零。因此：

$$R_i = (\alpha_i R) M_i \left[\frac{p_{iL}(\tilde{\varphi}_i)}{P_i} \right]^{1-\sigma} + (\alpha_i R^*) M_i \frac{1-G(\varphi_{iD})}{1-G(\varphi_{iX})} \left[\frac{\tau_i p_{iL}(\tilde{\varphi}_i)}{P_i^*} \right]^{1-\sigma} = w_S S_i + w_L L_i$$

$$\tag{7.37}$$

---

① $1-G(\varphi_{iD}^*)$ 代表企业成功进入市场的概率。

② 条件中并没有包含 W。这是因为模型假设进入市场和生产过程中要素投入比相同。

其中，S_i 和 L_i 分别代表本国行业 i 在生产、进入和出口过程中使用的技术和非技术工人数。式(7.37)中第一个等式表示本国和外国消费者对本国行业 i 的消费支出等于本国行业 i 的收益，第二个等式表示行业 i 的收益等于生产要素的报酬。式(7.37)同理也适用于与外国。将两者结合起来，式(7.37)表明了世界范围的商品市场的均衡。

最后，要素市场的出清要求每个国家要素的投入等于该国的要素禀赋，即

$$S_1 + S_2 = \bar{S} \quad S_1^* + S_2^* = \bar{S}^* \text{ 以及 } L_1 + L_2 = \bar{L} \quad L_1^* + L_2^* = \bar{L}^* \quad (7.38)$$

式(7.31)至式(7.38)共同决定了每个国家的存活和出口生产率临界值。此外，它们还决定了价格、要素使用量、要素价格和收入。

我们逐步解出内生变量的值。第一，将本国技术工人工资单位化($w_S = 1$)，用要素价格来表示均衡时的要素分配。第二，计算出 W_i，并且利用式(7.31)解出两国的产品价格，产品价格均用要素价格来表示。第三，利用式(7.37)解出本国 i 行业的总收入 R_i，由此可以得到本国的总收入 $R = R_1 + R_2$。同样，也可以解出外国的总收入 R^*。第四，一旦求解出 R 和 R^*，利用式(7.33)和式(7.36)可以求解出存活和出口生产率临界值，均为要素价格的函数。第五，利用生产率的临界值可以推算出平均生产率。第六，利用 $M_i = R_i / r(\tilde{\varphi}_i)$ 和 $r(\tilde{\varphi}_i) = [\tilde{\varphi}_i / \tilde{\varphi}_{iD}]^{\sigma-1} \sigma F W_i$ 求出企业数量。第七，利用式(7.35)计算出价格指数。到目前为止，所有的企业和行业层面的变量均是要素价格的函数。最后，我们利用式(7.37)中的第二个等式求解出要素价格。

二、从封闭经济到自由贸易

由封闭经济转向自由贸易带来的影响与运输成本息息相关，并且利用式(7.31)至式(7.38)可以分析具体的影响。我们分两种情况进行分析：无成本的贸易（运输成本为零）和有成本的贸易（运输成本大于零）。

(一) 无成本的贸易

由于本国技术工人丰裕，所以本国技术工人工资和技术密集型产品价格都相对较低。当国门打开，产品价格将趋同。本国技术工人的相对工资将上涨，而外国技术工人的相对工资将下降，本国技术密集型产品的价格也将上涨。除了垄断竞争、企业异质性和规模报酬递增等微小变化，H-O 模型、斯托尔珀-萨缪尔森定理、罗伯津斯基定理、要素价格均等化都成立。

从封闭经济转向自由贸易后，两个行业存活生产率临界值和平均生产率都保持不变。当运输成本为零（即 $F_X \to 0$，$\tau_i \to 0$），式(7.36)变为 $\dfrac{F_i}{\delta} \int_{\varphi_{iD}}^{\infty} [(\varphi/\varphi_{iD})^{\sigma-1} - 1] g(\varphi) d\varphi = F_{iE}$，这也是封闭经济中企业自由进入条件。由于企业自由进入条件可以解出存活生产率临界值，由此可以得到结论：封闭经济转向自由贸易对存活生产率临界值无影响。直觉也告诉我们，当不存在贸易成本时，所有的存活企业都将出口。结果是：企业将同比例地享受外国消费者对本国产品需求的增加，同比例地遭受本国消费

者对本国产品需求的减少①。在每个生产率水平,本国行业1的企业数相对行业2而言都将扩张,这是因为生产将根据比较优势进行调整,而外国行业2的企业数将扩张。

(二) 有成本的贸易

当存在贸易成本,从封闭经济转向开放经济,出口商的利润将增加而非出口商的利润将下降。主要原因是在开放经济中,所有企业都面临进口竞争,只有生产率更高的企业才能进入出口市场,获取额外利润。高生产率企业能获取额外利润的机会提高了进入企业的预期利润,这将吸引更多的企业进入,导致非出口商利润的减少。一些企业将不得不选择退出市场因为收益小于固定生产成本。进入和退出的共同作用将提高两个行业的存活生产率临界值和平均生产率。

当两个行业的运输成本不存在差异(或固定生产成本与固定出口成本的比值相同),具有比较优势的行业平均生产率上升幅度更大。原因是相对从国内市场获得的利润而言,具有比较优势的行业从出口市场中获得的利润更大。结果具有比较优势的行业出口利润会大幅上升,新进入企业的预期利润相对其他行业也大幅上升。更多的企业进入具有比较优势的行业引起该行业存活生产率的临界值和平均生产率的提升。

由封闭经济转向开放经济对平均企业产出的影响取决于本国消费者对本国产品需求减少和外国消费者对本国消费需求增加的综合作用。存活生产率临界值的提高降低了企业存活的概率。均衡时企业的预期价值等于进入成本,存活企业的平均利润将高于封闭经济时的利润。由于具有比较优势的行业存活生产率临界值上升较多,该行业平均企业的产出增加的幅度也相对较高。

从要素需求角度也能理解由封闭经济转向开放经济带来的影响。自由贸易使本国出口具有比较优势的商品,这会导致对要素需求的增加,进而导致出口商品中密集使用的要素相对价格的上升。因此,相对其他行业,具有比较优势的行业生产成本将提高。此外,具有比较优势的行业生产率临界值提高的最多。由于平均生产率是生产率临界值的增函数,而封闭经济中两国每个行业的生产率临界值是相同的,由此可以得到:贸易均衡时密集使用该国要素丰裕的行业平均生产率将提高。

(三) 福利和要素报酬

从封闭经济转向开放经济引起具有比较优势的行业平均生产率的上升,这加大了行业层面生产率的差距,从而进一步增强了以要素禀赋差异为基础的比较优势。此外,由封闭经济转向开放经济引起对一国具有比较优势产品需求的增加,导致对该国丰裕要素需求的增加,将引起斯托尔珀-萨缪尔森效应。

从封闭经济转向开放经济,两个行业平均生产率都将得到提升,两种产品的价格指数将下降。消费者消费的产品种类也将进行调整。消费者有机会消费外国商品,这将进一步促进价格指数的下降。然而,可消费的产品种类并不一定会增加,这是因为自由

---

① 注意当无贸易成本时,临界值保持不变这是因为生产和进入过程享有相同的要素投入比。如果要素投入比不同,W将出现在自由进入约束方程中,自由贸易将会导致临界值的变化。此外,还应注意当处于封闭经济时自由进入方程中没有出现W,这意味着封闭经济时,本国和外国企业存活临界值时相同的,尽管两国的要素禀赋不同。

贸易后国内生产的产品种类会减少。

当平均生产率提高和消费种类变化两者带来的福利足够大时,从封闭经济转向开放经济可能会提升稀缺要素的实际报酬。与标准的H-O模型预测形成鲜明的对比,当两国要素禀赋差异越不明显,这种结果越可能发生。

第四节　出口目的地的多样性

伯纳德等(Bernard et al., 2003)采用不同的方法探讨了企业的异质性问题,即为什么只有小部分企业出口?为什么出口企业的生产率要高于非出口企业?伯纳德等(Bernard et al., 2003)的分析框架强调产业内成本差异和地理障碍,更确定地说他们研究了为什么生产率高的出口企业通常在更多的国家销售货物,即出口目的地更具有多样性。

伯纳德等(Bernard et al., 2003)假设代表性消费者的效用函数为CES函数,产品在区间[0,1]是连续性的,并且产品间的替代弹性相同。此外,假定世界上有N个国家,因此,每个国家有$N-1$个潜在的贸易伙伴。在所有的国家,对任何产品都存在连续的潜在的生产者。企业的效率(在给定投入条件下所能生产的产出)是随机变量,且生产规模收益不变。

出口商出口过程中遭受"冰山"型运输成本$\tau_{is}>1$,即s国为了确保单位产品出口到i国,其必须装运τ个单位的产品。假定$\tau_{is}=\tau_{si}$,$\tau_{ii}=1$,且对于任意国家i、h、k,三角不等式$\tau_{hi} \leqslant \tau_{hk}\tau_{ki}$总是成立。这个不等式表明:两国间的直接贸易运输成本总是低于两国借助于第三国转口贸易的运输成本。

假定企业定价符合伯特兰德竞争模型。由于生产率分布是连续型的,因此任意两家企业以相同的成本生产产品的可能性为零。

在开放经济中,消费者从运输成本最低的企业(本国或外国)那购买产品。由于"国家对"(country pairs)的运输成本不同,因此企业如果对某个国家而言它是成本最低供应者,但这并不意味着对另外的国家而言,其也是成本最低的供应者。

为了追求利润最大化,成本最低的企业在市场上的定价将从下面两个价格中选择价格较低者:(1)成本次低的企业也能向市场提供产品的价格;(2)在没有其他潜在的进入者的情况下,企业设定的垄断价格。

令$\varphi_{1h}(j)$表示h国生产j产品的最高生产率,w_h表示h国的投入成本。式(7.39)确保了h国最低生产成本的企业为本国提供产品,这是因为它的生产成本比从其他国家运送至h国的成本都要低。

$$w_h/\varphi_{1h}(j) \leqslant w_k\tau_{hk}/\varphi_{1k}(j) \Leftrightarrow w_h/w_k\tau_{hk} \leqslant \varphi_{1h}(j)/\varphi_{1k}(j) \quad (\text{所有国家 } k \neq h) \tag{7.39}$$

类似地,相同的企业也将为y国提供产品,如果满足下列条件:

$$w_h\tau_{yh}/\varphi_{1h}(j) \leqslant w_k\tau_{yk}/\varphi_{1k}(j) \Leftrightarrow w_h\tau_{yh}/w_k\tau_{yk} \leqslant \varphi_{1h}(j)/\varphi_{1k}(j) \quad (\text{所有国家 } k \neq h) \tag{7.40}$$

式(7.40)表明 h 国至 y 国的运输成本必须小于任何其他国至 y 国的运输成本。

式(7.39)和式(7.40)以及三角不等式共同表明：相比在本地销售，出口需要更高的效率水平。这也意味着出口企业的生产率通常高于只在本地销售的企业生产率。如果运输成本既定，企业能够出口的国家数与其生产率水平呈正相关关系。

为了解释企业进入和退出带来的影响，伯纳德等(Bernard et al.，2003)假设企业的生产率分布为弗莱契分布函数(Frechet distribution) $F(\varphi)=e^{-T\varphi^{-\theta}}$，生产率分布的均值随 T 而增长，方差与 $\theta(\theta>1)$ 呈负相关。伯纳德等(Bernard et al.，2003)假定 T 随国家而变，并不随产品而变；但不同国家和不同产品的 θ 相同。T_i 刻画了 i 国的技术水平，而 θ 表明了贸易收益的大小，这是由于 θ 越小，效率的异质性越强，这提高了具有高生产率的外国企业为出口市场提供产品的可能性。

企业生产率呈 Frechet 分布的这一假设非常方便，因为 Frechet 分布中最大的两个独立变量的联合分布本身也属于 Frechet 分布。出口到国家 y，交货成本最低和次之的企业（c_1、c_2）的联合分布为：

$$K_y(c_1, c_2) = 1 - e^{-\Phi_y c_2^\theta} - \Phi_y c_1^\theta e^{-\Phi_y c_2^\theta}, \text{其中} \Phi_y = \sum_{i=1}^{N} T_i (w_i \tau_{yi})^{-\theta} \quad (7.41)$$

Φ_y 中包含了几个变量：(1) 所有国家的生产率分布；(2) 国家的投入成本；(3) 贸易成本。在 c_1 约束下，c_2 的分布为：

$$H_y(c_2 \mid c_1) = 1 - e^{-\Phi_y(c_2^\theta - c_1^\theta)} \quad (7.42)$$

由于 $\Phi_y>0$，条件分布随 c_1 增加而增加。因此，成本最低的企业交货成本越低，成本第二低的企业其交货成本也越低。这意味着出口企业的较高效率与本国和出口市场的较低价格息息相关。

伯纳德等(Bernard et al.，2003)认为每个国家价格加成是帕累托分布的结果。企业间生产率差距越大，价格加成高的可能性就越大，这是因为生产率差距越大导致效率最高的两个企业成本差异大的可能性加大。

运输成本的下降提升了企业出口目的地范围，每个国家供应商的数目将增加，这使存活企业价格加成下降。然而，加成率低的高成本企业的退出抵消了这种效应，这导致存活企业的价格加成分布不变。因此，被预期较低成本的存活企业定价较低的概率增加；定价较低的概率增加，企业销售的数量会更多。

伯纳德等(Bernard et al.，2003)研究表明：世界范围内贸易壁垒下降5%将导致美国制造业劳动生产率上升4.7%。这最大比例的利益是来自中间品价格的下降，更廉价的进口中间品取代国内生产；贸易壁垒的下降还将导致超过3%的企业退出市场，这也同时会导致存活企业生产率上升0.8%。此外，他们的研究还分析贸易壁垒的下降还将导致美国的相对工资（即相对其他国家）上涨10%[①]。

---

① Alvarez 和 Lucas(2007)采用相同的框架研究了世界范围内关税削减带来的收益。

第五节 基于异质性企业贸易理论的引力模型

这一节在海德和梅耶(Head and Mayer,2014)基础上,对引力模型进行一般性推导。这种推导既包括第三章基于同质企业的引力模型推导,还包括异质性企业引力模型的推导。

一、引力方程

引力方程在估计贸易获利指数的公式中有重要的作用,阿科来吉斯、科斯廷诺特和罗杰奎兹(Arkolakis, Costinot and Rodriguez,简写为 ACR, 2012)得到了一个一般结论：在广泛类别模型中,引力方程中贸易成本的系数"掌控着"(govern)贸易获利指数。根据海德和梅耶(Head and Mayer, 2014),芬斯特拉(Feenstra, 2016)对引力方程进行了一般性推导。海德和梅耶(Head and Mayer, 2014)定义了一个"特殊"引力方程：

$$X^{ij} = \frac{Y^i}{R^{i\cdot}} \frac{X^j}{R^{\cdot j}} T^{ij} \tag{7.43}$$

其中,X^{ij} 是 i 国向 j 国的出口额(X^{ii} 是 i 国本国国内贸易额);$Y^i = \sum_j X^{ij}$ 是 i 国总产值;$X^j = \sum_i X^{ij}$ 是 j 国总支出;T^{ij} 衡量 i 国和 j 国间的贸易壁垒(反映冰山运输成本 τ^{ij} 及其系数和其他因素);"多边阻力"定义为：

$$\underbrace{R^{\cdot j} = \sum_k \frac{T^{kj} Y^k}{R^{k\cdot}}}_{j\text{国多边阻力}} \quad \text{和} \quad \underbrace{R^{i\cdot} = \sum_k \frac{T^{ik} Y^k}{R^{\cdot k}}}_{i\text{国多边阻力}} \tag{7.44}$$

进口国 j 的多边阻力是国家 j 与每个来源国 k 的贸易壁垒 T^{kj} 的加权总和,其中权重反映了国家 k 相对于其多边阻力的生产(和潜在出口)。出口国 i 的多边阻力是国家 i 与每个目的国 k 的贸易壁垒 T^{ik} 的加权总和,其中权重反映了国家 k 相对于其多边阻力的支出(和潜在进口)。简言之,进口多边阻力 $R^{\cdot j}$ 是衡量国家 j 从来源国 k 购买产品时的贸易壁垒(上标 $\cdot j$ 表明所有来源国);出口多边阻力 $R^{i\cdot}$ 是衡量国家向目的国 k 销售产品时的贸易壁垒(上标 $i\cdot$ 表明所有目的国)。

上述方程只是引力方程一种特殊形式的定义,但是当我们询问这些定义是否适用于分析国家间实际贸易的情况时,它将具有更实质的意义。海德和梅耶(Head and Mayer, 2014)发现满足这些特殊引力方程的条件很弱,具体证明如下。

二、定理

只要仅仅取决于国家 i 的"供给项" S^i 为正,且使国家 i 出口到国家 j 的价值满足式(7.45)：

$$\frac{X^{ij}}{X^j} = \frac{S^i T^{ij}}{R^{\cdot j}} \text{ 且 } R^{\cdot j} = \sum_k S^k T^{kj} \tag{7.45}$$

则引力方程的特殊形式(7.43)和式(7.44)就成立。

证明：比较式(7.45)和式(7.43)可知，当 $R^{i\cdot} \equiv Y^i/S^i$ 时，式(7.43)成立。把 $S^k = Y^k/R^{k\cdot}$ 代入式(7.45)第二个方程得到 $R^{\cdot j} = \sum_k (Y^k/R^{k\cdot}) T^{kj}$，即式(7.44)第一个方程成立。利用市场出清条件 $Y^i = \sum_k X^{ik}$ 可推导出(7.44)第二个方程。由式(7.45)第一个方程可知 $X^{ik} = (S^i T^{ik}/R^{\cdot k}) X^k$，再把 $S^i \equiv Y^i/R^{i\cdot}$ 代入上式，得到 $X^{ik} = (Y^i T^{ik}/R^{i\cdot} R^{\cdot k}) X^k$，所以 $Y^i = \sum_k (Y^i T^{ik}/R^{i\cdot} R^{\cdot k}) X^k$，由此得到式(7.44)第二个方程 $R^{i\cdot} = \sum_k (T^{ik}/R^{\cdot k}) X^k$。证毕。

为了解释式(7.45)，"供给项" S^i 反映了国家 i 的供给能力，它是在面临进口国 j 相对总多边阻力的贸易壁垒(即 $T^{ij}/R^{\cdot j}$)的情况下对 j 国的供给。另外，j 国的多边阻力是每个出口商 k 面临的贸易壁垒的加权总和，权重为其供给能力。只要这些条件成立，引力方程的特殊形式(7.43)和式(7.44)也成立。海德和梅耶(Head and Mayer, 2014)进一步说明了在下面各种模型中如何识别这些供应项，并产生引力方程。

（一）克鲁格曼模型

首先来看克鲁格曼 CES 模型(Krugman, 1980)如何变成安德森和温库朴(Anderson and van Wincoop, 2003)引力方程。利用 $p^{ij} = \tau^{ij} p^i$ 和贸易平衡 $X^j = Y^j$，由第三章的(3.16)和(3.17)可以得到：

$$\frac{X^{ij}}{X^j} = N^i \left(\frac{\tau^{ij} p^i}{P^j}\right)^{1-\sigma} \text{ 和 } P^j = \left(\sum_{i=1}^C N^i (p^i \tau^{ij})^{1-\sigma}\right)^{1/(1-\sigma)} \tag{7.46}$$

通过定义 $T^{ij} \equiv (\tau^{ij})^{1-\sigma}$，$R^{\cdot j} \equiv (P^j)^{1-\sigma}$ 及 $S^i \equiv N^i (p^i)^{1-\sigma}$，由式(7.46)可得式(7.45)成立。同样，当贸易平衡 $X^j = Y^j$ 时，引力方程的特殊形式(7.43)成立。安德森和温库帕进一步假设贸易成本是对称的，即 $\tau^{ij} = \tau^{ji}$，则进口商和出口商的多边阻力项是相同的，且和 CES 价格指数密切相关，即 $R^{\cdot j} = R^{i\cdot} = (P^i)^{1-\sigma}$。因此，得到引力方程：

$$X^{ij} = Y^i Y^j \left(\frac{\tau^{ij}}{P^i P^j}\right)^{1-\sigma} \tag{7.46'}$$

这和式(3.26)中的安德森和温库朴(Anderson and van Wincoop, 2003)的引力方程是非常接近的：唯一不同的就是第三章的式(3.26)中除以世界产出 Y^w，它通过式(3.26)中的 CES 价格指数的不同标准化得到。

（二）梅里兹-切尼模型

切尼(Chaney, 2008)阐述了如何使用梅里兹-切尼模型来获得与同质企业相似的引力方程，但对贸易壁垒和其他变量的系数有不同的解释。由于这些不同系数，切尼把这种引力方程定义为"扭曲"的引力。

梅里兹-切尼模型中一个国家的消费量是 $c(\omega) = [p(\omega)/P]^{-\sigma}(w/P)$，因此利用价格指数 $P_d = \left[M_d \int_{\varphi_d}^{\infty} p(\varphi)^{1-\sigma} \frac{g(\varphi)}{[1-G(\varphi_d)]} \mathrm{d}\varphi + M_x \int_{\varphi_x}^{\infty} p_x(\varphi)^{1-\sigma} \frac{g(\varphi)}{[1-G(\varphi_x)]} \mathrm{d}\varphi \right]^{1/(1-\sigma)}$，出口对所有盈利企业进行积分运算。在上述价格指数中，盈利国内企业的数量是 $M_d = M_e[1-G(\varphi_d)]$，盈利出口企业的数量是 $M_x = M_e[1-G(\varphi_x)]$。因此，可以通过对无条件分布 $g(\varphi)$ 的积分，并使进入者的数量 M_e 出现在积分号前面，重写上面的 CES 价格指数。我们将考虑多个国家来使先前的描述一般化，使 M_e^i 是国家 i 的进入者，φ^{ij} 是向国家 j 出售产品的零利润条件（ZCP）的生产率。也允许各国的工资 w^i 不同，那么国家 i 到 j 的出口值相对于国家 j 的总消费量 $X^j = w^j L^j$ 是：

$$\frac{X^{ij}}{X^j} = \frac{M_e^i \int_{\varphi^{ij}}^{\infty} p^{ij}(\varphi)^{1-\sigma} g(\varphi) \mathrm{d}\varphi}{\sum_{k=1}^{C} M_e^k \int_{\varphi^{kj}}^{\infty} p^{kj}(\varphi)^{1-\sigma} g(\varphi) \mathrm{d}\varphi} = \frac{M_e^i \int_{\varphi^{ij}}^{\infty} (\tau^{ij} w^i / \varphi)^{1-\sigma} g(\varphi) \mathrm{d}\varphi}{\sum_{k=1}^{C} M_e^k \int_{\varphi^{kj}}^{\infty} (\tau^{kj} w^k / \varphi)^{1-\sigma} g(\varphi) \mathrm{d}\varphi}$$
(7.47)

其中，第二个等式可由价格 $p^{ij}(\varphi) = [\sigma/(\sigma-1)](\tau^{ij} w^i / \varphi)$ 得到。在上述表达式中，冰山贸易成本 τ^{ij} 可以移到积分外面。

比较式（7.47）与式（7.45），看上去似乎可以通过定义 $T^{ij} \equiv (\tau^{ij})^{1-\sigma}$ 和 $S^i \equiv M_e^i \int_{\varphi^{ij}}^{\infty} (w^i/\varphi)^{1-\sigma} \mathrm{d}\varphi$ 来实现 Head-Mayer 定理的假说。但这些定义实际上并没有起作用，因为供给项 S^i 应该仅依赖于国家 i 的数据，而 $S^i \equiv M_e^i \int_{\varphi^{ij}}^{\infty} (w^i/\varphi)^{1-\sigma} g(\varphi) \mathrm{d}\varphi$ 通过积分下限 φ^{ij} 也依赖于国家 j。因此，为了得到引力方程，需要更仔细地研究 ZCP 的生产率值，并定义与国家 j 无关的供给项。

ZCP 条件的生产率是 $\varphi_x^{\sigma-1} = f_x/B_x = (f_x \tau^{\sigma-1} \sigma^\sigma)/[LP_d^{\sigma-1}(\sigma-1)^{\sigma-1}]$，它可以把国家 i 出口到国家 j 的更一般地形式（没有标准化工资为1）写成：

$$(\varphi^{ij})^{\sigma-1} = \frac{w^i f^{ij} (w^i \tau^{ij})^{\sigma-1} (\sigma-1)^{1-\sigma}}{w^j L^j (P^j)^{\sigma-1} \sigma^{-\sigma}}$$
(7.48)

现在利用帕累托分布 $G(\varphi) = 1 - \varphi^{-\theta}$（其中，$\varphi \geqslant 1$ 且 $\theta > \sigma - 1 > 0$）求以下积分：

$$\int_{\varphi^{ij}}^{\infty} (\tau^{ij} w^i / \varphi)^{1-\sigma} g(\varphi) \mathrm{d}\varphi = (\tau^{ij} w^i)^{1-\sigma} \theta \int_{\varphi^{ij}}^{\infty} \varphi^{\sigma-\theta-2} \mathrm{d}\varphi$$

$$= \frac{(\tau^{ij} w^i)^{1-\sigma} \theta}{\sigma-\theta-1} \varphi^{\sigma-\theta-1} \Big|_{\varphi^{ij}}^{\infty}$$

$$= \frac{(\tau^{ij} w^i)^{1-\sigma} \theta}{\theta-\sigma+1} (\varphi^{ij})^{\sigma-\theta-1}$$

最后一行利用 $\theta>(\sigma-1)$。结合式(7.47)和式(7.48)可得到：

$$\frac{X^{ij}}{X^j}=\frac{M_e^i(w^i\tau^{ij})^{-\theta}(w^if^{ij})^{1-\frac{\theta}{\sigma-1}}}{\sum_{k=1}^{C}M_e^k(w^k\tau^{kj})^{-\theta}(w^kf^{kj})^{1-\frac{\theta}{\sigma-1}}} \tag{7.49}$$

该方程式通过定义 $T^{ij}\equiv(\tau^{ij})^{-\theta}(f^{ij})^{1-\frac{\theta}{\sigma-1}}$ 和 $S^i\equiv M_e^i(w^i)^{1-(\frac{\sigma}{\sigma-1})\theta}$，可以很容易地转化为 Head-Mayer 定理。因此，供给项反映了工资变化时国家 i 进入企业数量的调整，而贸易成本则反映了系数为 $-\theta$ 的冰山运输成本和系数为 $1-[\theta/(\sigma-1)]<0$ 的固定成本。正如切尼(Chaney, 2008)所指出，这个冰山运输成本的系数与克鲁格曼(Krugman, 1980)模型很大不同，后者的冰山成本提高到指数是 $1-\theta<0$。在梅里兹-切尼模型中，它是决定了贸易成本的帕累托参数。此外，如上所述，这两个模型中的贸易利益是 $\lambda_d^{-1/(\sigma-1)}$ 和 $\lambda_d^{-1/\theta}$，因此正如 ACR(2012)所强调的，引力方程中的贸易成本指数也作为在贸易利益公式中国内份额 λ_d 的指数出现①。

（三）依顿-科滕模型

由依顿-科滕模型(Eaton and Kortum, 2002)，可从不同的角度推导出引力方程。他们扩展了第一章讨论的 DFS(1977)的模型，允许随机抽取每个国家商品的连续统生产率。具体来说，令 i 和 j 表示国家，而 $z\in[0,1]$ 表示产品。国家 i 生产产品 z 的生产率是 $\varphi^i(z)$。在这个模型中只有一种投入，即工资为 w^i 的劳动，且规模报酬不变，国家 i 生产产品 z 成本是 $w^i/\varphi^i(z)$。

由于生产规模报酬不变，所以通过利用完全竞争而不是垄断竞争市场，该模型不同于梅里兹-切尼模型。但是，正如在梅里兹-切尼模型中，我们仍然引入了冰山贸易成本 τ^{ij}，那么国家 i 生产并把其运输到国家 j 的产品 z 成本是：

$$p^{ij}(z)=\frac{\tau^{ij}w^i}{\varphi^i(z)} \tag{7.50}$$

在完全竞争市场中，消费者将从能提供最低价格的国家 j 中选择产品 z。所以，进口到国家 j 的产品 z 均衡价格将是

$$p^j(z)=\min_i\{p^{ij}(z); i=1,\cdots,C\} \tag{7.51}$$

其中，C 是国家数量。给定国家 j 的这个均衡价格，假设消费者以弹性为 σ 对商品 $z\in[0,1]$ 具有 CES 偏好。

依顿-科滕模型(Eaton and Kortum, 2002)的关键是每个国家选择一个 $\varphi^i(z)$ 的概率分布，以便用相对简单的方式解决式(7.50)和式(7.51)的均衡价格问题。因此，依顿-科滕(Eaton and Kortum, 2002)使用生产率的 Frechet 分布：

$$F^i(\varphi)=\exp(-S^i\varphi^{-\theta}),\varphi>0 \quad 且 \quad F(0)=0 \tag{7.52}$$

---

① 因为是用上标 i 和 j 表示国家，所以从国内企业购买的支出份额 λ_d 应更恰当地写为 λ^{ii}，即从国家 i 自己的公司或商品中购买的支出份额。

其中，$S^i > 0$ 是一个国家特定技术参数，它通过影响生产率的均值来定义一个国家的生产力；$\theta > 1$ 是所有国家共同的并决定了生产力差异的 Frechet 参数。该分布适用于任何产品 $z \in [0, 1]$，所以我们忽略角标。国家 i 出口到国家 j 的产品价格至少要与 p 一样低的概率是 $\Pr[p^{ij} \leqslant p] = 1 - F^i(w^i \tau^{ij}/p)$，或者：

$$G^{ij}(p) = 1 - \exp(-S^i(w^i \tau^{ij})^{-\theta} p^{\theta}) \tag{7.53}$$

根据式(7.51)，国家 j 某一特定商品的价格与 p 至少一样低的概率等于 1 减去所有出口国的价格大于 p 的概率。由于生产率分布在各国之间是独立的，所以国家 j 特定商品的最低价格分布为：

$$G^j(p) = 1 - \prod_{i=1}^{C} [1 - G^{ij}(p)] = 1 - \exp(-R^{\cdot j} p^{\theta}) \tag{7.54}$$

第二个等式由式(7.53)和 $R^{\cdot j} \equiv \sum_{i=1}^{C}(w^i \tau^{ij})^{-\theta}$ 得到。可以看出：最低价格服从(1减)参数为 $R^{\cdot j}$ 和 θ 的 Frechet 分布。更一般地，从 Freshet 分布中抽取一组最小或最大值仍服从这种分布，这就是依顿-科滕(Eaton and Kortum, 2002)选择这种分布的原因。

获得引力方程还要一个步骤：求出国家 i 是国家 j 最低成本供应商的概率。也就是说，令 p^{ij} 表示国家 i 收取的价格，p^j 表示国家 j 的均衡价格，我们需要求出 $\Pr[p^{ij} \leqslant \min\{p^{kj}; k \neq i\}]$。可以证明这个概率为：

$$\Pr[p^{ij} \leqslant \min\{p^{kj}; k \neq i\}] = \frac{S^i(w^i \tau^{ij})^{-\theta}}{R^{\cdot j}} \tag{7.55}$$

对于任何特定产品 z，我们不知道哪个国家 i 是最低成本的供应商。但是，由于产品 z 是连续的，即 $z \in [0, 1]$，根据大数定律，我们知道式(7.55)中的概率将等于最低成本供应商国家 i、出口到国家 j 的连续产品分数。此外，以成本最低的供应商为条件，使用 CES 需求函数的预期出口在跨产品和供应商之间是相同的。因此，对所有商品进行积分，出口产品 X^{ij} 的价值相对国家 j 的总购买 X^j 也将等于式(7.55)的值，即

$$\frac{X^{ij}}{X^j} = \frac{S^i(w^i \tau^{ij})^{-\theta}}{R^{\cdot j}} \tag{7.55'}$$

可以证明，$R^{\cdot j} \equiv \sum_{i=1}^{C} S^i(w^i \tau^{ij})^{-\theta}$ 与 CES 价格指数成正比[①]，所以式(7.55′)就是我们熟悉的 CES 需求方程。当供给项 S^i 如前以及 $T^{ij} \equiv (w^i \tau^{ij})^{-\theta}$ 时，这个方程符合 Head-Mayer 定理的条件。因此，可从依顿-科滕(Eaton and Kortum, 2002)模型获得与从梅里兹-切尼模型获得非常相似的引力方程，但现在 θ 重新解释为 Frechet 分布的参数，而不是帕累托分布的参数。此外，由于式(7.55)′对应 CES 需求函数，所以贸易的

[①] 见 Eaton and Kortum(2002, 1749, note18)。

利益是 $\lambda_d^{-1/(\sigma-1)}$，其中 σ 是替代弹性，λ_d 是来自国内的购买份额。但是，替代弹性在出口份额方程，例如式(7.47)中出现的形式是 $(1-\sigma)$，而在式(7.55′)中，替代弹性的形式是 $-\theta$，将这种替代应用于依顿-科滕(Eaton and Kortum, 2002)模型中，贸易收益则变为 $\lambda_d^{-1/\theta}$。该结果再一次证实了 ACR(2012)定理，而引力方程中的贸易成本指数变成贸易利益公式中国内份额的指数。

(四) 零贸易

上述引力方程的局限是所有国家都将出口到每个其他国家(以及从每个其他国家进口)。导致这一结果的原因是：在推导出安德森和温库朴(Anderson and van Wincoop, 2003)引力方程的克鲁格曼(Krugman, 1980)模型中，CES需求方程甚至对于任意高价格的产品都有正的需求，即使工资很高的国家也有少量的出口。梅里兹-切尼模型有出口固定成本，使部分产品不能覆盖(cover)这些成本，因而不会出口。相反，导致所有国家之间贸易的特征是，帕累托分布的生产率 $\varphi>0$ 且允许任意高，所以每个国家总是有一些企业的生产率很高并足以克服这种固定成本和冰山出口成本。同样，对于依顿-科滕(Eaton and Kortum, 2002)模型，式(7.52)的Frechet分布中，生产率 $\varphi>0$ 允许任意高，所以每个国家都将有成本最低的产品 z，无论距离其他国家有多远，都能克服其冰山贸易成本。

这些理论结果是不切实际的，因为在分类贸易数据中，我们观察到许多国家之间是零贸易，甚至在汇总的贸易数据中，发现一些国家根本不与其他国家进行贸易。这个事实提出了两个问题：我们如何在理论模型中体现零贸易？当数据中存在零贸易时，什么才是适当的估计技术？

对于第一个问题，赫尔普曼、梅里兹和罗宾斯坦(Helpman、Melitz and Rubinstein, 2008)的做法是考虑企业生产率 φ 上限的截断帕累托分布。依赖于进口国的需求，即使生产率最高的出口商也可能无法获得足够的利润来覆盖出口的固定成本，在这种情况下，该种产品没有贸易。对于第二个问题，适当的估计技术Heckman的两阶段估计，第一阶段方程是判断国家 i 是否向国家 j 出口的Probit选择方程，第二阶段方程是以出口为条件的引力方程，包括反映了方程之间的误差相关性的Heckman"校正"变量。

对于强识别的一个挑战是：Heckman估计通常需要某个(或某些)在Probit方程中出现但在引力方程中不出现的变量。为此，赫尔普曼、梅里兹和罗宾斯坦(Helpman、Melitz and Rubinstein, 2008)考虑了两个这样的变量：开设一家企业的成本(例如，需要的天数)，可得到的一些国家的子集；来自不同国家的两个随机被选择的人有相同宗教信仰的概率。他们认为开设企业的成本只会影响固定成本，但是与宗教措施有相似的结果，而宗教措施对整个样本是可得的。他们发现通过使用两阶段估计，与没有进行Heckman校正的情况相比，引力方程中距离和其他边界变量的效应减小。换句话说，当我们不控制出口选择时，距离和其他边界变量对出口的影响被高估了。

比Heckman两阶段估计更简单的方法是使用单引力方程，虽然认识到一些国家之间将存在零贸易。这意味着，例如，安德森和温库朴(Anderson and van Wincoop,

2003)中所使用的 OLS 对数线性引力方程(可能包括固定效应)将不合适,因为零贸易的自然对数不存在(它是 $-\infty$)。实际上,零贸易情况被简单地省略了[①]。为了包含零贸易情况,我们需要另一种估计。森特斯和滕雷罗(Santos and Tenreyro, 2006)的建议是使用普遍用于"计数"的泊松估计,其中因变量采用非负整数 0, 1, 2, 3…森特斯和滕雷罗(Santos and Tenreyro, 2006)认为该方法对于包含零的引力方程是有效的,其出口的范围是 $[0, +\infty]$。虽然该种估计可以明确处理零贸易,但他们认为其合理性是能够处理异方差问题,而不仅仅是处理零数据问题。

为了了解他们的观点,假设引力方程采用如下形式:

$$E(X^{ij} \mid Z^{ij}) = \exp(Z^{ij}\beta) \tag{7.56}$$

其中,X^{ij} 是从国家 i 到国家 j 的出口额,Z^{ij} 是引力方程中解释变量的行向量,β 是系数的列向量。假设 X^{ij} 是随机变量,符合非指定分布(如对数正态分布、泊松分布等),但是具有上述分布的条件期望。在不失一般性的情况下,引入误差项 $\varepsilon^{ij} \equiv X^{ij} - E(X^{ij} \mid Z^{ij})$ 的引力方程为:

$$X^{ij} = \exp(Z^{ij}\beta) + \varepsilon^{ij} \tag{7.56'}$$

其中,ε^{ij} 满足 $E(\varepsilon^{ij} \mid Z^{ij}) = 0$。然而,为了使这种形式的引力方程有效,必须有 $\varepsilon^{ij} > -\exp(Z^{ij}\beta)$ 来防止出口变为负数。换句话说,误差项的值和它的方差取决于 $\exp(Z^{ij}\beta)$,所以 ε^{ij} 和 $\exp(Z^{ij}\beta)$ 之间存在相关性,并且误差存在异方差。这意味着当引力方程在水平上被指定时,引入的误差项不能满足误差项的期望性质。以下说明如何纠正这些问题。

为了纠正异方差,假设方差 $V(X^{ij} \mid Z^{ij}) = V(\varepsilon^{ij} \mid Z^{ij})$ 有一个估计值 $\hat{V}^{ij}$。然后,我们选择 $\hat{\beta}$ 来解决:

$$\min_{\beta} \sum_{i,j} [X^{ij} - \exp(Z^{ij}\beta)]^2 / \hat{V}^{ij}$$

求解该问题的一阶条件是:

$$0 = \sum_{i,j} [X^{ij} - \exp(Z^{ij}\beta)] \exp(Z^{ij}\beta) Z^{ij} / \hat{V}^{ij} \tag{7.57}$$

其解取决于方差的估计值 $\hat{V}^{ij}$,考虑以下三种情况。

情况 1:假设 $\varepsilon^{ij} = \exp(Z^{ij}\beta)\eta^{ij}$,其中 η^{ij} 为随机变量,满足 $E(\eta^{ij} \mid Z^{ij}) = 0$,且具有常数方差 σ_η^2。则引力方程(7.56′)可以重写为:

$$X^{ij} = \exp(Z^{ij}\beta)(1 + \eta^{ij})$$

注意已经将(7.56′)中的误差项由加法形式变为乘法形式。两边取自然对数,得到对数线性回归方程:

[①] 另一种方法是 1 加上所有贸易值 X^{ij},使当 $X^{ij} = 0$ 时 $\ln(1+X^{ij}) = 0$;当 $X^{ij} > 0$ 时 $\ln(1+X^{ij}) > 0$。或者,可以对所有贸易值加一个正的常数 α,并估计它。

$$\ln X^{ij} = Z^{ij}\beta + \ln(1+\eta^{ij}) \tag{7.58}$$

式(7.58)中的误差项表现良好,但是如果这些出口值为零,我们仍然不能采用 $X^{ij}=0$ 的自然对数。因此,我们不用对数线性回归,而是用式(7.57)中的方差计算 $\hat{V}^{ij}=[\exp(Z^{ij}\hat{\beta})]^2\sigma_\eta^2$,使一阶条件变为:

$$0 = \sum_{i,j}[X^{ij} - \exp(Z^{ij}\hat{\beta})]Z^{ij}/\exp(Z^{ij}\hat{\beta}) \tag{7.59}$$

结果显示式(7.59)与 gamma 伪最大似然(PML)估计的一阶条件相同,使 STATA 中的命令可以获得 $\hat{\beta}$。推导过程显示 γ 估计与对数线性估计类似,除了 gamma 估计可允许出口值包括零。

情况2:也许我们不相信上述假设 $\varepsilon^{ij} = \exp(Z^{ij}\beta)\eta^{ij}$,即误差项与引力变量完全成比例变动。假定一个简单的替代模型 $\varepsilon^{ij} = [\exp(Z^{ij}\beta)]^{0.5}\eta^{ij}$,随机变量 η^{ij} 仍然满足 $E(\eta^{ij}|Z^{ij})=0$ 和常数方差 σ_η^2。那么误差的预测方差为 $\hat{V}^{ij}=[\exp(Z^{ij}\hat{\beta})]\sigma_\eta^2$。使用式(7.57)的方差,一阶条件变为:

$$0 = \sum_{i,j}[X^{ij} - \exp(Z^{ij}\hat{\beta})]Z^{ij} \tag{7.60}$$

该方程与泊松伪最大似然(PML)估计的一阶条件相同。在这种情况下,最终得到泊松估计并不奇怪,因为泊松模型的条件方差等于条件均值,这与我们的假设 $V(X^{ij}|Z^{ij})=[\exp(Z^{ij}\beta)]\sigma_\eta^2\alpha[\exp(Z^{ij}\beta)]=E(X^{ij}|Z^{ij})$ 一致①。与 gamma 估计一样,也可以包含出口值为零的情况,但不同的是,我们不应该期望泊松估计必然与对数线性 OLS 相似②。

情况3:解决贸易为零问题的第三种方法是依顿等(Eaton 等,2012)。他们不是像式(7.55)和式(7.55′)那样:用大数定律来匹配一个国家出口贸易份额的概率。他们假设产品的数量是有限的,所以引力方程(7.55′)的形式略有不同:

$$E\left(\frac{X^{ij}}{X^{j}}\right) = \frac{S^{i}(w^{i}\tau^{ij})^{-\theta}}{R^{\cdot j}} \tag{7.61}$$

如上所述,把式(7.61)的右侧看成是一个引力模型 $\exp(Z^{ij}\beta)$。然后,代替式(7.56),我们将引力方程写为 $E[(X^{ij}/X^{j})|Z^{ij}] = \exp(Z^{ij}\beta)$。可以看到,式(7.56)和式(7.61)之间的区别在于左边的变量是一个比例而不是一个出口值。依顿等(Eaton 等,2012)认为该估计变为多项式 PML。此外,海德和梅耶(Head and Mayer, 2014)指出,可通过计算比例 (X^{ij}/X^{j}) 而不是出口值 X^{ij},运用 STATA 中的泊松 PML 命令

---

① 如海德和梅耶(Head and Mayer, 2014)所指出的,泊松 PML 估计在条件方差和条件均值成比例时是有效的,即使不成比例,它仍然保持一致性。在"过度分散"的情况下(即方差超过均值),用负二次方程估计引力方程可能是诱人的,但是海德和梅耶(Head and Mayer, 2014)认为要谨慎使用这种方法,因为所获得的系数取决于衡量出口的单位。

② 事实上,森特斯和滕雷罗(Santos and Tenreyro, 2006)认为,当泊松模型成立时,对数线性回归将导致系数偏差。为了说明这一点,用 $\varepsilon^{ij} = [\exp(Z^{ij}\beta)]^{0.5}\eta^{ij}$ 代替式(7.56)并取自然对数得到 $\ln X^{ij} = Z^{ij}\beta + \ln\{1 + \eta^{ij}[\exp(Z^{ij}\beta)]^{-0.5}\}$。大括号中的误差项并不独立于回归函数 Z^{ij},所以估计系数将有偏差。

来实现多项式 PML。

(五) 引力的再估计

为了说明允许贸易值为零的各种估计方法,表 7-1 报告了第三章表 3-5 介绍的加拿大各省和美国各州引力方程的估计。引力方程(7.43)估计为:

$$E(X^{ij} \mid Z^{ij}) = (d^{ij})^{\alpha} e^{\beta_1^i \delta_1^i} e^{\beta_2^i \delta_2^i} \tag{7.62}$$

其中,d^{ij} 是从国家 i 到国家 j 的距离;δ_1^i 是一个指标变量:如果国家 i 出口,则为 1,否则为零;δ_2^i 也是一个指标变量:如果国家 j 进口,则为 1,否则为 0。因为已经包括了来源国和目的国的固定效应,所以在估计一年的引力方程时,不需要包括来源国和目的国国家的 GDP,正如加拿大各省和美国各州 1993 年的数据一样。

在表 7-1 中,第 1 列报告了使用 $\ln(X^{ij})$ 作为因变量的 OLS 估计,并忽略了零贸易情况这与第三章表 3-5 第 5 列相同。然后,依次使用泊松、Gamma 和多项式 PML 估计同一方程,每种方法都分为有和没有零贸易情况。如上所述,多项式 PML 估计使用 X^{ij}/X^i 作为式(7.61)中的因变量,与式(7.62)有相同的解释变量。

表 7-1 加拿大和美国贸易的引力方程,1993

估计方法[a]	OLS $\ln(X^{ij})$	泊松 $X^{ij}>0$	泊松 X^{ij}	Gamma $X^{ij}>0$	Gamma X^{ij}	多项式 $X^{ij}>0$	多项式 X^{ij}
	(1)	(2)	(3)	(4)	(5)	(6)	(7)
距离	−1.25 (0.04)	−1.01 (0.04)	−1.00 (0.04)	−1.33 (0.05)	−1.27 (0.04)	−1.01 (0.04)	−1.12 (0.04)
边界指标	−1.55 (0.06)	−1.24 (0.09)	−1.24 (0.09)	−1.21 (0.07)	−1.24 (0.07)	−1.01 (0.12)	−1.08 (0.12)
边界效应[b]	4.7	3.5	3.5	3.6	3.5	2.75	2.94
RESET 检验[c]	0.000	0.025	0.025	0.000	0.000	0.130	0.095
观测数	1 511	1 511	1 560	1 511	1 560	1 511	1 560

资料来源:Feenstra(2016)。
注意:括号中是标准误。所有回归都包括对来源地和目的地省或州的固定效应。
a. 对于多项式估计,因变量是出口值除以目的地省或州的国内生产总值。
b. 计算边界指标(绝对值)系数的指数。
c. 因变量的线性预测值由解释变量估计系数的构建。然后将平方预测值包含在回归中。使用零假设进行 Wald 测试,即平方预测值的系数等于零,并且报告该测试的 p 值。

从表 7-1 可以看出,估计方法对于估计的结果,特别是估计的边界效应产生了重大的影响。加拿大和美国采用 OLS 估计的边界效应是 4.7,这意味着加拿大或美国的国内贸易平均是跨国贸易的 4.7 倍。其他所有估计方法都比 OLS 的估计值更低。采用 OLS 和 Gamma PML 估计,距离的影响是相似的,正如我们上面所论述的那样,应该是这样。在泊松 PML 中,距离对国际贸易的影响较小。在 PML 估计中,有和没有零贸易的结果非常相似,但是得到该结果的数据库不具有普遍性:在1 560个样本中,只有49个零贸易。实际上,加拿大和美国的数据库是非常不完整的,它包括所有加拿大的十个省份,但只包括美国三十个州。据推测,许多"失踪"的州与其他一些州和省份的贸易额都是零。

根据森特斯和滕雷罗(Santos and Tenreyro,2006),可以使用RESET测试来检验每个方程中的异方差性。在此测试下,因变量的线性预测由解释变量的估计系数构成。然后,将平方的预测值包含在回归中。使用零假设进行Wald测试,即平方预测值的系数等于零,报告该测试的p值。从表7-1可以看出,RESET测试在采用OLS和Gamma PML(不论是否存在零贸易)估计方法时,允许拒绝没有异方差假设;但是,它不能在1%的显著性水平上拒绝泊松PML方程的假设,尽管它在5%的水平上可以拒绝;并且也没有在10%的显著性水平上拒绝多项式PML方程的假设。基于这个测试,具有无异方差的零假设的多项式PML估计似乎最适合该数据库。多项式PML估计的边界效应比其他估计方法的值更低,距离的系数也和其他估计方法至少一样低(以及包含零贸易时,该系数更低)。

因为加拿大和美国的数据中贸易为零的情况很少,故用森特斯和滕雷罗(Santos and Tenreyro,2006)1990年136国家之间的双边贸易的数据重新进行估计。在该数据库中,52%的样本具有正的出口,剩下的48%是零出口。结果如表7-2所示。可以看到,仅仅对采用泊松PML估计以及Gamma PML(包括零贸易)估计,共同边界的指标变量才是非常重要的。采用不同的估计方法,距离变量的估计系数存在很大变化,泊松PML估计时最接近零,Gamma PML估计时离零最远。增加零贸易几乎使观测样本增加了一倍,这没有改变泊松和多项式估计的结果,但对Gamma估计的影响却令人惊讶。尽管存在这种敏感性,但OLS估计的大多数系数都位于两组Gamma估计之间,因此与预期一致,OLS估计比其他估计更接近Gamma估计。

再使用RESET检测异方差。现在发现泊松PML估计在任何显著性水平下都不能拒绝没有异方差的零假设,而多项式PML估计在1%或5%的显著性水平下不能拒绝这个零假设,这取决于是否包括零。因此,与表7-1中加拿大内部贸易、美国内部贸易及美加之间贸易的估计值相反,在表7-2中,泊松估计优于多项式估计。然而,在OLS和Gamma PML方程中拒绝没有异方差的结论,这两个表中是一致的;根据森特斯和滕雷罗(Santos and Tenreyro,2006),这种异方差能导致系数估计的偏误。因此,根据这些估计结果,我们建议是研究人员使用泊松或多项式PML估计,这两种方法只是因变量构建的方式不同(泊松的因变量是出口值,多项式的因变量是出口占目的国GDP的份额)[①]。此外,研究人员应该在对引力估计感到满意之前,使用RESET或其他检验检查异方差的存在。

---

① Fally(2014)提出了使用包括固定效应的泊松PML估计的另一个理由。他认为,外向流量(包括国内贸易)的总和将自动等于国家的实际产出。固定效应可以准确地重建多边阻力,不需要Anderson和van Wincoop(2003)所做的计算。

表 7-2 136 个国家的引力方程,1990

估计方法[a]	因变量：国家对的出口值						
	OLS $\ln(X^{ij})$	泊松 $X^{ij}>0$	泊松 X^{ij}	Gamma $X^{ij}>0$	Gamma X^{ij}	多项式 $X^{ij}>0$	多项式 X^{ij}
	(1)	(2)	(3)	(4)	(5)	(6)	(7)
距 离	−1.35 (0.03)	−0.75 (0.04)	−0.77 (0.04)	−1.93 (0.08)	−1.17 (0.04)	−1.11 (0.06)	−1.06 (0.06)
共同边界	0.17 (0.13)	0.37 (0.09)	0.35 (0.09)	−0.46 (0.30)	0.37 (0.14)	0.01 (0.14)	0.03 (0.14)
共同语言	0.41 (0.07)	0.38 (0.09)	0.42 (0.09)	0.68 (0.14)	0.42 (0.07)	0.77 (0.14)	0.78 (0.14)
殖民关系	0.67 (0.07)	0.08 (0.13)	0.04 (0.13)	0.81 (0.15)	0.51 (0.08)	0.56 (0.14)	0.51 (0.13)
FTA 指标	0.31 (0.10)	0.38 (0.08)	0.37 (0.08)	1.47 (0.33)	0.58 (0.12)	1.03 (0.17)	1.00 (0.16)
RESET 检验[b]	0.000	0.567	0.113	0.001	0.000	0.007	0.018
观测数	9 613	9 613	18 360	9 613	18 360	9 613	18 360

资料来源：芬斯特拉（Feenstra, 2016）

注意：括号中是标准误。所有回归都包括对来源地和目的地的固定效应。

a. 对于多项式估计，因变量是出口值除以目的省或州的国内生产总值。

b. 因变量的线性预测由解释变量估计系数的构成。然后，将平方预测值包含在回归中。使用零假设进行 Wald 测试，即平方预测值的系数等于零，并且报告该测试的 p 值。

（六）估算贸易成本和贸易弹性

虽然在估算引力方程方面取得了很大的进展，但一直没有注意到贸易成本 T^{ij}。这些成本的重要性不仅体现在其自身，而且也体现在它能够揭示冰山运输成本 τ^{ij} 的指数。在引致出安德森和温库朴（Anderson and van Wincoop, 2003）的引力方程（7.46'）的克鲁格曼模型（Krugman, 1980）中，贸易成本取对数的系数是 $1-\sigma$，其与替代弹性有关。在梅里兹-切尼模型（7.49）中，贸易成本取对数的系数是 $-\theta$，θ 是帕累托参数。同样，在依顿-科滕（Eaton and Kortum, 2002）模型的引力方程（7.55'）中，θ 是 Freshet 参数。一般来说，我们将把贸易成本对数的（系数）称为关于冰山贸易成本的贸易弹性。那么问题是如何估算贸易成本或贸易弹性呢？

海德和梅耶（Head and Mayer, 2014）提供了"比率-类型估计"（ratio-type estimates）的方法。该方法通过比率简化式（7.43）中的引力方程 $X^{ij} = (Y^i/R^{i\cdot})(X^j/R^{\cdot j})T^{ij}$。例如，如果贸易成本 T^{ij}（由 τ^{ij} 及其指数组成）是对称的，那么 $T^{ij} = T^{ji}$，而且 $T^{ii} = T^{jj} = 1$，那么贸易成本为：

$$T^{ij} = \left(\frac{X^{ij}X^{ji}}{X^{ii}X^{jj}}\right)^{1/2} \tag{7.63}$$

基于海德和里斯（Head and Ries，2001），上述方法难点是与（X^{ii} 和 X^{jj} 所代表的）自己国家内部贸易在实践中很难衡量。基于罗密里斯（Romalis，2007）和赫拉克（Hallak，2006），一个可替代方法是形成比率：

$$\frac{X^{ij}/X^{ik}}{X^{lj}/X^{lk}} = \frac{T^{ij}/T^{ik}}{T^{lj}/T^{lk}} \tag{7.64}$$

这是对贸易成本更复杂的估计，但仍然与引力方程中的其他变量无关。

然而，上述两种方法都没有揭示关于冰山成本的贸易弹性。为了达到这个目的，需要使用额外的数据。卡利恩多和帕罗（Caliendo and Parro，2015）使用两国家间的从价（或百分比）关税 t^{ij}，并假设贸易成本与关税和距离相关 $T^{ij} = [(1+t^{ij})(d^{ij})^\alpha]^\eta$，其中 η 是关于贸易成本的贸易弹性。由于距离是对称的 $d^{ij} = d^{ji}$，然后使用贸易成本方程和式（7.43），可以得到：

$$\frac{X^{ij}X^{jh}X^{hi}}{X^{ih}X^{hj}X^{ji}} = \left[\frac{(1+t^{ij})(1+t^{jh})(1+t^{hi})}{(1+t^{ih})(1+t^{hj})(1+t^{ji})}\right]^\eta \tag{7.65}$$

这样，贸易弹性 η 可通过等式右边的指数估计。卡利恩多和帕罗（Caliendo and Parro，2015）使用这些估计值来计算北美自由贸易协定对有关国家的影响。巴斯等（Bas et al.，2014）对式（7.64）采用类似的技术得到了贸易弹性。

使用关税来估计贸易弹性的另一种办法是使用价格数据。芬斯特拉（Feenstra1，1994）使用目的国进口价格（更准确地说是单位价值）的份额估计这些国家的替代弹性，这种技术很容易获得贸易弹性 $1-\sigma$。西默罗斯卡和沃（Simonovska and Waugh，2014）也提出用不同国家的商品价格来估计贸易弹性。他们的技术适用于我们讨论过的引致出引力方程的任何模型，并且如何获得估计结果取决于模型结构的假设。

第六节 度量贸易成本的影响

伯纳德等（Bernard et al.，2003）、梅里兹（Melitz，2003）和梅里兹和奥塔维亚诺（Melitz and Ottaviano，2008）理论研究均表明：两国贸易成本的对称下降将导致行业生产率的提升、提高企业退出和企业成为出口商的概率、出口商出口销售份额将提升而非出口商的销售份额将下降。

伯纳德等（Bernard et al.，2006）利用 1982—1992 年美国制造业的数据，实证分析了行业层面贸易成本的变化对制造业行业和企业层面带来的影响。伯纳德等（Bernard et al.，2006）将行业的贸易成本（TC）定义为两种贸易成本之和：一是行业内产品的加权平均进口关税（从价税）；二是行业内产品的加权平均运输成本（关税当量形式）[①]。

---

① 为了将产品与行业进行匹配，他们借鉴了 Feenstra（2002）的协调原则。他们强调行业内产品（或中间品）的变化将会影响 TCs，尽管法律颁布的税率和运输成本并没有发生变化。

t 年行业 i 的进口从价税率 (d_{it}) 用对该行业征收的进口关税与该行业产品 FOB 价的比值来表示,即 $d_{it}=duties_{it}/fob_{it}$。$t$ 年行业 i 的从价税运费率 (f_{it}) 用该行业产品的 CIF 价超过 FOB 价的加成来表示,即 $f_{it}=(cif_{it}-fob_{it})/fob_{it}$。

贸易成本的变化定义为:$\Delta TC_{it}=[(d_{it}+f_{it})+(d_{it-5}+f_{it-5})]/5$ ①。伯纳德等 (Bernard et al., 2006) 计算了美国 SIC 两位数 39 种制造业的贸易成本,结果发现 1982—1992 年制造业加权平均关税税率由 4.8% 下降至 4.2%,加权平均费率由 5.6% 下降 4.1%。

实证检验贸易成本效应的模型为:

$$y_{it}=c_t+\beta\Delta TC_{it}+\delta_i+\delta_t+\varepsilon_{it} \quad (7.66)$$

$$y_{it}=c_t+\beta\Delta TC_{it}+\gamma Z_{it}+\delta_i+\delta_t+\varepsilon_{it} \quad (7.67)$$

其中,δ_i、δ_t 分别表示行业和时间的固定效应;Z_t 是行业(或企业)层面的矢量,其包含的控制变量随应变量的变化而变化。矢量 Z_t 还包括了贸易成本变化 (ΔTC) 与企业层面变量的交叉作用。伯纳德等 (Bernard et al., 2006) 将式 (7.66) 定义为基本方程,而式 (7.67) 被定义为扩展方程。伯纳德等 (Bernard et al., 2006) 除了一个方程外,其余所有的方程中 y 均为企业层面的被解释变量。当 y_{it} 为行业层面的变量时,仅用基本方程,即式 (7.66) 进行回归分析。

表 7-3 列出了回归之后的 β 值以及贸易成本的变化 (ΔTC) 与企业相对生产率 (PRP) 交互影响的系数。企业相对生产率 (PRP) 是指企业的生产率 (TFP_i) 与行业的平均生产率 ($\overline{TFP}$) 的差距(以百分比表示),SIC 前四位数相同表示属于同一行业。表 7-3 中的第 2 列列出了利用基本方程回归得到的 β 值;第 3 列列出了扩展方程回归的 β 值;第 4 列给出了利用扩展方程回归得到的交互影响的回归系数。

表 7-3 贸易成本变化对相关变量的影响

Dependent variable Y	Estimated β 基本方程	Estimated β 扩展方程	Coefficient interactive term ($\Delta TC * PRP$)
$\Delta TFP_{industry}$	-0.190^*		
ΔTFP_{plant}	-1.027	-2.321^*	0.545
Prob(new exporter=1)	-8.933^*	-8.621^*	1.359
Prob(death=1)	-5.664	-6.669^{**}	12.178^{**}
Domestic market share	0.000 8	$-0.004\ 3$	$0.016\ 2^*$

注:$^* p<0.10$;$^{**} p<0.05$;$^{***} p<0.01$。
资料来源:Bernard 等 (2006)。

表 7-3 中的第 2 行给出了贸易成本变化对行业生产率的影响。因变量 $\Delta TFP_{industry}$ 是指 t 年至 $t+5$ 年期间行业全要素生产率的年均变化率。β 的符号与伯纳

---

① 间隔 5 年是由于美国对制造业的统计调查每 5 年进行一次。

德等(Bernard et al.,2003)等三个模型的预测一致,贸易成本下降1%将导致行业全要素生产率年均增长0.2%。

尽管伯纳德等(Bernard et al.,2003)、梅里兹(Melitz,2003)和梅里兹和奥塔维亚诺(Melitz and Ottaviano,2008)等都认为行业生产率的变化是由于企业的退出与进入、企业产出份额的重组,但不能肯定贸易成本变化对行业生产率的影响是否意味着对企业生产率的影响。为了检验贸易成本是否对企业生产率产生了影响,伯纳德等(Bernard et al.,2006)还利用企业层面的全要素生产率变化作为因变量($y = \Delta TFP_{plant}$)进行了回归分析。表7-3中的第3行给出了实证分析结果,在加入企业层面的控制变量(例如,企业的年龄、资本密集度、是否属于跨国公司等)之后,β通过了显著性检验,这表明存活企业生产率的调整对贸易成本变化导致的行业层面生产率变化产生一定的影响。

表7-3中的第4行列出了贸易成本变化对非出口企业成为出口企业概率的Logit回归分析结果。回归结果与理论模型预测相一致,贸易成本的下降将提升非出口企业成为出口企业的概率。贸易成本下降一个标准差,企业成为出口企业的可能性上升0.6%。此外,伯纳德等(Bernard et al.,2006)还发现高生产率的企业更可能成为出口企业。然而,贸易成本变化与企业相对生产率的交互作用($\Delta TC * PRP$)的回归结果并未通过显著性检验,这似乎并未支持贸易成本降低将导致高生产率的企业进入出口市场的结论。塔伯特(Tybout,2006)认为这可能是因为贸易成本的降低对生产率很高或很低的企业的出口决策没有影响。生产率很高的企业一直就是出口商,贸易成本的变化对其出口状态基本没影响;而贸易成本的变化对生产率很低的企业出口状态也没有影响,因为其生产率太低根本不可能成为出口商。因此,贸易成本的变化将只能影响生产率处于中等水平的企业的出口决策。因此,如果交互项($\Delta TC * PRP$)回归系数通过了显著性检验,那么很可能是实证被检验的企业其生产率处于中等水平;如果交互项($\Delta TC * PRP$)回归系数不显著,则可能被调查的企业生产率与平均生产率相差(高于或者低于平均生产率)较大。

为了检验贸易成本变化对企业退出的影响,伯纳德等(Bernard et al.,2006)利用Logistic回归模型分析了$t-5$至t年期间贸易成本的变化对t至$t+5$年期间企业退出市场(即企业"死亡")概率的影响,表7-3的第5行列出了回归结果。回归结果显示贸易成本下降一个标准差将导致企业"死亡"的概率上升5%。交互项回归系数也显著表明高生产率的企业面对贸易成本的下降退出市场的概率相对较低。

伯纳德等(Bernard et al.,2006)发现并没有证据支撑国内销售市场份额与贸易成本成正比的假说。尽管交互项的符号与预期一致并通过了显著性检验,但回归系数非常小:贸易成本下降一个标准差仅仅导致出口商国内市场份额上升0.005个百分点。伯纳德等(Bernard et al.,2006)的这一结果与对发展中国家的进行研究的一些文献结论刚好相反,许多有关发展中国家的文献均表明:贸易自由化与国内市场萎缩存在紧密联系。

本章探讨了由于贸易导致低效率企业被高效率企业取代而带来的福利。由于自由贸易导致低生产率企业退出市场,而高生产率企业会扩张进入出口市场。这种替代效应在净进口行业和净出口行业均会发生。实证研究(例如,Pavcnik,2002;Tybout,

2003),包括许多针对发展中国家的实证研究表明：行业内的替代效应要大于古典比较优势模型所预测的行业间的替代效应。

本章没有强调的一个问题就是企业层面生产率的变化。有些证据支持了贸易使企业更有效率的论点。例如，毕思布洛克（Biesebroeck，2005）发现撒哈拉沙漠以南地区的企业在进入出口市场后，生产率得到了提高。但是，也有一些文献认为由于企业自身生产率提高而对导致行业生产率提高的贡献率要低于企业间替代效率对行业生产率的贡献。例如，契夫勒（Trefler，2003）发现加拿大美国签订自由贸易区后，加拿大行业层面生产率的增长是企业层面生产率增长的两倍。

参 考 文 献

1. Alvarez, F. & Lucas R. E., "General Equilibrium Analysis of the Eaton-Kortum Model of International Trade," *Journal of Monetary Economics*, 2007, 54: 1726-1768.

2. Alvarez, R. & Lopez, R. A., "Exporting and Performance: Evidence from Chilean Plants," *Canadian Journal of Economics*, 2005, 38(4): 1384-1400.

3. Anderson, J. E. & van Wincoop, E., "Gravity with gravitas: a solution to the border puzzle," *The American Economic Review*, 2003, 93(1): 170-192.

4. Arkolakis, C., Costinot A. & Rodríguez-Clare A., "New Trade Models, Same Old Gains?" *The American Economic Review*, 2012, 102(1): 94-130.

5. Baldwin, R. E. & Forslid, R., "Trade Liberalization with Heterogeneous Firms," CEPR Discussion paper, NO. 4635: 2004.

6. Bas, M., Mayer, T. & Thoenig, M., "From Micro to Macro: Demand and Supply-side Determinants of the Trade Elasticity," *Mimeo Sciences Po*, 2014.

7. Bernard, A.B, & Jensen J.B., "Why Some Firms Export," *The Review of Economics and Statistics*, 2004, 86(2): 561-569.

8. Bernard, A. B, Jensen J. B., Redding S. J. & Schott P. K., "Firms in International Trade," *Journal of Economic Perspectives*, 2007, 21(3): 105-130.

9. Bernard, A. B., Eaton, J., Jensen J. B., & Kortum S., "Plants and Productivity in International Trade," *American Economic Review*, 2003, 93(4): 1268-1290.

10. Bernard, A.B., Jensen, J.B. and Schott, P.K., "Trade Costs, Firms and Productivity," *Journal of Monetary Economics*, 2006, 53: 917-937.

11. Bernard, A.B., Redding, S.J. & Schott P.K., "Comparative Advantage and Heterogeneous Firms," *Review of Economics Studies*, 2007, 74(1): 31-66.

12. Caliendo, L. & Parro, F., "Estimates of the Trade and Welfare Effects of NAFTA," *The Review of Economic Studies*, 2015, 82(1): 1-44.

13. Chaney, T., "Distorted Gravity: the Intensive and Extensive Margins of International Trade," *The American Economic Review*, 2008, 98(4): 1707-1721.

14. Chen N., Imbs J. & Scott, A., "The Dynamics of Trade and Competition," *Journal of International Economics*, 2009, 77: 50-62.

15. Clerides, S., Lack S. & Tybout, J.R., "Is Learning by Exporting Important Micro-dynamic Evidence from Colombia, Mexico and Morocco?" *Quarterly Journal of Economics*, 1998, 113(3): 903-948.

16. Del Gatto, M., Mion, G. & Ottaviano, G., "Trade Integration, Firm Selection and the Costs of Non-Europe," *CEPR Discussion Paper*, No.5730, 2006.

17. Demidova, S., "Productivity Improvements and Falling Trade Cost: Boon or Bane?" *International Economic Review*, 2008, 49(4): 1437-1462.

18. Dornbusch, R., Fischer, S. & Samuelson P. A., "Comparative Advantage, Trade, and Payments in a Ricardian Model with a Continuum of Goods," *The American Economic Review*, 1977, 67(5): 823-839.

19. Eaton, J. & Kortum S., "Technology, Geography, and Trade," *Econometrica*, 2002, 70(5): 1741-1779.

20. Eaton, J. & Kortum, S., "Technology, Geography and Trade," *Econometrica*, 2002, 70(5): 1741-1779.

21. Eaton, J., Kortum, S. S. & Sotelo, S., "International Trade: Linking Micro and Macro," *National Bureau of Economic Research*, 2012.

22. Eaton, J., Kortum, S., & Kramarz, F., "Dissecting Trade: Firms, Industries, and Export Destinations," *American Economic Review*, *Papers and Proceedings*, 2004, 93: 150-154.

23. Falvey, R., Greenaway, D., & Yu, Z, "Extending the Melitz Model to Asymmetric Countries," *The University of Nottingham Research Paper*, 2006.

24. Feenstra, R. C., "New Product Varieties and the Measurement of International Prices," *The American Economic Review*, 1994: 157-177.

25. Feenstra, R. C, *Advanced International Trade: Theory and Evidence*, Second Edition, Princeton University Press, 2016.

26. Feenstra, R.C., Romalis, J. & Schott, P.K., "US Imports, Exports, and Tariff Data, 1989－2001," *NBER Working Paper 9387*. Cambridge, MA: NBER, 2002.

27. Greenaway, D., Hine, R., & Milner, C., "Vertical and Horizontal Intra-Industry Trade: A Cross Industry Analysis for the United Kingdom," *Economic Journal*, 1995, 105: 1505-1518.

28. Harry P. Bowen *et al.*, "Applied International Trade", *Palgrave Macmillan*, 2012.

29. Hallak, J. C., "Product Quality and the Direction of Trade," *Journal of International Economics*, 2006, 68(1): 238-265.

30. Head, K. & Mayer T., "Gravity Equations: Workhorse, Toolkit, and

Cookbook," *Ch. 3 in Handbook of International Economics*, Gopinath, G, E. Helpman and K. Rogoff (Eds), Vol. 4, 131-95[J]. 2014. Amsterdam: Elsevier.

31. Head, K. & Ries, J., "Increasing Returns versus National Product Differentiation as an Explanation for the Pattern of US-Canada Trade," *American Economic Review*, 2001: 858-876.

32. Helpman, E. & Krugman, P., "Market Structure and Foreign Trade," Cambridge, MA: MIT Press, 1985.

33. Helpman, E., Melitz, M. & Rubinstein, Y., "Estimating Trade Flows: Trading Partners and Trading Volumes," *The Quarterly Journal of Economics*, 2008, 123(2): 441-487.

34. Krugman, P., "Scale Economies, Product Differentiation, and the Pattern of Trade," *The American Economic Review*, 1980, 70(5): 950-959.

35. Krugman, P., Obstfeld. M, Melitz,. M, *International Economics: Theory and Policy*, Pearson, Tenth Edition, 2014.

36. Lawrence, R.Z., "Does a Kick in the Pants Get You Going or Does it Just Hurt? The Impact of International Competition on the Technological Change in US Manufacturing," in R.C. Feenstra (ed.), *The Impact of International Trade on Wages* (Chicago: University of Chicago Press), 2000: 197-224.

37. MacDonald, M. J. "Does Import Competition Force Efficient Production?" *Review of Economics and Statistics*, 1994, 76(4): 721-727.

38. Melitz, M. J. & Ottaviano, G., "Market Size, Trade and Productivity," Review of *Economics Studies*, 2008, 75: 297-316.

39. Meltitz, M.J., "The Impact of Trade on Intra-industry Reallocations and Aggregate Industry Productivity," Econometrica, 2003, 71(6): 1695-1725.

40. Ottaviano, G., Tabushi T., & Thisse, J.F., "Agglomeration and Trade Revisited," *International Economics Review*, 2002, 43: 409-436.

41. Pavcnik, N., "Trade Liberalization, Exit, and Productivity Improvement: Evidence from Chilean Plants," *Economics Studies*, 2002, 69(1): 245-276.

42. Robert, M.J. & Tubout, J., "The Decision to Export in Colombia: An Empirical Model of Entry with Sunk Cost," *The American Economic Review*, 1997, 87(4): 545-564.

43. Romalis, J., "NAFTA's and CUSFTA's Impact on International Trade," *The Review of Economics and Statistics*, 2007, 89(3): 416-435.

44. Silva, J. M. C. S. & Tenreyro, S., "The Log of Gravity," *The Review of Economics and Statistics*, 2006, 88(4): 641-658.

45. Simonovska, I. & Waugh, M. E., "The Elasticity of Trade: Estimates and evidence," *Journal of international Economics*, 2014, 92(1): 34-50.

46. Tybout, J. R., "Comments on: Trade Costs, Firms and Productivity,"

Journal of Monetary Economics, 2006, 53: 939-942.

47. Tybout, J. R., "Plant and Firm Level Evidence on the 'NEW' Trade Theories," in E. Kwan Choi and L. Harrigan (Eds.), *Handbook of International Trade*, ch. 13(Malden MA and Oxford: Blackwell Publishing), 2003.

48. van Biesebroeck, J., "Exporting Raises Productivity in Sub-Saharan African Manufacturing Plants," *Journal of International Economics*, 2005, 67 (2): 373-391.

练习与思考

1. 利用式(7.29)和式(7.30)分析贸易成本 τ^* 的下降对 c_D 以及 N 的长期和短期影响。
2. 利用新发展的引力模型估计中国与东盟的边界效应。
3. 利用新发展的引力模型估计中国贸易成本及贸易弹性。

附录　迪克西特-斯蒂格利茨偏好下的垄断竞争

一、关于消费者

代表性消费者的偏好用柯布-道格拉斯效用函数来表示：$U=H^{1-\alpha}V^{\alpha}[0<\alpha<1]$，其中 H 代表同质商品的消费。子效用函数 $V\equiv[\sum_{i=1}^{n}v_i^{\rho}]^{\frac{1}{\rho}}[0<\rho<1]$，其中 n 表示异质性产品的种类。消费者将其收入中 α 比例用于异质性产品的消费，$(1-\alpha)$ 比例用于同质性产品的消费。

令 p_i 和 I 分别表示种类为 i 的产品价格和消费者的收入。在消费者预算约束下 $(\sum_{i=1}^{n}p_iv_i=\alpha I)$ 使 V 效用最大化得到一阶条件：$\rho v_i^{\rho-1}=\lambda p_i$，$[i=1,\cdots,n]$。由该条件可以推出 $v_i/v_j=(p_i/p_j)^{1/(\rho-1)}$，进一步可得到：$v_i=v_j(p_i/p_j)^{1/(\rho-1)}$ 和 $\alpha I=\sum_{i=1}^{n}p_iv_i=[v_j/p_j^{1/(1-\rho)}]\sum_{i=1}^{n}p_i^{1+1/(\rho-1)}$。因此，可以推导出：

$$v_j=\frac{\alpha I}{\sum_{i=1}^{n}p_i^{1+1/(\rho-1)}}p_j^{1/(\rho-1)}=\frac{\alpha I}{\sum_{i=1}^{n}p_i^{1-\sigma}}p_j^{-\sigma}=\frac{\alpha I}{P}\left(\frac{p_j}{P}\right)^{-\sigma} \tag{A7.1}$$

其中，$\sigma\equiv 1/(1-\rho)$，$\sigma>1$，它代表不同种类产品间的替代弹性；$P\equiv[\sum_{i=1}^{n}p_i^{1-\sigma}]^{1/(1-\sigma)}$ 表示价格指数。为了更清楚地理解后者，请注意：

$$V=\left[\sum_i v_i^{(\sigma-1)/\sigma}\right]^{\frac{\sigma}{\sigma-1}}=\left[\sum_{i=1}^{n}\left(\frac{\alpha I}{P}\right)^{\frac{\sigma-1}{\sigma}}\left(\frac{p_j}{P}\right)^{1-\sigma}\right]^{\frac{\sigma}{\sigma-1}}$$

$$=\frac{\alpha I}{P^{1-\sigma}}\left[\sum_{i=1}^{n}p_j^{1-\sigma}\right]^{\frac{\sigma}{\sigma-1}}=\frac{\alpha IP^{\sigma}}{P^{1-\sigma}}=\frac{\alpha I}{P}$$

如果对于所有的 i 而言,都有 $p_i=p$,则有 $P=n^{1/1-\sigma}p$。值得注意的是:n 的增加并不会影响单个产品的价格,但价格指数(P)会下降,下降的幅度与产品间的替代弹性负相关。

如果消费者的数量为 L,那么对异质性产品的总支出为 $E=LI$,市场对产品 j 的需求为:

$$q_j = \frac{\alpha E}{\sum_{i=1}^{n} p_i^{1-\sigma}} p_j^{-\sigma} = \frac{\alpha E}{P} \left(\frac{p_j}{P}\right)^{-\sigma} \tag{A7.2}$$

令产量指数 $Q \equiv \left(\sum_{j=1}^{n} q_j^{\rho}\right)^{\frac{1}{\rho}}$,由式(A7.2)可以得到:

$$Q = \left[\sum_{j=1}^{n} p_j^{-\sigma\rho}\right]^{\frac{1}{\rho}} \frac{\alpha E}{P^{1-\sigma}} = \left[\sum_{j=1}^{n} p_j^{1-\sigma}\right] \left[\sum_{j=1}^{n} p_j^{1-\sigma}\right]^{\frac{1}{\rho}-1} \frac{\alpha E}{P^{1-\sigma}}$$

$$= \left[\sum_{j=1}^{n} p_j^{1-\sigma}\right]^{-\frac{1}{1-\sigma}} \alpha E = \frac{\alpha E}{P} \tag{A7.3}$$

式(A7.2)和式(A7.3),可以得到:

$$q_j = Q \left(\frac{p_j}{P}\right)^{-\sigma} \tag{A7.4}$$

二、关于生产者

假设劳动是异质品部门唯一的生产投入要素,生产函数为:

$$q_i = \begin{cases} 0 & \text{当 } l_i \leqslant F \\ (-F + \varphi_i l_i) & \text{当 } l_i \geqslant F \end{cases}$$

其中,l_i 表示企业 i 雇佣的劳动数量,F 代表固定的劳动投入,φ_i 表示企业 i 的劳动边际生产率。因此,企业的总成本为:$C_i(q_i)=(F+c_i q_i)w(q_i>0)$,其中,$w$ 表示工资,$c_i \equiv 1/\varphi_i$ 表示企业多生产一单位产品所需要的劳动投入。

为了描述均衡,需要回答下列三个问题:一是为了利润最大化,企业应生产多少种类的产品?二是特定种类的产品是否由多个企业生产?三是企业决定价格还是产量?

首先回答最后一个问题。假设每个企业只生产一种种类的产品并且每种种类的产品都只有一家企业生产(即不同企业生产不同的产品)。当 $p_i[1-1/\eta_i]=c_i w$ 时,利润函数 $\pi_i=(p_i-c_i w)q_i-Fw_i$ 达到最大化;其中,η_i 表示企业 i 的需求弹性。企业的需求弹性取决于企业是决定产品的价格还是产品的数量?如果企业决定价格,把竞争对手厂商的价格看作给定,那么需求弹性为:

$$\eta_i^p = -\frac{\partial q_i}{\partial p_i} \frac{p_i}{q_i} = -\frac{\alpha E}{\sum_i p_i^{1-\sigma}} \left[-\sigma p_i^{-\sigma-1} - \frac{(1-\sigma)p_i^{-\sigma}}{\sum_i p_i^{1-\sigma}}\right] \frac{p_i}{\alpha E p_i^{-\sigma}/\sum_i p_i^{1-\sigma}}$$

$$=\sigma-(\sigma-1)\frac{p_i^{1-\sigma}}{\sum_i p_i^{1-\sigma}}=\sigma-(\sigma-1)\left(\frac{p_i}{P}\right)^{1-\sigma}=\sigma-(\sigma-1)z_i$$

其中，$z_i=(q_i/Q)^{(\sigma-1)/\sigma}=(p_i/P)^{1-\sigma}$（由式(A7.4)得到）。如果企业决定生产的产品数量，把竞争对手企业生产的产品数量看成既定，则产品 i 需求弹性的倒数为 $\frac{1}{\eta_i^q}=\frac{1}{\sigma}+\frac{\sigma-1}{\sigma}z_i$。注意：$z_i$ 越小，η_i^p 和 η_i^q 就越大；并且当 $z_i\to 0$ 时，$\eta_i^p\to\sigma$ 和 $\eta_i^q\to\sigma$。当产品的种类是连续的，后者显然成立的；国际贸易的文献认为即使模型的是离散的，它也同样成立。这种方法意味着他们相信企业的数量足够多能确保该条件成立，所以这也意味着不管企业是决定价格还是产品数量，均衡是相同的。

价格-成本的加成可以由下式得到：

$$\frac{p_i}{wc_i}=\frac{\sigma}{\sigma-1} \tag{A7.5}$$

注意：价格的加成与企业的数量无关。现在回答第二个问题为什么两家（或多家）企业不生产相同种类的产品？假定他们生产相同种类的产品并且决定产品价格，在这种情况下，产生了波特兰德竞争，价格加成为零；而生产不同种类的产品，价格加成为正。如果企业决定产品的数量，那么他们生产相同种类产品得到的利润将低于他们生产不同种类产品的利润。由式(A7.4)和式(A7.5)可以得到：

$$q_i/q_j=(p_i/p_j)^{-\sigma}=(r_i/r_j)^{\sigma/(\sigma-1)}=(c_i/c_j)^{-\sigma}=(\varphi_j/\varphi_i)^{-\sigma} \tag{A7.6}$$

其中，$r_i\equiv p_i q_i$。由式(A7.5)可以得到：

$$\pi_i=r_i-w[F+c_i q_i]=r_i-wF-p_i\frac{\sigma-1}{\sigma}q_i=r_i\left(1-\frac{\sigma-1}{\sigma}\right)-wF$$

$$=\frac{r_i}{\sigma}-wF \tag{A7.7}$$

利用式(A7.3)、式(A7.4)和式(A7.5)，式(A7.7)意味着企业 i 的可变利润为：

$$\tilde{\pi}_i=\frac{r_i}{\sigma}=\frac{\alpha E}{\sigma}\left[\frac{\sigma}{\sigma-1}\frac{wc_i}{p}\right]^{1-\sigma} \tag{A7.8}$$

如果对于所有的企业 i，$c_i=c$，那么所有的企业生产的产品数量均为 $q=(\sigma-1)F/c$。如果企业能够自由进入市场，那么他们的收益为 $r=wc[\sigma/(\sigma-1)]q=w\sigma F$。值得注意的是生产产品的数量仅仅取决于技术和要素成本，而与消费者对异质性产品的消费支出无关。由式(A7.3)和价格指数 P 的定义可以看出：消费者的消费支出（E）越大，则企业的数量越多。消费支出（E）的变化并不影响单个企业的定价及其生产的产品数量，因为当企业的数量（n）增加，价格指数（P）将下降，因此，福利将提升。

那么，企业是否会生产多种种类的产品？由于产品是可替代的，那么生产多种产品的企业对产品的定价将高于生产单一产品的企业定价。因为企业可以自由进出市场，因此,生产多种产品的企业将受到技术相同但生产单一产品企业的冲击;于是均衡时生产两种(或多种)产品的企业是不存在的。

以上假定子效用函数 V 是离散型的。如果是连续型的 $V = \left[\int_0^n (v(i))^\rho di \right]^{1/\rho}$，结论依然成立。

第八章 国际贸易与经济增长

【学习目标】

- 掌握哈罗德-多马经济增长模型
- 掌握新古典经济增长模型
- 理解"悲惨增长"产生的原因
- 掌握内生经济增长理论
- 经验研究贸易对中国经济的增长

持续的经济增长是战后各国经济政策的主要目标之一。经济增长被认为可以解决各种各样的经济问题,所以分析经济增长的决定因素一直是经济理论中重要议题之一。

有关经济增长的研究蛰伏了大约二十年,直到20世纪80年代中期才恢复。从那时起,关于这一领域的研究呈爆炸式增加:新创办的学术期刊《经济增长》为该领域的新发展提供了平台,其对该领域相关的问题进行了深入的探讨。(格罗斯曼 and 赫尔普曼,1991;巴罗 and 萨拉伊马丁,1995;阿吉翁 and 霍依特,1998,2009;琼斯,2006;阿西莫格鲁,2008;罗德里克 and 罗森茨维格,2009)

在过去的数十年中,人均收入和消费的上升说明发达国家和主要发展中国家的经济增长十分显著。在取得这些成就的同时,许多学者开始强调经济增长的成本——资源和环境问题,以及发展不均衡问题——超过20亿的发展中国家人口每天生活费不足2美元。

理论通常是先通过总结与经济增长相关的典型事实来构建的,然后建立理论模型使其符合这些事实。在此模型中实际人均收入非常重要,因为它是新古典生产函数选择的变量。此外,它也可以近似地表示个人的福利,如果一国的总收入在个人之间平均分配,那么人均收入可以度量某一特定年份每个人能够支付的商品和服务数量。人均收入的增长率也很重要,因为它可以表明一国的经济增长(比如发展中国家)是否会被人口的快速增长所抵消。为了说明这个问题,我们看看2010年世界银行对215个国家基于修正的PPP人均国民收入的排名。卢森堡以人均收入63 850美元排名第一,是排名最后的刚果民主共和国的206倍。因此,如果卢森堡的人均收入保持不变,刚果以每年5.5%的增长率增长,那么将在100年后追赶上卢森堡。这个例子说明了该领域的很多重要问题:为什么当前世界各国的人均收入分布不均?为什么一些国家的发展相对较快?是否能够设计出相应的经济增长政策,使穷国追赶上富国?经济全球化是否应该成为经济政策的一部分?

本章关于经济增长的模型大部分都是以经济学家的直觉为基础的,将重点关注与国际贸易相关的问题。虽然国家的政策和制度往往是提高经济增长的重要因素,但国际因素在其中也起到了重要的作用。

第一节 资本积累的一般规律

传统封闭经济的增长理论本质是研究单一产品经济。假设 $K(t)$ 和 $L(t)$ 分别代表 t 时期的资本和劳动,则资本劳动比 $k(t)=K(t)/L(t)$。那么,经济增长率就等于资本和劳动增长率之差,见式(8.1),其中 $\dot{k}(t)$、$\dot{K}(t)$、$\dot{L}(t)$ 分别表示 $k(t)$、$K(t)$、$L(t)$ 对时间的导数,下文的介绍中如无特殊需要,省略时间 t。

$$\frac{\dot{k}(t)}{k(t)}=\frac{\dot{K}(t)}{K(t)}-\frac{\dot{L}(t)}{L(t)} \tag{8.1}$$

总投资为净资本积累加上折旧(式8.2),其中资本折旧率 $\mu>0$。

$$I=\dot{K}+\mu K \tag{8.2}$$

式(8.2)两边同时除以资本 K,有

$$\frac{\dot{K}}{K}=\frac{I}{K}-\mu \tag{8.3}$$

在两部门经济体系中(即不存在政府支出),均衡的条件是投资和储蓄相等,即 $I=S$。储蓄 S 取决于产出 Y 在消费与积累中的分配比例,假设储蓄率为 s ($0<s<1$),那么式(8.3)变为:

$$\frac{\dot{K}}{K}=\frac{sY}{K}-\mu \tag{8.4}$$

假设劳动以外生的不变的增长率 n 增长,即

$$\frac{\dot{L}}{L}=n \tag{8.5}$$

假设 y 表示人均产出,即 $y=Y/L$。把式(8.4)和式(8.5)代入式(8.1)可得到:

$$\dot{k}=sy-(\mu+n)k \tag{8.6}$$

式(8.6)反映了资本密集度(capital intensity)变化的基本规律,即人均资本的积累就是人均收入的储蓄(即资本的增加)减去折旧和人口增长的人均资本。

传统的经济增长理论都是根据式(8.6)推导演变来的,不同的是对技术的假设有区别。哈罗德(Harrod,1939)和多马(Domar,1946)采用固定系数生产函数 Y 提出了"哈罗德-多马模型",而索洛(Solow,1956)和斯旺(Swan,1956)提出的新

古典经济增长模型,假设总生产函数的资本和劳动是可替代的,并且资本的边际收益递减。

第二节 哈罗德-多马模型

一、多重均衡

外生经济增长模型"哈罗德-多马模型"认为,经济增长与总储蓄和投资的决定因素密切相关。虽然该模型比较简单,但很多复杂的经济问题都以它的思想为基础。

该模型假设经济的技术是投入的资本和劳动之比率固定,即资本劳动完全不可替代。如果 a 和 b 分别表示资本产出比和劳动产出比,即 $a=K/Y$, $b=L/Y$,固定系数生产函数为:

$$Y=\min\left[\frac{K}{a},\frac{L}{b}\right] \tag{8.7}$$

式(8.7)说明由 K/a 和 L/b 所决定的较小的产出就是 Y,这就意味着会存在失业或闲置资本。例如,如果资本 K 所需要的劳动 bK/a 小于充分就业下的劳动 L,那么 $Y=K/a$,这时就会存在 $(L-bK/a)$ 的失业。所以,该理论不同于新古典经济增长理论,它的稳态由初始的要素禀赋决定。

用单位劳动表示公式(8.7),有

$$y=\min\left[\frac{k}{a},\frac{1}{b}\right] \tag{8.8}$$

假设 $k<a/b$,且 $\lambda=\mu+n$,将式(8.8)代入式(8.6),得到:

$$\dot{k}=\frac{s}{a}k-\lambda k \tag{8.9}$$

依据假设可得 $K<aL/b$, $Y=K/a$,那么式(8.4)变为:

$$\frac{\dot{Y}}{Y}=\frac{\dot{K}}{K}=\frac{s}{a}-\mu \tag{8.10}$$

式(8.10)意味着在假设条件下,均衡条件是产出增长率必须等于资本增长率,同时等于储蓄倾向与资本-产出比的比率 (s/a) 减去资本折旧率 (μ)。而参数 s、a、μ 都是固定的,所以这是一个外生经济增长模型。

式(8.9)的稳态解的条件是 $\dot{k}=0$, $(s/a-\mu)=n$,即资本和劳动要以相同的增长率增长。在均衡状态下,资本和劳动都实现了充分利用,不存在资源浪费。但是,储蓄率 s 是由经济中的厂商和居民偏好决定,资本产出比 a 由技术决定,劳动增长率

n 取决于出生率和死亡率等生物学的因素,所以该模型中经济的均衡增长只是一种偶然现象,即一种在"刃锋"上的增长。在非均衡状态下,就会存在失业或资源闲置(但不会同时存在)。如果 $(s/a-\mu)<n$,劳动增长率大于资本增长率,经济中就会出现失业,且失业会不断增加,导致资本产出比不断下降,在极端情况下,资本产出比会变为零。如果 $(s/a-\mu)>n$,资本增长率大于劳动增长率,意味着 $K>aL/b$,$Y=L/b$。现在资本虽然是多余的要素,将 $y=1/b$ 代入式(8.6),但仍有唯一的稳定的稳态 $\bar{k}=s/(n+\mu)b$。

二、双缺口模型

哈罗德-多马模型强调国内储蓄是经济增长的决定因素。储蓄倾向上升会导致资本增长率和产出增长率均增加。然而,20世纪80年代的发展中国家和90年代的经济转型国家的发展经验则强调另一个不同的决定因素,即外汇供给也是经济增长的决定因素。双缺口模型(即开放经济下的哈罗德-多马模型)引入了外汇因素,以便判断经济增长是否受储蓄缺口或外汇缺口的制约。该模型应用广泛,以下阐述其主要思想。

考虑一个开放经济的小国经济体。假设在给定贸易条件下,该国完全专业分工生产一种产品(即在生产可能性边界的角点上生产),该产品一部分满足国内的消费需求,另一部分出口以进口资本品;技术系数不变式(8.7),且 $K<aL/b$,因此存在失业,国内产出仅仅取决于资本存量,产出和资本会以相同的比率增长。为简单起见假定 $\mu=0$,依据式(8.3)可知,资本的增长率等于投资占资本总量的比例。

图8-1和图8-2说明了该经济体两缺口模型。横轴表示国内产出及其最终使用的分配,纵轴表示资本品的进口。在该国中,总产出为 OY,其中国内消费 OC,储蓄 CY。AY 代表贸易条件,即出口产品与进口产品的相对价格。CB 的斜率表示进口投入品与国内产品之比,以实现一定水平的国内投资。该线上不同的点表示不同的投资水平,离 C 点越远表示投资水平越高。如果投资水平要维持在 I_0,就需要 CD 国内产品投资,并出口 DY 的国内产品换回 ED 数量的进口品。

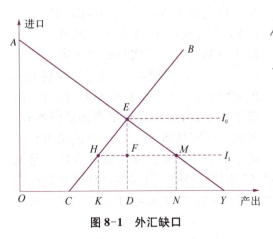

图 8-1 外汇缺口

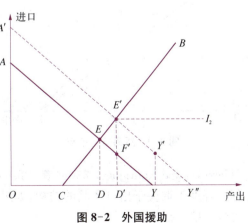

图 8-2 外国援助

假设由于外汇储备短缺,资本品进口被限制至 HK。这个可以增加,如果因外国对本国产品需求下降或者资源减少或生产率下降等原因使出口限制至 NY。较低的进口意味着国内投资构件(component)降低至 CK、较低的国内投资水平 I_1、KN 的超额储蓄供给。外汇缺口是 EF。

图 8-2 假设该经济体有一个对应于投资水平 I_2 的经济增长率目标。那么,需要多少事前资本才能实现这一目标呢?需要 CD' 的国内投资构件(component)和 $E'D'$ 的进口投入品。出口 $D'Y''$ 国内产品用以对这些进口品的支付。由于产出供给是 OY,故该经济体有一个 YY' 的国内储蓄缺口,或等价地,外汇缺口 $E'F'$。因此,如果想达到预期的经济增长目标,一种方法是提高储蓄率,即把相当于 YY' 的消费变为出口,以填补储蓄缺口。另一种方法是获得 $E'F'$ 的外国援助或贷款。随着 DD' 由出口变为国内储蓄,这种援助意味着出口减少至 $D'Y$。

三、经验研究

哥索维茨(Gersovitz,1982)利用 1950—1978 年的数据对阿根廷、哥伦比亚、厄瓜多尔、危地马拉和秘鲁等国进行了双缺口模型的估计。检验两缺口模型包括设定两种计量模型:储蓄约束体制和进口约束体制,来估计各国的物质投资量。但是,由于投资观测值是事后得到的,并且事先不能确定是哪一种机制导致了这样的样本观测值。因此,就产生了在不同时期到底是哪种约束机制在起作用的识别问题。通过不同约束机制对投资影响的概率进行估算,估计结果表明:接近 55% 的样本数据显示储蓄约束机制的概率超过 0.5。也就是说,在这些国家中,储蓄对投资的影响要大于进口对投资的影响。不过,进口约束体制经常可观察得到。厄瓜多尔的例子很有意思,因为该国是所有样本中唯一的重要石油出口国,正如预期那样,估计显示:进口约束增长,在主要石油冲击发生后就变成了储蓄约束增长。

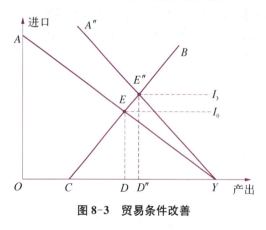

图 8-3 贸易条件改善

在之前的讨论中,假设贸易条件不变,下面考虑贸易条件的作用,如图 8-3。假设贸易条件改善,意味着出口相同的产品可以得到更多的资本品,即 AY 变为 $A''Y$,均衡点由 E 变为 E'',投资水平由 I_0 上升到 I_3,从而实现经济更高的增长率。相反,如果该国生产的是原材料或其他初级产品,那么该国贸易条件恶化,投资水平下降,最终导致更低的经济增长。因此一国贸易条件分析说明该国出口产品结构的重要性。哈里森和罗德里格斯(Harrison and Rodriguez,2009)等一系列的经验分析表明:贸易的经济增长效应在很大程度上取决于出口产品的结构,如果出口的产品是非传统部门,那么经济增长会更快一些。

第三节 新古典增长模型

一、基本动态方程

在新古典增长模型中,资本和劳动是可替代的,其生产函数采用如下形式:

$$Y = F(K, L) \tag{8.11}$$

该函数作为新古典生产函数,其性质包括一次齐次性(即规模报酬不变)、要素边际产出为正且不断递减等等。人均产出可表示为:

$$y = f(k) \tag{8.12}$$

把式(8.12)代入资本-积累比率的一般规律(8.6)式中,得到:

$$\dot{k} = sf(k) - \lambda k \tag{8.13}$$

其中,$\lambda = \mu + n$。式(8.13)就是新古典经济增长的基本动态方程。由式(8.13)可知,当$\dot{k}=0$时,存在一个稳态(平衡增长)的资本密集度$\bar{k}$的解。要达到均衡状态,还要满足以下两个条件:

(1) 当$0 < k < \infty$时,$f'(k) > 0$且$f''(k) < 0$。说明人均资本的边际产出为正,但它随人均资本的增加而下降。

(2) $f(k)$要满足稻田条件(Inada,1964),即

$$\begin{cases} f(0) = 0, \ f(\infty) = \infty \\ f'(0) = \infty, \ f'(\infty) = 0 \end{cases} \tag{8.14}$$

该条件说明当人均资本存量足够小的时候,其边际产出是十分大的;而当人均资本存量变足够大时,其边际产出会变得十分小。其作用是确保经济的路径不发散。

根据以上假设条件和式(8.13),当$\dot{k}=0$,经济在$\bar{k}$处达到均衡状态(如图8-4):

$$f(\bar{k}) = \frac{\lambda}{s} \bar{k} \tag{8.15}$$

在$\bar{k}$处,资本和劳动以相同的增长率n增长,假设规模报酬不变,产出也将以速率n增长。因此,人均产出、资本与产出的比都不变。该模型意味着,无论起点在何处,经济总会收敛于平衡增长路径。

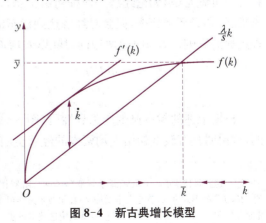

图8-4 新古典增长模型

二、外生的技术进步

新古典增长模型在许多研究方向上都有不同程度的扩展和延伸。其中一个很重要的扩展方向就是引入技术进步,许多文献都对此进行了详细的阐述。某些技术进步可能是偶然的产物,但大部分技术进步却是利润极大化的主体的一种有意识投资的产物。这里我们只考虑外生的技术进步,后面会考察内生的技术进步。琼斯(Jones,1975)把技术进步分为资本增加型、劳动增加型和中性技术进步①。其中,劳动增加型更符合经济增长的典型事实,所以重点分析该类型的技术进步。

假设生产函数具有劳动增加型技术进步,即生产函数采用如下形式:

$$Y = F[K, A(t)L] \tag{8.16}$$

其中,$A(t)$ 表示技术进步,$A(t)L$ 就是有效劳动,也可称为人力资本,它是由劳动的自然增长和通过学习获取的劳动技能两方面共同决定的。技术进步率可表示为 $m = \dot{A}(t)/A(t)$。如果 m 是正的,说明劳动以常数增长率 m 扩张。

现在再定义有效人均产出为 $y = Y/(A(t)L)$ 和资本密集度 $k = K/(A(t)L)$,在考虑技术进步的情况下,如前类似推理,就可以得到:

$$\frac{\dot{k}}{k} = \frac{\dot{K}}{K} - \frac{\dot{L}}{L} - \frac{\dot{A}}{A} = \frac{sY}{K} - (\mu + n + m) \tag{8.17}$$

基本动态方程式(8.13)变为:

$$\dot{k} = sf(k) - (\mu + n + m)k \tag{8.18}$$

令式(8.18) $\dot{k} = 0$ 得到新的稳态值 $\bar{k}$,并且得到:

$$f(\bar{k}) = \frac{(\mu + n + m)}{s}\bar{k} \tag{8.19}$$

所以,新古典增长模型意味着,当参数 n、m、s 和 μ 一定时,经济会自动达到稳定状态。也就是说,无论经济是何种初始状态,都不会影响稳态时的人均资本存量(资本密集度)和经济增长率,但会对经济达到稳态的过程产生影响。下面分析可以看到对这种过程的影响。式(8.18)两边同时除以人均资本 k,并关于 k 求导得:

$$\frac{\partial(\dot{k}/k)}{\partial k} = \frac{s}{k}\left[f'(k) - \frac{f(k)}{k}\right] < 0 \tag{8.20}$$

根据上述的新古典生产函数性质(图 8-4),人均资本增长率的导数(8.20)式是负的,这说明具有较低初始人均资本的经济会有较高的经济增长率。对于有效人均产出

---

① 这三种技术进步分别来源于索罗(Solow)、哈罗德(Harrod)和希克斯(Hicks)。如果技术进步以 $Y = F[AK, L]$ 的形式进入,就是资本增加型;如果技术进步以 $Y = F[K, AL]$ 的形式进入,就是劳动增加型;如果技术进步以 $Y = AF[K, L]$ 的形式进入,就是中性技术进步。

的增长率,也会得出类似的结论。为了说明这一点,由式(8.12)关于 t 求导可知下列等式成立:

$$\dot{y} = f'(k)\dot{k} \tag{8.21}$$

所以,

$$\frac{\dot{y}}{y} = \frac{kf'(k)}{f(k)} \frac{\dot{k}}{k} = \Omega \frac{\dot{k}}{k} \tag{8.22}$$

其中,$\Omega = kf'(k)/f(k)$ 是表示国民收入的资本份额。如果生产函数是 C-D 函数,那么 Ω 是独立于 k 的常数。y 的增长路径与 k 类似,并对 $\dot{y}/y$ 关于 k 求偏导,得出的结果和式(8.20)相同,也是负的。

三、收敛速度

新古典增长模型中另一个重要的研究内容就是经济达到稳态的速度,即收敛速度。式(8.18)在 $k = \bar{k}$ 附近的一阶泰勒展开式为:

$$\dot{k} = [sf'(\bar{k}) - (\mu + n + m)](k - \bar{k}) \tag{8.23}$$

把式(8.19)的 s 代入上式得:

$$\dot{k} = -\beta(k - \bar{k}) \tag{8.24}$$

其中,$\beta = (1 - \bar{\Omega})(\mu + n + m)$,$\bar{\Omega}$ 是稳态资本份额。参数 β 是收敛速度,表示有效人均资本存量 k 以速度 β 收敛于其稳态值 $\bar{k}$。同样,有效人均产出 y 也以速度 β 收敛于其稳态值 $\bar{y}$。为证明这一点,考虑下列人均产出变化的表达式:

$$y - \bar{y} = f'(k)(k - \bar{k}) \tag{8.25}$$

将式(8.24)和式(8.25)代入式(8.21)可得:

$$\dot{y} = -\beta(y - \bar{y}) \tag{8.26}$$

从式(8.24)和式(8.26)可以看出,收敛速度 β 与生产函数和储蓄率无关,但生产函数和储蓄率会影响最终均衡时的人均资本 $\bar{k}$ 和人均产出 $\bar{y}$。

罗默(Romer,1989)和曼昆(Mankiw,1995)的研究表明,引入劳动增加型的技术进步并不会明显地增加模型分析的复杂性,但得到了与经济增长典型事实一致的结论。下面总结一下新古典增长模型的八个假说,这些假说可以利用时间序列和横截面数据进行验证。

(1) 一个经济体特点:劳动增长率为 n、外生技术进步率为 m 的劳动增加型技术进步。该经济体会收敛于稳态增长路径,在该路径下,资本和产出会以 $n+m$ 的速率增长,并且资本-产出比保持不变。

(2) 人均资本 K/L 以速率 m 增长。

(3) 实际的资本回报率不变；实际工资的增长率为 m，劳动生产率也以速率 m 增长。

(4) 资本和劳动在国民收入中份额不变。

(5) 人均消费以速率 m 增长。

(6) 稳态下的收入水平与储蓄率与成正比，与劳动增长率和折旧率成反比。

(7) 产出增长率不受储蓄率的影响。

(8) 从长期来看，无论经济的初始状态如何，最终都会实现稳态。

经验分析表明：假说 1~6 通过数据验证，假说 7 和 8 仍有疑问。与假说 7 预测相反，验证数据显示跨国的经济增长率与储蓄率有很强的相关性。但许多学者仍然认为假说 7 在稳态条件下是成立的，实证结果与之相反是因为所选取的数据并不满足经济达到稳态这一条件。因此，用经济增长转型的动态问题来解释这一现象。

假说 8 涉及更广泛的收敛主题。考虑几个封闭的经济体系，假设不同国家或地区的初始人均资本不同，但它们具有相同的生产函数和新古典增长模型的基本参数值，那么经济最终将趋同。因此，可以得到以下关于经济增长绩效的三个推论：首先，根据式(8.19)，在经济处于稳态时，这些国家或地区具有相同的人均资本和经济增长率；其次，根据式(8.20)，具有较低初始人均资本的较落后国家或地区会比具有较高人均资本的富裕国家或地区有更高的经济增长率，实现这些国家之间的经济收敛；最后，根据式(8.24)和式(8.26)，这些国家和地区的收敛速度都是 β。第三个推论就是"绝对收敛假说"的本质。

许多学者对该假说进行了经验检验，主要结论是：一组同质国家符合"绝对收敛假说"，然而对于大量的截面国家，国家特性的异质性太强使"绝对收敛假说"不成立。相反，"条件收敛"被应用于控制了国家或地区的异质性。

四、条件收敛

对于异质性国家来说，条件收敛的检验方法有两种：β 收敛和 σ 收敛。穷国比富国增长更快地达到一个相似的稳态，就是 β 收敛。其检验是估计(8.26)式中的参数 β。σ 收敛是指国家截面的离差随时间的推移而趋于下降，该离差由各个国家或地区间真实人均收入对数的标准差来度量。β 收敛的检验可采用横截面或面板数据或用时间序列数据，而 σ 收敛只能用收入分配的横截面数据进行检验。

为了估计 σ 收敛，用 $\ln y_i$ 表示国家 i 实际人均收入的自然对数，那么样本在 t 时期的标准差为：

$$\sigma_t = \left\{ \frac{1}{N} \sum_{i=1}^{N} (\ln y_{it} - \mu_t)^2 \right\}^{\frac{1}{2}} \quad i = 1, 2, \cdots, N, \ t = 0, 1, \cdots, T$$

其中，μ_t 表示 $\ln y_i$ 样本均值。如果 σ_t 在 T 时期内随着时间是下降的，则说明存在 σ 收敛。图 8-5 说明了 18 个中东国家的 σ 收敛。这是一组似不相关的经济，因劳动量大但贸易量较小而闻名。其初始值 $\sigma_{1991} = 0.49$，大概相当于 1900 年的美国和 1930 年的

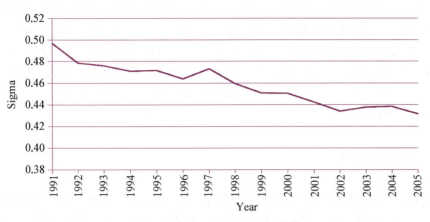

图 8-5 中东 18 个国家的 σ 收敛
资料来源：Fieke J.M. Huisman(2010)

日本[①]。但是，其真实人均收入的离差是逐渐下降的，所以中东地区存在 σ 收敛。

β 收敛的检验一般采用下面的形式：

$$\frac{1}{T}\ln\left(\frac{y_{iT}}{y_{i0}}\right) = \alpha - \frac{(1-e^{-\beta T})}{T}\ln y_{i0} + \vec{\gamma}\vec{x}_{iT} + \mu_{i0,T} \quad i=1,2,\cdots,N \quad (8.27)$$

其中，y_{i0}、y_{iT} 分别代表 i 国在基期 0 和 T 时期的人均收入水平；T 是时段的长度；β 代表收敛速度；$\mu_{i0,T}$ 是误差项 μ_i 在 0 到 T 间的平均值；$\vec{\gamma}$ 是测量结构变量 $\vec{x}_{iT}$ 对因变量影响的参数向量，以解释经济的异质性。

巴罗和萨拉伊马丁(Barro and Sala-i-Martin, 1995)用非线性估计技术估计了 1880—1990 年美国和 1930—1990 年日本(包括各子时期)的 β 值。表 8-1 是估计结果：美国州的整个样本的 β 点估计值为 0.017 4，其中 1960—1970 年 β 的点估计值为 0.024 6；日本 47 个县的 β 估计值为 0.027 9。由此可见，表 8-1 的检验结果与式(8.20)和式(8.22)的结论是一致的，即初始人均收入与其经济增长率之间负相关；另外，美国的各州以每年大约 2.1% 的速度收敛其稳态，而日本的收敛速度要比这一数值略高。

表 8-1 β 的估计值

收　敛	1880—1990 年美国 47 个州	1930—1990 年日本 47 个县	方程 8.24
β	0.017 4(0.002 6)	0.027 9(0.003 3)	0.042

说明：括号内为标准误。第四列为 $\bar{\Omega}=0.30$、$n=0.01$、$m=0.02$、$\mu=0.03$ 条件下，式(8.24)中 β 的计算所得值。
资料来源：Barro 和 Sala-i-Martin(1995)。

关于收敛检验的最后一个问题是新古典增长模型是否能充分地解释观察到的

---

① 详见 Barro 和 Sala-i-Martin(1995)的 *Economic Growth*。

收敛过程。为了考察这一问题,把通过式(8.24)计算得到的β理论值与回归估计值进行比较。在美国各参数值分别为$\bar{\Omega}=0.30$、$n=0.01$、$m=0.02$、$\mu=0.03$条件下,计算得到的β理论值为0.042(表8-1)。由此可以看出,理论值是回归估计近似值0.02的2倍。因此,新古典增长模型预测的收敛速度大约是样本数据估计值的2倍。曼昆(Mankiw,1995)认为物质资本、人力资本等因素导致$\bar{\Omega}$值偏高,从而使理论值过高。

五、拉姆齐模型

前面集中于分析生产技术,储蓄率是外生给定的,忽略了家庭行为。在经济达到稳态时,不同的储蓄率对经济增长率是没有影响的,但均衡时的人均资本$\bar{k}$和人均产出$\bar{y}$是不同的。所以,存在一个最优储蓄率使稳态时人均消费效用最大化。下面通过分析家庭行为把储蓄率内生化。

考虑问题:中央计划当局要代表性消费者在$t=0$时使当前和将来消费贴现的效用加总总和最大化,即

$$\max_{d(t)} W_0 = \int_0^\infty e^{-\rho t} U(d(t)) dt \tag{8.28}$$

约束条件为:

$$\begin{aligned} &\dot{k} = f(k) - d - nk \\ &0 \leqslant d(t) \leqslant f(k(t)) \quad k(t), d(t) \geqslant 0 \\ &k(0) = k_0 \end{aligned} \tag{8.29}$$

W_0表示福利水平;为了简化计算,假设$\mu=m=0$,k和d即分别代表人均资本和人均消费($k=K/L$,$d=C/L$);ρ表示时间偏好率,$\rho>0$意味着消费者认为现期消费比未来消费更有价值;效用函数$U(c)$对c递增且凹——$U'(c)>0$,$U''(c)<0$,同时$U(c)$满足稻田条件,即当$c\to 0$时,$U'(c)\to\infty$,当$c\to\infty$时,$U'(c)\to 0$;约束条件式(8.29)表示产出被分配到为投资(储蓄)、消费、装备新劳动。

要实现式(8.28)的福利最大化,就是要决定在每一时刻产出应该消费多少、投资(储蓄)多少。根据最大值原理,其现值汉密尔顿方程为:

$$H(t) = e^{-\rho t}\{U(d(t)) + v(t)[f(k(t)) - d(t) - nk(t)]\} \tag{8.30}$$

$v(t)$是共态变量(costate variable),它度量了状态变量k影子价值的现值。实现福利最大化的充要条件是:

(1) 一阶条件:

$$\frac{\partial H(t)}{\partial d(t)} = 0 \Rightarrow v = U'(d) \tag{8.31}$$

(2) 欧拉方程或拉姆齐最优储蓄法则：

$$\frac{de^{-\rho t}v(t)}{dt}=-\frac{\partial H(t)}{\partial k(t)}$$

$$\Rightarrow \frac{\dot{v}}{v}=-[f'(k)-(n+\rho)] \tag{8.32}$$

(3) 横截面条件：$\lim_{t\to\infty}k(t)v(t)e^{-\rho t}=0$

由式(8.31)可得：

$$\frac{\dot{v}}{v}=\frac{dU''(d)}{U'(d)}\frac{\dot{d}}{d} \tag{8.33}$$

$dU''(d)/U'(d)$ 是一代人关于消费的边际效用弹性值。所以，共态变量 v 的微分方程可以用控制变量 d 的微分方程来表示。

假定瞬时效用函数采用如下等弹性的形式：

$$U(d)=\begin{cases}\dfrac{d^{1-\theta}}{1-\theta},\text{当}\theta>0\text{且}\theta\neq 1\text{时}\\ \ln d,\text{当}\theta=1\text{时}\end{cases} \tag{8.34}$$

所以，当 $\theta\neq 1$ 时，消费的边际效用 $U'(d)$ 弹性值为常数 $-\theta$。这意味着跨期替代弹性也是常数，值为 $1/\theta$。

把式(8.33)和式(8.34)代入式(8.32)中：

$$\frac{\dot{d}}{d}=\frac{f'(k)-(n+\rho)}{\theta} \tag{8.35}$$

根据最大值原理，$\{\bar{d}(t)\}$ 和 $\{\bar{k}(t)\}$ 的最优增长路径必须同时满足方程(8.29)和(8.35)。当经济达到稳态时，$\dot{d}=0$，根据式(8.35)，此时的人均资本存量 $\bar{k}_m$ 满足：

$$f'(\bar{k}_m)=n+\rho \tag{8.36}$$

因此，在所有的平衡增长路径上，人均消费最高的路径是资本的边际产品等于劳动增长率与时间偏好率之和的路径。根据式(8.29)，此时的人均消费为：

$$\bar{d}_m=f(\bar{k}_m)-n\bar{k}_m$$

这里有两个问题值得注意。第一，$\bar{k}_m$ 是"修正的黄金律"资本存量。"黄金律"是指当 $f'(\bar{k}_g)=n$ 时的资本存量水平，所以式(8.36)是时间偏好率 $\rho\neq 0$ 时的修正"黄金律"。当 $\rho\geqslant 0$ 时，$(\bar{k}_g-\bar{k}_m)>0$，并且两者之差会随着时间偏好率而增加。第二，布兰查德和费希尔(Blanchard and Fischer，1989)证实，当利率和 $n+\rho$ 相等，可以得到稳态时人均消费最大化的资本密集度，此时去中央集权经济的最优路径也是中央集权经济的最优路径。因此，很多文献会互换利率和资本的边际产品。

第四节 两部门模型

两部门模型是对以上单一部门模型的扩展。在两部门模型中,通过引入相对价格等因素说明国际贸易对经济增长的影响。下面用比较静态分析的方法来解释"悲惨增长",然后说明一些比单一部门更复杂的动态的两个国家、两个部门的模型。

一、悲惨增长

从两部门经济增长的比较静态分析可以得到的一个重要结论就是雷布津斯基定理。该定理比较了要素供给变化之后商品价格不变时的均衡生产点。如果在开放经济中商品的相对价格发生变化,很可能会出现一国的福利水平低于经济增长前,这就是"悲惨增长"。它是由巴格瓦蒂(Bhagwati)在1958年第一次提出的。这里说明在两个国家、两种产品、两种要素的 $2\times2\times2$ 模型框架下"悲惨增长"的条件,然后对一些有关此命题的经验分析进行讨论。

先看一下贸易均衡的条件。根据瓦尔拉斯法则,当市场中只有两种产品时,只要一个产品市场出清,另一个产品市场也出清。假设一国是资本丰裕的国家,产品1是资本密集型产品,产品2是劳动密集型产品,那么该国出口产品1,进口产品2。其市场出清条件为:

$$m_2(p_w) + s_2(p_w, h) - d_2(p_w, u_0) = 0 \tag{8.37}$$

m_2、s_2 和 d_2 分别表示产品2的进口、国内供给和国内补偿性需求;h 是要素的指数,$h=K,L$;u_0 是初始效用水平;p_w 是产品2相对于产品1的价格,是贸易条件的倒数。式(8.37)的全微分方程给出巴格瓦蒂的"悲惨增长"条件为:

$$\left[a_1 \frac{s_2}{d_2} \hat{h} + a_2 \frac{s_2}{d_2} \hat{p}_w + a_3 \hat{p}_w\right] + f^* \frac{m_2}{d_2} \hat{p}_w \tag{8.38}$$

其中,$\hat{z}=dz/z$ 表示变量的百分比变化;$a_1=(h/s_2)(\partial s_2/\partial h) \gtrless 0$ 是国内供给的要素弹性;$a_2=(p_w/s_2)(\partial s_2/\partial p_w)>0$ 是国内供给的价格弹性;$a_3=-(p_w/d_2)(\partial d_2/\partial p_w)>0$ 是国内补偿性需求的价格弹性;$f^*=(p_w/m_2)(\partial m_2/\partial p_w) \gtrless 0$ 是从国外进口的价格弹性。如果(8.38)式是负的,那么就会发生"悲惨增长"。式(8.38)中的 $\hat{p}_w$,称之为"零利益"贸易条件变化,表示一旦发生经济增长,国际价格变化仍能使消费者保持增长前的效用水平。由于无法保证"零利益"价格是国际市场出清的价格,所以,如果国内市场存在过度需求,就会发生"悲惨增长"。在这种情况下,产品2的相对价格就会提高,贸易条件恶化,导致的福利损失会超过要素增长所带来的福利收益。

式(8.38)中最后一项表示当贸易条件 $\hat{p}_w$ 变化后,产品 2 进口数量的变化,而括号里的式子表示产品 2 国内净供给的总变化。国内净供给的变化由三部分组成:由于要素增长 $\hat{h}$ 变化而导致产品 2 生产的变化,以及由于价格变化 $\hat{p}_w$ 而导致产品 2 国内生产和消费的变化。假设贸易条件下降的"零利益",即 $\hat{p}_w > 0$。由于弹性 $a_2 > 0, a_3 > 0$,此时(8.38)式为负的必要条件是:f^* 和 a_1 其中有一项是负的或二者均为负。f^* 为负说明部分国外供给曲线是向后弯曲的;a_1 为负意味着要素的增加反而减少了与进口竞争性产品的产量。后者是符合雷布津斯基定理的,即在资本丰裕的国家,如果资本的供给增加,那么劳动密集型产品的产出会下降。

"悲惨增长"也可用图 8-6 说明。在经济增长前,初始贸易条件为 AA',生产点和消费点分别为 A 和 A',福利水平为 u_0。资本增加后,生产可能性曲线 CD 向外移动至 $C'D'$。此时,"零利益"价格水平为 BB',即经济增长后,该价格水平可使福利保持 u_0 不变。在此价格水平下,如果全球对产品 2 存在过度需求,产品 2 的价格水平将上升,导致进口国的贸易条件恶化至 EE'。此时,生产点和消费点分别为 E 和 E',而社会福利则由 u_0 下降至 u_1。

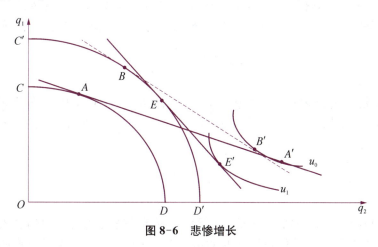

图 8-6 悲惨增长

二、普雷维什-辛格假说

普雷维什-辛格(Prebisch-Singer)假说认为,发展中国家的贸易条件从长期来看是不断恶化的。该假说与"悲惨增长"都阐明了一些发展中国家经济增长的结果。如果假说成立,那么一国经济增长带来福利的增加很可能会被贸易条件恶化所抵消,最终导致这些经济体越来越"悲惨"。

发展中国家贸易条件恶化主要有以下三个原因。一是因为发展中国家同工业化国家之间贸易的结构不同。发展中国家用初级产品交换工业化国家的工业制成品,这些初级产品通常是必需品,需求缺乏弹性;另外,这些产品需要较长时间才能改变生产,供给有一定的滞后性,因而供给也缺乏弹性。二是因为工业化国家技术的不断创新,能够生产出新的产品代替初级产品。三是因为工业制成品在市场上缺少竞争,更容易制定寡头垄断价格。如果出口供给缺乏弹性,初级产品需求的结构性下降会导致出口产品相对价格的大幅下降。同样,如果进口需求缺乏弹性,发展中国家初级产品产量的增加也会导致初级产品相对价格的大幅下降。

三、45 度法则

参数一般是基于对贸易价格弹性的估计或通过市场的经济活动作为信号来确定的。事实上,证据显示发展中国家的贸易条件并没有普遍下降。克鲁格曼(Krugman,1989)通过构建模型和经验分析认为,贸易条件长期恶化的趋势是不存在的。在 2×2×2 模型中,贸易收支为:

$$b = x_1(Y^*, p) - pm_2(Y, p) \tag{8.39}$$

其中,b 表示本国以产品 1 表示的贸易收支,x_1 和 m_2 分别表示产品 1 的出口和产品 2 的进口;Y 和 Y^* 分别表示用产品 1 计价的国内外收入水平;p 是产品 2 相对于产品 1 的价格,即贸易条件的倒数。式(8.39)说明该国出口具有比较优势的产品 1,进口具有比较劣势的产品 2。对式(8.39)全微分,在贸易收支平衡的情况下,整理可得:

$$\hat{p} = \frac{\zeta \hat{Y} - \zeta^* \hat{Y}^*}{\eta + \eta^* - 1} \tag{8.40}$$

其中,ζ 和 ζ^* 分别表示产品 2 和产品 1 的需求收入弹性;η 和 η^* 分别表示两种产品的价格弹性。根据马歇尔——勒纳稳定条件,式(8.40)分母为正。当贸易条件不变时,由式(8.40)可得:

$$\frac{\zeta^*}{\zeta} = \frac{\hat{Y}}{\hat{Y}^*} \tag{8.41}$$

式(8.41)即"45 度法则"。由此可以看出,贸易条件变化与两国的收入弹性或长期经济增长率有关。在其他条件不变的情况下,一个经济增长相对较快的国家为了能出口更多的产品,会降低出口价格,导致贸易条件恶化。克鲁格曼(Krugman,1989)通过对 1955—1965 年对相应国家的收入弹性和经济增长率进行估计,得到如下回归结果:

$$\ln\left(\frac{\zeta^*}{\zeta}\right) = 1.81 + \underset{(0.208)}{1.210} \ln\left(\frac{\hat{Y}}{\hat{Y}^*}\right) \qquad R^2 = 0.754 \quad SEE = 0.211$$

回归结果说明了贸易收入弹性与经济增长率之间的关系。经济增长比率的估计参数值是正的,并且没有个体样本显著不同。这个结论似乎也符合近期的现状。因此,与先验分析结论不大一致的"45 度法则"得到的经验规律是:经济增长快的国家出口产品的收入弹性较大,而进口产品的收入弹性较小,所以长期贸易条件基本不会变化。克鲁格曼通过垄断竞争模型说明,经济增长快的国家应该通过出口产品的多样化,而不是降低价格,实现国际市场份额的扩张。德贝耳和李(Debaere and Lee,2010)得出了与克鲁格曼相同的结论,即快速扩张的国家可以通过产品多样化和提高质量来避免国际贸易所带来的不利影响。

第五节　内生增长模型

新古典增长模型将劳动增加型技术进步引入总生产函数,符合经济增长的典型事实。人均收入的长期增长取决于外生的技术进步率。然而,劳动增加型的新古典模型并不能完全解释不断上升的生活水平,以及国家之间人均收入和经济增长率的差异性。因此,外生技术进步的引入只是为了分析方便,并不具有严格的现实代表性。

正是新古典模型的这些问题促进了内生增长模型的发展。20 世纪 80 年代中期,以罗默(Romer,1986)、卢卡斯(Lucas,1988)等人为代表的一批经济学家,提出了一组以"内生技术变化"为核心的论文,探讨了经济长期增长的可能性。这些模型的显著特点是:经济增长不是外部力量的结果,而是经济体系内部力量作用的内生产物。

在内生增长模型中,经济增长既可通过人力资本的增长驱动,这其中可能涉及知识外溢(罗默,1986),也可能不涉及(卢卡斯,1988;雷贝洛,1991),也可通过技术创新驱动(罗默,1990;格罗斯曼 and 赫尔普曼,1991)。

一、人力资本积累驱动型经济增长

内生增长模型的共同特点是:资本(包括人力资本和物质资本)的收益不会随着经济的增长而下降,所以经济增长可能是无限的。根据式(8.35),只要人均资本的边际产出 $f'(k)$ 能一直大于既定的劳动增长率 n 和时间偏好率 ρ 之和,就能保证人均消费是不断增长的,即 $\dot{d}/d > 0$。

内生增长模型函数的基本形式为:

$$y(t)=f(k(t),h(t))=Ak(t)^{\alpha}h(t)^{1-\alpha} \quad 0<\alpha<1 \quad (8.42)$$

其中,$y(t)$ 是人均产出;$k(t)$ 和 $h(t)$ 分别表示人均物质资本和人均人力资本两种生产要素;A 是技术进步;α 是物质资本 k 在产出中所占的份额。在单部门经济中,产品要么被消费,要么作为物质资本积累。大多数模型主要分析人力资本的相关规律。

根据式(8.42),物质资本 k 的边际产出为:

$$f'_k=\alpha A\left(\frac{h(t)}{k(t)}\right)^{1-\alpha} \quad (8.43)$$

其中,$f'_k=\partial f/\partial k$。由(8.43)可知,$\partial f'_k/\partial k<0$,且 $\partial f'_k/\partial h>0$。随着物质资本 $k(t)$ 的积累,边际产出是否会下降取决于其有多少被人力资本 $h(t)$ 的积累所抵消。如果人力资本积累的速度不比物质资本积累的速度慢,那么 f'_k 就不会下降。也就是说,经济会实现长期增长。

二、知识外溢驱动型经济增长

罗默(1986)研究了外部规模经济下的竞争均衡问题。他认为私有知识是生产企业一种无形的资本投入,并可能会产生外部溢出效应。假设企业 j 的生产函数是:

$$Y_j = A(E)F(K_j, L_j, e_j) \tag{8.44}$$

其中, K_j 和 L_j 分别表示企业 j 资本和劳动的投入, e_j 是私有知识, E 是公共知识。在这个简单的模型中,假设 E 是一对一地随着 e_j 的增加而增加,且获取的知识取决于资本存量 ($e_j = K_j$)。同时,假设所有企业完全相同,且 F 是一次齐次的,所以,所有企业的总生产函数是:

$$Y = A(K)F(K, L) \tag{8.45}$$

假设公共知识的边际收益递减,即 $A(K) = K^\delta (0 < \delta < 1)$,生产函数 F 采用 C-D 形式,那么式(8.45)可写成:

$$Y = K^\delta K^\alpha L^{1-\alpha} \tag{8.46}$$

上式就人均而言:

$$y = f(k, L) = k^{\alpha+\delta} L^\delta \tag{8.47}$$

其中, $k = K/L$。所以,资本的边际产出为:

$$f'_k = (\alpha + \delta)\left[\frac{L^\delta}{k^{1-\alpha-\delta}}\right] \tag{8.48}$$

假设劳动不变,即 $n = 0$。如果 $(\alpha + \delta) < 1$,则资本的边际产出 f'_k 是 k 的递减函数。这种情况与新古典模型相同,稳态时的人均资本 $\bar{k}$ 由式(8.36)决定,此时的经济增长率为零; $(\alpha + \delta) = 1$ 时,(8.48)式变为 $f'_k = (\alpha + \delta)L^\delta$,根据式(8.35), $\dot{c}/c = [(\alpha + \delta)L^\delta - (n+\rho)]/\theta$,经济会沿着该路径持续稳定增长; $(\alpha + \delta) > 1$ 时,资本的边际产出是递增的,而非递减,所以人均资本的增长是无限的。同样,人均产出和人均消费也无限增长。在这种情况下,人均产出是不存在收敛的。

三、产业创新驱动型经济增长

内生增长理论认为,技术进步是追求利润的企业进行有意识投资的结果。因为企业发现研发(R&D)后可获得更多的利润,就会增加 R&D 投资。R&D 利润的多少取决于市场结构。在这种情况下,追求利润的企业把研发战略瞄准在三个方面:提高现有产品质量(格罗斯曼和赫尔普曼,1991);改进生产方法(阿吉翁 and 霍依特,1992);增加中间投入品种类(罗默,1990;格罗斯曼 and 赫尔普曼,1991)。这里主要讨论第三种方式。

$c(t)$ 表示 t 时期对某单一产品的消费。在许多模型中, $c(t)$ 被作为 $n(t)$ 种不可完全替代的中间投入品的集合来建立模型：

$$c(t) = \left[\int_0^{n(t)} q_j(t)^\alpha \mathrm{d}j\right]^{1/\alpha} \qquad 0 < \alpha < 1 \tag{8.49}$$

其中，q_j是中间品j的消费，该产品由研发企业开发并生产；$n(t)$是t时期可获得中间投入品的种类。式(8.49)重新解释了迪克西特-斯蒂格利茨(Dixit-Stiglitz)的"多样性偏好"效用函数，这是内生创新方法的核心。参数α是替代弹性ε的单调变换，$\varepsilon = 1/(1-\alpha) > 1$。$c_i(t)$也显示了规模报酬不变。更为重要的是：初级要素的生产率随着种类$n(t)$增加而增加。为了说明这一点，假设所有的中间投入品都是对称的，即$q_j(t) = q(t)$，那么，

$$c(t) = n(t)^{1/\alpha} q(t) \tag{8.50}$$

进一步假设生产$q(t)$需要1单位的初级要素——劳动，那么劳动的总投入为$n(t)q(t)$，劳动的平均生产率为$c(t)/n(t)q(t) = n(t)^{-(1-1/\alpha)}$。由此可以看出，如果$\alpha < 1$，劳动的生产率将随着$n(t)$的增加而增加。

代表性消费者的消费决策包括两个阶段。

第一阶段是瞬时效用函数受瞬时预算约束的最大化问题。假设瞬时效用函数采用式(8.34)的对数形式，即$\ln c(t)$。预算约束下效用函数最大化的一阶条件意味着：

$$S(t) = \int_0^{n(t)} p_j(t) q_j(t) \mathrm{d}j \tag{8.51}$$

相应的需求函数为：

$$q_j(t) = \frac{S(t) p_j^{-\varepsilon}(t)}{\int_0^{n(t)} p_i(t)^{1-\varepsilon} \mathrm{d}i} \tag{8.52}$$

如果所有产品也是对称的，那么由(8.52)有$q(t) = S(t)/p(t)n(t)$。将式(8.52)代入式(8.5)得：

$$c(t) = \frac{S(t)}{p_d(t)} \tag{8.53}$$

其中$p_d(t) = p(t) n(t)^{(\alpha-1)/\alpha}$。

把式(8.52)的最优投入品需求代入式(8.49)，进一步代入效用函数。

第二阶段是从无限的视角考虑跨期预算约束下的家庭间接效用函数最大化问题。也就是说，从无限的视角选择最优路径$S(t)$实现效用最大化：

$$U(\tau) = \int_\tau^\infty e^{-\varrho(t-\tau)} (\ln S(t) - \ln p_d(t)) \mathrm{d}t \tag{8.54}$$

跨期的预算约束是所有支出的现值不应超过家庭现有的资产和未来劳动收入现值之和。假设可以以名义利率$r(t)$进行借贷。在正常支出的情况下，根据格罗斯曼和赫尔普曼(Grossman and Helpman, 1990、1991)，对于所有t来说，标准化支出$S(t) = 1$，

那么效用最大化就意味着所有 t 而言,名义利率等于折旧率,即

$$r(t)=\rho \tag{8.55}$$

这是在去集权经济中,没有折旧和人口增长率的情况下,有关"修正的黄金律"的问题(式 8.36)。

在生产方面,生产者承担着两个不同的任务:生产已有的中间投入品和开发新的中间投入品。假设一个企业设计一种新的中间投入品,同时,现有中间投入品的生产是规模报酬不变的,并且每单位产出需要一单位的劳动。在这种情况下,根据式(8.52)的产品需求,垄断者实现利润最大化要求边际收益和边际成本相等,即 $p_j(t)\alpha=w(t)$,其中 $w(t)$ 是名义工资。因此,根据式(8.52),对于每一工资,所有的供给者都会以相同的价格 $p(t)=w(t)/\alpha$ 销售相同数量的商品。这种定价策略要求每个设计应产生的利润为:

$$\Pi(t)=p_j(t)q_j(t)-wq_j(t)=\frac{1-\alpha}{n(t)} \tag{8.56}$$

式(8.56)是根据式(8.52),假设需求是对称的,且 $S(t)=1$ 的情况下得到的。由此得到结论:营业利润是随着设计数量 $n(t)$ 的增加而下降的。

该经济增长的动力仅仅来源于可获得中间投入品种类的增加。新中间投入品的开发有多种形式。基于由研究创造的知识资本的性质,主要有以下三种方式。

(一)作为私有产品的知识资本

在这种情况下,由完全享有投资收益的企业家决定是否进行 R&D 投资。新中间品设计的生产函数为:

$$\dot{n}=\frac{L_n}{a} \tag{8.57}$$

这里省略时间 t。L_n 是研发人员的数量,a 是设计一种中间品的劳动需求。假设 R&D 活动是完全竞争的,企业雇佣 R&D 人员的数量直至:

$$w=\frac{v}{a} \tag{8.58}$$

其中,v 是一项新的设计所能带来的利润流。上式说明均衡时劳动的边际产品价值等于名义工资。而 w 和 v 反过来又会决定一般均衡。

资产市场的均衡需要满足套利条件:

$$\Pi+\dot{v}=rv \tag{8.59}$$

等式的右边是资产 v 进行无风险投资的回报。等式的左边表示如果资产 v 投资于股票,资产的回报是股息 Π 和股票所有者的资本利得 $\dot{v}$ 之和。这种套利条件能够解释为什么经济达到稳态时技术创新的相对速度为零($g=\dot{n}/n=0$)。经济实现稳态时,$\dot{v}/v=0$。将其代入式(8.59),说明利润率 Π/v 等于名义利率 r,等于时间偏好率 ρ(式

8.55)。而根据式(8.56),随着中间投入品种类的增多,企业的利润将下降。所以,企业没有 R&D 的动机,经济也不会持续保持增长。

(二) 作为国家公共物品的知识资本

企业的 R&D 成果可能会因为产权不明确而变成公共知识,所以企业不会总是享有全部的投资收益。此时,新中间产品设计的生产函数为:

$$\dot{n} = \frac{L_n n}{a} \tag{8.60}$$

式(8.60)说明新中间品的设计需要两种要素投入——R&D 人员 L_n 和已有的知识储备。这里用已有的中间品总数 n 表示知识储备,其对新中间品的生产有正的外部效应。正是因为知识 n 的正面溢出使新中间品的生产成本下降,企业的利润率不再由名义利率决定,所以企业有 R&D 的动机。此时,技术创新的相对速率为:

$$g = (1-\alpha)\frac{L}{a} - \alpha\rho \tag{8.61}$$

其中,L 是劳动总供给。以上说明经济能够以速率 g 保持持续的增长。

(三) 作为国际公共物品的知识资本

如果允许研究成果在国际上扩散(但不存在贸易),且国内外的知识储备不重复,那么投资新产品设计的企业可获得的知识储备可以通过外国知识来获得增加。生产函数仍采用式(8.60)的形式,但外国研发的正外部性现在就表示为 $n + \Psi n^*$,n^* 表示可获得国外产品的数量,Ψ 表示国内企业未知的国外产品的比例。在这种情况下,技术创新的相对速率为:

$$g = (1-\alpha)\frac{(L + \Psi L^*)}{a} - \alpha\rho \tag{8.62}$$

其中,L^* 是国外劳动力供给。对比式(8.61)和式(8.62),在 $\Psi > 0$ 的情况下,后一种情况的增长率要大于或等于前一种情况的增长率。当 $\Psi = 0$ 时,即国内外的研究成果完全相同,研究成果的扩散将不会扩大知识储备量。

当国际贸易和知识扩散同时存在时,可以得到:

$$g = (1-\alpha)\frac{(L + L^*)}{a} - \alpha\rho \tag{8.63}$$

这与式(8.62)中的 $\Psi = 1$ 时完全相同,即作为一体化区域的国家企业避免重复研发,知识存量因此达到最大值。

第六节 经验分析

有大量文献通过跨国回归对长期人均增长率与理论模型中的各解释变量之间关联

进行经验研究。除了初始的人均实际 GDP 水平被用来检验前面所讨论的收敛假说，经验研究文献表明：人均收入增长率与投资所占 GDP 的比例和各种方法所度量的人力资本（如中学的初始入学率）呈正相关关系，而与年均人口增长率呈负相关关系。这四个变量能够解释经济增长率中大约一半的截面方差。还有两种变量能解释剩下的显著性差异：第一种是经济政策、政治和制度的各种指标，如政治不稳定（可用政治动荡的数量作为代理变量）和市场扭曲（可用黑市汇率溢价作为代理变量）的国家往往有较低的增长率；第二种是国际因素。本部分主要阐述一些国家经济增长的经验，特别关注国际贸易方面的相关问题。

一、贸易与增长

哈里森和罗德里格斯（Harrison and Rodriguez‐Clare，2009）整理了 176 个关于开放度与经济增长之间关系的文献，主要集中于开放度的测度、数据的识别、与识别和因果关系相关的计量经济学问题。

例如，多拉尔和克雷（Dollar and Kraay，2004）利用 1970—1990 年 101 个国家的横截面数据检验开放度是否对经济增长有系统性影响。他们采取了类似于式（8.27）的标准经济增长回归方程：

$$\ln y_{it} = \beta_0 + \beta_1 \ln y_{i, t-k} + \vec{\gamma}\vec{x}_{it} + \alpha_i + \varepsilon_t + \mu_{it} \qquad i = 1, 2, \cdots, N$$

其中，y_{it} 是第 i 个国家在 t 时期的人均 GDP；$y_{i, t-k}$ 是 i 国 $t-k$ 时的人均 GDP，$k=10$；$\vec{x}_{it}$ 是包括贸易量（进出口占 GDP 的比重）等变量的控制变量向量；α_i 是截面固定效应；ε_t 是时间固定效应；N 是截面成员的数量。他们采用差分的形式，对下面的方程进行回归估计：

$$\frac{1}{k}\ln\frac{y_{it}}{y_{i, t-k}} = \beta_0 + \beta_1 \frac{1}{k}\ln\frac{y_{i, t-k}}{y_{i, t-2k}} + \frac{1}{k}\vec{\gamma}(\vec{x}_{it} - \vec{x}_{i, t-k}) + (\alpha_i - \alpha_{i-k})$$
$$+ (\varepsilon_t - \varepsilon_{t-k}) + (\mu_{it} - \mu_{i, t-k}) \qquad i = 1, 2, \cdots, N$$

上式是在 $k=10$ 时，人均增长率对其滞后项和人均贸易量变化的回归。这样设定是因为与截面固定效应 α_i 相关的变量，如地理位置、制度、法律、语言和文化等，在十年期间内变化不大。采用差分是为了解决多重共线性的问题，因为截面固定效应 α_i 也可能在一定程度上影响贸易量。实证结果发现增长率的变化与贸易量的变化密切相关。估计结果显示，在十年间，如果贸易量增加 100%，收入将增加 25%—48%。

除了存在多重共线性的问题外，经济增长方程的设定还被经济增长文献的"怀疑论者"指出了很多严重缺点（罗德里格斯 and 罗德里克，2001；哈拉克 and 莱文索恩，2009）。第一个是关于实证结果有效性的问题。虽然结果表明贸易能够促进经济增长，但并没有阐述导致这种结果的机制，所以很难得出相关的政策性结论。第二个是回归过程中内生性偏差的问题：到底是贸易开放解释经济增长，还是经济增长促进贸易开放？经济增长、贸易量和贸易政策等变量在特定的时期内可能是互相决定的，它们之间的因果关系并不明显。尽管这部分的各种理论默认是开放度解释了经济增长,但还是应该根据实际的数据对因果关系进行检验。第三个是遗漏变量偏差的问题。模型中开放只用单一的指标进行度量,然而实际上贸易和贸易政策是一个多维的概念。比如在多拉尔和克雷(Dollar 和 Kraay,2004)中,开放度是用贸易量作为代理变量,而在很多其他文献中,开放度是用关税保护衡量的。表8-2是一些新兴经济体主要依靠直觉确定的单一指标测算的开放度。因为存在进口价格替代,所以第一列的关税收入和第三列2008年关税的平均值似乎没有关系。通过关税变化可以看出:除了南非,其他国家的关税税率都大幅下降,其中印度下降的最多。然而,这种开放趋势被这些国家所制定的反倾销法律和采取的反倾销贸易政策所抵消。同时,这些国家的关税虽然有所下降,但与发达经济体相比仍然很高。在经验分析中,采用不同的代理变量表示开放度,会得出不同的结果是很正常的。所以,实证的结果往往是不确定的(哈里森 and 罗德里格斯,2009)。

表 8-2 贸易开放度的测量

国 家	关税收入[1]	关税[2]		关税变化[3]	贸易量[4]	反倾销启动[5]
	2004	1985	2008	1985—2008	2009	1995—2008
阿根廷	5.04	27.0	12.43	−14.57	43.90	241
巴 西	4.20	55.6	13.08	−42.52	28.83	170
中 国	1.93	39.5	14.19	−25.31	57.70	151
印 度	10.8	98.8	13.82	−84.98	48.81	564
韩 国	2.28	23.0	12.19	−10.81	91.02	108
墨西哥	1.00	30.0	9.57	−20.43	64.37	95
南 非	4.47	6.0	6.82	0.82	72.30	206
土耳其	1.18	26.6	6.99	−19.61	52.51	137

说明:(1)关税收入指标是用一国以美元计价的关税和其他进口税除以进口总额。(2)关税指标是实际税率(包括优惠税率)的平均数。(3)关税变化指标是2008和1985年的关税差。(4)贸易量指标是以美元计价的货物和服务贸易进出口总额占该国GDP的比重。(5)反倾销启动指标是1995—2008年间启动反倾销的累积数量。

数据来源:世界银行和WTO

二、研发外溢的估计

凯勒(Keller,2004)总结了一些估计内生增长需要的国家和国际知识溢出的文献。例如,科等人(Coe et al.,1997)用非洲、亚洲、拉丁美洲和中东等地区的77个发展中国家数据估计了上述溢出效应。随后,科等人(Coe et al.,2009)又用1971—2004年24个有代表性的北方工业化国家数据研究了R&D与生产率之间的关系。这两篇文献采用的生产函数都是 $Y_{it}=A_{it}F(K_{it},L_{it})$,$A_{it}$ 是希克斯中性技术进步。进一步假设 $F(K_{it},L_{it})=K_{it}^{\alpha_{it}}L_{it}^{(1-\alpha_{it})}$,那么全要素生产率(TFP)被定义为:

$$TFP_{it} = A_{it} = \frac{Y_{it}}{K_{it}^{\alpha_{it}} L_{it}^{(1-\alpha_{it})}} \quad i=1,2,\cdots,N \quad t=1,2,\cdots,T \quad (8.64)$$

TFP 的度量是一种"残余",即不能为资本和劳动投入所解释的产出增长的比例,它随着时间和截面的不同而不同。根据前面的分析我们知道,"残余"的大小主要由中间投入品的种类决定,而中间投入品的种类又由 R&D 投入决定。所以,实证主要是围绕 TFP 和国外 R&D 投入以及其他一些变量的关系进行。

估算式(8.64)时,相对于其他易可得的变量,α_i 值的确定比较困难。在完全竞争市场下,边际产出等于 $\alpha_i Y_i/K_i = r_i/p_i$,$(1-\alpha_i) Y_i/L_i = w_i/p_i$。因此,在完全竞争市场和规模报酬不变的情况下,$\alpha_i$ 和 $(1-\alpha_i)$ 可以直接用资本和劳动的收入份额来表示。

表 8-3 第一列是样本国家 2004 年与 1997 年 TFP 的比值。第二列是用式(8.64)中技术进步率($\dot{A}/A$)计算 TFP 的增长率,计算公式如下:

$$g_{t,t+T}^{TFP} = \left(\frac{TFP_{t+T}}{TFP_t}\right)^{1/T} - 1$$

这里 $t=1971$,$t+T=2004$,所以 $T=34$。其中,爱尔兰和韩国等国 2004 年的 TFP 是 34 年前的三倍多,其年平均技术进步率超过 3.5%。相比之下,以色列和瑞士等国的 TFP 在 34 年间只增加了 10% 和 18%,其年平均技术进步率不超过 0.5%。

表 8-3 全要素生产率

国 家	TFP 变化 TFP_{2004}/TFP_{1971}	技术进步率(%)
芬 兰	2.16	2.29
爱尔兰	3.72	3.94
以色列	1.18	0.49
韩 国	3.39	3.65
荷 兰	1.57	1.33
挪 威	2.42	2.63
瑞 士	1.10	0.28
美 国	1.32	0.82

资料来源:Coe 等(2009)。

表 8-4 是一国的 TFP 与国内 R&D 资本、国外 R&D 资本和国内人力资本等变量的估计结果。估计结果表明,工业化国家从本国和贸易伙伴的 R&D 中都获得了实实在在的好处。从 1971 年至 2004 年,在不考虑人力资本的情况下,国内 R&D 资本每增加 10%,TFP 增长 1%,而国外 R&D 资本每增加 10%,TFP 增长 2.13%。但如果考虑人力资本,最后一个数就变成了 0.35%。从表 8-4 的第二列可以看出国内人力资本对 TFP 的重要性,其弹性为 0.725%。

表 8-4 技术外溢的面板估计

解 释 变 量	$\ln TFP$	$\ln TFP$
$\ln s^d$	0.095(17.88)	0.098(6.13)
$\ln s^f$	0.213(15.68)	0.035(3.14)
$\ln H$		0.725(8.33)
修正的 R^2	0.80	0.76
时间跨度	34	34
国家数	24	24
观察值合计	816	816
固定效应	是	是

说明:(1) s^d 是国内商业部门用永续盘存制计算的 R&D 资本(折旧率为 0.05);s^f 是国外 R&D 资本,是以 23 个国家的双边进口额为权重的加权平均;H 是国内人力资本,用平均受教育年限表示。
(2) 括号内为 t 统计量。
资料来源:Coe 等(2009)。

为什么一国的 R&D 投入会使其他国家获益呢?科等(Coe et al.,2009)认为国际贸易是技术外溢的主要传播渠道。因为国际贸易能促进生产方法、产品设计和组织方式等的跨境学习。此外,国际贸易能够使各国获得中间品和资本品中所包含的技术,通过模仿学习国外技术,最终使本国的生产更有效率。技术外溢的另一个传播渠道是通过人力资本提高 TFP。

三、学习速率

与之前的方法不同,欧文和克莱诺(Irwin and Klenow,1994)对学习速率进行估计,比如累计产量每增加一倍成本下降的速度。他们利用 1974—1992 年七代半导体动态随机存取存储器(DRAM)每个季度企业层面的数据进行实证分析。结果表明,单位生产成本平均每下降 20%,累积产量增加一倍。他们估计当企业(美国或日本)多生产一个半导体,分拆企业能获得大概第一个公司 1/3 的收益。不同国家企业与同一个国家企业之间的学习溢出效应是相同的。同时,他们也发现了另一个非常重要的结论:半导体从一代到下一代的学习溢出是非常少的。这说明相关的产业政策只能短暂地促进某一代半导体的研发,而不具有连续性。

四、贸易自由化和加成

贸易开放度和经济增长之间的关系也可从日益激烈的竞争角度去理解。采用之前讨论过的 C-D 函数:$Y_j = A_j F(K_j, L_j) = A_j K_j^{\alpha_j} L_j^{\beta_j}$,为了简单起见省略时间 t,下标 j 表示某一企业或行业层面的数据。对生产函数全微分,并用符号"^"(比如:$\hat{A}_j = dA_j/A_j$)表示可得:

$$\hat{Y}_j = \hat{A}_j + \alpha_j \hat{K}_j + \beta_j \hat{L}_j \tag{8.65}$$

虽然从加总层面上看,完全竞争和规模报酬不变的假设是合理的,但在企业层面上该假设被排除了。假设 λ_j 表示企业生产函数的同质程度:

$$\lambda_j = \alpha_j + \beta_j$$

那么,式(8.65)为:

$$\hat{Y}_j = \hat{A}_j + \beta_j(\hat{L}_j - \hat{K}_j) + \lambda_j \hat{K}_j \tag{8.66}$$

在不完全竞争的产品市场上,劳动的边际产品价值等于名义工资:

$$p_j \left(\frac{\eta_j - 1}{\eta_j} \right) A_j \beta_j K_j^{\alpha_j} L_j^{\beta_j - 1} = w$$

其中,η_j 是 j 企业的正的需求弹性。因此,价格成本的加成为:

$$\frac{p_j}{w} = (A_j \beta_j K_j^{\alpha_j} L_j^{\beta_j - 1})^{-1} \left[\frac{\eta_j}{\eta_j - 1} \right]$$

价格边际成本比率与 $\eta_j/(\eta_j - 1)$ 成正比。因此,该比率的变化能表示出加成的变化。劳动的要素收入的份额为:

$$\theta_{Lj} = \frac{wL_j}{p_j Y_j} = \left(\frac{\eta_j - 1}{\eta_j} \right) \beta_j < \beta_j$$

只有当 $\eta_j = \infty$ 时,才有 $\theta_{Lj} = \beta_j$。把 β_j 代入(8.66)得到的产出增长是三个表达式之和:

$$\hat{Y}_j = \hat{A}_j + \left[\frac{\eta_j}{\eta_j - 1} \right] \theta_{Lj} (\hat{L}_j - \hat{K}_j) + \lambda_j \hat{K}_j \tag{8.67}$$

这是基本的增长方程,适用于多种情况。比如,利用企业层面数据,式(8.67)用来估计一定贸易政策时期的规模参数和加成率变化。

哈里森(Harrison,1994)和莱文索恩(Levinsohn,1993)通过上述方法利用企业层面的数据分别对科特迪瓦和土耳其进行了研究,结果都显示:自由贸易政策会降低加成。巴德(Badinger,2007)用欧洲 10 个国家 18 个部门的数据估计了单一市场的潜在竞争效应,结果表明制造业和建筑业的加成显著下降,但服务业不明显。在相似的情况下,芬斯特拉和韦恩斯坦(Feenstra and Weinstein,2010)认为经济全球化会使进口份额增加,美国企业退出和加成下降。

新增长模型最大的贡献就是把技术进步内生化。这一过程中最重要的就是思考技术如何创新以及它如何影响一国的生产率。许多理论强调一个国家的经济增长与 R&D 投资和创新之间的关系。当前一个最主要的争论是实验室的研究成果是 R&D 企业的私人知识,还是会外溢成为国内外的公共知识。经验研究表明无论是国内还是国外都存在很大的技术外溢。

实证表明,知识在整个世界范围内都会产生溢出,所以一国的贸易政策远比最初想象的要复杂。在制定高新技术产业发展的政策时,必须要考虑技术外溢会使其他国家的企业也可能受益的情况。虽然关于外溢基本传播机制的实证结果信息不完全,但是这种溢出效应的存在符合近期对知识产权保护的发展趋势。

参 考 文 献

1. Badinger H., "Has the EU's Single Market Programme Fostered Competition? Testing for a Decrease in Markup Ratio in EU Industries," *Oxford Bulletin of Economics and Statistics*, 2007, 69(4): 497-519.

2. Barro R.J. and Sala-i-Martin X., *Advanced International Trade: Theory and Evidence*, Princeton: Princeton University Press, 1995.

3. Bhagwati J., "Immizerising Growth: A Geometric Note," *Review of Economic Studies*, 1958, 25: 201-205.

4. Coe D.T., Helpman E. and Hoffmaister A.W., "North-south R&D Spillovers," *Economic Journal*, 1997: 134-149.

5. Coe D.T., Helpman E. and Hoffmaister A.W., "International R&D Spillovers and Institutions," *European Economic Review*, 2009, 53: 723-741.

6. Debaere P. and Lee H., "The Real-side Determinants of Countries' Terms of Trade: A Panel Data Analysis," Working Paper, Darden School of Business, University of Virginia, 2010.

7. Dollar D. and Kraay A., "Trade, Growth and Poverty," *Economic Journal*, 2004, 114(493): F22-F49.

8. Domar E.D., "Capital Expansion, Rate of Growth and Employment," *Econometrica*, 1946, 14: 137-147.

9. Feenstra R.C. and Weinstein D.E., "Globalization, Markups, and the US Price Level," *NBER Working Paper No 15749*, Cambridge MA: NBER, 2010.

10. Gersovitz M., "The Estimation of the Two-gap Model," *Journal of International Economics*, 1982, 12: 111-124.

11. Grossman G.M. and Helpman E., *Innovation and Growth in the Global Economy*, Cambridge MA: MIT Press, 1991.

12. Harrison A.E., "Productivity, Imperfect Competition and Trade Reform: Theory and Evidence," *Journal of International Economics*, 1994, 36(1/2): 53-73.

13. Harrison E.A. and Rodriguez-Clare A., "Trade, Foreign Investment and Industrial Policy," in D. Rodrick and M.R. Rosenzweig (Eds), *Handbook of Development Economics*, Vol.5 (Amsterdam: North-Holland), ch.63.

14. Harrod R.F., "An Essay in Dynamic Theory," *Economic Journal*, 1939, 49: 14-33.

15. Huisman F., "The Middle East: Measuring Economic Integration and Labor

Migration," *MSc Thesis*, Erasmus University Rotterdam, 2010.

16. Irwin D. A. and Klenow P. J., "Learning-by-doing Spillovers in the Semiconductor Industry," *Journal of Political Economy*, 1994, 102（6）：1200-1227.

17. Jones H. G., *An Introduction to Modern Theories of Economic Growth*, London：Nelson, 1975.

18. Keller W., "International Technology Diffusion," *Journal of Economic Literature*, 2004, 42(3)：752-782.

19. Krugman P. R., "Differences in Income Elasticities and Trends in Real Exchange Rates," *European Economic Review*, 1989, 33：1031-1054.

20. Levinsohn J., "Testing the Imports-as-market-discipline Hypothesis," *Journal of International Economics*, 1993, 35(1/2)：1-22.

21. Lucas R. E., "On the Mechanics of Economic Development," *Journal of Monetary Economics*, 1988, 22：3-42.

22. Mankiw N. G., "The Growth of Nations," *Brookings Papers on Economic Activity*, 1995, 1：275-326.

23. Romer P. M., "Capital Accumulation in the Theory of Long-run Growth," in R. J. Barro (Ed.), *Modern Business Cycle Theory*, Cambridge MA：Harvard University Press, 1989.

24. Solow R. M., "A Contribution to the Theory of Economic Growth," *Quarterly Journal of Economics*, 1956, 70：65-94.

25. Swan T. W., "Economic Growth and Capital Accumulation," *Economic Record*, 1956, 32(2)：334-361.

练习与思考

1. 有的文献对双缺口模型进行了批判,认为其忽视了相对价格因素。然而,哈里森和罗德里格斯(Harrison and Rodriguez C., 2009)通过回顾大量的实证研究发现：贸易的增长效应在很大程度上取决于出口商品的构成。因此,考虑图8-1和图8-2中贸易条件恶化,出口商品的构成和国内产出的增长意味着什么?

2. 用C-D生产函数$Y_t = K_t^\alpha (A_t L_t)^{1-\alpha}$代替式(8.16),计算稳态时式(8.19)的人均资本$\bar{k}$和人均产出$\bar{y}$,并说明一国稳态时的人均收入取决于以下六个因素：s,n,m,μ,α和A_0。用长期人均收入的比较静态分析,讨论稳态时人均产出异质性可能的来源。根据自己的理解,分析引言中所提到的卢森堡和刚果民主共和国的例子。

3. 请推导出引入了劳动增加型技术进步的新古典增长模型(式8.26)的8个假说。

4. β收敛和σ收敛是两个相关的概念,试说明β收敛是σ收敛的必要不充分条件。

第九章 关税与非关税措施效应分析

【学习目标】

- 掌握征收关税对贸易条件的影响
- 掌握关税的梅茨勒悖论、有效保护率和最优关税率
- 掌握进口关税与出口关税的对称性(勒纳对称原理)
- 掌握小国和大国征收关税的福利效应
- 掌握非关税壁垒的衡量方法
- 掌握进口配额等非关税措施的经济效应
- 了解贸易政策的福利效应估计方法
- 了解CGE模型的理论基础、建模步骤和应用方法

经济学家普遍赞同自由贸易能够实现世界总产出最大化,并且使参与贸易的各方从中获益。因此,各国应当实行自由贸易政策,并尽最大可能减少使用关税及其他贸易壁垒措施。然而,在现实世界中几乎所有国家都会对自由贸易加以限制,并为贸易保护寻找合适的理论基础,由此形成了保护贸易政策。保护贸易政策是各国政府基于某种利益的考虑,对本国对外贸易活动采取的干预政策措施,主要包括关税(tariff)和非关税壁垒(non-tariff trade barriers,NTBs)措施。这些政策措施的实施不仅对本国产生影响,而且还会对其贸易伙伴乃至整个世界的生产、贸易和福利等产生影响。本章从定性和定量角度讨论如何对这些政策措施进行具体评估。具体来说,对关税和非关税壁垒措施的分析将从局部均衡分析和一般均衡分析两方面展开,即从生产者、消费者和政府部门等不同利益集团以及全社会的角度,对典型贸易政策工具的福利效应进行基于单一产品的局部均衡分析,同时也运用一般均衡分析方法,对关税和配额等贸易政策工具的经济效应进行分析,以便使读者对现实世界有比较全面的理解和把握。

第一节 关税和非关税措施的度量

一、关税的度量方法

从量税和从价税是计征关税的基本方法,但从价税的计征更为普遍。本节基于从

价税,介绍关税水平、关税结构以及关税的保护程度。各国在保证本国关税水平足以保护本国产业的同时,希望其他国家的关税水平越低越好。关税的保护程度是指关税在保护本国生产和市场中所起作用的大小。衡量关税保护程度需要有一套综合考核关税程度的指标体系。这主要是由于各国进出口商品结构不同,保护重点不同,导致即使同样的关税水平对不同国家国内生产和市场保护作用也不同。通常用关税水平、名义保护率、有效保护率和关税结构等指标来综合衡量一国关税保护程度的大小。

(一) 关税水平的度量

关税水平(tariff level)是指一个国家的平均进口关税税率。关税水平可以大体衡量或比较一国进口税的保护的程度,能够在一定程度上反应关税对各种进口商品价格水平的平均影响程度,是衡量一国进口关税对本国相关产业保护水平的重要指标。确定关税平均水平的方法主要有两种:简单平均法和加权平均法。

1. 简单平均法

它是根据一国税则中的税率(法定税率)来计算的,即不管每个税目实际的进口数量,只按税则中的税目数求其税率的算术平均值。计算公式为:

$$关税水平 = \frac{税则中所有税目的税率之和}{税则中所有税目之和} \times 100\%$$

该方法的优点在于计算简单,根据关税税则即可计算出一国的关税水平。只要税则不变,计算出来的关税水平就不会发生变化。

该方法的缺点在于不能完全真实、全面地反映一国关税对国内经济的保护程度。这种主要是因为此法对不同完税价格、不同进口数量的商品按照同样的方法予以处理,人为减少了进口数量大的商品对关税水平的影响。此外,此法会受到各国关税税则中税目设置差异的影响,在每种商品适用税率不变的条件下,细分低税率税目或者合并高税率税目,可以降低关税水平。

2. 加权算数平均法

它是以每种进口商品价值与该国进口总值的比值作为权重得到的关税水平。按照统计口径或所考察商品范围的不同,可分为全部商品加权法、有税商品加权法和取样加权法三种。

(1) 全部商品加权平均法。它是以一定时期内,一国进口关税总额除以进口商品价值总额得到的结果作为关税水平,计算公式为:

$$关税水平 = \frac{进口关税总额}{进口商品总值} \times 100\%$$

由于此法的权数是每种商品的进口值与进口商品总值之比,因此进口价值高的商品会被赋予较多的权重,可以在一定程度上克服简单算术平均法存在的问题,所反映出的关税水平更为真实。但是,按照该方法,如果一国税则中税率为零或者税率较低的税目多,则计算得到的关税水平会偏低;反之则偏高。

(2) 有税商品加权平均法。它是以一定时期内,一国每种有税商品的进口货值与

该国有税商品进口总值之比作为权重进行加权平均,计算关税平均水平。计算公式为:

$$关税水平 = \frac{进口关税总额}{有税商品进口总值} \times 100\%$$

此法剔除了一国税则中税率为零的商品。由于进口税率为零的商品一般属于进口国无须进行保护的商品,因此有税商品加权法能够反映通过关税对国内经济和相关产业的保护。

(3) 取样加权平均法。又称选择性商品加权平均法。它是以一定时期内,一国部分具有代表性的商品为计算对象,以每个代表性商品进口货值与所有选择性商品的进口总值之比作为权重进行加权平均,计算关税水平。计算公式为:

$$关税水平 = \frac{选择性商品进口关税总额}{有税商品进口总值} \times 100\%$$

此法人为地剔除了部分进口商品的作用,导致的主要问题在于,如果选择的商品种类不同,会对计算结果产生较大影响。在选择代表性商品时需要各方进行协商,以选取各国相同的若干代表性商品,以增强各国关税水平的可比性。历史上,GATT"肯尼迪回合"谈判时,就采用了联合国贸发会议(UNCTAD)选取的504种商品作为代表性商品来计算和比较各国关税水平。

在采用上述三种加权平均法计算关税水平时,需要注意的是,即便进口国没有对本国关税税率进行调整,该国各种商品进口价值与进口商品总值之比也会随年度而变化,由此计算的关税水平也会随之变化。在WTO框架下,大部分发达国家和一部分发展中国家的关税水平已经大幅降低,但是各国对其敏感性商品的关税保护远远高于整体关税水平。

(二) 关税保护程度的度量

关税水平虽能比较各国关税的高低,但还不能完全反映关税的保护程度。经济学家提出了对关税保护程度进行更加准确衡量的方法,主要有名义保护率和有效保护率两种。

1. 名义保护率

名义保护率(nominal rate of protection, NRP),它是指由于实行保护而引起国内市场价格超过国际市场价格的部分占国际市场价格的百分比,计算公式为:

$$NRP_j = \frac{P_j^d - P_j^w}{P_j^w} \times 100\%$$

其中,NRP_j 为某一产品 j 的名义保护率,P_j^d 和 P_j^w 分别表示进口商品国内市场价格和国际市场价格。

名义保护率作用的机理:若将一国进口自国外的商品的价格作为该商品的国际市场价格,那么在保护措施的作用下,该商品的国内市场价格就会被人为抬高,产生与国际市场的价格差,并使进口商品以同样的高价格销售,从而达到保护国内相关产业和市场的目的。然而,在现实中能够对某种商品价格产生影响的因素很多,除了进口关税外,配额、进口许可证等非关税措施,以及补贴、外汇管制等措施都可能导致国内外价格存在差异。名义保护率实际上是考量在所有对价格产生影响的因素的共同作用下,对国内相关产业的保护水平。在研究关税理论时,通常假定关税是唯一的保护措施,其他非关税措施忽略不计。在实际分析中,通常把各国的名义关税率等同于其关税税则或关税税率表中显示的关税税率。

2. 有效保护率

有效保护率(effective rate of protection,ERP),它是指一个国家的整体保护措施使某一行业每单位产出增加值提高的百分率。增加值是指最终产品价格与用来生产该产品的中间产品成本之差。有效保护率能够反映关税对本国同类产品的真正有效的保护程度。

(1) 有效保护率作用的机理。根据生产过程中加工深度的不同,可将产品划分为最终产品(制成品)、中间投入品和原材料等。从中间产品或原材料使用者的角度来看,对中间产品或原材料征收关税会提高此类产品的价格,相当于对国内生产者课税,会导致生产成本上涨和国内所生产制成品增加值的降低,从而使相关最终产品所征关税产生的保护效应降低。也就是说,一国进口竞争产品的生产企业,不仅会受到对同类最终产品进口征收关税的影响,还会受到对其所使用的中间产品或原材料征收进口关税的影响。

(2) 计算公式。

$$ERP_j = \frac{V_j^d - V_j}{V_j} \times 100\%$$

其中,ERP_j 为某一最终产品 j 的有效保护率(或称实际关税率),V_j^d 是指以征税后的国内价格衡量的单位产出增加值,即有关税保护状态下单位产出增加值;V_j 以国际价格(与国内价格使用同一货币)衡量的单位产出增加值,即自由贸易状态下单位产出增加值。因此,有效保护率可以表述为,保护状态下单位产出增加值(V_j^d)与自由贸易状态下单位产出增加值(V_j)的差额占自由贸易状态下单位产出增加值(V_j)的比重。

假设某一制成品在国际市场上的价格为 1 000 元,该产品在国内生产时每单位产出需要使用价值 500 元的中间投入品。在自由贸易下,该产品国内生产的单位产出增加值为 1 000－500＝500 元。现在假定对该产品征收 30% 的从价税,并假定关税不影响世界市场价格。征收关税后,该产品的国内价格上涨为 1 000×(1＋30%)＝1 300 元。另外,假设对其使用的中间产品不征收进口关税,那么征收关税后,国内生产的单位产出增加值为 1 300－500＝800 元。根据有效保护率的公式,该制成品的有效保护率＝(800－500)/500＝60%,即对该制成品征收 30% 的关税可使其国内生产增加值提高 60%。

如果对中间产品也征收 30% 的关税,制成品关税仍为 30%,那么征收后该制成品的单位产出附加值为 1 300－500×(1＋30%)＝650 元,其有效保护率为 (650－500)/500＝30%。此时,有效保护率与名义保护率相同。

如果将中间产品的关税率由 30% 提高到 40%,此时,制成品的国内生产单位产出增加值为 1 300－500×(1＋40%)＝600 元,其有效保护率为 (600－500)/500＝20%,即国内生产增加值只增加了 20%,低于其名义保护率。如果中间产品的关税率更高,则制成品的国内生产增加值将更低,甚至变成负值。所以,在制成品关税不变的前提下,随着中间产品关税的上升,制成品的有效保护率将下降,甚至出现负保护的情况。这一结果意味着:名义关税率只衡量关税对某种产品的国内市场价格的影响;而有效保护率则衡量关税对某种产品在生产过程中的增加值所产生的影响,它不仅反映关税对最终产品价格的影响,还反映关税对中间投入品价格的影响。因此,一国要保护某一特定行业,不一定要依靠提高该行业的名义关税率来实现,降低其使用的中间产品或原材料的进口关税,也同样可以使其获得更高程度的保护。根据这一点,如果一国的政策目标是保护最终产品部门,则在关税结构安排上,应对中间产品和原材料少征或免征进口关税。

在对生产该产品的多种原材料均征收进口税的情况下,计算该产品的有效保护率就复杂一些,计算公式为:

$$ERP_j = \frac{t_j - \sum a_i t_i}{1 - \sum a_i}$$

上式中,t_j 表示该产品的名义进口关税率;a_i 表示在未征税前原材料或中间产品 i 的价值在该最终产品 j 全部价值中所占的比重;t_i 表示原材料或中间产品 i 的名义进口关税率。

(3) 有效保护率的推导。

已知有效保护率的定义式为:$ERP_j = \dfrac{v_j^d - v_j}{v_j} \times 100\%$

现在假定进口国为小国,价格为一既定值,同时假定中间产品的国际价格也不变,P 为自由贸易条件下最终产品的国际市场价格,则自由贸易条件下该进口国生产其最终产品所需进口投入品的总成本为:

$$a_1 P + a_2 P + \cdots + a_n P = \sum a_i P \qquad (i = 1, 2, 3, \cdots, n)$$

自由贸易条件下,该国生产最终产品的国内增加值为:

$$V_j = P - \sum a_i P = P - P \sum a_i = P(1 - \sum a_i)$$

现对最终产品、进口投入品征收进口关税,征税后的国内增加值为:

$$V_j^d = P(1 + t_j) - [\sum a_i P + t_i \sum a_i P] = P(1 + t_j) - P \sum a_i (1 + t_i)$$
$$(i = 1, 2, 3, \cdots, n)$$

将 V_j 和 V_j^d 带入定义式 $ERP_j = \dfrac{V_j^d - v_j}{v_j}$,得到:

$$ERP_j = \frac{V_j^d - V_j}{V_j} = \frac{[P(1+t_j) - P\sum a_i(1+t_i)] - P(1-\sum a_i)}{P(1-\sum a_i)}$$

将上式整理可得到有效保护率的公式为：

$$ERP_j = \frac{t_j - \sum a_i t_i}{(1 - \sum a_i)}$$

由上述有效保护率的公式，可以得出名义保护率与有效保护率之间的关系：若 $a_i=0$，即国内生产的产品中不含进口原料或中间产品，则有效保护率等于最终产品的名义保护率 t_j。当 a_i、t_i 给定时，最终产品的名义关税率 t_j 越大，有效保护率越高。在 t_j 和 t_i 给定时，a_i 越大，有效保护率越高，即原材料在最终产品中所占的比例越大，有效保护率越大。当 t_i 大于、等于或小于 t_j 时，有效保护率小于、等于或大于名义保护率 t_j。如果 $t_j < a_i t_i$，即最终产品名义关税率小于原材料名义关税率与原材料在最终产品中所占比例之乘积时，则有效保护率为负值。这种关税结构不利于保护国内生产和市场，反而会削弱国内产品的国际竞争力。

很明显，名义保护率具有很大的欺骗性，难以根据名义保护率对与进口商品竞争的国内生产者提供的实际保护程度做出一个粗略的估计。而且，许多工业国家都是一个"瀑布式"的关税结构，对原材料制定非常低或者为零的名义税率，随着加工程度不断加深，名义税率就越来越高。这使采用进口投入品所生产的最终产品的有效保护率比名义保护率要大得多。工业国家中有效保护率最大的商品经常是那些简单的劳动力密集型商品，而这类产品在发展中国家往往拥有相对优势，因此，关税率一般并不高。

（三）关税结构

关税结构又称为关税税率结构，是指一国各类产品关税税率（包括名义保护率和有效保护率）之间的相互关系。

20 世纪 60 年代，一些西方学者提出并发展了关税结构理论。该理论指出，名义保护关税率对保护完全采用本国生产的原材料、半成品生产的最终产品是适用的，但对用进口原料或中间产品等投入要素制造的制成品则不适用。进口关税的征收对象可以分为两类：一类是用作国内制成品生产的投入要素的中间产品或原材料；另一类是制成品本身。对这两类进口品征收关税是一视同仁，还是区别对待，将产生不同的实际保护效果。

世界各国因其国内经济结构、产业结构以及进出口产品结构的差异，关税结构也各不相同。一般表现为：资本品税率较低，消费品税率较高；生活必需品税率较低，奢侈品税率较高；本国不能生产的商品税率较低，本国能够生产的商品税率较高。另外一个突出的特征是，关税税率随产品加工程度的逐渐深化而不断提高。制成品的关税税率高于中间产品的关税税率，中间产品的关税税率高于原材料和初级产品的关税税率。这种关税结构现象称为关税升级或阶梯式关税结构（tariff escalation）。关税升级使一国可以对制成品征收比其所用的中间投入品更高的关税，这样，对该制成品的实际关税率将大于其名义关税率。

因此,考察一国对某产品或行业的保护程度,不仅要考察该产品或行业的关税税率,还要考察对其各种投入品的关税税率,即要考察整个关税结构。这对于一国制定进口关税率或进行关税谈判都有重要意义。

二、非关税壁垒的度量

有关非关税壁垒强弱程度的测度一直是国际贸易理论及实证研究方面的重要问题。20世纪70年代以来,经过GATT(现WTO)的多轮贸易谈判,主要发达国家的关税已经下降到很低的水平,并受到越来越多的限制和约束。因此,一些国家纷纷转向采用更具隐蔽性和歧视性的非关税壁垒措施来保护国内处于不利地位的产业,保护本国的市场。在此背景下,非关税壁垒的衡量和测度成为学者和政府部门关心的课题。早期的非关税壁垒多为直接型或较为简单的间接型非关税壁垒,比如进口配额、进口许可证、海关估价等。我国商务部一年一度出版的《国别贸易投资环境报告》将非关税壁垒分为若干具体的小类,包括进口限制、通关环节壁垒、技术性贸易壁垒、政府采购等。这些非关税壁垒虽然名目繁多,但基本上可分为数量影响型、价格影响型和福利影响型三种类型。

(一) 数量影响型非关税壁垒的测度

数量影响型的非关税壁垒测度方法主要为频率类的度量方法(frequency-type measures),该类度量方法包括频率(frequency index)和覆盖率(coverage ratio)两个指标,是度量非关税措施最为广泛采用的方法。通过指标的计算,可以得出特定部门、单个国家或国际组织中贸易受非关税措施的影响程度及非关税措施的使用频率,从而衡量出不同国家(或地区)非关税措施的实施强度。

1. 非关税壁垒的频率

非关税壁垒的频率是指某个进口国的产品(对应关税税则税号)受到某种特定非关税壁垒或者几种非关税壁垒影响的比例,而不管这种产品是否存在实际上的进口。该指标用来衡量非关税措施的出现频率,即受一种或一种以上非关税措施限制的进口商品税目数占所衡量类别商品包含的税目总数的比率(按商品关税税则税号数目计算),计算过程只需获取哪些类商品受到一种或一种以上非关税措施限制的数据,而不需要受非关税措施限制的商品类别进口额数据,计算相对简单。用公式表示为:

$$F_{jt} = \left[\frac{\sum (D_{it} \cdot M_{it})}{\sum M_{it}} \right] \times 100$$

式中,F_{jt}表示进口国在时间t(通常为年份)对来自国家j的进口品实施非关税措施的频率。F_{jt}取值越大代表非关税措施的使用频率越频繁,实施的强度也越大;反之则反。下标$i(i=1,2,\cdots,n)$代表进口国进口商品的关税税号(对应相应的进口商品)。D_{it}是虚拟变量,当该税号商品存在非关税壁垒措施时,$D_{it}=1$;反之,则$D_{it}=0$。M_{it}也是虚拟变量,表示是否有来自任何出口国的进口商品i(按商品税号数目计算),当有进口时$M_{it}=1$;反之,则$M_{it}=0$。分子$\sum(D_{it} \cdot M_{it})$表示所要考察的商品类别中受到非关税壁垒措施影响的税则号商品数目。分母$\sum M_{it}$表示所要考察的商品类别中所包括的税则号总数。

由以上公式知,非关税壁垒的频率仅仅考虑非关税壁垒措施发生或者不发生,不涉及相关进口价值。这样,只要来自某一出口国的进口商品存在非关税措施的限制,其必受非关税壁垒的影响;但如果来自某些出口国的进口量被完全排除掉,非关税壁垒的影响可能会被低估(因为此时$M_{it}=0$,但D_{it}不一定等于0)。该种方法不反映受到影响的产品的相对价值,没有体现贸易额权重的影响,因此不能揭示非关税壁垒对出口商的影响①。

2. 非关税壁垒的覆盖率

非关税壁垒的覆盖率(或称进口覆盖率)是指以进口额为权重的某个进口国家在给定的产品集合水平上实施非关税壁垒的频率。该指标是测算受一种或一种以上非关税措施限制的进口商品额占所衡量类别商品总进口额的比重,计算过程需要获得一国(或地区)进口商品(商品按关税税号分类)中哪些类商品受到非关税措施的限制,以及所有类别商品的进口额数据,对数据的来源及质量要求较高。用公式表示为:

$$C_{jt} = \left[\frac{\sum (D_{it} \cdot V_{iT})}{\sum V_{iT}} \right] \times 100$$

其中,C_{jt}表示进口国在时间(年份)t对来自国家j进口商品实施非关税措施的覆盖率。C_{jt}的值越大,非关税措施的覆盖面也越大,反之则相反。下标$i(i=1, 2, \cdots, n)$代表进口国进口商品的关税税号(对应相应的进口商品)。D_{it}是虚拟变量,当该税号商品存在非关税壁垒措施时,$D_{it}=1$;反之,则$D_{it}=0$。下标T代表作为进口权重的年度。V_{iT}表示该进口国来自所有出口国的关税税号i对应商品的进口值。$\sum V_{iT}$表示该进口国来自所有出口国的所有关税税号对应商品的总进口值。

覆盖率的权重设置有两种方法:(1)对所有年份使用同一年的进口额作为权重。如果用固定年份的进口额作为权重来计算覆盖率,则覆盖率的变化仅仅是因为各国非关税壁垒的实施情况发生了变化,而不是因为受到同样措施影响的进口价值发生了变化。(2)用当年的进口额作为权重。这样计算出的覆盖率综合反映了非关税壁垒措施实施范围及进口价值的变化。

尽管覆盖率指标体现了贸易额权重的影响,但该指标仍然存在两个缺陷:(1)进口价值权重是内生的。如果某类产品遭遇了严格的(甚至是禁止)非关税壁垒,减少了受到影响的进口项下的产品价值,其计算权重就会很低(甚至为0),覆盖率就可能被低

---

① 这一缺陷为非关税壁垒的覆盖率指标所克服。

估。因此,如果使用世界整体进口价值作为权重,计算结果的可信度会更高些。(2) 只有当非关税壁垒措施完全消除的时候,才能正确评估非关税壁垒削减的影响,否则进口覆盖率的结果可能有所偏差,但前面的频率指数就不存在这个问题。比如,非关税壁垒的削减可能导致该产品进口增加,这就意味着受到该壁垒影响的进口比例增加,于是进口覆盖率增加。

综上所述,尽管以上两种衡量指标都有各自的缺陷,但它们确实可以在某种程度上反映贸易受非关税壁垒影响的程度。这些指标还可以与贸易引力模型结合起来,对双边贸易流进行计量经济学研究。另外,还可以用贸易额作为权重来计算非关税壁垒的频率指数,这时的进口值是受非关税壁垒影响的产品类别的进口值,不同于按非关税壁垒的覆盖率计算的进口值。

(二) 价格影响型非关税壁垒的测度

价格影响型的非关税壁垒测度方法主要包括等量关税法(tariff equivalent)或价格差值法(price wedge)、等量补贴法(subsidy equivalents)和有效保护率法(effective rate of protection)等。

等量关税法和等量补贴法反映了进口限制及补贴对商品价格的扭曲程度,即将此类非关税壁垒的实施对国内商品价格所产生的价格影响或价格扭曲转化为等值的名义关税率,通过比较转化后的名义关税率来衡量非关税壁垒的强弱程度;而有效保护率(又称有效关税率)避免了名义关税率只反映对最终产品国内生产者保护程度的局限,综合了税收、补贴等对投入品及产出品的双重影响,显示了以国内价格和国际价格计算的增加值的差别,因此能够用来衡量对促进或遏制某种经济活动的有效性。

等量关税法和等量补贴法衡量不同种类非关税壁垒对价格的影响程度,前者是将非关税壁垒的实施所导致的国内商品价格的提高统一用相应程度的名义关税率来量化,而后者是衡量诸如政府政策给予生产厂商的转移支付(即补贴)对价格的扭曲程度。两种度量方法均未能够全面地反映一个国家(或地区)保护结构对贸易及产出的综合影响。

有效保护率法是指一个国家的整体保护措施(这里指实施某种非关税壁垒措施)使某一行业每单位产出增加值提高的百分率。

(三) 福利影响型非关税壁垒的测度

福利影响型的非关税壁垒测度方法主要有可计算的一般均衡分析法(computable general equilibrium,CGE)和贸易限制指数(trade restrictiveness index)。

1. 可计算的一般均衡分析法

可计算的一般均衡分析法提供了一个较为严格的分析框架,通过观察非关税壁垒对产品市场及要素市场价格和数量的双重影响,全面把握生产者及消费者的福利变动,最终对一国(或地区)的福利变动状况进行实证分析。此方法可以通过观察非关税壁垒实施对产品和要素市场价格和数量造成的全面冲击,很好地把握生产者和消费者的福利变动,并进而掌握一国福利变动状况。这一领域的研究主要遵循着两个思路:一是考察非关税壁垒实施的福利损失效应,即一国的保护成本;二是考察非关税壁垒取消的福利增进效应。侧重于前者的研究主要有涟梦(Sazanami,1995)以及马塞林

(Messerlin,2000)。他们分别用可计算的一般均衡模型对日本和欧盟的贸易保护成本进行了估算。梅卢和塔尔(Melo and Tarr,1992)通过建立单一国家的可计算一般均衡模型对纺织和服装产业中贸易干预的影响进行实证分析,而在对非关税壁垒的取消或减让的福利分析效应中,哈里森等(Harrison et al.,1997)对乌拉圭回合谈判结果的福利效应的研究最全面也最具影响力。他们对全世界24个地区、22大类商品运用规模报酬递增的可计算一般均衡模型进行了定量测算。

2. 贸易限制指数测算法

贸易限制指数测算法虽然尚处于新生阶段,但是因其坚实的理论和现实有效性,已经受到了广泛的关注。这一理论由安德森和内亚里(Anderson and Neary,1991)提出,主要用来度量贸易政策的实施对经济体或经济部门限制程度的影响,进一步来说,该指数旨在通过比较两种不同的贸易扭曲状态来衡量贸易政策变动所导致的福利水平变动情况。

贸易限制指数定义为"消费和生产扭曲的单一等量关税(或称关税当量)",是"持续生产者等量补贴指数(PSEs)"及"持续消费者等量补贴指数(CSEs)"两者的结合,意即将一定的非关税壁垒转换成具有相同福利效应的单一关税。这一测算法综合运用了生产者补贴当量和消费者补贴当量,同时需要输入大量的相关信息,比如被保护产品的国内价格、该产品的世界价格、价格需求弹性等。安德森和内亚里(Anderson and Neary,1994)运用汉密尔顿(Hamilton,1986)所建立的方法,将其中的权重以福利损失进行替换,计算了纺织品出口的平均价格。其结果比以进口量作为权重计算的平均价格更接近于现实。

第二节 关税的经济效应分析

关税的经济效应主要是指关税对进口国经济的多方面影响,具体包括价格效应、贸易条件效应以及进口国国内经济福利效应等。与自由贸易相比,征收关税会减少进口国和出口国的双边贸易额,引起进口商品的国际价格和国内价格的变动,从而导致进口国在生产和消费等方面发生变化。从经济学角度来看,征收关税会影响资源配置的效率,引起一国福利水平发生变化。为了对关税的经济效应有更深刻的认识,我们将从大国、小国的角度,采用局部均衡和一般均衡分析的方法,对关税的效应进行探讨,分析关税对本国、贸易伙伴国及世界产生的影响。

在进行具体分析时,我们将分"小国"和"大国"两种情形进行讨论。在国际经济学中,"小国"和"大国"的概念并不是以领土面积、人口多少或经济总量大小来衡量的,而是看在某一特定市场上,该国商品的生产和销售能否直接影响国际市场价格。如果可以的话,就是大国;否则为小国(可以分为出口大国、出口小国、进口大国、进口小国)。更进一步来说,这里所谓的"小国"是假定这个国家无法影响外国出口商品的价格,即该国面临一条有完全弹性的进口供给曲线和一条对它的出口有完全弹性的需求曲线。"大国"的含义是指该国是某种进口商品极其重要的购买者,通过征收进口关税能影响该商品的国际市场价格①。

局部均衡分析(partial equilibrium analysis)是假定"其他条件不变",即假定一种商品的均衡价格只取决于这种商品本身的供求状况,而不受其他商品的价格和供求状况的影响。一般均衡分析(general equilibrium analysis)则假定一种商品的价格不仅取决于它本身的供给和需求状况,也受到其他商品的价格和供求状况的影响。因此,一种商品的价格和供求的均衡,只有在所有商品的价格和供求都达到均衡时才能决定。

一、小国进口关税的局部均衡分析

图 9-1(a)中,曲线 S、D 分别表示国内供给和需求曲线;P_w 表示征收关税前的世界价格,即自由贸易下的价格;t 是对单位商品征收的从价税税率②。

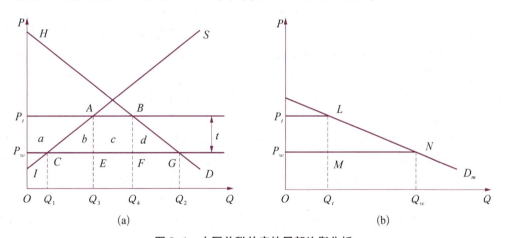

图 9-1　小国关税效应的局部均衡分析

(一) 关税对本国的影响

1. 价格效应

价格效应(price effect)是指"小国"征收关税后,虽然该国会因进口产品价格上涨而减少对进口商品的购买,但这一变化不会对世界市场价格产生任何影响。因此,征税后国内价格的上涨部分就等于所征收的关税,即关税全部由国内消费者来承担,此时国内市场价格等于征收前的世界价格(自由贸易条件下的价格)加上关税,即征收关税后的国内价格为 $P_t = P_w(1+t)$。因此,国内价格高于国际价格,二者的差额为关税额 $P_w t$。

2. 生产效应

从图 9-1(a)可以看出,征收关税后,国内进口替代部门的生产厂商面对较高的价

---

① 更直接来说,"小国"指在世界市场上是贸易价格的接受者,它不能影响国际市场价格;而"大国"是世界市场价格的决定者,能够影响国际市场价格。

② 假定 P 为税前价格,如果征收从价税,税后价格为 $P(1+t)$。如果征收从量税 t,则税后价格为 $P+t$。两者的分析是相同的。

格,从而能够补偿因产出增加而提高的边际成本,于是国内生产增加,这便是关税带来的生产效应(production effect)。

在自由贸易条件下,对应于世界价格 P_w,国内生产为 OQ_1;征收关税后,国内价格由原来的 P_w 上升至 P_t,此时国内生产提高到 OQ_3,国内生产增加了 Q_1Q_3,所以关税保护了国内生产者。国内生产者因为关税而获得的利益可以用生产者剩余(producer's surplus)的变动来衡量。生产者剩余是指生产者为一定量某种商品实际收取的价格和他愿意收取的价格之间的差额。征税前,生产者的剩余为三角形 ICP_w 的面积;征收关税后,生产者剩余为三角形 IAP_t 的面积。那么,征收关税后生产者剩余增加了,增加的部分为梯形 CAP_tP_w 的面积(用 a 表示),此为征收关税后生产者的福利所得。

3. 消费效应

征收关税使国内市场价格提高,导致消费量的减少,此即关税的消费效应(consumption effect)。图 9-1(a)中,征税后国内消费量为 OQ_4,与征收关税前的消费量 OQ_2 相比,消费量减少了 Q_2Q_4。消费量的下降对消费者的福利有不利的影响。消费者的福利可以用消费者剩余来衡量(consumer's surplus)①。征收关税以前消费者剩余为三角形 HGP_w 的面积,征收关税以后消费者剩余为三角形 HBP_t 所示,所以消费者福利的损失为梯形 GBP_tP_w 的面积(用 $a+b+c+d$ 表示)。

4. 贸易效应

综合关税的生产效应和消费效应,便可以得到关税的贸易效应(trade effect)。关税的贸易效应是指关税导致的进口量的减少。贸易效应=生产效应+消费效应。在图 9-1(a)中,征收关税的贸易效应为征收关税使进口减少 $Q_1Q_3+Q_2Q_4$。

5. 收入分配效应

征收关税对本国消费者、生产者和政府的收入分配效应(income distribution effect)体现在如下三个方面。

首先,因征税而引起的国内该商品价格上升,使生产者剩余增加了图中 a 的面积,a 的大小取决于关税率 t 以及供给曲线 S 的斜率或弹性。进一步来说,在 t 既定时,供给曲线 S 的斜率越小或价格弹性越大,则 a 的面积就越大,即生产者剩余增加得就越多;在供给曲线 S 的斜率或价格弹性给定时,关税率 t 越高,则 a 的面积就越大,即生产者剩余增加得就越多。

其次,因关税而引起的国内该商品的价格上升使消费者剩余减少了图中 $(a+b+c+d)$ 的面积,而这一面积的大小取决于关税率 t 以及需求曲线 D 的斜率和弹性。进一步来说,在 t 给定时,需求曲线的斜率(绝对值)越大或价格弹性(绝对值)越小,则 $(a+b+c+d)$ 的面积就越大,即消费者剩余减少得就越多;在需求曲线 D 的斜率(绝对值)或价格弹性(绝对值)既定时,关税率 t 越高,则 $(a+b+c+d)$ 的面积就越大,即消费者剩余减少得就越多。

最后,政府按税率 t 征税,得到的关税收入为:$(Q_4-Q_3)\times(P_w \cdot t)$,政府财政收入因此增加,以面积 c 表示。在 t 既定时,进口数量 (Q_4-Q_3) 越大,则面积 c 就越大,

---

① 消费者剩余是指消费者为一定量某种商品愿意支付的价格和他实际支付的价格之间的差额。

即关税收入越多;在进口数量(Q_4-Q_3)既定时,关税率t越高,则面积c越大,即关税收入越多。由于进口数量相对于关税率来说具有一定的内生性,即随着关税率的提高,进口数量会下降;当关税率高到一定水平后,进口数量减少为0,此时关税收入也变为0。

6. 净福利效应

综合关税的生产效应、消费效应和税收效应,关税的净福利效应(net welfare effect)=生产者福利变动部分-消费者福利变动部分+政府税收收入=$a-(a+b+c+d)+c=-(b+d)$。所以对于小国而言,关税会降低社会福利水平,社会福利的净损失为$(b+d)$。其中,b为生产扭曲(production distortion)损失,表示征税后成本较高的国内生产替代了成本较低的外国生产,从而导致资源配置效率下降所造成的损失;d为消费扭曲(consumption distortion)损失,表示征税后因消费量下降所导致的消费者满意程度的降低,在扣除消费支出的下降部分之后的净额。

该国福利净损失$(b+d)$的大小取决于关税率t以及需求和供给曲线的斜率和弹性,具体来说,在t既定时,供给曲线的效率越小或价格弹性越大,生产扭曲损失b就越大;在既定时,需求曲线的斜率(绝对值)越小或价格弹性(绝对值)越大,消费扭曲损失d就越大;在需求曲线和供给曲线的斜率和弹性既定时,关税率t越高,净福利损失$(b+d)$就越大。

以上分析的政策含义在于:首先,对"小国"来说,对进口商品征收进口关税,不仅要考虑税率的高低,还要考虑国内对该商品供给与需求价格弹性的大小,因为不同情形会导致不同的净福利损失。其次,理论上来讲,"小国"在完全竞争条件下的最优关税是零关税,换句话说,对"小国"来说,实行自由贸易是最佳选择。

(二) 关税对贸易伙伴国及世界的影响

关税使本国的福利水平降低,但对贸易伙伴国却没有什么影响,贸易伙伴国的福利水平不变。因为,征税国是小国,其不仅不能影响进口商品的国际价格,也不能影响进口商品的国际供给和需求。也就是说,小国进口所面对的世界或其他国家的出口供给弹性无限大,因此小国课征进口关税,完全由本国消费者承担,而贸易伙伴国不会受到损失。因此,不会产生该国与贸易伙伴国之间的收入分配效应。尽管如此,对整个世界来说,征收关税降低了世界总体福利水平,下降的部分即为关税实施国的福利损失部分。

二、小国关税效应的度量

在经验研究中,小国征收关税的经济效应该如何度量呢?如图9-1(b)所示,D_m为该国的进口需求曲线。进口需求曲线由本国的供求曲线推导出来。如图9-1(a)所示,在价格为P_t时,本国消费者的需求量为Q_4,而本国生产者的供给量仅为Q_3,所以本国的进口需求量为Q_3Q_4。如果价格降为P_w的时候,本国消费者的需求量上升为Q_2,而本国生产者的供给量仅为Q_1,此时本国的进口需求量为Q_1Q_2。依次类推,可以推导出一条关于价格与进口需求量各种组合点的轨迹,即为进口需求曲线D_m。所以,图9-1(b)中的P_tL等于9-1(a)中的AB;图9-1(b)中的P_wN等于9-1(a)中的CG。

因此，
$$MN = CG - AB = CE + FG$$
则
$$LMN = ACE + BFG = b + d$$

LMN 即为小国情形下征收关税的福利损失。

已知从价税率为 t，则
$$LMN = (1/2) \times t \times MN \tag{9.1}$$

其中，MN 为征收关税后的需求数量变化。需求数量的变化取决于价格变化和需求曲线的斜率，我们可以通过需求的弹性来计算。Ed 为进口的需求价格弹性，P_w 为自由贸易条件下的进口价格，Q_w 为自由贸易条件下的进口量。

则
$$Ed = (MN/t) \times (P_w/Q_w) \tag{9.2}$$

上式可改写为
$$MN = t \times Ed \times (Q_w/P_w) \tag{9.3}$$

将式(9.3)代入到式(9.1)中，可得
$$LMN = (1/2) \times t^2 \times Ed \times (Q_w/P_w) \tag{9.4}$$

在现实中，在一国征收关税的情况下，通常无法获知 P_w 和 Q_w，因此也就难以求出 LMN。但是，我们知道一国征收关税的福利净损失等于该国取消关税的福利净收益。在征税条件下的国内价格 P_t 和进口需求量 Q_t 是可以获知的，于是就可以求得该国撤消关税的净福利收益，这样就可以变相地求出该国征收关税的福利净损失。现在已知征税条件下的国内价格 P_t 和进口需求量 Q_t，Ed' 为进口需求弹性。

$$Ed' = (MN/t) \times (P_t/Q_t) \tag{9.5}$$

上式可改写为
$$MN = t \times Ed' \times (Q_t/P_t) \tag{9.6}$$

则有
$$LMN = (1/2) \times t \times MN = (1/2) \times t^2 \times Ed' \times (Q_t/P_t) \tag{9.7}$$

从式(9.7)来看，关税率 t、进口需求量 Q_t 和国内价格 P_t 都是已知的，只要我们能够估计出 Ed'，就能求出 LMN，从而获知小国情形下征收关税的福利净损失。

三、大国进口关税的局部均衡分析

图9-2(b)中，曲线 S 和曲线 D 分别表示国内供给和需求曲线；P_w 表示征收关税前的世界价格，即自由贸易下的价格；t 是对单位商品征收的从价税税率。在自由贸易条件下，该商品的国内外价格相等(都等于 P_w)。在此价格下，该国对该商品的需求量为 Q_2，国内生产量为 Q_1，进口量为 $Q_2 - Q_1$。

(一) 关税对本国的影响

如果该"大国"对该商品征收从价税率为 t 的进口关税，那么与自由贸易相比，将产生以下经济效应。

1. 价格效应

"大国"征收关税后，由于价格的上涨，该国对进口产品的需求量要下降，从而引起世界市场价格的下降，即价格效应(price effect)。在这种情况下，关税负担实际上由国

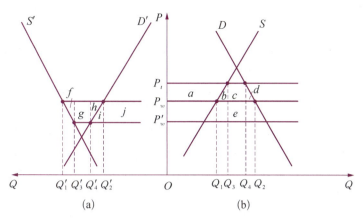

图 9-2 大国关税效应的局部均衡分析

内消费者和国外出口商共同承担,征收关税后的国内市场价格等于征收关税后的世界市场价格(低于征收关税前或自由贸易条件下的世界市场价格)加上关税。

征收关税后,国内价格由原来的 P_w 降至 P'_w,征税后的国内价格为 $P_t = P'_w(1+t)$。与小国相比,征收相同的关税,对大国来说,国内价格的上涨幅度要小于小国。国际价格的下降部分抵消了关税的效应,减弱了关税对国内生产和消费的影响。

2. 生产效应

如图 9-2(b)所示,在自由贸易条件下,对应于世界价格 P_w,国内生产为 OQ_1;征收关税后,国内价格由原来的 P_w 上升至 P_t,此时国内生产提高到 OQ_3。也就是说,征收关税后,国内生产增加了 Q_1Q_3,所以关税保护了国内生产者。征收关税后,生产者剩余增加了,增加的部分为梯形 CAP_tP_w 的面积 a,此为征收关税后生产者的福利所得。

3. 消费效应

图 9-2(b)中,征税后国内消费量为 OQ_4,与征收关税前的消费量 OQ_2 相比,消费量减少了 Q_2Q_4。消费量的下降对消费者的福利有不利的影响。征收消费者福利的损失为梯形 GBP_tP_w 的面积 $(a+b+c+d)$。

4. 贸易效应

综合关税的生产效应和消费效应,便可以得到关税的贸易效应。关税的贸易效应是指关税导致的进口量的减少。贸易效应=生产效应+消费效应。在图 9-2(b)中,征收关税的贸易效应为征收关税使进口减少 $Q_1Q_3 + Q_2Q_4$。

5. 收入分配效应

首先,就生产者来说,因征税而引起的该商品国内价格上升,使生产者剩余增加了图 9-2(b)中 a 的面积。其次,就消费者来说,因征税而引起的该商品国内价格上升,使消费者剩余减少了图 9-2(b)中 $(a+b+c+d)$ 的面积。最后,就进口国政府来说,按照税率 t 征税,得到的关税收入 $(Q_4-Q_3) \times P'_w \cdot t = c+e$,政府财政收入因此增加。在消费者剩余的减少量 $(a+b+c+d)$ 当中,a 为生产者剩余的增加量,c 为政府财政收入的增加额。a 和 c 是消费者的损失,但分别转移给了生产者和政府。政府关税收入中的 e 则由国外转移过来,因为作为"大国"的进口国征收进口关税,导致国际价格下降,出口商让渡一部分利润；而另外两部分 b 和 d，分别是生产扭曲损失和消费扭曲损失。

6. 贸易条件效应

在小国情形下，征收关税后的进口价格（国际价格）不会发生变化，因此该国的贸易条件也不会发生变化。而在大国情形下则不同，征收关税后，进口价格下降（从 P_w 降至 P'_w），该国的贸易条件改善，e 即为贸易条件得益。因此，要特别注意，"大国"情形下有贸易条件效应，"小国"情形下则没有。

在正常情况下，与自由贸易相比，大国对进口商品征收进口关税将导致两种贸易条件效应（相对价格效应）：一是进口商品或与进口竞争的产品的国内价格上升，即该国出口商品的国内贸易条件恶化；二是进口商品或与进口竞争的产品的国际价格下降，即该国出口商品的国际贸易条件改善。

贸易条件（terms of trade，简写为 TOT）是指一国出口商品与进口商品价格之比，即某种商品的国际相对价格。这里要注意两点：第一，贸易条件是指出口商品和进口商品的相对价格，而不是相反。所以，如果出口商品的国际相对价格上升，则意味着贸易条件改善；反之，则贸易条件恶化。第二，大多数情况下，贸易条件是指国际市场价格，而非国内市场价格。这点在我们讨论贸易政策时非常重要。因为由于实施了关税和非关税等贸易政策措施，一国的国内市场价格与国际市场价格是不相等的①。当然，与国际贸易条件相对应，国内贸易条件是指国内市场上出口商品与进口商品的相对价格。对"小国"来说，实施关税政策会改变其国内贸易条件，但不会改变其国际贸易条件；但对"大国"来说，其国内和国际贸易条件都可能发生改变，进一步来说，如果征收关税使进口商品国际价格下降，则大国的国际贸易条件将得以改善②。

为了研究一国对进口商品征收关税将如何影响该国进口商品的相对国际价格，这里我们假定本国是一个大国，生产两种产品：小麦和大米。本国进口大米，出口小麦。如果对进口大米征税，则国内大米价格提高，本国生产商会增加大米的生产。由于本国是一个大国，大米生产的增加会显著增加世界大米的生产量。同时，大米价格上升，本国更多的要素禀赋将流向大米部门，由于一国资源是有限的，本国小麦的生产将会下降。同时，由于本国是一个大国，小麦生产的减少会显著减少世界小麦的生产量。这将导致小麦的相对世界供给减少，小麦相对供给曲线（RS 曲线）左移，如图 9-3 所示。

图 9-3 中，Q_w 表示小麦的相对数量，P_w/P_R 表示小麦的国际相对价格。本国对进口大米征收关税，使出口商品小麦的相对供给曲线由 RS 左移至 RS'，小麦的

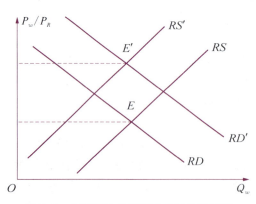

图 9-3 大国征收关税对贸易条件的影响

---

① 当然，在自由贸易状态下，国际贸易条件与国内贸易条件是相等的。
② 也就是说，对"小国"来说，国际贸易条件是外生的；而对"大国"来说，国际贸易条件是内生的。

相对需求曲线由 RD 右移至 RD'，因而小麦的相对价格将上升。

由于本国对进口大米征收关税后，大麦的国内价格上升。假设大米和小麦两种商品是可以互相替代的，那么本国就会增加小麦的消费，而减少对大米的消费。又由于本国是一个大国，因此对这两种商品需求量的变化也会对世界需求量产生显著影响。所以，小麦的相对世界需求会增加，导致小麦的相对需求曲线（RD 曲线）右移。这样，在均衡时，小麦的相对供给价格就会上升。

可见，大国对进口商品大米征收关税后，小麦的国际相对均衡价格上升。由于小麦是本国的出口商品，这就意味着本国的贸易条件得到改善。因此，大国征收进口关税可以改善其贸易条件。

那么，小国征收进口关税能否改善其贸易条件呢？答案是否定的。在上例中，如果本国是一个小国的话，那么它对大米征收关税虽然会增加国内生产者对大米的供给量，但却不会对世界大米的供给产生显著影响。同理，本国对大米消费的减少对世界大米消费的影响也无足轻重。因此，小麦的相对供给曲线和相对需求曲线并不会有显著的变化。所以，小国征收进口关税不会影响国际市场价格，因而不会改变其贸易条件，不存在贸易条件效应。

7. 净福利效应

综合上述关税的生产效应、消费效应和税收效应，关税的净福利效应＝生产者福利增加－消费者福利损失＋政府税收收入＝$a-(a+b+c+d)+(c+e)=e-(b+d)$。当 $e>b+d$，征收关税使该国的福利增加；当 $e<b+d$，征税使该国福利减少。所以，在大国情形下，关税的净福利效应不确定，它取决于贸易条件效应与生产扭曲和消费扭曲两种效应之和的对比。

（二）关税对贸易伙伴国及世界的影响

"大国"征收关税会使本国的贸易条件改善，同时也意味着贸易伙伴国的贸易条件恶化，贸易伙伴国的总体福利水平下降。

如图 9-2(a)所示，S' 和 D' 分别为外国的供给曲线和需求曲线。在本国不征收关税的条件下，外国的出口价格为 P_w，出口量为 $Q_1'Q_2'=Q_1Q_2$。当本国征收关税后，外国的出口价格为 P_w'，出口量为 $Q_3'Q_4'=Q_3Q_4$，外国的福利损失为 $f+h+g$。因为 $h=e$，所以世界福利净损失为 $b+d+f+g$。

四、关税效应的一般均衡分析

上文我们讨论的是征收关税对单个商品的影响，即对关税作了局部均衡分析。得出的结论是：在小国情形下，进口关税会导致社会福利损失；在大国情形下，进口关税对社会福利的影响是不确定的。然而，对某种进口商品实行某种贸易政策措施（如征收关税），不仅会影响到该商品本身，还会影响到其他商品（比如出口商品）。因此，当涉及多产品、多部门时，需要对实施某种贸易政策措施（如征收关税）以后的效应作一般均衡分析。

本部分我们将在一般均衡的框架下，进一步探讨关税的经济效应。在局部均衡分析中主要使用了需求曲线和供给曲线；在一般均衡中，主要的分析工具是生产可能边界

(production possibility frontier)、社会无差异曲线(community indifference curve)和提供曲线(offer curve)等①。

（一）小国关税效应的一般均衡分析

为了方便分析，我们将所有产品分为两个部门：出口部门(X)和进口替代部门(Y)。

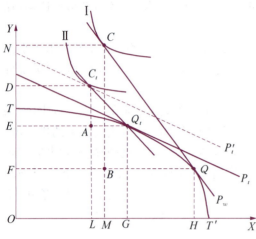

图 9-4 小国关税效应的一般均衡分析

如图 9-4 所示，TT' 是一国生产可能边界，曲线Ⅰ和Ⅱ为社会无差异曲线，在自由贸易条件下，面对国际相对价格 P_w，其斜率为 $-P_x/P_y$。

在封闭条件下，该国最多只能在生产可能边界 TT' 上进行生产和消费。但是在开放条件下，可以通过国际交换在相对价格线 P_w 上进行消费。例如，该国可以在 Q 点上进行生产，并根据国际相对价格用 BQ 数量的 X 产品去换取 BC 数量的 Y 产品，则此时的消费点 C 已经超出封闭条件下生产可能边界的范围。能够实现效用最大化的生产和消费的均衡点应该满足如下条件：在生产可能边界与斜率等于相对价格的直线相切的点上从事生产，在预算约束线与可能达到的最高无差异曲线的切点上消费。

所以，该国在自由贸易条件下，生产均衡点为 Q 点，消费均衡点为 C 点。此时，对该国来说，出口 BQ 数量的 X 产品，进口 CB 数量的 Y 产品。

对于小国，在征收税率为 t 的从价税后，X 产品的出口价格和 Y 产品的进口价格不变，但 Y 产品的国内销售价格从 P_y 上升为 $P_y(1+t)$，故国内生产者面对一条新的相对价格线 P_t，其斜率为 $-P_x/P_y(1+t)$。相对价格线 P_t 的斜率的绝对值变小，故相对价格线 P_t 比自由贸易下的相对价格线 P_w 更平坦一些。

于是，生产均衡点由 Q 点上移至 Q_t 点，与征税前相比，进口替代部门的生产增加，但出口部门的生产减少了。由此可见，关税壁垒(进口关税)不利于出口部门的生产，但却有利于进口替代部门的生产，即具有反贸易倾向。

1. 价格效应

由于征税国是一个"小国"，征税后其面对的国际相对价格(国际贸易条件)保持不变，国际贸易仍按照原来的国际相对价格进行，所以新的消费均衡点应在通过 Q_t 点与相对价格线 P_w 平行的线上。另一方面，国内消费者面对的相对价格为 P_t，根据效用最大化条件，通过新的消费均衡点的社会无差异曲线在该点的切线斜率绝对值应等于 P_t。如图 9-4 所示，通过新的消费均衡点 C_t 的社会无差异曲线的切线与相对价格线 P_t 是平行的，也即 C_t 点同时满足两个条件：国际贸易仍按原来的价格进行，而国内消费者则按征税后的国内价格来决定其最佳选择。

---

① 要特别注意的是，在一般均衡分析中，产品本身的绝对价格水平并不重要，重要的是产品的相对价格。

该国的进口商品因被征税而出现价格上涨,其出口商品的国内相对价格(即国内贸易条件)将下降,并低于国际相对价格。这表明,小国对进口商品征收关税导致出口商品国内贸易条件恶化。

2. 生产效应

征收关税使进口替代部门的产出增加、出口部门的产出减少。如图9-4所示,进口替代部门的产出由原来的 QH 增加到 Q_tG;出口部门的产出由原来的 QF 减少到 Q_tE。

3. 国内消费效应

征收关税使 X 产品和 Y 产品的消费都减少了。如图9-4所示,X 产品的消费由原来的 OM 减少到 OL,Y 产品的消费由原来的 ON 减少到 OD。

4. 贸易效应

征税以后,X 产品和 Y 产品的贸易量减少。如图9-4所示,X 产品的出口量从 BQ 下降到 AQ_t,Y 产品的进口量从 BC 下降到 AC_t。

5. 收入分配效应

"小国"征收关税,其面对的国际贸易条件不变,但国内贸易条件会发生变化,因此国内收入分配效应主要体现在以下方面。

首先,对征税国政府而言,其关税收入(T)等于征税后的国内消费总支出(C_T)减去征税后的国民总产出价值(Y_T)。图9-4中,国内消费总支出以进口商品衡量等于经过新消费均衡点 C_t 的国内贸易条件线 P'_t(P'_t 在数值上等于 P_t)与纵轴相交的截距;国民总产出价值以进口商品衡量则等于经过新生产点 Q_t 的国内贸易条件线 P_t 与纵轴相交的截距,两个截距之差就是政府的关税收入,即:

$$T = C_T - Y_T$$

假设 t 为从价税税率,p_m、p_x 分别表示自由贸易时进口商品和出口商品的价格,D_{Tm} 表示征收关税后国内对进口商品 Y 和与进口商品相竞争的国内类似或相同产品的消费量,D_{Tx} 表示征收关税后国内对出口商品 X 的消费量;Q_{Tm} 表示征收关税后国内对与进口商品 Y 相竞争的商品的生产量;Q_{Tx} 表示征收关税后国内对出口商品 X 的生产量。则

$$C_T = (1+t)p_m D_{Tm} + p_x D_{Tx}$$

$$Y_T = (1+t)p_m Q_{Tm} + p_x Q_{Tx}$$

因此,

$$T = C_T - Y_T = [(1+t)p_m D_{Tm} + p_x D_{Tx}] - [(1+t)p_m Q_{Tm} + p_x Q_{Tx}]$$
$$= [p_m(D_{Tm} - Q_{Tm}) + p_x(D_{Tx} - Q_{Tx})] + t p_m(D_{Tm} - Q_{Tm})$$

根据瓦尔拉斯(Walras)法则,

$$[p_m(D_{Tm} - Q_{Tm}) + p_x(D_{Tx} - Q_{Tx})] = 0$$

所以,政府的关税收入为:

$$T = C_T - Y_T = t p_m(D_{Tm} - Q_{Tm})$$

其中，tp_m 为单位进口商品的关税额，$(D_{Tm}-Q_{Tm})$ 为进口量。

其次，对消费者而言，自由贸易时的福利水平（以社会无差异曲线Ⅰ表示）高于征收关税后的福利水平（以社会无差异曲线Ⅱ表示），社会无差异曲线Ⅰ到Ⅱ的变化刻画了由关税而导致的消费损失（consumption loss），消费者面对的是一个被扭曲了的相对价格，消费者福利水平下降。

再次，对生产者来说，社会无差异曲线Ⅰ到Ⅱ的变化可以理解为实际收入的损失，这是因为商品相对价格的变化导致生产的变化，从生产点 Q 到 Q_t 的变化，通常定义为生产损失（production loss）。

最后，对于不同的生产要素而言，进口关税的实施使相对价格上升的产品（即国内与进口相竞争的产品）所密集使用的要素的价格（要素报酬）上升。这是斯托尔珀-萨缪尔森定理在实施关税情况下的运用。

6. 净福利效应

征税使社会福利受到损失。如图9-4所示，征税后的消费水平由原来的 C 点降至 C_t 点，通过 C_t 点的社会无差异曲线Ⅱ位于通过 C 点的社会无差异曲线Ⅰ之下，这表明征税国的社会福利水平下降了。因此，无论从局部均衡分析，还是从一般均衡分析，小国征收关税都会导致其福利的净损失。

(二) 大国关税效应的一般均衡分析

在分析小国关税效应的一般均衡时，使用了生产可能边界和社会无差异曲线的分析工具。在分析大国关税效应的一般均衡时，将使用国际贸易中一种比较常用的分析工具——"提供曲线（offer curve）"加以分析。

1. 贸易提供曲线的推导

贸易提供曲线表示在各种不同的贸易条件（或国际相对价格）下，一国为换取一定的进口商品而愿意提供的出口商品数量与所换取的进口商品数量之间的各种可能组合。它同时包含供给与需求两方面的因素。贸易提供曲线可以通过生产可能边界、社会无差异曲线和相对价格线推导出来，推导过程如图9-5所示。

图9-5(a)中，E 为 A 国在封闭条件下的均衡点。假设贸易发生，A 国出口 X 产

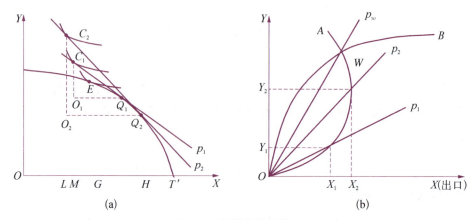

图9-5 提供曲线的推导

品,进口 Y 产品,贸易条件为国际相对价格线 p_1 所示。它与生产可能边界和社会无差异曲线的切点为 Q_1、C_1,则 Q_1、C_1 分别为生产均衡点和消费均衡点,贸易三角形为 $\triangle Q_1 C_1 O_1$。此时,A 国 X 产品的出口量为 $O_1 Q_1$,Y 产品的进口量为 $O_1 C_1$;如果贸易条件升至图中相对价格线 p_2 所示,那么 A 国的生产和消费均衡点分别移至 Q_2、C_2,贸易三角形为 $\triangle Q_2 C_2 O_2$。这时,A 国 X 的出口量为 $O_2 Q_2$,Y 的进口量为 $O_2 C_2$。依次类推,可确定在各种贸易条件下,A 国出口、进口商品的最佳组合。

根据图 9-5(a),可在图 9-5(b) 中,将 A 国在各种贸易条件下对应的出口、进口商品的最佳组合描绘出来,得到一条曲线 OA,该曲线就是 A 国的贸易提供曲线 OX_1。图 9-5(b) 中,对应于贸易条件 p_1,A 国 X 商品的出口为 OX_1[等于图 9-5(a)中的 $O_1 Q_1$],Y 商品的进口为 OY_1[等于图 9-5(a)中的 $O_1 C_1$],对应于更高的贸易条件 p_2,A 国 X 商品的出口为 OX_2[等于图 9-5(a)中的 $O_2 Q_2$],Y 商品的进口为 OY_2,等于图 9-5(a)中的 $O_2 C_2$。

图 9-5(b) 中,贸易提供曲线 OA 的形状取决于 A 国的生产可能边界和社会无差异曲线的形状。在贸易提供曲线 OA 的开头一段内,曲线斜率为正。在这个范围内,随着贸易条件的提高,A 国在贸易条件上升时愿意用较多的出口换取较多的进口,这时我们称贸易提供曲线是有弹性的;但当到达某一点之后,曲线 OA 的斜率由正变负,也就是说,即使贸易条件变得对 A 国更有利,但 A 国将用较少的出口换取较多的进口,在这种情况下,我们说贸易提供曲线是无弹性的。

以同样的方法可以得到 B 国的贸易提供曲线。对于 B 国来说,Y 产品是其出口商品,X 产品是其进口商品,其贸易提供曲线如图 9-5(b)所示。A、B 两国的贸易提供曲线相交于 W 点,在这一点 A 国 X 商品的出口等于 B 国 X 商品的进口,A 国 Y 商品的进口等于 B 国 X 商品的出口,于是国际贸易达到均衡。这时的国际均衡相对价格 p_w 等于 OW 的斜率,国际均衡贸易量为 W 点所对应的 X 商品和 Y 商品的数量。

2. 一般均衡分析

外国的贸易提供曲线用 OA 表示,本国在没有征税时的提供曲线用 OB 表示,OA 和 OB 的交点确定了自由贸易时的均衡点 F。征收关税以后本国的提供曲线 OC,新的贸易均衡点为 G,本国的贸易条件改善,而外国的贸易条件恶化。

我们假定世界上只有本国和外国两个国家,只生产 X 和 Y 两种产品。如图 9-6

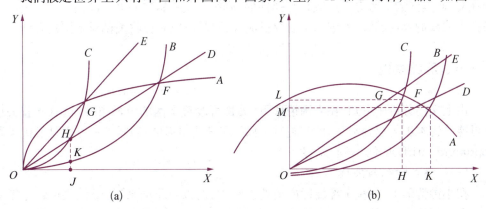

图 9-6 大国关税效应的一般均衡分析

(a)所示,外国的贸易提供曲线用 OA 表示,本国在没有征税时的提供曲线用 OB 表示。本国出口 X 产品、进口 Y 产品,而外国进口 X 产品、出口 Y 产品。OA 和 OB 的交点确定了自由贸易时的均衡点 F,对应的国际市场的相对价格 P_x/P_y 等于 OD 的斜率。

征收关税以后,本国提供曲线沿着衡量其可进口商品的轴(即 Y 轴)的方向旋转一个大小等于进口关税的量。因为,对任何数量的出口商品,进口商都希望有足够多的进口商品 Y 来支付关税。

因此,征收关税以后本国的提供曲线将向 Y 轴旋转一个刚好等于征收的关税量的角度。如图 9-6(a)所示,$HJ = KJ \cdot (1+t)$。本国新的提供曲线为 OC,与外国的提供曲线 OA 相交与 G 点,则新的贸易均衡点为 G,新的国际相对均衡价格等于 OG 的斜率。OG 的斜率大于 OD 的斜率,即国际市场相对均衡价格 P_x/P_y 变大,本国的贸易条件 P_x/P_y 改善,而外国的贸易条件 P_y/P_x 恶化。同时我们也可以看出征收关税以后,两国的贸易量减少。对本国来说,贸易条件的改善增进了其福利,但是贸易量的减少却降低了福利水平。所以,本国的福利水平的变化并不确定,取决于这两种相反作用的净效应。同局部均衡的结论一样,大国征收关税的一般均衡效应也是不确定的。

正如我们前面提到的那样,在一般情况下,本国征收关税以后的贸易量是减少的。但是,在一种比较特殊的情况下,本国征收关税以后的出口量减少,而进口量增加。如图 9-6(b)所示,外国的贸易提供曲线为 OA,本国在没有征税时的提供曲线为 OB。本国出口 X 产品、进口 Y 产品,而外国进口 X 产品、出口 Y 产品。外国的提供曲线在开始一段的斜率是正的,说明该段提供曲线是有弹性的。但是,后半段斜率变负,说明该段提供曲线是无弹性的。

本国征收关税以后,本国的提供曲线旋转到 OC,本国的贸易条件由原来的 OD 变为 OE,贸易条件改善。征税前本国出口 OK 数量的 X 产品来换取外国 OM 数量的 Y 产品的进口。本国征税以后,本国用 OH 数量的 X 产品来换取外国 OL 数量的 Y 产品。这说明本国征税后,不仅贸易条件改善了,而且用更少的 X 能比征税前换取更多的 Y 产品。这时征税的福利效应是正的,即征税能增进该国的福利水平。

从以上的分析我们可以得出一个结论:在大国关税效应的一般均衡分析中,本国征税的效应与外国的贸易提供曲线的弹性有很大关系。如果外国的贸易提供曲线是无弹性的,而本国的贸易提供曲线是有弹性的,则征税能提高本国的福利水平;本国的贸易提供曲线的弹性越大,外国的贸易提供曲线的弹性越小,征收关税对本国越有利。

五、最优关税

由上文的分析中可知,在大国情形下,关税可改善本国的贸易条件,这意味着关税有可能改善本国的福利水平,即实施贸易保护可获得更多的利益,这一点正是最优关税(optimum tariff)理论的核心思想。

(一) 供求弹性与关税承担

在小国情形下,关税全部由国内消费者承担,所以对小国来说,最佳关税就是零关税。在大国情形下,关税负担由国内消费者和国外出口商共同承担,双方承担的程度取决于关税产品的供给弹性和进口国对该产品的需求弹性。

需求有弹性是指当产品的市场价格变化时,需求量变化的程度超过该产品价格本身的变化程度。同样,供给有弹性是指当商品价格变化后,供给量变化的程度超过其价格变化的程度。从国际贸易的角度看,某种产品的出口供给弹性决定于对该产品出口到的征税国的市场依赖程度。当出口国厂商对进口国市场的依赖程度较大时,该厂商对进口国的产品供给弹性就较小;反之,供给弹性就较大。需求弹性则比较明确,进口产品在进口国的需求弹性决定于三个因素,即消费者对该产品本身的需求弹性、对来自外国出口产品的依赖程度及外国出口产品所面临的替代品的多寡。

图9-7(a)为外国国内的供求曲线,$AB=CD$,图9-7(b)中的S_X为外国的出口供给曲线。随着价格上升,外国生产者供应更多产品而外国的消费者却减少了需求量,所以可供出口的产品也就增多了。

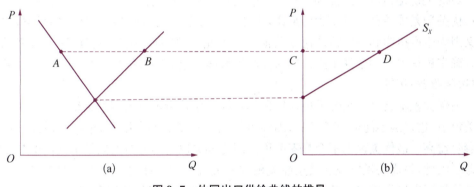

图9-7 外国出口供给曲线的推导

假设世界上只有本国和外国两个国家,本国进口需求与外国出口供给相等时确定世界的均衡价格。从图9-8可见,S_X和S'_X是外国的出口供给曲线,S'_X比S_X更陡峭,说明S'_X比S_X供给弹性小;D_M是自由贸易条件下本国的进口需求曲线,D'_M是在征税条件下本国的进口需求曲线。外国的出口供给曲线的供给弹性越小,本国征收关税促使外国出口商品价格下降得越多。

当一国政府要对某种产品征收进口关税时,国外生产者和国内消费者承担关税与否以及承担关税的程度,取决于被征税厂商商品的供给弹性与需求弹性。一般而言,如果征税商品的供给弹性较小,就意味着外国出口商要承担更多的关税,亦即出口商对进口商市场依赖程度较大,如果出口商将税赋全部加到价格上去,由国内消费者承担关税,那么出口商在进口国的市场份额就会面临较大的损失。如图9-8所示,在较大的供给弹性的情形下

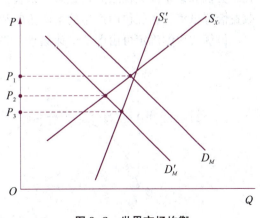

图9-8 世界市场均衡

(S_X)，征税后的国际市场价格从 P_1 下降到 P_2。在较小的供给弹性的情形下(S'_X)，征收后的国际市场价格从 P_1 下降到 P_3。这说明外国的出口供给曲线的供给弹性越小，本国征收关税促使外国出口商品价格下降得越多。另一方面，对出口商而言，该进口国市场可能非常重要，以至于没有其他市场可以替代。于是，出口商就不得不承担较多的关税。在此情况下，出口商的出口面临两种可能：一是进口国对该厂商成品的需求有弹性，结果其出口规模下降；二是进口国对该国产品的需求弹性较小，结果进口国的消费者可能承担绝大部分进口关税。最优关税政策就是在充分考虑出口供给弹性和进口需求弹性的基础上，确定适当（最优）的关税水平。

（二）最优关税的概念及确定

前文在大国关税效应的分析时得出的一个结论：大国征收关税可以改善其贸易条件，并有可能提高该国的福利水平。能使一国福利达到最大化的关税水平，即"最优关税"。

最优关税是指使本国福利达到最大的关税水平。由前面的讨论可知，对小国而言，其最优关税是零关税。对于大国来说，由于征收关税，一方面将有贸易条件得益，但同时又因为生产扭曲和消费扭曲而导致损失。因此，大国的最佳关税将取决于两者的比较。确定最优关税的条件是进口国由征收关税所引起的额外损失（边际损失）与额外收益（边际收益）相等。

最优关税不会是禁止性关税。所谓禁止性关税是指进口为零的关税水平。在禁止性关税下，进口国不能进口该产品，因而也就无从获得收益。因此，进口关税高并不意味着收益高。最优关税也不会是零关税。因为零关税也不能给大国带来任何贸易条件得益。因此，最优关税应该在禁止性关税和零关税之间。在这个范围内的进口关税水平可使外国出口商承担一部分关税。在进口需求弹性一定的情况下，最优关税水平决定于外国出口商产品的供给弹性。外国出口产品供给弹性越大，最优关税水平就越低；反之，最优关税水平就越高。因此，进口国政府确定的最优关税水平与出口国厂商向进口国提供产品的供给弹性成反比。

由上述分析可知，在进口国的需求弹性较大且出口国的供给弹性较小的情况下，征收关税可明显改善本国的贸易条件，从而可能使本国福利增加。所谓最优关税就是指在零关税和禁止性关税之间存在某一最佳点，在这一点因贸易条件改善而额外获得的收益恰好抵消了因征税而产生的生产扭曲和消费扭曲所带来的额外损失。

最优关税的确定可由图9-9来说明。图中横坐标表示关税率，纵坐标表示征收关

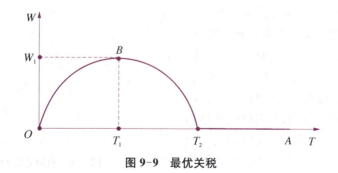

图 9-9 最优关税

税净福利效应,曲线 OBT_2A 表示不同关税水平的净福利效应。O 点对应的关税为零,即代表零关税的条件下,关税的净福利效应为零;T_2 点对应的关税税率为禁止性关税,关税在大于等于 T_2 时,关税的净福利效应也为零。在关税税率处于零关税和禁止性关税之间,也即在 OT_2 之间,关税的福利效应为正;在关税税率为 T_1 点时,关税的福利效应达到最大点 W_1,T_1 即为最优关税。

(三) 最优出口税

上文关于最优关税的讨论是针对进口关税而言,事实上,出口关税也存在最优的问题。如图 9-10 所示,横轴为本国的出口数量,纵轴表示价格。DD 是本国出口的外国需求曲线,它表示从出口中获得的平均收益,边际收益为 MM 曲线;SS 为本国的出口供给曲线。在自由贸易条件下的均衡点为 A 点,此时的均衡价格和均衡数量为 OB 和 OC。

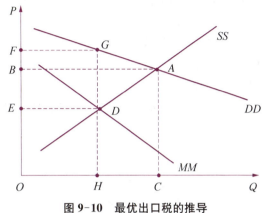

图 9-10 最优出口税的推导

图中本国的出口供给曲线 SS 表示供应不同数量出口的边际成本,在自由贸易条件下,这个边际成本等于平均收益(即 DD 曲线),而不是等于边际收益(即 MM 曲线),说明在自由贸易条件下,对本国来说并没有达到边际收益等于边际成本的最佳福利状态。因此,从利益的角度出发,本国应该限制出口供给,直到边际收益等于边际成本。最优的状态应该是均衡点为 G,此时出口数量为 OH 和出口价格为 OF。G 点可以通过征收税率为 T_X 的出口从价税来达到:

$$OE \cdot (1+T_X) = OF$$
$$T_X = OF/OE - 1 = (OE + EF)/OE - 1 = EF/OE$$

则 $T_X = EF/OE$,即为最优出口税率。

最优的出口税率为 $T_X = EF/OE$,此时的均衡点为 G 点,本国出口商的出口价格为 OE,出口数量为 OH,征收出口税后的出口价格为 OF。此时,本国的出口边际成本与边际收益(包括税收)相等,本国的福利达到最大化。

第三节 梅茨勒悖论和勒纳对称原理

从前文讨论不难看出,无论小国还是大国,征收关税后,本国进口商品的国内市场价格都会上升。但是,应该指出的是,对小国来讲,这一结论总是成立的;但对大国来讲,这是在没有出现梅茨勒悖论的情况才成立的结论。当存在"梅茨勒悖论"时,情况将大不相同。

一、梅茨勒悖论

所谓梅茨勒悖论(Metzler paradox),又称梅茨勒之谜,是指大国征收进口关税后,如果其贸易条件大幅改善,将导致进口商品国际市场价格大幅度下降。换句话说,一国征收进口关税之后,本国的进口商品价格不升反降(或该国出口商品贸易条件改善),征收关税不但不能有效地保护国内与进口竞争的部门,反而会伤害该部门及其密集使用的要素;出口部门密集使用的要素(也是该国较丰裕的要素)因此得益。这一反常现象最初由梅茨勒(Metzler,1949)提出,因此被称为"梅茨勒悖论"。

(一)"梅茨勒悖论"图解分析

假定有两个国家 A 国(本国)和 B 国(外国), A 国是征税国,两种商品 X 和 Y, A 国在商品 X 生产上具有比较优势,出口 X,进口 Y; B 国在商品 Y 生产上具有比较优势,出口 Y,进口 X。

如图 9-11 所示, OA 为 A 国的提供曲线, OB 为 B 国的提供曲线, OT 为国际贸易条件线, $OT = X_0/Y_0$,此时由于是自由贸易,所以国际相对价格等于国内相对价格,国际贸易条件等于国内贸易条件。A 国的提供曲线(OA)正常, B 国的提供曲线(OB)反常,即外国的提供曲线在自由贸易均衡点(E_0)处缺乏弹性或外国对本国出口品 X 的进口需求价格弹性绝对值很小。这恰恰刻画了"梅茨勒悖论"成立的条件:如果外国(B 国)对征税国(A 国)出口商品的需求弹性(绝对值)小于本国国内对出口品的边际消费倾向(一般小于 1),则大国对进口商品征税会导致该商品的国内价格不升反降①。

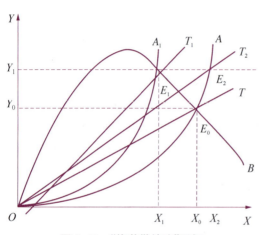

图 9-11 "梅茨勒悖论"图解

A 国出口 X_0 数量的 X 商品,进口 Y_0 数量的 Y 商品; B 国出口 Y_0 数量的 Y 商品,进口 X_0 数量的 X 商品。当 A 国对商品 Y 征收进口关税之后, A 国的提供曲线向左移至 OA_1,与外国提供曲线 OB 相交于新的均衡点 E_1。 A 国出口 X_1 数量的商品 X,进口 Y_1 数量的商品 Y,从而以较少的商品 X(出口品)换取了较多的商品 Y(进口品),说明本国的贸易条件得到较大改善。虽然本国的贸易条件改善了,但 X 商品的出口数量减少了($X_1 < X_0$),而进口数量却增加了($Y_1 > Y_0$)。说明征收关税没有起到保护国内产业的作用,反而伤害了国内产业。

此时,新的贸易条件,即国际相对价格变为 $OT_1 = X_1/Y_1$,而国内相对价格变为 X_2/Y_1,很显然,国际相对价格小于国内相对价格,说明消费 Y_1 数量的进口商品 Y,原本只需要提供 X_1 数量的商品 X 的支出,现在还要多支付 $(X_2 - X_1)$ 部分的支出给政府(相当于政府关税收入)。此时,本国进口商品的国内相对价格(OT_2)低于自由贸易时的相对价格(OT),表示征收关税后,进口商品的国内价格不升反降。

---

① 在正常情况下,外国的提供曲线在自由贸易均衡点处都是富有弹性的,即外国对征税国出口商品的需求弹性(绝对值)都大于 1,从而也大于本国国内对出口品的边际消费倾向,此时就不会出现"梅茨勒悖论"的情形。

(二) 梅茨勒悖论的推导与证明

令进口关税率公式为：

$$t = \frac{P_t - P_w}{P_w} \quad \text{或} \quad P_t = P_w(1+t)$$

其中，t 为进口关税（率），P_t 为某商品征收进口关税后的国内市场价格，P_w 为自由贸易条件下的世界市场价格。依据最优关税率公式 $t^* = 1/(e_d - 1)$ 可知，当本国对进口商品缺乏弹性，即 $0 < e_d < 1$ 时，$t^* < 0$（负值），因此，$P_t < P_w$，这说明，大国征收关税后，进口商品的国内价格不但没有升高，反而下降了，这就是出现梅茨勒悖论的原因。

梅茨勒认为，只要满足下述条件，进口商品相对价格就会下降：

$$\eta < 1 - k$$

其中，η 是外国对本国（征税国）出口商品的需求弹性，也就是外国进口需求弹性，$1-k$ 是本国出口商品的边际消费倾向。这一条件说明，如果外国对本国（征税国）出口商品的需求弹性大于本国的出口商品边际消费倾向，本国进口商品价格就会上升；如果本国出口商品的边际消费倾向大于外国的进口需求弹性，征收关税后，进口商品的国内价格就会下降。在现实世界中，一国对其出口商品的边际消费倾向不会大于1，因此，如果外国对本国出口商品的需求弹性大于1，传统的结论总能成立，此时就不会出现"梅茨勒悖论"[①]。

事实上，要理解"梅茨勒悖论"并不困难，从经济学的直觉来看，大国征收进口关税会对国内进口商品和出口商品的需求产生冲击，表现为出口商品相对价格的上升。根据需求或消费理论，一国国内对出口商品的边际消费倾向越高，其关税收入中用于该商品的支出就越大。这样，对进口商品征收关税就引发了国内对出口商品额外的消费需求。同时，如果外国对该国出口商品的需求缺乏价格弹性，尽管该国出口商品的国际贸易条件改善了（即出口商品的国际相对价格提高了），外国的需求也不会大幅减少。这样，关税就创造了一种对出口商品的额外需求，进而提高了出口商品的国内相对价格，降低了进口商品的国内相对价格。

二、勒纳对称原理

(一) 勒纳对称原理的含义

勒纳对称原理（Lerner symmetry theorem）是指以从价税计征的同样税率的进口关税和出口关税具有相同的效应。其核心思想是它们对进口商品的相对价格和贸易条件会产生相同的影响。同样，对于国内商品的生产或消费征税或补贴，也会间接地影响

[①] "梅茨勒悖论"仅是一种理论上的可能性，通常不考虑这种情况。这方面的相关实证研究也较少，有兴趣进一步学习的读者可参阅余淼杰，"我们能真正排除麦次勒悖论吗？"，《经济学（季刊）》2007年第2期，第621—646页。

生产与消费数量。勒纳进一步证明指出,在长期静态分析之下,无论征收进口或出口关税,只要税率相同,就会产生相同的经济效果,但是在短期之下,征收进口关税有助于国家的经济扩张,征收出口关税反而对经济有紧缩的效果。

(二) 勒纳对称原理的推导与证明

假定 P_X^A、P_Y^A 分别为商品 X 和商品 Y 的本国价格,而 P_X^w、P_Y^w 分别为商品 X 和商品 Y 的国际价格,并假定本国进口商品 Y,出口商品 X,并对商品 X 的出口征收税率为 t 的非禁止性关税。进口商品 Y 的国内价格 P_Y^A 仍旧和国际价格 P_Y^w 相同,但出口商品 X 的国内价格 P_X^A 低于国际价格 P_X^w,其关系为:

$$P_X^A = \frac{P_X^w}{1+t}$$

$$P_Y^A = P_Y^w$$

此时,本国国内两种商品的相对价格比例为:

$$\frac{P_X^A}{P_Y^A} = \frac{P_X^w}{(1+t)P_Y^w}$$

若以 ρ^A 代表国内相对价格,ρ^w 代表国际相对价格,则上式可以改写为:

$$\rho^A = \frac{1}{(1+t)} \rho^w$$

它与对商品 Y 的进口征收税率为 t 的关税时所得到的结果完全一样。下面分别就对出口商品与进口商品征收关税的情形说明如下。

1. 对出口商品征税

现在本国对出口商品 X 征收从价关税 t,此时进口商品 Y 的国内外价格均相等,$P_Y^A = P_Y^w$,但出口商品的国内价格与国际价格却有差异,其关系式为:

$$P_X^A(1+t) = P_X^w$$

改写为:

$$P_X^A = \frac{P_X^w}{(1+t)}$$

以 ρ^A 代表国内相对价格,ρ^w 代表国际相对价格,则有:

$$\rho^A = \frac{P_X^A}{P_Y^A} = \frac{P_X^A}{P_Y^w} = \frac{P_X^w}{(1+t)P_Y^w} = \frac{1}{(1+t)} \rho^w < \rho^w$$

2. 对进口商品征税

在自由贸易时,进口商品的国内价格等于国际价格。现在政府对进口商品 Y 征收关税,Y 的国内价格就不等于国际价格了,亦即

$$P_Y^A = (1+t)P_Y^w$$

因政府只针对进口商品征收关税,故出口商品 X 的国内价格与国际价格相等,即 $P_X^A = P_X^w$,故可得:

$$\rho^A = \frac{P_X^A}{P_Y^A} = \frac{P_X^w}{P_Y^A} = \frac{P_X^w}{(1+t)P_Y^w} = \frac{1}{(1+t)}\rho^w < \rho^w$$

这表明对商品 Y 的进口征收税率为 t 的非禁止性关税与对商品 X 的出口征收税率为 t 的关税所得的结果是一样的。也就是说,无论进口税还是出口税都会提高进口商品的国内市场价格。如果本国是大国,那么进口税和出口税都会降低进口商品的国际市场价格,同时会提高出口商品在国际上的相对价格,两者都会造成贸易量的下降。进一步来说,只要进出口税的用途相同,则两种政策工具的效应就必然一样。进口税和出口税的这种对称性对所推导出的最优出口税和最优进口税也同样成立。

在进口补贴和出口补贴之间也存在同样的对称性。进口补贴和出口补贴都会使国内市场上进口商品的相对价格降低,并且都会增加进出口量。如果该国是个大国,两者又都会提高进口商品在国际市场上的相对价格。要注意的是,补贴必然降低福利,即使对一个大国也是如此。

第四节 非关税贸易措施的经济效应分析

在各种非关税壁垒中,进口配额(import quotas)是比较常用的政策措施。该政策同关税一样会起到限制进口、保护国内生产的作用,有时还可以用于改善国际收支或提高国内就业水平。

一、进口配额

配额是指一国政府为保护本国工业,规定在一定时期内对某种商品的进口数量或进口金额加以限制。进口配额有多种分类,最主要的分类是将其分为绝对配额(absolute quotas)和关税配额(tariff quotas)两种。绝对配额是在一定时期内,对某些商品的进口数量或金额规定一个最高额数,达到这个数额后,便不准进口。关税配额并不对商品进口的绝对数额加以限制,而是在一定时期内,对规定配额以内的进口商品给予低税、减税或免税待遇,对超过配额的进口商品则要征收较高的关税,或征收附加税。

(一) 绝对配额的效应分析

这里先假设,进口国进口商品时国内同类商品的市场是完全竞争的。在自由贸易的情况下,国内众多进口商与国外同类产品生产者竞争,国外产品很自由地进出本国市场,国内市场价格由国际市场供求决定。

1. 小国配额效应分析

配额所规定的进口量通常要小于自由贸易下的进口量,所以配额实施后进口会减少,进口商品在国内市场的价格要上涨。如果实施配额的国家是一个小国,那么配额只影响国内市场价格,对世界市场价格没有影响;如果实施配额的国家是一个大国,那么配额不仅导致国内市场价格上涨,而且还会导致世界市场的价格下跌。这一点与关税的价格效应一样。同样,配额对国内生产、消费等方面的影响与关税也大致相同。

首先讨论小国配额的福利效应。如图 9-12 所示,S、D 为一小国的国内供给曲线和需求曲线,国际市场的供给曲线为 P_W。在自由贸易条件下,国内外价格相同,均为 P_W,国内生产和消费分别为 OQ_1、OQ_2,进口量为 Q_1Q_2。

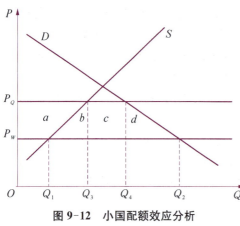

图 9-12 小国配额效应分析

现在对进口设置一个数量为 Q_3Q_4 的配额,而且 $Q_3Q_4 < Q_1Q_2$。于是,国内价格由原来的 P_W 上涨为 P_Q,国内生产增加至 OQ_3,国内消费减少至 OQ_4。此时,生产者剩余增加了,a 为增加部分,而消费者剩余减少了,损失为 $(a+b+c+d)$。在征收关税的情况下,c 是政府的关税收入。然而,实施配额不会给政府带来关税收入。c 在这里被称为配额租金(quota rent)。配额租金实际上是一种垄断利润,为谁所得是不确定的,它的去向视政府分配配额的方式而定。

综合起来,配额的净福利效应 = 生产者剩余增加 - 消费者剩余减少 + 配额租金 = $a-(a+b+c+d)+c=-(b+d)$。其中,b 为生产扭曲,d 为消费扭曲,$(b+d)$ 为配额的净损失。

在现实中,分配进口配额常常与进口许可证相结合。许可证是由海关签发的允许一定数量的某种商品进入关境的证明。分配许可证的方法主要有三种。

(1) 竞争性拍卖。它是政府通过拍卖的方法分配许可证,使进口权本身具有价格并将进口一定数量商品的权利分配给出价最高的需要者。在一般情况下,进口商所付购买许可证的成本要加到商品销售价格上。而且,如果市场完善的话,许可证的价格应该等于 (P_Q-P_W)。因此可以说,建立在拍卖许可证基础上的进口数量限制所起的作用与关税极为类似。在这种情况下,配额租金 c 为政府所得,相当于征收关税条件下政府的关税收入。此时,配额的福利效果和关税一样。

(2) 固定的受惠。它是政府将固定的配额分配给某些企业的方法,通常是根据现有进口某种产品的企业上一年度在该产品进口总额中所占的比重来确定。这种方法比较简单,其问题是政府不再有关税收入或拍卖许可证的收入。而且,这种方式带有某些垄断性,它意味着新增的企业难以获得此类商品进口的特权。所以,这种分配方式不利于打破垄断,实现资源的有效配置;而且,可能产生所谓的"X 无效率"损失①,即企业缺乏竞争动力而不去作必要的努力将成本降到最低限度。在固定受惠的情况下,配额租金为国内拥有配额的进口商所得。

(3) 资源使用申请程序。它是指在一定的时期内,政府根据进口商递交进口配额关税商品申请书的先后顺序分配进口商品配额的方法。这种方法形成了申请人获得所需进口品的自然顺序,即按照先来后到获得所需商品配额。这种配额分配方法的缺点是可能给管理部门留有利用职权获得贿赂的机会,相应地可能导致企业的"寻租"(rent-seeking)行为,以期借助管理部门的不公正行为获得某种额外利润②。

综上所述,在小国情形下,配额会带来福利的净损失。但是,具体损失的大小与配额的分配方式有关。如果配额以拍卖的方式出售,则配额的净福利损失为 $(b+d)$,此时配额跟关税的福利效应一致;如果配额以固定的受惠方式分配,配额的福利净损失除了 $(b+d)$,还要加上资源配置效率损失和可能产生的"X 无效率"损失;如果配额是以申请的方式获得,最容易产生的是企业的"寻租"行为以及由此产生的寻租成本,这时配额的福利净损失也会超过 $(b+d)$。

2. 大国配额效应分析

如图 9-13 所示,D_H 是本国的需求曲线,S_H 是本国的国内供给曲线,S_{H+F} 是本国的总供给曲线。在没有配额的条件下,国内消费的均衡点为 A,国内生产的均衡点为 B,进口量为 Q_1Q_2,进口价格为 P_W。

现在假定本国实行进口配额制,配额的数量为 Q_3Q_4。因为最多只能进口 Q_3Q_4 数量的外国产品,因此此时国内的价格为 P_H,国内供给为 OQ_3,进口数量为 Q_3Q_4,国外的供给价格从 P_W 下降到 P_F,本国的贸易条件改善。

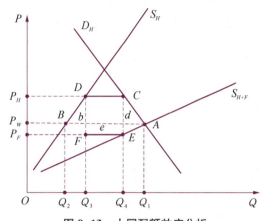

图 9-13 大国配额效应分析

在自由贸易条件下,本国的消费点为 A,生产点为 B,本国进口的产品数量 Q_1Q_2,进口价格为 P_W。在实行数量为 Q_3Q_4 的配额后,进口价格从 P_W 下降到 P_F,本国的贸易条件改善,本国的净福利效应为 $e-(b+d)$。

(1) 配额的生产效应。如图 9-13 所示,实施配额后,生产点从 B 点转移到了 D 点,产量增加 Q_2Q_3,生产者剩余也增加,增加量为梯形 P_HP_WBD 的面积。

(2) 配额的消费效应。如图 9-13 所示,实施配额后,消费点从 A 点转移到了 C 点,消费量减少 Q_4Q_1,消费者剩余也减少,减少量为梯形 P_HP_WAC 的面积。

---

① "X 无效率"最早由哈维·莱宾斯坦于 1966 年提出,X 无效率实际上是一种与配置效率无关的组织或动机效率。
② 寻租概念最早由 Tullock 提出,Kruger 将其运用到贸易进口配额保护的分析中并提出了测算方法。如果一个国家在实施贸易保护时,严重依赖进口许可证和配额等手段,则为了取得这种稀缺性的缺货溢价资源,拉拢、贿赂、逃避法规和走私行为将出现,它们消耗实际资源但是不创造物质利益。

（3）配额的垄断租金。如图9-13所示，实施配额后，产生了垄断租金，租金可以用长方形 $CDFE$ 的面积来表示。

（4）配额的贸易条件效应。实施配额后，本国的进口价格由原来的 P_W 下降到 P_F，本国的贸易条件改善，这同征收关税相似。

（5）配额的净福利效应。综合起来，配额的净福利效应＝生产者剩余增加－消费者剩余减少＋配额租金＝$P_H P_W BD - P_H P_W AC + CDFE = e - (b+d)$，其中 b 为生产扭曲，d 为消费扭曲，e 为贸易条件改善收益。

由此可见，在完全竞争的市场条件下，配额与关税的福利效应实际上是相同的，不过福利的分配形式不同。在关税效应分析中的关税收入，就相当于在配额效应分析中的配额租金。关税的收入为政府所得，而配额租金最后被谁获得则要取决于配额的分配方式。

（二）关税配额的效应分析

关税配额（tariff quotas）是将关税和进口结合使用的一种进口限制措施，它不绝对限制商品的进口总量，而是在一定时期内对预先规定的配额以内进口商品征收较低关税或者减免关税，对超过配额部分则要征收较高进口关税。

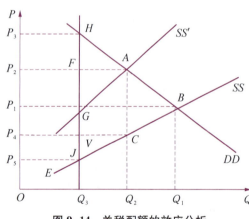

图9-14 关税配额的效应分析

图9-14所示，DD 为本国的进口需求曲线，SS 为外国的出口供给曲线。在自由贸易条件下，贸易均衡点为 B，均衡价格为 P_1，贸易数量为 OQ_1。

现在假定对进口产品课征关税率为 t 的从价关税，使外国的出口供给曲线从 SS 移动到 SS'，在没有其他市场干预下，这个产品的市场需求和供给将收缩到 OQ_2，此时贸易均衡点为 A，本国消费者的消费量为 OQ_2，支付的含有关税的价格为 P_2。这个从价关税产生的关税收益为 $P_2 ACP_4$。此时本国的进口价格为 P_4，本国的贸易条件改善，关税负担由国内消费者和外国生产者分摊。

现在假定再设置进口配额，让配额和关税混合使用，并假定配额内进口免征关税。如图所示，进口配额为 OQ_3，任何超过这个进口配额限制的数量，都必须支付关税率为 t 的从价关税。因此，一旦设置配额，进口的有效需求曲线就变为 $EJGA$，本国国内市场的均衡价格和数量分别为 P_2 和 OQ_2。此时，关税配额的配额租金为 $P_2 FVP_4$，关税收入为 $ACVF$。

在同样的进口量的条件下，关税配额与纯关税、绝对配额的福利效应的比较如下。

（1）与纯关税相比。如图9-14所示，在纯关税的条件下，虽然本国市场的均衡价格和均衡数量同关税配额下的情形一样，但是由于关税配额只对超过配额数量限制的进口产品征税，所以关税收益在纯关税的情况下要大于在关税配额的情况，即 $ACVF < P_2 ACP_4$，即关税收入比纯关税条件下减少 $P_2 FVP_4$。但是，关税配额还有

配额租金收入 P_2ACP_4，这是纯关税条件下所没有的，因此纯关税与关税配额的总福利效应是相同的，所不同的是 P_2ACP_4 在纯关税条件下表现为政府的关税收入，而在关税配额的条件下表现为配额的租金。

（2）与绝对配额相比。如图 9-14 所示，在绝对配额的数量为 OQ_2 的情形下，本国国内价格为 P_2，进口量为 OQ_2，进口商将获得数量为 P_2ACP_4 的配额租金，配额租金大于关税配额下的 P_2FVP_4，但是在绝对配额下没有关税收入，而在关税配额下有 $ACVF$ 的关税收入。所以，关税配额与绝对配额的总福利水平是相同的，所不同的只是 $ACVF$ 在绝对配额中表现为配额租金，在关税配额中表现为关税收入。

从以上的分析可得，在相同进口量的条件下，关税、绝对配额和关税配额这三种形式的纯福利效应实际上是相同的，不过具有不同的分配形式。对关税配额来说，操作管理比较复杂，但它越来越成为许多国家普遍使用的数量限制工具。这可能与关税配额的两个特点有关：（1）关税配额壁垒的严厉程度在关税和绝对配额之间。相对而言，关税配额对进口商品的绝对数额不加限制，而是利用关税税率的高低和减免来控制进口数量。关税配额比关税的限制作用更严厉，但是比绝对配额的限制又更温和。（2）关税配额有配额和关税税率两个调控手段。与进口配额和关税措施相比，关税配额措施的显著特征是它拥有两个调控手段，亦即两个进口限制政策切入点：一是配额数量，二是配额内外的税率。要进一步增大关税配额数量使配额外关税自动失效（只保留特殊情况下的使用机会），还是进行配额外关税的逐步减让以缩小配额内外税率的差距使关税配额内、外税率趋于统一，一国可以根据实际情况灵活运用。

二、自愿出口限制

与关税和进口配额等其他进口限制措施相比，自愿出口限制（voluntary export restraints，VERs）有以下三个特点。

（1）它是由出口国为保护进口国的国内生产而实施的政策。

（2）它仅仅应用于几个特定的出口者（可能只有一个），而不像关税和进口配额那样通常适用于大多数进口供给者。当出口国实施自愿出口限制的时候，没有受到自愿出口协定限制的国家仍可以继续向那个进口国增加出口。

（3）自愿出口限制一般只在一定时期内实施。

表面上看，自愿出口限制是一种比较温和的非关税壁垒措施，实际上它与配额一样严厉，同样使出口商难以渗入进口国的市场。

自愿出口限制是进口国比较隐蔽易行的保护措施。在一般情况下，一国要调整关税水平必须得到议会或相关部门的同意，因而难以保证保护政策的迅速贯彻和执行，有时可能因为无休无止的辩论而错过采取保护措施的时机。自愿出口限制则可以通过政府要求出口国对其出口量加以限制，从而不必得到议会或相关部门的认可，就达到保护本国有关工业的目标。

（一）自愿出口限制与关税、配额的效应比较分析

下面从自愿出口限制与关税、配额的比较中，分析自愿出口限制的经济效应。

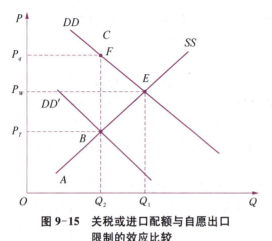

图 9-15 关税或进口配额与自愿出口限制的效应比较

假定有两个国家：本国和外国。本国是出口国，外国是进口国，且是一个大国。在图 9-15 中，横轴表示外国的进口，纵轴表示价格。图中 DD 表示外国的进口需求曲线，SS 表示在自由贸易条件下本国的出口供给曲线。而且假定所有的市场都是完全竞争市场。在自由贸易条件下，贸易均衡点为 DD 曲线和 SS 曲线的交点 E，此时的贸易量为 OQ_1，对两个国家来说价格都是 P_W。

现在假定 OQ_2 为本国自愿出口限制的单位数量，这个自愿出口限制使本国出口供给曲线变为 ABC，贸易均衡点移动至 F 点，这个产品的国际价格上升至 P_q，也即外国的国内价格。

再假定外国对本国的产品征收关税或实施进口配额，而且这个关税水平或配额数量刚好能产生 OQ_2（即自愿出口限制的数量）的进口。此时，外国的进口需求曲线从 DD 转移到 DD'，贸易量刚好为 OQ_2，国际市场价格（也即本国的出口价格）为 P_T。而外国的国内价格为 P_q，这同自愿出口限制下的情况相同。

相对于关税或进口配额来说，自愿出口限制使进口国贸易条件恶化。在关税或进口配额的情况下，外国进口的价格 P_T。在自愿出口限制的情况下，外国进口的价格为 P_q。进口价格 $P_q > P_T$，所以对进口国来说，与关税或配额相比自愿出口限制会使其贸易条件恶化。

在关税或进口配额的条件下，P_qP_TBF 表现为进口国政府的关税收入或进口配额的租金；而在自愿出口限制的情况下，这部分收益为出口国所得。因此相比较而言，实施自愿出口限制对进口国更不利，而对出口国更有利。

（二）出口供给垄断下的自愿出口限制

在前面的自愿出口限制的效应分析中，我们假定出口供给是完全竞争的。现在假定出口供给是垄断的，或者仅仅一个企业供给相关的产品，或者在出口供给中存在国际卡特尔，那么实施自愿出口限制与关税等进口限制措施会有什么不同效应？

现在假定本国是世界上某产品的唯一提供者。在图 9-16 中，横轴表示外国的进口数量，纵轴表示价格。D_M 为外国的进口需求曲线，MR 是根据外国进口需求曲线推导出来的本国出口商的边际收

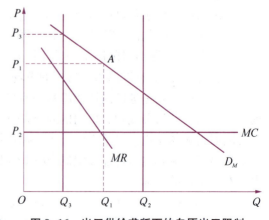

图 9-16 出口供给垄断下的自愿出口限制

益曲线。为简便起见,假定本国出口商的边际成本不变,即 MC 曲线为一水平线。

在没有自愿出口限制的自由贸易条件下,本国出口商将根据利润最大化原则,把对外国的出口量定在边际成本等于边际收益的点上,即此时的出口量为 OQ_1,出口价格为 P_1。

现在本国实施自愿出口限制,如果出口限制的数量大于 OQ_1(例如为 OQ_2),此时本国出口商仍将只出口与自由贸易条件下同样的数量,即 OQ_1。因为对本国出口商来说,OQ_1 是它对外国的最佳出口量,扩大出口对其来说反而会减少收益。但是如果自愿出口限制的数量小于 OQ_1(例如为 OQ_3),此时本国出口商最多只能出口 OQ_3 数量的产品,因此其出口量为 OQ_3,出口价格为 P_3。

上述两种情况说明,在出口供给垄断的条件下,实施自愿出口限制或许能限制垄断出口商,但可能并不会给进口国带来利益。

三、倾销与反倾销

倾销被认为是一种不公正的竞争手段。许多国家都制定有本国的反倾销法,对进口倾销进行制裁;世界贸易组织也有一项反倾销协议,允许成员在一定条件和程序规定下,采取反倾销措施。在实际中,反倾销越来越多地被用作贸易保护主义政策的工具。

(一) 倾销的经济学分析

倾销的经济定义是指国际价格歧视,即厂商对其出口产品和在国内市场或第三国市场上销售的相同产品制定不同的价格。各国和世界贸易组织所反对的是低价出口,即出口价格低于在其他市场(通常是本国市场)上的价格甚至低于生产成本的价格进行出口,因为低价出口很可能给进口国的相同产业造成损害。

倾销通常与不完全竞争的市场条件相联系。进行倾销的厂商在国内市场往往具有定价能力,但他在国际市场上却可能面临完全竞争——如果国际市场上生产相同产品或者虽然有差异但能完全替代的产品的厂商足够多,就会出现这种情形。此时,他会按利润最大化原则来分配在国内市场和出口市场上的销量,使每个市场上的边际收入等于边际成本,从而获取最大利润。

图 9-17 表示一个垄断厂商的倾销情况。

该垄断厂商在需求弹性较小(需求曲线较陡峭)的国内市场以 P_h 的价格出售;同时,在需求弹性较大的国际市场上按 P_f 的价格出口销售,直至其边际成本等于 P_f 为止。由于 $P_h > P_f$,所以该厂商在进行倾销。

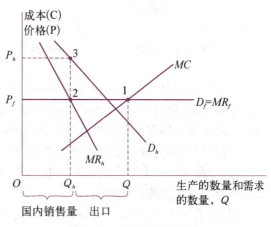

图 9-17 垄断厂商的倾销

在现实中,倾销厂商并不一定在国内市场拥有垄断权力。当存在关税、非关税壁垒或运输成本障碍,国内市场与国外市场受到一定程度阻隔时,一个非垄断厂商为获取国外市场也有可能进行倾销。

倾销引起的经济效应是一个比较复杂的问题。

通常说来,倾销意味着激烈的价格竞争,因而对进口竞争厂商不利,但对消费者(在倾销产品是中间品的情况下,则还包括使用这些中间品的下游产业)有利。当倾销具有持续性时,它对消费者的利益更为确定。如果发生的是掠夺性倾销,即厂商进行倾销是为了在进口国市场以低价击败竞争对手后再实行垄断高价,则进口国无论竞争厂商或消费者都会受到损害。不过,在当代国际市场上,掠夺性倾销已经越来越困难了。

倾销往往对进口竞争厂商不利,因此在现实中,反倾销起诉通常就是由进口竞争厂商提出的。

(二) 反倾销的经济效应分析

所谓反倾销,是指进口国有关行政当局或职能部门(如海关)根据本国反倾销法就本国厂商针对外国倾销提出的起诉进行调查和裁决,如果认定倾销存在并因此对本国相关产业造成损害,就会做出肯定裁决,对倾销商品征收通常相当于出口价格与"正常价值"之间差额的附加税,即反倾销税。

进口国采取反倾销措施所引起的经济效应也十分复杂。一般而言,从进口国角度来看,反倾销措施的效应同征收关税或实施进口配额的效应是类同的,进口竞争厂商得到保护,而消费者将不能继续得到低价商品的好处。

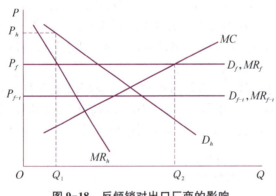

图 9-18 反倾销对出口厂商的影响

图 9-18 则表示进口国征收反倾销税后,倾销厂商所受到的影响。

图 9-18 中,出口厂商进行了倾销,其倾销幅度为 $P_h - P_f$。如果进口国征收相同幅度的反倾销税,则出口商面临的进口国需求曲线将由 D_f 降至 D_{f-t},出口边际收益由 MR_f 降至 MR_{f-t}。他将被迫提高出口价格,或者降低国内价格以消除倾销。这都将影响他的赢利能力和出口能力。

反倾销措施具有反竞争和贸易保护的作用。经济学家们对反倾销行为几乎都持否定的意见,其主要理由是,反倾销措施可能否定出口国的生产优势,否定厂商在竞争程度不同的市场上制定不同价格这种正常商业行为,可能为进口竞争产业提供不恰当的保护,进口国资源有效的重新配置可能因此而延误等等;如果受保护的是国内垄断产业,倾销产品是国内下游产业重要的中间品,尤其当反倾销措施被滥用时,反倾销可能反而不符合进口国的总体利益。

但是,自 1970 年以来,各国对倾销的正式指控和申诉却一直是有增无减、日益频繁。在关税、非关税壁垒不断削减的趋势下,在世界贸易组织允许成员采取这一"合法"

手段的情况下,各国都不愿轻易放弃反倾销这个行之有效的贸易保护工具。反倾销引起的贸易争端已是世界贸易组织受理案件最多的一类问题。因此,有越来越多的经济学家和法学家,呼吁用一项国际反垄断协议来取代反倾销,以求在防止和消除类似掠夺性倾销这种不正当竞争的同时,有利于自由贸易的进一步发展。

第五节 贸易政策的福利效应估计

贸易政策福利效应的计算是应用国际贸易领域的重要内容。本节将采用局部均衡(partial equilibrium methods)和一般均衡分析方法(general equilibrium methods)对贸易政策的分配效应和净福利效应进行估计。量化分析贸易政策的成本和收益可以为政府决策提供重要的数据支持和参考依据。因为政府官员在做出加大或移除贸易壁垒措施的决策时,通常受到所估计出来的相应贸易政策福利效应大小的影响。贸易政策福利效应的估计结果也可以用作对保护贸易动机进行实证研究以及其他研究领域的数据来源。

对贸易政策变化导致的福利效应进行计算,长期以来一直是建立在局部均衡分析框架下的。尽管局部均衡分析方法已经被用于衡量如多边关税减让等大规模贸易政策调整所导致的福利效应变化,但现如今其正逐渐被可计算的一般均衡模型(CGE 模型)所取代。由于 CGE 模型假设效用函数是一个显函数,因此它简化了净福利效应变化的度量方法。然而,尽管 CGE 模型被广泛采用,但是由于其对数据的数量级和可计算性的要求远远大于局部均衡分析,因此,在特定情况下,局部均衡分析优于 CGE 模型,如只考虑几种产品,以及计算细分类别产品的福利效应变动时。

一、局部均衡方法

采用局部均衡分析方法计算贸易政策福利效应时,不考虑几乎所有产品的价格和数量变动情况。而且,该方法所使用的需求函数式假设收入是外生的,因此不考虑由于贸易政策变化所导致的收入效应变动情况。我们所讨论的局部均衡分析方法假设有两种产品,一种是进口产品,另一种是本国生产的产品(简称国产品)。我们首先对"小国"完全取消关税的福利效应进行估计。因为"小国"情形下,假设相关需求和供给函数是线性的,因此可以简化分析。同时,我们也将通过放宽线性需求和供给为非线性需求和供给的假设,对"大国"部分削减关税的福利效应进行估计。此外,我们还将对非关税壁垒(如进口配额)的福利效应变动情况进行估计。

(一)关税

1. "小国"情形

为了尽可能简洁地分析"小国"贸易政策的福利效应,首先假设该"小国"对进口同类产品征收从价关税 τ。如图 9-19(a)所示,取消关税意味着产生四种效应:两个转移效应(transfer effects,以 C 和 I 对应的面积表示);两个效率损失效应(efficiency cost effects,以 H 和 P 对应的面积表示)。如果需求和供给函数是线性的,那么在给定关税率和需求供给弹性的前提下,这些效应很容易计算。鉴于考察的是完全取消的关税的情况,因此政府关税收入(面积 I)不需要估计,因为政府将失去现有的关税收入,这部分的数值可以直接观测到。下面重点考察一下其他三种效应(即面积 C、H 和 P)的计算过程。

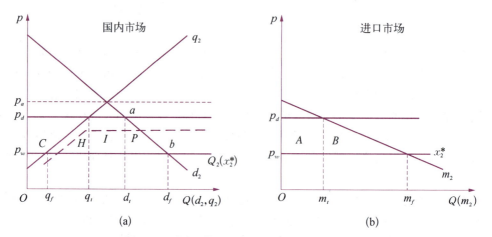

图 9-19 "小国"关税福利效应的局部均衡分析

令 $\Delta p=(p_w-p_d)<0$,$\Delta d=(d_f-d_t)>0$,$\Delta q=(q_f-q_t)<0$,分别代表由于取消关税所导致的国内价格变化、国内需求变化和国内生产变化量。

由 $p_w+p_w\tau=p_d$,可得 $p_w=p_d/(1+\tau)$,将其代入 $\Delta p=(p_w-p_d)$,可得 $\Delta p=p_d/(1+\tau)-p_d$,整理后可得 $\Delta p=p_d\left(\dfrac{1}{1+\tau}-1\right)$,进一步整理可得

$$\Delta p/p_d = -\tau/(1+\tau) \tag{9.8}$$

由此,读者可以很容易证明如下三个表达式[①]:

面积 C: $\qquad -\Delta p(q_t+\Delta q/2) = \dfrac{\tau V_q}{2(1+\tau)}\left[2-\dfrac{\tau\varepsilon_d}{(1+\tau)}\right] \tag{9.9}$

面积 H: $\qquad \Delta p \Delta q/2 = \dfrac{\varepsilon_d V_q}{2}\left[\dfrac{\tau^2}{(1+\tau)^2}\right] \tag{9.10}$

---

① 以面积 C 为例,借助图 9-19(a),证明过程如下:面积 $C=[q_t+(q_t+\Delta q)]\times\dfrac{-\Delta p}{2}=-\Delta p(q_t+\Delta q/2)$,由式(9.8)可得 $\Delta p=-\tau p_d/(1+\tau)$,则面积 $C=\dfrac{\tau p_d}{1+\tau}(q_t+\Delta q/2)=\dfrac{\tau V_q}{2(1+\tau)}\left[2-\dfrac{\tau\varepsilon_d}{(1+\tau)}\right]$,其中,$V_q=p_d q_t$,$\varepsilon_d>0$ 代表供给弹性。

面积 P：
$$-\Delta p \Delta d/2 = \frac{\eta_d V_d}{2}\left[\frac{\tau^2}{(1+\tau)^2}\right] \tag{9.11}$$

在公式(9.11)中，$\eta_d > 0$，$\varepsilon_d > 0$，分别代表需求价格弹性和供给价格弹性。$V_q = p_d q_t$，$V_d = p_d d_t$，分别代表在包含关税的国内价格下的国内生产和消费价值。除了弹性数值，这些式中所包含的变量都可以从有关贸易和生产的国家统计资料中获取到。

如图 9-19(a) 所示，面积 C、H、P 和政府税收收入（面积 I）之和等于消费者剩余变化（ΔCS）。由式(9.9)、式(9.10)、式(9.11)和政府税收收入 $-\Delta p(d_t - q_t)$ 加和，可得：

$$\Delta CS = \frac{\tau V_d}{2(1+\tau)}\left[2 + \frac{\eta_d \tau}{1+\tau}\right] \tag{9.12}$$

净福利效应变化（ΔW）等于式(9.10)和式(9.11)之和：

$$\Delta W = \frac{\varepsilon_d V_q + \eta_d V_d}{2}\left[\frac{\tau^2}{(1+\tau)^2}\right] \tag{9.13}$$

将式(9.13)乘以 V_m/V_m，$V_m = p_d m_t$ 是含有关税的进口值。

令 $\eta_m = \frac{V_q}{V_m}\varepsilon_d + \frac{V_d}{V_m}\eta_d$，其中 $\eta_d > 0$ 是进口需求弹性，于是式(9.13)可以改写为：

$$\Delta W = \frac{V_m \eta_m \tau^2}{2(1+\tau)^2} \tag{9.14}$$

式(9.14)即为图 9-19(b) 中的面积 B。

上式常被广泛用于计算取消关税所带来的分配效应和净福利效应。反过来说，所估计出来的福利效应结果可以被解释为维持现有关税水平所导致的效率损失效应。因此，该公式可以集中衡量实施各种保护措施所带来的保护成本。

式(9.14)的优势在于其根据数据获取的难易进行了简化。因为，关税和进口值很容易从官方公布的统计资料获取到。然而，需求和供给弹性值相对更难获取到，它们经常可以通过研究者的估计获得，或者从文献中采集到。

2. "大国"情形

为了分析"大国"情形，我们从两方面扩展上述"小国"情形的分析。一是假设起初的关税率 τ_1 下降为 τ_2，$\tau_2 \neq 0$；这代表关税只是部分下降，而不是完全取消。二是我们不再假设进口需求和出口供给曲线是线性的。从下文分析不难看出，在非线性进口需求和出口供给的假设下，对小国来说，部分降低关税可以看作是"大国"情形的一个特例。

如图 9-20 所示，大国情形下，进口供给曲线（x^*）具有正斜率。在起初的征税均衡下，在价格为 p_1 时，消费者进口 m_1 单位进口商品。假设此时世界市场价格为 p_w^1，则政府的关税收入为 A、C、E 三部分面积之和。关税率由 τ_1 下降为 τ_2（$\tau_2 \neq 0$），将会

使进口供给曲线由 x_1^* 移动到 x_2^*,从而使进口商品的国内市场价格由 p_1 下降到 p_2。由于进口供给曲线斜率为正,世界市场价格将上升至 p_w^2(进口国的贸易条件将恶化)。

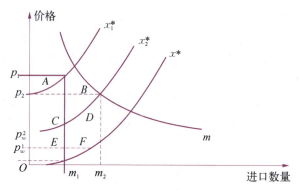

图 9-20 "大国"关税福利效应的局部均衡分析

进口关税下降将使国内进口商品的消费者获益,如图 9-20 所示,消费者剩余增加的部分(ΔCS)可以用 A 和 B 部分的面积来衡量:

$$\Delta CS = \int_{p_2}^{p_1} m(p_m) \mathrm{d}p_m \tag{9.15}$$

其中,$m(p_m)$ 是进口需求的反函数。政府税收收入的变动额为 $\Delta R = (p_2 - p_w^2)\mathrm{d}m - (\mathrm{d}p_w - \mathrm{d}p)m_1$,等于面积 D 减去面积 A 和 E。这一变化可以用面积 B、D 和 F 减去面积 A、B、E 和 F:

$$\begin{aligned}\Delta R &= \int_{m_1}^{m_2} (p_m(m) - p_w(m))\mathrm{d}m \quad &\text{(面积 } B+D+F\text{)} \\ &- \int_{p_2}^{p_1} m(p_m) \mathrm{d}p_m \quad &\text{(面积 } A+B\text{)} \\ &- \int_{p_w^1}^{p_w^2} x^*(p_w) \mathrm{d}p_w \quad &\text{(面积 } E+F\text{)} \end{aligned} \tag{9.16}$$

其中,$p_w = p_w(m)$ 和 $m = x^*(p_w)$ 分别是进口供给反函数和正函数。将式(9.15)和式(9.16)相加,便可得到净福利效应的变动额为面积 B 和 D 减去面积 E:

$$\Delta W = \int_{m_1}^{m_2} (p_m(m) - p_w(m))\mathrm{d}m - \int_{p_w^1}^{p_w^2} x^*(p_w) \mathrm{d}p_w \tag{9.17}$$

(二)非关税壁垒的福利效应估计

关于非关税壁垒的福利效应估计,将主要考察进口配额这种数量限制措施。因为在完全竞争条件下,配额的价格和数量效应与关税类似,因此上文的分析结果也同样适用于分析配额的福利效应。只要能确定贸易限制措施的价格或数量效应,适用于配额福利效应的估计方法也同样适用于其他非关税壁垒措施。然而,由于配额和其他非关税限制措施通常会产生经济租,在确定福利效应变化的正确公式时,需要对这些"租"进行仔细的评估。

图 9-21 说明"小国"部分削减进口配额的情形。假设进口供给曲线在价格 p_w 处具有完全弹性,同时不考虑进口产品与国产品之间的需求交叉价格效应。假设起初的进口配额数量为 $\overline{m_1}$ 单位,进口供给以 x_1^* 表示,此时进口产品的国内价格为 p_1。当配额数量增加到 $\overline{m_2}$ 单位时,进口供给增加到 x_2^* 单位,进口产品的国内价格从 p_1 下降到 p_2。

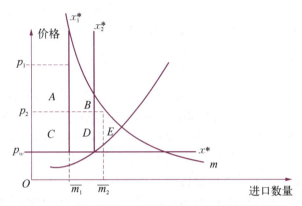

图 9-21 "小国"进口配额福利效应的局部均衡分析

如图 9-21 所示,面积 A 和 B 衡量由于配额增加给进口产品的国内消费者带来的利益。由于这种变化与关税下调导致的消费者剩余增加类似,因此这种消费者剩余的变化可以用"梯形近似"法来衡量:

$$\Delta CS \cong -\Delta p (\overline{m_1} + \overline{m_2})/2 \tag{9.18}$$

其中,$\Delta p = (p_2 - p_1) < 0$。由于进口数量额的变化已知,我们需要推导出价格变化量 Δp。最简单的方法是利用弹性公式:$\Delta p = -p_1 \hat{m}/\eta_m$。将其代入式(9.18),可得消费者剩余变化公式为:

$$\Delta CS \cong \frac{V_1}{2\eta_m} \hat{m}(\hat{m} + 2) \tag{9.19}$$

式(9.19)中,$V_1 = p_1 \overline{m_1}$ 是起初的进口值。现在考察配额租金的变动情况,即图 9-21 中,面积 D 减去面积 A 的差额。假设这些租金归属于国内代理商,那么配额租的变化量等于关税收入的变化量。这就意味着增加配额导致的净福利变化的表达式可以写成:

$$\Delta W = \int_{\overline{m_1}}^{\overline{m_2}} (p_m(m) - p_w) dm \tag{9.20}$$

这个表达式等于面积 B 和 D 之和。通过"梯形近似"法可得:

$$\Delta W \cong \eta_m \{(p_2 - p_w) + (p_1 - p_w)\}/2 \tag{9.21}$$

二、一般均衡方法

下文将在一般均衡框架下,对由于贸易政策调整导致的净福利效应变化进行推导,对涉及多种产品和进口产品与国产品不能完全替代情况下的关税福利效应进行分析。

假设有 J 种商品,每种商品既在国内生产,也有进口。令进口商品的世界市场价格向量为 $\boldsymbol{P}_w = (p_{w1}, \cdots, p_{wJ})$;国产品和进口商品价格向量分别为 $\boldsymbol{P}_d = (p_{d1}, \cdots, p_{dJ})$ 和 $\boldsymbol{P}_m = (p_{m1}, \cdots, p_{mJ})$。一国在现有贸易政策工具(关税或配额)下所能达到的福利水平用 u_0 表示,这一福利水平下,通过将支出(S)与现有收入相等可得到:

$$S(P_d, P_m, P_w, u_0) = G(P_d) + \sum_{j=1}^{NJ}(p_{mj} - p_{wj})m_j \tag{9.22}$$

式(9.22)右边说明收入有两方面来源:一是生产方面,用经济体的 GDP 函数来表示,即 $G(P_d)$;二是关税收入或配额租金,用国产品价格与进口产品世界价格之间的差额来表示。依据支出函数的定义,这一收入水平恰好允许经济体达到福利水平 u_0。

现在我们要考察当一国采用一套不同的贸易政策时,福利水平变化该如何衡量。令 u_1 表示一国在新贸易政策下所能达到的福利水平。一种被广泛运用的福利变化衡量方法是等价变换法(equivalent variation, EV)。在此,EV 代表消费者在起初的贸易政策对应的价格下,为了达到 u_1 对应的福利水平,需要获得或者放弃的收入数量。这一收入数量的表达式为:

$$EV = S(P_d, P_m, P_w, u_1) - S(P_d, P_m, P_w, u_0) \tag{9.23}$$

如果式(9.23)代表的收入变化是正的(负的),说明与原有贸易政策相比,新贸易政策带来了福利改善(受损)。如果支出函数(S)形式已知,式(9.23)可以被用来计算贸易政策变化所导致的福利改善或受损情况。采用 CGE 模型可以准确地计算这种福利变化情况,因为该模型假设效用函数是显性的,并可据此推导出相关的支出函数。

如果支出函数形式未知,我们可以计算式(9.23)所示的福利变动局部近似值。将式(9.22)代入式(9.23)可得:

$$EV = (G(P_d) + \sum_{j=1}^{NJ}(p_{mj} - p_{wj})m_j) - S(P_d, P_m, P_w, u_0) = 0 \tag{9.24}$$

保持 u_0 的福利水平不变,全微分为:

$$\mathrm{d}EV = \sum_{j=1}^{NJ}\left[\frac{\partial G}{\partial p_{dj}}\mathrm{d}p_{dj} + ((\mathrm{d}p_{mj} - \mathrm{d}p_{wj})m_j + (p_{mj} - p_{wj})\mathrm{d}m_j) \right.$$
$$\left. - \left(\frac{\partial S}{\partial p_{dj}}\mathrm{d}p_{dj} + \frac{\partial S}{\partial p_{mj}}\mathrm{d}p_{mj}\right)\right] \tag{9.25}$$

根据收入和支出函数的性质,则有 $\dfrac{\partial G}{\partial p_{dj}} = q_j$,$\dfrac{\partial S}{\partial p_{dj}} = d_j$,$\dfrac{\partial S}{\partial p_{mj}} = m_j$。其中,$q_j$ 和 d_j 是国内 j 产品的生产和消费,将这些表达式代入式(9.25),则有:

$$dEV = \sum_j \left[((q_j - d_j)dp_{dj} - m_j dp_{wj}) + (p_{mj} - p_{wj})dm_j \right] \quad (9.26)$$

净福利的变动来源于两方面：一是贸易条件的变化，包括出口（$q_j - d_j$）和进口；二是价格扭曲或贸易量效应，该贸易量效应用于衡量由于进口数量发生变化而导致的关税收入或配额租金的变动情况。如果价格和数量变动已知，那么，式（9.26）的值就可以计算出来。然而，价格和数量变动属于一般均衡的变化，这需要考虑市场之间的相互影响。因此，这些变动的计算需要借助完整设定的一般均衡模型。如果没有这样的模型，则式（9.26）中的价格和数量变动及其所导致的净福利效应的变化，可以借助局部均衡分析方法进行粗略估算。

三、CGE 模型的理论基础及应用

接下来将在一般均衡下，将 CGE 模型作为获取贸易政策福利效应估计值的方法进行讨论。

贸易政策分析一直是 CGE 模型广泛应用的一个领域。在用 CGE 模型进行贸易政策分析方面历史最悠久的国家是澳大利亚，从 20 世纪 70 年代中期开始，澳大利亚研究者就启动了 IMPACT 项目并建立起了名为 ORANI 的 CGE 模型。之后，挪威、英国、荷兰、比利时和西班牙等政府纷纷建立了 CGE 模型用于分析贸易政策，估算贸易和国内税收政策的福利和资源分配效应。

近年来，作为评估政策实施效果的可计算一般均衡模型（CGE）在诸如关税、国际商品价格、利率和其他国际贸易干预等国际贸易分析中也得到了广泛应用，促进了关于国际贸易、区域贸易等相关理论、研究方法的发展。可计算一般均衡模型（computable general equilibrium，CGE），也被称为应用一般均衡模型（applied general equilibrium，AGE）。这类模型是"可计算的"（computable），因为它们假设需求和供给函数是显函数，这使在有相匹配的数据作支撑时，可以明确地求解出均衡价格和均衡数量值。由于 CGE 模型考虑市场间的相互影响，因此它可以提供给政策制定者的不仅仅是由贸易政策调整而导致的福利效应变化情况，还有关于生产和消费效应方面更加详细的信息。

CEG 模型的核心在于对由外生的政策变量（如关税）而导致的内生变量均衡值的变动进行计算。这些内生变量的变动情况可以借助以下两种方法中的任何一种来获得。第一种方法是推导出模型内生变量的整体变动（global change）情况，第二种方法是推导出局部（local）的、比较静态（comparative static）的变动情况。可以借助上文所提到的支出函数对政策调整导致的福利效应变动情况进行计算。

考虑搜集数据和模型设定的困难性，CGE 模型建模可能需要耗费大量时间，付出诸多努力。鉴于每个模型的细节因建模者的兴趣点和所考察的政策问题关注点不同而存在差异，任何一个 CGE 模型都可能有其独特性。因此，我们只提供包含主要要素的 CGE 模型概览。

（一）理论基础

CGE 模型是建立在瓦尔拉斯（Walras）的一般均衡思想、列昂惕夫（Leontief）的投入产出模型(input-output model)以及埃文斯(Evans)的线性规划等基础之上的。1874年,瓦尔拉斯用抽象的数学语言描述了一般均衡的思想:生产者在资源有限条件下,根据利润最大化或成本最小化原则,确定最优供给量;消费者在预算约束条件下,确定最优需求量;二者最终在价格上寻求均衡。这是CGE模型坚实的思想基础。1936年,列昂惕夫引入投入产出模型,假定成本是线性的、技术系数是固定的,用表示现实经济的具体方程来代替抽象的函数,该模型反映了部门间的关联以及产品价格与要素价格间的联系,是CGE模型重要的方法论来源。1960年,约翰森(Johansen)给出了一般均衡价格的具体算法,解决了一般均衡思想的实际应用问题,他设定了一组非线性方程,并通过线性化、对方程取微分、矩阵求逆的方法,构建了一个涵盖20个成本最小化的产业部门和一个效用最大化的家庭部门的一般均衡模型。第一个CGE模型由此诞生。随着众多学者的不懈努力,CGE模型在中断了一段时期后重现光明,其算法得到不断改进。斯卡夫(Scarf,1967)通过直接对内生变量进行计算而进行比较静态分析的不动点算法开创了CGE模型的新纪元,大大促进了CGE模型的开发和实际应用。埃文斯(Evans,1972)采用一个线性规划的方法建立了最早的单国贸易模型,这个模型探讨了对贸易政策过度专业化的影响效果。此后,CGE模型在国际贸易、税收政策和经济发展等三个主要政策研究领域均取得了重要的进展。CGE模型最大的优点在于全面考虑经济主体对价格变动的反应,而不纯粹依赖数据。

事实上,所有CGE模型的理论基础都是竞争性的一般均衡模型。因此,需要建立在多产品、多要素的分析框架下。大部分CGE模型都对标准模型的假设进行了改进。特别地,这里我们假设产品不能完全相互替代,生产部门不仅使用初级产品,也使用中间产品进行生产,这通常被作为扩充内容加入到要素流动、失业、不完全竞争定价或规模经济等假设中。然而,不管假设如何,模型最终都需要被简化到需求-供给等式和系列收入-支出恒等式体系中。

首先考虑经济中的供给侧,它决定着要素的价格,进而影响着国民收入。假设有J种竞争性行业,每个行业都假定使用H种要素投入生产q_j数量的某种同质产品,生产函数为$q_j=F_j(e_j)$,其中,$e_j=(e_{j1},\cdots,e_{jH})$是行业$j$所使用的要素投入向量。假设行业$j$($j=1,\cdots,J$)的生产函数是线性齐次的(linear homogeneous),因此它可以表示为:

$$1=F_j(a_{j1},\cdots,a_{jH}) \tag{9.27}$$

其中,$a_{jh}=e_{jh}/q_j$,是每单位产出j所需要的要素h的量。由于生产要素假设是同质的,且可以在部门间自由流动,因此均衡时要求要素的边际产品价值(VMP)等于其市场价格。令要素价格向量为$\boldsymbol{w}=(w_1,\cdots,w_h)$,商品价格向量为$\boldsymbol{p}=(p_1,\cdots,p_j)$,则均衡条件为:

$$p_j(\partial F_j/\partial e_h)\leqslant w_h \qquad j=1,\cdots,J;h=1,\cdots,H \tag{9.28}$$

这些式子包含生产中实际使用的每一种要素。

令$\boldsymbol{e}=(e_1,\cdots,e_H)$为总要素供给向量,每种要素的供给假设是完全无弹性的,因

此 e 可以看作是一个常数向量。要素实现充分利用要求：

$$e_h = \sum_j e_{jh} = a_{1h} q_1 + \cdots + a_{Jh} q_J \quad h = 1, \cdots, H \quad (9.29)$$

式(9.27)和式(9.29)足以确定模型的供给侧，同时，考虑存在 $J + JH + H$ 这个独立方程可以确定 JH 这个最优要素需求量、H 要素的价格和 J 产出供给量。因此，根据给定的要素供给和商品价格值，可以对均衡求解。

现在考虑需求。只要要素供给确定了，相对商品价格就包含需要确定需求函数的所有信息：

$$d_j = d_j(p_1, \cdots, p_j, \cdots, p_J) \quad j = 1, \cdots, J \quad (9.30)$$

这些函数是价格零次齐次函数。现在我们考虑市场出清和在一般均衡下所要求的收入支出恒等的情况。

首先考虑一个封闭经济下每种商品的供求总是相等的情形：

$$q_j = d_j \quad j = 1, \cdots, J \quad (9.31)$$

根据收入支出恒等式，这些市场出清恒等式是不独立的：

$$\sum_{j=1}^{J} p_j q_j \equiv \sum_{h=1}^{H} w_h e_h = \sum_{j=1}^{J} p_j d_j \quad (9.32)$$

如果我们计算等式的数量，可以发现存在 $J + JH + H + J - 1$ 个独立关系来确定 J 产出、JH 要素需求、H 要素价格和 J 商品价格。因此，内生变量的个数比独立关系数大1。若以任何一种商品作为计量单位，商品价格就可以用它来表示，这样就可以求解方程。这样，自给自足下的均衡就是确定的，也就是说，给定要素供给，模型可以被求解出产出、要素需求、要素价格和 $J - 1$ 种相对价格。

现在假设存在 N 个相互独立的贸易国，每一个国家都具有相应的技术水平和偏好。上标 n $(n = 1, \cdots, N)$ 代表国家。发生贸易时，对一个国家来说，国内生产和消费不再相等。但是，从世界整体来看，生产一定等于消费：

$$\sum_{n=1}^{N} d_j^n = \sum_{n=1}^{N} q_j^n \quad j = 1, \cdots, J \quad (9.33)$$

假设每个国家的平衡性贸易意味着总生产值等于总消费值，则有

$$0 = p_1^n (q_1^n - d_1^n) + \cdots + p_j^n (q_j^n - d_j^n) + \cdots + p_J^n (q_J^n - d_J^n) \quad n = 1, \cdots, N \quad (9.34)$$

将式(9.34)基于国家层面进行加总，注意自由贸易会使国家之间商品价格趋同，于是有：

$$0 = p_1 \sum_{n=1}^{N} (q_1^n - d_1^n) + \cdots + p_j \sum_{n=1}^{N} (q_j^n - d_j^n) + \cdots + p_J \sum_{n=1}^{N} (q_J^n - d_J^n) \quad (9.35)$$

这就是关于 J 市场的瓦尔拉斯法则（*Walras's Law*），即当 $J - 1$ 个市场处于均衡时，其余的市场也一定处于均衡状态。因此，一定能够借助式(9.33)中的 $J - 1$ 个等式，

求出 $J-1$ 个世界相对价格。

给定世界价格和上述基本方程条件,对于给定的世界要素禀赋分布来说,均衡即可确定。

(二) CGE 模型的应用

应用 CGE 模型,一般包括以下五个步骤:① 模型选择;② 模型设定;③ 数据搜集;④ 校准与验证;⑤ 模型求解。

1. 模型选择

在利用 CGE 模型分析贸易问题中,有些是多国模型,另一些是单国模型。单国模型多集中于关税和非关税壁垒问题,除此之外,还考虑汇率政策、贸易战略、出口补贴等。最早的单国贸易模型是 1972 年由埃文斯(Evans)建立的,他采用了线性规划方法。这个模型显示出对贸易政策过度专业化的影响效果,这个问题在最后被不完全替代的贸易假定所解决,迄今为止主要的模型仍采用这种假设。到 20 世纪 80 年代早期,狄克逊(Dixon et al., 1982),以及瓦利(Whalley, 1985)的模型基本奠定了现在标准 CGE 模型的框架。

大多数 CGE 模型都是单国模型。这类模型之所以被广泛运用,主要是因为较强的数据可获得性可以为生产者(或产业)和消费者行为的分析提供更多细节信息,同时,研究者也可以集中于将特定制度细节(如工资刚性或特定国内政策)嵌入模型中。

目前,不少 CGE 模型被用来分析多国贸易关税或非关税壁垒的改变对经济的影响。早期一些有影响的研究包括:默森尔(Mercenier, 1991)利用多国 CGE 模型分析了欧共体全面取消关税壁垒对各国经济结构和国民福利的影响。该模型由 6 个子块组成,每个子块分为 9 个部门,模拟了生产要素在各国完全流动和部分流动的情况。梅卢(Melo, 1990)利用多国 CGE 模型研究了美国和日本自愿限制汽车出口对双方经济的影响。李(Lee, 1991)构建了日美两国农产品贸易的 CGE 模型,分析了两国农业保护政策的影响。多国模型可以是全球性的,也可以是区域性的。区域模型将一部分国家集合起来作为子集来考察部门细节,而将其余国家看作是"世界其他国家(rest of world, ROW)"。区域模型的一个例子是开发了一个用于考察美国、加拿大和墨西哥三国签署的北美自由贸易协议(NAFTA)的贸易创造效应。全球模型由于数据限制,它不考虑行业细节,但是刻画所有国家之间的相互影响。一般来说,国家模型所考察的部门数量相对最多(如 60 个),而区域模型次之(如 20 或 30 个),全球模型最少(如 10 或 12 个)。

多国模型和单国模型有两点区别。一是处理贸易的方法,多国模型将所包含的所有国家都设定一个生产和需求方程,单国模型则把除其本身之外其他国家和地区作为一个经济主体,即 ROW,设定一个简单进口供给和出口需求函数。二是多国模型可以处理多边贸易问题,而单国模型则不适合分析此类问题。可以将单国 CGE 模型改造为分析国际贸易的多国模型,这需要将不同国家的 CGE 模型连接起来,并且使消费者和生产者具有国家或地区的特征。

2. 模型设定

CGE 模型的设定涉及选择模型潜在的行为结构和供给与需求方程的显函数形式。

在 CGE 模型中被广泛使用的方程有柯布-道格拉斯函数(简称 C-D)、常数替代弹性函数(简称 CES)[①]，分别代表生产和效用函数，或相等地，代表供给和需求函数，如表 9-1 所示。采用这些方程形式的原因有两个：第一，经过多年计量经济学的统计和回归，结果表明这些方程与实际情况拟合程度很高，完全可以描述经济系统的运行；第二，在经济理论中使用最多的也是这些方程，直接沿用这些方程将对建模和均衡求解分析带来很多方便。

CGE 模型中的方程可分为两类：一类是描述性方程，另一类是优化条件方程。描述性方程是最基本的方程，它反映经济系统的最基本规律，表 9-1 中的方程就是描述性方程。在给定价格约束等条件后，由描述性方程可推导出优化条件方程，一般而言，包含有价格因素的方程是优化条件方程。在模型的生产方面，描述性方程就是生产函数；优化条件方程包括成本函数、要素需求函数、利润函数、条件要素需求函数等。在模型的消费方面，描述性方程是效用函数，优化条件方程包括需求价格函数、交叉价格需求函数、需求收入函数等。如果把表 9-1 中的方程作为效用函数，可以从效用函数中推导出作为优化条件方程的需求 σ 函数和其他重要经济特征，如表 9-2 所示。

表 9-1　CGE 模型常用的方程形式

方　程　名　称	方　程　形　式	
柯布-道格拉斯函数(C-D)	$\Pi_i X_i^{a_i}$	$\sum_i a_i = 1$
常数替代弹性函数(CES)	$(\sum_i a_i^{1/\sigma} X_i^{(\sigma-1)/\sigma})^{\sigma/(\sigma-1)}$	$\sum_i a_i^{1/\sigma} = 1$
线性支出系统(LES(C.D.))	$\Pi_i (X_i - C_i)^{a_i}$	$\sum_i a_i = 1$

注：X_i 是 i 商品或 i 要素的数量；σ 是任何商品组合 X_i 和 X_j 的替代弹性。

表 9-2　部分效用函数的特征

	C-D	CES	LES(C.D.)
方程形式	$\Pi_i X_i^{a_i}$	$(\sum_i a_i^{1/\sigma} X_i^{(\sigma-1)/\sigma})^{\sigma/(\sigma-1)}$	$\Pi_i (X_i - C_i)^{a_i}$
需求函数	$X_i = \dfrac{\alpha_i I}{P_i}$	$X_i = \dfrac{\alpha_i I}{P_i^\sigma \sum_j a_j P_j^{(1-\sigma)}}$	$X_i = C_i + \dfrac{\alpha_i (I - \sum_j P_j C_j)}{P_i}$
收入弹性系数	1	1	$\dfrac{\alpha_i I}{P_i [C_i + \alpha_i (I - \gamma)]}$

注：P_i 是 X_i 的价格，I 代表收入(商品方程)或产出(投入需求)；α_i 代表支出或成本的份额，取决于 X_i 的定义。C_i 是对商品 i 的最低需求量。

总之，对于模型函数的选择问题，要充分考虑到模型的用途，以及哪些假定是模型所允许的等问题，另外还要顾及方程的复杂度和可解性。一旦用错函数形式，将会给模型带来灾难性的后果。

---

① 此外还包括线性支出系统(linear expenditure system, 简称 LES)。

3. 数据搜集

要使一般均衡模型成为可计算性的模型,必须对模型中的外生变量和所有参数赋予初值。为模型提供一个满足全面性、一致性和均衡性的数据集,往往成为进行模拟仿真的先决条件,社会核算矩阵(social accounting matrix,SAM)恰好能满足 CGE 模型对数据的要求。

SAM 的框架是在 20 世纪 50 年代为了融合社会和经济发展两方面的数据而发展起来的(Pyatt,1985),但学术界公认的世界上第一个严格意义的 SAM 是由理查德(Richard)教授和他的研究团队在 20 世纪 60 年代为英国建立的,该 SAM 为英国多部门经济模型提供了重要的数据基础,而理查德教授通过一系列的推证将 SAM 的起源追溯至 18 世纪的法国。关于 SAM 的含义,不同的学者有不同的理解。在 1993 SNA 中①,SAM 被定义为"以矩阵形式表示的 SNA 账户,刻画了供给表、使用表与部门账户之间的关系;它反映了一定时期内社会经济体间的各种联系"(UNSO,1993)。这一定义方式最为宽泛,它大致表述了 SAM 与 SNA 账户之间的关系和 SAM 的作用。20 世纪 70 年代,SAM 主要用于政策分析。SAM 的出现,与投入产出分析被引入核算体系有着很大关系,它在很大程度上是对投入产出矩阵的一种拓展应用。

概括地说,SAM 是一个行数和列数相等且行列对应、平衡的棋盘式表格,在其矩阵的单元中,每项交易只记录一次。矩阵的行登录的是收入(账户的贷方),列登录的是支出(账户的借方)。在国民经济核算的传统表述中,行在 T 表或平衡表的右方,列在 T 表或平衡表的左方。矩阵表中每一登录的含义由其所处的行、列位置来规定,并由此获得两重含义:每一登录既是账户的借方项目,同时又是另一账户的贷方项目。当我们解释一个表值的具体含义时,必须考虑其所处的行列位置。矩阵表值的位置规定使其成为连接各有关账户的有效手段,只要适当地分解、归并、排列这些账户,就能逻辑地展现账户之间的有机联系以及整个体系的内在结构。因此,相对于普通的 T 形账户,核算矩阵既能简化记账程序,又能突出诸账户间的逻辑关联性。根据会计记账中有收必有支,收支必相等的原则,对于每一账户,其对应的行和必须等于列和,即 SAM 中各账户收入之和(行和)必须等于各账户的支出之和(列和)。即:

$$y_i = \sum_{j=1}^{n} t_{ij} = \sum_{j=1}^{n} t_{ji} \qquad i=1, 2, \cdots, n$$

其中,y_i 是账户 i 的总收入或总支出,n 是方阵的维数,即 SAM 的账户数目。这种平衡关系体现了三种含义:(1) 各种生产活动的总投入等于总产出;(2) 各类机构账户的总收入等于总支出;(3) 各种商品的总供给等于总需求(Robinson 等,1990)。而且账户的行列和相等在某种意义上也体现了瓦尔拉斯(Walras)定理:对于一个 n 维的 SAM,如果 $n-1$ 个账户的行列和都相等,则最后一个账户的行列和也必然相等(Essama-Nssah,2004;Robinson,1989)。

---

① 国民经济核算体系(system of national accounts,SNA)是联合国于 1968 年发布的,该核算体系在国民收入账户与 IO 表之间架起了一座桥梁,即在一个整合的核算框架下,使 IO 表中所蕴含的平衡关系更好地为国民收入的估算服务(UNSO,1968)。

4. 校准与验证

我们根据要研究的经济问题建立一个线性的或非线性的经济模型,该模型中有大量待确定的参数值,比如消费者的边际消费倾向、要素替代弹性等等。然后,根据经济运行的状况为该模型选择一个基准解(basic solution),将此基准解带入模型中,此时参数变为未知数,而原来的待求解的值变为常数,依据基准解,通过技术处理可以为该模型所包含的所有参数选定具体的数量值。在此过程中我们假定该模型可以无限次的复制这些基准值。一旦模型被校准(给参数赋值),这个模型就可以被用来模拟一些不可观测的或非现实(反事实)的政策(如税率变化,取消配额等)对经济体的冲击效应。因此,可以用来预测经济对现有政策体系变化的反应。而模型的基准情况和预先变化在现有的政策体系中被确定。

校准一词的含义就是指完成模型参数估计的过程。一般来说,校准方法是一种"非正统"的选择模型参数的方法,之所以称其为"非正统"是因为一般的参数估计是通过"统计"方法完成的,而校准则是通过"经济"方法完成的(Canova,1994)。另外,早期的校准方法的应用大多是在无法获得统计估计所需要的样本值的情况下被迫选用的。比如,如果想检验一个新建经济体税率变化的经济效应,由于没有足够多的历史数据,通过统计方法来估计参数显然是不现实的。

当前,将一个理论模型转化为实证模型的方法主要有两种(Balistreri and Hillberry,2004)。一种是随机估计那些以理论为基础的,具有很少参数的简约方程形式,这类模型大多以计量经济模型的形式出现;另一种是通过参考已有文献和计算方法来校准该模型,这种模型一般都存在大量待确定的参数。随着经济问题研究的日益深入,经济模型所需要反映的内容也越来越多,相应的待估参数也越来越多。因此就面临着一个如何估计大量参数的问题。

对于模型函数中参数值的确定,一个成熟的方法是用计量经济学的方法来估计,这种方法以统计理论为基础,在样本值充足的情况下,可以回归出参数的数量值,并且辅之以各种显著性、相关性等检验手段,是一种比较理想的参数估计方法,但是对于第二类大型的经济模型而言,这种方法变得日益不现实,因为要同时估计这些参数需要太多信息(Mansur and Whalley,1984),一个中等规模的可计算一般均衡模型(CGE)中,其参数的个数就会超过几千。为进行统计推断而保持足够的自由度,样本的个数就要超过几千,这通常是不可能获得的。另外,由于某些模型(比如 CGE)的高度分解,给信息收集造成很大困难。即使能够获得这些数据,在 CGE 模型中的均衡条件也造成了识别和估计的困难。因此,大多数模型采用了列昂惕夫方法,即从一个给定年份投入-产出表中得到参数。校准是这种方法的自然扩展。在校准中,数据集被称为均衡数据集,它包括投入-产出表及其他与模型有关的信息。这些信息可以被综合在一个社会核算矩阵(social accounting matrix,SAM)中。一般地,在校准之前,我们须从其他文献引用和估算出一些弹性值。

校准方法可以为模型选择一个基准均衡解,此基准均衡解来自现实的数据,然后将均衡解代入模型,以求出必要的参数和变量的数量值。这就等于给模型一个很强的假定:基准数据是满足均衡条件的。

然而,校准模型的结果将严格依赖于其假定,也就是说,校准并不能为模型结构的选择提供任何指导。该方法尚不存在像计量方法那样成熟的对模型结构检验和简单试错的方法。校准方法的模型结构选择仍然停留在主观判断的层次上。因此,校准技术的未来发展方向应该试图为模型结构选择提供简单易行的敏感度检验方法。

5. 模型求解

模型求解要解决两个问题,首先是求解算法,然后是求解程序。一般均衡模型的求解算法可综合为三大类:第一类是线性化和逼近算法;第二类是压缩不动点算法;其他不属于第一类和第二类的算法归于第三类。

第一类算法是线性化和逼近技术,哈伯格(Harberger)税收模型求解采用的就是这种算法。20世纪50—60年代,不动点算法尚未引入经济分析,因此早期CGE模型基本上都使用线性化和逼近技术求解。实际上哈伯格(Harberger)并不是第一个使用线性化和逼近技术的经济学家,早在1960年,约翰森(Johansen)建立的第一个分析挪威经济的CGE模型就采用了这种算法求解。线性化和逼近技术的优点是直观简单,但该算法难以确定均衡解的存在性、唯一性和稳定性,而且在模型求解规模上也受到极大限制,因此在后来的CGE模型求解中就很少有人使用它了。

第二类算法是压缩不动点算法,这是目前CGE模型求解最常用的算法。不动点理论最初是数学领域内泛函分析的内容,后来被逐渐引入经济分析,常被用来证明各种一般均衡模型解的存在性,它是近代数理经济学的主要成就之一。

不动点是针对特定的映射而言的。假设有一映射 f,其定义域为空间 A,B 为空间 A 上的任一子空间,B 经过该映射 f 后得到新的空间 C。如果空间 C 能够落回到空间 B,而且空间 C 小于空间 B,就称 f 是 A 上的一个压缩映射。可以看出,空间 A 每经过一次 f 映射,就被压缩变小,这样经过无穷次 f 映射,最初的空间 A 将被压缩成一个点 a,点 a 就被称为映射 f 的不动点。

最简单的映射形式是一元函数,以正弦函数 $\sin(x)$ 为例,该映射是实数空间上的一个压缩映射。对自变量 x 任取一值,对它连续进行取正弦运算,函数值将无限逼近 0,0 就是正弦映射的不动点。在CGE模型中,尽管变量和方程数量可以达到成千上万个,压缩映射也由单值映射变为矢量映射,远比一元函数复杂,但求解的算法是和上例一致的。不动点算法的优点是初始变量的选择是任意的,无论给初始变量赋何值,经多次映射后都会逼近不动点,即模型的均衡解。

斯卡夫(Scarf)是CGE模型不动点算法的奠基人,他在1967年和1973年发表了压缩不动点算法。后来部分数理经济学者对Scarf算法作了不同的改进。改进算法加快了模型的求解速度,因此,近期的模型求解已经不再采用Scarf算法,而是建立在Scarf算法基础上的改进算法。其中Merill的改进算法是目前应用最为广泛的不动点算法。

第三类算法是上述两种算法以外许多杂项算法的总称,这些算法往往是针对特定模型而提出的,个例性强,因而五花八门,借鉴比较困难。总的说来,这类算法一般并不强调均衡解的存在性,因此对任意一个模型,不能保证一定可以求到解。在特定的模型中,这些算法也能得到均衡解,而且解的收敛速度非常快,譬如牛顿迭代法就是其中一例。

即使最简单的CGE模型用人工求解也十分繁琐,在模型规模较大,即模型包含的部门和产品种类等因素比较多的情况下,人工求解实际上是不可能的,因此必须借助计算机,这就涉及计算机程序设计问题。开发设计CGE模型的求解软件工作量相当大,不过目前已经有几种求解CGE模型的专门软件。在80年代,世界银行开发了一套软件,起名为"一般数学模型系统"(GAMS)。GAMS可以用来建立和求解大型经济数学模型。类似高级语言的数据结构定义,GAMS有一套书写规则。用户只需按规则逐项写出输入部门如模型变量、方程、参数、原始数据、目标函数等,就可以得到答案。GAMS具有较好的查错功能,并且输出文件比较系统,大大方便了研究者进行各种分析。在GAMS基础上,又出现了新的求解软件,如MPS/GE和Hercules等。MPS/GE软件可以自动产生出一般均衡系统的非线性方程组,Hercules不仅可用于求解,而且进一步提高了CGE对经济系统的描述和分析能力。利用这些软件,或者根据需要对这些软件进行改造,可以免除或大幅度减少程序设计的工作量。

参 考 文 献

1. Baldwin R. E., "Measuring Nontariff Trade Policies," *NBER Working Paper No. W2978*, 1989.

2. Bowen H., Hollander A., Viaene J. M., *Applied International Trade*. Macmillan London, 2012.

3. Dominick Salvatore, *International Economics*, 5th ed., Prentice Hall, Inc, 1995.

4. Lerner A. P., "The Symmetry Between Import and Export Taxes," *Economica*, 1936, 3(11): 306-313.

5. Viner, J., *Dumping: A Problem in International Trade*, reprinted 1966, A.M. Kelly Publishing, New York.

6. Wares, W. A., *The Theory of Dumping and American Commercial Policy*, Lexington, Mass: Health, 1977.

7. 保罗·R·克鲁格曼、茅瑞斯·奥伯斯法尔德,《国际经济学理论与政策(上册国际贸易部分)》(第八版),中国人民大学出版社,2011年。

8. 陈同仇、薛荣久,《国际贸易》,对外贸易教育出版社,1997年。

9. 程大中,《国际贸易:理论与经验分析》,格致出版社、上海人民出版社,2009年。

10. 冯跃、夏辉,《国际贸易理论、政策与案例分析》,北京大学出版社,2012年8月。

11. 海闻等,《国际贸易》,上海人民出版社,2003年。

12. 韩玉军,《国际贸易学》,中国人民大学出版社,2010年。

13. 鲁晓东,《校准方法在国际贸易政策模型中的应用》,南开大学,2005年。

14. 罗伯特·C·芬斯特拉(Bobert C. Feenstra),艾伦·M·泰勒(Alan M. Taylor)著,张友仁等译,《国际贸易》,中国人民大学出版社,2011年。

15. 孙立新,"贸易CGE模型应用研究",《吉林工商学院学报》,2012年第6期。

16. Feenstra著,唐宜红主译,《高级国际贸易》,中国人民大学出版社,2013年。

17. 巴格瓦蒂等,《高级国际贸易学》,上海财经大学出版社,2004年。
18. 王韬、陈平路,"税收CGE模型的建模流程和方法",《税务与经济》1998年第2期。
19. 薛敬孝、佟家栋、李坤望,《国际经济学》,高等教育出版社,2000年。
20. 尹翔硕,《国际贸易教程》(第三版),复旦大学出版社,2014年。
21. 余淼杰,《国际贸易学:理论、政策与实证》,北京大学出版社,2013年。
22. 苑涛,《国际贸易理论与政策》,清华大学出版社,2011年。
23. 赵忠秀、吕智,《国际贸易理论与政策》,北京大学出版社,2009年。
24. 郑玉歆、樊明太,《中国CGE模型及政策分析》,社会科学文献出版社,1999年。
25. 周建军、王韬,"CGE模型的方程类型选择及其构建",《决策借鉴》2002年第5期。

思考与练习

1. 如何衡量非关税壁垒的保护程度?
2. 关税的有效保护率和名义保护率的联系和区别。
3. 局部均衡分析与一般均衡分析的区别。
4. 基于本章的相关知识,分析中国名义关税率和实际关税率的行业差异及相互关系。
5. 查找中国等国的相关数据,采用非关税壁垒的频率和覆盖率方法,分析中国所面临的以及针对进口所采取的非关税壁垒措施形式及其保护程度。
6. 在完全竞争和局部均衡分析的假设下,与自由贸易相比,小国征收进口关税将会产生哪些效应?大国情形与小国情形有何不同?
7. 进口配额的实施涉及如何分配"配额租金"的问题。一般说来,分配"配额租金"有哪几种方式?
8. 在完全竞争和局部均衡分析的假设下,与自由贸易相比,小国实施进口配额将会产生哪些效应?与小国征收进口关税的情形相比有何异同?
9. 在完全竞争和一般均衡分析的假设下,与自由贸易相比,小国征收进口关税将会产生哪些效应?大国情形与小国情形有何不同?
10. 什么是梅茨勒悖论,如何解释这一悖论?
11. 计算有效保护率:(1)若汽车的世界价格为8 000,成本为6 000,一国对进口汽车征收25%的关税。此时的有效保护率是多少?(2)假设每辆汽车的投入成本是8 000,投入品需要进口,世界价格为10 000,如果一国对汽车征收50%的关税,对投入品征收20%的关税,此时有效保护率是多少?
12. 简述CGE模型的理论基础及建模过程。

第十章 战略贸易政策

【学习目标】
- 了解战略贸易政策的基本内容及其适用性
- 掌握战略贸易政策模型的推导过程
- 运用有关模型对战略贸易政策进行经验研究

20世纪80年代,国际贸易理论领域发生了"革命"性的变化,即产生了所谓的新贸易理论,而战略贸易政策是这种新理论的重要组成部分,包括战略进口政策和战略出口政策。战略贸易政策的主要贡献是解决了完全竞争条件下贸易模型不能解决的问题,如规模收益递增、"干中学"、R&D厂商之间的战略竞争等等。本章介绍几种主要战略贸易政策模型以及相关的主要经验研究。

第一节 战略出口政策

战略出口政策开创者是布兰德(Brander)和斯潘塞(Spencer)。布兰德和斯潘塞(Brander and Spencer,1983[①];1985[②])指出,在不完全竞争的市场结构条件下,为了使本国企业能够在出口市场上获得更多市场份额和更多超额利润,政府有动机对本国企业进行出口补贴或研发补贴,并且这种获得的利润会超过补贴额,但是是以牺牲外国企业的利润为代价而实现的。如果不考虑对消费者的影响(例如当企业的生产产品完全是出口到国际市场时),这种利润的增加就意味着本国国民收入的增加。

一、波音公司与空中客车公司竞争的例子

先用一个例子说明战略出口政策。假设美国波音公司和欧洲的空中客车公司都能生产某种新型客机,这种飞机生产具有较强的规模经济特征,两家公司争夺第三国市场,其决策行为只有两种选择:生产和不生产。由于市场容量所限,如果两家公司都生

[①] Spencer B. J., Brander J. A., "International R&D Rivalry and Industrial Strategy," *Review of Economic Studies*, 1983, (50): 707-722.

[②] Spencer B. J., Brander J. A., "Export Subsidies and Market Share Rivalry," *Journal of International Economics*, 1985, (18): 83-100.

产,则都亏损。在没有政府干预的情况下,两公司不同决策行为的收益(利润)矩阵具体如表 10-1 所示。

表 10-1　政府不干预时的收益矩阵

空中客车公司

波音公司		生　产	不生产
	生　产	(−5, −5)	(100, 0)
	不生产	(0, 100)	(0, 0)

表 10-1 表明:如果两公司均生产,则都亏损 5 个单位;如果只有一个公司生产,则该公司获利润 100 个单位,另一个不生产的公司利润为零;如果两公司均不生产,则利润均为 0。哪个公司最终能占领市场并获利润取决于谁先进入市场。例如,若波音公司率先生产进入市场,则该公司获利润 100 个单位,空中客车公司不会生产。

如果欧洲政府给予空中客车公司进入市场 25 单位补贴,则可以改变这种结局。因为不管波音公司是生产还是不生产,空中客车公司都会生产且盈利。新的收益(利润)矩阵如表 10-2 所示。

表 10-2　政府干预时的收益矩阵

空中客车公司

波音公司		生　产	不生产
	生　产	(−5, 20)	(100, 0)
	不生产	(0, 125)	(0, 0)

二、战略出口政策模型

假设本国和外国各只有一个企业生产某种同质产品,这些产品仅在第三国销售,两国国内均无消费,本国和外国企业产量分别为 x 和 x^*,决策变量是产量或销售量,即展开古诺竞争,本国反需求函数为 $p(x+x^*)$,外国反需求函数为 $p^*(x+x^*)$,则本国企业利润函数为:

$$\pi = xp(x+x^*) - c(x) \tag{10.1}$$

外国企业利润函数为:

$$\pi^* = x^* p^*(x+x^*) - c^*(x) \tag{10.2}$$

本国企业利润最大化的一阶条件为:

$$\pi_x = p(x+x^*) + xp_x - c'(x) = 0 \tag{10.3}$$

二阶条件为 $\pi_{xx} = 2p_x + xp_{xx} - c''(x) < 0$。

从式(10.3)可求出 x 作为 x^* 的函数 $x = h(x^*)$,即本国企业的反应函数。类似可求出外国企业的反应函数 $x^* = f(x)$。两个反应函数的解即为古诺均衡解。

图 10-1 的 C 点就是古诺均衡解,本国和外国企业获得利润分别为 π 和 π^*。若本国企业等利润线(iso-profit curve)π 越上移,则表示其利润越小;外国企业的等利润线 π^* 越靠右,则表明其利润越小。

如果本国企业想提高其利润,那么它能否可以通过扩大销售来实现呢? 答复是否定的,因为如果它提高产量扩大销售,市场价格就会下降,从而增加销售量所得的收益会被价格下降所抵消。因此,本国企业只能接受对应于 C 点的产量与利润。

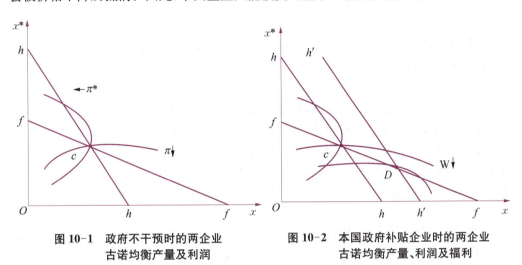

图 10-1　政府不干预时的两企业古诺均衡产量及利润　　图 10-2　本国政府补贴企业时的两企业古诺均衡产量、利润及福利

如果本国政府对其企业给予出口补贴,则情况就会发生变化。假设本国政府给予出口补贴是从量补贴(specific subsidy)s,即出口每单位得到的补贴是 s,那么本国企业得到的实际价格是 $p(x,x^*)+s$,利润为:

$$\pi = [p(x+x^*)+s]x - c(x) \tag{10.4}$$

利润最大化的一阶条件为:

$$\pi_x = p(x+x^*) + s + xp_x - c'(x) = 0 \tag{10.5}$$

可求得新的反应函数 $x=h(x^*,s)$。对式(10.5)全微分得到 $dx/ds=-1/\pi_{xx}>0$,这说明出口补贴会使本国企业反应曲线向右移,如图 10-2,从 hh 右移至 $h'h'$,此时均衡点是 D,由等利润线性质知,本国企业的产量和利润均增加,这种增加是以外国企业的产量和利润均减少为代价的。这种行为也称"利润转移"。

下面考虑这种补贴对本国社会福利的影响。由于仅在第三国销售,国内无消费,故本国社会福利为本国企业利润减去补贴成本,即

$$W = \pi(x,x^*,s) - sx = [p(x,x^*)+s]x - c(x) - xs = p(x,x^*)x - c(x) \tag{10.6}$$

可见,不管补贴额是多少,本国社会福利均不变且等于无补贴时利润,无补贴时等利润线都能代表本国社会福利,因此,如果本国政府对其企业给予出口补贴,就可以增加本

国福利,减少外国福利。这说明贸易干预优于自由贸易。

在 D 点对应的补贴为最优补贴(optimal subsidy)。对式(10.6)关于 s 求导数,福利最大化的一阶条件为

$$\mathrm{d}W/\mathrm{d}s = \partial\pi/\partial x^* \cdot \mathrm{d}x^*/\mathrm{d}s - s \cdot \mathrm{d}x/\mathrm{d}s = 0 \tag{10.7}$$

从而得到最优补贴额为:

$$s^* = \frac{\partial\pi/\partial x^* \cdot \mathrm{d}x^*/\mathrm{d}s}{\mathrm{d}x/\mathrm{d}s} > 0 \tag{10.8}$$

最优补贴额 s 由 $\partial\pi/\partial x^* < 0$(外国企业产量增加会减少本国企业利润)、$\mathrm{d}x^*/\mathrm{d}s < 0$(本国补贴增加会减少外国企业产量)、$\mathrm{d}x/\mathrm{d}s > 0$(本国补贴增加会增加本国企业产量)共同决定。

出口补贴政策竟然优于自由贸易!这一结果确实令人吃惊,因为传统观念认为,出口补贴会导致出口国贸易条件恶化,所以不可能增加出口国福利。那么,现在为何出口补贴政策优于自由贸易呢?尽管补贴本身只是表现为政府把资金转移给本国企业,并没有增加本国福利,但式(10.8)给出了政府给本国企业提供出口补贴的原因:补贴能使本国企业提高产出、外国企业减少产出,从而本国企业利润的提高超过了补贴的成本。

实际上,本国最优出口补贴使本国企业的出口达到斯塔克尔伯格(Stackelberg)模型领导者的产出水平,并且使外国企业出口处于斯塔克尔伯格(Stackelberg)模型追随者的产出水平。这样,本国的出口补贴就赋予了本国企业先动者优势(the first-mover advantage)。本来两国企业战略关系是进行同时博弈的古诺竞争关系,但本国出口补贴改变了两企业战略关系,以至于形成一种斯塔克尔伯格模型所刻画的领导者-追随者关系。

第二节　战略进口政策

战略进口政策仍然是由布兰德(Brander)和斯潘塞(Spencer)提出的①。布兰德(Brander)和斯潘塞(Spencer)指出,不完全竞争的一个重要特征是商品价格超过其生产的边际成本,这样在不完全竞争条件下,产品的进口国就向国外出口企业支付了垄断租金,因此,进口关税就可以用来抽取外国企业的垄断租金。也就是说,在不完全竞争条件下,对国外出口企业征收进口关税可以部分被其吸收,从而可能使本国福利增加。这里并不要求征收进口关税的国家是传统意义上能影响贸易条件的大国,即使是一个

---

① Brander, James A. and Barbara Spencer, "Trade Warfare: Tariffs and Cartels," *Journal of International Economics*, 1984a, 16: 227-242.
　Brander, James A. and Barbara Spencer, "Tariff Protection and Imperfect Competition," in Henryk Kierzkowski, ed. *Monopolistic Competition and International Trade*. Oxford: Oxford University Press, 1984b.

小国也可以通过征收进口关税来改善本国福利。

下面以本国市场面临一个外国垄断企业供给产品的情况为例来说明战略进口政策的基本思想。本国企业不生产这种产品，本国消费者完全依赖外国垄断企业的供给。既然本国不生产该产品，为何要征收关税进行保护呢？其原因是：征收关税可以抽取外国垄断者的"租"。

一、战略进口关税政策：外国企业垄断

（一）本国征收从量税

用 x 表示外国出口企业在本国的销售量，且等于本国消费量，即 $x=\mathrm{d}(p)$。反需求函数可表示为 $p=p(x)$，$p'<0$。外国出口企业得到的价格是 $p^*=p(x)-t$，t 为单位产品进口的税额即从量税，因此本国征税后外国出口企业的利润为：

$$\pi^*(x)=x[p(x)-t]-C^*(x) \tag{10.9}$$

其中，$C^*(x)$ 是外国企业的成本。外国企业选择出口量使其利润最大，则一阶条件为：

$$\pi^{*'}(x)=p(x)+xp'(x)-[C^{*'}(x)+t]=0 \tag{10.10}$$

其中，$p(x)+xp'(x)$ 为边际收益，$C^{*'}(x)+t$ 是包含关税的边际成本，两者相等时利润最大化。对(10.10)全微分得到：$\pi^{*''}(x)\mathrm{d}x-\mathrm{d}t=0$，由利润最大化的二阶条件可得到：

$$\mathrm{d}x/\mathrm{d}t=1/\pi^{*''}(x)<0 \tag{10.11}$$

因此，关税对进口价格的影响为：

$$\mathrm{d}p/\mathrm{d}t=p'(x)\cdot \mathrm{d}x/\mathrm{d}t=p'(x)/\pi^{*''}(x)>0 \tag{10.12}$$

由此可以看出，征税后的价格 $p=p^*+t$ 上升了。我们关心的是其上升幅度是否小于关税，或者说关税的转嫁效应是否是不完全。因为 $p=p^*+t$，所以当且仅当 $\mathrm{d}p^*/\mathrm{d}t<0$ 时，$\mathrm{d}p/\mathrm{d}t<1$。因此，关税对国内价格的"部分转嫁"(partial pass through)等价于外国企业承担了部分关税，这意味着贸易条件的改善。

式(10.12)中的分子分母均小于0，因此 $\mathrm{d}p/\mathrm{d}t<1$，当且仅当

$$p'(x)>\pi^{*''}(x)=2p'(x)+xp''(x)-C^{*''}(x) \tag{10.13}$$

式(10.13)左边 $p'(x)$ 是反需求函数的斜率，右边是边际收益曲线的斜率 $2p'(x)+xp''(x)$ 减去边际成本的斜率 $C^{*''}(x)$。假定边际成本为常数，则 $C^{*''}(x)=0$。那么，式(10.13)成立当且仅当

$$p'(x)+xp''(x)<0 \tag{10.14}$$

该条件决定了边际收益曲线比需求线更陡峭。任何线性的或凹的需求曲线或不太凸的需求曲线都能满足这个条件。

用图10-3可以说明以上结论。初始均衡时，本国未征收进口关税，按照边际成本

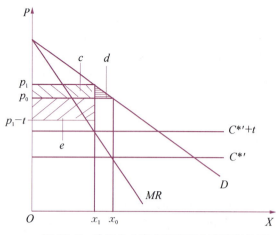

图 10-3 外国企业在本国市场上垄断条件下征收进口关税的影响

等于边际收益的原则,国内外价格均为 p_0,本国消费量或进口量为 x_0。征收关税使边际成本上升,进口价格升至 p_1,本国消费量或进口量降为 x_1。如果边际收益曲线比需求线更陡峭(正如图 10-3 一样),则进口价格上涨幅度就会小于关税 t,外国出口商得到的国外价格就会下降,即 $p_1 - t < p_0$。在这种情况下,$dp^*/dt < 0$,本国存在一个正的最优关税。图 10-3 显示的福利变化为政府关税收入减去消费者剩余损失的余额,即 $(c+e)-(c+d)=e-d$。

当关税足够小时,净福利 $e-d > 0$。

如果边际收益曲线比需求曲线更平坦,则 $dp^*/dt > 0$,最优政策是进口补贴。这种情况不常见,但也有可能出现。例如,若需求价格弹性 η 为常数,因为边际收益 $MR(x)=p(x)(1-1/\eta)$,得到 $-MR'(x)=-p'(x)(1-1/\eta) < -p'(x)$,即边际收益曲线比需求曲线更平坦。

(二)本国征收从价税

如果本国征收从价税 τ,则外国出口企业得到的不含税价格为 $p^* = p(x)/(1+\tau)$,其利润为:

$$\pi^*(x) = xp(x)/(1+\tau) - C^*(x) \tag{10.15}$$

选择出口量使利润最大化,一阶条件为 $p + xp' = (1+\tau)C^{*\prime}$,用弹性可以进一步表示为:

$$p(x)(1-1/\eta) = (1+\tau)C^{*\prime}(x) \tag{10.16}$$

其中,$\eta(x) = -(dx/dp)(p/x) = -p/[xp'(x)]$。类似征收从量税容易证明,$dx/d\tau < 0$ 及 $dp/d\tau > 1$。考虑征税对外国价格 p^* 的影响,式(10.16)变形得:

$$p^* = p(x)/(1+\tau) = [\eta/(\eta-1)]C^{*\prime}(x) \tag{10.17}$$

考虑外国出口企业的边际成本 $C^{*\prime}(x)$ 为常数的情况,对式(10.17)求微分,得到

$$\frac{dp^*}{d\tau} = \left[\frac{\eta'}{\eta-1} - \frac{\eta\eta'}{(\eta-1)^2}\right]\frac{dx}{d\tau}C^{*\prime} = -\frac{\eta'}{(\eta-1)^2}\frac{dx}{d\tau}C^{*\prime} \tag{10.18}$$

因为 $dx/d\tau < 0$,当 $\eta'(x) < 0$ 即需求弹性绝对值随着进口品消费的下降而上升时[①],$dp^*/d\tau < 0$,即本国征收关税使外国价格下降,本国贸易条件得到改善。于是,得到以下定理:当本国市场是由一个边际成本为常数的外国出口企业垄断时,如果边际收益

---

① 这与克鲁格曼(Krugman,1979)使用的需求弹性假定一样。

曲线比需求曲线更陡峭,则较小的从量进口税可以改善本国贸易条件、增加本国福利;如果需求弹性绝对值随着进口产品消费量的下降而上升,则较小的从价进口税可以改善本国贸易条件、增加本国福利。

二、战略进口关税政策：古诺双寡头竞争

假设本国一企业与外国一企业在本国国内市场进行竞争。令外国企业出口到本国市场的出口量是 x,本国企业的销售量为 y,因此本国消费总量是 $z=x+y=d(p)$,相应的反需求函数为 $p=p(z)$, $p'(z)<0$。为分析方便,本国对进口征收从量税 t。由此,外国企业和本国企业的利润分别是：

$$\pi^*=x[p(z)-t]-C^*(x) \tag{10.19a}$$

$$\pi=yp(z)-C(y) \tag{10.19b}$$

利润最大化的一阶条件分别是：

$$\pi_x^*=p(z)+xp'(z)-[C^{*'}(x)+t]=0 \tag{10.20a}$$

$$\pi_y=p(z)+yp'(z)-C'(y)=0 \tag{10.20b}$$

二阶条件为 $\pi_{xx}^*=2p'+xp''-C^{*''}<0$ 和 $\pi_{yy}=2p'+yp''-C''<0$。稳定条件为 $\pi_{xx}^*\pi_{yy}-\pi_{xy}^*\pi_{yx}>0$,这说明了本国企业反应曲线比外国企业反应曲线更陡峭,如图10-4所示。

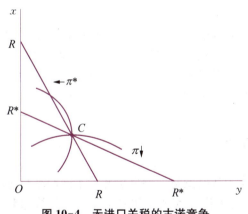

图 10-4　无进口关税的古诺竞争

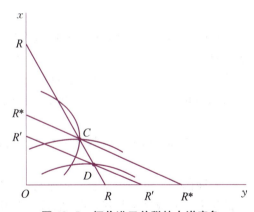

图 10-5　征收进口关税的古诺竞争

如果本国征收进口从量税,外国企业将减少出口数量,其反应曲线将下移至 $R'R'$,如图10-5所示,均衡点由 C 移至 D 点。外国企业出口数量 x 减少,本国企业的国内销售量 y 增加,本国企业的利润增加。

为了判断关税对国内价格 $p(z)$ 的影响,首先要计算其对总消费量 $z=x+y$ 的影响。将一阶条件式(10.20a)及式(10.20b)相加得到

$$2p(z)+2p'(z)=C'(y)+[C^{*'}(x)+t] \tag{10.21}$$

假设两企业边际成本均为常数,对式(10.21)全微分得到

$$dz/dt = 1/[3p'(z)+zp''(z)] \tag{10.22a}$$

$$dp/dt = p'(z)/[3p'(z)+zp''(z)] \tag{10.22b}$$

由式(10.22a)知道,如果$3p'(z)+zp''(z)<0$,则$dz/dt<0$,即关税会减少总消费量,此时式(10.22b)的分子及分母均为负,因此只要

$$p'(z) > 3p'(z)+zp''(z) \Leftrightarrow 2p'(z)+zp''(z)<0 \tag{10.23}$$

就有$dp/dt<1$。

式(10.23)右端条件表明:本国国内整个市场的边际收益曲线$p(z)+zp'(z)$的斜率小于0,该边际收益曲线是向下倾斜的。该条件没有式(10.14)条件严格。因为式(10.14)涉及需求曲线和其边际收益曲线斜率的比较,而式(10.23)仅涉及边际收益曲线斜率。事实上,大多数需求曲线都满足式(10.23),包括常弹性需求曲线,因为$MR'(z) = p'(z)[1-(1/\eta)] < 0$。

当式(10.23)成立时,则有$dz/dt<0$及$dp/dt<1$,从而有$dp^*/dt<0$,即本国征收进口关税使贸易条件得到改善。

在国内外产业都是完全竞争、外国垄断并国内没有竞争企业、国内外各有一企业的双寡头等三种市场结构情况下,征收从量关税t对社会福利的一般效应可用式(10.24)表示①:

$$\frac{dW}{dt} = \left(t \frac{dx}{dp} \frac{dp}{dt}\right) + \left(-x \frac{dp^*}{dt}\right) + [p-C'(y)] \frac{dy}{dt} \tag{10.24}$$

式(10.24)的第一项表示关税的效率成本,第二项表示关税的贸易条件效应,第三项表示源于不完全竞争的效率改进②。当关税很小时,第一项接近于零,可以忽略不计;第二项在式(10.23)成立时为正,关税可以改善贸易条件;第三项反映了国内产量由均衡点C向D移动的变化(见图10-5)。因此,最优关税为正,即征收关税可以增加本国福利。

三、战略进口关税政策:伯特兰双寡头竞争

开展伯特兰双寡头竞争的企业是以价格作为战略变量。如果也假设本国产品与进口品完全同质或完全替代,那么伯特兰双寡头竞争将导致企业和完全竞争一样按边际成本定价,产生所谓的"伯特兰悖论"(Bertrand Paradox)。为避免这种情况,我们假设本国产品与进口品异质或不完全替代,进口品价格为p,本国产品价格为q,对本国产品的需求用$y=d(p,q,I)$表示,对进口产品的需求用$x=d^*(p,q,I)$表示,I为对

---

① Feenstra, Robert C., *Advanced International Trade: Theory and Evidence*, Princeton University Press, 2004.

② 在其他条件给定时,征收关税是否会改进征收关税国家的生产效率,取决于该国的微观市场结构,即$p-C'(y)$的取值。

两种产品消费的支出且为常数,两个需求函数都是关于价格和支出的零次齐次函数,即随着价格和支出同比例变化,函数值不变。

对进口品征收从价税 τ,则进口品的国内价格为 $p=p^*(1+\tau)$,外国及本国企业的利润分别为:

$$\pi^* = \frac{pd^*(p,q,I)}{1+\tau} - C^*[d^*(p,q,I)] \tag{10.25a}$$

$$\pi = pd(p,q,I) - C[d(p,q,I)] \tag{10.25b}$$

将 I 视为常数,利润最大化的一阶条件分别为 $\pi_p^* = \pi_q = 0$,简化为:

$$p(1-1/\eta^*) = (1+\tau)C^{*\prime}[d^*(p,q,I)] \tag{10.26a}$$

$$q(1-1/\eta) = C'[d(p,q,I)] \tag{10.26b}$$

其中,η^*,η 分别是对进口品和本国产品需求价格弹性的绝对值。二阶条件为 $\pi_{pp}^* < 0$ 及 $\pi_{qq} < 0$,稳定条件为 $\pi_{pp}^* \pi_{qq} - \pi_{pq}^* \pi_{qp} > 0$。

给定本国产品价格 q、收入 I 和关税,通过式(10.26a)可求出含有关税进口价格 p,得到反应函数 $p=r^*(q,\tau)$。同样,通过式(10.26b)可求出本国企业反应函数 $q=r(p)$。这两条反应曲线相交于 B 点,即伯特兰均衡点,如图 10-6 所示。本国企业等利润线 π 向右移动(即 p 上升),则意味着利润越多;外国企业等利润线 π^* 向上移动(即 q 上升),则意味着外国企业利润越多。利用需求价格弹性可以理解这一性质。假设两个需求函数 d 及 d^* 的收入弹性

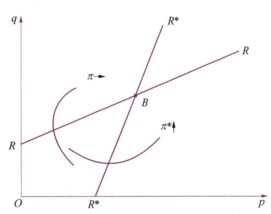

图 10-6 进口关税政策的伯特兰竞争

均为 1,则收入 I 的变化不会影响价格弹性和反应曲线,价格弹性可以表示成 p 和 q 相对价格的函数,即 $\eta^*(p/q)$ 及 $\eta(q/p)$。

通常需求价格弹性随着数量增加而减少,随着价格增加而增加。这里价格弹性表示成了相对价格函数,所以 $\eta^{*\prime}(p/q) > 0$,$\eta'(q/p) > 0$。如果国内外企业的边际成本均为常数,那么随着竞争品相对价格上升,弹性下降,每个企业对其产品都制定更高价格。这就说明了两条反应曲线都是如图 10-6 所示向上倾斜的。

如果提高从价税 τ,则含税价格 p 上升,外国反应曲线 R^*R^* 向右平移至 $R'R'$,如图 10-7。这使本国价格 q 上升,进而价格 p 又进一步上升,直至达到新的均衡点 D。关注的问题是:征收从价税 τ 后,本国能否获得贸易条件改善所带来的收益?也就是说,是否 $dp^*/d\tau < 0$ 成立。事实上,由式(10.26a)可得:

$$p^*(1-1/\eta^*) = C^{*\prime} \tag{10.27}$$

两边关于 τ 求导数可得：

$$\frac{\mathrm{d}p^*}{\mathrm{d}\tau}\left(1-\frac{1}{\eta^*}\right)+p^*\left(\frac{\eta^{*'}}{\eta^{*2}}\right)\frac{\mathrm{d}(p/q)}{\mathrm{d}\tau}=0,\text{从而有}$$

$$\frac{\mathrm{d}p^*}{\mathrm{d}\tau}=-\left[\frac{p^*\eta^{*'}}{\eta^*(\eta^*-1)}\right]\frac{\mathrm{d}(p/q)}{\mathrm{d}\tau} \tag{10.28}$$

由于 $\eta^{*'}(p/q)>0$，而 $\eta^*>1$，所以只要 $\mathrm{d}(p/q)/\mathrm{d}\tau>0$，即只要关税导致的进口品价格上涨幅度超过本国品价格上涨幅度，就有 $\mathrm{d}p^*/\mathrm{d}\tau<0$。从图 10-7 可以看出这一条件被满足。当外国反应曲线向右平移，并且本国价格 q 对此作出抑制反应时，新的均衡点 D 将在原点和初始均衡点所连成的射线下方，也就是说进口品相对价格 (p/q) 上涨。由式 (10.28) 知，外国不含税价格 p^* 下降，即本国征收从价税 τ 可获得贸易条件改善所带来的利益。

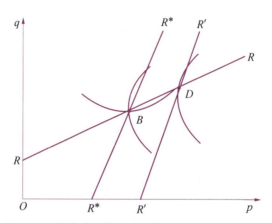

图 10-7 提高进口从价关税的伯特兰竞争均衡变化

下面分析伯特兰竞争征收从价关税对社会福利的影响。在此条件下，本国社会福利函数为 $W[p,q,L+\tau p^*x+qy-C(y)]$，对关于 τ 求导数得到

$$\frac{dW}{d\tau}=\tau p^*\frac{dx}{d\tau}-x\frac{dp^*}{d\tau}+[q-C'(y)]\frac{dy}{d\tau} \tag{10.29}$$

右边第一项在关税很小时可忽略不计，第二项当 $\eta^{*'}(p/q)>0$，$\eta'(q/p)>0$ 时为正，具有贸易条件的利益，第三项取决于从均衡点 B 到 D 的均衡产量的变化 $\mathrm{d}y/\mathrm{d}\tau$，一般来讲其符号不确定，一方面本国价格 q 上升将减少本国产品需求，另一方面进口品相对价格 (p/q) 上涨又将需求转向本国产品，从而增加本国产品需求，因此，对本国需求的影响取决于这两种相反的力量大小。事实上，只要本国反应曲线弹性满足 $\dfrac{dq}{dp}\dfrac{p}{q}=r_p(p)\dfrac{p}{q}<\left(\dfrac{\eta-1}{\eta}\right)$，本国产品价格上涨幅度就不会太大[1]，本国产品产量

---

[1] Feenstra, Robert C., *Advanced International Trade: Theory and Evidence*, Princeton University Press, 2004.

就会增加。此时,关税不仅使本国产量增加,而且获得贸易条件改善所带来的收益,增加本国福利。

第三节 以进口保护促进出口政策

一、静态规模经济模型

有两个企业:本国企业与外国企业,每个企业只生产一种产品,每种产品在国内市场、对方市场及第三国市场销售,并相互竞争,企业间产品不能完全替代。

本国企业在市场 i ($i=1, 2, \cdots, n$) 的收入函数为 $R_i = R_i(x_i, x_i^*)$,外国企业在市场 i ($i=1, 2, \cdots, n$) 的收入函数为 $R_i^* = R_i^*(x_i, x_i^*)$,其中 x_i、x_i^* 分别为本国企业和外国企业在第 i 个市场的销售量。假设每个企业的边际收益与另一个企业的产量成反比,即

$$\frac{\partial^2 R_i}{\partial x_i \partial x_i^*} < 0 \text{ 及 } \frac{\partial^2 R_i^*}{\partial x_i^* \partial x_i} < 0 \tag{10.30}$$

还假设
$$\Delta = \frac{\partial^2 R_i}{\partial x_i^2} \cdot \frac{\partial^2 R_i^*}{\partial x_i^{*2}} - \frac{\partial^2 R_i}{\partial x_i \partial x_i^*} \cdot \frac{\partial^2 R_i^*}{\partial x_i^* \partial x_i} > 0 \tag{10.31}$$

在成本方面,每个企业都有生产成本和运输成本,总成本分别是:

$$TC = \sum t_i x_i + C(\sum x_i), \quad TC^* = \sum t_i^* x_i^* + C^*(\sum x_i^*) \tag{10.32}$$

其中,t_i、t_i^* 分别是本国和外国企业在第 i 个市场的单位产量的运输成本。假定生产边际成本不断下降,$C'' < 0$,$C^{*''} < 0$。两个企业在同一市场的运输成本不一定相同。对于本国企业的国内市场,假设 $t_i < t_i^*$;对于外国企业的国内市场,假设 $t_i > t_i^*$;也可能有第三国市场,每个企业在第三国市场的运输成本更低。假定每个企业在每个市场进行古诺竞争,那么,企业的决策问题为:

$$\max_{\{x_i\}} \Pi = \sum R_i(x_i, x_i^*) - \sum t_i x_i - C(\sum x_i) \tag{10.33}$$

$$\max_{\{x_i^*\}} \Pi = \sum R_i^*(x_i, x_i^*) - \sum t_i^* x_i^* - C^*(\sum x_i^*) \tag{10.34}$$

决定均衡的一阶条件是:

$$\partial R_i / \partial x_i - t_i - \mu = 0, \quad \partial R_i^* / \partial x_i^* - t_i^* - \mu^* = 0 \tag{10.35}$$

其中,μ、μ^* 是边际生产成本,在每个市场上,每个企业的边际收入等于其边际成本。为解释这个均衡,需要用以下迭代法来考虑。第一轮先推测企业的边际成本,并在

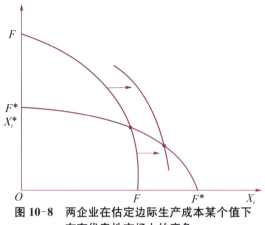

图 10-8 两企业在估定边际生产成本某个值下在有代表性市场上的竞争

此推测基础上对每个市场应用古诺双寡头模型,第二轮将选定的产品供应量相加到总产量并计算与之相对应的边际成本,第三轮对边际成本进行估计,并把估计结果应用于第二轮。以此类推直至两轮的计算结果相吻合。各轮计算情况用图 10-8、图 10-9、图 10-10 来表示。

图 10-8 表示一个相对于边际生产成本 μ、μ^* 的某个估定值在有代表性市场的竞争情况,曲线 FF 和 F^*F^* 分别是本国和外国厂商的反应曲线,斜率分别是

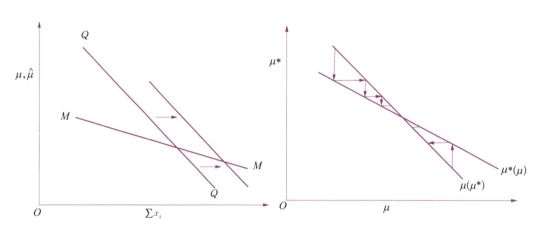

图 10-9 外国边际成本估定值提高与本国总产量之间的关系

图 10-10 两国边际成本的关系

$$\frac{-\partial^2 R_i/\partial x_i^2}{\partial^2 R_i/\partial x_i \partial x_i^*} \text{ 和} \frac{-\partial^2 R_i^*/\partial x_i \partial x_i^*}{\partial^2 R_i^*/\partial x_i^{*2}} \tag{10.36}$$

根据式(10.31)可知,F^*F^* 比 FF 更平坦。假定用本国企业的边际成本估定值减去 μ,结果使曲线 FF 向外移动,x_i 将上升,x_i^* 则下降。这种情况在企业竞争的每个市场都会出现。因此,本国企业总产量将增加,外国企业总产量将减少。

图 10-9 说明了另一种的情况:一方面,企业的边际成本估定值越低,其产量就越高;另一方面,其产量越高,边际成本就越低。这两对关系用图 10-9 直线 QQ 和 MM 来表示。企业的均衡点就在直线 QQ 和 MM 的相交点。直线 MM 斜率的绝对值小于直线 QQ 斜率的绝对值。

假定外国企业的边际成本估定值 μ^* 提高,因此在各市场上曲线 F^*F^* 向左移动。对于给定的 μ 来说,本国企业的产量将会增加,即直线 QQ 向右移动。最终结果是本国边际成本与外国边际成本成反比;反之亦然,如图 10-10。

本国边际成本与外国边际成本成反比,表现为 $\mu(\mu^*)$;外国边际成本与本国边际成本成反比,表现为 $\mu^*(\mu)$。$\mu(\mu^*)$ 与 $\mu^*(\mu)$ 的交点达到均衡。

因此,从描述的模型均衡过程可以看出,其基本特点是从产量到边际成本再到产量的循环关系。下面说明这种循环关系是如何使进口保护成为促进出口的工具。

二、贸易保护的作用

假定本国政府不允许外国企业进入曾向它开放过的市场。为简单起见,这里研究对外国完全排斥的情况,虽然数量配额和关税具有相同效果。

为了解这种排斥作用,先假定 μ 固定不变,其意义仅使在新保护市场 x_i 上升,x_i^* 下降,但这又反过来影响边际成本。图 10-9 表示本国企业的直线 QQ 向右移动。如图 10-11 所示,结果是 μ 下降(或左移),μ^* 上升(或右移)。

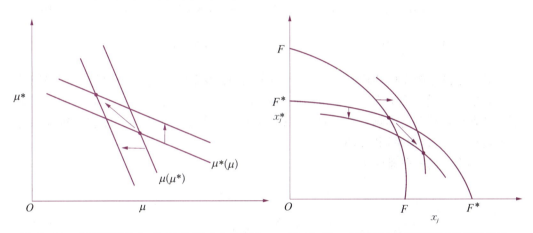

图 10-11　本国贸易保护对两国边际成本的影响　　图 10-12　本国贸易保护对两国出口的影响

接下来的就是完成此循环。图 10-12 描述了一个有代表性的但未受到保护的市场。边际成本的变化导致 F^*F^* 向内移动,FF 向外移动;x_j 上升,x_j^* 下降。因此,在一个市场上保护本国企业既会增加本国企业在所有市场上的销售量,也会减少外国企业在所有市场上的销售量。

这就说明保护为什么能促进所有市场的出口,产量—边际成本—产量之间相互反馈、相互作用是这种政策分析的机制,递减的边际成本是这种分析的关键。

三、动态规模经济条件下保护促进出口的分析

动态规模经济涉及研发竞争的动态规模经济和学习曲线的动态规模经济。以下说明动态规模经济与静态规模经济的降低成本基本上具有相同的作用,而且用保护进口去促进出口的作用是相同的。

(一) 研发竞争的动态规模经济

假设边际成本不变,但企业能通过优先投资研究与开发减少生产成本。这种效应

和静态递减边际成本相同。

还是假设两个企业,它们在若干市场相互竞争,需求与以上静态条件的需求相同,但成本和前一部分不同,这里边际生产成本与产出水平无关,而是各个企业对研究与开发的投资数量的减函数:

即
$$\mu = \mu(N), \mu^* = \mu^*(N^*) \tag{10.37}$$

其中,N、N^* 分别是本国与外国企业投资研究与开发的数量,μ、μ^* 分别是本国与外国企业的边际生产成本,而且满足

$$\frac{\partial \mu}{\partial N} < 0, \frac{\partial \mu^*}{\partial N^*} < 0, \frac{\partial^2 \mu}{\partial N^2} < 0, \frac{\partial^2 \mu^*}{\partial N^{*2}} < 0$$

每个企业的利润是收入减去生产成本、运输成本、研究与开发费用后的余额,即

$$\Pi = \sum R_i(x_i, x_i^*) - \sum t_i x_i - \mu(N) \sum x_i - N \tag{10.38}$$

$$\Pi^* = \sum R_i^*(x_i^*, x_i) - \sum t_i^* x_i^* - \mu^*(N^*) \sum x_i^* - N^* \tag{10.39}$$

在决定这个模型的均衡时,存在这样一个问题:各企业将采取"开环"战略(即把另一企业的销售量视为给定),还是采用复杂的"闭环"战略,考虑其研究与开发的决定对另一企业以后行为的影响?为了简单起见,也为了有利于把研究与开发和比较静态规模经济作比较,这里采用"开环"的战略。

本国企业的一阶条件为:

$$\partial R_i / \partial x_i - t_i - \mu = 0 \tag{10.40}$$

$$(-\partial \mu / \partial N) \sum_i x_i = 1 \tag{10.41}$$

要指出的是,研究与开发的投资对预期销售额成正比例的利润有影响,这是递增收益的一种形式,也是这个模型的关键。

和静态规模经济模型一样,要考虑用叠加法来计算均衡问题。首先选择研发支出水平,利用所需的边际成本来计算产量,然后据此重新计算最佳研发直到两个计算相互吻合为止。图 10-13 和图 10-14 说明了这些变量之间的关键联系。在图 10-13 中,根据 N^* 来确定 N;N 值越高,边际成本就越低,产量就越高,直线 QQ 就是表示这种关系。另一方面,产量越高,研发的边际收益就越大,所以,N 值随产量增长沿直线 MM 增加。直线 QQ 斜率大于假定直线 MM 斜率。

如果外国企业打算加强自己研发,

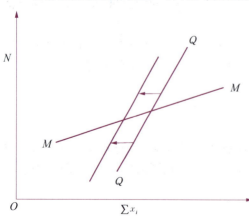

图 10-13 外国企业加强研发对本国的影响

就会使其边际成本下降并且减少任何一个 N 的本国产量。于是,直线 QQ 向左移动,N 下降;结果是 N 与 N^* 成反比。如图 10-14,在给定 N 与 N^* 上,为本国企业保护某些市场,则本国产量上升,外国产量减少;直线 $N(N^*)$ 向右平移,$N^*(N)$ 向下平移;N 上升,N^* 下降。本国企业边际成本减少,外国企业边际成本增加,这意味着本国企业的销售量不仅在受保护市场,而且在未受保护市场都增加,即在所有市场均增加。这里关键问题是由于本国企业销

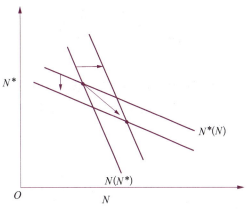

图 10-14 本国贸易保护对两国研发的影响

售量的增加并减少外国竞争者的销售量,保护措施提高了国内企业通过牺牲外国企业来开展研发的积极性。结果产生了相对生产成本的变化,使本国企业销售量甚至在没有保护的市场也增加。尽管不存在静态规模经济,但其结果和静态规模经济一样。

(二) 学习曲线的动态规模经济

假定两个企业,本国企业与外国企业,这两个企业在若干市场竞争,但现在不仅在时间上竞争,而且在空间上也竞争。在每个市场上,其收入分别是 $R_i = R_i(x_i, x_i^*)$,$R_i^* = R_i^*(x_i^*, x_i)$,$i=1,2,\cdots,n$。其中 x_i,x_i^* 分别是每单位时间的供货率。在成本方面,每个企业在每个市场面对不变运输成本 t_i、t_i^*。在某个时点上生产成本具有不变边际成本 μ、μ^*。但是这些边际成本取决于过去的产量。设 $Q = \sum x_i$ 表示本国企业在某一时点上的产量的增长率,于是本国企业相对于时间 T 的累计产量为:

$$K(t) = \int_0^T Q \mathrm{d}z \tag{10.42}$$

假定学习曲线的边际成本是一个累计产量的递减函数,即

$$\mu = \mu(K) \tag{10.43}$$

现在考虑企业最大化问题。本国企业追求以下目标最大化:

$$\Pi = \int_0^T \left\{ \sum_i [R_i(x_i, x_i^*) - t_i x_i - \mu(K)x_i] \right\} \mathrm{d}t \tag{10.44}$$

企业每向市场 i 多销售一个单位,可以获得两种效应:一是直接边际收入及未来生产成本和间接成本减少,二是它产生直接的运输和生产成本。故在某一时点上的一阶条件是

$$\frac{\partial R_i}{\partial x_i} - t_i - \mu - \int_t^T \frac{\partial \mu}{\partial K} \cdot Q \mathrm{d}z = 0 \tag{10.45}$$

如果式(10.45)左边在每个时点为零,那么它肯定不随时间而变化,故可以按时间不同得到:

$$\frac{d}{dt}\left[\frac{\partial R_i}{\partial x_i} - \frac{d\mu}{dt} + \frac{\partial \mu}{\partial K}Q\right] = \frac{d}{dt}\frac{\partial R_i}{\partial x_i} - \frac{\partial \mu}{\partial K}Q + \frac{\partial \mu}{\partial K}Q = \frac{d}{dt}\frac{\partial R_i}{\partial x_i} = 0$$
(10.46)

它的经济影响是企业根据一个固定不变的影子边际成本来确定产量。影子边际成本的水平由以下边界条件决定：在时间点 T 上，如果企业不再考虑现在的产量对未来成本的影响，影子边际成本等于实际边际成本。

还可用迭代方法来计算均衡。可以推测企业的边界边际成本 μ_T、μ_T^*，并从这些推测中找出累计产量和相应的边界边际成本；然后重复这一过程。显然，结果与静态规模经济相同。每个企业的边界边际成本与另一个企业的边界边际成本成反比，图 10-15 说明了这一均衡，其中又一次假定自己效应大于交叉效应，因此 $\mu_T(\mu_T^*)$ 的斜率绝对值大于 $\mu_T^*(\mu_T)$。

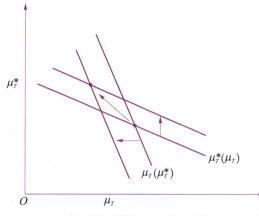

图 10-15　本国贸易保护下两国学习曲线的动态效应

这种情况下的保护作用完全类似于静态规模经济条件下的作用，把外国企业从某些市场赶出来，会提高本国企业的累积产量，并且对于给定的 μ_T、μ_T^*，外国企业的累积产量会下降，结果是 $\mu_T(\mu_T^*)$ 向左平移，$\mu_T^*(\mu_T)$ 向上平移；μ_T 下降，μ_T^* 上升。这反过来意味着在所有市场上，x_i 增加，x_i^* 减少。

第四节　战略贸易政策的经验研究

一、经验研究的相关问题

（一）假想的边际收益的关键作用

在非合作产业中，在帮助决定企业"假想的"（perceived）边际收益和产业面对的"实际的"（true）边际收益之间的差距时，产业行为影响均衡定价。定量模型化实际产业的核心是逆向该逻辑：运用产业的实际价格推理出产业的行为。

为方便起见，用两种方式写出代表性企业面对的需求曲线。一是将价格写成企业销售量和其他企业价格指数的函数：

$$p_i = p^B(x_i, P_i)$$
(10.47)

其中，$P_i = \Phi(p_1, \cdots, p_{i-1}, p_{i+1}, \cdots, p_n)$ 表示其他企业价格指数。二是将价格

写成企业销售量和其他企业销售量指数的函数：

$$p_i = p^C(x_i, X_i) \tag{10.48}$$

其中，$X_i = \Gamma(x_1, \cdots, x_{i-1}, x_{i+1}, \cdots, x_n)$ 是其他企业的平均销售量指数。函数 p^B 对分析企业的伯特兰竞争非常有用，而 p^C 对分析企业的古诺竞争非常有用。然而由于这些函数是基本需求函数的另一种表述，它们就相互关联。特别是

$$p^B(x, p) = p^C(x, x) \tag{10.49}$$

定义了反需求函数。在对称均衡中，x_i 和 p_i 依赖于反需求曲线，并且有：

$$-p_x^B \leqslant -p_x^C \tag{10.50}$$

换句话说，当其他企业保持价格不变时，单个企业的其他条件相同的需求曲线的斜率不比其他企业保持销售量不变时更陡峭，因为在后一种情况下，一个企业销售量的上升会推动替代产品价格的下降。

现在假定开始模型化一个产业。计量研究能够对需求曲线的进行估计，该需求曲线可表示为 $p^C(\cdot)$ 或 $p^B(\cdot)$ 形式；也能得到代表性企业成本函数的估计值，其边际成本为 c。直接观察到代表性企业的产量 x 和价格 p。剩下的唯一任务就是确定企业的何种行为模型是合适的。

如果模型和实证研究与我们所希望的一样好，我们所要做的就清楚。在均衡时，边际成本等于假想的边际收益。对伯特兰竞争，在对称均衡时，假想的边际收益为：

$$\widetilde{MR}^B(x, p) = p + x p_x^B(x, p) \tag{10.51}$$

其中，$p = p(x, p)$。对古诺竞争，在对称均衡上，假想的边际收益为：

$$\widetilde{MR}^C(x, x) = p^C(x, x) + x p_x^C(x, x) \tag{10.52}$$

根据式(10.50)，该值较小。因此，只要计算这两种可能的假想的边际收益，并确定哪个值等于边际成本就可以了。如果式(10.51)等于边际成本，产业就按伯特兰竞争。如果式(10.52)等于边际成本，产业就按古诺竞争。

当然，不可能像这样得出结果。在现实中，对这两种边际收益的估计都不接近对边际成本的估计值。因此，问题是如何按照与数据一致的方式描述产业行为。在现有文献中，有两种方法：一是按照更加复杂的方式详细描述竞争行为，即推测变量法；二是强加一个行为假定，并修正需求结构的估计，以使数据合理。以下分别分析。

（二）推测变量法

推测变量法假定企业相信其行为会改变其他企业的行为。特别是，每个企业相信，如果它提高产量 1 单位，代表性的其他企业将改变产量 k 单位。参数 k 就是该企业的推测变量。通过参数 k 的变化，考虑几种可能的产业行为。

推测变量法将古诺行为和伯特兰竞争视为其特殊情况。古诺行为是 $k=0$ 的情形，即每个企业将其他企业产量看作给定。伯特兰行为描述起来较复杂，但注意到推测变

量法下单个企业面对的需求曲线具有斜率：

$$p_x^C(x,X)+kp_x^C(x,X)$$

就可以理解了。当 $k=\dfrac{p_x^C-p_x^B}{p_x^C}<0$ 时，这与伯特兰行为 $p_x^B(x,P)$ 下的需求曲线具有相同的斜率。也就是说，当每个企业相信它提高 1 单位产量其他企业会减少产量以保持它们价格不变时，就可以认为伯特兰行为出现。

由于推测变量参数 k 可连续变化，实证建模时可通过假想的边际收益等于边际成本来进行选择。推测变量法的假想边际收益为：

$$\widetilde{MR}(x,X,k)=p^C(x,X)+x\{p_x^C(x,X)+kp_x^C(x,X)\} \quad (10.53\text{a})$$

且
$$\widetilde{MR}(x,X,k)=c \quad (10.53\text{b})$$

给定需求曲线和边际成本的估计，就可以解出 k。

（三）产品差异法

假定寡头企业生产不完全替代品，并且整体需求函数可以由计量方法确定。然而，现实中这种估计具有相当大的不确定性。特别是，尽管时间序列可以合理估计反需求函数的斜率——因为产业价格通常一起变动。这是由于对价格的普遍影响——单个产品之间的交叉需求弹性以及单个企业面对的需求曲线斜率，通常很难解出来。该领域近期发展的方法是将单个企业的需求曲线斜率看作未知，从观察到的产业行为和市场行为假定一起推导出来。

例如，假设一个产业按伯特兰行为竞争。对反需求曲线的斜率，有计量估计：

$$\frac{p_x^B(x,p)}{1-p_p^B(x,p)}$$

但是，对企业特定的需求曲线 $p_x^B(x,P)$ 的斜率，没有可靠的估计。所能够做的就是运用一阶条件：

$$\widetilde{MR}^B(x,p)=p+xp_x^B(x,p)=c$$

导出 p_x^B 的值。然后，计算使这个值与反需求曲线斜率相等的 p_p^B 的值。

同理，如果一个产业按古诺行为竞争，反需求曲线的斜率可以写为：

$$p_x^C(x,X)+p_X^C(x,X)$$

其他条件相同的需求曲线的斜率可从等式：

$$\widetilde{MR}(x,x)=p+xp_x^C(x,x)=c$$

推导出来，然后选择 p_X^C 值，给出反需求曲线恰当的斜率。显然，这个过程避免了与推测变量法相关的概念问题。竞争被假定为严格的古诺方式或伯特兰方式，在静态与动态之间或者竞争与串谋之间不会混乱。

(四) 企业数目

到目前为止,一直假定产业是 n 个对称企业的集合。然而,实际产业并非如此,如美国的汽车产业和计算机产业。因此,如何看待企业规模分布这样一个客观事实。

显然,应该建立具有内生规模分布的模型,使关于实际规模分布的数据包含有用的信息。在这种理想世界中,人们也运用考虑不同企业规模的模型分析另一些政策。然而,关于企业规模区间存在的原因没有足够理论知识,容易处理的模型依赖于企业间的对称性。

现有另一种思路:将假定的对称企业产业用作所研究的实际上非对称产业的一类隐喻。在界定该隐喻时,如果这些企业规模差异很大,企业的数目就不能充分说明产业实际集中度,因此不应仅使用该产业中企业的实际数目。所以,通常的过程就是将具有 N 个实际不对称企业的产业模型化,好像该产业包含更少数目的 n 个对称企业。数目 n 被设定为等于赫芬达尔指数:

$$H = \left(\sum_{i=1}^{N} s_i^2\right)^{-1} = \left[\sum_{i=1}^{n} \left(\frac{1}{n}\right)^2\right]^{-1}$$

其中,s_i 是企业 i 实际销售额。

(五) 进入

企业进入与退出的假定在许多政策评价中起到重要作用。因此,在实证建模时,对于进入与退出的模型化,需要做一些工作。

处理这个问题有两条思路:一是仅仅将企业数目处理为可替代政策的变量;二是假定存在利润为零的自由进入与退出。

当然,在实际产业中,在任何给定时点上,利润不可能等于零。由于迅速转移资源存在成本,在某个给定的时间,某个产业的资本获得的收益或者异常高或异常低。然而,在校准自由进入模型时,基期通常被假定为利润等于零的时期,因此该时期价格等于平均成本。

这当然会与可获得的成本数据直接相矛盾。更一般地,成本数据——类似于需求函数的估计——不是很精确,并且成本函数的参数部分是在校准过程中决定的。

在通常情况如下,研究者首先用计量经济学或某个产业规模经济程度的产业数据来源进行估计。令 $C(x)$ 表示总成本函数,$C'(x)$ 是边际成本,$C(x)/x$ 就是平均成本。一个有用的规模经济"反指数"(inverse index)就是成本对产出的弹性:

$$v = \frac{C'(x)x}{C(x)} = \frac{MC}{AC}$$

也就是说,v 等于边际成本与平均成本之比。假定有 v 的估计值,并且直接观察到产业价格 p,利润推进到零的自由进入,那么平均成本必定等于 p。这意味边际成本等于 v_p。

当对自由进入模型进行比较静态分析时,允许调整企业数目直到价格再次等于平均成本。

以上回顾了作为不完全竞争贸易模型定量化过程基础的基本原则。下面介绍定量研究文献的主要结果。

二、固定企业数目的模型

为了阐述企业数目被看成是给定的模型中定量研究的原则和问题,考虑一个非常有影响的模型。这是迪克西特(Dixit,1988)的领先研究,他在模型化贸易政策对美国汽车产业影响的研究中,采用了推测变量法。

(一) 迪克西特模型

假定很多美国企业生产同质产品,许多外国企业生产与美国产品不完全替代品的异质品。假定外国企业具有不变的边际成本,且能够在本国市场和美国市场之间歧视性定价;美国企业不出口。这意味着模型可以仅集中于美国市场。这个假定考虑来自积极贸易政策的收益,既源于贸易政策的改进,也源于租金转移。为了区分两种利益,迪克西特考虑了运用两种工具——从量税和从量生产补贴。

假设美国对进口汽车的相互依赖需求曲线来自代表性个人的二次效用函数。这意味着需求函数为如下的线性形式:

$$p_1 = a_1 - b_1 Q_1 - k Q_2 \tag{10.54}$$

$$p_2 = a_2 - b_2 Q_2 - k Q_1 \tag{10.55}$$

其中,下标1表示国内产品,下标2表示进口品。消费者剩余可以通过这些需求函数计算出来。

关键假设是关于行为的。假设存在n_1个国内企业,n_2个外国企业,并且在每个集团内部存在固定边际成本。这样,国内企业的一阶条件是:

$$p_1 + \left(\frac{Q_1}{n_1}\right)\left(\frac{dp_1}{dq_1}\right) = c_1 - s \tag{10.56}$$

其中,q_1是每个企业的产量,c_1是边际成本,s是补贴,dp_1/dq_1是假想的边际产量提高对价格的影响。如果所有企业都按古诺方式行事,就有$dp_1/dq_1 = -b_1$。迪克西特所做的就是假定:

$$\frac{dp_1}{dq_1} = -V_1 b_1 \tag{10.57}$$

其中,V_1是不等于1的推测变量参数。同理,外国企业的一阶条件是:

$$p_2 + \left(\frac{Q_2}{n_2}\right)\left(\frac{dp_2}{dq_2}\right) = c_2 + t \text{ 和 } \frac{dp_2}{dq_2} = -V_2 b_2 \tag{10.58}$$

其中,V_2是不等于1的推测变量参数。

注意这不是完全一般化的推测变量。原则上,可能有四个推测变量参数,因为美国企业对外国企业如何反应都有推测变量；反之亦然。在校准静态参数时，这当然都一样：两个推测变量参数就足以与这些数据相符合。在做比较静态分析中，交叉推测变量为零的隐含假设可能很重要。

（二）校准

在迪克西特的校准方法中，除了推测变量指数之外的其他变量都是来自外部估计。对汽车需求弹性和对本国汽车与外国汽车交叉需求弹性的计量经济学估计用于校准需求体系（具有为再生产基期的实际销售选择的常数项）。企业的边际成本是通过假定它等于平均生产可变成本从企业数据中估计出来的。企业数目就是运用前面讨论的赫芬达尔指数从市场份额数据中估计出来的。这就仅剩下两个参数 V_2 和 V_1。然而，给定一阶条件，一旦实际价格和实际产量给定，假设需求曲线的斜率和企业数目等价量，就可以直接解出推测变量为：

$$V_1 = \frac{p_1 - c_1 + s}{(Q_1/n_1)b_1} \tag{10.59}$$

$$V_2 = \frac{p_2 - c_2 - t}{(Q_2/n_2)b_2} \tag{10.60}$$

（三）结果

校准研究产生了依赖于哪一年用作基期的突变的推测变量，这是在得到太多结果时必须谨慎的另一个原因。然而，通常日本企业会得出几乎为1的 V_2，从而古诺行为显然是合理的近似。然而，美国企业会得出远小于1的 V_1。也就是说，它们的竞争比古诺竞争更激烈（但是，既然价格在边际成本之上，并假定美国产品同质，它们的竞争就不比伯特兰激烈）。

给定这些结果，就可能解出最优政策。在定量研究中，这些结果依赖于用作校准的基期年份，但在定性研究中，它们相当可靠。实质上，会出现三个结果：

(1) 当关税是唯一有效工具时，最优关税为正，在8%～17%之间变化。

(2) 当补贴也有效时，较低的政策补贴是最优的，最优关税稍有降低。

(3) 在任何情况下，来自关税或补贴的收益似乎都非常小，来自联合最优政策的收益尽管更大些，但仍然相当小。

表10-3给出了迪克西特对1980年校准的代表性结果。标示"最惠国关税"的那一列表示美国运用的实际关税，这里不是用自由贸易作为基数。后几列分别表示仅使用关税时的最优关税政策、仅使用补贴时的最优补贴政策及联合使用的最优关税和最优补贴政策。要注意两点。第一，如果每个政策都单独使用，补贴比关税更有利，并且源自增加关税到补贴的边际收益甚至小于源自单独使用关税的边际收益。这样，源自政策的潜在收益与价格和边际成本之差的关系要远比与贸易问题本身的关系更密切。第二，与净收益相比，收入再分配很大。例如，在只有关税时，消费者要遭受的损失是总收益的7倍多。尽管这会被政府收益和利润抵消，但提出了关于这种政策政治经济学的问题。

表 10-3 对美国汽车工业 1979 年政策的计算

	最惠国关税	最优关税	最优补贴	最优关税及补贴
关　税	100	570	0	408
补　贴	0	0	673	611
利　润	4.751	4.663	5.645	5.627
消费者剩余	27.918	27.310	33.463	32.421
关税收益	0.162	0.758	0	0.539
补贴成本	0	0	6.206	5.627
美国福利	32.651	32.731	32.902	32.960
最惠国的收益	0	0.080	0.251	0.309

资料来源：Dixit (1988)。

注：关税和补贴用每辆汽车多少美元来衡量。所有其他变量都用 10 亿美元来衡量。

三、自由进入的模型

这一部分描述自由进入定量模型的两个例子：鲍德温与克鲁格曼（Baldwin and Krugman，1988）的半导体研究和维纳布尔斯与史密斯（Venables and Smith，1987，1988）对欧洲一体化的研究。

(一) 鲍德温—克鲁格曼模型

半导体产业是竞争采取明显产品周期形式的产业；每四年或五年，产品就会被更优质的替代品超越，以至于要求企业重新进入它们自己的市场。当引入新产品时，它们将受制于陡峭的学习曲线。

鲍德温-克鲁格曼模型研究的基础是企业水平的学习经济代表某类收益递增这样一个认识。在某些环境下，学习曲线模型实际上与向右下方倾斜的平均成本和边际成本静态模型相似。鲍德温与克鲁格曼实际上追随了斯潘塞（Spence，1981）的公式表达。在他们的研究中，这种等价关系得到了说明，并将产品周期分解到一次静态竞争博弈中。

等价性可按如下理解：考虑一个计划在长度为 T 的时期内生产产品的企业。其中 T 足够小以至于企业可以忽略折现问题。企业在任何时点 t 的生产率为 $x(t)$，其瞬时生产成本被假定为：

$$C(t) = x(t)c[K(t)], \quad c' < 0$$

其中，$K(t)$ 是积累到现在的产量：

$$K(t) = \int_0^t x(\tau)d\tau \tag{10.61}$$

这样，企业生产越多，更多生产的成本就越低。

斯彭斯指出，企业在任何时点上面对的实际边际成本联合了两个部分：直接边际生产成本和现在的更多产量对降低未来生产成本的影响。这个实际边际成本可写为：

$$\mu(t) = c[K(t)] + \int_t^T x(\tau)c'[K(\tau)]d\tau$$

其中，第二项表示对未来成本的影响。在这个计算中，利率被设定为零。

实际边际成本 μ 如何随时间变化。这个变化包括两部分。由于生产效率提高，直接边际成本随时间递减，但在生产周期结束时新增经验的间接收益下降。求时间的微分，并使用式(10.61)，发现 $\mu=0$。这样，可以得出，这两个影响完全相互抵消：在整个生产周期，实际边际成本是平的。

可以看到，对生产周期结束时点 T 的产量，$\mu=c$：直接边际成本和经济边际成本一致。因此，在整个周期中，实际边际成本与生产最后一单位的直接边际成本相同。换句话说，企业在作出决策时就像它们在整个生产周期对总产量只具有向右下方倾斜的边际成本曲线。

在半导体产业中，普遍接受成本完全接近形式为 $c=AK^{-\lambda}$ 的学习曲线这种观点，其中 λ 在 0.2 到 0.4 之间；鲍德温与克鲁格曼运用了 $\lambda=0.28$ 的估计值。这种瞬时成本可以被认为是来自如下形式的总成本函数：

$$C = (1-\lambda)^{-1}AK^{1-\lambda}$$

整个生产周期的平均生产成本为：

$$\frac{C}{K(T)} = (1-\lambda)^{-1}AK(T)^{-\lambda}$$

在生产周期结束时，边际生产成本为：

$$c[K(T)] = AK(T)^{-\lambda}$$

因此，边际成本与平均成本的比率，如前所述，也是成本对产量的弹性，为 $v=1-\lambda=0.72$。这意味着半导体产业中强烈的学习效应实际上是非常强大规模经济的根源。

鲍德温-克鲁格曼的研究检验了一种特殊半导体产品——动态随机存取存储器，16K RAM——一代的竞争（其生产周期大概是 1978 年至 1983 年间）。产业资料将 16K RAMs 描述成"日常"芯片，实际上是标准化产品芯片；这样，日本和美国生产的芯片被假定为完全替代品。

模型的结构是分割市场竞争结构，美国和日本被看成是可分割的市场，企业单独决定向每个市场的投放量；结果就存在 RAMs 产业内贸易的可能性。

模型是运用自由进入假定和推测变量法校准的。首先，对每个国家的企业来说，扣除运输成本的平均收益净值被假定等于平均成本——零利润假定。这与假定的学习曲线弹性一起给出了企业边际成本的估计值。

该研究需要估计四个推测变量：美国企业在它们本国市场的、日本企业在美国市场、日本企业在日本市场的和美国企业在日本市场的。前三个变量可用价格-成本边际来估计。例如，美国企业在日本市场的推测变量 V_{UU} 可以通过下式来决定：

$$P_U = \left(\frac{\varepsilon}{\varepsilon - \sigma_{UU}V_{UU}/n}\right)MC_U$$

其中，P_U 是芯片在美国市场的价格，ε 是市场需求弹性，σ_{UU} 是美国企业在本土市场的份额，n 是美国企业的等价数目数，MC_U 是美国企业的边际成本。

第四个推测变量，即美国企业在日本市场的推测变量，不能这样估计。原因是日本市场暗地里向美国芯片关闭这样一个逸闻性证据。在模型中，这可以用日本对美国销售品的隐含关税来表示，这意味着下面的等式：

$$P_J = \left(\frac{\varepsilon}{\varepsilon - \sigma_{UJ}V_{UJ}/n}\right)(1+\tau)(1+\phi)MC_U$$

其中，ϕ 是运输成本，τ 是隐含关税。这意味着，如果没有其他限制隐含关税的方式，推测变量就不能确定下来，或者相反。提出的一种令人不甚满意的答案是假定 $V_{UU}=V_{UJ}$，即美国企业在日本市场的行为方式与其在国内市场一样。

校准研究的结果是推测变量都远远大于1，即市场竞争程度不比古诺方式更激烈，比伯特兰方式更不激烈得多。这个结果有些扰动性，对模型的有效性提出了许多问题——这个问题被这种复杂产业能否被充分模型化这样的疑问进一步强化。然而，模型得到的结果富有启发性。

(二) 鲍德温-克鲁格曼研究的结果

要求模型回答的主要问题是，显性的日本市场关闭有多大影响？这个问题包括两部分。一是对市场份额和贸易模式影响的实证问题。很明显，半导体属于"作为出口促进的进口保护"模型类别(Krugman，1984)，在这个模型中，可能的是日本的出口是保护国内市场的结果。二是关闭的市场实际上会使日本受益吗？

表10-4 说明了三个结果。第一列说明了 RAMs 实际竞争的基础情形：在这个基础情形中，日本市场的隐性关闭用0.263 7的关税率来表示。第二列表明了当这一关税取消后将会发生什么。第三列表明了"贸易战"，两个国家都征收完全阻断贸易的100%的关税。

表10-4　半导体竞争结果的模拟

	基础情形	自由贸易	贸易战
福利			
美国	1 651.8	1 828.5	1 636.7
日本	698.4	738.9	225.6
消费者剩余[a]			
美国	1 651.8	1 822.5	1 636.7
日本	698.8	738.9	225.6
价格[b]			
美国	1.47	1.30	1.49
日本	1.47	1.37	2.19

续　表

	基础情形	自由贸易	贸易战
利润			
美国	0	6	0
日本	0	0	0
进口份额			
美国	0.14	1.0	0
日本	0.19	0	0
企业数目			
美国	6	7	7
日本	3	0	5

注："a"单位是百万美元,"b"每单位的美元数。
资料来源：Baldwin and Krugman(1988)中的表5。

结果表明,保护对专业化模式产生了重要的非传统影响,而关于福利的结果则更加传统。当计算出没有隐含的日本关税的均衡时,日本的产业——实际上是一个净出口者——只会消失。也就是说,没有进入的企业可以获利。同时,更多的美国企业会进入。这样,模型表明了保护的强出口促进效应。这个结果的原因如下：根据校准,发现日本企业具有比美国企业稍高的固定成本——也就是说,在成本函数 $c = AK^{-\lambda}$ 中,日本企业具有比美国企业更高的 A 值。然而,作为保护的结果,日本企业能够生存下去,并且实际上具有足够长的生产时间,最终将比美国竞争者具有稍低的平均成本和边际成本。当模型处理开放的日本市场时,成本更高的日本企业进入无利可图。因此,该产业仍然全部在美国建设,日本进口其所有需求。

从本章理论知道,这类市场保护是以邻为壑政策。然而,实践中并非如此。日本没有保护其国内市场的反事实模拟在美国和日本都产生了更高利润。这样,尽管模型表明贸易政策具有与更传统影响相当不同的影响是可能的,但它没有为保护符合保护国的利益提供任何支持。该模型也表明,贸易战是相互损害的。

(三) 史密斯—维纳布尔斯模型

维纳布尔斯与史密斯(Venables and Smith,1987,1988)发展出一个框架定量研究美国贸易政策的影响,该框架联合了迪克西特的定量方法和产品差异方法。模型相当复杂,这里仅简述其特征和总体结果。

该模型的基本思想是,每个企业生产若干"模具"(异质产品)。既存在规模经济——某种模具的产量越高,平均成本越低,也存在范围经济——企业生产的模具越多,平均成本越低。在较低的层次上,企业选择模具的价格或产量；在较高的层次上,企业选择所生产模具的数目。模型还包括一定程度的市场分割,企业选择各市场之间不同的价格。

该模型对这两个层次竞争的校准表示本节第一部分中两种方法的组合,维纳布尔斯与史密斯对价格和边际成本有直接证据,以便他们可以再生产实际定价行为；他们还假定,观察到的数据表示零利润情形。为了重新得到可观察的价格—边际成本值,他们在较低层次上强加了要么古诺行为要么伯特兰行为的假定;然后计算出了产品之间隐含的替代弹性。为了使模型与零利率一致,他们在较高层次的竞争上采用了推测变量法。

维纳布尔斯与史密斯(Venables and Smith,1986)运用了他们模型化方法进行了与迪克西特相似的研究:寻找英国七个产业的最优贸易政策。广义上讲,他们的结果在特征上与迪克西特的结果相似:发现了某些保护优于自由贸易,但最优关税很低,潜在收益非常小。不同在于,按照他们的方法,发现关税是有益处的,即使存在消除利润的自由进入,因为它们能够改进关税实施国的贸易条件。维纳布尔斯与史密斯的结果特征是:伯特兰竞争和古诺竞争之间的选择和关于进入的假定对他们的结论都不重要。

表10-5说明了电器产业的样本表。分为四种情形:行为被假定为古诺或伯特兰竞争,企业和产品数目被假定完全固定或完全可变。可以看到,在这四种情形下都可以得到英国获得小额福利收益的结果,收益的大小在这四种情形中几乎完全相同;主要差异在于分配效应。如果限制进入,就存在很大的再分配效应,企业和政府获益,消费者受损。在自由进入情形中,消费者实际上获益很少(由于国内市场效应),企业获得零利润,政府获得收益。在这种情况下,竞争的性质没有太大差别。

维纳布尔斯与史密斯(Venables and Smith,1988)已经考虑了欧洲内部存在的贸易壁垒取消的影响,模型化为运输成本的下降。对绝大多数情形来讲,开放的产业组织影响强化了更传统的收益。然而,在水泥产业中,运输成本在任何情形下都非常高,运输成本的小幅度下降实际上降低了福利。这个结果对应于赫尔普曼和克鲁格曼(Helpman and Krugman,1985,ch.5)描述的分割市场下降低福利的贸易发生的可能性。

表10-5 在各种假设下5%的关税对电器产业的影响
(相对于基础情形的变化,采用1982年欧洲货币单位:百万)

	没 有 进 入	自 由 进 入
古诺		
消费者剩余	−47.6	2.8
利润	47.9	0
政府收益	28.9	22.7
福利[a]	1.3	1.1
伯特兰		
消费者剩余	−33.3	2.2
利润	21.6	0
政府收益	31.8	28.4
福利[a]	0.9	1.3

注:"a"基础消费的百分比。
资料来源:Venables and Smith(1987)中的表3。

参 考 文 献

1. Baldwin, Richard and Paul R. Krugman, "Market Access and International

Competition: A Simulation Study of 16K Random Access Memories," in Robert Feenstra (ed.), *Empirical Methods for International Trade*, Cambridge, MA: The MIT Press, 1988.

2. Dixit, Avinash, "Optimal Trade and Industrial Policies for the US Automobile Industry," in Robert Feenstra (ed.), *Empirical Methods for International Trade*, Cambridge, MA: The MIT Press, 1988.

3. Helpman, Elhanan and Paul R. Krugman, *Market Structure and Foreign Trade*, Cambridge, MA: The MIT Press, 1985.

4. Krugman, Obstfeld, Melitz, *International Economics: Theory & Policy*, Pearson, 10th Edition, 2015.

5. Krugman, Paul R., "Import Protection as Export Promotion," in Henryk Kierzkowski (ed), *Monopolistic Competition and International Trade*, Oxford: Blackwell, 1984.

6. Robert C. Feenstra, *Advanced International Trade: Theory and Evidence*, Princeton University Press, 2016.

7. Venables, Anthony and Alasdair M. Smith, "Trade and Industrial Policy: Some Simulations for EEC Manufacturing," Presented at Conference on Empirical Studies of Strategic Trade Policy, Cambridge, MA, September, 1987: 17-18.

8. Venables, Anthony and Alasdair M. Smith, "Completing the Internal Market in the European Community: Some industry simulations," *European Economic Review*, forthcoming, 1988.

9. 保罗·克鲁格曼著,黄胜强译,《克鲁格曼国际贸易新理论》,中国社会科学出版社,2001年。

10. 埃尔赫南·赫尔普曼、保罗·克鲁格曼著,李增刚译,《贸易政策和市场结构》,格致出版社、上海三联出版社、上海人民出版社,2014年。

练 习 与 思 考

1. 如消费者的效用函数为拟线性效用函数 $c_0^h + U^h(c^h)$,其中 c_0^h 是基准商品的消费,c^h 是对其他商品的消费向量,U^h 是严格递增、严格凹的。试推导消费者在约束条件 $c_0^h + p'c^h \leqslant I^h$ 下效用最大化的需求函数。

2. 本题要讨论伯特兰竞争中弹性的性质。

(1) 如果函数 $y = f(v)$ 是 a 次齐次函数,即对任何 $\lambda > 0$,都有 $f(\lambda v) = \lambda^a f(v)$,那么其一阶导数是 $a-1$ 次齐次函数。

(2) 因此,如果需求函数 $d(p, q, I)$ 是关于 (p, q, I) 零次齐次函数,那么,$d_q(p, q, I)$ 是 -1 次齐次的。利用该结果证明 $\eta(p, q, I) = -qd_q(p, q, I)/d(p, q, I)$ 是关于 (p, q, I) 零次齐次函数。

3. 战略贸易政策的基本内容及其有效性。

第十一章 贸易政策的政治经济学

【学习目标】

- 运用中间选民模型解释一国或地区贸易政策的决策机制
- "保护待售"模型基本观点
- 集体行动有效性的决定性因素
- 运用博弈论原理解释国际谈判与避免贸易战
- 以"一带一路"沿线国家为样本,实证其贸易政策形成的决定因素

国际贸易的理论分析表明,在一系列经典假设下,实现社会最优的唯一政策恰恰是自由贸易,即政府不对贸易进行任何形式的干预。然而,现实和理论之间存在着明显的差距,各国贸易保护势头仍盛行不衰,贸易战和贸易摩擦层出不穷,单边贸易自由化从来没有被广泛地实施过,而互惠的新重商主义才是全球多边贸易自由化的基础。因此,一个显而易见的问题便是,为什么如此频繁使用贸易政策。经济学家从两个方面对上述框架进行了修正。一部分经济学家认为经典假设与现实不相符,应通过放弃或修改部分经典假设(如引入完全市场)来重现政府干预的必然性。另一部分经济学家则认为贸易政策是由政治动机所推动的,关税的征收是出于特殊利益集团如行业和工会的要求。这一研究领域主要关注这种要求如何通过政治途径得以实现,这便是起源于20世纪70年代末期的贸易政策的政治经济学理论,又称为内生贸易政策理论。这一理论站在实证主义的立场,试图从政策决策过程的视角来探究贸易干预的原因、水平、结构、形式和变化。

随着贸易政策的政治经济学理论的不断发展,许多学者运用各国贸易政策数据对其理论观点进行了实证检验。本章将介绍梅尔(Mayer,1984)的中间选民模型、格罗斯曼和赫尔普曼(Grossman and Helpman,1994)的保护待售模型、赫里尔等(Helliner,1980)的国际贸易谈判模型、奥尔森(Olson,1965)的集体行动和有效游说模型,以及相关模型的经验研究。

第一节 中间选民模型

中间选民模型的应用十分广泛,它假设政策是由大多数选民投票决定的。在选民对备选政策的偏好满足"单峰"偏好的条件下(即每个选民有唯一的最大偏好),中间选

民模型表明政府采取的政策将最大化中间选民的效用。为了将该模型应用于贸易政策分析,假定备选政策为进口关税或进口补贴。中间选民的最优关税取决于经济中的生产结构,为了简单起见,同时又不影响结果的一般性,我们在 H-O 模型的框架下展开分析。接下来将证明:就全体国民而言,如果中间选民拥有的资本劳动比率较低且进口品为劳动密集型产品,则一国应征收进口关税。

假设个人的效用函数是拟线性的效用函数,即 $c_0^h + U(c^h)$,其中 c_0^h 为基准出口商品的消费,c^h 为消费者 $h(h=1, 2, \cdots, L)$ 对进口商品的消费,L 代表消费者的数目,也代表全体劳动者的数目。消费者拥有相同的递增、严格拟凹的效用函数,因此他们的最优消费均为 $c^h = d(p)$,其中 $d'(p) < 0$,而其余的收入用于基准出口商品的消费,即 $c_0^h = I^h - pd(p)$。这样每个人的间接效用为

$$V(p, I^h) = I^h - pd(p) + U[d(p)] \tag{11.1}$$

无论出口品还是进口品均是利用劳动和资本制造出来的。劳动和资本的总禀赋分别用 L 和 K 表示。进口品的世界价格是固定的,用 p^* 表示,该商品的从量关税为 t,因此其国内价格为 $p = p^* + t$。用 $y(p)$ 代表进口竞争品的供给,其中 $y'(p) > 0$。于是进口量为 $m(p) = d(p)L - y(p)$,征收的总关税收入为 $T = tm(p)$,该收入被按照人口数补贴给每个人。另外,假定每个人拥有 1 单位的劳动和 K^h 单位的资本,这样每个人的收入为 $I^h = w + rK^h + \dfrac{T}{L}$。将该式重写为

$$I^h = \frac{1}{L}(wL + rK^h L + T) = \frac{1}{L}(wL + \rho^h rK + T) \tag{11.2}$$

其中,$\rho^h = K^h/(K/L)$ 为个人的资本劳动比占经济中全部资本劳动比的相对比例。全部 GDP 为 $G = y_0(p) + py(p) = wL + rK$。将式(11.2)中的个人收入改写为

$$I^h = \frac{1}{L}[wL + rK + (\rho^h - 1)rK + T]$$

$$= \frac{1}{L}[(\rho^h - 1)rK + y_0(p) + py(p) + T] \tag{11.3}$$

将式(11.1)中的个人效用对关税求微分,得

$$\frac{dV^h}{dt} = -d(p) + \frac{dI^h}{dt}$$

$$= (\rho^h - 1)\frac{dr}{dp}\frac{K}{L} + \left[\frac{y(p)}{L} - d(p)\right] + \frac{1}{L}\frac{dT}{dp}$$

$$= (\rho^h - 1)\frac{dr}{dp}\frac{K}{L} + \frac{t}{L}m'(p) \tag{11.4}$$

其中,第一个等式由罗伊恒等式得出,第二个等式根据包络定理和式(11.3)得出。用 m 来代表中间选民,其效用为 $V^m = V(p, I^m)$,因而有 $dV^m/dt = 0$,$d^2V^m/dt^2 < 0$。

令式(11.4)=0,得到均衡的关税为

$$t^m = (1-\rho^m)\frac{\mathrm{d}r}{\mathrm{d}p}\frac{K}{m'(p)} \tag{11.5}$$

其中,ρ^m 为中间选民 m 的资本劳动比率占经济中全部资本劳动禀赋比率的相对比例。对任何国家来说,该比例均小于1,即 $\rho^m < 1$。又因为 $m'(p)<0$,当进口品是劳动密集型产品时,可以得到关税 $t^m > 0$,因而 $\mathrm{d}r/\mathrm{d}p < 0$;而当进口品是资本密集型产品时,关税 $t^m < 0$,因而 $\mathrm{d}r/\mathrm{d}p > 0$。当进口品是资本密集型产品时,资本丰裕的工业化国家应该征收进口关税,而劳动丰裕的发展中国家应该提供进口补贴。

第二节　保护待售模型

中间选民模型假定政策是由多数票决定的。这一过程是对选民选出立法者然后由这些立法者决定政策的"代议制民主"(representative democracy)的一种过于简化的描述。在这种背景下,政策选择将会受到"选票"(vote)、"舆论"(voice)和游说集团的"竞选捐献"(campaign contribution)的共同影响。格罗斯曼和赫尔普曼(Grossman and Helpman,1994)提出的模型则巧妙地解决了政府在决定贸易政策时如何同时考虑众多游说集团的捐献和消费者福利的问题。

假定有 N 种商品及一种基准商品,所有的商品在效用方面都是"可加可分的"(additively separable)。消费者的效用函数为 $C_0^h + \sum_{i=1}^{N} u_i(c_i^h)$,其中 C_0^h 是基准出口商品,c_i^h 是商品 $i(i=1,2,\cdots,N)$ 的消费。预算约束下效用最大化的每个人消费商品 i 的数量为 $d_i(p_i)$,其余的收入则用于基准商品,$C_0^h = I^h - \vec{p}\,\vec{d}$。令 $\vec{d} = [d_1(p_1), \cdots, d_N(p_N)]$ 代表每个人的消费向量,由价格向量 $\vec{p} = (p_1, \cdots, p_N)$ 决定。因此,类似于式(11.1),个人的间接效用为

$$V(\vec{p}, I^h) = I^h - \vec{p}\,\vec{d} + \sum_{i=1}^{N} u_i[d_i(p_i)] \tag{11.6}$$

要注意的是,式(11.6)右边的后两项为每个人的消费者剩余,令 $S(\vec{p}) = \sum_{i=1}^{N} u_i[d_i(p_i)] - \vec{p}\,\vec{d}$,因此消费者福利可以表示为

$$V(\vec{p}, I^h) = I^h + S(\vec{p}) \tag{11.7}$$

根据罗伊恒等式,有 $\partial S(\vec{p})/\partial p_i = -d_i(p_i)$。

在生产方面,N 个行业的生产函数为 $y_i = f_i(L_i, K_i)$,其中资本 K_i 对于每个部门是特定的。基准商品仅由1单位劳动制造,因此工资固定为1。在每个部门生产价格为 p_i 的条件下,该部门特定要素的收入为

$$\pi_i(p_i) = \max_{L_i}[p_i f_i(L_i, K_i) - L_i] \tag{11.8}$$

从式(11.8)可以推出每个行业的最优产出为 $\pi'_i(p_i) = y_i(p_i)$。商品的国际市场价格固定为 p_i^*，且每个行业的关税 t_i 是从量税，其中 $t_i > (<)0$ 表示对进口行业的征收关税（提供补贴）和对出口行业提供补贴（征收关税）。每种商品的进口为 $m_i(p_i) = d_i(p_i)L - y_i(p_i)$（出口则为负数），征收的关税收入为 $T(\vec{p}) = \sum_{i=1}^{N}(p_i - p_i^*)m_i(p_i)$。假定关税收入按每人 (T/L) 再分配给每个人。

行业 i 中特定要素由总人口中的 H_i 个成员拥有，因此拥有某种资本的全部人数为 $H = \sum_{i=1}^{N} H_i$。为简单起见，假定每个人均拥有1单位的劳动。总人口数为 L，因此数量为 $L - H \geqslant 0$ 的人仅拥有劳动而没有资本。每个行业的特定资本所有者能得到式(11.8)的利润 $\pi_i(p_i)$、单位工资收入、消费者剩余以及再分配的关税收入。将上述几项求和，i 行业特定资本所有者可以得到的福利为

$$W_i(\vec{p}) = \pi_i(p_i) + H_i[1 + S(\vec{p})] + \frac{H_i}{L}T(\vec{p}) \tag{11.9}$$

其余的人口 $(L - H)$ 能取得他们的工资、消费者剩余以及再分配的关税收入，所以他们的福利为

$$W_0(\vec{p}) = (L - H)[1 + S(\vec{p})] + \frac{(L - H)}{L}T(\vec{p}) \tag{11.10}$$

将式(11.9)和式(11.10)对所有的劳动者和行业求和，得到全社会的福利为

$$W(\vec{p}) = \sum_{i=0}^{N} W_i(\vec{p}) = \sum_{i=1}^{N} \pi_i(p_i) + L[1 + S(\vec{p})] + T(\vec{p}) \tag{11.11}$$

假定这些行业中的一个子集 $j \in J_0$，组成了游说集团，而其余的部分 $j \in J_u$ 则代表未组织起来的行业，并且 $J_0 \cup J_u = (1, \cdots, N)$。每个游说部门均希望通过向政府提供捐献来影响关税或补贴的制定。具体来说，他们根据行业 i 的价格 $p_i = p_i^* + t$，宣布他们愿意支付的"竞选捐献计划"（campaign contribution schedule） $R_j(\vec{p})$。政府不仅看重"竞选捐献"（campaign contribution），而且也看重全体消费者的社会福利。令 $\alpha > 0$ 为社会福利所占的权重，格罗斯曼和赫尔普曼（Grossman and Helpman, 1994）假定政府通过选择关税和补贴 t_i，以最大化

$$G(\vec{p}) = \sum_{j \in J_0} R_j(\vec{p}) + \alpha W(\vec{p}) \tag{11.12}$$

关键问题是在 $j \in J_0$ 中游说者如何决定其"竞选捐献"（campaign contribution）。对此，伯恩海姆和温斯顿（Bernheim and Whinston, 1986）认为，在其他集团的捐献安排给定的条件下，贸易政策博弈的纳什均衡为每个游说集团的最优捐献安排 $R_j(\vec{p})$，而且此时的关税水平将使式(11.12)最大化，因而游说集团的最优捐献安排为

$$R_j(\vec{p}) = \max\{0, W_j(\vec{p}) - B_j\}, \quad j \in J_0 \tag{11.13}$$

其中，B_j 是一个常数。由于它反映了游说集团在各种关税条件下的真实福利水平 $W_j(\vec{p})$，因而称为"真实捐献计划"(truthful contribution schedule)。他们认为博弈的均衡中包括了每个游说集团采用类似式(11.13)的捐献计划的真实纳什均衡。

在伯恩海姆和温斯顿(Bernheim and Whinston, 1986)这个结果的基础上，将式(11.13)代入式(11.12)，得到

$$G(\vec{p}) = \sum_{j \in J_0}[(1+\alpha)W_j(\vec{p}) - B_j] + \sum_{j \notin J_0}\alpha W_j(\vec{p}) \tag{11.14}$$

其中，对集团 $j \notin J_0$ 的求和包括了那些没有任何资本的劳动者的福利 W_0。要注意的是，这种政府目标函数的表达形式意味着政府对组织起来的行业和未组织起来的行业的福利赋予了不同的权重：组织起来的游说集团的权重为 $(1+\alpha)$，而其他未组织起来的集团和劳动者的权重为 α。

选择关税水平 t_i 以最大化式(11.14)，相当于选择某一国内价格水平 p_j，$j \in J_0$ 使其最大化。在计算一阶条件之前，将福利分别对组织起来的行业、未组织起来的行业以及劳动者求导：

$$\frac{\partial W_j}{\partial p_j} = y_j - H_j d_j(\vec{p}) + \left(\frac{H_j}{L}\right)\left[m_j + (p_j - p_j^*)\frac{dm_j}{dp_j}\right], \quad j \in J_0 \tag{11.15}$$

$$\frac{\partial W_j}{\partial p_j} = -H_i d_j(\vec{p}) + \left(\frac{H_i}{L}\right)\left[m_j + (p_j - p_j^*)\frac{dm_j}{dp_j}\right], \quad i \in J_u \tag{11.16}$$

$$\frac{\partial W_0}{\partial p_j} = -(L-H)d_j(\vec{p}) + \left(\frac{L-H}{L}\right)\left[m_j + (p_j - p_j^*)\frac{dm_j}{dp_j}\right] \tag{11.17}$$

其中，$m_j = d_j(p_j)L - y_j(p_j)$ 为商品 j 的进口(出口则为负数)。

接下来用 $(1+\alpha)$ 乘以式(11.15)，用 α 乘以式(11.16)、式(11.17)求和得

$$\frac{\partial G}{\partial p_j} = (1+\alpha)y_j - \left(\sum_{i \in J_0}H_i\right)d_j(\vec{p}) - \alpha L d_j(\vec{p}) + (\lambda_0 + \alpha)$$

$$\left[m_j + (p_j - p_j^*)\frac{dm_j}{dp_j}\right], \quad j \in J_0 \tag{11.18}$$

其中，$\lambda_0 = \sum_{j \in J_0}\left(\frac{H_j}{L}\right)$，代表在组织起来的行业中拥有特定要素的人口的比例，且一阶条件对组织起来的行业 j 成立。对于那些没有组织起来的行业，式(11.18)右边的第一项 $(1+\alpha)y_j$ 将被替代为 αy_j，因为未组织起来的行业在政府目标函数中的权重为 α 而非 $(1+\alpha)$。

利用进口 $m_j = d_j(p_j)L - y_j(p_j)$ 将式(11.18)化为

$$\frac{dG}{dp_j} = y_j(1-\lambda_0) + (\alpha+\lambda_0)(p_j - p_j^*)\frac{dm_j}{dp_j}, \quad j \in J_0 \tag{11.19}$$

如果某一行业没有游说集团,右边的第一项 $y_j(1-\lambda_0)$ 将被替换为 $-y_j\lambda_0$。根据对未组织起来集团修改后的条件,令式(11.19)=0,可以解出均衡的关税水平 $t_j = (p_j - p_j^*)$ 为:

$$\frac{t_j}{p_j} = -\left(\frac{\delta_j - \lambda_0}{\alpha + \lambda_0}\right)\left(\frac{y_j}{m_j}\right)\left(\frac{\partial m_j}{\partial p_j}\frac{p_j}{m_j}\right)^{-1}, \delta_j = \begin{cases} 1, j \in J_0 \\ 0, j \notin J_0 \end{cases} \quad (11.20)$$

这个简单的式子包含着格罗斯曼和赫尔普曼(Grossman and Helpman,1994)保护待售模型的主要结论。注意式(11.20)中的进口弹性为负,而 δ_j 是一个指标变量,即对组织起来的行业 j,δ_j 为 1;否则为 0。因为 $\lambda_0 = \sum_{j \in J_0}\left[\frac{H_j}{L}\right]$ 是组织起来的行业中拥有的特定要素的人口比例,当 $0 < \lambda_0 < 1$ 时,对未组织起来的行业来说,式(11.20)中的关税为负(也即进口补贴或出口关税),但对组织起来进行游说的行业来说,其关税为正(也即进口关税或出口补贴)。另一方面,如果 $\lambda_0 = 0$ 或 $\lambda_0 = 1$(即大家都属于或都不属于游说集团),则式(11.20)中的关税为零,因此在政治上自由贸易是最优的。

对未组织起来的行业而言,由于其进口会得到补贴或者其出口会被征税,因而该行业的国内价格会走低,从而使消费者获益。这些政策工具之所以在现实中很少被采用,可能是由于政治上的反对或者其他因素在起作用。这一现象不会否定保护待售模型的正确性。相反,为了验证保护待售模型,要进一步考察式(11.20)所体现的其他关系。由于关税或补贴的大小取决于产出或进口量之比 (y_j/m_j),且与进口需求弹性成反比。因此,国内产出与进口之比越高,那些组织起来的行业缴纳的进口关税或得到的出口补贴就越高(因为 $\delta_j - \lambda_0 = 1 - \lambda_0 > 0$),而未组织起来的行业的进口关税或出口补贴就越低(因为 $\delta_j - \lambda_0 = -\lambda_0 < 0$)。

第三节　国际贸易谈判模型

自由主义者也承认某些"公共物品"应由政府而不是由市场提供,认为政府在维护自由竞争中起到了不可缺少的作用。推广到国际经济领域,自由主义者强调了不仅国家内部而且国家之间利益协调的重要性。政府也需要管理国际经济,通过建立各种经济制度,来保证国际竞争的公平进行。

就单个国家来说,各国都有贸易保护的动机和冲动。从世界整体来看,贸易自由化是有益于各国并增进世界经济福利的。在多边贸易谈判中,各国将降低本国的关税壁垒当作是对外国的让步,说明了各国将取消贸易壁垒当作是一种成本。

可以用国际谈判模型解释 20 世纪 30 年代以来特别是战后关税不断下降的趋势。通过两国或多国谈判达成协议要比单方面实施减税政策容易,单方面实施关税减让会引起国内较强的反对,而双边或多边协议可以得到那些因关税减让而得益的部门、集团和阶层的支持;而且政府之间达成协议之后,各自都承担了相应的国际义务,有助于避免贸易战的发生。

假定只有本国和外国两个国家,且两国都有自由贸易或保护贸易两种政策选择。表 11-1 反映了两国在不同政策选择下的利益。

表 11-1 贸易政策谈判的博弈模型

本国 \ 外国	自由贸易	贸易保护
自由贸易	10 \ 10	−10 \ 20
贸易保护	20 \ 10	−5 \ −5

如表 11-1,一国政府将对方国家的政策视为既定,都会选择保护贸易政策。例如,若外国采取自由贸易,本国实行保护,就有 20 的收益;若外国实行保护,本国还是选择保护,此时损失仅−5。尽管双方都选择自由贸易,整个世界的福利将增加,但还是出现了囚徒困境的情形。单方面为了本国利益的政策,最终难获最佳结果。模型的结论是:应当通过国际谈判达成协议来协调各国贸易政策。

1988 年帕特南(Putnam)提出双层博弈(two-level game)理论,认为"许多国际谈判的政治学被构想为'双层次博弈'都是有益的"。这两个博弈层次是:国际层次——第一层次(Level Ⅰ)的博弈;国内层次——第二层次(Level Ⅱ)的博弈。在国内层次的博弈中,利益集团不断向政府施加压力,迫使它采取自己偏好的政策进而为自己牟利;政治领导人则通过建立集团间的联盟来追求自己的权力。在国际层次的博弈中,一国政府总是力求使自身的利益最大化,以应对随时来自国内的压力,从而使不利的外交后果最小化。

多边贸易体制谈判就其性质而言是各国在追求自身利益的过程中,通过妥协最终形成有利于集体(团体)利益的决议。因此,这个过程充满了个体利益和集体利益之间的冲突。在一般情况下,博弈方的行为准则是追求个体利益,但如果允许博弈中存在"有约束力的协议",使博弈方采取符合集体利益最大化而不符合个体利益最大化的行为时,能够得到有效的补偿,那么个体利益和集体利益之间的矛盾就可以被克服,从而使博弈方按照集体理性决策和行为成为可能。将这一博弈理论应用于谈判的实践中,即是要求多边贸易体制谈判应该形成有约束力的协议,并在协议中规定有合适的,能够充分保障发展中成员利益的例外条款。

开放经济中的全球利益与国家利益、一国经济中的社会利益与个人利益之间的差别、冲突和相关性,揭示了在国际国内进行公共决策和社会选择中所面临的深刻矛盾。但是,必须认识到,实现世界范围内资源配置达到帕累托最优状态的自由贸易政策只不过是国际多边贸易谈判时的理想状态,现实所能达到的至多是一个次优世界。政治效率与经济效率之间存在着差异,政治市场的不完善性甚至超过经济市场,以政治手段来解决经济问题可能造成更多的效率和福利损失。

第四节 集体行动和有效游说模型

集体行动(collective action)理论认为一种政策是否被政府采纳并不在于受益或受损人数的多少,而在于利益集团的集体行动是否有效。在现实中,许多国家并不采用直接投票方式来决定贸易政策,而是通过一个被选举出来的代表集团(或政府官员)来决定。这样,各个社会集团就会进行政治活动游说和影响政策制定者,从而使自己所偏好的贸易政策获得他们的支持。

贸易政策的政治经济学将利益集团分为三种:进口替代部门、出口部门和消费者团体。为了使贸易政策的制定有利于自己一方,假设各个利益集团通过院外游说活动(lobbying)方式来游说政府部门的政策制定者。院外游说活动需要一定的成本,但并不是每个人都愿意负担这样的成本。在不同社会集团的政治活动中,进口替代部门的生产者与消费者群体相比,显然占有更大的优势,只要院外游说活动的收益大于院外游说活动的成本,进口替代部门就会积极活动,从而使贸易政策的制定有利于进口替代一方,原因是小集团中的单个人倾向于拥有更大的利益,容易组织起集体行动,因而更能够影响政府的决策。在这种情况下,政策的制定可能会偏离国家整体福利最大化这一目标。在贸易政策的具体选择上,其原则也是有利于某些利益集团,而不一定有利于国家福利。比如,在选择进口关税还是进口配额上,从进口替代部门的角度来看,进口替代部门的生产者更情愿政府选择配额而不是关税。

图 11-1 中,OA 是游说成本曲线,假定对特定经济利益集团来说,由于获得关税保护越高越困难,使边际成本不断递增,因而该曲线斜率也逐渐增大。同时,游说成本曲线也反映政治市场上供给者对特定利益集团部门实行附加保护的意愿。但是,在利益集团组织得更好、游说活动效率提高或社会支持率高的情形下,游说成本曲线会向下移动。OBC 代表游说收益(保护利益曲线),它代表利益集团从事游说活动带来关税保护产生的价值。关税水平越高,为该利益集团带来的利益就越大,最大值为 B,对应的是禁止性关税。关税的增加至少在一定范围内具有边际利益,但总体上边际收益

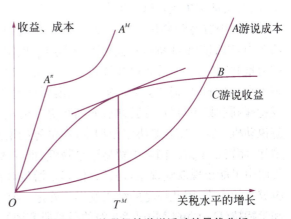

图 11-1 关税保护游说活动的最优分析

递减。关税水平增加到 T^M 时,集团的游说努力为最优。因为在这一点,收益与成本的差异即租金为最大。此外,新组织的利益集团游说的初始成本 OA^π 很高,而整个成本曲线 $OA^\pi A^M$ 位于游说收益曲线的上方,表明对一些利益集团而言,寻求关税保护的游说活动并不总是值得的。

决定利益集团集体行动有效性的另一个重要因素是集团中个人利益的大小。所有参与集体行动的个人都要支付一定的成本,如果某项活动的个人收益小于个人所支付的成本,个人就不会参加这项活动。消费者集团由于人数众多,单个人从反对贸易保护中所得的利益很小,因而不会组织起集体行动。进口部门生产者成员数目较少,争取贸易保护使单个成员的平均收益更大,因此少数人便成为唯一积极进行游说活动的利益集团。

当集团的集体收益均摊到每个成员时,就会产生"搭便车"(free rider)问题。越是人数众多的大型集团,越是存在着强烈的搭便车倾向,如消费者群体那样。如果大多数人都去搭便车,那么大集团就不会被组织起来。相反,像进口部门生产者那样的小集团更容易克服搭便车问题,形成有良好组织并拥有大量资源的政治集团。这种组织积极地进行支持贸易保护的游说活动,对政府官员施加强有力的影响。

第五节 贸易政治经济学模型的经验分析

一、中间选民模型的经验分析[①]

如果把中间选民定理推广应用到跨国经济研究中,则如梅尔(Mayer,1984)所发现的,在一经济体总相对要素禀赋不变的条件下,不平等程度的增加会导致资本密集型经济的贸易壁垒增加,而导致资本稀缺型经济的贸易壁垒降低。杜特和米特拉(Dutt and Mitra,2002)使用不平等、资本密集度和各种保护指标的跨国截面数据对上述推断进行了检验,实证结果支持这一推断。

现实中贸易壁垒几乎处处存在,理论预测和实证分析中的差异可以归结于各种政治压力,比如游说和特殊利益集团的作用。现实中的政策是中间选民和特殊利益集团的力量共同决定的,后者可能导致贸易政策的决定朝着与前面相反的方向发展。当资本不平等加剧时,资本会越加集中,在游说政府的过程中搭便车现象就越弱,越容易形成特殊利益集团对政府的影响,而拥有更多劳动力的选民因为搭便车现象严重而没有游说动机。在一期政策决定模型中,不平等的增加会导致资本稀缺的国家中贸易壁垒增加,而资本丰富的国家中贸易壁垒降低;但在多期政策决定的模型中,由于特殊利益集团中可能出现欺骗现象,是否合作起来游说政府取决于第一期欺骗收益和之后的欺骗成本的大小,因此模型的结果变得不确定。鉴于理论上的争议和结果的不确定,杜特和米特拉(Dutt and Mitra,2002)的经验研究回答了这一问题。

杜特和米特拉(Dutt and Mitra,2002)应用了两种不平等的测度方法:一种是基尼系数,这是一个综述性的指标,可以更好地适用于理论推测中意义宽泛的不平等;另一种是中间选民的收入占人均国民收入的比例,这个度量方法更加精确,与梅尔的模型中

[①] 主要参考余淼杰(2009)。

中间选民更一致。这里用三种相对要素禀赋的度量方法,分别是 Nehru-Dhareshwar, Summers-Heston 和 Easterly-Levine,在不同的假设下应用不同的方法进行实证研究。有强有力的证据证明上述中间选民定理的预测:基尼系数的增加或者中间选民资本比例的降低,提高了资本相对丰富国家中的贸易壁垒,降低了资本相对稀缺国家的贸易壁垒。因此,杜特和米特拉(Dutt and Mitra,2002)的贡献体现在两个方面:一是揭示了贸易保护和不平等之间的稳健关系,二是在贸易保护方面提供了跨国研究。

(一) 理论框架

在一个两部门、两要素的小国开放赫克歇尔-俄林模型中,商品 1 是进口品,商品 2 是出口品,两种商品的生产都用到两种要素,且规模报酬不变。假设进口品的国内价格是 p,国际价格是 p^*,税率为 t(此为贸易壁垒的度量)。消费者偏好同质,消费者 h 的效用函数可以表示成 $V(p)I^h(p)$,拥有的资本是 k^h,占总资本的比例是 σ^h(此指标是不平等的一种度量),总资本是 K,因此 $k^h = \sigma^h K$。令 ϕ^h 为消费者 h 得到的税收收入占总税收的比例,$M(p)$ 为进口品 1 的进口量,$w(p)$、$r(p)$ 分别是工资和资本回报。个体 h 的收入为:

$$I^h(p) = w(p) + r(p)\sigma^h K + \phi^h(p - p^*)M(p) \tag{11.21}$$

个体 h 的最优关税率 t 由最大化效用函数 $V(p)I^h(p)$ 决定:

$$t^h = \frac{-I}{p^* M'(p)} \frac{\partial \phi^h / \partial p}{\phi^h} \tag{11.22}$$

当 p 增高时,更多厂商生产进口品,进口量会下降,因而 $M'(p) < 0$,如果个体 h 相对拥有较多的进口品密集使用的要素,那么 p 上升导致国内进口品的产量增加,因而该产品密集使用的要素需求更多,要素回报更多,故而个体 h 会得到税收收入中更多比例的收益,也即 $\partial \phi^h / \partial p > 0$;反之亦然。由中间选民定理,均衡时的政策决定于最大化 $V(p)I^{mv}(p)$,也即 $v(p) + i^{mv}(p)$,其中上标 mv 则表示中间选民,
$v(p) = \ln V(p)$,$i^{mv}(p) = \ln I^{mv}(p) = \ln[w(p) + r(p)\sigma^{vm}K] + \ln[1 + \delta(p, K/L)]$
其中,δ 是总税收收入占国民收入的比例。最大化的一阶条件为:

$$v'(p) + \partial i^{mv}/\partial p = 0 \tag{11.23}$$

这样,均衡的税率 t^{mv} 满足:

$$\frac{\partial t^{mv}}{\partial \sigma^{mv}} = \frac{-[r'(p)w(p) - r(p)w'(p)]K}{p^*[w(p) + r(p)\sigma^{mv}K]^2[v''(p) + \partial^2 i^{mv}/\partial p^2]} \tag{11.24}$$

由前面的分析知,当 p 提高时,本国稀缺的要素回报相对提高,本国丰富的要素回报相对降低,因此对于一个资本丰富国家,$r'(p) < 0$,$w'(p) > 0$;对于一个劳动力丰富的国家,$r'(p) > 0$,$w'(p) < 0$。又假设消费者偏好满足凸性假设,因此对于资本丰富的国家,上面偏导的符号恒为负,而对劳动力丰富的国家恒为正。对于资本丰富的国家,进口部门是劳动力密集的,不平等的加剧导致均衡政策更支持进口品部门的生产

而提高进口关税;而劳动力丰富的国家进口部门是资本密集的,因此不平等增加会使中间选民更倾向鼓励进口。从而得到结论即 Dutt-Mitra 定理:保持其他条件不变,资本不平等的加剧降低了资本丰富型国家的贸易开放度,提高了资本稀缺型国家的贸易开放度。

这个结论对多要素模型也适用,以三要素模型为例,假设还有一种人力资本要素 H,人均收入等于 $r(K/L)+w_H(H/L)+w$,其中 w_H 是人力资本的回报。如果一个国家富裕,则意味着其拥有相对较高的物质和人力资本,而在任何一个国家,人力资本和物质资本的集中都导致不平等。因此,高度不平等的社会说明有大多数人口只拥有较多的非技术劳动力,从而社会要求重新分配的力量越强大,能提高非技术劳动力回报的贸易政策就越受欢迎。

(二) 计量方法

实证部分以前面的理论为基础,在有较高资本劳动比率的国家,不平等和贸易保护应呈正相关性,而当资本劳动比率低时呈反向关系。现在不清楚这个符号变化的拐点,实证中尤其注意到了这一点,希望通过数据得到这个拐点的估计。

$$TR_i = \alpha_0 + \alpha_1 INEQ_i + \alpha_2 INEQ_i \times (K/L)_i + \alpha_3 (K/L)_i + X_i \beta + \varepsilon_i \quad (11.25)$$

其中,TR_i 是 i 国贸易保护的程度,$INEQ_i$ 是其不平等程度,X_i 是一组控制变量。对 TR_i 关于 $INEQ_i$ 求偏导,得到:

$$\frac{\partial TR_i}{\partial (INEQ)_i} = \alpha_1 + \alpha_2 (K/L)_i \quad (11.26)$$

此偏导的符号随资本劳动比率的大小改变,可以预期 $\alpha_1 < 0$,$\alpha_2 > 0$,使 $\alpha_1 + \alpha_2(K/L)_i > (<)0$,当 $(K/L_i) > (<)(K/L)^* = -\alpha_1/\alpha_2$ 时,这就是个拐点。同时,预测值需满足 $(K/L)^{MIN} < (K/L)^* < (K/L)^{MAX}$。杜特和米特拉(Dutt and Mitra,2002)首先在没有加入控制变量的情况下回归所得结果,之后又加入了控制变量重新回归结果。除基尼系数外,杜特和米特拉(Dutt and Mitra,2002)还用了另一个变量来代表不平等——Q3,即收入处在总收入水平第三个四分位数的人的收入占国民收入的比重作为不平等程度的指标。

同时,杜特和米特拉(Dutt and Mitra,2002)也做了一些稳健性检验。贸易政策可能对不平等程度有反向因果关系;在一个动态框架下,K/L 有可能内生于贸易政策;贸易保护也有可能影响生产结构,从而影响积累和稳态的资本水平。即使自变量滞后于因变量,当变量有黏性时,也不足以解决截面分析中的内生性问题。因此,杜特和米特拉(Dutt and Mitra,2002)使用 Hausman(1978)方法,即先将所有可能的内生变量对所有外生变量(包括模型内的和其他可能对内生变量有影响的外生变量)进行回归,然后计算辅助回归中的残差并将其作为回归模型中新的自变量。如果这些残差联合显著(不显著),则对模型的 OLS 估计是不一致(一致)的估计。然而,在辅助残差联合显著以及由此产生的内生性问题下,Hausman 回归可以得到与工具变量法估计一致且相等的有效估计量。

(三) 数据及计量结果

因变量为贸易保护，自变量则包括不平等、资本劳动比、民主和政治权利指数、学校教育。同时，使用地区哑变量来控制地区效应。

为了检验结果的稳健性，杜特和米特拉（Dutt and Mitra，2002）使用一系列指标度量贸易限制，包括总进口税占总进口的百分比、通过加权各进口类项占总进口的比重而得到的平均关税税率、贸易非税保护壁垒的覆盖率以及贸易流量相对于 GDP 的比例 $(X+M)/GDP$。收入不平等程度由基尼系数和另一个指标——中间四分位的选民占国民收入或花费的比重的倒数衡量。

使用 Nehru-Dhareshwar 关于资本和劳动的数据计算了资本劳动比；采用"民主之家"对民主程度的衡量作为民主指标，该指标对政治权利进行了主观评价，从高到低分为 1—7 类，7 代表最低的自由程度。值得注意的是，所有数据都采纳了 20 世纪 80 年代的数据平均值。使用学校教育作为控制变量，其中学校教育是超过 25 岁的成人的平均教育年限占总人口的比重。

表 11-2 和表 11-3 展示了对方程（11.25）的回归结果，实证结果与理论推论相符。在资本丰富型国家，不平等与关税呈正向关系；但是在劳动丰富型国家，不平等与关税呈负向关系。采用基尼系数时，得到 $\alpha_1<0$，$\alpha_2>0$；采用 Q3 时，可以得到相反的结果。配额的系数是不显著的。由于在使用基尼系数的配额回归中有方向错误，杜特和米特拉（Dutt and Mitra，2002）讨论了配额覆盖率所存在的测量误差问题。但是，在之后的回归结果中，即使用配额做因变量时，得到了与中间选民理论一致的预测结果。

表 11-2 基本回归结果

	关税值	配 额	进口关税率	$(X+M)/GPD$	关 税
基尼系数	−0.029** (0.016)	0.012 (0.022)	−1.048* (0.679)	0.049 (0.04)	−0.051*** (0.023)
基尼系数乘以资本劳动比率	0.003*** (0.001)	−0.000 2 (0.002)	0.144*** (0.067)	−0.006* (0.004)	0.006*** (0.002)
资本劳动比	−0.189*** (0.068)	−0.037 (0.093)	−8.406*** (2.888)	0.341*** (0.166)	−0.328*** (0.11)
教育程度					0.006 (0.091)
政治权利					−0.025 (0.021)
次撒哈拉非洲					−0.068 (0.095)
东 亚					−0.103 (0.088)
石 油					0.017 (0.081)

续 表

	关税值	配 额	进口关税率	$(X+M)/GPD$	关 税
常数项	1.942*** (0.71)	0.157 (0.96)	78.218*** (29.541)	−2.372 (1.722)	3.291*** (1.005)
观察值个数	51	50	50	56	45
R平方	0.36	0.25	0.44	0.22	0.47
F值	8.82***	5.23***	11.97***	5.03***	4.01***
资本劳动比拐点	9.7	55	7.3	8.2	8.5

括号内为标准差,＊＊＊表示5%水平下显著、＊＊表示10%水平下显著、＊表示15%水平下显著。
资料来源:余淼杰(2009)。

表11-3 因变量的第三个四分位数回归结果

	关税值	配 额	进口关税率	$(X+M)/GPD$	关 税
不平等(第三个四分位数)	0.136*** (0.042)	0.081 (0.06)	6.752*** (1.821)	−0.196*** (0.062)	0.121*** (0.055)
不平等乘以资本劳动比率	−0.015*** (0.004)	−0.012** (0.006)	0.747 (0.183)	0.025*** (0.062)	−0.013*** (0.006)
资本劳动比	0.18***	0.158**	8.803***	−0.324***	−0.15***
教育程度					−0.025 (0.018)
政治权利					−0.015 (0.018)
次撒哈拉非洲					−0.081 (0.083)
东 亚					−0.051 (0.097)
石 油					−0.089 (0.097)
常数项	−1.431*** (0.58)	−0.863 (0.827)	−66.206*** (24.942)	2.687*** (0.855)	−0.995 (0.798)
观察值个数	56	56	58	64	49
R平方	0.32	0.15	0.39	0.41	0.41
F值	8.0***	2.95***	11.66***	13.86***	3.41***
资本劳动比拐点	9.1	6.8	9.0	7.8	9.3

括号内为标准差,＊＊＊表示5%水平下显著、＊＊表示10%水平下显著、＊表示15%水平下显著。
资料来源:余淼杰(2009)。

杜特和米特拉(Dutt and Mitra,2002)的回归结果可以确定临界(拐点)的资本劳动比为8.5,比韩国的资本劳动比略小。他们还通过临界值将国家区分为资本丰富型和劳动丰富型两大类:

$$\frac{\partial TR_i}{\partial (K/L)_i} = \alpha_3 + \alpha_2 (INEQ)_i \tag{11.27}$$

回归结果表明,$\alpha_3 < 0$,$\alpha_2 > 0$,且除了配额覆盖率外,估计结果都是显著的。上述两表的回归结果表明,民主与贸易保护有着弱的正向关系,学校教育对贸易保护有显著的负效应。同时,加入地区哑变量不会影响结论。东亚经济普遍有较低的保护程度,但是其他国家和地区并没有明显的开放或保护倾向。

之后,作者做了一些稳健性检验。首先,由于基尼系数、资本劳动比以及二者的交叉项可能存在内生性,所以用 Hausman 检验对残差和此三个变量的关系进行了检验。检验结果表明,当因变量是配额、进口关税或者$(X+M)/GDP$时,使用 OLS 可以得到一致有效的估计值。然而,当使用关税作为因变量时,仅能通过 Hausman 回归才可以得到一致有效的估计值。在考虑内生性问题后,计量结果没有发生实质的变化,而且依然是显著的。其次,该文考虑了民主和专制下有不同结果的可能性,检验了在民主制下结果会更强的假设。计量方法是用主回归式的残差对民主/独裁变量作回归。结果表明,中间选民定理在民主制下会有更强的结果。再次,该文用其他两类资本劳动比的数据重新进行了检验(即 Summers-Heston and Easterly-Levine 的数据),实证结果并没有实质变化。最后,该文用贸易保护和不平等的其他度量方式重新作了检验,结果也支持中间选民定理。

中间选民定理的推断是,在劳动丰富型国家中贸易政策会偏向于支持自由贸易,而在资本丰富型经济中会反对自由贸易。然而,众所周知,任何地区的贸易政策都是反对自由贸易的。本部分侧重于用跨国的贸易政策的变动来检验中间选民定理。实证结果表明,随着不平等的增加,资本密集型国家会增加贸易保护,而资本稀缺型国家会减少贸易壁垒。实证结果与中间选民理论两部门的预测是相符的。

二、美国的利益集团与公民福利孰轻孰重?

格罗斯曼和赫尔普曼(Grossman and Helpman,1994)认为,利益集团会通过政治捐献的方式来影响政府的贸易政策,例如提高利益集团所在行业的关税等。他们在一定的假设下构建了一个理论模型,并得出结论:(1)贸易保护在有利益集团组织的行业会比较高,在进口弹性较低的行业也会比较高;(2)在有利益集团组织的这些行业中,贸易保护在进口渗透率较低的行业会比较高,而在没有利益集团组织的行业中,贸易保护会随着进口渗透率的增加而提高。高德伯格和麦吉(Goldberg and Maggi,1999)则运用微观数据计量检验了以上两个结论,并在此基础上估计了模型的结构参数来讨论在美国的政府目标函数中特殊利益集团与公民福利孰轻孰重。

下面先简要回顾这篇实证文章所采用的理论模型,然后介绍其计量方法和所用到的数据,再报告其计量结果和所揭示的政策含义,最后进行简要总结。

(一) 理论模型

该文的理论模型以格罗斯曼和赫尔普曼(Grossman and Helpman,1994)的简化模型为基础。模型假设代表性消费者拥有如下的拟线性效用函数:

$$U = c_0 + \sum_{i=1}^{n} u_i(c_i) \tag{11.28}$$

其中,c_0 代表对基准商品(numeraire)的消费,c_i 表示对商品 i 的消费,u_i 是一个递增的凹函数。对商品 i 的需求由 $d_i(p_i)$ 表示,为 $u_i'(\cdot)$ 的倒数。收入为 y_i 的消费者的间接效用函数为 $V_i = y_i + \sum_{i=1}^{n} s_i(p_i)$,其中 $s(p) = u[d(p)] - pd(p)$。

生产要素包括劳动力和 n 种资本品。基准商品的生产技术为 1 单位劳动产出 1 单位产品,因此工资被固定为 1。另外,可以得出 $\pi_i'(p_i) = y_i(p_i)$,$y_i(p_i)$ 为产品 i 的供给函数。

进口税 t_i^s 由 $p_i = p_i^* + t_i^s$ 确定,假设此经济是小国开放经济,产品的世界价格为 p_i^*。假设政府将税收所得平均分配。

加总所有个体的间接效用,可以得到如下总福利函数:

$$W = 1 + \sum_{i=1}^{n} \pi_i + \sum_{i=1}^{n} t_i^s M_i + \sum_{i=1}^{n} s_i \tag{11.29}$$

其中,$M_i = d_i - y_i$。令 α_i 代表拥有要素 i 的人数的份额。可以计算行业 i 的总福利:

$$W_i = \pi_i + \alpha_i \left(1 + \sum_{j=1}^{n} t_j^s M_j + \sum_{j=1}^{n} s_j\right) \tag{11.30}$$

令 C_i 代表行业 i 的利益集团向政府提供的政治捐献,则其目的为最优化 $W_i - C_i$。政府的目标则是在考虑人民福利和政治捐献的情况下,最优化如下函数:

$$U^G = \beta W + (1-\beta) \sum_{i \in L}^{n} C_i \tag{11.31}$$

其中,β 代表政府目标中对人民福利分配的权重。

高德伯格和麦吉(Goldberg and Maggi,1999)采用了纳什讨价还价解的方法,即贸易政策最终会最优化所有参与人的总剩余,得出总剩余为:

$$\Omega = \beta W + (1-\beta) \sum_{j \in L}^{n} W_j \tag{11.32}$$

将前述福利函数代入上式,对关税 t_i^s 求一阶导数并使之为零,可以得到使所有参与人总剩余最大时,所制定的贸易政策 t_i^s 的表达式:

$$\frac{t_i}{1+t_i} = \frac{I_i - \alpha_L}{\frac{\beta}{1-\beta} + \alpha_L} \cdot \frac{X_i}{M_i} \cdot \frac{1}{e_i} \tag{11.33}$$

其中，t_i 为从价税，e_i 为商品 i 的进口需求弹性，X_i 代表商品 i 的国内产出，$\dfrac{X_i}{M_i}$ 为进口渗透率的倒数，I_i 是哑变量，当 $i \in I$ 时取值为 1，否则取 0。当 $I_i=1$，即行业 i 存在有利益集团政治捐献时，$\dfrac{I_i-\alpha_L}{\dfrac{\beta}{1-\beta}+\alpha_L}$ 为正。因此，该模型认为，对于有利益集团捐献的行业，贸易保护会随 $\dfrac{X_i}{M_i}$ 的增加而提高。因为国内产出越大，提高价格对国内厂商就会越有帮助，所以如果进口占的比重越小，贸易保护就会越多。同时，该模型预测，进口弹性越高的行业的贸易保护越少。因为当进口弹性较高时，贸易保护所导致的福利净损失会比较高，所以政府不会太情愿采取贸易保护。

（二）计量方法和数据使用

在以上理论模型的基础上，对模型的结论进行检验，并对结构参数进行估计。其计量模型如下：

$$\frac{t_i}{1+t_i}e_i = \frac{I_i-\alpha_L}{\dfrac{\beta}{1-\beta}+\alpha_L} \cdot \frac{X_i}{M_i} + \varepsilon_i = \gamma\frac{X_i}{M_i} + \delta I_i\frac{X_i}{M_i} + \varepsilon_i \tag{11.34}$$

由于弹性数据 e_i 包含有较大的统计误差，高德伯格和麦吉（Goldberg and Maggi，1999）将其放在回归模型的左边，从而使误差尽量包含在残差项 ε_i 中。不过，高德伯格和麦吉（Goldberg and Maggi，1999）在之后的稳健性检验中将弹性项放在回归方程的右边，并对该方程进行了多次变换，其结果并没有很大变化。根据理论模型，回归的主要系数应满足 $\gamma<0$，$\delta>0$，$\gamma+\delta>0$。

由于受到数据的限制，模型中的诸多数据无法直接获得，高德伯格和麦吉（Goldberg and Maggi，1999）对数据进行了一些处理，并相应地对模型进行了修补。下面将介绍主要变量的设定：

保护测度，即对保护程度的测量变量，在该文中并没有直接采用关税。由于关税的确定是由 GATT/WTO 等多边谈判共同确定的，即并不只取决于国内利益集团的政治捐献，所以关税并不能很好地适应该模型的要求。因此，该文采用非关税壁垒作为对保护程度的测量变量，具体来说，采用覆盖率（coverage ratio）作为替代，覆盖率的数据直接来自切夫勒（Trefler，1993）。以美国 1985 年的数据为例，其与平均关税的相关系数达到 0.78，因此作者认为可以作为保护程度的替代。覆盖率由 $\sum_k n_k^i w_k^i$ 得出，其中 n_k^i 取 1 代表产品 k 由某些非关税壁垒所覆盖，权重 w_k^i 是产品 k 的进口相对于总进口的份额。作者讨论了采用此变量可能的种种问题，指出在目前的数据可得性下，这样的方法是最好的方法。为了避免 0—1 测量的不准确性，作者没有像以前的研究那样让覆盖率的值与关税值直接等价，而是对非关税覆盖率重新赋予不同的比重，并对其分别进行计量估计。

关于进口需求弹性,高德伯格和麦吉(Goldberg and Maggi,1999)指出,其数据不太可靠,甚至会出现错误的符号,且其标准差往往很大。他们考虑了三种处理该问题的方法:自己估计弹性、将弹性放在方程式右边并纠正其标准差、采用现有弹性并放在方程式左边。由于无法在现有方法上改进弹性度量,也不知道现有弹性的计算方法,所以无法对标准差进行修正,前两种方法被排除。作者采取了第三种方法。

关于政治组织哑变量,高德伯格和麦吉(Goldberg and Maggi,1999)采用一行业是否有政治捐献来代替。由于几乎所有行业都有政治捐献,他们使用了一个阈值来代表。当政治捐献值高于此阈值时,哑变量取值为1;当低于此阈值时,哑变量取值为0。该阈值由数据中的自然断点表示,之后作者又采取了其他阈值并进行比较,没有发现阈值的选取对结果有很大影响。同时,为解决此哑变量可能具有的内生性问题,作者采用了一个简化式(reduced-form estimation)方程对其进行估计。

作者采取文献中常用的方法,将进口渗透率作为内生变量来处理。因此,作者采用切夫勒(Trefler,1993)的方法,用一个简约方程式对其进行了估计。方程式的右边包括资本、土地、熟练劳动力以及可能会影响政治组织形成的变量。这些变量在政治组织哑变量的简约方程式中,同样被采用。

根据上述讨论,可以得到完整的计量模型如下:

$$\frac{t_i^*}{1+t_i^*}e_i = \gamma \frac{X_i}{M_i} + \delta I_i \frac{X_i}{M_i} + \varepsilon_i$$

$$t_i = \begin{cases} \frac{1}{\mu}t_i^* \\ 0 \quad (\text{if } 0 < t_i^* < \mu, \ t_i^* \leqslant 0, \ t_i^* \geqslant \mu) \\ 1 \end{cases}$$

$$\frac{X_i}{M_i} = \xi_1' Z_{1i} + u_{1i}$$

$$I_i^* = \xi_1' Z_{2i} + u_{2i}$$

$$I_i = \begin{cases} 1 \\ 0 \end{cases} \quad (\text{if } I_i^* > 0, \ I_i^* \leqslant 0) \tag{11.35}$$

其中,t_i^* 为潜在变量,可考虑为"真实"保护水平,这等于当覆盖率在 0 和 1 之间时,覆盖率与 μ 的乘积。在之后的敏感性检测中,对 μ 分别取值 1、2、3,结果并没有很大差异。

作者对上述计量模型采取了最大似然法(MLE)的估计方法,来检测系数是否显著且有正确的符号,同时对结构参数进行估计,并看其是否落在 0 和 1 之间。另外,作者加入了其他解释变量,来看这些其他变量是否会对解释力产生影响,以考察模型可能的改进方向。

(三) 结果和政策建议

通过运用以上方法估计,高德伯格和麦吉(Goldberg and Maggi,1999)首先得出如下结果:

表 11-4 模型的基本估算结果

变量	$\mu=1$	$\mu=2$	$\mu=3$
$\dfrac{X_i}{M_i}$	−0.009 3 (0.004 0)	−0.013 3 (0.005 9)	−0.015 5 (0.007 0)
$\dfrac{X_i}{M_i}I_i$	0.010 6 (0.005 3)	0.015 5 (0.007 7)	0.018 6 (0.009 3)
推算出的 β	0.986 (0.005)	0.984 (0.007)	0.981 (0.009)
推算出的 α_L	0.883 (0.223)	0.858 5 (0.217)	0.840 (0.214)

注：表中括号所示数值为标准差。资料来源：余淼杰(2009)。

表 11-4 报告了该文的主要结果。由表中不难看出，当 μ 取不同值时，$\gamma<0$，$\delta<0$，$\gamma+\delta>0$ 始终满足，且进口渗透率的倒数及其与政治组织哑变量乘积的两项估计始终显著，即回归结果是符合理论的。对结构参数计算的结果表明，尽管有利益集团政治捐献的存在，但在政府的目标函数中，推算出的 β 小于1，这表明政府是相对重视人民福利而轻视特殊利益集团利益的。

之后，作者加入其他解释变量，发现并没有改变模型的主要实证结论。另外，作者也做了一些敏感性检测，如调整政治捐献的阈值和改变模型设定，但是这些改变并没有影响主要实证结论。因此，作者认为，GH 的理论在一定程度上反映了现实，且可以利用该模型估计政府对人民福利的相对重视程度以及利益集团的影响力。

该结论隐含的政策建议为，尽管利益集团对贸易政策的制定有影响，但是由于美国政府是偏向于民众的，所以这种影响并不会很大，也即无须规模地调整政府的贸易政策。

三、考虑贸易中间品时美国政府目标函数的估算

伽万德和邦迪帕哈(Gawande and Bandyopadhay,2000)是对格罗斯曼和赫尔普曼(Grossman and Helpman,1994)的又一实证检验。他们使用美国非关税贸易壁垒的横截面数据，从贸易保护程度以及利益集团所付政治捐献两个方面验证了格罗斯曼和赫尔普曼(Grossman and Helpman,1994)的预测。

(一) 理论架构

伽万德和邦迪帕哈(Gawande and Bandyopadhay,2000)的理论架构基本来自格罗斯曼和赫尔普曼(Grossman and Helpman,1994)。他们首先对格罗斯曼和赫尔普曼(Grossman and Helpman,1994)的模型做了简要介绍。他们考虑了一个小国开放经济，有 n 种商品，每种商品的生产需要三种要素：一种可移动要素、劳动以及这个产业特定要素。在一些部门中，特定要素的所有者会结合成为利益集团，从而影响政府官员的决策，在这里特别需要指出的是出口和进口的关税。对于不同部门来说，对关税大小

的偏好是不同的。由于政府官员的目标函数被假设为利益集团所给的捐献和社会福利的加权平均,所以利益集团可以通过向政府提供一个关税和捐献对应的菜单,从而影响政府的决策。

1. 各个行业贸易保护的程度

伽万德和邦迪帕哈(Gawande and Bandyopadhay,2000)将格罗斯曼和赫尔普曼(Grossman and Helpman,1994)的发现进行扩展,使其包括中间投入品。如果只有一种中间投入品 X,这种投入品是在规模报酬不变的条件下生产出来的,并且被其中一部分行业或者所有行业使用,那么各个行业贸易保护的程度可以由下式表示:

$$\frac{t_i}{1+t_i} = \frac{I_i - \alpha_L - \alpha_X}{a + \alpha_L + \alpha_X}\left[\frac{z_i}{e_i}\right] + \frac{p_X^*}{e_i m_i}\frac{\partial m_x}{\partial p_i} \cdot t_X, \quad i=1,\cdots,n \quad (11.36)$$

其中,$t_i = (p_i - p_i^*)/p_i^*$ 是均衡时对商品 i 征收的从价税或者补贴,p_i 是商品 i 的国内价格,p_i^* 是商品 i 的国际价格。I_i 是一个哑变量,如果行业 i 中有一个利益集团,那么 I_i 就是1,否则是0,参数 α_L 和 α_X 是人口中被组织进入最终商品利益集团的比例以及被组织进入中间商品利益集团的比例。a 是相对于总的政治捐献,社会总福利在政府的目标函数中所占的比重。由于总政治捐献在政府的目标函数中所占的比重为 a_1,社会总福利在政府的目标函数中所占的比重为 a_2,所以 $a = a_2/(a_1 - a_2)$。$z_i = y_i/m_i$ 是均衡时产出对进口的比例,$e_i = -m_i' p_i/m_i$ 是进口需求弹性,m_X 是对中间商品的需求,t_X 是对中间投入品所征收的税。

作者经过分析,得出结论:行业 i 均衡时受保护程度与行业 i 是否形成了利益集团有关,并且保护程度是国家对中间投入品所征收的增函数。

为了检验这个结论,现将上式写成:

$$\frac{t_i}{1+t_i} = -\frac{\alpha_L + \alpha_X}{a + \alpha_L + \alpha_X}\left[\frac{z_i}{e_i}\right] + \frac{1}{a + \alpha_L + \alpha_X}\left[I_i \times \frac{z_i}{e_i}\right]$$
$$+ \frac{p_x^*}{e_i m_i}\frac{\partial m_x}{\partial p_i} \cdot t_X, \quad i=1,\cdots,n \quad (11.37)$$

那么,如格罗斯曼和赫尔普曼(Grossman and Helpman,1994)的预测,会有:

(1) $\dfrac{z_i}{e_i}$ 的系数为负;

(2) $I_i \times \dfrac{z_i}{e_i}$ 的系数为正;

(3) 由于 $\alpha_L + \alpha_X < 1$,所以 $\dfrac{z_i}{e_i}$ 和 $I_i \times \dfrac{z_i}{e_i}$ 的系数和为正;

(4) 在行业 i 上的保护率是中间投入品税收 t_X 的增函数。

除了这些定性结论,作者还指出了一个量上的推论:$\dfrac{z_i}{e_i}$ 和 $I_i \times \dfrac{z_i}{e_i}$ 的系数可以被用来推断 a 的大小。

2. 政治捐献量的大小

事实上,基于格罗斯曼和赫尔普曼(Grossman and Helpman,1994)模型,可以得出一个关于政治捐献与社会福利的假说:在其他条件不变的情况下,利益集团所要求的关税所带来的社会净福利损失越大,利益集团所要花费的政治捐献就越多。问题是:如何来衡量这个社会净福利损失呢?

沃斯登(Vousden,1990)提供了一种方法来完成这项挑战,即基于进口的补偿需求曲线,可以得出社会净福利损失的公式:

$$\frac{DWL}{VA} = 0.5 \left(\frac{t}{1+t}\right)^2 \frac{e}{z}$$

由于社会净福利并不可以直接被测量,所以作者又假设出如下关系:

$$\ln(PAC/VA) = h[\ln(DWL/VA)] \tag{11.38}$$

那么,"政治捐献与社会福利假说"就可以通过 $h' > 0$ 来代表,结合等式(11.38),此假说可以写成下式:

$$0.5 \times \frac{\partial \ln\left(\frac{PAC}{VA}\right)}{\partial \ln\left(\frac{t}{1+t}\right)} + \frac{\partial \ln\left(\frac{PAC}{VA}\right)}{\partial \ln\left(\frac{1}{z}\right)} + \frac{\partial \ln\left(\frac{PAC}{VA}\right)}{\partial \ln(e)} > 0 \tag{11.39}$$

3. 利益集团竞争假说

格罗斯曼和赫尔普曼(Grossman and Helpman,1994)模型对于利益集团之间的竞争以及利益集团和政府之间利益的分割也有特定的预测。利益集团之间的竞争有两种情况,在第一种情况下,每一个利益集团都很小,所以他们的行为不会对其他利益集团产生影响;在第二种情况下,对手利益集团之间的竞争会导致每个利益集团所花的政治捐献都提高。

作者使用下游利益集团的讨价还价能力来度量各个利益集团间的竞争度。这里,下游利益集团偏好低关税,而上游利益集团偏好高关税。为准确衡量各利益集团间的竞争度,作者使用了两种具体的度量方法。其一是上游利益集团的产出中被下游利益集团用来作为中间投入品的份额(DOWNSTREAMSHR);其二则是购买上游利益集团产品的下游利益集团的集中度,用 Herfindel 指数度量(DOWNSTREAMHERF)。这两个量越高,下游利益集团的讨价还价能力越强,那么上游利益集团想要游说政府制定较高的关税税则,就需要花费更多的政治捐献。

(二) 计量设定

在格罗斯曼和赫尔普曼(Grossman and Helpman,1994)模型中,公司所给的政治捐献数量和保护水平是同时被决定的。在第一个阶段,每个公司向政府提供一个菜单,这个菜单包括税收水平以及对应于此税收水平此公司会付出的政治捐献。在均衡时,最优的贸易税收水平和每个公司所给的政治捐献数量是同时被决定的。因此上面刻画各个行业贸易保护的式(11.37)以及刻画政治捐献的式(11.38)应该被联立起来估计。

此外,由于进口量内生决定于贸易保护程度的大小,作者还加上了进口量和贸易保护程度关系的一个等式。

在由格罗斯曼和赫尔普曼(Grossman and Helpman,1994)模型所推导出的计量模型中,主要考察的是这三个变量:均衡时产出对进口的比例(即进口渗透率的倒数)z、进口需求弹性 e 以及保护水平 t。由于很多其他的文献提到一些其他可能影响贸易保护程度的变量,所以作者设定了两个计量模型,第一个计量模型仅仅是通过对格罗斯曼和赫尔普曼(Grossman and Helpman,1994)模型推导而得出的,第二个计量模型加入了一些其他文献中被验证会影响到贸易保护程度的变量。

现在来考察第一个计量模型:

$$\frac{NTB}{1+NTB} = \alpha_0 + \alpha_1 \frac{z}{e} + \left(I^* \frac{z}{e}\right) + \alpha_3 INTERMTAR + \alpha_4 INTERMNTB + \varepsilon_1$$

$$\ln \frac{PAC}{VA} = \beta_0 + \beta_1 \ln \frac{NTB}{1+NTB} + \beta_2 \ln e + \beta_3 \ln \frac{1}{z} + \beta_4 \ln DOWNSTREAMSHR$$
$$+ \beta_5 \ln DOWNSTREAMHERF + \beta_6 \ln HERF + \varepsilon_2$$

$$\frac{1}{z} = \delta_0 + \delta_1 \frac{NTB}{1+NTB} + X_M \Delta + \varepsilon_3 \tag{11.40}$$

式(11.40)中的第一个等式来自式(11.37),如同高德伯格和麦吉(Goldberg and Maggi,1999)一样,伽万德和邦迪帕哈(Gawande and Bandyopadhay,2000)采用非关税壁垒覆盖率(NTB)来衡量贸易保护水平。其中 INTERMTAR 表示中间产品的关税水平,而 INTERMNTB 则代表中间产品的非关税壁垒。

式(11.40)的第二个等式的设定来自式(11.39)。因变量由经过附加值(value-added)调整过的每个公司在政治捐献上的花费来表示(PACFIRM/VA)。上面提到的政治捐献与社会福利假说在这里的参数表达就是:$0.5 \times \beta_1 + \beta_2 + \beta_3 > 0$。而利益集团竞争假说的计量检验通过 DOWNTREAMSHR 和 DOWNSTREAMHERF 这两个变量来进行。其中,检验"强利益集团竞争假说"等价于检验:$\beta_4 > 0$ 和 $\beta_5 > 0$ 是否同时成立。而"弱利益集团竞争假说"只需要这两个不等式中的任何一个成立。最后,这个等式还包括了度量企业集中度的一个指标,即 HERF 值。第二个等式是用来考察进口比例和贸易保护程度、资本劳动比例、比较优势、自价格弹性以及交叉价格弹性之间的关系的。

伽万德和邦迪帕哈(Gawande and Bandyopadhay,2000)又进一步考察了第二个计量模型:

$$\frac{NTB}{1+NTB} = \alpha_0 + \alpha_1 \frac{z}{e} + \left(I^* \frac{z}{e}\right) + \alpha_3 INTERMATAR + \alpha_4 INTERMNTB + X_N \Gamma \varepsilon_1$$

$$\ln \frac{PAC}{VA} = \beta_0 + \beta_1 \ln \frac{NTB}{1+NTB} + \beta_2 \ln e + \beta_3 \ln \frac{1}{z} + \beta_4 \ln DOWNSTREAMSHR$$
$$+ \beta_5 \ln DOWNSTREAMHERF + \beta_6 \ln HERF + X_P \Pi \varepsilon_2$$

$$\frac{1}{z} = \delta_0 + \delta_1 \frac{NTB}{1+NTB} + X_M \Delta + \varepsilon_3 \tag{11.41}$$

式(11.41)相对于式(11.40)来说,每一个回归式中都加入了一些文献中提到的政治经济变量,这些变量作为控制变量进入回归式。

接着,使用计量上的AIC(Akaike information criterion)和SIC(Schwarz information criterion)来比较两个模型的利弊。使用两阶段最小二乘法来对此系统的变量进行一致估计。表11-5是他们推算出来的关于格罗斯曼和赫尔普曼(Grossman and Helpman,1994)模型主要参数的符号。

表11-5 政府模型相关变量的符号预测

相 关 变 量	符 号 预 测
非关税壁垒方程	
$(z/e, I^* z/e)$	$(-,+)$
$\alpha_1 + \alpha_2$	$+$
中间品的关税水平	$+$
中间品的非关税水平	$+$
游说方程	
$\partial \ln(PACFIRM)/\partial \ln(DWL)$	$+$
$\partial \ln(PACTRADE)/\partial \ln(DWL)$	$+$
DOWNTREAMSHR	$+$
DOWNSTREAMHERF	$+$

资料来源:余淼杰(2009)。

(三) 数据和计量回归结果

1. 数据及其来源

伽万德和邦迪帕哈(Gawande and Bandyopadhay,2000)用到诸多变量,其中最主要的是非关税壁垒覆盖率(NTB)。他们用1983年美国对所有贸易伙伴总的NTB覆盖率,以及美国和五个大的贸易伙伴的双边NTB覆盖率来衡量NTB。数据来源是世界银行及联合国贸易和发展组织(UNCTAD)中的非关税壁垒率数据。

进口渗透率倒数(Z)则是用消费量除以进口量再乘以10 000得到的。进口需求弹性直接从歇尔斯等(Sheills et al.,1986)中得到,不同的是,歇尔斯等(Sheills et al.,1986)估计是在三位数的标准工业指数(SIC)水平上估计的,而伽万德和邦迪帕哈(Gawande and Bandyopadhay,2000)则是在四位数的SIC水平上估计的。同时,使用Gawande(1997b)中提供的方法,对弹性数据中内在的变量中错误(errors-in-variables)问题进行了处理。

行业特征方面的数据是从1982年美国工业普查资料(census of manufacturing)及各种工业调查年鉴中得到的。PACFIRM变量则是从联邦选举委员会资料库中构造的,年份分别是1977—1978,1979—1980,1981—1982,1983—1984。双边贸易变量(EXP_j, IMP_j)则从联合国的COMTRADE中得到。附加值(VA)和Herfindel指数

(Herf)是从1982年的工业普查资料中获得的。INTERMTAR,INTERMNTB,DOWNTREAMSHR 以及 DOWNSTREAMHERF 是从美国的投入-产出表中获得的。

2. 回归结果

首先来考虑 NTB 等式,伽万德和邦迪帕哈(Gawande and Bandyopadhay,2000)发现 z/e 的系数是负的,而 $I \times z/e$ 的系数是正的,并且都很显著,这就说明,z/e 和 $I \times z/e$ 一单位的增加会导致美国非关税壁垒覆盖率大约上升0.9单位。这个结果支持了格罗斯曼和赫尔普曼(Grossman and Helpman,1994)模型的结论。不过,理论上,z/e 和 $I \times z/e$ 的系数和应是正的,但表11-5中的估计并不能支持这个结论。

其次,通过估算 $\alpha_1 = -(\alpha_L + \alpha_X)/(a + \alpha_L + \alpha_X)$ 和 $\alpha_2 = 1/(a + \alpha_L + \alpha_X)$,可以推出 a 的价值。伽万德和邦迪帕哈(Gawande and Bandyopadhay,2000)得出的结论是,政府对总政治捐献和总福利减去政治捐献的净值几乎同样看重。

再次,理论模型表明在中间产品上的保护率应会对最终产品的保护率有正的影响。因为 INSTERMTAR 和 INTERMNTB 变量的系数为正,这一论点同样得到数据有力的支持。

最后,对利益集团等式的估计结果支持格罗斯曼和赫尔普曼(Grossman and Helpman,1994)模型中政治行动委员会(PAC)的花费和由于贸易保护所导致的净福利损失会正相关的观点,也支持下游行业利益集团竞争将会导致利益集团付出更多政治捐献的论断。顺便提一下,作者还使用了 AIC 统计量和 SIC 统计量来比较两个模型的优劣,结果 AIC 统计量认为模型(11.41)更好而 SIC 统计量则认为模型(11.40)更好。

3. 敏感度分析

众所周知,由模型回归得到的统计结果要有说服力,必须对各种计量设定不敏感。在伽万德和邦迪帕哈(Gawande and Bandyopadhay,2000)中,作者首先检查了模型是否对线性设定敏感,结论发现模型与是线性设定还是 Tobit 设定无关。其次,为了估计 z 和 $1/e$ 各自的重要性,作者分别估计含有变量 z,$I^* z$,$1/e$ 以及 $I^* 1/e$ 的模型,结果也发现统计结果不敏感。再次,作者也讨论了这些结果对美国与五个国家(法国、德国、意大利、日本、英国)双边 NTB 和贸易数据是否成立。结果是,只有用美国-日本的 NTB 估计出的 z/e 和 $I \times z/e$ 结果和总结果比较近似,这意味着总结果主要是受美国-日本双边 NTB 影响的。

事实上,在衡量利益集团的政治捐献方面,作者还使用了另外一种与总量的 PAC 花费不同的度量方法,即单纯采用其中的一项,即与纯贸易相关的 PAC 花费进行重新估计。结果是,政治捐献-社会福利假说对度量方法不敏感。所以,众多敏感度分析表明了利益集团竞争假说不会因对利益集团力量度量的不同而有所不同,也不会受到两种利益集团政治捐献花费度量的影响,更不会受到不同计量模型设定形式的影响。

四、澳大利亚的关税结构及政府目标函数

马科曼(McCalman,2002)运用格罗斯曼和赫尔普曼(Grossman and Helpman,

1994)的"保护待售模型"来分析澳大利亚的贸易自由化进程。

(一) 理论模型

马科曼(McCalman, 2002)基于格罗斯曼和赫尔普曼(Grossman and Helpman, 1994)模型,引入一个中间产品直接地扩展了此模型,而且大体上是沿用了高德伯格和麦吉(Goldberg and Maggi, 1999)的理论框架。

模型假设一个小型经济体其中每个个体的连续集,他们有相同的偏好和不同的禀赋,假设人口规模等于1。偏好由下式给定:

$$u = x_0 + \sum_{i=1}^{n}(u_i)(x_i) \tag{11.42}$$

其中,x_0 是基准商品 0 的消费,x_i 是商品 i 的消费,u_i 是递增的凹函数。在这样的偏好条件下,商品 i 的需求为 $x_i = d_i(p_i)$,其中 $d_i(p_i)$ 是 $u_i'(x_i)$ 的反函数。支出为 E 的个体的间接效用函数为 $V(p, E) = E + \sum_{i=1}^{n} s_i(p_i)$,其中 $s(p) = u[d(p)] - pd(p)$。

假设有 $n+1$ 种最终产品和 1 种可进口的中间产品。基准商品 0 的生产只需劳动力,而且为规模报酬不变,投入系数为 1,所以工资水平也为 1。其他每种最终产品的生产需要劳动力、中间投入和一种部门特定要素投入。中间投入产品的生产需要劳动力和一种部门特定要素投入,而且这种特定要素的回报 $\pi_{n+1}(q)$ 只取决于国内价格 q。用于生产最终产品 i 的特定要素回报 $\pi_i(p_i, q)$ 由 p_i 和 q 共同决定。根据霍特林(Hotelling)引理,有 $\partial \pi_i(p_i, q)/\partial p_i = y_i$,其中 y_i 是商品 i 的供给函数。

假设政府的政策工具仅限于贸易关税和补贴,这些政策使国内价格 P_i^* 不同于(外生的)世界价格 q^*。政府把从贸易政策中获得的收入通过一次性转移的方式重新分配给所有公民。

把所有个体的间接效用加总得到的总福利为:

$$W = 1 + \pi_{n+1}(q) + \sum_{i=1}^{n}\pi_i(p_i, q) + \sum_{i=1}^{n}(p_i - p_i^*)m_i(p_i, q)$$
$$+ (q - q^*)m_{n+1}(q) + \sum_{i=1}^{n} s_i(p) \tag{11.43}$$

其中,m_i 和 m_{n+1} 分别是最终产品和中间产品的进口额。注意,总收入是劳动力收入、特定要素回报和关税收入的总和。

假设在最终产品的子集和中间投入部门 $L \subset \{1, 2, \cdots, n, n+1\}$ 中,特定要素的所有者能够形成游说集团。用 α_j 表示拥有特定要素 j 的人口比例。假设每个个体拥有一单位的劳动力和最多一种特定要素。把属于游说集团 j 的所有个体的间接效用加总,经过整理可得游说集团的总福利:

$$W_j = \pi_j + \alpha_j \left[1 + \sum_{i=1}^{n}(p_i - p_i^*)m_i + (q - q^*)m_{n+1}\sum_{i=1}^{n} s_i(p) \right] \tag{11.44}$$

游说集团 j 的目标是最大化 $W_j - C_j$,其中 C_j 是对政府的捐献。政府的目标是最大化福利和捐献的总和：

$$G = \sum_{j \in L} C_j + aW \tag{11.45}$$

其中，a 表示政府对福利相对于捐献的权重的评价，a 为非负数。

为得到均衡的贸易政策，格罗斯曼和赫尔普曼（Grossman and Helpman, 1994）假设政府和各个游说集团之间的相互影响以"菜单拍卖"的形式进行。但是，马科曼（McCalman, 2002）则沿用了高德伯格和麦吉（Goldberg and Maggi, 1999）的假设，即贸易政策是一个纳什博弈的结果。在纳什均衡解中，被选择的贸易政策使所有涉及的集团的联合剩余最大化。总剩余由下式来定义：

$$\Omega = \sum_{j \in L} W_j + aW \tag{11.46}$$

经过改写得到：

$$\Omega = \sum_{i=1}^{n}(a+I_i)\pi_i + (a+I_{n+1})\pi_{n+1} + (a+\alpha_L)\Big[1 + \sum_{i=1}^{n}(p_i + p_i^*)m_i \\ + (q - q^*)m_{n+1} + \sum_{i=1}^{n} s_i(p)\Big] \tag{11.47}$$

其中，$\alpha_L = \sum_{j \in L} \alpha_j$ 表示所有游说集团占总人口的比例，I_j 是一个指示变量，当 $j \in L$ 时等于 1，否则等于 0。对最终产品 I 的国内价格求解一阶条件得到：

$$\frac{\partial \Omega}{\partial p_i} = (a+I_i)\frac{\partial \pi_i(p_i, q)}{\partial p_i} + (a+\alpha_L)\begin{vmatrix} -d_i + (p_i - p_i^*)\dfrac{\partial m_i}{\partial p_i} \\ + m_i + (q - q^*)\dfrac{\partial m_{n+1}}{\partial p_i} \end{vmatrix} = 0 \tag{11.48}$$

根据霍特林引理，整理得到：

$$\frac{t_i}{1+t_i} = \frac{I_i - \alpha_L}{a + \alpha_L}\frac{y_i}{m_i}\frac{1}{e_i} + t_q \frac{\partial m_{n+1}}{\partial p_i}\frac{q^*}{m_i}\frac{1}{e_i} \tag{11.49}$$

其中，t_i 是对商品 i 的从价税，t_q 是对中间投入的从价税，e_i 是最终产品 i 的进口需求弹性。

这样，模型对关税保护的横截面结构有三个清晰的预测。首先，有组织的部门的保护水平随 y_i/m_i 递增。由于有组织的部门的政治权力反映在国内产出和进口的比例上。在国内产量大的部门，特定要素所有者能从国内价格的上升中获得更多利益，而在进口额较低时，保护给整个经济体带来的损失也相对较小（进口需求弹性给定）。其次，进口弹性高的部门获得较少的保护。因为在进口弹性高的部门，保护所带来的无谓损失也很大，于是政府就不愿意给予保护。最后，最终产品的关税是中间产品关税的增函数。

有两种特殊情况需要引起注意。第一,如果政府不关心政治捐献($a = \infty$),那么均衡结果也是自由贸易。在这种情况下,政府就没有征收关税的激励,因为小国关税会造成总福利损失。由于澳大利亚在所研究的时期内大幅地削减了关税,模型对于这些参数的解释就很值得关注。第二,如果游说集团代表了所有的选举人($\alpha_L = 1$),那么均衡结果就是自由贸易。在这种情况下,游说集团相互竞争的要求彼此抵消,而所有游说集团的联合剩余与社会福利相一致。

(二) 计量模型

等式(11.49)是模型描述的基础。为了在实证水平上应用此模型,作者引入了一个附加的正态分布的误差项来构造一个随机版本。与高德伯格和麦吉(Goldberg and Maggi,1999)模型相同,进口需求弹性被移到了等式左边,于是得到以下实证模型:

$$\frac{t_i}{1+t_i}e_i = \beta_1 \frac{y_i}{m_i} + \beta_2 I_i \frac{y_i}{m_i} + \sum_{j=1}^{i} \beta_{j+2} D_j t_i^q + \varepsilon_i \tag{11.50}$$

其中,$\beta_1 = -\alpha_L/(a+\alpha_L)$,$\beta_2 = 1/(a+\alpha_L)$,$D_j$ 是一个哑变量,当一个产业属于产业集团 j 时,它等于1,否则为0。引入这个虚拟变量的目的是允许中间产品的关税系数在不同产业之间有所不同。由于不可能为每一个产业都估计一个不同的系数,所以马科曼(McCalman,2002)确定了七个相对相似的产业集团。

可以发现马科曼(McCalman,2002)这个实证模型与高德伯格和麦吉(Goldberg and Maggi,1999)的实证模型是很相似的。先前研究运用的模型把进口渗透比例当做单独的加和项,而当前的模型则把进口渗透比例和政治组织虚拟变量当做交互项。于是模型得出这样的预测:关税和进口渗透的关系在根本上依赖于一个产业是否形成了产业组织。

马科曼(McCalman,2002)的目的是运用"保护待售模型"模型来解释澳大利亚贸易自由化进程中的各种推动因素。为达到此目的,首先需要做的是估计模型来确定它与数据是否一致。这个一致性检验包括检验 β_1 和 $\beta_1 + \beta_2$ 的符号是否与模型预测相一致。一致性要求 $\beta_1 < 0$,β_2 到 $\beta_9 > 0$,并且 $\beta_1 + \beta_2 > 0$。如果模型与数据相一致,那么由于 β_1、β_2、a 和 α_L 之间有一一对应的关系,就可以确定结构参数。当然,要准确地估计等式(11.50),还须仔细讨论有关变量构造和回归量内生性问题。

(三) 数据

等式左边的变量是从价税和进口需求弹性。把关税而不是其他保护工具作为研究重点是因为在19世纪60年代澳大利亚的主要保护形式是关税,而作者所考虑的横截面关税模式是在1968/1969年实行的。没有关税约束意味着澳大利亚可以把关税作为一个可自行决定的政策工具而不会受到多边规则的牵制。

这个政策环境有两方面对于"保护待售模型"的估计很重要。第一,把关税作为政策核心是很重要的,因为当实行像数量限制等其他贸易壁垒时,"保护待售模型"的预测不一定适用。第二,对澳大利亚而言,关税不受关贸总协定的规则约束,所以可以像"保护待售模型"模型假设的那样自行设定。

进口需求弹性运用的是撒沃斯(Sawers,1998)的数值。撒沃斯(Sawers,1998)使用的是贸易支出函数方法,估计值是从一个转换对数的形式得出的,数据是1968/1969年到1982/1983年的年度数据。它们是唯一可以得到的弹性估计值，两个时期都使用的是这些数值。与先前对"保护待售模型"模型的研究相同，进口弹性的引入对估计提出了两个问题：弹性的内生性和使用一个有测量误差的变量的考虑。与高德伯格和麦吉(Goldberg and Maggi,1999)的方法一样，作者的解决方法是把 e_i 移到等式左边。这个变形使模型中的参数可以被识别，所以是一个可行的估计策略。同时，由于内生性变量都在等式左边，而外生性变量都在等式右边，这个变形也是一个合适的估计策略。这样就直接解决了 e_i 的内生性问题。由于与使用 e_i 的估计值有关的干扰直接被包括在被估计的等式的误差项中，把 e_i 移到等式左边也直接解决了测量误差问题，所以，估计的参数是一致的。

在等式右边的变量中，政治组织虚拟变量是最难找到与理论模型相应的经验对等。在模型中，如果一个产业进行财政捐献，它就是有组织的。但是，由于没有足够细化的有关捐献的数据，就无法确定特定产业的捐献水平，更不能确定对影响力大的贸易政策的捐献水平。因此，作者采取了一个更实际的方法，即确定一个产业的政治组织程度。

马科曼(McCalman,2002)利用澳大利亚贸易政策机构的信息来推断哪些产业是有组织的。从1921年开始，澳大利亚贸易政策的实施由一个独立的咨询集团来评估。这个集团最初被称为关税管理委员会(Tariff Board)，之后它经历了一系列的名称和操作上的变化。这个集团提出的贸易政策建议有两种形式：强制的和供选择的。作为强制性建议的一部分，关税管理委员会有责任对现行的或提议的关税上升、削减或延期进行调查。所以，关税政策的任何变化都会由关税管理委员会做出报告。但是1940年到1960年间，主要的保护工具是数量性限制，目的是达到外部收支平衡。1960年取消进口许可之后，关税再次成为主要的保护工具。从保护政策的这个变化可以推断出哪些产业是有组织的。具体来说，如果一个产业有能力进行调查来修订关税，在数量性限制被取消之后，它就被定义为一个政治上有组织的部门。需要注意的是，这个标准并不能直接用来解释关税结构，因为这个时期的调查并不都是以关税的增加为结果的。但是一个产业要想发起调查必须是有组织的，因为超过90%的调查都是应产业的要求而开始的。也就是说，只有当一个产业是有组织的时候，它的关税增加才会被给予考虑。

政治组织虚拟变量的构造有以下步骤：如果在1960年到1969年间，关税管理委员会对一个产业做出了报告，那么这个产业就被定义为政治上有组织的，于是它的虚拟变量取值为1。1960年的第一个日期与进口许可的废除重合，而1969年的截止日期则是本研究中的第一个关税观测集的日期。有关关税管理委员会是否就一个特定产业做出过报告的信息被包括在工业援助委员会(Industries Assistance Commission)(1974)中，它是1921年到1973年关税管理委员会报告按产业分类的索引。这个报告索引包括了达到澳洲标准工业分类按产业分类的细化的信息，它比要求的更加细化。为了把信息加总到澳洲标准工业分类的集团水平，一个集团之内的政治组织化的产业类别数量被加总，然后再除以这个集团中所有产业类别的数量（例如，如果一个集团包括了五个产业类别，但只有一个在相关的时期内得到了报告，那么政治组织变量的值就是1/5）。以这种方法来构造政治组织变量反映了作者试图获取数据提供的一些附加信息，这与理论模型是一致的。得到的指数范围从0到1，反映了一个产业内的组织程度。

余下的变量包括进口渗透比例的倒数和中间投入的从价税。进口渗透比例的倒数使用的是澳大利亚工业委员会的数据，它的定义是产业 i 国内产量价值与进口价值之比。中间投入的关税 t_i^q 使用的是工业援助委员会(1976)和工业委员会(1995a)的数据，它是产业 i 的所有中间投入关税的加权平均值。

当估计模型时，这样的定义下构造出来的这些变量有一个问题，即它们都可能与误差项相关。政治组织变量的构造可能造成它是内生的。同时，在一个描述了贸易政策和贸易量的完整的体系中，进口渗透比例的倒数和中间投入的关税都是内生的。鉴于此，模型的估计采取了两阶段最小二乘法。这个两阶段最小二乘法的过程是用一个 probit 模型来估计政治组织变量，而进口渗透比例的倒数和中间投入的关税则是用普通的最小二乘法来估计的。通常的工具集被划分成两个部分：一部分是影响成为政治上有组织(渗透比例、企业数量、雇用规模和工资)的概率；另一部分则影响比较优势(有形资本、人力资本——专业与技术职工和管理与行政人员、每个部门使用的劳动力的数量)。

这样，马科曼(McCalman，2002)把分析应用于两个时期——1968/1969 年和 1991/1992 年，而且重点在制造业部门，每个时期记录了 34 个观测，表 11-6 给出了两个时期的摘要统计数据。

表 11-6 摘要统计数据

变量	1968/1969		1991/1992	
	平均值	标准差	平均值	标准差
关税(%)	24.9	13.1	11.9	13.1
中间产品的关税(%)	17.9	12.5	6.4	4.9
组织虚拟变量	0.59	0.31	0.59	0.31
渗透比例(m_i/y_i)	0.23	0.36	0.42	0.55
进口弹性	2.59	1.47	2.59	1.47

资料来源：余淼杰(2009)。

(四) 估计结果

这篇论文有双重目标，一是检验"保护待售模型"与实际数据的一致性，二是用此模型来解释在澳大利亚发生的贸易自由化进程。模型的静态属性需要对它进行横截面分析。

表 11-7 列出了两阶段最小二乘法估计的 1968/1969 年的结果。这些结果与"保护待售模型"模型是一致的，即 $\beta_1<0$，β_2 到 $\beta_9>0$，并且 $\beta_1+\beta_2>0$，而且所有估计系数都是统计显著的。换句话说，这些结果证实了模型的预测——关税保护和进口渗透的关系依赖于一个部门是否是有组织的。具体来说，β_1 的符号和统计显著性证实了在非产业化的产业中，进口渗透和关税保护有正相关的关系。而且，$\beta_1+\beta_2$ 的符号和统计显著性证实了对政治组织化的产业的预测，即关税保护和进口渗透有负相关的关系。

最后，β_3 到 β_9 的估计值的符号和统计显著性证明了中间产品的关税和最终产品的关税之间的正相关关系。

表 11-7 "保护待售模型"模型估计值：1968/1969

参　　数	估　计　值	t 统计量
β_1	-0.022	-1.84
β_2	0.025	1.91
β_3	2.73	4.63
β_4	3.11	3.81
β_5	2.64	1.87
β_6	1.89	2.03
β_7	1.30	2.56
β_8	3.82	5.09
β_9	4.15	4.09
$\beta_1+\beta_2$	0.002 2	2.44
a	40.88	
α_L	0.88	

资料来源：余淼杰(2009)。

"保护待售模型"模型对 1968/1969 年数据的支持提供了一个检验澳大利亚贸易自由化进程的内生性的机会。这个贸易自由化的进程很快，从 1968/1969 年到 1991/1992 年，制造业部门的平均关税从 25% 降低到了 12% 以下。

第一个需要检验的假设是贸易自由化进程是由于政府偏好的改变。在澳大利亚贸易政策文献中，这个观点被称为"经济理性"。为了检验这个假设，作者比较了两个时期社会福利占政府目标的权重的估计值。在文献中很显著的第二个假设是集团施加压力的方式的变化对贸易自由化很重要。特别是有这样一种观点，认为不反对其他部门的关税上升的默认协定破裂了。检验这种造成游说集团之间更大的对抗的协定破裂是通过比较两个时期的游说集团占总人口的比例的估计值进行的。

把 1991/1992 年作为分析的结束时间并不是因为贸易自由化进程在这一时期已经结束，实际上，澳大利亚的贸易自由化进程还在继续；而是因为 1991/1992 的数据是与 1968/1969 的数据具有相同的产业定义的最后一组数据。第二个数据上的问题与政治经济虚拟变量和进口需求弹性有关。由于 1991/1992 的数据缺失，而且这些变量又是估计所必需的，所以作者就不得不用相同的原始数据来估计 1968/1969 和 1991/1992 两个时期。尽管有此缺陷，1991/1992 时期的参数估计值仍然是可行的和显著的。

表 11-8 列出了 1991/1992 时期的结果。模型再次为数据提供了有力支持：β_1 和 β_2 都具有符合假设的符号并且是统计显著的，$\beta_1+\beta_2$ 具有与预测一致的符号但是不显著。此外，β_3 到 β_9 都具有正确的符号，而且其中的四个是统计显著的。

表 11-8 "保护待售模型"模型估计值：1991/1992

参　数	估　计　值	t 统计量
β_1	−0.022	−1.75
β_2	0.023	1.75
β_3	6.77	5.76
β_4	4.52	1.71
β_5	3.51	0.82
β_6	4.00	1.04
β_7	3.10	0.73
β_8	5.42	3.29
β_9	6.80	2.46
$\beta_1 + \beta_2$	0.000 9	0.32
a	43.41	
α_L	0.96	

资料来源：余淼杰(2009)。

比较表 11-7 和 11-8 两表 a 和 α_L 估计值的区别可发现：1991/1992 时期 a 的估计值要高于 1968/1969 时期,这一点支持了"经济理性"假设。但是这两个估计值的差异不是统计显著的。同时,α_L 的估计值在 1991/1992 时期高于 1968/1969 时期,而且这个差异是显著的。这就为第二个假设提供了很强的支持,即游说行为的改变是贸易自由化进程中的一个重要隐含因素。

为了理解结构参数变化的相对重要性,作者利用 1968/1969 年和 1991/1992 年两个时期结构参数的估计值计算了 1968/1969 时期的因变量的平均预测值。这个计算使用的是回归元的平均值,并且假设制造业总体上是政治组织化的(即假设政治组织虚拟变量为 1)。用估计的参数作为替代使因变量的预测值极大地减小,其中 10% 的减小是由于 a 的上升,剩下的 90% 是由于 α_L 的上升。由此可见,在贸易自由化进程中,估计的游说集团代表的选举人数比例的上升更加重要。

(五) 模型稳健度分析

由于工具变量在估计中起了重要作用,所以作者认为以上结果需要进一步探讨,特别是结果对工具变量选择的敏感度。对这个问题的研究是通过九个包括不同的工具变量的模型设定来对两个时期进行估计,表 11-9 列出了估计结果。左边一栏列出的变量是在被估计的模型中被省略的工具变量。每个模型设定都报告了 β_1、β_2 和 $\beta_1 + \beta_2$ 的值,以及 a 和 α_L 的隐含值。1968/1969 时期的估计结果非常稳健,所有的模型预测都被证实,而且 a 和 α_L 的隐含值也都在可行的范围内。所以,"保护待售模型"在 1968/1969 时期对各种工具变量的选择都呈现出稳健性。

表 11-9　1968/1969 敏感度分析

省略的工具变量	β_1	β_2	$\beta_1+\beta_2$	a	α_L
比较优势	−0.020	0.022	0.002	46	0.91
人力资本 1/劳动力	−0.027	0.030	0.003	35	0.92
人力资本 2/劳动力	−0.014	0.016	0.002	63	0.88
资本/劳动力	−0.019	0.021	0.002	49	0.90
政治经济	−0.042	0.048	0.005	22	0.89
集中比例	−0.017	0.018	0.001	55	0.94
企业数量	−0.022	0.024	0.002	43	0.92
就业率	−0.006	0.009	0.003	128	0.84
工资	−0.025	0.028	0.003	36	0.89

资料来源：余淼杰(2009)。

(六) 政策含义

澳大利亚的贸易自由化过程值得关注，因为这是一个单边的自由化，而不是由关贸总协定协商达成的。为了理解促进这个单边的贸易自由化进程的因素，论文作者基于格罗斯曼和赫尔普曼(Grossman and Helpman,1994)的"保护待售模型"框架估计了一个结构模型，并由此得出了两个结论。首先，"保护待售模型"与 1968/1969 和 1991/1992 两个时期数据的一致性得到了证实。这个一致性至关重要，因为它使澳大利亚的贸易自由化进程中的内生性因素可以被分析。这个分析是通过估计模型中的两个关键参数来完成的，即政府对福利与政治捐献的相对权重，以及游说集团代表的选举人口比例。估计的结构参数显示出贸易自由化进程受到两个因素的推动，一是游说集团代表的选举人口比例的上升，二是政府对福利的相对权重的增大（前者的作用更显著）。

五、含有工会力量的贸易政治模型

马池科和谢伦德(Matschke and Sherlund,2007)对格罗斯曼和赫尔普曼(Grossman and Helpman,1994)模型从劳动力市场方面加以扩展，来研究工会对最优关税的影响。工会力量对美国贸易政策的决定是至关重要的。

(一) 理论架构

马池科和谢伦德(Matschke and Sherlund,2007)创新之处在于考虑了两类行业，一类是工人可以在各行业中自由流动，另一类则不行。在每一类中，又区分了两种情况：一些部门里有工会组织，而另外一些部门没有。

那么，对这四种不同的工人，他们的均衡工资又是如何决定的呢？对于没有工会组织的部门（称之为 B 部门），如工人是可以自由流动的，则其工资由厂商决定。厂商会选择最优的雇佣水平去最大化其利润。那些没有被雇佣的工人，将会由标准计价部门所聘用。对于 B 类行业中不可自由流动的工人，均衡的雇佣水平将取决于市场的剩余劳动供给，即该行业所有的在有工会组织部门中没被雇佣的工人。

对于有工会组织的部门（称之为 A 部门），如工人是可以自由流动的，则他们的工资由厂商与工会讨价还价来决定。当然,倘若厂商与工会的讨价还价破裂,则他们可以到没工会组织的部门中寻找工作。最后,对于那些工人不可自由流动的行业,这个分配原则也是成立的,但是具体的工资当然会有所不同。

基于以上模型设定,马池科和谢伦德(Matschke and Sherlund,2007)得出四个重要的理论推断:

(1) 如果一个行业的劳动力可以自由移动,那么这个行业的自由竞争工资不受该行业价格 p_i 的影响,工会部门的就业率是 p_i 的增函数,并且工会工人找到工作的概率和工会工资的乘积也是 p_i 的增函数。

(2) 如果一个行业的劳动力不可以自由移动,那么这个行业的就业率和 p_i 无关,但是自由竞争工资和工会工资都是 p_i 的增函数。

(3) 如果一个行业的劳动力可以自由移动,游说博弈的均衡从价税如下:

$$\frac{\tau_i^*}{1+\tau_i^*} = \begin{cases} -\dfrac{\Theta}{\Theta+a}\dfrac{F_i}{e_iM_i} & \text{(a)} \\ -\dfrac{\Theta}{\Theta+a}\dfrac{F_i}{e_iM_i} + \dfrac{1}{\Theta+a}\dfrac{\alpha_iN_i}{L_{iA}}s_i\dfrac{F_{iA}}{e_iM_i} & \text{(b)} \\ \dfrac{1-\Theta}{\Theta+a}\dfrac{F_i}{e_iM_i} - \dfrac{1}{\Theta+a}s_i\dfrac{F_{iA}}{e_iM_i} & \text{(c)} \\ \dfrac{1-\Theta}{\Theta+a}\dfrac{F_i}{e_iM_i} - \dfrac{1}{\Theta+a}\left(1-\dfrac{\alpha_iN_i}{L_{iA}}\right)s_i\dfrac{F_{iA}}{e_iM_i} & \text{(d)} \end{cases}$$

(11.51)

其中,(a) 表示行业 i 中没有人进行游说;(b) 表示行业 i 中只有工会进行游说;(c) 表示行业 i 中只有资本所有者进行游说;(d) 表示行业 i 中所有人进行游说。

在上式中,Θ 代表游说集团是有组织的比例,F_i/M_i 是行业 i 的进口渗透率的倒数,e 为进口需求弹性,a 是政府目标函数中置于社会总福利的比重。由于工会的工人不见得都在有工会组织的行业中工作,因此用 α_i 来代表工会工人在有工会组织的行业 N_i 中的工作比例。同理,非工会工人在没有工会组织的行业工作比例为 $\delta_i\alpha_i$。最后,s_i 代表行业 i 工会与业主的讨价还价能力。

(4) 如果一个行业的劳动力不可以自由移动,游说博弈的均衡从价税如下:

$$\frac{\tau_i^*}{1+\tau_i^*} = \begin{cases} -\dfrac{\Theta}{\Theta+a}\dfrac{F_i}{e_iM_i} & \text{(a)} \\ -\dfrac{\Theta}{\Theta+a}\dfrac{F_i}{e_iM_i} + \dfrac{1}{\Theta+a}\times\dfrac{\alpha_i\bar{\omega}_i+(1-\alpha_i)\omega_i}{e_i(p_i-q_i)M_i}N_i & \text{(b)} \\ \dfrac{1-\Theta}{\Theta+a}\dfrac{F_i}{e_iM_i} - \dfrac{1}{\Theta+a}\dfrac{\lambda_i\bar{\omega}_i+(1-\lambda_i)\omega_i}{e_i(p_i-q_i)M_i}L_i & \text{(c)} \\ \dfrac{1-\Theta}{\Theta+a}\dfrac{F_i}{e_iM_i} - \dfrac{1}{\Theta+a}\dfrac{\alpha_i\bar{\omega}_i\delta_i+(1-\alpha_i\delta_i)\omega_i}{(p_i-q_i)e_iM_i}(L_i-N_i) & \text{(d)} \end{cases}$$

(11.52)

其中，(a) 表示行业 i 中没有人进行游说；(b) 表示行业 i 中只有工会进行游说；(c) 表示行业 i 中只有资本所有者进行游说；(d) 表示行业 i 中所有人进行游说。

(二) 计量模型

基于以上四个理论推断，马池科和谢伦德(Matschke and Sherlund, 2007)定义如下的指标变量进行计量分析。记：(1) 如果行业 i 中的资本所有者进行游说，那么 $k_i=1$，否则为 0；(2) 如果行业 i 中的工会进行游说，那么 $n_i=1$，否则为 0；(3) 如果行业 i 中的劳动力可以移动，那么 $m_i=1$，否则为 0。这样就可得到行业 i 中均衡的从量税：

$$\frac{\tau_i^*}{1+\tau_i^*} = -\frac{\Theta}{\Theta+a}\frac{F_i}{e_iM_i} + \frac{1}{\Theta+a}k_i\frac{F_i}{e_iM_i} + \frac{1}{\Theta+a}\text{lab var}_i \tag{11.53}$$

其中，$\text{lab var}_i = T_{1i} + T_{2i} + T_{3i} + T_{4i} + T_{5i} + T_{6i}$，以及

$$T_{1i} = (1-k_i)n_im_i\frac{\alpha_iN_i}{L_{iA}}s_i\frac{F_{iA}}{e_iM_i}$$

$$T_{2i} = -k_i(1-n_i)m_is_i\frac{F_{iA}}{e_iM_i}$$

$$T_{3i} = -k_in_im_i\left(1-\frac{\alpha_iN_i}{L_{iA}}\right)s_i\frac{F_{iA}}{e_iM_i}$$

$$T_{4i} = (1-k_i)n_i(1-m_i) \times \frac{\alpha_i\bar{\omega}_i+(1-\alpha_i)\omega_i}{(p_i-q_i)e_iM_i}N_i$$

$$T_{5i} = -k_i(1-n_i)(1-m_i) \times \frac{\lambda_i\bar{\omega}_i+(1-\lambda_i)\omega_i}{(p_i-q_i)e_iM_i}L_i$$

$$T_{6i} = -k_in_i(1-m_i) \times \frac{\alpha_i\bar{\omega}_i\delta_i+(1-\alpha_i\delta_i)\omega_i}{(p_i-q_i)e_iM_i}(L_i-N_i)$$

加入误差项之后，估计等式为：

$$\frac{\tau_i^*}{1+\tau_i^*} = \beta_0 + \beta_1\frac{F_i}{e_iM_i} + \beta_2 k_i\frac{F_i}{e_iM_i} + \beta_3\text{lab var}_i + \varepsilon_i \tag{11.54}$$

理论模型也暗示着上式有更精简的表达式：

$$\frac{\tau_i^*}{1+\tau_i^*} = \beta_0 + \beta_1\frac{F_i}{e_iM_i} + \beta_2\left(k_i\frac{F_i}{e_iM_i} + \text{lab var}_i\right) + \varepsilon_i \tag{11.55}$$

马池科和谢伦德(Matschke and Sherlund, 2007)根据上述两式进行回归。

(三) 数据

马池科和谢伦德(Matschke and Sherlund, 2007)所用的数据和已有的研究基本一致，都是将分析限制在美国 1983 年的制造业上。但是，为了估计劳动扩展模型，需要新的数据。这些数据从 1983 年当前人口调查(CPS)中获得。

使用非关税贸易壁垒 NTB 的覆盖率来度量贸易壁垒的大小。进口需求弹性被作

为自变量加入，但是作者的结果对此并不敏感。除了工资、集团化以及覆盖率之外，贸易等式中的解释变量还有进口渗透率以及判断是工人还是资本所有者结合成了利益集团的指标变量、劳动力是否可以流动的指示变量。进口渗透率被定义为毛进口价值除以装运货物的价值。考虑到中间投入品，作者使用增加的价值来替代1。作者对公司的政治捐献（PAC）支出和劳动PAC支出使用不同的数据，以区别公司和劳动力利益集团。公司PAC支出的数据在3位数SIC水平，而劳动PAC支出的数据在2位数SIC水平。为了决定一个行业的资本家是否参与了利益集团游说，进行下列回归：自变量是两位数SIC的哑变量，因变量是公司对政府的支出乘以进口渗透率倒数，再除以利润。那些估计系数高于平均系数的行业被认为是资本家参与了利益集团游说。同样，为了确定一个行业的工会是否积极参与了利益集团游说，进行下列回归：自变量是两位数SIC的哑变量。因变量是工会对政府的支出乘以反进口渗透率，再除以工会的工资。那些估计系数高于平均系数的行业被认为是工会积极参与了利益集团游说。

为了得到剩下变量的数据，使用从1983年起的CPS数据。这些数据的一个重要方面是工会工人的比例。在制造业行业样本中，1983年，27.9%的工人是工会成员，行业之间的差别很大。另外一个方面是集团游说中有多少工人参与。在一定假设下，7.8%的工会工人不参与集团游说。使用CPS中小时工资的数据，可以计算不同行业中的工会和非工会工资。这些小时工资再通过乘以年工作时间来获得工人的年工资。为了计算工会的谈判力量，作者使用几种不同的方法来决定哪个行业有移动劳动力。受数据条件限制，作者使用将行业分类成劳动力可以移动以及不可以移动两类的方法。在作者的设定中，基于行业失业率来识别劳动力不可移动行业，如果失业率不超过10%，行业的劳动力被认为是可以移动的。

和之前的实证研究一致，作者对内生变量、资本劳动比例、贸易工会相对谈判能力以及行业固定效应使用相同的工具变量。这些工具变量包括人力资本要素份额、存货、工程师和科学家、白领工人、技术工人、半技术工人、农田、牧草地、森林、煤炭、石油、矿物以及销售者的集中度、销售公司的数量、采购者的集中度、采购公司的数量、规模、资本要素、工会化、地理集中度以及期限。

（四）模型的估计

马池科和谢伦德（Matschke and Sherlund，2007）运用上述两式进行回归并同格罗斯曼和赫尔普曼（Grossman and Helpman，1994）进行比较。事实上，格罗斯曼和赫尔普曼（Grossman and Helpman，1994）的设定相当于此模型中的情况。他们首先使用多工具变量估计残差，然后把估计出来的残差加入自变量集合中，进行Tobit模型估计：

$$\frac{\tau^*}{1+\tau_i^*} = \max\{0, x_i'\beta + \hat{v}_i'\gamma + \varepsilon_i^*\} \tag{11.56}$$

并得出如下结果：拒绝劳动力市场对贸易保护没有影响的假说，工会活动和劳动力的不可移动性对贸易保护有负的影响；对于所有三种模型设定，很显著的有 $\beta_1 < 0$，$\beta_2 > 0$，并且 $\beta_0 = 0$ 不能被拒绝，所有这些都支持文中的理论结论。

更为重要的是，政府目标函数对总社会福利上赋予的权重远高于政治捐献的权重，并且,作者估计出的政府目标函数对总社会福利赋予的权重比格罗斯曼和赫尔普曼(Grossman and Helpman,1994)模型中的对应值要高得多。此外,作者还估计了积极参与游说的人口比例大约为66%,这个预测比基本模型要低,并且更加现实。

参 考 文 献

1. Baron, D., "Service-induced Campaign Contributions and the Electoral Equilibrium," *Quarterly Journey of Economics*, 1989, 104(1): 45-72.

2. Baron, D., "Electoral Competition with Decided and Undecided Voters," *American Political Science Review*, 1994, 88(1): 33-47.

3. Dutt, P. and D. Miltra, "Endogenous Trade Policy through Majority Voting: An Empirical Investigation," *Journal of International Economics*, 2002, 58: 107-133.

4. Gawande, K. and Bandyopadhyay, U., "Is Protection for Sale? Evidence on the Grossman-helpman Theory of Endogenous Protection," *Review of Economics and Statistics*, 2000, 82(1): 139-152.

5. Grossman, Gene M. and Elhanan Helpman, "Protection for Sale," *American Economic Review*, 1994, 84: 833-850.

6. Grossman, G. M. and E. Helpman, "The Politics of Free-trade Agreement," *American Economic Review*, 1995, 85, No.4 (Sept.): 667-690.

7. Grossman, G. M. and E. Helpman, "Electoral Competition and Special Interest Politics," *Review of Economic Studies*, 1996, 63: 265-286.

8. Goldberg, P. K. and G. Maggi, "Protection for Sale: An Empirical Investigation." *NBER Working Paper*, 1998, No.5942.

9. Mayer, W., "Endogenous Tariff Formation," *American Economic Review*, 1984, 74: 970-985.

10. Mayer, W. and J. Li, "Interest Group, Electoral Competition, and Probabilistic Voting for Trade Policies." *Economics and Politics*, 1994, 6: 59-77.

11. Nelson, D., "Endogenous Tariff Theory: A Critical Survey," *American Journal of Political Science*, 1988, 32: 796-837.

12. Rita Cruise O. Brien and G. K. Helleiner, "The Political Economy of Information in a Changing International Economic Order," *International Organization*, 1980, Vol.34, No. 4: 445-470.

13. 黄静波,《国际贸易理论与政策》,清华大学出版社、北京交通大学出版社,2007年。

14. 盛斌,"贸易保护的新政治经济学:文献综述",《世界经济》,2001年第24期。

15. 余淼杰,"贸易保护主义和选举竞争:一个理论模型",《经济学报》(清华大学),2008年第3卷第1辑,第149—163页。

16. 曼瑟尔·奥尔森著,陈郁、郭峰宇、李崇新译,《集体行动的逻辑》,上海三联出版社,1995年。

17. 余淼杰,《国际贸易的政治经济学分析：理论模型与计量实证》,北京大学出版社,2009年。

18. 赵忠秀、吕智,《国际贸易理论与政策》,北京大学出版社,2009年。

练习与思考

1. 贸易政策的政治经济学研究对象是什么？
2. 中间选民模型能否广泛解释贸易政策的制定机制？
3. 运用博弈论解释为什么国际谈判可以避免贸易战。
4. 基于贸易政策的政治经济学模型,经验研究有关国家贸易政策是如何形成的？
5. 以现实中的贸易政策一个案例为例,说明该政策是用本章何种理论模型可以解释。

第十二章 贸易与环境

【学习目标】

- 理解污染视为一种生产投入要素
- 理解要素禀赋与环境污染监管共同决定一国的比较优势
- 理解经济体系中外生因素的变化如何导致均衡污染水平的变化
- 掌握一个简单一般均衡污染与贸易模型的推导,以此为工具进一步分析有关贸易与环境的现实问题

近年来,环境保护论者与贸易政策制定者就贸易自由化对环境影响展开激烈争辩。自由贸易的支持者认为,环境质量是正常品,因此贸易引致的收入增加会使人们对环境的需求增加,促使政府制定更为严苛的环境标准,这种严苛的环境标准又会反过来推动更为清洁的生产技术的采用。反对者认为,如果生产方式不改变,贸易带来的经济活动规模的扩大必然会使污染水平上升。而且,如果环境质量是正常品,欠发达国家将采用较为宽松的环境标准,全球收入分配的不均将使国际贸易影响国家的产出结构,很多发展中国家可能转向污染密集型产品的生产。本章将提供一个简单的一般均衡污染供需体系并以此为基础来分析贸易自由化的环境影响。

第一节 两部门的一般均衡污染与贸易模型

一、基本假设与生产技术[①]

首先考察一个小型开放经济体系,该经济体系所面临的世界市场价格是确定的[②]。经济体系中生产两种产品 X 和 Y,产品 X 在生产过程中会产生污染,而产品 Y 不会[③]。令产品 Y 为基准产品,$p_y = 1$,产品 X 国内市场相对价格为 p。经济体系中有两种基本生产要素:资本 K 和劳动 L,要素的边际报酬分别为 r 和 w,两种要素的供给均无

---

① 本章理论模型主要来自布莱恩·科普兰,斯科特·泰勒(2009)。
② 后面考虑经济体系内生决定世界价格的情形。
③ 该模型可以较为直观地扩展成两种产品都产生污染的情形。关于一个以上污染性产品的模型,可以参见科普兰德和泰勒(Copel and Taylor,1994)的模型,该模型考察一个连续产品集,每个产品都具有不同的污染强度。

弹性。产品 X 是资本密集型，而产品 Y 是劳动密集型。因此，给定任意的 r 和 w，产品 X 的资本/劳动比率高于产品 Y 的，即：

$$\frac{K_x}{L_x} > \frac{K_y}{L_y} \tag{12.1}$$

进一步假定资本密集型产业是污染密集型产业，任何企业产生的污染都会对消费者产生损害，但不影响其他企业的生产效率，消费过程不会产生污染，两种产品生产的规模报酬不变。产品 Y 的生产函数可表示为：

$$y = H(K_y, L_y) \tag{12.2}$$

假定 H 是递增且严格凹函数。X 产业在生产过程中同时产出两种产品，产品 X 和污染排放物 Z，但污染排放物是可治理的，因此污染排放的强度是可选择变量。为了简便在模型中描述污染治理的可能性，假设企业能够选择生产投入要素中的一部分（比例为 θ）用于减排，那么 θ 越高，污染排放会越少，但占用产品 X 的要素投入比例也会越高。产品 X 与污染排放物 Z 的联生产技术函数可由以下两式给定：

$$x = (1-\theta)F(K_x, L_x) \tag{12.3}$$

$$z = \varphi(\theta)F(K_x, L_x) \tag{12.4}$$

F 是单调递增线性齐次凹函数，$0 \leq \theta \leq 1$，$\varphi(0)=1$，$\varphi(1)=0$，且 $d\varphi/d\theta < 0$。

若 $\theta = 0$，说明企业没有进行减排，会产生污染。通过选择适当的计量单位，可以使每生产一单位产品正好产生一单位污染。可以把 $F(K_x, L_x)$ 看成是可能的潜在产出，即不投入要素减排时 X 的产出，有：

$$x = F(K_x, L_x) \tag{12.5}$$

$$z = x \tag{12.6}$$

若企业选择 $0 < \theta < 1$，则意味着部分资源被企业用于减排或污染治理。如果 X 行业的生产要素为矢量 (K_x, L_x)，则有 θK_x 单位的资本和 θL_x 单位的劳动被用于减排。这时，企业可用于出口或者消费的净产出为 $(1-\theta)F(K_x, L_x)$。

引入减排或污染治理的函数形式：

$$\varphi(\theta) = (1-\theta)^{1/\alpha} \tag{12.7}$$

其中，$0 < \alpha < 1$，利用式(12.3)、式(12.4)、式(12.7)，能够消除 θ，并加入联产品生产技术 z，可以得到：

$$x = z^\alpha [F(K_x, L_x)]^{1-\alpha} \tag{12.8}$$

这就是说，虽然污染是一种联产品，但可以把它作为一种投入要素。这样就可以利用诸如等产量曲线和单位成本函数等工具来进行分析。如果企业必须对其排放到环境中的污染物进行处理，就可以把污染 Z 理解成企业利用"环境服务"而付出的代价。如果把 Z 直接作为污染排放物处理，则可以理解为企业为进行生产必须获得排放 Z 的污染许可。

下面考察式(12.4)中所隐含的减排生产技术。企业减排的数量取决于其分配到减排活动中的资源量,用 x^A 来表示,生产过程可能产生的潜在污染为 z^P。设减排技术函数为 $A(z^P, x^A)$,A 的规模报酬不变,则污染排放量就是潜在污染量与减排量之差:

$$z = z^P - A(z^P, x^A) \tag{12.9}$$

由于减排技术函数的规模报酬不变,式(12.9)可改写为:

$$z = z^P [1 - A(1, x^A/z^P)] \tag{12.10}$$

由式(12.6)可知,潜在污染等于潜在产出,即 $z^P = F$,θ 为用于减排的资源比例,即 $\theta = x^A/F = x^A/z^P$,因此,式(12.10)可改写成

$$z = [1 - A(1, \theta)] F(K_x, L_x) = \varphi(\theta) F(K_x, L_x) \tag{12.11}$$

其中,$\varphi(\theta) = [1 - A(1, \theta)]$。在一个竞争性市场中,企业会选择适当的生产方案以使自己的生产成本最小化。由于存在污染,生产成本取决于监管体制,如政府实行污染排放强度限制、征收污染排放税、发放排污许可证等。在污染排放强度限制下,企业每单位产出的污染排放不能超过某一标量。在征收污染排放税的情况下,企业每向环境排放一单位污染物需要缴纳一定的费用。在排污权许可管制下,企业要排放污染物必须购买排放许可证。这几种情况都会使企业面临一定的约束。假设企业需为每单位排放支付 τ 的代价,这个代价可以是污染排放税,也可以是市场中为获得污染排放许可而支付的代价,那么,给定排放价格(τ),以及资本和劳动价格(r 和 w),企业成本最小化问题可以分为两步来分析:首先,企业最小化其潜在产出 F 的成本;其次,选择一种最有效的方式把 F 与环境治理结合到一起获得净产出 X。

首先,企业能够确定生产一单位潜在产出 F 的最小成本。由于规模报酬不变,所以潜在产出的单位成本函数必然存在(令其为 c^F),企业能够找出最有效的生产技术来开展生产。F 的单位成本函数可通过如下方程得到:

$$c^F(w, r) = \min_{\{k, l\}} \{rk + wl : F(k, l) = 1\} \tag{12.12}$$

企业选择投入适当的资本和劳动以最低的成本生产一单位的潜在产出 F,那么生产多个单位 F 的总成本就是 $c^F(w, r)F$。同样,企业通过净产出 X 的单位成本函数(c^x)来决定减排活动。同理,由于规模报酬不变,企业权衡增加污染排放所需付出的代价与减少潜在产出 F 所需付出的成本,必然能够确定单位净产出 X 的最优生产技术,即企业要解决如下成本最小化问题:

$$c^x(w, r, \tau) = \min_{\{z, F\}} \{\tau z + c^F(w, r)F : z^\alpha F^{1-\alpha} = 1\} \tag{12.13}$$

图 12-1 显示了式(12.13)的解。单位净产出 X 的等产量曲线为 $X_0 = 1$,相应的等成本曲线的斜率为 $-c^F/\tau$,即净产出 X 两种投入要素(潜在产出与环境服务)相对成本的比值。B 点就是污染排放与基本要素投入(F_0, Z_0)成本最小化的选择。在成本最小化约束下,单位净产出 X 类似于 B 点的最优排放水平可以求解式(12.13)。由一

阶导数可得：

$$\frac{z}{F}\frac{(1-\alpha)}{\alpha} = \frac{c^F}{\tau} \quad (12.14)$$

由式(12.8)的线性齐次性质，有：

$$px = c^F F + \tau z \quad (12.15)$$

由式(12.14)和式(12.15)两式可得单位净产出的污染排放，以 e 来表示：

$$e \equiv \frac{z}{x} = \frac{\alpha p}{\tau} \leqslant 1 \quad (12.16)$$

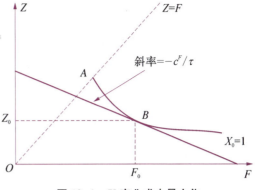

图 12-1 X 产业成本最小化

当污染税提高时，排放成本就会增加，因此污染排放强度下降；当污染性产品的价格上升时，用于减排的资源成本更高，因而污染排放强度上升。如果不存在污染治理，则有 $z = x = F$, $e = 1$，代入式(12.16)可得：

$$\tau^* = \alpha p \quad (12.17)$$

当排污税高于 τ^* 时，企业会积极地进行减排，由式(12.16)可知，此时单位净产出的污染排放强度 $e < 1$；当排污税低于 τ^* 时，企业就不会进行减排，单位净产出的污染排放强度 $e = 1$，即污染排放与产出完全相等。若能确定污染排放的强度，则经济体系中总的污染排放量就可以确定，即：

$$z = ex \quad (12.18)$$

通过生产可能性曲线来确定潜在产出。如果把污染和 X 看成是联合产出，就有 X、Y 和 Z 三种产品。如果把污染看成是基本要素投入，那么 X、Y 的生产可能性曲线就会随着 Z 的水平而变化，X、Y 之间的关系不再是唯一对应。

首先分析潜在生产可能性边界。对于给定的要素禀赋和技术条件，Y 产业不同产出水平所对应的 X 产业最大潜在产出为 F，即没有减排条件下的生产可能性曲线。其次分析净生产可能性曲线。给定 Y 产业产出水平和排放强度 e，可以绘出 X 产业净产出最大的生产可能性曲线。如图 12-2 所示，离原点最近的那条曲线是净生产可能性曲线。由于有部分资源用于减排（除非经济体系只生产 Y 产品），因而净生产可能性曲线位于潜在生产可能性曲线以内。

给定任意污染强度 e，就能从潜在生产可能性曲线推导出净生产可能性曲线，其步骤如下。将式(12.18)代入到式(12.8)可得：

$$x = e^{\alpha/(1-\alpha)} F(K_x, L_x) \quad (12.19)$$

因为 $e \leqslant 1$，故净产出不大于潜在产出。此外，由式(12.3)可知，净产出与潜在产出之间存在以下关系：

$$x = (1-\theta) F(K_x, L_x) \quad (12.20)$$

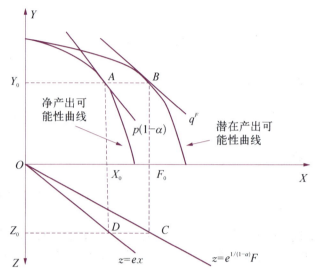

图 12-2 潜在产出与净产出生产可能性曲线

由式(12.19)和式(12.20),通过换算可得到 e 和 θ 之间的关系:

$$e = (1-\theta)^{(1-\alpha)/\alpha} \tag{12.21}$$

由于 θ 就是污染性产业生产投入要素中用于减排的部分,因而,式(12.21)很好地把减排成本与单位产出的污染排放(排放强度)联系了起来:高额的污染减排成本带来更低的单位产出排放。

最后,由式(12.21)和式(12.16)换算可得:

$$\theta = 1 - \left(\frac{\alpha p}{\tau}\right)^{\alpha/(1-\alpha)} \tag{12.22}$$

由上式可知,用于减排的要素资源比例会随着污染排放税的提高而增加,随着 X 产业产品价格的提高而减少。

二、一般均衡分析

可以用净生产可能性曲线和潜在生产可能性曲线进行分析,当市场价格为 p,污染排放税为 τ 时,均衡的产出和污染水平。我们讨论 τ 足够高的情形,此时企业会分配一定的资源用于减排。

(一)基于净生产可能性曲线的均衡产出和污染水平

X 产业的利润 π^x 等于生产 X 产品的收入减去劳动力、资本的成本以及污染费用后的差额,即

$$\pi^x = pX(K_x, L_x) - wL_x - rK_x - \tau z \tag{12.23}$$

由式(12.20)可知,净产出 $X(K_x, L_x)$ 可表示为

$$X(K_x, L_x) = (1-\theta)F(K_x, L_x) \tag{12.24}$$

将式(12.18) $z = ex$ 代入式(12.23)可得：

$$\pi^x = (p - \tau e)X(K_x, L_x) - wL_x - rK_x \tag{12.25}$$

由于污染税足够高，企业将采取减排措施，在成本最小化下，可用式(12.16)代入式(12.25)，将 e 消去，得到：

$$\pi^x = p(1-\alpha)X(K_x, L_x) - wL_x - rK_x \tag{12.26}$$

由于假定 Y 产业是清洁产业，不产生污染，$p_y = 1$，因而利润水平为：

$$\pi^y = H(K_y, L_y) - wL_y - rK_y \tag{12.27}$$

由利润最大化的一阶条件可得：

$$\begin{aligned} H_K &= p(1-\alpha)X_K = r \\ H_L &= p(1-\alpha)X_L = w \end{aligned} \tag{12.28}$$

从而得到：

$$\frac{H_K}{X_K} = \frac{H_L}{X_L} = p(1-\alpha) \tag{12.29}$$

净生产可能性曲线的斜率由下式给定：

$$\left.\frac{dY}{dX}\right|_{net} = -\frac{H_K}{X_K} = -\frac{H_L}{X_L} = -p(1-\alpha) \tag{12.30}$$

当净生产可能性曲线的斜率绝对值与价格相等时 $q \equiv p(1-\alpha)$，企业将在图 12-2 中的 A 点进行生产，由下半部分图可以决定污染为 $z = ex$，即图 12-2 中的 D 点，此时污染水平为 z_0。

(二) 基于潜在生产可能性曲线均衡的产出与污染水平

也可以利用潜在生产可能性曲线，说明产出与污染水平的均衡。由式(12.20)可知，式(12.26)可写成：

$$\pi^x = q^F F(K_x, L_x) - wL_x - rK_x \tag{12.31}$$

其中，q^F 是企业生产一单位潜在产出的价格或收入，q^F 必定小于 p，因为企业的产出中只有 $1-\theta$ 部分能用于出售，其他则用于减排。而且，由于污染税的存在，企业所能够保留的仅仅是可供出售部分的 $(1-\alpha)$，q^F 可表示为：

$$q^F = p(1-\alpha)(1-\theta) \tag{12.32}$$

由式(12.31)，企业的利润最大化问题是基于修正后的生产者价格企业总产出的最优决策。

Y 部门企业所面临的问题不变，其利润函数仍可用式(12.27)表示。由两部门企业利润最大化的一阶条件有：

$$\frac{H_K}{F_K} = \frac{H_L}{F_L} = q^F \tag{12.33}$$

潜在生产可能性曲线的斜率为：

$$\left.\frac{dY}{dX}\right|_{potential} = -\frac{H_K}{F_K} = -\frac{H_L}{F_L} = -q^F \tag{12.34}$$

这就是图12-2中的B点。企业利润最大化行为使生产的均衡点必定位于潜在生产可能性曲线上，且均衡点斜率的绝对值必定等于潜在产出生产者的相对价格q^F。由式(12.18)和式(12.19)得，此时的均衡污染水平可表示为：

$$z = e^{1/(1-\alpha)}F \tag{12.35}$$

因此，如果在q^F价格水平下，潜在产出F位于B点，由B点垂直向下的C点就可确定污染排放水平，此时污染排放水平（污染强度）与利用净生产可能性曲线所确定的排放水平完全相同，均为z_0，因而两种分析方法是等效的。这一点还可以通过解析模型加以论证。由式(12.24)知，式(12.30)可改写为：

$$\left.\frac{dY}{dX}\right|_{net} = -\frac{H_K}{(1-\theta)F_K} = -\frac{H_L}{(1-\theta)F_L} \tag{12.36}$$

由式(12.34)和式(12.36)得：

$$\left.\frac{dY}{dX}\right|_{net} = \frac{1}{(1-\theta)} \left.\frac{dY}{dX}\right|_{potential} \tag{12.37}$$

式(12.30)两边同时乘以$1-\theta$，由式(12.32)和式(12.37)即可得到式(12.34)。因此，两种方法具有等效性，在图12-2中，只需分析A或B其中一点的解便可以确定均衡污染水平。

当然，两条生产可能性曲线能够用来区分最终产品的生产与用于减排产品生产之间的不同。图12-2中的A点表示净生产可能性曲线上的产出量，反映了X产业实际可供消费与贸易的商品产量。BA表示X产业总产出中用于减排的产出量。因此，BA与Y_0B之比就是污染性产业所创造的经济增加值中被用于减排的价值增值比率，即θ。

潜在产出的生产可能性曲线则完全由生产技术和要素禀赋决定，与污染水平无关。因为这表明，经济系统不可能通过污染使自己变得更加繁荣，它最多只是无须进行任何减排活动，在生产技术和要素禀赋许可的范围内实现最大产出。这一点看似简单，但把污染作为一种投入要素的模型常常容易使人产生污染排放越多则收入越多的感觉，事实上，无论何种社会经济体系，它所能做的就是决定如何把潜在产出量分配到两个大的产品需求方：减排和实际消费。

生产技术水平的提高能同时推动潜在产出和净生产可能性曲线向外移动，但减排技术水平的提高只会推动净生产可能性曲线外扩，而潜在生产可能性曲线不受影响。

这样,由于产品价格和税收不变而 θ 下降,那么,q^F 必定会上升,整个经济会偏向于污染性产业的发展。若单位产出的污染排放固定,则潜在产出与净产出同比例变化。

(三) 生产的均衡

假定企业追求利润最大化,对于开放经济的小国实现均衡有两个条件:自由市场准入和充分就业。自由市场准入是指每个行业都是零利润,单位成本＝价格。由式(12.12),Y 产业的单位成本函数为:

$$c^F(w, r) = \min_{\{k, l\}} \{rk + wl : H(k, l) = 1\} \tag{12.38}$$

Y 行业的生产者价格为 1,X 行业总产出的价格由式(12.32)可知为 q^F,市场自由准入条件为:

$$c^F(w, r) = q^F \tag{12.39}$$

$$c^Y(w, r) = 1 \tag{12.40}$$

这两个条件确定了要素的价格 (w, r)。

充分就业的条件要求每种基本要素的需求等于供给。根据谢菲德引理(Shepherd's lemma),要素需求可由成本函数得到。例如,在 Y 行业生产一单位的 Y 所需要的劳动力可由单位成本函数对工资求导得出,即 $a_{LY}(w, r) = \dfrac{\partial c^Y(w, r)}{\partial w}$。因而,$Y$ 行业对劳动力的总需求为 $a_{LY}Y$,其他要素的需求可以通过相同道理求得。由于要素供给是外生给定的,充分就业条件就可表示为:

$$\begin{aligned} a_{LF}(w, r)F + a_{LY}(w, r)Y &= L \\ a_{KF}(w, r)F + a_{KY}(w, r)Y &= K \end{aligned} \tag{12.41}$$

其中,$a_{Li} \equiv \dfrac{\partial c^i}{\partial w}$,$a_{Ki} \equiv \dfrac{\partial c^i}{\partial r}$。上式的第一个条件要求生产 F 和 Y 对劳动力的需求之和与劳动力的供给相等。第二个条件要求资本市场也必须达到供需平衡。这里的内生变量体系与标准的两部门 H-O 模型很相像。式(12.39)、式(12.40)两式组成方程组可以计算出以 q^F 表示的均衡的要素价格 (w, r),由式(12.41)可以计算出以 K 和 L 表示的 (Y, F),由式(12.19)可以推出 X 行业的净产出水平,由式(12.18)和式(12.34)可以推出总污染排放水平。总之,在给定排放的价格即污染税 τ 后,就可以从模型中求出其他所有内生变量的值。

(四) 消费的均衡

假定有 N 个同质消费者,他们关心消费的同时也关心环境质量,污染对消费者是有害的并且不同消费者对污染水平的感受程度都一样。为了便于讨论,假设消费者对商品的偏好同质,且效用函数相对于消费和环境质量具有强可分离性,即在效用函数中,将消费品和环境质量区分开。这样,消费者的效用函数由下式给定:

$$U(x, y, z) = u(x, y) - h(z) \tag{12.42}$$

其中，$u(x,y)$ 为单调递增、位似、齐次凹函数，$h(z)$ 为单调递增凸函数。位似齐次性是国际贸易文献中较常见的假设，该假设至少有两个益处：一是它能确保方便写出间接效用函数，即实际收入的增函数使我们可以采用加总的手段简化问题；二是能够保证消费者对消费的相对需求不受收入的影响。

每个消费者在污染水平、产品价格和人均国民收入的条件下追求效用最大化，其间接效用函数可写为：

$$V(p, I, z) = v[I/\beta(p)] - h(z) \tag{12.43}$$

其中，I 为人均国民收入，β 是价格指数，v 是与效用函数 $u(x,y)$ 对应的间接效用函数。由于 $u(x,y)$ 是单调递增凹函数，因此 v 也是单调递增凹函数。由于齐次性假设，可以将间接效用函数写成是实际收入水平函数，即：

$$R = I/\beta(p) \tag{12.44}$$

在分析贸易和经济增长对环境的影响时，国民收入和人均国民收入起重要作用。消费者的效用取决于收入，也就是说，消费者对消费品和环境质量的要求都取决于收入。因而，有效的环境政策也取决于消费者的收入。在这里的一般均衡模型中，收入是内生给定的，是所有要素支付和污染收费的综合，也就是净生产的价值，因此收入取决于生产的产品、产品价格和环境政策。

（五）一般均衡边际减排成本

定义规模报酬不变时的生产可能组合 $T(K, L, z)$，也就是 T 为给定要素禀赋 K 和 L 以及污染水平 z 条件下所有净产出 (x, y) 的组合。定义国民收入 G 为商品价格、污染水平、要素禀赋的函数：

$$G(p^x, p^y, K, L, z) = \max_{(x,y)}\{p^x x + p^y y : (x, y) \in T(K, L, z)\} \tag{12.45}$$

可以看出：国民收入函数最大化的一阶条件正好就是完全竞争经济的均衡条件。将污染作为外生变量，然后在后面将其内生化。根据霍特林引理（Hotelling's lemma）和包络定理，对国民收入函数关于求价格偏导可以得出商品的产量，对国民收入求要素禀赋的偏导可以得出要素报酬。

$$\frac{\partial G(p^x, p^y, K, L, z)}{\partial p^x} = x, \quad \frac{\partial G(p^x, p^y, K, L, z)}{\partial p^y} = y \tag{12.46}$$

$$\frac{\partial G(p^x, p^y, K, L, z)}{\partial K} = r, \quad \frac{\partial G(p^x, p^y, K, L, z)}{\partial L} = w \tag{12.47}$$

而对国民收入求污染的偏导就能得出企业为污染支付的价格：

$$\frac{\partial G(p^x, p^y, K, L, z)}{\partial z} = \tau \tag{12.48}$$

它表示企业被允许多排放一单位的污染时国民收入提高的量等于为取得排放权而

支付的价格。$\dfrac{\partial G}{\partial z}$ 也可理解为一般均衡的边际减排成本(marginal abatement cost)。

如果减少 z 单位的排放,那么减少的国民收入就为 $\dfrac{\partial G}{\partial z}$,这也意味着为了达到更低的排放目标,整个经济将付出代价。企业为了减少排放会通过投资减排活动或是多生产清洁产品、少生产污染产品来实现,不管是通过征收污染税还是发放污染许可证的政策,企业都会选择最有效的方式。$\dfrac{\partial G}{\partial z}$ 则是衡量为减排所付出的最低成本,也就是企业的污染费用等于边际减排成本。G 是一个最大值函数,它对价格是凸的,所以产出供给曲线是向上倾斜的;G 函数对要素禀赋为凹,所以要素需求曲

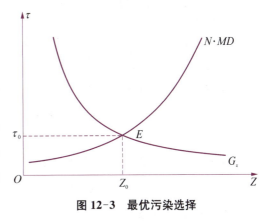

图 12-3 最优污染选择

线是向下倾斜的。若按假设中把污染看成是一种投入,则一般均衡边际减排曲线也为向下倾斜的曲线,如图 12-3 所示。

国民收入是价格的凸函数,其经济学解释是产品供给曲线的斜率大于零,用数学表示为:

$$\frac{\partial^2 G}{\partial p^{x^2}} = \frac{\partial x}{\partial p^x} \geqslant 0, \quad \frac{\partial^2 G}{\partial p^{y^2}} = \frac{\partial y}{\partial p^y} \geqslant 0 \tag{12.49}$$

国民收入是要素禀赋的凹函数,用数学表示为:

$$\frac{\partial^2 G}{\partial K^2} = \frac{\partial r}{\partial K} \leqslant 0, \quad \frac{\partial^2 G}{\partial L^2} = \frac{\partial w}{\partial L} \leqslant 0, \quad \frac{\partial^2 G}{\partial z^2} = \frac{\partial \tau}{\partial z} \leqslant 0 \tag{12.50}$$

式(12.45)是将污染排放水平作为外生条件来考虑最优化的问题,若政府对污染排放采用发放许可证的体制来进行管制,这种分析是可行的。这时政府将细化许可证总量的发放制度,私有部门通过竞争行为可以达到国民收入的最大化。但是,如果政府不是采用许可证制度而是采取征收污染税的方式,那么污染就不能作为外生变量来处理,而应该将其内生化。若 z 外生,式(12.45)给定了均衡的排放许可证的市场价。若污染税为 τ,z 是市场对这个污染税的反应,假定 τ 固定,则式(12.48)将 z 内生化了。也就是由图 12-3 可见,政策制定者确定 τ,而市场决定了 z。所以,通过式(12.45)和式(12.48)外生和内生的问题都能得到很好的解决。

另外一种更为直接的解决方式是将生产技术条件看成是一种联合生产技术,能够同时生产三种产品(X, Y, Z),假定有外生的污染税 τ,给定 X、Y、Z 的价格,竞争经济理论告诉我们,企业将最大化产出价值,图 12-3 已做了解释,不同的是这里要为排放支付税收,所以污染价格为负数。定义 $\widetilde{G}$ 为私有部门产生净收入的最大价值函数。

$$\tilde{G}(p^x, p^y, \tau, K, L) = \max_{\{x,y,z\}} \{p^x x + p^y y - \tau z : (x, y) \in T(K, L, z)\}$$

(12.51)

图 12-3 中给定商品价格的污染税，追求利润最大化的企业将引致经济在 E 点进行生产，这点也是最大化的 $\tilde{G}$。由式(12.16)可以推得 $p^x x + p^y y - \tau z = p^x(1-\alpha)x + p^y y$。若想在价格分别为 $p^x(1-\alpha)$、p^y 以及式(12.16)的最优排放强度条件下，最大化国民收入，则净生产边界与最高斜率为 $-p^x(1-\alpha)/p^y$ 的曲线的相切之点 E 点即为所求的均衡点，与式(12.51)的解相符。

总的国民收入有如下关系：

$$G = \tilde{G}(p^x, p^y, \tau, K, L) + \tau z$$
$$G = p^x x + p^y y$$

(12.52)

找到解出式(12.51)的均衡污染排放水平 z_0，令 $p^y = 1$，有

$$G(p, K, L, z_0) = \tilde{G}(p, \tau, K, L) + \tau Z_0$$

(12.53)

得用霍特林引理可得：

$$\frac{\partial \tilde{G}(p, \tau, K, L)}{\partial \tau} = -Z(p, \tau, K, L)$$

(12.54)

即通过求国民收入函数 $\tilde{G}$ 对污染排放税 τ 的偏导数，就能得到派生污染排放的需求量。此外，由于函数 $\tilde{G}$ 对所有价格（包括 τ）都是凸的，$\tilde{G}_{\tau\tau} \geqslant 0$，因此有：$\frac{\partial Z}{\partial \tau} \leqslant 0$，即对污染排放权的派生需求（对污染的需求）随污染税的提高而减少。

式(12.54)与式(12.48)相互关联，前者是污染的派生需求函数，而后者则是污染的逆需求函数，两个方程描述的都是图中的同一条曲线。

▶ 三、污染需求和供给曲线

由前文可知，污染需求曲线为一般均衡的边际减排成本曲线。由国民收入函数可知，污染的逆需求函数由下式给定：

$$\tau = G_z(p^x, p^y, K, L, z)$$

(12.55)

上式中包含一个隐函数 $z = z(p^x, p^y, K, L, \tau)$，对上式求导可得污染排放需求曲线的斜率：

$$\frac{dz}{d\tau} = \frac{1}{G_{zz}} \leqslant 0$$

(12.56)

由于 G 是凹函数，污染的派生需求函数的斜率小于或等于零。由于污染排放取决于排放强度和 x 的产出，因此污染需求函数必定还有更多性质。把污染权看成污染排放税 τ、要素禀赋和产品 X 的价格的函数，则可以得到派生污染的直接需求函数。

$$z = e(p/\tau) x(p^x, p^y, K, L, \tau) \qquad (12.57)$$

$$\frac{\partial z}{\partial \tau} = e_\tau x + e x_\tau < 0 \qquad (12.58)$$

如果说式(12.56)说明了污染排放需求曲线的斜率为负,那么式(12.58)则进一步明晰了导致污染排放需求曲线为负的两个因素:一方面,更高的污染税使减排的相对收益更高,因此企业更乐于减少排放强度,这属于技术效应,在图12-4中表现为污染排放从 z_a 减小到了 z_1;另一方面,更高的污染税使部分生产商退出 x 产业进入 y 产业(清洁产业),这里面既有规模效应,也有结构效应的作用,在图12-4中表现为 z_1 减少到 z_c。

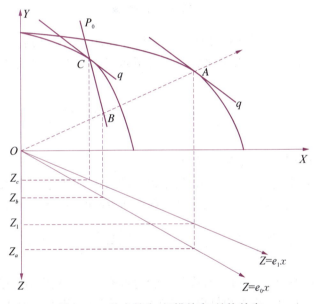

图 12-4　技术效应、规模效应、结构效应

污染排放需求曲线随着要素禀赋和产品价格的变化而上下移动(图12-5)。资本要素禀赋的增加使污染排放需求曲线向右移动。首先,从生产方的均衡来看, τ 的大小会影响单位产出的污染排放,产出 X (或者 Y)是关于 τ 的函数。因此,污染排放的直接需求函数由式(12.57)给出,对 K 求导可得:

$$\frac{\mathrm{d}z}{\mathrm{d}K} = e(p/\tau) \frac{dx(p^x, p^y, K, L, \tau)}{dK} > 0 \qquad (12.59)$$

在污染排放税和产品价格给定的条件下, K 的增加不会影响污染排放强度,因此资本积累增加对外污染排放需求的影响取决于 X 的产出。在式(12.59)对 K 的求导过程中, e 维持不变,雷布津斯基定理能够得以应用,资本积累的增加促进了资本密集型的污染性产业的产出,因而经济系统对污染的需求上升,即在给定污染排放税 τ 的条件下,私人部门对污染排放的需求增加。上述污染需求的变化如图12-5所示,当污染排

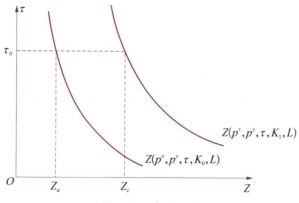

图 12-5 资本积累

放税维持在 τ_0 不变,资本积累的增加使污染排放需求由 z_a 上升到 z_c。

其次,与资本增加导致污染排放需求上升不同,劳动力要素禀赋的增加导致污染排放需求曲线向左移动:

$$\frac{\mathrm{d}z}{\mathrm{d}L}=e(p/\tau)\frac{\mathrm{d}x(p^x,p^y,K,L,\tau)}{\mathrm{d}L}<0 \tag{12.60}$$

上式同样由雷布津斯基定理推导而来。

最后,污染性产业价格的上升导致污染需求曲线向右移动。因为此时污染治理的成本相对较高,而且更多的要素被吸引到盈利空间更高的污染性产业:

$$\frac{\mathrm{d}z}{\mathrm{d}p}=x\frac{\mathrm{d}e(p/\tau)}{\mathrm{d}P}+e(p/\tau)\frac{\mathrm{d}x(p^x,p^y,K,L,\tau)}{\mathrm{d}p}>0 \tag{12.61}$$

如前所述,污染需求曲线可以看成是一般均衡条件下的减排边际成本曲线,它度量的是经济体系为减少污染排放而付出的机会成本。资本积累的增加和污染性产品价格的上升相当于提高了减排的成本。因此,上文所探讨的派生污染曲线向右移动也可以看成减排边际成本曲线向上移动。劳动力要素禀赋的增加,减少了减排的边际成本,派生污染需求曲线向左移动也可解释为污染治理的边际成本曲线向下移动。

此外,式(12.55)所表示的污染排放逆需求曲线也可以看成是污染排放的边际收益曲线。这正好可以说明要素禀赋和产品价格的变化如何对污染排放的边际收益产生影响。污染性产品价格的上升提高了污染排放的边际收益,因为污染排放所产生的边际产品的价值更高了。资本积累增加导致污染排放的边际收益增加,因为资本丰裕的国家在生产污染性产品上具有更高的生产率,而劳动力增加减少了污染排放的边际收益,因为劳动力的增加使该国洁净性产业的生产率上升。

下面来分析污染的供给曲线。假定所有的消费者都是同质的,具有相同的效用函数,政府采取使消费者效用最大化的最优政策。

$$\max_{z}\{V(p,I,z)s.t.I=G(p,K,L,z)/N\} \tag{12.62}$$

其中，V 为间接效用函数，所有消费者的收入相同，一阶条件为：

$$V_p \frac{\mathrm{d}p}{\mathrm{d}z} + V_I \frac{\mathrm{d}I}{\mathrm{d}z} + V_z = 0 \tag{12.63}$$

污染的增加会对商品价格、收入、环境产生影响，进而影响消费者的决策。假定经济体是小型的开放经济，因此，国内污染的变化对世界产品价格的影响可以忽略不计，即 $\mathrm{d}p/\mathrm{d}z = 0$。由此，将式(12.63)两边同时除以 V_I 可得：

$$\frac{\mathrm{d}I}{\mathrm{d}z} = -\frac{V_z}{V_I} \tag{12.64}$$

式(12.64)右边项就是污染排放与收入之间的边际替代率，它度量了一个典型消费者为减少污染排放而减少收入的意愿，在环境经济学文献中也被称为"边际损害"①，设为 MD，则：

$$MD = -\frac{V_z}{V_I} \tag{12.65}$$

由式(12.62)和式(12.55)，式(12.64)可进一步简化为：

$$\frac{\mathrm{d}I}{\mathrm{d}z} = \frac{G_z}{N} = \frac{\tau}{N} \tag{12.66}$$

由式(12.64)、式(12.65)、式(12.66)有：

$$\tau = N \cdot MD \tag{12.67}$$

该式所表达的意思就是政府应该选择这样一种污染排放水平：生产者所面临的污染排放价格正好等于消费者总的边际损害。环境质量是一种公共物品，当小国开展国际贸易时，最有效的政策是将环境污染的外部性内部化，确保企业面临的污染排放税正好等于总的污染边际损害，这也是萨缪尔森关于公共物品供给的基本准则，这里环境质量是一种纯粹的公共不利品。利用式(12.43)，可以重写式(12.67)：

$$\tau = N \cdot [-V_z/V_I] = N \cdot \frac{\beta(p)h'(z)}{v'(R)} = N \cdot MD(p, R, z) \tag{12.68}$$

$R = I/\beta(p)$ 表示实际收入。商品消费的位似齐次性假设保证了可以将边际损害看成实际收入、商品价格和污染排放的函数：$MD = MD(p, R, z)$。用国民收入函数替代实际收入，式(12.68)可改写成：

$$\tau = N \cdot MD\left[p, \frac{G(p, K, L, z)}{N\beta(p)}, z\right] \tag{12.69}$$

---

① 区分环境污染的边际负效应 $-V_z$ 与消费者减少单位污染排放的边际意愿 $-V_z/V_I$ 很重要。前者的度量单位是"效用"，而后者则是一个货币度量单位。$-V_z/V_I$ 可以看成是边际损害，也就是以货币度量单位表示的消费者为减少污染排放的意愿。这与局部均衡中以货币度量单位衡量边际损害的意义是完全一致的。

式(12.69)即为污染排放供给的一般均衡曲线,它反映了该国允许污染排放的意愿。污染排放供给曲线是向上倾斜的:

$$\frac{dMD}{dz} = MD_z + MD_R R_z = \frac{\tau}{N}\left[\frac{h''}{h'} - \frac{\tau v''}{v' N \beta}\right] \geq 0 \qquad (12.70)$$

由式(12.70)可以看出,污染排放供给曲线向上倾斜主要有两个理由:其一,保持实际收入水平不变,在给定 $h(z)$ 为凸函数的条件下,污染排放的增加导致边际污染损害增加;其二,z 的增加导致实际收入增加,而且 v 是凹函数,污染排放的增加使环境质量相对商品消费更加稀缺,因此上式的第二项必然也具有非负的斜率。

当污染需求曲线与污染供给曲线相交时达到均衡,即图12-3中的 Z_0 点。此时,

$$G_z(p^x, p^y, K, L, z) = N \times MD\left[p, \frac{G(p^x, p^y, K, L, z)}{N\beta(p)}, z\right] \qquad (12.71)$$

均衡的污染排放水平 Z_0 由污染排放供给曲线和需求曲线共同决定。为了实现这一均衡污染排放水平,政府既可以通过征收污染排放税 τ_0,也可以设定可自由交易的污染排放许可 Z_0,使均衡的污染排放许可价格正好与 τ_0 相等。任何污染排放税条件下所能达到的均衡,一定也可以通过设定污染排放许可制度来实现。

总之,政府可以通过污染税 τ_0 或者是市场准入许可 Z_0 来实现污染供需的均衡。

第二节 贸易自由化的环境影响

本节把世界市场价格和贸易类型看成是外生给定的,即一国不能影响世界市场价格,并且到底是出口还是进口污染性产品,也是外生给定的。本节也将考察两种不同的环境政策体制:如果国际贸易开放程度上升导致经济条件发生变化,而环境政策仍然维持不变,称之为环境刚性政策体制;如果环境政策随着国际贸易自由化程度的变化而发生变化,我们称之为环境弹性政策体制。运用上一节的污染排放供需模型,研究两种政策体制下贸易自由化对环境的影响。

一、贸易摩擦与三种效应

(一) 贸易摩擦

贸易自由化意味着贸易壁垒减少。贸易壁垒种类繁多,有些是由于自然条件或市场不完备引起,比如运输成本和通讯成本,而有些则完全由政府所引起,比如关税、通关费用,以及其他种种法定税项。多数文献对贸易壁垒的常规处理方法就是把它看成一种贸易税,认为这种壁垒会减少贸易机会,本节引入"贸易摩擦"概念来表达类似效应。假设贸易摩擦使国内外市场价格存在一定差异,但并不会增加政府的财政收入;贸易摩擦越大,一国越接近于封闭经济体系下的自我均衡,而贸易摩擦减小则意味着贸易自由

化程度提高。这样,贸易摩擦不但能很好地描绘所有限制性因素所具有的贸易阻抗特征,而且在分析过程中可以去繁就简,不必考虑财政收入的影响效应。

根据萨缪尔森的"冰山"模型。如果进口商希望从国外进口一单位 X 产品,那么必须有 $(1+\rho)$ 单位的 X 产品从国外装运至本国(其中 $\rho \geqslant 0$)[①]。其中,ρ 单位的产品(在运输过程中被"融化"了)可以看成是单位 X 产品的贸易成本。在这一模型中,贸易消耗了真正的资源,因而是国际贸易内在的一种真实"摩擦"。

假设本国进口 X 产品。设从国外进口一单位 X 产品,在国内的销售价格为 p^d,由上可知,加上贸易成本,本国必须以世界市场价格 p 购买 $(1+\rho)$ 单位产品。因此,国内外价格均衡时,X 产品的国内市场价格可以表示为:

$$p^d = p(1+\rho) \tag{12.72}$$

由于产品市场是竞争性的市场,因此国内 X 产品生产商所能获得的价格必然也等于 $p(1+\rho)$。因此,国际贸易壁垒提高了国内进口竞争部门消费者和生产商所面临的相对产品价格。

另一方面,如果本国出口 X 产品,那么国外进口商进口一单位产品以世界市场价格 p 出售,必然需要在国内以 p^d 的价格购买 $(1+\rho)$ 单位产品,因此,如果出口 X 产品,则有:

$$p^d = p/(1+\rho) \tag{12.73}$$

国际贸易壁垒使出口产品的国内市场价格相对世界市场价格要低。无论是污染性产品的进口方还是出口方,贸易摩擦的增加都将导致贸易下降,使一国经济更加接近于封闭体系下的自我均衡。

(二)贸易自由化经济的规模效应、技术效应和结构效应

贸易自由化和经济增长一样,都能起到刺激经济的作用,都可能导致经济规模的扩大。以世界价格水平下净产出的值作为度量经济规模的标准,经济规模 S 的定义如下:

$$S = p^0 x + y \tag{12.74}$$

其实,p^0 表示没有出现任何扰动因素之前 X 产品的世界相对价格水平。如果世界价格水平发生变化,则仍利用基期的世界价格水平度量经济规模 S。这样能够确保 S 不会仅仅因为世界价格水平的变化而发生变化。当然,如果 x 和 y 的产出由于世界价格水平的变化而发生了变化,经济规模 S 将随之发生变化,此时需要确定与原始世界价格水平相对应的新的产出是多少。

有了经济规模 S,由式(12.74)可知污染排放 $z = e\varphi_x S/p^0$,其中 $\varphi_x = p^0 x/S$ 就是在给定世界价格水平下净产出 x 的值占总的净产出的比重。为了使该定义更加简化,可以选择 X 产品的度量单位,使 $p^0 = 1$,因此有:

[①] 在被装运的产品中,有 $1/(1+\rho)$ 单位的产品最终达到了目的地。

$$z = e\varphi_x S \tag{12.75}$$

因此,污染排放量取决于生产技术的污染排放强度 e,污染性产业在整个经济体系中所占的比重 φ_x 以及经济规模 S。对上式两边同时取对数,并求导便完成对规模效应、技术效应和结构效应的分解:

$$\hat{z} = \hat{S} + \hat{\varphi}_x + \hat{e} \tag{12.76}$$

其中,$\hat{z} = \mathrm{d}z/z$,依此类推。

第一项度量规模效应,即经济体系中产品构成和生产技术维持不变的情况下,仅仅由于生产规模的放大,可能增加的污染排放量。例如,在规模收益不变的情况下,如果经济体系中所有要素禀赋增加10%,而产品的相对价格和污染排放强度均维持不变,则经济体系中的污染排放量也将增加10%。

第二项度量结构效应,即产出中污染性产品比例的变化对污染排放水平的影响。如果经济规模和污染排放强度维持不变,则经济体系中投入更多的资源用于污染性产品的生产将导致环境污染的增加。

最后一项度量技术效应。如果其他因素维持不变,污染排放强度的下降将降低环境污染。

当污染排放强度维持不变量,贸易自由化将形成规模效应和结构效应,而技术效应则不会发生,即式(12.76)中的最后一项可以略去。

二、环境刚性政策下贸易自由化的福利效应

(一) 污染排放强度不变条件下的贸易自由化

考察政府维持单位产品的污染排放强度不变情形下的国际贸易自由化。如果政府使用污染排放税,则以污染性产品度量的污染排放税(τ/p^d)保持恒定。由式(12.16)可知,这意味着污染排放强度保持不变。这样情形不但具有理论意义,而且也具有现实意义。理论意义在于它剔除了技术效应的影响,因而简化了分析。现实意义在于污染排放监管常常以单位产品的污染排放强度而非整体的污染排放水平作为指示性指标。

首先考察 X 产品进口国的情形。此时国内产品的初始价格等于 $p^d = p(1+\rho)$。贸易自由化使 ρ 变小,导致国内 X 产品相对价格下降。其变化过程如图12-6所示。初始的均衡点为 A 点,贸易自由化降低了国内 X 产品消费者和生产者的相对体系。产出由 A 点移动到了 C 点,污染排放水平则从 Z_a 下降到了 Z_c。污染排放水平的变化可以分解为结构效应(A 点到 B 点),此时污染排放水平从 Z_a 下降到了 Z_b,以及规模效应使污染排放水平从 Z_b 上升到 Z_c。这两种效应如图12-6所示正好相反。此外,如上文所述,在本部分假定条件下,技术效应不存在。

由图12-6可知,规模效应是正的,起到增加污染排放的作用①。贸易自由化导致以世界相对价格衡量的产出的效应提高,因而导致产出增加,使污染排放水平上升。

---

① 如果污染排放税在成本中所占的比率足够小,则规模效应一定是正的。

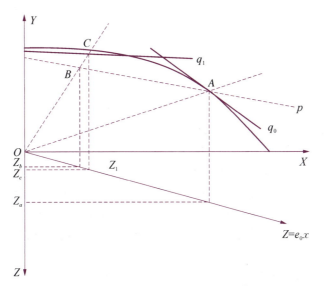

图 12-6 固定污染排放强度下的贸易自由化

结构效应的出现主要是由于相对价格的变化。随着贸易的自由化,生产商开始更多地生产相对价格上升的产品。如图 12-6 所示,由于对污染性产品的保护程度下降,污染性产品的产出下降,而洁净性产品的产出增加。因此,如果一国在洁净性产业上具有比较优势,那么贸易自由化所带来的结构效应就可能减少其污染排放水平。

结构效应是决定贸易自由化对环境影响程度的关键性因素。在本部分只有一种污染性产品的简单模型中,结构效应相对规模效应总是占主导性地位,因为最终产出总是沿着生产可能性曲线移动,所以它对污染性产品产出的影响应总是明确的。贸易自由化导致一国更加专注于本国具有比较优势产品的生产。如果一国在洁净性产业具有比较优势,而且污染排放强度维持不变,那么贸易自由化对环境有利,因为贸易自由化使该国减少了污染性产品的生产。

污染排放供需图为上述结论提供了另外一种解析。本部分只探讨污染排放强度恒定不变的情形,污染排放的供需函数可以以 τ/p^d 表达出来,因而可以方便地描绘出供需曲线。e 恒定不变,τ/p^d 亦维持不变,因而污染排放供给曲线就是由 e 所确定的如图 12-7 所示的一条水平线。

由上一节可知,污染排放需求曲线由下式确定:

$$\tau = G_z(p^x, p^y, K, L, z) \tag{12.77}$$

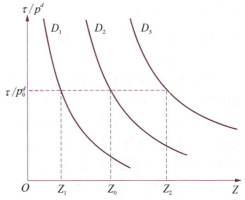

图 12-7 固定污染排放强度下的污染排放需求和供给

上式中 Y 是标准计价单位,并且不存在贸易摩擦,因而上式函数中 $p^y = 1$。为了能够描绘出需求曲线，还需要把污染排放需求函数换算成 τ/p^d 的函数。在式(12.77)两边同时除以 $p^d(p^d=p^x)$，利用 G_z 的线性齐次性可得：

$$\frac{\tau^d}{p^d}=G_z\left[1,\frac{1}{p^d},K,L,z\right] \tag{12.78}$$

污染排放需求曲线必然向下倾斜（$G_{zz}\leqslant 0$），因为污染排放税越低，污染排放强度越强，而且更低的污染排放税会鼓励污染性产业的扩张。

图12-7初始的均衡点为 Z_0。现在考察贸易自由化的影响。假设 X 为进口产品，贸易壁垒的削减降低了 X 产品的相对价格，或者说提高了 Y 产品的相对价格。由式(12.78)可知，Y 产品的相对价格为 $1/p^d$，随着 p^d 的下降，Y 产品的相对价格上升。在图12-7中，贸易自由化导致污染排放需求曲线由 D_0 向左移动到 D_1，污染排放水平则从 Z_0 下降到 Z_1。这一变化过程与图12-6中产出由 A 点移动到 C 点所产生的效果完全相同。

接下来再考察 X 产品出口国的情形。此时，该国国内的初始价格为 $p^d=p/(1+\rho)$，贸易自由化导致国内价格 p^d 上升。生产商开始向污染性产业扩张。同理，规模效应仍然为正，该效应导致污染排放水平上升。不同的是，结构效应也导致污染排放水平上升，因为整个国民经济体系中污染性产品的产出比率上升了。这就是说，如果一国在污染产业上具有比较优势，则规模效应和结构效应可能相互加强导致污染排放水平上升。在给定的污染排放强度下，贸易自由化可能使污染排放水平上升。如图12-7，如果 X 产品出口，贸易自由化导致污染排放的派生需求从 D_0 上升到 D_2，如果污染排放强度保持不变，则均衡的污染排放水平由 Z_0 上升到 Z_2。

总之，如果污染排放强度恒定不变，结构效应是决定贸易自由化对环境影响程度的关键因素。如果国际贸易刺激了污染产业的产出，则污染排放水平可能上升；但是如果国际贸易刺激了洁净性产业的产出，则污染排放水平可能下降。而且，结构效应的方向最终取决于本国的比较优势。如果一国在洁净性产业具有比较优势，则洁净性产业随着贸易自由化的进程而扩张；反之亦然。如果一国在污染性产业具有比较优势，则污染性产业随着贸易自由化的进程而扩张。

(二) 污染排放许可供给不变条件下的贸易自由化

假设政府在贸易自由化进程中，采用一种可自由交易的污染排放证，但维持许可证的供给不变。前面一节曾提及，污染排放税和污染排放许可证都能获得最优的污染排放政策，并且认为两者在实施最优污染排放政策方面具有等价性。但是，如果在经济面临外部冲击的情况下，仍然维持污染排放政策不变，那么上述两种政策工具的等价性就可能不再成立。现论证如下：

图12-8描绘了污染排放许可证 Z_0 固定不变的情况下污染排放的需求和供给。污染排放的需求仍由式(12.78)确定。由于污染排放许可证的供给固定不变，供给曲线是一条垂直线。如果 X 产品是进口产品，随着贸易自由化程度的提高，则如污染排放税的情形一样，由于产出向洁净性产业转移，污染排放的派生需求曲线由 D_0 下移到 D_1。然而，由于污染排放许可证的供给恒定不变，总的污染排放水平并没有发生变化。相

反,由于 τ/p^d 下降,污染排放许可证的相对价格下降。这反过来增加了单位产品的污染排放强度。

同理,利用式(12.76)的效应分解式,可以得出如下结论:规模效应会增加污染排放水平,但其效应完全被更强的结构效应所抵消,这导致污染排放的派生需求出现下降。同时,结构效应和规模效应又正好被技术效应所抵消,因为污染排放许可证的相对价格在市场的作用下出现下降,污染治理活动随之减少。

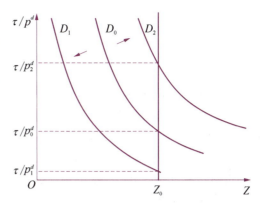

图 12-8 污染排放许可供给不变条件下的贸易自由化

如果 X 产品是出口产品,则污染性产业随着贸易自由化程度的提高而扩张,导致污染排放的派生需求曲线由 D_0 向上移动到了 D_2,如图 12-8 所示。此时,结构效应和规模效应共同发生作用使污染排放水平上升。但是,由于污染排放许可额度固定不变,实际污染排放税上升到 τ/p_2^d,导致污染排放强度下降。这使技术效应完全能够抵消结构效应和规模效应的共同作用,确保污染排放水平仍然能够不受贸易自由化的影响。

通过以上分析,我们可以得到一个重要的结论:在政府的环境政策不能及时作出响应的情况下,贸易自由化对环境的影响效应取决于政府所采用的监管手段。如果采用固定不变的污染排放税或者污染排放强度作为控制手段,则贸易自由化对环境的影响效应可能巨大。但是,如果采用污染排放证或配额作为控制手段,则贸易自由化对环境的影响几乎可以忽略不计。

(三) 贸易自由化的福利效应

由式(12.43)可知,间接效应函数可以表示为:

$$V(p, I, z) = v[I/\beta(p^d)] - h(z) \tag{12.79}$$

其中,p^d 是贸易壁垒 ρ 的函数,$I/\beta(p^d)$ 是实际收入 R。我们把人口标准化,$N=1$,对式(12.79)求全微分可得:

$$dV = V_{p^d} dp^d + V_I dI + V_z dz = V_I \left[\frac{V_{p^d}}{V_I} dp^d + dI + \frac{V_z}{V_I} dz \right] \tag{12.80}$$

其中,$V_I = v'/\beta > 0$ 是边际收入效用。由前文可知,收入由式(12.81)给定:

$$I = G(p^d, K, L, z) \tag{12.81}$$

由此有:

$$dI = x dp^d + \tau dz \tag{12.82}$$

由式(12.82)、罗伊等式(Roy's identity),以及边际损害的定义,对式(12.80)进行变换有:

$$\frac{dV}{V_I} = -m\,dp^d + [\tau - MD(p^d, R, z)]dz \qquad (12.83)$$

其中，$m = x^c - x$ 表示 X 产品的进口量。

由式(12.83)可知，贸易自由化对福利具有两方面的效应。其一，国际贸易所产生的贸易利得由该式中的第一项 $-m\,dp^d$ 给出；其二，污染排放水平的变化所带来的福利效应，由该式中的第二项给出。

贸易利得效应必定是正的。因为如果本国进口 X 产品，则 $m > 0$，而国内 X 产品的价格随着贸易自由化程度的提高而下降。因此，$-m\,dp^d > 0$；另一方面，如果本国出口 X 产品，则 $m < 0$，但国内产品的价格随着贸易自由化程度的提高而上升，同样有 $-m\,dp^d > 0$。这也是国际贸易理论中的基本结论，即如果经济系统中不存在其他干扰因素，那么对任意代表性经济体而言，国际贸易必然会提高其福利水平，因为国际贸易提高了消费者的购买力，从而增加了商品消费。

式(12.83)第二项度量了贸易自由化所引发的污染排放水平的变化对福利水平的影响。污染排放水平的变化对福利水平的影响效应取决于企业增加一单位排放的边际价值 τ，是大于还是小于消费者增加一单位污染排放所随的边际损害 $MD(p^d, R, z)$。如果污染排放政策过于宽松（$\tau < MD$），那么污染排放水平的增加（$dz > 0$）会导致福利水平下降。这就是说 $[\tau - MD(p^d, R, z)]dz < 0$。同样，如果企业的边际污染排放价值 τ 大于消费者边际损害 $MD(p^d, R, z)$，那么污染排放水平的增加会提升福利水平。

接下来分别考察刚性污染排放强度、刚性污染排放配额两种情形下贸易自由化的福利效应。

1. 刚性污染排放强度

由前文可知，贸易自由化同时产生贸易利得效应和环境效应。其中的贸易利得效应总是为正，而环境效应却可能为负。因此，贸易自由化很可能导致污染排放水平上升，并完全抵消贸易利得效应，使贸易自由化的总体效应为负。

假设污染排放强度维持不变，污染排放监管政策较为宽松，$\tau < MD(p^d, R, z)$。此时，如果本国出口 X 产品，污染排放水平将随着贸易自由化程度的提高而上升。由于污染排放政策过于宽松，污染排放水平的上升会导致福利水平下降，即 $[\tau - MD]dz < 0$。因此，贸易自由化对福利水平净效应的影响就不甚明确，必须比较污染排放水平上升所增加的成本与商品消费增加所带来的利益孰大孰小。如果污染水平上升所带来的损害足够大，那么污染治理所增加的成本必然处于主导地位，贸易自由化将导致福利水平下降。

另一方面，贸易自由化程度的提高也可能在增加商品消费的同时降低污染排放水平，从而获得双重收益。如果本国进口 X 产品，在污染排放税维持不变的条件下，贸易自由化程度的提高会使污染排放水平下降。此时，如果存在较为宽松的污染排放政策（$\tau > MD$），不但污染水平下降会增加福利效应 $[\tau - MD]dz > 0$，而且贸易利得使消费水平上升也会增加福利效应。

须指出,如果污染排放政策过于严厉,贸易自由化也可能导致损失。在此种情形下,$\tau > MD$,污染排放水平的下降反而会导致福利水平下降。这主要是因为过高的污染排放税会导致经济系统发生扭曲和污染治理成本过高,使污染排放强度过低,而污染性产业的产出严重不足,导致 X 产业部门收入下降,也有损于福利。污染排放水平进一步下降反而会使这种扭曲更加恶化。例如,如果一国进口污染性产品,那么贸易自由化导致污染排放水平下降($\mathrm{d}z < 0$)。在污染排放政策过于严厉的情况下,$\tau > MD$,必然有 $[\tau - MD]\mathrm{d}z < 0$。由式(12.83)可知,污染排放水平上升所导致的减排成本上升与贸易利得对福利效应的作用力正好相背。如果减排成本上升足够大,那么整体的福利水平就会下降。从直觉上而言,过高的污染排放税会导致 X 产业部门过于弱小,从而使实际收入水平降低。如果本国进口 X 产品,贸易壁垒的保护会刺激 X 产业部门的扩张,从而抵消了过分严格的污染排放政策的不利影响。然而,一旦这些贸易壁垒被消减或者消除,X 产业部门会极大地萎缩,从而对社会福利构成损害。

下面在刚性污染排放条件下,比较减小贸易摩擦与削减关税的福利效应。

探讨污染性产品进口国的情形。设进口 X 产品征收从价税 t,那么 X 产品的国内价格可以表示为:$p^d = p(1 + t)$。关税的变化导致一国福利效应的变化仍可由式(12.80)表示。但此时,代表消费者的收入应该包括关税收入,因此有:

$$I = G[p(1 + t), K, L, z] + tpm \tag{12.84}$$

对式(12.84)求导可得:

$$\mathrm{d}I = px\,\mathrm{d}t + \tau\,\mathrm{d}z + tp\,\mathrm{d}m + pm\,\mathrm{d}t \tag{12.85}$$

把上式代到式(12.80)可得:

$$\frac{\mathrm{d}V/\mathrm{d}t}{V_I} = tp\,\frac{\mathrm{d}m}{\mathrm{d}t} + [\tau - MD(p^d, R, z)]\,\frac{\mathrm{d}z}{\mathrm{d}t} \tag{12.86}$$

其中 $\mathrm{d}m/\mathrm{d}t < 0$,关税的削减($\mathrm{d}t < 0$)对污染排放的影响与贸易摩擦下降($\mathrm{d}\varrho < 0$)具有同等效应。因为对污染性产品的进口国而言,无论是关税的削减还是贸易摩擦下降都将导致 X 产品的国内价格下降,因而两者都将使污染排放水平下降。这也就是说,式(12.86)中的第二项与式(12.83)中第二项具有相同作用方向的效应。

贸易摩擦下降与关税削减的不同之处在于两种对贸易扭曲的影响程度不同。两者都会减少对国际贸易的扭曲,但影响的程度却可能大相径庭。贸易摩擦使进口过程消耗了实际的资源,贸易摩擦下降则意味着消费者能够以较低的机会成本获得进口商品。这种贸易壁垒的削减相当于提高了进口国的贸易条件。由式(12.83)可知,贸易扭曲减少的程度就是 $-m\,\mathrm{d}p^d = -mp\,\mathrm{d}\varrho$。此时,贸易摩擦下降($\mathrm{d}\varrho < 0$)所带来的实际成本的下降正好与初始的进口额成正比。

另一方面,关税使消费者和生产商所面临的价格不再是他们实际的机会成本,因而也对贸易造成了扭曲。但是,关税并不会消耗实际的资源,因此进口商品的真实成本就是世界市场价格。消费者所支付的价格与进口国支付给国外厂商的差价作为关税被政府征收了。因此,关税的直接影响就是使实际进口量降低。关税削减所带来的经济价值正好就是实际进口增加所带来的益处,其大小正好等于国内与国际市场的价格差(tp)与进口量之间的乘积。

总之,贸易扭曲程度下降所带来的利得的大小取决于所消减的贸易壁垒的类型。贸易自由化带来两种不同的效应:污染排放水平的变化和贸易扭曲程度的减少。对污染性产品的出口国而言,这两种效应会相互抵消。无论是贸易摩擦下降还是关税削减,它们对两种效应的影响方向是一致的,但影响的大小却各不相同。因此,两种效应相互抵消以后的净效应是正是负取决于所削减的贸易壁垒的类型。

2. 刚性污染排放配额

如果污染排放政策采用污染排放总量限制的配额制度,即使边际损害较高而污染排放政策较为宽松,贸易自由化必定会提高福利水平。只要污染排放配额具有约束力,污染排放水平不会随着贸易自由化程度提高而发生改变($dz=0$),因此$[\tau - MD(p^d, R, z)]dz = 0$。这意味着在污染排放配额具有约束力的条件下,贸易自由化不可能导致环境进一步恶化。由式(12.83)可知,贸易自由化只会产生纯粹的正的贸易利得效应。

三、弹性政策下贸易自由化的福利效应

弹性政策是指环境政策随着国际贸易自由化程度的变化而发生变化。此时,污染排放政策由追求社会福利最大化的社会计划者制定。政策制定者会根据贸易自由化的程度适当地提高或降低污染排放政策。因此,贸易自由化对污染排放水平的影响效应取决于政策的响应强度。反过来,政策的响应程度又取决于消费者如何平衡消费与环境质量。

为了能够更加深入地对上述问题进行探讨,首先要推导出政策响应因子。由前面的内容可知,决定有效污染排放水平的均衡条件是:

$$G_z(p^d, k, L, z) = MD(p^d, R, z) \tag{12.87}$$

将人口总额(N)标准化为一个单位,即$N=1$。贸易自由化程度的变化影响着ρ的大小,反过来ρ的大小又影响着国内市场的价格p^d:

$$\frac{dz}{d\rho} = \frac{dz}{dp^d} \frac{dp^d}{d\rho} \tag{12.88}$$

本部分模型把贸易壁垒定义为贸易摩擦,因此贸易壁垒削减的效应相当于世界市场的价格发生了相应的变化。因此,要获悉贸易自由化对污染排放水平的影响,需要清楚政策的制定者会对世界市场污染性产品价格的变化作出何种反应。先分析dz/dp^d,即污染排放水平如何随国内市场价格p^d的变化而变化。

(一)污染性产品价格的上升对污染排放水平的影响

对式(12.87)两边同时求全微分并变换以后,可以获得污染排放水平随国内市场污

染性产品价格而变化的表达式：

$$\frac{\mathrm{d}z}{\mathrm{d}p^d} = \frac{G_{zp} - MD_p + \frac{m}{\beta(p^d)}MD_R}{\Delta} \tag{12.89}$$

其中，$\Delta = MD_z + MD_R R_z - G_{zz} > 0$。

由式(12.89)可知，污染性产品价格上升对污染排放水平具有三个方面的效应。

其一，由 $G_z = \tau$ 是污染排放的逆派生需求函数可知，上式的 $G_{zp} > 0$。这表明随着国内污染性产品价格的上升，污染排放的派生需求曲线将向上移动。这既是规模效应的结果，也是结构效应的结果。因为此时，污染性产品的价格上升将导致生产厂商由洁净性产业向污染性产业转移。

式(12.89)中的第二项 $(-MD_p)$ 反映了替代效应，MD 是边际损害或者为减少污染排放而愿意支付的代价。随着污染性商品消费价格的上升，环境质量相对消费而言显得更加便宜，因而消费者为减少污染排放愿意支付的代价更高，替代效应由此产生。可证明如下，由式(12.33)有：

$$MD(p^d, R, z) = \frac{\beta(p^d)h'(z)}{u'(R)} \tag{12.90}$$

对上式求导，并利用罗伊等式有：

$$MD_p = \frac{\beta_p MD}{\beta} = \frac{\tau x^c}{I} > 0 \tag{12.91}$$

其中，x^c 表示本国 x 的消费量。因此，式(12.89)中消费者的替代效应为负。这会增加污染排放税，从而起到减少污染排放的作用。

式(12.89)中的第三项是收入效应，其符号的方向取决于本国是污染性产品的进口国还是出口国。如果本国是污染性产品的进口国，则 $m > 0$，国内 X 产品价格的上升导致贸易条件恶化，从而减少国民收入。这使环境质量的需求下降，导致环境污染排放税下降和污染排放水平上升。如果本国是污染性产品的出口国 $(m < 0)$，那么国内 X 产品价格的上升导致国民收入增加。国民收入增加反过来使对环境质量的需求提高，导致污染排放税上升和污染排放水平下降。

由 $G_{zp} = \partial \tau^D / \partial p$，其中 G_{zp} 表示生产商为购买 z 单位的污染排放权而愿意增加支付的代价。式(12.89)可以改写成弹性的形式：

$$\frac{\mathrm{d}z}{\mathrm{d}p^d} = \frac{\tau}{p^d \Delta}\left(\varepsilon_{\tau^D, p} - \varepsilon_{MD, p} + \frac{p^d m}{I}\varepsilon_{MD, R}\right) \tag{12.92}$$

一般而言，污染性产品价格的上升对污染排放水平的影响效应是不确定的。它取决于收入效应和替代效应的相对强度。要准确判断污染排放水平在何种条件下上升或者下降，需要对模型中式(12.2)和式(12.8)所设定的产出结构作进一步分析。

要解释式(12.92)所表达的含义，先需要证明污染排放需求变化程度必定要大于消费替代效应,即 $\varepsilon_{\tau D, p} - \varepsilon_{MD, p} > 0$。由于国内污染性产品价格 p^d 的上升必然会刺激 x 产量的增加。因此,对于任意给定的污染排放水平 z,污染排放强度 e 必定下降。然而,由于 $e = \alpha p^d / \tau$,故 τ / p^d 必定上升。由此有 $\varepsilon_{\tau D, p} > 1$,由式(12.91)有:

$$\varepsilon_{MD, p} = \frac{p^d}{\tau} \frac{\partial MD}{\partial p} = \frac{p^d x^c}{I} \leqslant 1 \tag{12.93}$$

上式就是说 $\varepsilon_{MD, p}$ 等于污染性产品 x 所占总消费的比重,因此不可能大于1。综上所述必定有: $\varepsilon_{\tau D, p} - \varepsilon_{MD, p} > 0$。再次,由式(12.92)可知,若是收入效应不存在,那么污染性产品价格的上升必定会导致污染排放水平上升。因此,$\mathrm{d}z/\mathrm{d}p^d$ 的符号方向在很大程度上取决于收入效应的大小和方向。

收入效应的方向由本国的贸易模式所决定。如果本国进口污染性产品($m > 0$),那么污染性产品价格的上升减少本国的实际收入。这会导致本国对环境质量的需求下降,因而收入效应会导致污染排放供给增加。此时,污染性产品价格上升必定会导致污染排放水平上升。如果本国出口污染性产品($m < 0$),实际收入水平随着国内污染性产品价格 p^d 的上升而上升。这会导致本国对环境质量的需求上升,使政府执行更加严格的污染排放政策。此时,收入效应与污染排放需求向外移动的效应正好相背,有利于污染排放水平下降。如果收入效应足够大,即使在国内污染性产品价格出现上升的情况下,污染排放水平也可能出现下降。

虽然对污染性产品的出口国而言,污染性产品价格的上升是否导致污染排放水平上升并不明确,而且这种不明确性的出现必须以收入效应非常强大为前提。更准确地说,如果 $\varepsilon_{MD, R} \leqslant 1$,则式(12.92)必定是非负的:

$$\frac{\mathrm{d}z}{\mathrm{d}p^d} \geqslant \frac{\tau}{p^d \Delta} \left[\varepsilon_{\tau D, p} - \varepsilon_{MD, p} + \frac{p^d m}{I} \right]$$

$$= \frac{\tau}{p^d \Delta} \left[\varepsilon_{\tau D, p} - \frac{p^d x}{I} \right] \geqslant 0$$

对于污染性产品的出口国而言,$m < 0$,因此第一个不等式必然成立。由 $m = x^c - x$、式(12.93)以及 $\varepsilon_{\tau D, p} > 1$ 可得到第二个等式和第三个不等式。总之,只要收入的边际损害弹性小于1,即使污染排放政策由一个追求社会福利最大化的计划者制定,污染排放水平仍将随污染性产品价格的上升而上升。

(二) 贸易自由化对污染排放水平的影响

这部分将探讨在政府能够有效制定污染排放政策的体制下,贸易自由化对污染排放水平的影响。首先,假设本国进口污染性产品 X,如图12-9所示。对污染性产品的进口国而言,$p^d = p(1 + \rho)$。贸易自由化使贸易摩擦 ρ 下降,因此减少了国内污染性产品 X 的价格,即: $-\mathrm{d}p^d / \mathrm{d}\rho < 0$。

贸易自由化将刺激本国具有比较优势的产业(洁净性产业)扩张,并导致其他产业(污染性产业)萎缩。如前所述,对污染性产品的进口国而言,国内污染性产品价格的下降会使污染排放水平下降。这里,有必要对推动污染水平上升或下降的内在力量进行探讨。

贸易自由化导致污染性产业收缩,使污染排放的派生需求曲线由 D_0 移动到 D_1。如果污染排放税维持不变,污染排放水平将由 Z_0 下降到 Z_2。然而,由于最优化政策效应,污染排放税将在三个方面对污染性产品价格的变动作出响应。

其一,贸易自由化减轻了环境污染的压力,污染排放税将沿着边际损害曲线向下移动。因为消费者能够进口污染性产品,国内污染性产品的产出下降,使政府能够放松污染排放政策。这会在很大程度上抵消污染排放需求下降所减少的污染排放量。

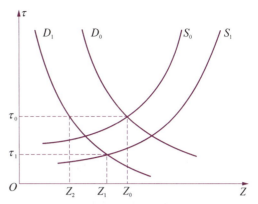

图 12-9　洁净性产品出口国的贸易自由化

其二,污染政策所引致的替代效应和收入效应导致边际损害曲线出现了两次移动(一次向上,一次向下)。随着污染性产品价格的下降,消费者希望减少环境质量需求以获得更多消费,导致政府增加污染排放许可(MD 曲线向下移动)。这会进一步抵消污染排放需求下降所减少的污染排放量。但另一方面,如前所述,生产商对污染排放需求的变化必定大于消费者替代效应的变化。因此,污染供给曲线向下移动的幅度必定小于污染需求曲线向下移动的幅度。总体而言,污染需求曲线的移动以及替代效应引致供给曲线的移动的共同结果必定使污染排放水平下降。此外,收入效应也将使边际损害曲线出现移动。对污染性产品的进口国而言,污染性产品价格下降提高了本国的实际收入水平,导致边际损害曲线向上移动。这就是说,对污染性产品的进口国而言,贸易自由化必定会降低污染排放水平。

与上面相反,现在假设本国出口 X 产品,其结果如图 12-10 所示。如果本国是污染性产品出口国,贸易自由化将刺激污染性产业扩张。此时,$p^d = p/(1+\rho)$,贸易摩擦 ρ 下降将使国内污染性产品价格 p^d 上升。如刚性政策下的贸易自由化分析所述,对污染性产品出口国而言,虽然污染性产品价格上升对污染排放水平的影响不明确,但只要环境质量需求的收入弹性不是过高,污染排放水平就会上升。

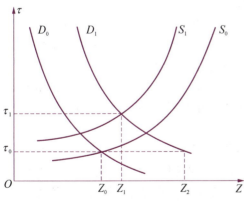

图 12-10　污染性产品出口国贸易自由化

对污染性产品的出口国而言,贸易自由化将推动污染排放需求曲线由 D_0 移动到 D_1。若是污染排放税保持不变,污染排放水平将上升至 Z_2,然而,这一污染排放水平的上升效应将在很大程度上被技术效应所抵消。其原因有:其一,随着污染性产业的扩张,环境保护的压力将因此上升,政策响应效应将导致污染排放监管加强,从而促使污染排放税沿着边际损害曲线 S_0 向上移动到 S_1,因为此时替代效应和收入效应都将导致消费者对环境质量的需求增加,从而进一步失去政府实施更加严格的污染排放政策。因此,污染排放税必定会上升(图 12-10 中从 τ_0 上升到 τ_1)。如果环境质量需求的收入弹性不是过高,污染排放水平仍将上升(如图 12-10 中从 Z_0 上升到 Z_1)。如上文所述,此时污染排放水平上升的充分条件是 $\varepsilon_{MD,R} \leqslant 1$。

总之,如果污染排放政策有效而且能够充分响应,贸易自由化对环境质量的影响不但取决于本国的比较优势,而且也取决于政策响应的强度。贸易自由化必定会使污染性产品进口国的污染水平下降,但对于污染性产品的出口国而言,除非环境质量需求的收入弹性足够高,否则贸易自由化将使其污染水平上升。这就是说,此时贸易自由化对污染排放水平的影响在一定程度上介于固定污染排放强度体制和固定污染排放总配额体制的两种刚性政策体制之间。与固定污染排放政策体制相比,灵活有效的政策体制会在很大程度上抵消贸易自由化对环境的影响。此外,与固定污染排放总配额体制相比,有效响应的政策体制会容许污染排放水平出现一定自我调节,从而使贸易自由化所导致的国内市场产品价格的变化,以及由此而引发的污染排放机会成本的变化得以反映。

(三) 社会计划者条件下的福利效应

贸易自由化对福利的影响效应可由式(12.83)表示,即:

$$dV/V_I = -mdp^d + [\tau - MD(p^d, R, z)]dz$$

如果污染排放政策是最优的,则 $\tau = MD(p^d, R, z)$,因此有: $dV/V_I = -mdp^d > 0$

该不等式左边部分就是纯粹的贸易利得效应。如果污染排放的外部性被完全内部化,则贸易自由化必定会改善福利水平。如果本国在污染性产业上具有比较优势,贸易自由化可能会提高污染排放水平,但污染水平上升体现了环境质量与消费水平之间的最优化平衡。在贸易自由化以前,社会计划者所选择的污染排放水平反映了国内消费者为环境质量所愿意支付的对价水平。如果一国在污染性产业具有比较优势,随着贸易自由化,那么本国污染性产品出口就能获得比国内市场更高的价格。这意味着保护环境质量的机会成本上升,因为消费者通过降低环境质量从国外所获得的收益会超过他们为保护环境而愿意支付的对价。社会计划者合理的响应就是允许污染排放水平提高。因此,如果所有的外部性都充分内部化,社会总体福利水平必定会改善。

上述结论说明:环境污染本身并不会改变国际贸易能够改善一国福利的基本论断。只要外部性都被内部化,企业所面临的价格会反映他们所有经济活动的真实机会成本,包括他们对环境质量的冲击。因此,不论污染排放水平随着贸易自由化程度的提高而上升还是下降,贸易利得法则仍然适用。然而,如果污染排放存在,而缺乏有效的环境政策,贸易自由化可能由于环境污染而给一国造成损害。

四、政治诉求的影响分析

以上分析都是基于一种假设:国内所有经济活动参与方的偏好是完全无差异的。

政府政策所反映的只不过是一个代表性消费者的偏好。然而,如果消费者的收入水平或者偏好不同,那么政府在选择环境政策时必须平衡不同消费群体的利益。尤其是,政府可能运用环境政策影响收入的分配。比如,如果污染性产业要素资源的所有者具有很强的政策影响力,那么污染排放税的设定就很可能低于庇古税所要求的水平。一旦国际贸易被放开,政府还可能利用污染排放政策保护其所在的利益集团免受国外厂商的竞争压力。污染排放政策这种政治上的诉求,使贸易自由化对环境的影响效应又增加了一种传导途径。以下进一步拓展前文的模型来揭示这种传导途径。

假设社会中有两个群体,分别称之为格林群体(Greens)和布朗群体(Browns),他们之间唯一的不同在于所拥有的要素不同。布朗群体最初拥有的是有形资本,而格林群体最初拥有的是人力资本。为了简单起见,我们不采用直接的选举模型或游说模型,而假设政府选择最优的污染排放政策使两个群体加权偏好之和最大化。这种表述具有两方面好处:其一,它很好地体现了政府对某些群体的效用的重视程度大于其他群体;其二,它可以建立一个污染排放政策的政治经济诉求与普通收入诉求之间交互作用的模型。

设 I^i 代表 i 群体所积累的要素总收入,其中 $i=g$ 代表格林群体, $i=b$ 代表布朗群体。设每一个群体有 N^i 个完全同质的行为人。因此,每个行为人的要素收入可以表示为 I^i/N^i。设 $V^i \equiv V(p^d, I^i/N^i, z)$ 为 i 群体行为人的偏好,所有行为人的偏好完全相同,但不同群体间行为人所拥有的要素禀赋不同。政府选择最优的污染排放政策使其目标函数最大化。政府的目标函数采用两个群体效用的加权之和,以 W 表示如下:

$$W = \lambda V^g + (1-\lambda) V^b \tag{12.94}$$

其中, λ 和 $(1-\lambda)$ 分别表示格林群体和布朗群体效应的权重。设 T 为格林群体向布朗群体一次性转移支付的总额,此时政府的最优化问题可以表示为:

$$\max_{\{z,T\}} \left[\lambda V\left(p^d, \frac{I^g - T}{N^g}, z\right) + (1-\lambda) V\left(p^d, \frac{I^b + T}{N^b}, z\right) \right]$$

由最优转移支付的一阶条件可得:

$$\frac{\lambda}{N^g} V_I^g = \frac{(1-\lambda)}{N^b} V_I^b \tag{12.95}$$

政府利用转移支付使经(政治上)加权调整后的收入的边际效应相等。其次,由最优污染排放水平的一阶条件可得:

$$\frac{\lambda V_I^g}{N^g}[I_z^g - N^g MD^g] + \frac{(1-\lambda) V_I^b}{N^b}[I_z^b - N^b MD^b] = 0 \tag{12.96}$$

此时政府不仅权衡污染排放水平与私人部门收入水平之间的关系,而且也需要考量不同群体所赋予的权重。式(12.96)从表面看来较复杂,但若把式(12.95)迭代到式(12.96)后便可简化为:

$$I_z^g + I_z^b = N^g MD^g + N^b MD^b \tag{12.97}$$

式(12.97)左边正好等于国民收入,即 $I=I_z^g+I_z^b$,而且由于 $\tau=I_z$,式(12.97)又可简化为:

$$\tau = N^g MD^g + N^b MD^b \tag{12.98}$$

式(12.98)就是萨缪尔森准则(Samuelson rule)。因此,无论赋予两个群体何种权重,政府所选择的污染排放水平必定正好使污染排放税与所有行为人边际损害的总和相等。此时,污染排放政策仍然有效,与前文的分析结论一致。

以上分析的启示是:具有政治诉求的政府必定会权衡其收入再分配政策的成本与收益,并会想方设法以最小的成本提高其所在利益群体的收入。如果可以使用一次性转移支付这一政策工具,那么政府可以维持污染排放政策有效实施的同时,完全依靠一次性转移支付手段实现其收入再分配目标。之所以能够如此是因为一次性转移支付不会产生新的扭曲,而如果污染排放政策不遵循萨缪尔森法则会导致经济系统无效运行。其结果必然是政府完全依赖一次性转移支付手段来实现收入再分配目标。换一种角度来看,如果政府希望格林群体的效用能够稳定地维持在某一水平,那么,相对于通过操纵污染排放政策,政府通过一次性转移支付手段能够使布朗群体获得更高的效用水平,这就是著名的政策目标准则(policy-targeting rule)的简单运用。

如果政府可以使用一次性转移工具,那么政府就不会通过操纵污染排放政策以实现自身的政治诉求。这一结论不仅仅适用于这里所设定的模型,很多政治经济学模型也得出了同样的结论。为了使政府必须通过操纵污染排放政策实现其政治诉求,绝大多数政治经济学模型都对其他政策工具的运用作出了限制。较为典型的情况是,这些模型都假设污染排放政策是政府唯一可用的政策。这就是说,政府不仅仅无法使用一次性转移支付手段,而且也不能使用生产补贴、对不同要素收入实现差别化征税,以及其他政策手段。若是我们的模型加入上述政治经济学模型的一般性限制因素,分析结论该会发生何种变化呢?为了能够清楚地阐释这一点,我们也将延续前人的研究方法,不考虑除污染排放政策以外的其他任何政策。

因此,假设政府唯一能够运用的政策工具就是抉择污染排放水平。以 z 作为可变因子求式(12.94)的最大值可得式(12.96)。由于政府不再使用一次性转移支付工具,式(12.95)不再相关。因此,式(12.96)中政治加权的收入边际效用并不一定正好相等。政府在抉择污染排放政策时必定会权衡格林群体和布朗群体的边际收益。

为了了解各种效应之间的相互作用,以及污染排放政策如何影响收入的再分配,先分析如果污染排放增加,将对 i 类型的群体产生何种影响。设 φ^i 为 i 类型的群体所积累的收入所占国民收入的比率,即:

$$I^i = \varphi^i I, \ i = g, b \tag{12.99}$$

其中,$\varphi^g + \varphi^b = 1$。污染排放上升将对 i 类型的群体的影响效应可以表示如下:

$$\frac{dV^i}{dz} = V_I^i \left[\frac{\varphi^i \tau + I \varphi_z^i}{N^i} - MD^i \right] \tag{12.100}$$

污染排放水平的变化对间接效用具有如下三个方面的影响。其一,每一单位污染排放水平的变化都会导致国民收入产生 τ 单位的影响。i 类型的群体中每一个消费者的收入所占国民收入的比率为 φ^i/N^i，因此所获得的收入为 $\tau\varphi^i/N^i$。其二，污染排放税的变化将改变国民收入的分配，其变化效用由 $I\varphi_z^i/N^i$ 表示。这一项的符号方向对格林群体和布朗群体而言各不相同。污染排放水平上升会刺激资本密集型产业的扩张，从而提高资本的回报水平。这将使格林群体所积累的收入在国民收入中所占的比重降低，而使布朗群体所积累的收入在国民收入中所占的比重上升。因此，必然有 $I\varphi_z^g/N^g<0$，$I\varphi_z^b/N^b>0$。这就意味着布朗群体倾向于政府提高污染排放水平，而格林群体却倾向于降低污染排放水平。其三，污染排放水平上升会破坏环境，其代价必然使两个群体的边际损害上升。

利用式(12.100)可以将式(12.96)简化，并求解 τ，从而可以诠释政府最优的污染排放税如何平衡上述各种效用、反映其对不同群体的重视程度。但是，直接运算求解的结果很复杂，因此采用以边际效用的收入弹性恒等于 1 时的特殊函数加以说明，设：

$$V^i=\ln\left(\frac{I^i/N^i}{\beta(p)}\right)-h(z) \tag{12.101}$$

在上述效用函数条件下，式(12.96)可以简化为：

$$\tau=N^gMD^g+N^bMD^b+I\left[\frac{\lambda-\varphi^g}{\varphi^g\varphi^b}\right]\varphi_z^b \tag{12.102}$$

其中，$\varphi_z^b>0$，因为污染排放的增加将使布朗群体在国民收入分配中获得更多的收入；φ^g 为格林群体在国民收入中所占的比重，λ 则是格林群体在政府决策中所占的权重。

通过比较式(12.98)和式(12.102)，就可以理解经济决策中的政治因子会对污染排放税产生何种影响。式(12.102)较式(12.98)多一项，该项正好反映了政府在收入再分配中的政治诉求，使萨缪尔森准则发生了变化。如果格林群体收入所占国民收入的比重低于政府所赋予其效用的权重，即 $\lambda>\varphi^g$，那么式(12.102)中的最后一项是正的。此时，污染排放税被扭曲至高于总边际损害的水平，国民收入的再分配对格林群体有利。相反，如果格林群体收入所占国民收入的比重高于 λ，则污染排放税被扭曲至低于总边际损害的水平，布朗群体在政府国民收入再分配中获得了相对较高的收入。

接下来探讨经济决策中的政治诉求使贸易自由化对污染排放水平的影响方式和途径产生的变化。设 MD 为总边际损害，由前文的效用函数有：

$$MD\equiv N^gMD^g+N^bMD^b=h'(z)G(p^d,K,L,z)$$

均衡的污染水平由污染排放需求和供给共同决定。但此时污染排放供给反映了政府的政治诉求，因此有：

$$G_z(p^d,K,L,z)=\tau=MD+I\left[\frac{\lambda-\varphi^g}{\varphi^g\varphi^b}\right]\varphi_z^b \tag{12.103}$$

要考察贸易摩擦的变化对环境污染的影响。假设在不存在污染排放政策操纵情况下最优的收入分配为初始状态，此时 $\lambda=\varphi^g$。这就是说，政府已经利用其他的政策工具实现了其收入再分配目标,因而经济已经处于长期均衡的政策体系之中。再假设政府能够运用的政策工具只有污染排放政策,则贸易摩擦的变化对污染排放水平的影响为:

$$\frac{\mathrm{d}z}{\mathrm{d}\rho}\Big|_{\lambda=\varphi^g} = \left[\frac{\tau}{p^d}\left(\varepsilon_{\tau^D,p} - \frac{px}{G}\right) + \left[\frac{I\varphi_z^b}{\varphi^g\varphi^b}\right]\left[\frac{\mathrm{d}\varphi^g}{\mathrm{d}p^d}\right]\right]\frac{\mathrm{d}p^d}{\mathrm{d}\rho} \tag{12.104}$$

假设本国为污染性产品的出口国,因而贸易自由化会提高国内污染性产品的价格。此时最终的污染排放水平取决于影响污染排放供给和需求的三股核心力量:替代效应、收入效应,以及由于政治诉求引发的收入再分配效应。以下对此逐一分析:

式(12.104)中第一项是常规的替代效应和收入效应,如前文分析,有:

$$\frac{\tau}{p^d}\left(\varepsilon_{\tau^D,p} - \frac{px}{G}\right) > 0$$

如前文所述,若是边际损害的收入弹性等于1,与式(12.101)中所描述的效用保持一致,则替代效用必定处于主导性地位,在不存在政治效应干预的情况下,污染性产品价格的上升将导致污染排放水平的上升。因此,对污染性产品的出口国而言,决定污染排放供需平衡的常规效应将导致污染排放水平上升。

式(12.104)中最后一项反映政治诉求的影响效应。X 产品国内相对价格上升将导致格林群体的实际收入水平下降,布朗群体的实际收入水平上升。因此,贸易自由化提高了污染性产品的相对价格,从而导致格林群体的收入向布朗群体转移。这意味着:

$$\left[\frac{I\varphi_z^b}{\varphi^g\varphi^b}\right]\left[\frac{\mathrm{d}\varphi^g}{\mathrm{d}p^d}\right] < 0$$

由于初始条件下的收入分配是最优的,政府将采取措施弥补格林群体收入的下降。在政府只能运用污染排放政策作为调控工具的条件下,政府弥补国际贸易自由化对格林群体的影响的唯一手段就是降低污染排放水平。这就是说,由于政治效应的存在,政府将通过提高污染排放税来降低污染排放供给,从而部分抵消贸易自由化对收入分配所造成的影响。污染排放供给曲线向左移动将导致污染排放水平下降。此时,政治诉求的影响效应与常规效应(替代效应即收入效应)的作用方向正好相反,而且作用力更大。因为,对污染性产品的出口国而言,在政府具有政治诉求的情况下,贸易自由化所引发的污染效应,将由于政府利用污染排放税恢复原有的收入分配水平而被抵消。

接下来考察污染性产品的进口国。贸易自由化导致国内污染性产品价格下降,此时常规的污染排放供需均衡将导致污染排放水平下降。然而,由于污染性产品相对价格下降将导致布朗群体的收入向格林群体再分配,具有政治诉求的政府将因此增加污染排放供给,以减少贸易自由化给布朗群体所带来的竞争压力。这最终会导致贸易自由化所带来的污染排放下降效应被抵消。

总之,如果政府在政策制定过程中具有政治诉求,贸易自由化对环境的影响效应可能发生变化。若从政府的角度来看,初始的收入分配是最优的,那么政治诉求对环境政策的影响效应将抵消贸易自由化对环境的影响效应。因此,那些原本在国际贸易自由化过程中受损的群体所面临的国际竞争压力将部分减缓,而污染排放水平因贸易自由化程度变化而变化的程度也将较前面模型中的要小。

五、小结

贸易自由化对环境是否有害？这取决于政策体制：自由贸易本身并不会导致环境问题,不当的环境政策才会导致环境问题。如果环境政策体制适宜,贸易的进一步自由化并不必然对环境造成不利影响。另一方面,贸易自由化对环境是否有害或许并非是人们最为关切的问题。如果人们认可实际收入水平与环境质量水平之间的相互消长关系,那么,即使贸易自由化导致污染排放水平上升、环境质量下降,也完全有可能是有利于福利水平提升的;而导致污染排放水下降的国际贸易自由化,却也完全有可能导致福利水平恶化。因此,贸易自由化使污染排放水平下降并不必然是有利的,而使污染排放水平上升也并不必然是有害的。

对小型经济而言,如果环境政策有效,那么贸易自由化并不带来损害。无论采用污染排放税还是污染排放许可证制度,这一结论都将成立,即使贸易自由化会导致污染排放水平上升也是如此。

虽然在有效环境政策条件下,贸易自由化必然会改善福利水平,但贸易自由化对环境到底具有何种影响效应仍然值得探讨。贸易对环境的影响效应取决于一国的比较优势,以及收入效应和替代效应的相对强度。如果人们对环境质量需求的收入弹性不是太高,则贸易自由化将会改善那些在洁净性产业具有比较优势的国家的环境质量,而那些在污染性产业具有比较优势的国家的环境质量将会降低。污染性产品出口国的污染排放水平之所以会随着贸易自由化而上升,是因为贸易自由化会增加污染性产业的潜在收入,从而会增加改善环境质量的边际机会成本。

在现实生活中,即使从长期来看,发生贸易关系的各国的环境政策也并非是完备的。如果我们在推进贸易自由化时不改革环境政策,贸易自由化很可能导致环境问题更加恶化。有时贸易自由化会产生严重的不利后果,而有时则会形成良性循环。其最终结果不但取决于一国的比较优势,而且也取决于一国所采取的政策措施。

许多国家的实际环境政策,至少在短期内近似于刚性污染排放政策并不无道理。在固定污染排放强度下,贸易自由化将使那些在洁净产业上具有比较优势的国家在生产过程中所排放的污染水平下降,而使那些在污染性产业上具有比较优势的国家在生产过程中所排放的污染水平上升。如果污染排放强度具有刚性,而且要求过低,那么贸易自由化必将会对污染性产品出口国的环境和福利不利,对环境所造成的损害将大于所带来的收益。

在某些情况下,刚性环境政策完全有可能使一国的环境免受贸易自由化的影响。如果采用严格的污染排放配额政策,即使现行的污染排放政策非常宽松,贸易自由化了也会改善福利水平。其原因有二：其一就是把污染排放政策看成一种固定数量的许可证拍卖制度；其二就是把每一固定的污染排放水平,与城市空气中污染物的尝试相对应起来。因此,如果限定主要城市的污染排放水平不能超出某一特定浓度,就相当于实行固定污染排放配额政策。此时,贸易自由化必定有利。

如果政府不但对环境水平的变化作出响应,也要顺应一些群体的政治压力,那么贸易自由化对环境的影响途径将更加广泛。由于贸易模式的不同,政府在政治上的考量因素对不同国家的影响效应各不相同。譬如,如果在政治上强势的群体集中于生产污染性产品的部门,而且该国是污染性产品的进口国,那么贸易自由化将降低污染性产品生产者的收益水平。为了给予他们补偿,政府可能会降低污染排放税。另一方面,如果该国是污染性产品的出口国,政府可能会提高污染排放税,从而降低污染排放水平。这意味着,政府的政治性动机可能会抵消贸易自由化对环境的影响效应。

第三节　贸易与环境关系的经验研究

一、与经验研究有关的主要理论假说

学术界对贸易与环境的关系研究,始于20世纪70年代,比较有代表性的理论假说主要有"要素禀赋效应"(Factor Endowment Effect)、"贸易诱致环境退化假说"(Trade-Induced Degradation Hypothesis)、"环境库兹涅茨假说"(EKC - Environmental Kuznets Curve Hypothesis)、"污染天堂假说"(The Pollution Haven Hypothesis)与"污染产业迁移假说"(Dirty Industry Migration),以及"向底线赛跑假说"(Racing to the Bottom Hypothesis)等。

(一)要素禀赋假说

该假说认为,污染密集型产品通常具有较高的资本密集度,北方发达国家由于资本相对丰裕,在资本密集型产业具有比较优势,贸易开放后会专业化生产和出口资本密集型产品,因而污染会加剧,环境恶化。反之,劳动要素相对丰裕的南方发展中国家则随贸易开放而使环境得以改善。代表人物有马尼和维勒(Mani and Wheeler,1998)、科勒和艾略特(Cole and Elliott,2003)等。

(二)贸易诱致环境退化假说

几乎大多数环境经济学家都一致认为,贸易对环境的直接影响是不利的。以达利(Daly)为代表的环境学家认为,自由贸易追求的是利润最大化,生产过程没有考虑社会和环境成本,贸易是导致环境问题的直接原因,不加限制的贸易会使生态环境遭到破坏,在环境政策宽松的国家,贸易对环境的危害更大。

(三)环境库兹涅茨假说

该假说认为,环境恶化程度与人均GDP在经济发展的起步阶段呈正向变动关系,当人均GDP达到一定水平后,二者表现为反向变化关系,多种污染物的排放将随着经济发展先上升而后下降。代表人物有赛尔登和宋(Selden and Song,1994)等。

(四)污染避风港假说

该假说认为,收入水平较低的发展中国家由于相对宽松的环境政策或较差的政策执行能力,使其在污染密集型产业具有比较优势,因此,贸易开放可能引致发展中国家

的生产结构逐步向污染密集型产业转移（发展中国家自己将生产更多的污染密集型产品，同时，宽松的环境政策也刺激了发达国家污染密集型产业向发展中国家转移），从而形成所谓"污染避风港"，收入水平高的发达国家反之。代表人物有瓦特和尤吉娄（Walter and Ugelow, 1979）等。

（五）向底线赛跑假说

向底线赛跑（race to bottom）的提法来源于美国各州对于资本和就业机会竞争问题，各州政府都担心其他地方政府通过降低环境标准来吸引投资，为避免损害，各州政府竞相降低自己的标准而使最终平均达到的标准更低。艾斯蒂和杰拉丁（Esty and Geradin, 1997）用这一名词来说明贸易与环境的关系。他们指出，全球贸易自由化的最终结果是导致各竞争国纷纷降低自己的环境标准，来维持本国的国际竞争力，因而出现"向底线赛跑"的现象。甚至于，污染企业纷纷威胁将把工厂迁移到发展中国家的"污染避风港"中去以使环境标准面临崩溃。

（六）波特假说

该假说认为，如果将环境规制与国际竞争力之间的讨论置于动态的分析框架下，即考虑环境规制变动下生产技术、产品和生产过程改进的可能性，则严厉的环境规制与产业国际竞争力提高之间必然存在因果关系。环境管制增加了厂商所面临的限制条件，但同时也给予厂商改革的动力，厂商可能弥补环境管制造成的成本损失。因而，"向下看齐"或"向底线赛跑"效应不适用于那些高环保标准和制度健全的国家。代表人物有波特和林德（Porter and Linde, 1995）等。

二、经验研究的主要工具、方法及文献

围绕相关理论和假说，国内外学者运用一系列的方法和工具对其展开了验证，依据其验证的范式不同大体可分为三个方面：一是计量回归分析；二是投入产出分析；三是CGE模型分析。

（一）计量回归分析

继格罗斯曼和克汝杰（Grossman and Krueger, 1991）在评估北美自由贸易协定的潜在环境效应时提出"规模-技术-结构"三效应的分析框架后，科普兰德和泰勒（Copeland and Taylor, 1994）又在其南北贸易模型框架中对这三个效应进行了明确定义，安特维勒等（Antweiler et al., 2001）进一步对该南北贸易模型和标准HO模型的基本要素进行整合（即环境污染政策和要素禀赋共同决定一国的比较优势），构建了一个一般均衡污染-贸易模型并演绎出一个简化的估计方程式，从而为后续的计量检验提供了基础。

众所周知，所谓"三效应"指的是规模效应、技术效应和结构效应。贸易开放引起经济规模扩张，污染排放增加，即所谓规模效应。贸易和增长使实际收入水平提高，人们对环境质量的需求偏好也提高，政府制定更为严格的环境政策从而迫使微观企业采用更加清洁的生产技术，减少污染排放，即所谓技术效应。而贸易开放、专业化分工引起一国产业结构变化（污染密集型产业比重变化）对污染排放水平的影响，即所谓结构效应。结构效应大小取决于一国的贸易开放程度和比较优势，"要素禀赋假说"认为，污染

密集型产品通常具有较高的资本密集度,北方发达国家由于资本相对丰裕,在资本密集型产业具有比较优势,贸易开放后会专业化生产和出口资本密集型产品,因而污染会加剧,环境恶化。反之,劳动要素相对丰裕的南方发展中国家则随贸易开放而使环境得以改善;而另一个"污染避风港假说"则指出,收入水平较低的发展中国家由于相对宽松的环境政策或较差的政策执行能力,使其在污染密集型产业具有比较优势,因此贸易开放可能引致发展中国家的生产结构逐步向污染密集型产业转移(一方面发展中国家自己将生产更多的污染密集型产品,另一方面,宽松的环境政策也刺激了发达国家污染密集型产业向发展中国家转移),从而形成所谓"污染避风港",收入水平高的发达国家则反之。

针对上述众多假说,许多学者先后从不同层次、不同行业、不同样本范围、不同时间跨度展开过验证。如在"污染避风港假说"方面,Robinson(1988)研究了美国 10 年中进出口商品的含污量,结果显示进口商品中的污染含量增长率要高于出口产品,支持了这一假说。玛斯(Mathy,2003)运用 52 个国家 10 年的面板数据,研究了造纸、化工、钢铁、有色冶金和其他非金属矿产等 5 个污染行业,发现除非金属矿产品外,其他 4 个行业均存在"污染避风港"现象。安德森和布莱克哈斯特(Anderson and Blackhurst,1992)的局部均衡模型也表明,在国际资本自由流动的情况下,污染密集型产业将逐渐由发达国家向发展中国家转移。不过,维勒(Wheeler,2001)、哈里森(Harrison,2003)、梁(Liang,2005)等的研究却不支持这一假说。杰尼克等(Janicke et al.,1997)、马尼和维勒(Mani and Wheeler,1998)、迪和拉瓦里(Dean and Lovely,2010)的实证结果也是众说纷纭,莫衷一是。

安特维勒等(Antweiler et al.,2001)、科勒和艾略特(Cole and Elliott,2003)、玛娜姬等(Managi et al.,2009)等先后基于跨国面板数据对上述假说进行了验证,发现"污染避风港效应"和"要素禀赋效应"在一个国家是同时存在的,贸易引致的结构效应取决于这两股相反力量的对比。这也部分地解释了为何关于"污染避风港假说"的验证存在不同结论的原因。

随着近年来中国贸易的高速增长,以及资源环境和气候变化问题的日益凸显,许多学者也沿用格罗斯曼和克汝杰(Grossman and Krueger,1991)的基本框架来研究中国的情形。迪(Dean,2002)利用 1987—1995 年省级面板数据研究了贸易对水污染的影响,发现贸易开放产生的结构效应增加了中国水污染。包群和彭水军(2006)基于 1996—2000 年中国省级面板数据考察了贸易开放对六类污染物排放的影响,发现贸易开放度提高有助于降低其中四类污染物排放。牛海霞和罗希晨(2009)基于 1995—2007 年的省级面板数据对中国加工贸易与污染排放的关系进行研究,发现经济增长与加工贸易是环境污染的主要原因。昂(Ang,2009)利用 1953—2006 年时间序列数据构建 ARDL 模型,分析发现贸易开放增加了中国 CO_2 排放。李锴和齐绍洲(2011)基于 1997—2008 年中国省级面板数据,采用静态和动态面板模型实证分析了贸易开放对中国碳排放的影响,也发现贸易开放提高了中国碳排放量和碳排放强度。

(二) 投入产出分析

自里昂惕夫(Leontief,1970)开创性地把投入产出模型拓展到经济发展与环境关系的研究领域,投入产出模型便成为研究贸易与环境污染关系的主要分析工具之一。其后的研究主要沿三条思路展开:第一,是否考虑进口中间品和国产中间品的异质性;第二,是否考虑进口来源区域的中间投入结构系数的异质性;第三,是否考虑进口来源区域的污染排放系数的异质性。借鉴格罗斯曼和克汝杰（Grossman and Krueger, 1991）所得出的三效应框架,国内外学者利用不同模型进行了更细致的进出口贸易内涵污染的因素分解分析。严和杨（Yan and Yang, 2010）基于单区域竞争型投入产出模型,采用1997—2007年中国投入产出表,将我国对外贸易的环境效应分解为规模、结构和技术三种效应。许等（Xu et al., 2011）基于单区域竞争型投入产出模型,采用2002—2008年中国IO表,运用SDA分解法将出口隐含CO_2排放量分解为污染排放强度、经济生产结构、出口结构和出口规模等效应。由于单区域竞争型投入产出模型不能充分考虑进口中间品和国产中间品的异质性,同时也不能考虑进口贸易内涵污染排放的影响因素,一些学者应用单区域(进口)非竞争型投入产出模型来考虑进口内涵污染的影响因素,如张友国（2010）基于1987—2007年中国可比价IO表,将出口隐含污染排放量分解为出口总量、出口产品结构、投入结构、能源强度、能源结构和碳排放系数六种效应,并在此基础上将进口节碳量分解为进口总量、进口结构、投入结构、能源强度、能源结构和碳排放系数六种效应。但后面四种效应全部采用的是中国的中间投入结构系数、排放系数和能源消耗系数,而不是进口产品来源国相关的系数,因此,在考虑进口污染排放量的影响因素时,不能真正地考虑进口来源国的污染排放和中间投入结构两种系数的异质性,许和迪泽巴赫（Xu and Dietzenbacher, 2014）则基于多区域进口非竞争型投入产出模型,采用WIOD数据库,对中国进出口隐含CO_2排放量分别进行乘法方式的结构分解,具体分解为国内外排放强度、国内外中间产品投入结构、国内外生产技术、国内外最终产品贸易结构、国内外总的最终需求。

关于前文所述的"污染避风港假说",各学者运用不同模型得到的验证结论也不尽相同。如,李小平和卢现祥（2010）采用环境投入产出模型和消费指数等方法,运用中国20个工业行业与G7和OECD等发达国家的贸易数据检验了"污染避风港假说",研究表明,在中国出口产品隐含的CO_2中,国内生产的CO_2所占比例逐步减少,发达国家向中国转移的不仅仅是污染产业,同时也有"干净"产业,中国并没有因国际贸易而成为发达国家的"污染产业天堂"。彭水军、刘安平（2010）利用中国1997—2005年可比价投入产出表以及环境污染数据,测算出了包含大气污染与水污染在内的四类污染物历年的进出口含污量和污染贸易条件,发现整体上中国出口品比进口品更"清洁","污染避风港假说"在中国并不成立。

另一方面,任等（Ren et al., 2014）基于单区域(进口)非竞争型投入产出模型,但采用调整过的排放系数测算中国进口隐含CO_2排放量,结果显示2000—2010年中国出口隐含CO_2排放量远大于进口隐含CO_2量。谢锐、赵果梅（2016）则基于GMRIO模型和环境卫星账户表,考虑进口中间品和国产中间品、进口来源区域的中间投入结构系数和进口来源区域的污染排放系数三种异质性的情况下,研究了对外贸易对"十二五"规划中四种主要约束性排放指标的影响效应,结果也证明了"污染天堂假说"的成立,但整体呈下降趋势。

(三) CGE模型分析

脱胎于瓦尔拉斯一般均衡理论的可计算一般均衡(CGE)模型近20年来在世界范围内得到了广泛而迅速地开发和应用。原因之一,在于CGE模型是投入产出模型和线性规划模型的结合和完善。这主要表现为CGE模型通过引入经济主体(agents)的优

表 12-1

作者	国家/地区	研究内容				结论
Dessus 和 van der Mensbrugghe	越南	贸易自由化	5～8.8%	−6.3～8%	1.1～7.5%	0.8～23.1%
Lee 和 Roland Host, 1997	印尼	对日贸易自由化	0.87%	−3.6～2.86%负	0.51～3.73%	
Lee 和 Host, 1997	日本	对印尼贸易自由化	0	−0.09～0.02%负	−0.09～−0.02%	
Ferrantion 和 Linkins, 199	全球	多边贸易自由化	负	负	−0.02～0%	−4.32～0%
Strutt 和 Anderson, 1999	印尼	贸易自由化	1.4%	−2.0～−2.3%负	−0.6～1%	
Dean, 2000 Antweiler, Copeland 和 Taylor (2001)	中国水污染 44 个国家	贸易自由化多边贸易自由化(生产规模变化1%对环境的影响)	正 0.3%	负 正	正 −1.4%	下降 下降
Cole (2004)	南北贸易伙伴	贸易、污染避风港假说与 EKC 曲线	2.5～15.1%, CO, VOC, Dissolved oxegyn 为负	−0.87～−0.26%, NOxCO$_2$ 不显著	−0.57～−0.11%, CO VOC, Dissolved oxegyn 为正	污染避风港现象小范围内存在
Cole (2006)	32 个国家	贸易自由化与能源使用	0.05～0.3%	0.7～2.2%	−1.1～−0.1%	贸易自由化可增加能源使用
Kankesu 等 (2012)	中印	贸易、收入、能源消费与 CO_2 排放	1.62%(中); 7.85%(印)	不显著	−0.13%(中); −0.66%(印)	中印存在 EKC 假说；能源消费每增加 1% 分别使中、印 CO_2 排放增加 1.15% 和 0.97%
彭水军 (2013)	中国	贸易开放的结构效应	3.285～3.337%(废水除外)	−0.076%(烟尘)	−0.172～−0.167%(废水除外)	污染避风港假说不成立
Thai et al (2016)	98 国跨国面板: 1990—2013	贸易开放与环境质量	0.24～0.27%(高); 1.71～1.83%(低)	−0.20～−0.10%(高); 0.11～0.30%(中); 0.14%(低)	−0.10～−0.08%(高); −0.20～−0.12%(中); −1.22～−1.12%(低)	贸易开放致全球样本环境恶化，对高收入国家有利，对中低收入国家有害

资料来源：参照陆菁(2006)增补、整理。

化行为,刻画了生产之间的替代关系和需求之间的转换关系,用非线性函数取代了传统的投入产出模型中的许多线性函数。原因之二,则在于 CGE 模型在传统的投入产出一般均衡基础上,引入了通过价格激励发挥作用的市场机制和政策工具,从而将生产、需求、国际贸易和价格有机地结合在一起,以刻画在混合经济条件下,不同产业、不同消费者对由一定政策冲击所引致的相对价格变动的反应①。20 世纪 80 年代后期,CGE 方法开始应用环境问题的分析,许多研究贸易对环境和福利影响的实证检验都是借助 CGE 模型来完成的。科勒等(Cole et al.,1988)和佩罗尼(Penoni et al.,1994)分别运用 CGE 模型计算了自由贸易的总和环境效应。

表 12-2　贸易与环境、能源问题的部分投入产出研究例举

部分研究者	研究对象	模型采用	特点描述
Machado(2001);Xu(2011);Wang 和 Watson(2007);Lin 和 Sun(2010)	贸易中的隐含污染排放	单区域竞争型投入产出模型	未考虑进口中间品与国产中间品、进口来源国之间的中间投入结构系数、进口来源国的污染排放系数等三种异质性,即在测算出口隐含污染排放量时,假定进口中间品和国产中间品可以完全替代;在测算进口隐含污染排放量时,假定进口品的污染排放系数和中间投入结构系数与国产品相同
Weber 等(2008);Pan 等(2008);Chen(2001);Dean 等(2011);Koopman(2012);Su 等(2013)	贸易中的隐含污染排放	单区域(进口)非竞争型投入产出模型	考虑进口中间品和国产中间品的异质性,但不能考虑进口来源国之间的投入,产出技术系数和进口来源区域的排放技术系数的异质性
Andrew(2009);Peters(2011);Weitzel 和 Ma(2014);Branger 和 Quirion(2014)	贸易隐含 CO_2 排放	多区域投入产出模型	使用 GTAP 数据库,没有相匹配的排放数据,在研究环境方面受限
Biotier(2012);Loschel 等(2013);Xu(2014);Arto(2014)	贸易中隐含污染物转移问题	全球多区域(进口)非竞争型投入产出模型	采用 WIOD 数据库,可充分考虑各国污染排放系数和中间投入结构系数的差异,已成为研究贸易对环境影响的重要数据库

资料来源:根据谢锐(2016)整理。

---

① 樊明太,中国 CGE 模型:基本结构及有关应用问题(上),数量经济技术经济研究,1998(12)。

表 12-3 贸易与环境、能源问题的部分 CGE 模型例举

部分研究者	国家/地区	供给面生产函数	部门数	需求面需求函数	部门数	基年	主要数据和关键参数值	政策模拟	主要结果
Burniaux (2002)	全球	嵌套的 Leontief/CES 函数	8	嵌套的 CDE/CES 函数	5	1997	GTAP 数据库	京都议定书中相关问题	在允许贸易许可的情况下,可以减少全球减排成本
Burniaux 等 (1992a,b)	全球	嵌套的 Leontief/CES 函数	11	嵌套的 ELES/Leontief/CES 函数	4	1985	不同国家的 IO 表、文献资料	碳税、能源税和交易许可等对经济的影响	在贸易许可下,非 OECD 国家将没有减排成本
Manne 等 (1995)	全球	嵌套的 C-D/CES 函数	3	非线性函数	3	1990	IO 表、相关文献资料	正常情况,征收碳税等五种情况模拟	如果对碳排放不控制,到 2075 年温度将上升 2.5℃,到 2200 年温度上升 6℃
McKibbin 等 (2004)	全球	嵌套的 Leontief/CES 函数	12	嵌套的 CES 效用函数	4	1987	国民账户、IO 表、其他文献资料	京都议定书框架下,减排对各国的影响	中等经济增长水平下,对世界各国的 GNP 影响较大,执行费用较高
Wilcoxen (1988)	美国	嵌套的超越对数单位成本函数	35	非线性跨时动态函数	35	未具体交代	计量经济学方法、文献资料	环境规制与能源价格问题	总的经济增长下降中,环境规制的贡献约占 1/6
Bergman (1991)	瑞典	嵌套的 Leontief/CES 函数	45	线性函数	45	1985	SAM,其他文献资料中的相关数据	控制温室气体排放经济的影响	对经济产生不利影响,使 GNP 降低约 0.05%
李善同等 (2000)	中国	嵌套的 Leontief/CES 函数	41	Stone-Geary/C-D 函数	10	1996	SAM	加入世贸组织对中国经济的影响	加入 WTO 后汽车、石油加工和冶金行业的企业数目将分别减少 27%、3% 和 16%。农业部门和资本密集型部门产出下降

续表

部分研究者	国家/地区	供给面 生产函数	部门数	需求面 需求函数	部门数	基年	主要数据和关键参数值	政策模拟	主要结果
贺菊煌等(2002)	中国	嵌套的Leontief/CES函数	9	C-D函数	9	1997	SAM	用于分析环境问题，主要是征收碳税对中国 CO_2 减排的效用	碳税对GDP影响很小，碳税使各部门能源消费下降，但各部门下降幅度差异不大
Beghin(1995)	墨西哥	CES/CET函数	10	ELES/CES函数	10	1990	SAM for Mexico	分三种情形模拟墨西哥贸易开放的环境效应	"污染天堂假说"在墨西哥不成立，自由贸易使出口产品更"清洁"
Strutt 和 Anderson(2000)	印尼	嵌套的Leontief/CES函数	23	嵌套的CDE/CES函数	23	1992	GTAP数据库	贸易自由化对环境的影响	未来20年如进行贸易政策改革致减少能改善空气和水污染状况，减少资源消耗

资料来源：根据赵永、王劲峰（2008）增补、整理。

参 考 文 献

1. Ang J. "CO_2 Emissions, Research and Technology Transfer in China," *MPRA Paper No.*13261. 2009.

2. Antweiler W., Copeland B. and Taylor S., "Is Free Trade Good for the Environment?" *American Economic Review*, 2001, 91(4): 877-908.

3. Barrett S., "Strategic Environmental Policy and International Trade," *Journal of Public Economics*, 1994, 54: 325-38.

4. Baumol W. J., and D. Bradford, "Detrimental Externalities and Non-convexity of the Production Set," *Economica*, 1972, 39: 160-176.

5. Beghin J., Roland-Holst D., and Dominique van der Mansbrugghe. "Trade Liberalization and the Environment in the Pacific Basin: Corrdinated Approaches to Mexican Trade and Environment Policy," *American Journal of Agricultural Economics*, 1995, 77(3): 778-785.

6. Birdsall N., and Wheeler D., "Trade Policy and Industrial Pollution in Latin America: Where Are the Pollution Haveans?" *Journal of Environment & Development*, 1993, 2, 1: 137-149.

7. Burniaux J.-M., G. Oliverira-Martins. "GREEN: A Global Model for Quantifying the Cost of Policies to Curb CO_2 Emissions," *OECD Economics Studies*, 1992a, 19: 49-90.

8. Burniaux J. M., J. P. Martin, G. Nicoletti, J. O. Martins. "The Costs of Reducing CO_2 Emissions: Evidence from GREEN," *Economics Department Working Paper* No.115. 1992b.

9. Cole M. A, "Does Trade Liberalization Increase National Energy Use?" *Economics Letters*, 2006, 92: 108-112.

10. Cole M. A, "Trade, the Pollution Heaven Hypothesis and the Environmental Kuznets Curve: Examining the Linkages," *Ecological Economics*, 2004 (48): 71-81.

11. Cole M., and Elliott R., "Do Environmental Regulations Influence Trade Patterns? Testing Old and New Trade Theories," *The World Economy*, 2003, 26: 1163-1186.

12. Copeland B. R., and M. S. Taylor, "North-South Trade and the Global Environment," *Quarterly Journal of Economics*, 1994, 109: 755-787.

13. Dean J. M. and Lovely M. E., "Trade Growth, Production Fragmentation, and China's Environment," *NBER Working Paper*. No.13860. 2008.

14. Dixit A. K., and V. Norman, *Theory of International Trade*, Cambridge University Press, Cambridge, 1980.

15. Eskeland G S., Harrison A E., "Moving to Greener Pastures? Multinationals

and the Pollution Haven Hypothesis," *Journal of Development Economics*, 2003, 70(1): 1-23.

16. Fullerton D., and G. Metcalf, "Environmental Taxes and the Double-Dividend Hypothesis: Did You Really Expect Something for Nothing?" *Chicago-kent Law Review*, 1998, 73: 221-256.

17. Jänicke M., Binder. M., Monch H., "'Dirty Industries': Patterns of Change in Industrial Countries," *Environmental and Resource Economics*, 1997, 9(4): 467-491.

18. Kankesu J., Reetu V., Liu Y., "CO_2 Emissions, Energy Consumption, Trade and Income: A Comparative Analysis of China and India," *Energy Policy*, 2012(42): 450-460.

19. Markusen, J. R., "International Externalities and Optimal Tax Structures," *Journal of International Economics*, 1976, 5: 15-29.

20. Mathys N.A., "Simple Test for Pollution Haven Hypothesis," *Ecological Economics*, 2003(39): 21-36.

21. McGuire, M.C., "Regulation, Factor Rewards, and International Trade," *Journal of Public Economics*, 1982, 17: 335-354.

22. Pething, R., "Pollution, Welfare, and Environmental Policy in the Theory of Comparative Advantage," *Journal of Environmental Economics and Management*, 1976, 2: 160-169.

23. Rauscher, M., *International Trade, Factor Movements, and the Environment*, Clarendon Press, Oxford, 1997.

24. Robison, H. "Industrial Pollution Abatement: The Impact on Balance of Trade," *Canadian Journal of Economics*, 1998, 21(1): 187-99.

25. Sierbert, H.J., Eichberger, R., Gronych, and R. Pething, *Trade and the Environment: A Theoretical Enquiry*. Elsevier/North Holland Press, Amsterdam, 1980.

26. Strutt A., and Anderson K., "Will Trade Liberalization Harm the Environment? The Case of Indonesia to 2020," *Environmental and Resource Economics*, 2000, 17: 203-232.

27. Thai-Ha Le, Youngho Chang, Donghyun Park, "Trade Openness and Environmental Quality: International Evidence," *Energy Policy*, 2016, 92: 45-55.

28. Thomas M. Selden and Daqing Song, "Environmental Quality and Development: Is There a Kuznets Curve for Air Pollution Emissions?" *Journal of Environmental Economics and Managements*, 1994, 27: 147-162.

29. Wheeler, D., "Racing to the Bottom? Foreign Investment and Air Pollution in Developing Countries," *Journal Environment and Development*, 2001, 10(3): 225-245.

30. Woodland, A. D., *International Trade and Resource Allocation*, North-Holland Press, Amsterdam, 1982.

31. 包群、彭水军,"经济增长与环境污染:基于面板数据的联立方程估计",《世界经济》,2006年第11期。

32. 布莱恩·科普兰、斯科特·泰勒,《贸易与环境——理论及实证》,格致出版社、上海人民出版社,2009年。

33. 贺菊煌、沈可挺、徐嵩龄,"碳税与二氧化碳减排的CGE模型",《数量经济技术经济研究》,2002年第10期。

34. 李锴、齐绍洲,"贸易开放、经济增长与中国二氧化碳排放",《经济研究》,2011年第11期。

35. 李善同、翟凡、徐林,"中国加入世界贸易组织对中国经济的影响——动态一般均衡分析",《世界经济》,2000年第2期。

36. 李小平、卢现祥,"国际贸易、污染产业转移和中国工业CO_2排放",《经济研究》,2010年第1期。

37. 陆菁,"贸易与环境经济分析的实证研究评述",《浙江社会科学》,2006年第2期。

38. 牛海霞、罗希晨,"我国加工贸易污染排放实证分析",《国际贸易问题》,2009年第2期。

39. 彭水军、张文城、曹毅,"贸易开放的结构效应是否加剧了中国的环境污染",《国际贸易问题》,2013年第8期。

40. 曲如晓,《贸易与环境:理论与政策研究》,人民出版社,2009年。

41. 谢锐、赵果梅,"GMRIO模型视角下中国对外贸易环境效应研究",《数量经济技术经济研究》,2016年第5期。

42. 赵永、王劲峰,《经济分析CGE模型与应用》,中国经济出版社,2008年。

练习与思考

1. 试回顾和解释$F(K_x, L_x)$为什么是可能的潜在产出。

2. 本章模型构建中为何要把污染视为一种生产投入要素?试结合Copland和Talor(1994)讨论将该方法等价于把污染作为生产过程中一种联产品的技术条件。

3. 式(12.39)~式(12.41)所构方程体系,除了必须考虑污染排放税和污染治理而导致生产者价格q^F与标准两部门竞争性国际贸易模型中的市场价格不同以外,其他方面并无二致,如果给定污染排放税或给定污染排放强度,你能证明H-O定理和雷布津斯基定理成立吗?

第十三章 数据来源和处理方法

【学习目标】

- 掌握主要数据库搜集、运用与对接
- 运用有关国际数据库分析实际问题

本章将概述在贸易分析应用中常用的数据及其来源①。过去的十几年,具有可比性的国际数据在互联网上越来越容易获得。许多组织的网站都有可提供数据的"statistics"链接,打电话给组织的统计或研究机构通常也可以得到一些未公开的数据。然而,要找到研究所需要的数据并不总是很容易。本章将首先概述贸易数据的性质,然后讨论一些常用的国际数据的特征和来源。虽然给出的万维网链接列表并不详尽,但它是获得数据的良好开端。

第一节 贸易流量数据

具有国际可比性的贸易数据的主要来源是联合国(UN)的商品贸易数据库(Comtrade)(http://comtrade.un.org/)。该数据库的数据源自联合国成员国提交给联合国统计局(http://www.un.org/Depts/unsd/)的贸易流量数据,联合国负责处理和维护这些数据。目前,数据库的数据主要依据协调制度(HS)进行分类,但是在1988年HS未出台之前,贸易数据主要依据国际贸易标准分类(SITC)系统进行分类。由于分类系统的变化,因此开发长时间序列的国际贸易流量数据需要能将两个分类系统链接起来的转换表。在某种程度上,将一种分类系统转换成另一种分类系统的能力取决于所期望的数据细分程度。通常,数据细分越详尽,两个系统间的链接转换就越不精确。

一、协调制度

HS是国际公认的对商品进行分类的六位编码体系,它由世界海关组织(http://www.wcoomd.org/home_hsoverviewboxes.htm)负责。HS将全部国际贸易商品分为22类,98章(见表13-1),涉及大约5 300种商品。六位编码由三部分组成,前两位表示

---

① 这部分主要参考 Harry P. Bowen 等,"Applied International Trade," *Palgrave Macmillan*,2012.

"章",例如 09 表示"咖啡、茶、马黛茶及调味香料类";接下来的两位表示"目",对给定的章进行分组,例如 09.02 表示茶(不管是否对其进行了调味);最后两位表示"子目",其对应的商品更具体,例如 09.02.01 表示(没有发酵的)绿茶。HS 前六位是国际标准码,各国都遵循相同的规则(少数国家可能采用老的版本而有所不同)。各国可以根据本国的需要在六位编码之后增加额外的数字编码。例如,美国使用的协调关税制度(HTS)共有 10 位数。但是,六位编码之后的数字编码不具有国际可比性①。中国海关数据库记录的海关编码是 8 位数。

表 13-1　HS 编码体系的主要分类(2012 版)

第一类	活动物;动物产品
第二类	植物产品
第三类	动、植物油、脂及其分解产品;精制的食用油脂;动、植物蜡
第四类	食品;饮料、酒及醋;烟草、烟草及烟草代用品的制品
第五类	矿产品
第六类	化学工业及其相关工业的产品
第七类	塑料及其制品;橡胶及其制品
第八类	生皮、皮革、毛皮及其制品;鞍具及挽具;旅行用品、手提包及类似容器;动物肠线(蚕胶丝除外)制品
第九类	木及木制品;木炭;软木及软木制品;稻草、秸秆、针茅或其他编结材料制品;篮筐及柳条编结品
第十类	木浆及其他纤维状纤维素浆;回收(废碎)纸或纸板;纸、纸板及其制品
第十一类	纺织原料及纺织制品
第十二类	鞋、帽、伞、杖、鞭及其零件;已加工的羽毛及其制品;人造花;人发制品
第十三类	石料、石膏、水泥、石棉、云母及类似材料的制品;陶瓷产品;玻璃及其制品
第十四类	天然或养殖珍珠、宝石或半宝石、贵金属、包贵金属及其制品;仿首饰;硬币
第十五类	贱金属及其制品
第十六类	机器、机械器具、电气设备及其零件;录音机及放声机、电视图像、声音的录制和重放设备及其零件
第十七类	车辆、航空器、船舶及有关运输设备
第十八类	光学、照相、电影、计量、检验、医疗或外科用仪器及设备、精密仪器及设备;钟表;乐器
第十九类	武器、弹药及其零件、附件
第二十类	杂项制品

---

① 六位编码之后的代码称为关税细目(tariff lines),它们由各国自行设置。

		续　表
第二十一类	艺术品、收藏品及古物	
第二十二类	特殊交易品及未分类商品	

二、国际贸易标准分类系统

在 HS 实施之前,贸易流量数据分类主要依据 SITC(国际贸易标准分类)。目前,SITC 仍广泛使用。和 HS 类似,SITC 系统由不断细分的产品类别组成,由 1 位数细分至 5 位数。目前,SITC 的最新版,即第 4 版(http://unstats.un.org/unsd/trade/sitcrev4.htm)由 10 个大类(一位数),67 个章(两位数),262 个组(三位数),1 023 个分组(四位数),2 970 个五位数组成。表 13-2 列出了 SITC 的十个大类(一位数分类)。SITC0-4 由农产品和原材料构成;SITC5-8 由制成品和半制成品构成;SITC9 表示一些特殊的交易(例如非货币性黄金)和隐蔽性的交易特别是与武器相关的交易。完整的 SITC 产品列表可以通过联合国网站 Comtrade 数据库获得(http://comtrade.un.org/);该列表的 PDF 格式文件也可通过网站(http://unstats.un.org/unsd/trade/SITC%20Rev%204%20FINAL.pdf)获取。

表 13-2　SITC 的大类列表

类	描　　述	类	描　　述
0	食品及主要供食用的活动物	5	化学品及有关产品
1	饮料及烟类	6	轻纺产品、橡胶制品矿冶产品及其制品
2	非食用原料	7	机械及运输设备
3	矿物燃料、润滑油及有关原料	8	杂项制品
4	动、植物油脂及蜡	9	未分类的其他商品

原则上,无论是采用 HS 还是 SITC 分类系统,记录在高级别分类项目下的交易金额应该等于其项目下低级别细分项目交易金额的总和。但事实上,前者通常会大于后者,这是因为金额少于 1 000 美元的交易往往不会记录。此外,联合国成员国对于其提交的数据有充分的自由权。例如,成员国可以以信息披露或缺乏资金(特别是发展中国家)为理由不报告其低级别细分项目的交易金额。

在实际应用中,请注意 HS 和 SITC 都是以产品而不是以行业为基础进行分类。因此,在每个 HS 或 SITC 分类中往往涉及许多不同行业生产的产品。当以贸易理论为假设条件试图对行业结构进行实证分析时,就会遇见问题。一般而言,任何尝试将贸易流量与行业联系起来或者试图整理特定行业的贸易流量[例如,劳动密集型行业和资本密集型行业,具体见利默(Leamer,1984)的分析都需要将 HS 或 SITC 分类与相关的行业分类(见表 13-3)进行对接(concordance)]。

三、贸易报告体系

贸易流量的报告体系有两种：总贸易体系和专门贸易体系。一国一般选择其中的一种来统计本国的贸易流量。两者的区别在于统计边界的不同。总贸易体系是以国境作为统计进出口的标准，而专门贸易体系是以关境作为统计标准，但这两种报告体系都未将仅仅由于运输需要而经过本国的"直接过境贸易"统计在内。

总贸易体系下出口包括：(1) 本国产品的出口；(2) 海关保税工厂产品的出口；(3) 本国化产品的出口；(4) 海关保税仓库和自由区产品的出口。

当统计贸易流量时，大多数国家将上述四种出口合并为两类：本国出口和再出口。本国出口是指上面所列的(1)和(2)，再出口则包含了(3)和(4)。因此，本国出口包括本国生产的产品出口以及进口后经过加工了（即产品经历了变形）的产品出口。再出口是指产品进口后未经加工而再输出国外。但是，再出口对本国国内生产总值（GDP）是有贡献的，这是因为仓储、重新包装、混合以及产品的简单加工（未经历变形）等这些活动都代表了国内生产要素的增值。

总贸易体系下进口包括：(1) 本国消费或使用的产品进口；(2) 海关保税工厂的进口；(3) 海关保税仓库和自由区的进口。

海关保税仓库和自由区的进、出口称之为转口贸易，转口贸易在一国贸易中可能占有相当大的比例。

总贸易体系和专门贸易体系最主要的区别在于后者并未包括转口贸易。因此，专门贸易体系下，出口包括：(1) 本国生产的产品出口；(2) 海关保税工厂的产品出口；(3) 本国化产品的出口。

专门贸易体系下进口包括：(1) 本国消费或使用的产品进口；(2) 海关保税工厂的进口；(3) 从海关保税仓库和自由区提取的货物。

由于专门贸易体系中并没有包括转口贸易，因此按照专门贸易体系统计的进出口规模应该小于按照总贸易体系统计的进出口规模。所以，各国采取的统计标准不同将导致进出口规模的差异。此外，另一个值得关注的问题是一些国家虽采用总贸易体系，但仅统计本国的产品出口并未将再出口统计在内，这将导致本国出口规模的低估而进口规模被高估，因为最终再出口货物的价值被统计于该国进口项下。这同时也会造成净出口或用出口比和进口比来表示显示性比较优势指数的计算偏差。

除了统计上的偏差，其他原因也可能造成贸易数据的偏差。例如，美国曾经未将来自墨西哥马奎拉多拉（Maquiladora）出口加工区生产的产品纳入其进口统计范围。由于政治原因，中国台湾的贸易没有公开报告于联合国数据库中。在这种情况下，研究人员通常利用贸易伙伴国的"影像数据"（mirror image data）倒推获取其数据。例如，中国台湾的出口额可以通过将台湾贸易伙伴的进口数据加总估算得到。但是，这种方法也会造成偏差，因为出口一般采用离岸价（free-on-board, fob）来计算而进口一般采用到岸价（cost-insurance-freight, cif）来计算，到岸价往往要高于离岸价。

四、来源

正如前面所述,贸易数据的主要来源是联合国的 Comtrade 数据库(http://comtrade.un.org/)。贸易数据还有一些其他途径获取,下面列出了一些其他网址:

(1) http://cid.econ.ucdavis.edu/ 这个数据库由加利福尼亚大学戴维斯分校的罗伯特·芬斯特拉开发的。该数据库包含了美国的进、出口数据和关税数据。此外,其他国家时间序列的进、出口数据通过该网站也可以获取。

(2) http://www.macalester.edu/research/economics/PAGE/HAVEMAN/Trade.Resources/TradeData.html 该数据库由美国马卡莱斯特大学的乔恩·哈夫曼开发。

(3) http://www.imf.org 这是国际货币基金组织的网站,该网站的"Direction of Trade"数据库记录了国际货币基金组织成员国之间的双边贸易流。

(4) http://lysander.sourceoecd.org 这是世界经济合作与发展组织(OECD,http://www.oecd.org)统计数据库的门户网站。该网站包含了 OECD 国家与其贸易伙伴间详尽的贸易数据。

(5) http://ec.europa.eu/eurostat 这是欧盟统计局(EuroStat)的门户网站。与 IMF 和 OECD 做法相同,欧盟统计局的统计数据主要记录了其成员国的贸易数据。

第二节 行业特征

具有国际可比的行业数据一般是根据国际产业标准分类体系(ISIC)发布。表 13-3 列出了 ISIC 三位数水平的行业分类。ISIC 四位数水平大体与 HS(或 SITC)三位数水平匹配。联合国一些有关 SITC 或 ISIC 的出版物阐述了这些分类体系之间的联系。但是,这种匹配并不是一对一的;换句话说,给定 HS 或 SITC 的某种类别,该类别下的产品可能涉及 ISIC 的多个行业。在实证研究中,通常认为 HS 或 SITC 的三位数水平大体与 ISIC 行业定义匹配。三种数据的对接可参考 https://unstats.un.org/unsd/cr/registry/regdnld.asp?Lg=1。

表 13-3 国际产业标准分类(三位数水平)

ISIC	描述	ISIC	描述
300	制造业	322	服装(鞋类除外)
311	食品	323	皮革产品
313	饮料	324	鞋类(不包括橡胶和塑料)
314	烟草	331	木材制品(家具除外)
321	纺织品	332	家具(包括金属)

续表

ISIC	描述	ISIC	描述
341	纸和纸制品	369	其他非金属的矿物产品
342	印刷和出版物	371	铁和钢
351	工业化学品	372	有色金属
352	其他化学品	381	金属制品
353	精炼石油产品	382	机械设备(不含电器设备)
354	杂项石油产品和煤炭产品	383	电器设备
355	橡胶产品	384	运输设备
356	塑料产品	385	专业和科学设备
361	陶瓷、瓷器、器皿	390	其他制造业产品
362	玻璃和玻璃制品		

一、产出和投入

联合国工业发展组织(UNIDO, http://www.unido.org)在其年度出版物《国际工业统计年鉴》公布有关产出和要素投入支出的数据。这些数据涵盖了众多的行业变量,如增加值、产出、工资、固定资产形成总额(这些变量均按当年价格计算)、机构数、从业人员、女性就业人数以及ISIC三位数分类水平的29个行业的生产指数。这些数据可以通过联合国工业发展组织(UNIDO)的网站获取,网址是 http://www.unido.org/index.php?id=28。世界经济合作与发展组织的STAN数据库(http://www.oecd.org/trade/statisticaldatabasesoecdstructuralanalysisstatisticsstanonlinedatabase.htm)记录了其成员国与此相类似的行业数据,时间可追溯至1972年,行业分类标准也参照国际标准产业分类(ISIC)。STAN数据库还包括了各行业的进、出口数据,STAN数据库的价格相对UNIDO同类出版物便宜,但它主要涉及世界经济合作与发展组织(OECD)成员国。STAN数据库的网址是:http://www.oecd-ilibrary.org/industry-and-services/data/stan-oecd-structural-analysis-statistics_stan-data-en。

二、投入-产出表

计算贸易品的要素含量来检验要素禀赋理论需要国家层面的投入-产出表(I-O)。此外,经济全球化向纵深发展,国际分工不断深化,全球价值链逐渐形成,不少学者提出以贸易增加值核算方式更能体现各国参与国际分工的程度。贸易增加值的计算也需要统一的投入-产出表。由于各国在编制投入-产出表(I-O)时采用各自的行业分类,因此投入-产出表的国际可比性通常会受到限制。近年来,在世界贸易组织(WTO)等的推动下,投入-产出编制工作取得了一些进展。目前,世界性的投入-产出数据主要有以下来源。

(1) 世界经济合作与发展组织(OECD)STAN 中的投入-产出数据库提供了具有可比性的投入-产出表,分别以当前价格和不变价格统计。数据库中包括了 OECD 成员国和 15 个非成员国,具体的网址是 http://www.oecd-ilibrary.org/industry-and-services/data/stan-input-output_stan-in-out-data-en。

(2) 欧盟的世界投入-产出数据库(WIOD)。该数据库提供了以当前价格计算的投入-产出表,覆盖了 27 个欧盟成员国和 13 个其他主要国家,时间范围是 1995—2011 年。世界投入-产出数据库(WIOD)的网址是 http://www.wiod.org/new_site/home.htm。

(3) 美国的全球贸易数据库(GTAP)该数据库由美国普渡大学(Purdue University)和 27 个国际机构参与开发,该数据库的网址是 http://www.gtap.agecon.purdue.edu/databases/default.asp/。GTAP 数据库主要关注一般均衡模型(CGE)和数据的开发与维护。

美国的投入-产出表可以通过美国商务部(http://www.bea.gov)经济分析局(BEA)获取,经济分析局(BEA)在其出版物《现代企业调查》(*Survey of Current Business*)也会公布投入-产出表。

三、对接

对接(concordance)或转换表(translation table)提供了不同分类系统之间的联系。正如前面所说,联合国公布 HS、SITC 和 ISIC 之间的转换表。然而,这种转换并不涉及权重,例如,转换表并没有说明在给定的 HS 某种类别中有多少权重应该与特定的 ISIC 某种类别对应;反之亦然。各国负责提交贸易(或行业)数据给联合国的统计机构负责本国分类体系下的贸易(或行业)数据与国际分类体系之间的转换。例如,欧盟统计局(EuroStat)提供 NACE[①] 和 ISIC 之间的转换,美国统计局(http://www.census.gov)提供美国的标准工业分类[SIC,北美的工业分类体系(NAICS)]和 ISIC 之间的转换(也提供和 HS、SITC 之间的转换)。这些转换表均可通过访问相应统计机构的网站获取。

四、连接的贸易和产出数据

一些国际机构已经能够提供 ISIC 分类体系下贸易和产出数据。联合国工业发展组织(UNIDO)"工业供需平衡数据库"(IDSB, http://www.unido.org/resources/statistics/statistical-databases.html)报告了 ISIC 四位数分类行业的出口、进口、"表面消费"(apparent consumption)的数据,表面消费=产出+进口-出口。正如前面所说,

---

① Nomenclature des Activitles de la Community European,欧盟的产业分类体系。

世界经济合作与发展组织(OECD)的 STAN 数据库也报告了 ISIC 分类体系下 49 个行业的出口、进口数据。这些数据均可通过相关机构的网站获取。

第三节 国家特征

国家层面的数据获取的途径比较多。获取"原始"数据的途径主要来自"年鉴"和联合国下属机构每年推出的年度报告等。例如,联合国的《国民核算统计年鉴》、国际劳工局的《国际劳工统计年鉴》以及粮食与农业组织的《生产年鉴》。此外,世界银行的《世界表》和国际货币基金组织的《国际金融统计》也是获取国家层面数据的主要途径。这些出版物电子版的价格大多比较便宜。下面简单探讨在贸易分析中常用的一些国家特征变量的构建。

一、物质资本存量

资本存量的核算通常是考虑通胀和折旧因素之后将国内总投资加总。国内总投资是私营和公共部门用于增加可再生资本的支出,它并不包括自然资源的增加以及政府用于军事目的的建筑和耐用品的支出。资本折旧率的选择范围比较大。如果能够获取国内总投资的细分数据,那么就应考虑不同资产寿命的不同(例如建筑与设备寿命是不同)。然而,在实际研究中,大多数都采用统一的折旧率,普遍认为资产的平均寿命为 15 年,利用双倍余额递减折旧法计算的折旧率为 13.3%。但也有例外,如 Penn World Tables(PWT)在核算资本存量时,不同的资本就采取了不同的折旧率。在 Penn World Tables(PWT)5.6 版本中,生产耐用品的折旧率为 15%,运输设备的折旧率为 24%,非住宅建筑、住宅建筑和其他建筑的折旧率均为 3.5%。Penn World Tables(PWT)可通过 http://www.rug.nl/research/ggdc/data/pwt/pwt-9.0 获取。

核算资本存量时经常会遇见的另一个问题就是货币单位的转换,即将本币转换为通用的记账单位,通常为美元。假设:I_t 表示 t 年以本币计算的名义国内总投资;P_t^b 表示国内总投资(GDI)隐含的平减指数(t 年相对于基期 b 年),$P_b^b=1$;e_t 表示 t 年的汇率,每单位本币合计多少美元;δ 表示折旧率。下面简单介绍三种转换方法。

计算资本存量的第一种方法是将以本币为单位的国内总投资(GDI)加总后利用当期的汇率使其转换为美元值。t 年末以 b 年本币为单位的实际资本存量为:

$$K_t^b = \sum_{j=0}^{t}(1-\delta)^{t-j}(I_j/P_j^b)$$

将 t 年的资本存量乘以 t 年以本币为单位计算的国内总投资平减指数然后再乘以 t 年的汇率,就可以得到 t 年以美元为单位的资本存量:

$$K_{1t}^{\$} = K_t^b P_t^b e_t$$

这种方法的缺陷在于汇率的变化没有被本币价格变化所抵消,这可能会导致资本存量的测量值变动较大。

第二种方法是将美国国内总投资(GDI)的平减指数$[P(\$)_t^b]$代替本国国内总投资(GDI)的平减指数,然后利用基期的汇率将其转换为美元值:

$$K_{2t}^{\$} = K_t^b P(\$)_t^b e_b$$

根据购买力平价理论,汇率的变化与价格水平的变化相匹配(即$P_t^b e_t = P(\$)_t^b e_b$)。因此,这两种方法本质上是相同的。

第三种方法是将国内总投资(GDI)逐年转换为美元值,并且利用美国的国内总投资(GDI)平减指数将其转换为不变价格计算的国内总投资(GDI),最后将其加总。

$$K_{3t}^{\$} = P(\$)_t^b \sum_{j=0}^{t} (1-\delta)^{t-j} [I_j e_j / P(\$)_j^b]$$

该方法有效地利用购买力平价对汇率进行了调整,因此其暗含着每个国家投资的结构是相同的。通过第二种和第三种方法计算得到的资本存量值($K_{2t}^{\$}$和$K_{3t}^{\$}$)对汇率的变化不敏感。

近年来,一些数据库提供国家层面的资本存量数据。其中,最常用的资源是Penn World Tables。PWT中资本存量根据主要资产类别进行了细分,并且在计算过程中使用的汇率是经过购买力平价(PPP)调整的。OECD数据库中"固定资产的流量和存量"记录了OECD成员国每年度固定资本的流量和存量数据。一些成员国的数据可以追溯到1951年,但完整的数据开始于1968年。

二、劳动力和人力资本

国际劳工组织(International Labor Organization,ILO)记录了具有国际可比性的国家层面劳动力的数据,并将劳动力定义为经济活动人口(the Economically Active Population,EAP)。国际劳工组织(ILO,www.ilo.org)的统计数据涵盖了全球230多个国家(或地区),包括了按照性别、行业和职业等细分的经济活动人口(EAP)。

一个国家的人力资本或劳动技能通常由职业类别、工资差异或受教育程度等指标来衡量。国际劳工组织(ILO)提供了具有国际可比性的按职业分类的就业人员数,数据中职业的分类参照了国际标准职业分类(the International Standard Classification of Occupation,ILO)。表13-4列出了国际标准职业分类(ILO)一位数水平的分类。在研究中,一般认为ISCO0/1与ISCO2的从业人员为高技能工人,也有的仅将ISCO0/1的从业人员当作高技能工人。为了避免回归分析中可能出现同时性偏差,还有一些研究人员按照其他的分类来衡量劳动技能。他们首先将ISCO0/1从经济活动人口(EAP)中剔除,然后按照其他标准对剩余的工人进行分类。例如,利默(Leamer,1984)将一国经济活动人口(EAP)划分为三类:ISCO0/1的从业人员、不属于ISCO0/1但有文化的劳动者、不属于ISCO0/1没有文化的劳动者。

表13-4 国际标准职业分类(ISCO)

(一位数水平)

ISCO	描述	ISCO	描述
0/1	专业、技术及相关人员	5	服务人员
2	行政和管理人员	6	农业、渔业和林业人员
3	文职人员	7—9	生产及相关工作人员
4	销售人员		

人力资本的工资差距通常是以行业为基础计算而不计算国家层面的工资差距。常用的做法是将某一行业的平均工资与该国受教育程度少于12年的工人平均工资相减,其隐含的假设条件是更高的工资反映更高水平的人力资本。尽管通常并不计算国家层面的工资差距,但原则上可以通过将这些跨行业的工资差距汇总得出。

受教育程度也经常用来刻画国家之间人力资本的差异,其通常用接受一定水平教育的人口占该国总人口的百分比来表示;也有的研究将小学和中学的入学率作为衡量人力资本的指标。巴仁和李(Barron and Lee,2010)将与教育相关的一些指标组合成一个综合数据库,涵盖了138个国家1960—1989年间不同时间段的数据。这些数据均可通过美国国民经济研究局(NBER,http://www.nber.org)免费获取。

值得注意的是:职业和受教育程度数据的基本信息来自十年人口普查数据或五年劳动力抽样调查数据。因此,非普查年份或非样本年份的数据必须通过插值法或外推法估算得到。否则,缺少年度数据将无法进行时间序列的分析。

三、土地

土地确切地说是具有经济价值的土地,其数据衍生于联合国粮食与农业组织(the UN Food and Agricultural Organization,FAO,http://www.fao.org)记录的有关土地使用的数据或来自其出版的《生产年鉴》。一些研究根据联合国粮食与农业组织的数据将土地划分为耕地、林地和牧场。同样,为了避免回归分析中可能出现同时性偏差的问题,研究人员经常使用"混合法"(hybrid measure)来衡量土地。例如,利默(Leamer,1984)根据气候来划分土地面积。

第四节 其他国际数据和来源

世界银行的世界发展指标(World Development Indicators,WDI)是一个通用数据库,其网址是 http://data.worldbank.org/data-catalog/world-development-indicators。类似地,世界经济合作与发展组织(OECD)按照从A到Z的字母顺序列出了其开发的各种数据库(包括国际劳工迁移数据),其网址是:http://www.oecd-ilibrary.org/

statistics；jsessionid=j76lt3t0s4m5.x-oecd-live-02。世界银行还开发了《营商环境报告》数据库，测度在不同国家（地区）营商的难易程度。该数据库可通过 http://www.doingbusiness.org 获取。

法国世界经济研究中心（CEPII）开发了多种数据库，涉及了许多变量例如经济距离、共同语言以及国家边界邻接等，CEPII 网址是：http://www.cepii.fr/CEPII/en/bdd_modele/bdd.asp。政府规模、法律结构、贸易壁垒监管以及菲莎研究所（the Fraser Institute）开发的世界经济自由度指数等数据均可通过加拿大菲莎研究所（the Fraser Institute）开发和维护的网站 http://www.freetheworld.com/获取。

世界贸易组织（WTO，http://www.wto.org）编制了其成员国约束和实际应用关税税率以及非关税壁垒（NTB）等数据库，可以通过其网站进行在线查询，具体网址是：http://stat.wto.org/Home/WSDBHome.aspx? Language=E。此外，世界银行也有提供关税和非关税壁垒（NTB）的门户网站，具体网址是 http://wits.worldbank.org/。

通过美国劳工统计局网站（http://stats.bls.gov）可以查询到有关进、出口价格的数据。世界经济合作与发展组织（OECD）"国际贸易和竞争力指标"数据库提供了其成员国 1975 年之后 SITC 大范围分类产品（如基本原料、食品、燃料以及制成品）的价格平减指数。

各国对外直接投资（FDI）的流量和存量数据可以通过联合国贸易与发展会议数据库获取（UNCTADSTAT），具体的网址是 http://unctadstat.unctad.org/wds/ReportFolders/reportFolders.aspx。此外，通过世界经济合作与发展组织的数据库也可以获取 FDI 的数据，但主要涉及其成员，网址是：http://www.oecd-ilibrary.org/finance-and-investment/foreign-direct-investment-fdi/indicator-group/english_9a523b18-en。

参 考 文 献

1. Barro, R.J. and Lee, J.W., "A New Data Set of Educational Attainment in the World, 1950-2010," NBER Working Paper No.15902 (Cambridge, MA：NBER), 2010.

2. Feenstra, R.C., Lipsey, R.E., and Browen, H.P., "World Trade Flows, 1970-1992, with Production and Tariff Data," NBER Working Paper 5910, 1997.

3. Feenstra, R.C., Lipsey, R.E., Deng, H., Ma, A.C., and Mo, H., "World Trade Flows：1962-2000," NBER Working Paper No. W11040 (Cambridge, MA：NBER), 2005.

4. Goldsmith, R. and Saunders (Eds), "The Measurement of National Wealth," NBER Research in Income and Wealth No.8, Chicago Quadrangle Books, 1960.

5. Harry P. Bowen et al., "Applied International Trade," *Palgrave Macmillan*, 2012.

6. Katz, I.. and Summers, I., "Can Interindustry Wage Differentials Justify Strategic Trade Policy?" NBER Working Paper 2739 (Cambridge, MA：NBER), 1988.

7. Leamer, E., *Sources of International Comparative Advantage: Theory and Evidence*, Cambridge, MA: MIT Press, 1984.

8. Maskus, K. V., "Comparing International Trade Data and Product and National Characteristics Data for the Analysis of Trade Models," in Hooper, P. and Richardson, J.D.(Eds) International Economic Transactions, *Issues in Measurement and Empirical Research*, Chicago: University of Chicago Press, 1991.

图书在版编目(CIP)数据

中级国际贸易.理论与实证/许统生等编著.—上海:复旦大学出版社,2019.10
信毅教材大系.国际经济与贸易系列
ISBN 978-7-309-14593-9

Ⅰ.①中… Ⅱ.①许… Ⅲ.①国际贸易理论-高等学校-教材 Ⅳ.①F740

中国版本图书馆 CIP 数据核字(2019)第 225706 号

中级国际贸易:理论与实证
许统生 涂远芬 等编著
责任编辑/谢同君

复旦大学出版社有限公司出版发行
上海市国权路 579 号 邮编:200433
网址:fupnet@fudanpress.com http://www.fudanpress.com
门市零售:86-21-65642857   团体订购:86-21-65118853
外埠邮购:86-21-65109143
上海四维数字图文有限公司

开本 787 × 1092 1/16 印张 24.75 字数 528 千
2019 年 10 月第 1 版第 1 次印刷

ISBN 978-7-309-14593-9/F·2618
定价:58.00 元

如有印装质量问题,请向复旦大学出版社有限公司发行部调换。
版权所有   侵权必究